세상이 아무리 바쁘게 돌아가더라도

책까지 아무렇게나 빨리 만들 수는 없습니다.

인스턴트 식품 같은 책보다는

오래 익힌 술이나 장맛이 밴 책을 만들고 싶습니다.

길벗이지톡은 독자여러분이 우리를 믿는다고 할 때 가장 행복합니다.

나를 아껴주는 어학도서, 길벗이지톡의 책을 만나보십시오.

독자의 1초를 아껴주는 정성을 만나보십시오.

미리 책을 읽고 따라해본 2만 베타테스터 여러분과 무따기 체험단, 길벗스쿨 엄마 2% 기획단,

시나공 평가단, 토익 배틀, 대학생 기자단까지!

믿을 수 있는 책을 함께 만들어주신 독자 여러분께 감사드립니다.

(주)도서출판 길벗 www.gilbut.co.kr

길벗 이지톡 www.gilbut.co.kr

길벗 스쿨 www.gilbutschool.co.kr

mp3 파일 구성

확실한 소리 학습을 위해 듣기 파일을 제공합니다. 학습 편의를 높이기 위해 2가지 버전으로 준비했어요. 책 없이 듣는 것만으로도 일본어가 됩니다. 잘 듣고 따라해 보세요.

❶ 기본 학습용

단어와 예문을 모두 읽어줍니다.
단어는 '일본어-우리말 뜻-일본어'순입니다.
(*여섯째마당은 '우리말 뜻-일본어'순으로 읽어줍니다.)
예문은 일본어로 한 번만 들려줍니다.

❷ 단어만 듣기용(확인용)

예문 없이 단어만 읽어줍니다.
단어는 '우리말 뜻-일본어'순입니다.

음성 자료 듣는 법

QR코드로 듣기

1. 스마트폰에서 QR코드 어플로 각 마디의 QR코드를 스캔하세요.
2. 스캔이 되면 '기본 학습용'과 '단어만 듣기용' 선택 화면이 뜹니다.
3. 원하는 버전의 음성 자료를 터치하면 바로 들을 수 있습니다.

홈페이지에서 듣거나 다운로드 받기

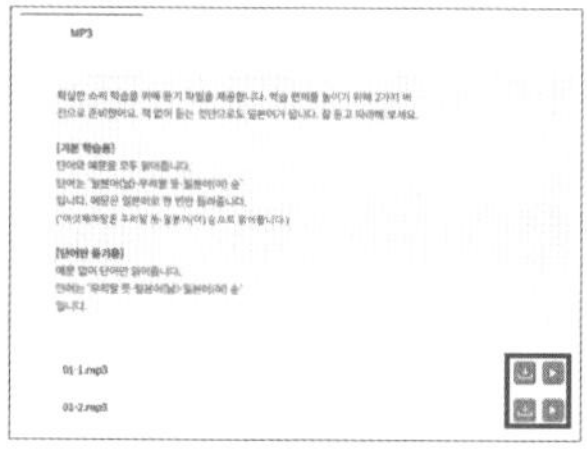

1. 길벗 홈페이지(www.gilbut.co.kr)에 접속한 후, '일본어 단어 무작정 따라하기'를 검색하세요.
2. 해당 도서 페이지에서 자료실을 클릭합니다.
3. 자료실의 'mp3' 항목에서 다운로드 아이콘을 클릭해 파일을 다운로드하거나, 실시간 재생 아이콘을 클릭해 바로 들을 수 있습니다.

이 한 권으로 정리된다!

기초 단어부터
뉘앙스, 발음까지 완벽하게!

일본어 단어

무작정 따라하기

후지이 아사리 지음

길벗 이지:톡

일본어 단어 무작정 따라하기

The Cakewalk series - Japanese Words

초판 발행 · 2024년 5월 20일
초판 3쇄 발행 · 2024년 9월 1일

지은이 · 후지이 아사리
발행인 · 이종원
발행처 · (주)도서출판 길벗
브랜드 · 길벗이지톡
출판사 등록일 · 1990년 12월 24일
주소 · 서울시 마포구 월드컵로 10길 56(서교동)
대표 전화 · 02)332-0931 | **팩스** · 02)323-0586
홈페이지 · www.gilbut.co.kr | **이메일** · eztok@gilbut.co.kr

기획 및 책임 편집 · 오윤희(tahiti01@gilbut.co.kr) | **디자인** · 최주연 | **제작** · 이준호, 손일순, 이진혁
마케팅 · 이수미, 장봉석, 최소영 | **유통혁신** · 한준희 | **영업관리** · 김명자, 심선숙 | **독자지원** · 윤정아

편집진행 및 교정 · 정선영 | **표지 일러스트** · 애슝 | **전산편집** · 수(秀) 디자인
녹음 및 편집 · 와이알미디어 | **CTP 출력 및 인쇄** · 정민인쇄 | **제본** · 신정제본

길벗이지톡은 길벗출판사의 성인어학서 출판 브랜드입니다.

ISBN 979-11-407-0926-7 03730
(길벗 도서번호 300160)

정가 26,000**원**

일본어 단어, 제대로 익히자!

무작정 달달 외우기만 하는 것은 이제 그만!

일본어 단어를 배울 때 주제별로 혹은 あいうえお순으로 분류하여 달달 외우는 방법을 사용하는 경우가 많은데, 그런 방법으로는 깊이 있게 배우지 못하고, 깊이 있게 배우지 못하면 기억도 오래 가지 못해요!

이 책에서는 단어를 주제별로 배우기도 하지만 반대말, 자동사와 타동사 등 짝이 되는 단어를 함께 배우기도 하고 소리가 비슷한 단어끼리나 뜻이 비슷한 단어끼리 함께 배우기도 해요. 그렇게 배우면 단어의 뜻도 더 명확해지고 더 깊이 있게 배울 수 있기 때문에 단어 하나하나를 달달 외우는 방법보다 훨씬 오래 기억할 수 있어요!

비슷한 단어들의 뉘앙스 차이를 알 수 있어요!

일본어를 배우다 보면 뜻이 비슷해 보이는 단어들이 나올 때가 있죠? '이 단어와 이 단어의 뜻은 무슨 차이가 있지?'라는 의문을 가져 본 적이 있을 거예요.

이 책에서는 뜻이 비슷한 단어끼리 어떤 차이가 있는지 설명해 두었어요. 앞으로는 헷갈리지 않고 제대로 구별할 수 있을 거예요.

일본어는 악센트가 바뀌면 다른 단어가 되기도 해요!

일본어는 악센트가 참 중요해요. 일본어의 악센트는 소리가 올라갔다 내려갔다 하는 고저 악센트라서 소리의 높이가 달라지면 다른 단어가 되는 경우가 많아요! 그리고 악센트가 틀리면 알아듣기 힘들어져요. 그런데 오디오만 듣고 소리의 높고 낮음을 배우는 것은 결코 쉽지 않아요.

그래서 이 책에서는 단어 하나하나에 악센트를 표시했어요! い형용사와 동사는 활용형 악센트도 함께 표시했어요. 책만 보면 이해하기 어려우니 오디오를 들으면서 보세요! 소리의 높고 낮음을 느낄 수 있을 거예요.

단순한 단어 교재가 아니기 때문에 정리한 정보가 많아서 복잡해 보일 거예요. 하지만 집중해서 공부하다 보면 꼭 필요한 정보라는 것을 알 수 있어요. 단어의 읽는 법과 뜻을 외우는 것에만 신경 쓰지 말고 뉘앙스와 발음까지 내 것으로 만들어 보세요!

最後に、この本を執筆するにあたり協力してくれた姪、藤井彩郁に心からの感謝を伝えたい。本当にありがとう!

후지이 아사리

0202 N4

研究室 ❶けんきゅうしつ 연구실 [명사]

私の研究室ではウイルスを研究している。 우리 연구실에서는 바이러스를 연구하고 있다.

研究室での生活はいかがでしたか。 연구실에서의 생활은 어떠셨습니까?

私[わたし] 나 | 研究[けんきゅう] 연구 | ～ている② ～하고 있다 | 生活[せいかつ] 생활

⊕ '우리 연구실'은 일본어로 私の研究室(내 연구실)라고 표현해요.

⊕ いかが는 どう(어떻게)의 높임말이에요.

❶ 악센트

일본어는 높은 소리와 낮은 소리로 발음하는 고저 악센트를 사용해요. 높은 소리를 색깔 글자로 표시했어요. 표준어로 인정되는 악센트가 2가지 있는 경우는 모범적인 악센트보다 요즘 젊은 사람들이 주로 사용하는 악센트로 표시했어요.

❷ 장음

두 글자를 하나의 긴 소리로 읽어야 하는 장음은 위쪽에 선으로 표시했어요.

❸ 모음의 무성화

모음의 무성화가 일어나는 글자는 원형 점선으로 표시했어요.

모음의 무성화란?

모음의 소리가 성대가 울리지 않는, 입에서 바람만 나오는 듯한 소리로 변하는 것을 말해요. 무성 자음 사이에 모음 い와 う가 들어 있는 경우에 무성화가 일어나요.

무성 자음(か, さ, た, は, ぱ행) + 모음 い, う + 무성 자음(か, さ, た, は, ぱ행)

이때 모음 い, う의 소리가 무성화되어 제대로 안 들리는 것처럼 돼요. 예를 들어 学生[がくせい](학생)라는 단어를 보면 くせ에서 모음 う가 か행과 さ행 사이에 들어 있어요. 알기 쉽게 한글로 설명하면 '가쿠세이'를 자음과 모음을 나누어 쓰면 'ㄱㅏㅋㅜㅅㅔㅇㅣ'가 되는데, 여기에서 모음 'ㅜ'가 'ㅋ(か행)'과 'ㅅ(さ행)' 사이에 들어 있죠? 그래서 '쿠'가 제대로 발음되지 않고 '크'처럼 발음되는 거예요.
다만 예전보다 모음을 무성화해야 하는 부분을 무성화하지 않는 사람도 많아졌어요. 이 책에서는 무성화하지 않는 경우가 일반화된 단어는 무성화 표시를 넣지 않고 설명으로 추가했어요.

④ 난이도

표제 단어의 난이도를 일본어능력시험 급수 N1~N5로 표시했어요.

⑤ 참고 단어

동일한 표제 단어가 여러 번 나오는 경우는 효율적인 학습을 위해 관련 쪽수를 함께 표시했어요.

⑥ 품사

표제 단어의 품사를 표시했어요. 특히 동사는 '1류동사, 2류동사, 3류동사'로 종류별 표시를 했는데, 동사 중 자동사의 경우는 '(자)'로, 타동사의 경우는 '(타)'로 표시했어요.

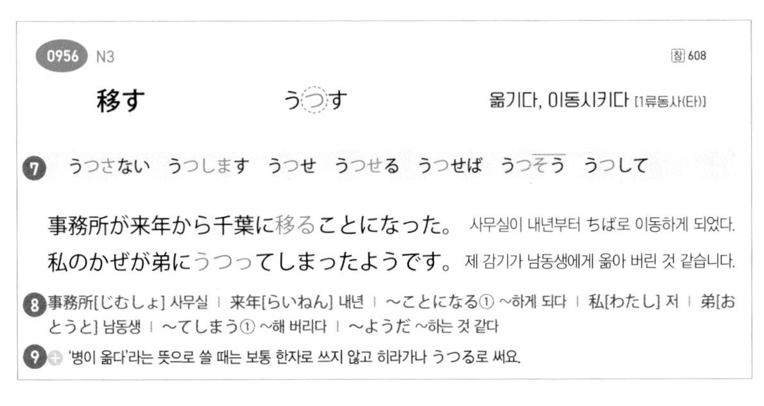

⑦ 악센트의 동사 활용형

악센트의 동사 활용형은 ない형, ます형, 명령형, 가능형, ば형, 의지형, て형의 순으로 제시했어요. 참고로, 동사 た형의 악센트는 て형과 같아요.

⑧ 예문 속 단어와 표현

예문에 사용된 단어와 표현 등을 자세히 제시했어요. 동사의 경우는 종류별로 '1류동사, 2류동사, 3류동사'를 '①, ②, ③'으로 알기 쉽게 표시했어요.

⑨ 보충 설명

표제 단어나 예문과 관련된 보충적인 내용에 대해 설명했어요.

확인해 봐요! 10

책 날개에 있는 책갈피를 이용해서, 한 쪽을 가리고 나머지 한 쪽을 맞추는 연습을 해 보세요.

カレンダー	달력, 캘린더	ファイル	파일
エアコン	에어컨	ソフト(な)	소프트웨어, 부드러움(부드러운)
ストーブ	난로, 스토브	階段	계단
電気	전기, 불	洗濯	세탁, 빨래
電灯	전등	洗濯機	세탁기
押し入れ	붙박이장, 벽장	掃除	청소
布団	이불, 이부자리	掃除機	청소기
畳	다다미	花びん	꽃병
机	책상	時計	시계
椅子	의자	おもちゃ	장난감
プリンター	프린터	ごみ	쓰레기
コンピューター	컴퓨터	ごみ箱	쓰레기통, 휴지통
パソコン	PC		

055

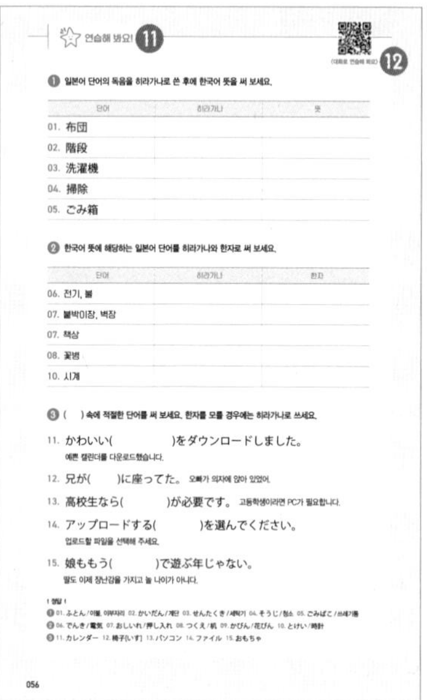
연습해 봐요! 11

(대화로 연습해 봐요) 12

1 일본어 단어의 독음을 히라가나로 쓴 후에 한국어 뜻을 써 보세요.

단어	히라가나	뜻
01. 布団		
02. 階段		
03. 洗濯機		
04. 掃除		
05. ごみ箱		

2 한국어 뜻에 해당하는 일본어 단어를 히라가나와 한자로 써 보세요.

단어	히라가나	한자
06. 전기, 불		
07. 붙박이장, 벽장		
07. 책상		
08. 꽃병		
10. 시계		

3 ( ) 속에 적절한 단어를 써 보세요. 한자를 모를 경우에는 히라가나로 쓰세요.

11. かわいい(　　　　)をダウンロードしました。
예쁜 캘린더를 다운로드했습니다.

12. 兄が(　　)に座ってた。 오빠가 의자에 앉아 있었어.

13. 高校生なら(　　　)が必要です。 고등학생이라면 PC가 필요합니다.

14. アップロードする(　　　)を選んでください。
업로드할 파일을 선택해 주세요.

15. 娘ももう(　　　)で遊ぶ年じゃない。
딸도 이제 장난감을 가지고 놀 나이가 아니다.

| 정답 |
1 01. ふとん/이불, 이부자리 02. かいだん/계단 03. せんたくき/세탁기 04. そうじ/청소 05. ごみばこ/쓰레기통
2 06. でんき/電気 07. おしいれ/押し入れ 08. つくえ/机 09. かびん/花びん 10. とけい/時計
3 11. カレンダー 12. 椅子[いす] 13. パソコン 14. ファイル 15. おもちゃ

056

⑩ 확인해 봐요!

학습한 단어들을 알기 쉽게 정리하여 한 번 더 확인할 수 있어요.

⑪ 연습해 봐요!

학습한 단어들을 3가지 문제 형식으로 연습해 볼 수 있어요.

⑫ 대화로 연습해 봐요 / 장문으로 연습해 봐요 [QR코드]

대화문과 장문의 2가지 형태로 학습한 단어를 복습할 수 있어요.

첫째마당 일본어 단어, 주제별로 배워야 쉽다! ① 나의 주변

둘째마당 일본어 단어, 주제별로 배워야 쉽다! ② 나의 일상

셋째마당 일본어 단어, 짝으로 배워야 재미있다!

넷째마당 일본어 단어, 제대로 구별해야 확실하다!

다섯째마당 일본어 단어, 뉘앙스 차이를 알아야 완벽하다!

여섯째마당 일본어 단어, 표로 정리해야 알기 쉽다!

일본어 단어,

주제별로 배워야 쉽다!

① 나의 주변

첫째마당에서는 주제별로 단어를 소개해 드릴게요. 각 주제와 관련된 단어들을 모아서 배우는데, 단어에 따라서는 다른 곳에서도 또 배우는 단어가 있어요. 그런 단어에는 ㉠참 표시가 있으니 공부할 때 표시되어 있는 페이지도 함께 확인하면서 공부하면 도움이 될 거예요! 또 이 책은 N4~N5 단어를 중심으로 배우는데, N1~N3 수준의 단어도 조금씩 들어 있어요. 단어에 N1~N5로 난이도가 표시되어 있으니 일본어가 아주 초보인 분들은 N5만 골라서 공부하셔도 괜찮아요!

사람 · 인간관계

01마디에서는 '어머니', '아버지' 등의 가족과 관련된 단어와 '약속', '만나다' 등의 인간관계와 관련된 단어를 배울게요. 가족에 관한 호칭은 한국어와 다르게 구별하니 어떤 차이가 있는지 잘 확인해 보세요!

단어 및 예문듣기

0001 N5 참 643

人 ひと 사람, 남(타인) [명사]

あの人はとても有名な人だ。 저 사람은 매우 유명한 사람이다.

人の話をよく聞きましょう。 남의 이야기를 잘 들읍시다.

有名[ゆうめい] 유명 | 話[はなし] 이야기 | 聞く[きく]① 듣다

0002 N4

関係 かんけい 관계 [명사(+する)]

君には関係ないことだ。 자네에게는 관계없는 일이다.

その事故に関係した人は皆亡くなりました。 그 사고에 관계된 사람은 모두 세상을 떴어요.

君[きみ] 자네 | ない 없다 | 事故[じこ] 사고 | 人[ひと] 사람 | 皆[みな] 모두 | 亡くなる[なくなる]① 세상을 뜨다

0003 N5 참 480

私 わたし 나, 저 [대명사]

私はソウルに住んでいる。 나는 서울에 살고 있다.

私にも見せてください。 저에게도 보여주세요.

住む[すむ]① 살다 | ～ている② ～하고 있다 | 見せる[みせる]② 보여주다

0004 N5

あなた あなた 당신, 여보 [대명사]

あなた、ちょっと手伝って。 여보, 잠깐 도와줘.

失礼ですが、あなたが佐藤さんですか。 실례지만, 당신이 さとう 씨입니까?

手伝う[てつだう]① 도와주다 | 失礼[しつれい] 실례

⊕ 한국어와 마찬가지로 일본어도 あなた(당신)라는 말을 일상적으로 잘 쓰지 않아요. 아내가 남편을 '당신', '여보'라고 부를 때 あなた라고 하기도 하는데, 요즘은 쓰는 사람이 그리 많지 않은 것 같아요.

0005 N4

君　きみ　자네, 너 [대명사]

この仕事は君が一番よくできると思う。 이 일은 자네가 가장 잘 할 수 있다고 생각해.

これは君にあげる。 이건 너에게 줄게.

仕事[しごと] 일 | 一番[いちばん] 가장 | できる② 할 수 있다 | 思う[おもう]① 생각하다 | あげる② 주다

0006 N4

彼　かれ　그, 남자친구 [대명사, 명사]

彼は中国から来た留学生だ。 그는 중국에서 온 유학생이다.

私の彼は中学校の先輩です。 제 남자친구는 중학교 선배입니다.

中国[ちゅうごく] 중국 | 来た[きた]③ 왔다 | 留学生[りゅうがくせい] 유학생 | 私[わたし] 저 | 中学校[ちゅうがっこう] 중학교 | 先輩[せんぱい] 선배

⊕ '남자친구'라는 뜻으로는 彼氏[かれし]라는 말도 많이 써요.

0007 N4

彼ら　かれら　그들 [대명사]

彼らの話を聞いてみよう。 그들의 이야기를 들어 보자.

彼らが何を考えてるのかわかりません。 그들이 무엇을 생각하고 있는 것인지 모르겠어요.

話[はなし] 이야기 | 聞く[きく]① 듣다 | ～てみる② ~해 보다 | 何[なに] 무엇 | 考える[かんがえる]② 생각하다 | ～て(い)る② ~하고 있다 | ～のだ ~하는 것이다 | わかる① 알다

⊕ ～ている는 편한 구어에서는 い를 생략해서 ～てる라고 하는 경우가 많아요.

⊕ 彼ら는 한자 彼等로 쓰기도 해요. 彼ら라고 하면 남자들만 가리킬 수도 있고 남녀 섞여 있는 경우도 가리킬 수 있어요.

0008 N4

彼女　かのじょ　그녀, 여자친구 [대명사, 명사]

彼女の名前を知らない。 그녀의 이름을 모른다.

僕の彼女を紹介します。 제 여자친구를 소개하겠습니다.

名前[なまえ] 이름 | 知る[しる]① 알다 | 僕[ぼく] 저(공손하지 않음) | 紹介[しょうかい] 소개

⊕ 彼女ら(그녀들)라고 할 수도 있어요. ～ら는 '~들'이라는 뜻이에요.

 N5

家族 かぞく 가족 [명사]

午後は家族と一緒に買い物に行く。 오후에는 가족과 함께 장보러 갈 거야.
原さんのご家族の方ですか。 はら 씨의 가족 분이세요?

午後[ごご] 오후 | 一緒に[いっしょに] 함께 | 買い物[かいもの] 장보기 | 行く[いく]① 가다 | 方[かた] 분

0010 N5

お母さん おかあさん 어머니(높임○) [명사]

田中さんのお母さんに電話をかけた。 たなか 씨의 어머니에게 전화를 걸었다.
お母さんもぜひ来てください。 어머니도 꼭 오세요.

電話[でんわ] 전화 | かける② 걸다 | 来て[きて]③ 오고, 와서

⊕ お母さんを 더 높여 말할 때는 お母様[おかあさま](어머님)라고 해요.

0011 N5

母 はは 어머니(높임×) [명사]

母は背が高くない。 어머니는 키가 크지 않아.
私の母はマレーシア人です。 저희 어머니는 말레이시아 사람이에요.

背[せ] 키 | 高い[たかい] 높다 | 私[わたし] 저 | ～人[じん] ～인(국적)

⊕ '키가 크다'는 일본어로 背が高い(키가 높다)라고 표현해요.
⊕ '저희 어머니'는 私の母(저의 어머니)라고 표현해요.
⊕ '엄마'를 나타내는 단어에 ママ라는 단어도 있는데 ママ에 대해서는 513쪽을 보세요.

0012 N5

お父さん おとうさん 아버지(높임○) [명사]

昨日、友達のお父さんに会った。 어제, 친구의 아버지를 만났어.
お父さんは今どこにいますか。 아버지는 지금 어디에 있어요?

昨日[きのう] 어제 | 友達[ともだち] 친구 | 会う[あう]① 만나다 | 今[いま] 지금 | いる② 있다

⊕ お父さんを 더 높여 말할 때는 お父様[おとうさま](아버님)라고 해요.

0013 N5

父　ちち　아버지(높임×) [명사]

父には何も話さなかった。 아버지에게는 아무것도 말하지 않았다.

私にはいい父でした。 저에게는 좋은 아버지였습니다.

何も[なにも] 아무것도 | 話す[はなす]① 이야기하다 | 私[わたし] 저 | いい 좋다

⊕ '아빠'를 나타내는 단어에 パパ라는 단어도 있는데 パパ에 대해서는 513쪽을 보세요.

0014 N5 참 542

(ご)両親　(ご)りょうしん　부모(님) [명사]

両親に手紙を送った。 부모님께 편지를 보냈어.

ご両親はお元気ですか。 부모님은 잘 지내세요?

手紙[てがみ] 편지 | 送る[おくる]① 보내다 | 元気[げんき] 잘 있음

⊕ 両親은 '부모', '양친'이라는 뜻이에요. 한국어에서는 자기 부모님에 대해서 다른 사람에게 말할 때 '부모님'이라고 높이지만, 일본어에서는 자기 가족을 높여 말하면 안 돼요. 자연스러운 한국어가 되도록 해석은 전부 '부모님'으로 의역했어요.

⊕ '~에게'도 '~께'도 일본어로는 구별없이 に라고 해요.

0015 N5 참 462

お兄さん　おにいさん　오빠/형(높임○) [명사]

その友達のお兄さんは勉強ができる。 그 친구의 오빠는 공부를 잘해.

お兄さんのお仕事は何ですか。 형의 직업은 뭐예요?

友達[ともだち] 친구 | 勉強[べんきょう] 공부 | できる② 할 수 있다 | 仕事[しごと] 직업 | 何[なん] 무엇

⊕ '공부를 잘하다'는 勉強ができる(공부를 할 수 있다)라고 표현해요.

⊕ お兄さん을 더 높이면 お兄様[おにいさま](오빠 분/형님)가 돼요. 그리고 '오빠/형'이라고 직접 부를 때는 보통 お兄ちゃん[おにいちゃん]이라고 해요.

0016 N5

兄　あに　오빠/형(높임×) [명사]

明日は兄の結婚式だ。 내일은 오빠의 결혼식이다.

私か兄が行きます。 저나 형이 가겠습니다.

明日[あした] 내일 | 結婚式[けっこんしき] 결혼식 | 私[わたし] 저 | 行く[いく]① 가다

0017 N5 참 462

お姉さん　おねえさん　누나/언니(높임O) [명사]

弟が生まれて私はお姉さんになった。　남동생이 태어나서 나는 누나가 됐어.

近所のお姉さんがうちに来ました。　근처에 사는 언니가 우리 집에 왔어요.

弟[おとうと] 남동생 ｜ 生まれる[うまれる]② 태어나다 ｜ 私[わたし] 나 ｜ ～になる① ～가 되다 ｜ 近所[きんじょ] 근처 ｜ 来ました[きました]③ 왔습니다

⊕ お姉さん을 더 높이면 お姉様[おねえさま](누님/언니 분)가 돼요. 그리고 '누나/언니'라고 직접 부를 때는 보통 お姉ちゃん[おねえちゃん]이라고 해요.

0018 N5

姉　あね　누나/언니(높임×) [명사]

姉はバイトをしながら大学に通っている。　누나는 알바를 하면서 대학에 다니고 있다.

上の姉はアメリカにいます。　큰 언니는 미국에 있습니다.

大学[だいがく] 대학교 ｜ 通う[かよう]① 다니다 ｜ ～ている② ～하고 있다 ｜ 上[うえ] 위 ｜ いる① 있다

⊕ 한국어에서는 '대학을 다니다'라는 말도 쓰지만, 일본어에서는 大学に通う(대학에 다니다)라는 말만 써요.

⊕ '큰 언니'는 일본어로 上の姉(위의 언니)라고 하고, '작은 언니'는 下[した]の姉(아래의 언니)라고 표현해요.

0019 N5

妹(さん)　いもうと(さん)　여동생(분) [명사]

妹は今年、高校に入った。　여동생은 올해, 고등학교에 들어갔어.

課長の妹さんが病気で入院しました。　과장님의 여동생분이 병 때문에 입원했어요.

今年[ことし] 올해 ｜ 高校[こうこう] 고등학교 ｜ 入る[はいる]① 들어가다 ｜ 課長[かちょう] 과장(님) ｜ 病気[びょうき] 병 ｜ 入院[にゅういん] 입원

0020 N5

弟(さん)　おとうと(さん)　남동생(분) [명사]

これは弟だけが知っている。　이것은 남동생만이 알고 있다.

その人の弟さんは先生です。　그 사람의 남동생분은 선생님입니다.

知る[しる]① 알다 ｜ ～ている② ～하고 있다 ｜ 人[ひと] 사람 ｜ 先生[せんせい] 선생님

⊕ 한국어에는 남녀 구별이 없는 '동생'이라는 말이 있지만, 일본어에는 없어요.

0021 N5

참 443

おじいさん おじいさん 할아버지(높임O) [명사]

そのおじいさんは耳がよく聞こえない。 그 할아버지는 귀가 잘 들리지 않아.

おじいさんがうちの前に立ってました。 할아버지가 우리 집 앞에 서 있었어요.

耳[みみ] 귀 | 聞こえる[きこえる]② 들리다 | 前[まえ] 앞 | 立つ[たつ]① 서다 | ～て(い)る② ～해 있다

+ おじいさん을 더 높이면 おじい様[おじいさま](할아버님)가 돼요. 그리고 '할아버지'라고 직접 부를 때는 보통 おじいちゃん이라고 해요.

0022 N5

祖父 そふ 할아버지(높임×) [명사]

祖父の日記を見つけた。 할아버지의 일기를 발견했다.

祖父は元気になりました。 할아버지는 건강해졌습니다.

日記[にっき] 일기 | 見つける[みつける]② 발견하다 | 元気[げんき] 건강 | ～になる① ～해지다

0023 N5

참 443

おばあさん おばあさん 할머니(높임O) [명사]

そのおばあさんのお店は有名だった。 그 할머니의 가게는 유명했어.

そのおばあさんは猫が好きでした。 그 할머니는 고양이를 좋아했어요.

店[みせ] 가게 | 有名[ゆうめい] 유명 | 猫[ねこ] 고양이 | 好き[すき] 좋아함

+ おばあさん을 더 높이면 おばあ様[おばあさま](할머님)가 돼요. 그리고 '할머니'라고 직접 부를 때는 보통 おばあちゃん이라고 해요.

0024 N5

祖母 そぼ 할머니(높임×) [명사]

祖母は毎朝、公園を散歩している。 할머니는 매일 아침, 공원을 산책하고 있다.

祖母は私に会いたがりました。 할머니는 저를 보고 싶어 했습니다.

毎朝[まいあさ] 매일 아침 | 公園[こうえん] 공원 | 散歩[さんぽ] 산책 | ～ている② ～하고 있다 | 私[わたし] 저 | 会う[あう]① 만나다 | ～たがる① ～하고 싶어하다

+ 어떤 사람을 '보다'라고 할 때 일본어는 見[み]る(보다)를 쓰지 않고 会う(만나다)를 써요. 그리고 '~를 만나다'라고 할 때 조사 に를 써서 ～に会う라고 한다는 점에 유의하세요.

일본어의 높임말은 무조건 화자 쪽을 낮추고 상대방 쪽을 높여야 해서 다른 사람에게 '나의 가족'에 대해 말할 때는 높이지 않고 말하고, '다른 사람의 가족'에 대해 말할 때는 높여서 말해요. 한국어와는 차이가 나서 틀리기 쉬워요! 높이지 않는 호칭과 높이는 호칭을 그림으로 확인해 봐요!

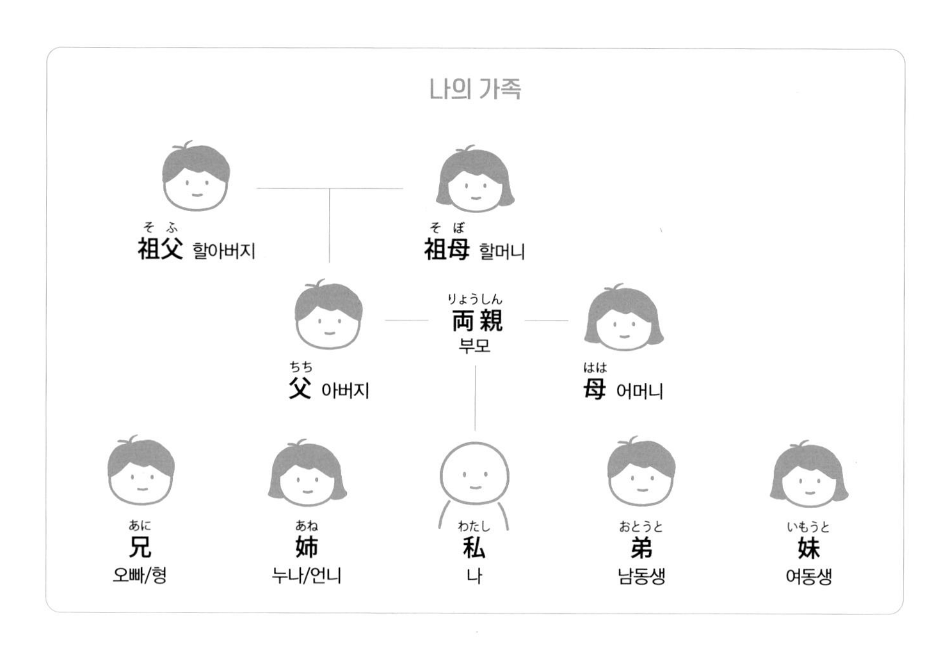

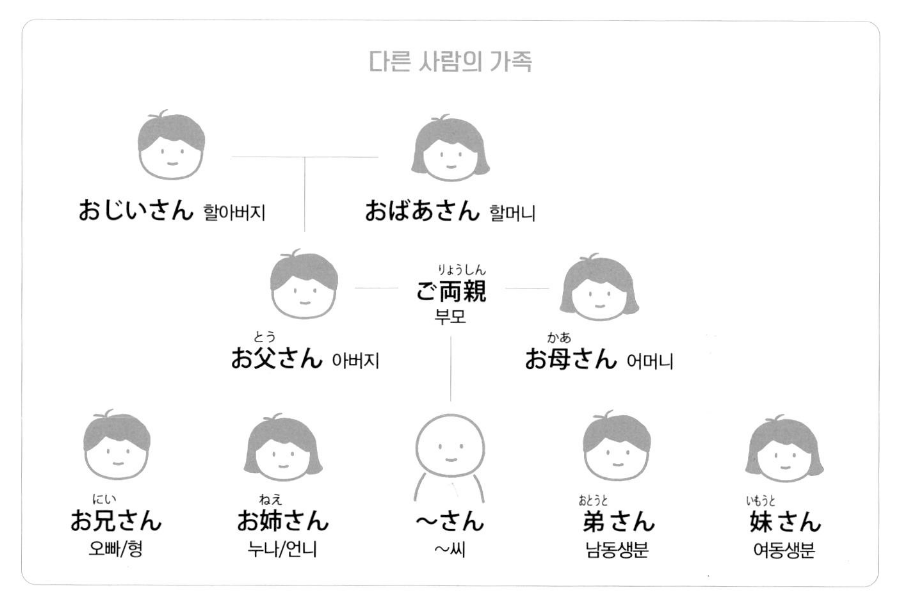

자신의 어머니를 직접 '엄마'라고 부를 때는 *お母さん*이라고 해요. 이때는 상대방이 '어머니' 본인이기 때문에 높이는 것이죠. 다른 사람에게 자신의 어머니에 대해 말할 때 *母*[はは]라고 하는 거예요.

확인해 봐요!

책 날개에 있는 책갈피를 이용해서, 한 쪽을 가리고 나머지 한 쪽을 맞추는 연습을 해 보세요.

人(ひと)	사람, 남(타인)	父(ちち)	아버지(높임×)
関係(かんけい)	관계	(ご)両親(りょうしん)	부모(님)
私(わたし)	나, 저	お兄(にい)さん	오빠/형(높임○)
あなた	당신, 여보	兄(あに)	오빠/형(높임×)
君(きみ)	자네, 너	お姉(ねえ)さん	누나/언니(높임○)
彼(かれ)	그, 남자친구	姉(あね)	누나/언니(높임×)
彼(かれ)ら	그들	妹(いもうと)(さん)	여동생(분)
彼女(かのじょ)	그녀, 여자친구	弟(おとうと)(さん)	남동생(분)
家族(かぞく)	가족	おじいさん	할아버지(높임○)
お母(かあ)さん	어머니(높임○)	祖父(そふ)	할아버지(높임×)
母(はは)	어머니(높임×)	おばあさん	할머니(높임○)
お父(とう)さん	아버지(높임○)	祖母(そぼ)	할머니(높임×)

〈대화로 연습해 봐요〉

❶ 일본어 단어의 독음을 히라가나로 쓴 후에 한국어 뜻을 써 보세요.

단어	히라가나	뜻
01. 彼女		
02. 母		
03. 両親		
04. 妹		
05. 祖父		

❷ 한국어 뜻에 해당하는 일본어 단어를 히라가나와 한자로 써 보세요.

단어	히라가나	한자
06. 사람, 남(타인)		
07. 나, 저		
08. 아버지(높임○)		
09. 오빠/형(높임×)		
10. 누나/언니(높임×)		

❸ (　　) 속에 적절한 단어를 써 보세요. 한자를 모를 경우에는 히라가나로 쓰세요.

11. これは(　　)にあげる。 이건 너에게 줄게.

12. 午後は(　　　)と一緒に買い物に行く。
오후에는 가족과 함께 장보러 갈 거야.

13. 近所の(　　　　　)がうちに来ました。 근처에 사는 언니가 우리 집에 왔어요.

14. これは(　　)だけが知っている。 이것은 남동생만이 알고 있다.

15. その(　　　　　)は猫が好きでした。 그 할머니는 고양이를 좋아했어요.

| 정답 |

❶ 01. かのじょ/그녀, 여자친구 02. はは/어머니(높임×) 03. りょうしん/부모 04. いもうと/여동생
05. そふ/할아버지(높임×)

❷ 06. ひと/人 07. わたし/私 08. おとうさん/お父さん 09. あに/兄 10. あね/姉

❸ 11. 君[きみ] 12. 家族[かぞく] 13. お姉さん[おねえさん] 14. 弟[おとうと] 15. おばあさん

0025 N4

孫 まご 손주 [명사]

孫がよく私に会いに来てくれる。 손주가 자주 나를 만나러 와 준다.

3年前から孫の世話をしています。 3년 전부터 손주를 돌보고 있습니다.

私[わたし] 나 | 会う[あう]① 만나다 | 来て[きて]③ 오고, 와서 | ~てくれる② (다른 사람이) ~해 주다 | 3年[さん ねん] 3년 | ~前[まえ] ~ 전 | 世話[せわ] 돌봄 | ~ている② ~하고 있다

⊕ 남의 손주를 높여서 말할 때는 お孫さん[おまごさん](손주 분)이라고 해요.

0026 N5

(ご)主人 (ご)しゅじん 남편(분) [명사]

主人はもう寝てる。 남편은 이미 자고 있어.

伊藤さんのご主人は料理が上手です。 いとう 씨의 남편분은 요리를 잘해요.

寝る[ねる]② 자다 | ~て(い)る② ~하고 있다 | 料理[りょうり] 요리 | 上手[じょうず] 잘함

⊕ 主人은 '주인'이라는 뜻으로도 써요.

0027 N4 참 454

夫 おっと 남편 [명사]

夫はたばこをやめたがった。 남편은 담배를 끊고 싶어했다.

夫とけんかしてしまいました。 남편과 싸우고 말았습니다.

やめる② 끊다 | ~たがる① ~하고 싶어하다 | ~てしまう① ~하고 말다

⊕ 主人[しゅじん]이 '妻[つま](아내)'보다 높인 느낌이 있어서 요즘은 主人보다 夫를 쓰는 사람이 많은 것 같아요.

0028 N5

奥さん おくさん 부인, 아내분 [명사]

その人の奥さんは外国で生まれた。 그 사람의 부인은 외국에서 태어났어.

奥さんにもよろしくお伝えください。 아내분께도 안부 전해 주십시오.

人[ひと] 사람 | 外国[がいこく] 외국 | 生まれる[うまれる]② 태어나다 | お~ください ~해 주십시오 | 伝える[つたえる]② 전하다

⊕ 奥さん을 더 높이면 奥様[おくさま](사모님)가 돼요.

⊕ よろしくお伝えください는 직역하면 '잘 전해 주십시오'가 돼요.

 N4

妻　つま　아내 [명사]

そんなことを妻が喜ぶはずがない。　그런 일을 아내가 기뻐할 리가 없다.

妻は疲れやすいです。　아내는 쉽게 피로를 느낍니다.

喜ぶ[よろこぶ]① 기뻐하다 ｜ ～はずがない ～할 리가 없다 ｜ 疲れる[つかれる]② 피곤해지다 ｜ ～やすい ～하기 쉽다

⊕ 疲れやすいです는 직역하면 '피곤해지기 쉽습니다'가 돼요.

0030 N4

家内　かない　집사람, 아내 [명사]

家内は飛行機に乗ったことがない。　집사람은 비행기를 탄 적이 없어.

駅まで家内に車で送ってもらいました。　역까지 아내가 차로 데려다 주었어요.

飛行機[ひこうき] 비행기 ｜ 乗る[のる]① 타다 ｜ ～たことがない ～한 적이 없다 ｜ 駅[えき] 역 ｜ 車[くるま] 차 ｜ 送る[おくる]① 데려다 주다 ｜ ～てもらう① (다른 사람이) ～해 주다

⊕ 駅まで家内に車で送ってもらいました는 직역하면 '역까지 아내에게 차로 데려다 받았어요'가 돼요.

⊕ 家内는 '집에 있는 사람'이라는 느낌이 있어서 요즘은 家内보다 妻를 쓰는 사람이 많은 것 같아요.

0031 N4

息子(さん)　むすこ(さん)　아들(아드님) [명사]

息子はシャワーをしているところだ。　아들은 한창 샤워를 하고 있는 중이다.

部長の息子さんは大学院生だそうです。　부장님의 아드님은 대학원생이라고 합니다.

～ているところだ 한창 ～하고 있는 중이다 ｜ 部長[ぶちょう] 부장(님) ｜ 大学院生[だいがくいんせい] 대학원생 ｜ ～そうだ ～라고 하다

⊕ '아드님'이라는 뜻으로 お坊ちゃん[おぼっちゃん]이라는 단어도 있어요.

0032 N4

娘(さん)　むすめ(さん)　딸(따님) [명사]

娘はおもちゃで遊んでる。　딸은 장난감으로 놀고 있어.

社長の娘さんが外国から帰ってきました。　사장님의 따님이 외국에서 돌아왔어요.

遊ぶ[あそぶ]① 놀다 | ～て(い)る② ～하고 있다 | 社長[しゃちょう] 사장(님) | 外国[がいこく] 외국 | 帰る[かえる]① 돌아오다 | ～てくる③ ～해 오다

- 帰る는 '돌아가다'와 '돌아오다'의 2가지 뜻으로 쓰는데, 帰ってくる라고 하면 확실히 '돌아오다'라는 뜻이 돼요.
- 娘さん은 '아가씨'라는 뜻으로 쓸 때도 있어요.

0033 N4

お嬢さん　おじょうさん　따님 [명사]

彼女は金持ちのお嬢さんのようだ。　그녀는 부잣집 따님인 것 같다.

次はぜひお嬢さんとおいでください。　다음에는 꼭 따님과 오십시오.

彼女[かのじょ] 그녀 | 金持ち[かねもち] 부자 | ～ようだ ～인 것 같다 | 次[つぎ] 다음 | おいでください 오십시오

- お嬢さん과 娘さん[むすめさん]은 같은 뜻으로 쓰는데, お嬢さん이 더 품위 있게 들리는 말이에요. お嬢さん을 더 높이면 お嬢様[おじょうさま]가 돼요.
- お嬢さん은 '아가씨'라는 뜻으로 쓸 때도 있어요.

0034 N5　참 282 529

子供　こども　아이, 어린이 [명사]

この公園にはいつも子供がたくさんいる。　이 놀이터에는 항상 어린이들이 많이 있어.

うちの子供は野菜が嫌いです。　우리 집 아이는 야채를 싫어해요.

公園[こうえん] 놀이터 | いる② 있다 | 野菜[やさい] 야채 | 嫌い[きらい] 싫어함

- 子供는 子ども로 쓰는 경우도 많아요.
- 子供는 '자녀'라는 뜻으로 쓸 때도 있어요.

0035 N4

お子さん　おこさん　자녀분 [명사]

お子さんの将来をもっと考えた方がいい。　자녀분의 장래를 더 생각하는 편이 좋다.

松本さんにお子さんが生まれました。　まつもと 씨에게 자녀분이 태어났습니다.

将来[しょうらい] 장래 | 考える[かんがえる]② 생각하다 | ～た方がいい[ほうがいい] ～하는 편이 좋다 | 生まれる[うまれる]② 태어나다

- お子さん을 더 높이면 お子様[おこさま]가 돼요.

'나'가 남편 혹은 아내인 경우의 '나의 가족' 호칭을 정리해 볼게요.

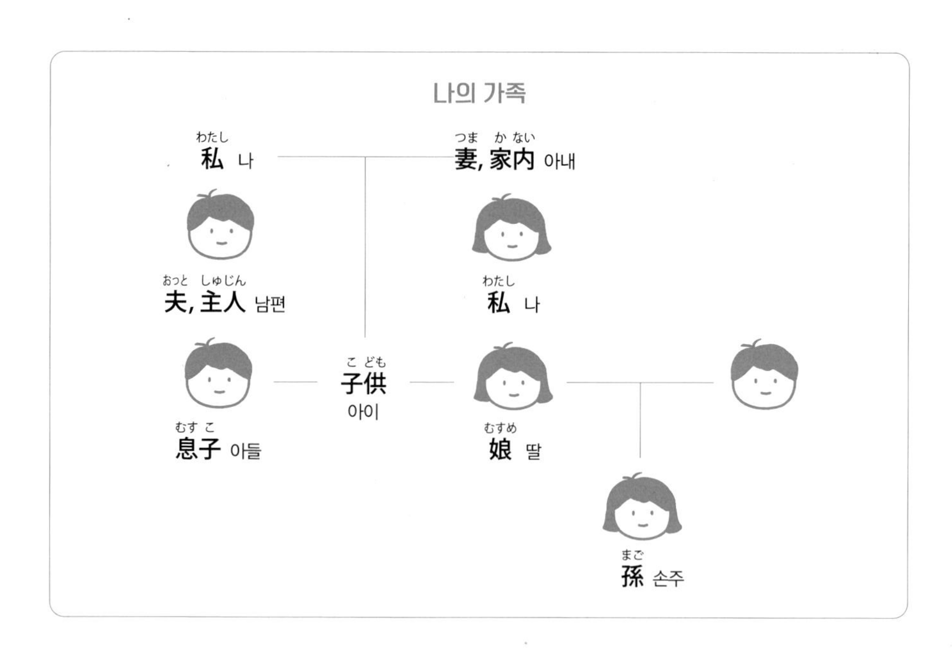

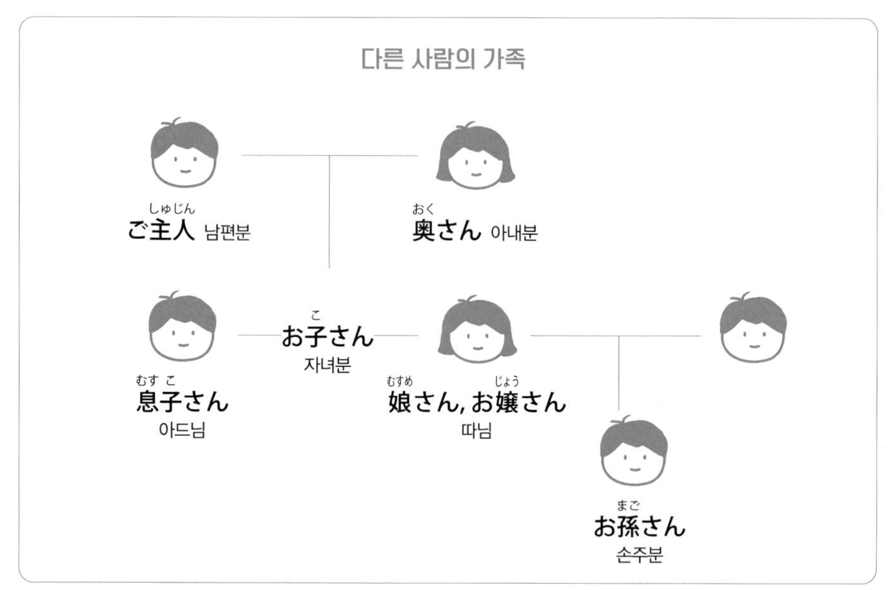

난이도가 높은 단어라서 그림에는 쓰지 않았는데, '사위'는 婿[むこ](사위), お婿さん[おむこさん](사위님, 사위분)이라고 하고 '며느리'는 嫁[よめ](며느리), お嫁さん[およめさん](며느님)이라고 해요.

0036 N5

外国人　がいこくじん　외국인, 외국 사람 [명사]

この辺には外国人がたくさん住んでいる。　이 근처에는 외국 사람들이 많이 살고 있다.
この店は外国人のお客さんが多いです。　이 가게는 외국인 손님이 많습니다.

辺[へん] 근처 | 住む[すむ]① 살다 | ～ている② ~하고 있다 | 店[みせ] 가게 | お客さん[おきゃくさん] 손님 | 多い[おおい] 많다

- '외국 분'은 外国[がいこく]の方[かた]라고 표현해요.
- '외국인'을 뜻하는 말로 外人[がいじん]이라는 말도 있는데, 차별적인 뜻이 있다고 하는 사람도 있으니 外国人을 쓰는 것이 무난해요.

0037 N5

日本人　にほんじん　일본인, 일본 사람 [명사]

日本人の友達がまだ一人もいない。　일본인 친구가 아직 한 명도 없어.
私の学校の日本語の先生は日本人です。　저희 학교의 일본어 선생님은 일본 사람이에요.

友達[ともだち] 친구 | 一人[ひとり] 한 명 | いる② 있다 | 私[わたし] 저 | 学校[がっこう] 학교 | 日本語[にほんご] 일본어 | 先生[せんせい] 선생님

- '저희 학교'는 일본어로 私の学校(저의 학교)라고 표현해요.
- 日本人을 にっぽんじん으로 발음하는 경우도 있지만, にほんじん으로 발음하는 것이 일반적이에요.

0038 N4

挨拶　あいさつ　인사 [명사(+する)]

日本の人が韓国語で挨拶してびっくりした。　일본 사람이 한국어로 인사해서 깜짝 놀랐다.
その人は挨拶もせずに行ってしまいました。　그 사람은 인사도 안 하고 가 버렸습니다.

日本[にほん] 일본 | 人[ひと] 사람 | 韓国語[かんこくご] 한국어 | びっくりする③ 깜짝 놀라다 | 行く[いく]① 가다 | ～てしまう① ~해 버리다

0039 N4

遠慮　えんりょ　사양, 삼가함 [명사(+する)]

妹は私に遠慮して何も言わなかった。　여동생은 나에게 사양해서 아무 말도 하지 않았다.
お食事はご遠慮ください。　식사는 삼가해 주십시오.

妹[いもうと] 여동생 | 私[わたし] 나 | 何も[なにも] 아무것도 | 言う[いう]① 말하다 | 食事[しょくじ] 식사 | ご~ください ~해 주십시오

何も言わなかった는 직역하면 '아무것도 말하지 않았다'가 돼요.

0040 N4

おかげ　おかげ　덕분 [명사]

雨が降ったおかげで、涼しくなった。 비가 내린 덕분에 선선해졌어.

皆さんのおかげでここまで来られました。 여러분 덕분에 여기까지 올 수 있었어요.

雨[あめ] 비 | 降る[ふる]① 내리다 | 涼しい[すずしい] 선선하다 | ~くなる① ~해지다 | 皆さん[みなさん] 여러분 | 来られる[こられる]② 올 수 있다

おかげ는 '덕분'이라는 뜻으로 보통 좋은 일에 쓰지만, 반어적으로 나쁜 일에 쓰는 경우도 있어요.

来る 자체는 3류동사지만 가능형 来られる는 활용이 2류동사가 돼요. 즉 来られない, 来られます, 来られて 등으로 2류동사 활용이 돼요.

0041 N2

せい　せい　탓, 때문 [명사]

寒いせいか、外に人があまりいない。 추운 탓인지, 밖에 사람이 별로 없다.

私のせいでみんなを困らせてしまいました。 저 때문에 모두를 곤란하게 만들고 말았습니다.

寒い[さむい] 춥다 | 外[そと] 밖 | 人[ひと] 사람 | いる② 있다 | 私[わたし] 저 | 困る[こまる]① 곤란하다 | ~てしまう① ~하고 말다

おかげ는 '덕분'이라는 뜻으로 좋은 일에, せい는 '탓'이라는 뜻으로 나쁜 일에 쓴다고 기억해 두시면 실수하는 일이 없어요!

0042 N4

お礼　おれい　사례(말, 금품) [명사]

お礼の手紙を書いた。 사례 편지를 썼어.

先生にお礼をお渡ししました。 선생님께 사례를 드렸어요.

手紙[てがみ] 편지 | 書く[かく]① 쓰다 | 先生[せんせい] 선생님 | お~する③ ~해 드리다 | 渡す[わたす]① 건네다

お渡ししました는 직역하면 '건네 드렸습니다'가 돼요. '사례(품)를 드리다'라고 할 때는 渡す라는 동사를 쓰는 경우가 많아요.

 N4

(お)金持ち　かねもち / おかねもち　부자 [명사]

いくら金持ちでもあんな人は嫌だ。 아무리 부자라도 저런 사람은 싫다.

どうしたらお金持ちになれるでしょうか。 어떻게 하면 부자가 될 수 있을까요?

人[ひと] 사람 ｜ 嫌[いや] 싫음 ｜ ～になる① ～가 되다

0044 N4

けんか　けんか　싸움, 다툼 [명사(+する)]

うちの子はいつもけんかばかりしてる。 우리 아이는 늘 싸움만 하고 있어.

つまらないことでけんかしました。 하찮은 일로 싸웠어요.

子[こ] 아이 ｜ ～ばかり ～만 ｜ ～て(い)る② ～하고 있다 ｜ つまらない 하찮다

0045 N5

自分　じぶん　자기, 자신 [명사]

あの人は自分のことしか考えない。 저 사람은 자신의 일밖에 생각하지 않는다.

自分のことは自分でしましょう。 자기 일은 스스로 합시다.

人[ひと] 사람 ｜ 考える[かんがえる]② 생각하다

⊕ 自分을 私[わたし](저, 나) 대신으로 쓰는 사람도 있어요. 예 自分が行[い]きます。 제가 가겠습니다.

확인해 봐요!

책 날개에 있는 책갈피를 이용해서, 한 쪽을 가리고 나머지 한 쪽을 맞추는 연습을 해 보세요.

孫(まご)	손주	外国人(がいこくじん)	외국인, 외국 사람
(ご)主人(しゅじん)	남편(분)	日本人(にほんじん)	일본인, 일본 사람
夫(おっと)	남편	挨拶(あいさつ)	인사
奥(おく)さん	부인, 아내분	遠慮(えんりょ)	사양, 삼가함
妻(つま)	아내	おかげ	덕분
家内(かない)	집사람, 아내	せい	탓, 때문
息子(むすこ)(さん)	아들(아드님)	お礼(れい)	사례(말, 금품)
娘(むすめ)(さん)	딸(따님)	(お)金持(かねも)ち	부자
お嬢(じょう)さん	따님	けんか	싸움
子供(こども)	아이, 어린이	自分(じぶん)	자기, 자신
お子(こ)さん	자녀분		

연습해 봐요!

〈장문으로 연습해 봐요〉

1 일본어 단어의 독음을 히라가나로 쓴 후에 한국어 뜻을 써 보세요.

단어	히라가나	뜻
01. 孫		
02. 夫		
03. 息子		
04. 子供		
05. お礼		

2 한국어 뜻에 해당하는 일본어 단어를 히라가나와 한자로 써 보세요.

단어	히라가나	한자
06. 남편분		
07. 부인, 아내분		
08. 외국인		
09. 부자		
10. 자기, 자신		

3 (　　) 속에 적절한 단어를 써 보세요. 한자를 모를 경우에는 히라가나로 쓰세요.

11. そんなことを(　　　)が喜ぶはずがない。 그런 일을 아내가 기뻐할 리가 없다.
12. 次はぜひ(　　　　)とおいでください。 다음에는 꼭 따님과 오십시오.
13. その人は(　　　　)もせずに行ってしまいました。
그 사람은 인사도 안 하고 가 버렸습니다.
14. お食事はご(　　　)ください。 식사는 삼가해 주십시오.
15. 雨が降った(　　　　)、涼しくなった。 비가 내린 덕분에 선선해졌어.

| 정답 |

1 01. まご/손주 02. おっと/남편 03.むすこ/아들 04. こども/아이, 어린이 05. おれい/사례(말, 금품)

2 06. ごしゅじん/ご主人 07. おくさん/奥さん 08. がいこくじん/外国人 09. (お)かねもち/(お)金持ち
10. じぶん/自分

3 11. 妻[つま]/家内[かない] 12. お嬢さん[おじょうさん]/娘さん[むすめさん] 13. 挨拶[あいさつ]
14. 遠慮[えんりょ] 15. おかげで

 N4

紹介　しょうかい　소개 [명사(+する)]

友達から仕事の紹介を受けた。 친구로부터 일 소개를 받았다.

誰かいい人がいたら紹介してください。 누군가 좋은 사람이 있으면 소개해 주세요.

友達[ともだち] 친구 | 仕事[しごと] 일 | 受ける[うける]② 받다 | 誰か[だれか] 누군가 | いい 좋다 | 人[ひと] 사람 | いる② 있다

⊕ 紹介[しょうかい](소개)가 自己[じこ](자기)와 합해져 自己紹介(자기소개)라는 복합명사가 되면 악센트가 じこしょうかい로 바뀌어요.

0047 N4

世話　せわ　돌봄, 보살핌 [명사(+する)]

母に息子の世話を頼んだ。 어머니에게 아들을 돌봐 달라고 부탁했어.

子供に動物を世話させてます。 아이에게 동물을 보살피게 하고 있어요.

母[はは] 어머니 | 息子[むすこ] 아들 | 頼む[たのむ]① 부탁하다 | 子供[こども] 아이 | 動物[どうぶつ] 동물 | ~て(い)る② ~하고 있다 |

⊕ 息子の世話を頼んだ는 직역하면 '아들의 돌봄을 부탁했어'가 되죠.

0048 N4

참 467

相談　そうだん　상의, 상담 [명사(+する)]

医者に電話で相談できるサービスがある。 의사에게 전화로 상담할 수 있는 서비스가 있다.

みんなで相談して、どうするか決めました。 다 같이 상의해서, 어떻게 할지 정했습니다.

医者[いしゃ] 의사 | 電話[でんわ] 전화 | できる② 할 수 있다 | ある① 있다 | 決める[きめる]② 정하다

⊕ '상담 치료' 등의 '상담'은 カウンセリング(카운슬링)라고 표현해요.

0049 N4

タイプ　タイプ　타입 [명사]

好きな男性のタイプは？ 좋아하는 남자 타입은?

古いタイプのトイレを新しくしました。 낡은 타입의 화장실을 새롭게 바꿨어요.

好き[すき] 좋아함 | 男性[だんせい] 남성 | 古い[ふるい] 낡다 | 新しい[あたらしい] 새롭다 | ~くする③ ~하게 바꾸다

⊕ タイプ는 '타자', '타자기'의 뜻으로도 써요.

0050 N5

名前 なまえ 이름 [명사]

その人の名前を忘れた。 그 사람의 이름을 잊어버렸다.

名前をここに英語で書いてください。 이름을 여기에 영어로 써 주세요.

人[ひと] 사람 | 忘れる[わすれる]② 잊다 | 英語[えいご] 영어 | 書く[かく]① 쓰다

⊕ '성함'은 앞에 お를 붙여서 お名前[おなまえ]라고 하면 돼요.

0051 N4

約束 やくそく 약속 [명사(+する)]

約束に遅れそうなときは連絡をしなさい。 약속에 늦을 것 같을 때는 연락을 해라.

その話を誰にも話さないと約束しました。 그 이야기를 누구에게도 말하지 않겠다고 약속했어요.

遅れる[おくれる]② 늦다 | ～そうだ ~할 것 같다 | 連絡[れんらく] 연락 | 話[はなし] 이야기 | 誰[だれ] 누구 | 話す[はなす]① 이야기하다

0052 N5

時間 じかん 시간 [명사]

時間がなくて困る。 시간이 없어서 곤란하다.

時間をもっと大切にした方がいいですよ。 시간을 더 소중히 하는 편이 좋아요.

ない 없다 | 困る[こまる]① 곤란하다 | 大切[たいせつ] 소중 | ～にする③ ~하게 하다 | ～た方がいい [ほうがいい] ~하는 편이 좋다

0053 N4

代わり(に) かわり(に) 대신(에) [명사]

代わりの人を探さなくてはいけない。 대신할 사람을 찾아야 한다.

私の代わりに行ってもらえませんか。 저 대신에 가 줄 수 없겠습니까?

人[ひと] 사람 | 探す[さがす]① 찾다 | ～なくてはいけない ~해야 하다 | 私[わたし] 저 | 行く[いく] ① 가다 | ～てもらう① (다른 사람이) ~해 주다

⊕ 行ってもらえませんか는 직역하면 '가 받을 수 없습니까?'가 돼요.

0054 N4

失礼(な)　　しつれい(な)　　실례(한) [명사(+する), な형용사]

あんな失礼な人だとは思わなかった。　저런 예의 없는 사람이라고는 생각하지 않았어.
失礼しました。　안녕히 계세요.

人[ひと] 사람 | 思う[おもう]① 생각하다

⊕ 失礼しました는 직역하면 '실례했습니다'가 되는데, 남의 집이나 사무실 등에 갔다가 그곳에서 나올 때 '안녕히 계세요', '가보겠습니다'라는 뜻으로 쓰는 인사말이에요.

0055 N4

邪魔(な)　　じゃま(な)　　방해(방해가 되는) [명사(+する), な형용사]

勉強の邪魔にならないようにテレビを消した。　공부의 방해가 되지 않도록 TV를 껐다.
お父さんの仕事を邪魔してはいけませんよ。　아버지의 일을 방해하면 안 돼요.

勉強[べんきょう] 공부 | ～になる① ～가 되다 | 消す[けす]① 끄다 | お父さん[おとうさん] 아버지 | 仕事[しごと] 일 | ～てはいけない ～하면 안 되다

0056 N4　　참 574

親切(な)　　しんせつ(な)　　친절(한) [명사, な형용사]

小さな親切が人を大きく変えることもある。　작은 친절이 사람을 크게 바꾸는 경우도 있어.
店員さんの親切な言葉がうれしかったです。　점원 분의 친절한 말이 기뻤어요.

小さな[ちいさな] 작은 | 人[ひと] 사람 | 大きい[おおきい] 크다 | 変える[かえる]② 바꾸다 | ～ことがある① ～하는 경우가 있다 | 店員[てんいん] 점원 | 言葉[ことば] 말 | うれしい 기쁘다

⊕ 変えることもある(바꾸는 경우도 있다)는 変えることがある(바꾸는 경우가 있다)에서 조사 が를 も로 바꾼 거예요.

0057 N4

まじめ(な)　　まじめ(な)　　성실(한), 진지(한) [명사, な형용사]

まじめが一番だ。　성실이 제일이다.
辻さんはまじめな顔でそう答えました。　つじ 씨는 진지한 얼굴로 그렇게 대답했습니다.

一番[いちばん] 제일 | 顔[かお] 얼굴 | 答える[こたえる]② 대답하다

⊕ まじめ는 한자 真面目로 쓰는 경우도 많아요.

⊕ まじめ는 원래 긍정적인 뜻이지만 '융통성이 없다', '따분하다'라는 부정적인 뜻으로 쓸 때도 있어요. 또 반말에서 '진짜?', '정말로'라는 뜻으로 쓸 때, 흔히 まじ?, まじ(に/で)라고 해요.

0058 N4

丁寧(な)　ていねい(な)　정중(한), 정성스러움(정성스러운)

[명사, な형용사]

先生が丁寧に説明してくださった。　선생님이 정성스럽게 설명해 주셨어.

親切、丁寧をモットーにしております。　친절, 정중을 모토로 하고 있습니다.

先生[せんせい] 선생님 ｜ 説明[せつめい] 설명 ｜ ~てくださる① ~해 주시다 ｜ 親切[しんせつ] 친절 ｜ ~ておる① ~하고 있다(공손함)

0059 N4

厳しい　きびしい　엄하다, 엄격하다 [い형용사]

きびしくない　きびしかった　きびしく　きびしくて　きびしければ

⊕ きびしくない　きびしかった　きびしく　きびしくて　きびしければ라는 악센트도 써요.

山本さんのお父さんは非常に厳しかった。　やまもと 씨의 아버지는 매우 엄했다.

この学校は規則が厳しいです。　이 학교는 규칙이 엄격해요.

お父さん[おとうさん] 아버지 ｜ 非常に[ひじょうに] 매우 ｜ 学校[がっこう] 학교 ｜ 規則[きそく] 규칙

0060 N5

참 409 508 644

会う　あう　만나다 [1류동사(자)]

あわない　あいます　あえ　あえる　あえば　あおう　あって

昨日、友達に会って、一緒に映画を見た。　어제, 친구를 만나서 함께 영화를 봤어.

次の日曜日に会いましょう。　이번 일요일에 만납시다.

昨日[きのう] 어제 ｜ 友達[ともだち] 친구 ｜ 一緒に[いっしょに] 함께 ｜ 映画[えいが] 영화 ｜ 見る[みる] ② 보다 ｜ 次[つぎ] 이번 ｜ 日曜日[にちようび] 일요일

⊕ '~를 만나다/보다'라는 표현에서 '~를'에 조사 に를 써서 ~に会う라고 한다는 점에 유의하세요. 또 '~와 만나다/보다'라는 표현에서는 조사 と를 써서 ~と会う라고 하면 돼요.

 N4

謝る　あやまる　사과하다 [1류동사(타)]

あやまらない　あやまります　あやまれ　あやまれる　あやまれば　あやまろう　あやまって

中村さんに謝らなければならない。　なかむら 씨에게 사과해야 해.

息子は友達に謝りたがりませんでした。　아들은 친구에게 사과하고 싶어하지 않았어요.

～なければならない ~해야 하다 ｜ 息子[むすこ] 아들 ｜ 友達[ともだち] 친구 ｜ ～たがる① ~하고 싶어하다

0062 N4 참 584

頼む　たのむ　부탁하다 [1류동사(타)]

たのまない　たのみます　たのめ　たのめる　たのめば　たのもう　たのんで

父に頼めば何でもしてくれる。　아버지에게 부탁하면 무엇이든지 해 준다.

祖母に頼まれて買い物に来ました。　할머니에게 부탁받아서 장보러 왔습니다.

父[ちち] 아버지 ｜ 何でも[なんでも] 무엇이든지 ｜ ～てくれる② (다른 사람이) ~해 주다 ｜ 祖母[そぼ] 할머니 ｜ 買い物[かいもの] 장보기 ｜ 来ました[きました]③ 왔습니다

0063 N4

別れる　わかれる　헤어지다 [2류동사(자)]

わかれない　わかれます　わかれろ　わかれられる　わかれれば　わかれよう　わかれて

駅で友達と別れた。　역에서 친구와 헤어졌다.

彼女と別れることになりました。　여자친구와 헤어지게 되었습니다.

駅[えき] 역 ｜ 友達[ともだち] 친구 ｜ 彼女[かのじょ] 여자친구 ｜ ことになる① ~하게 되다

0064 N5

～さん　~ 씨 [접미사]

악센트에 관해서는 658쪽 3번 설명을 보세요.

小林さんはもう寝てる。　こばやし 씨는 이미 자고 있어.

加藤さんはまだ起きてます。 かとう 씨는 아직 깨어 있어요.

寝る[ねる]② 자다 | ～て(い)る② ～하고 있다 | 起きる[おきる]② 일어나다

0065 N4

～様 ～さま ～님 [접미사]

악센트에 관해서는 658쪽 3번 설명을 보세요.

吉田様のお荷物が届いた。 よしだ 님의 짐이 도착했다.

お父様、どうぞお入りください。 아버님, 어서 들어오십시오.

荷物[にもつ] 짐 | 届く[とどく]① 도착하다 | お父様[おとうさま] 아버님 | お～ください ～하십시오 | 入る[はいる]① 들어오다

0066 N4

～君 ～くん ～군 [접미사]

악센트에 관해서는 658쪽 3번 설명을 보세요.

悠人君、そんなことしちゃだめだよ。 ゆうと 군, 그런 것 하면 안 돼.

この仕事は山田君に頼むことにします。 이 일은 やまだ 군에게 부탁하기로 할게요.

～ちゃだめだ ～하면 안 되다 | 仕事[しごと] 일 | 頼む[たのむ]① 부탁하다 | ～ことにする③ ～하기로 하다

～君은 보통 남자에게 쓰는데, 직장 상사가 부하 여직원을 부를 때나 선생님이 여학생을 부를 때 등에 쓰기도 해요.

～ちゃだめ는 ～てはだめ의 구어체로, 매우 편하게 말할 때 써요.

0067 N4

～ちゃん 해석 불가(아주 친근감 있고 다정하게, 귀엽게 부르는 말) [접미사]

악센트에 관해서는 658쪽 3번 설명을 보세요.

杏ちゃん、これあげようか？ あん, 이거 줄까?

七海ちゃんは来年、小学生になります。 ななみ는 내년에 초등학생이 됩니다.

あげる② 주다 | 来年[らいねん] 내년 | 小学生[しょうがくせい] 초등학생 | ～になる① ～가 되다

～ちゃん은 어린아이들에게 쓰는 경우가 많지만, 어른에게도 애칭으로 쓰는 경우가 있어요.

あげようか는 정중체형(존댓말)로 하면 あげましょうか(줄까요?)가 돼요.

확인해 봐요!

책 날개에 있는 책갈피를 이용해서, 한 쪽을 가리고 나머지 한 쪽을 맞추는 연습을 해 보세요.

紹介(しょうかい)	소개	まじめ(な)	성실(한), 진지(한)
世話(せわ)	돌봄, 보살핌	丁寧(ていねい)(な)	정중(한), 정성스러움(정성스러운)
相談(そうだん)	상의, 상담	厳(きび)しい	엄하다, 엄격하다
タイプ	타입	会(あ)う	만나다
名前(なまえ)	이름	謝(あやま)る	사과하다
約束(やくそく)	약속	頼(たの)む	부탁하다
時間(じかん)	시간	別(わか)れる	헤어지다
代(か)わり(に)	대신(에)	～さん	~ 씨
失礼(しつれい)(な)	실례(한)	～様(さま)	~ 님
邪魔(じゃま)(な)	방해(방해가 되는)	～君(くん)	~ 군
親切(しんせつ)(な)	친절(한)	～ちゃん	해석 불가

연습해 봐요!

〈대화로 연습해 봐요〉

❶ 일본어 단어의 독음을 히라가나로 쓴 후에 한국어 뜻을 써 보세요.

단어	히라가나	뜻
01. 紹介		
02. 約束		
03. 失礼		
04. 親切		
05. ～君		

❷ 한국어 뜻에 해당하는 일본어 단어를 히라가나와 한자로 써 보세요.

단어	히라가나	한자
06. 돌봄, 보살핌		
07. 이름		
08. 대신에		
09. 만나다		
10. 헤어지다		

❸ (　　) 속에 적절한 단어를 써 보세요. 한자를 모를 경우에는 히라가나로 쓰세요.

11. みんなで(　　　)して、どうするか決めました。
다 같이 상의해서, 어떻게 할지 정했습니다.

12. 好きな男性の(　　　)は？ 좋아하는 남자 타입은?

13. お父さんの仕事を(　　　)してはいけませんよ。
아버지의 일을 방해하면 안 돼요.

14. 中村さんに(　　　)なければならない。 なかむら 씨에게 사과해야 해.

15. 父に(　　　)何でもしてくれる。 아버지에게 부탁하면 무엇이든지 해 준다.

| 정답 |

❶ 01. しょうかい/소개 02. やくそく/약속 03. しつれい/실례 04. しんせつ/친절 05. ～くん/～군
❷ 06. せわ/世話 07. なまえ/名前 08. かわりに/代わりに 09. あう/会う 10. わかれる/別れる
❸ 11. 相談[そうだん] 12. タイプ 13. 邪魔[じゃま] 14. 謝ら[あやまら] 15. 頼めば[たのめば]

집·가정

02마디에서는 '주방', '에어컨' 등의 집안에서 볼 수 있는 사물들 및 그것과 관련된 단어를 배울게요.

단어 및 예문듣기

0068 N5 참 442 519 643

家 いえ 집 [명사]

9時に家を出た。 9시에 집을 나왔어.

私の家は東京にあります。 제 집은 とうきょう에 있어요.

9時[くじ] 9시 | 出る[でる]② 나오다 | 私[わたし] 저 | ある① 있다

⊕ 9時に家を出た는 '9시에 집에서 나왔다'라고 번역하는 경우도 많아요. '집에서 출발하다'라는 뜻으로 말할 때는 조사 を를 써서 家を出る라고 해요. 家から出る라고 하면 '집에서 밖으로 나오다/나가다'라는 뜻이 돼요.

0069 N4

家庭 かてい 가정 [명사]

このおもちゃは家庭にある物で作れる。 이 장난감은 가정에 있는 물건으로 만들 수 있다.

父は家庭をとても大切にする人です。 아버지는 가정을 매우 소중히 여기는 사람입니다.

ある① 있다 | 物[もの] 물건 | 作る[つくる]① 만들다 | 父[ちち] 아버지 | 大切[たいせつ] 소중 | ～にする③ ～하게 하다 | 人[ひと] 사람

⊕ 家庭をとても大切にする人는 직역하면 '가정을 매우 소중히 하는 사람'이 돼요.

0070 N5 참 586

住む すむ 살다(거주) [1류동사(자)]

すまない すみます すめ すめる すめば すもう すんで

海の近くに住みたい。 바다 근처에 살고 싶어.

その家には誰も住んでません。 그 집에는 아무도 살고 있지 않아요.

海[うみ] 바다 | 近く[ちかく] 근처 | ～たい ～하고 싶다 | 家[いえ] 집 | 誰も[だれも] 아무도 | ～て(い)る② ～하고 있다

0071 N5

門 もん 문, 대문 [명사]

「東大門(トンデムン)」という門の近くのホテルに泊まった。 '동대문'이라는 문 근처의 호텔에 묵었다.

その家には大きな門がありました。 그 집에는 큰 대문이 있었습니다.

近く[ちかく] 근처 | 泊まる[とまる]① 묵다 | 家[いえ] 집 | 大きな[おおきな] 큰 | ある① 있다

⊕ 門은 건물 외부에 있는 문, 밖의 담과 연결된 대문을 가리켜요. '방문' 등의 작은 문은 門이라고 하지 않고 戸[と]나 ドア라고 해요.

0072 N5

戸 と 문 [명사]

⊕ 악센트에 관해서는 658쪽 4번 설명을 보세요.

押し入れの戸が閉まらない。 붙박이장의 문이 닫히지 않아.

戸が少し開いてますよ。 문이 조금 열려 있어요.

押し入れ[おしいれ] 붙박이장 | 閉まる[しまる]① 닫히다 | 少し[すこし] 조금 | 開く[あく]① 열리다 | ~て(い)る② ~해 있다

⊕ 戸는 미닫이문과 여닫이문 둘 다 가리킬 수 있지만 주로 미닫이문을 가리켜요.

0073 N5

ドア ドア 문 [명사]

ドアのかぎをかけた。 문을 잠갔다.

誰かがドアをノックしました。 누군가가 문을 노크했습니다.

かける② 걸다 | 誰か[だれか] 누군가

⊕ ドア는 여닫이문만을 가리키는데, 자동문은 미닫이문처럼 옆으로 열리지만 自動[じどう]ドア라고 해요.

⊕ 일본어에서는 일상적으로 '열쇠'도 '자물쇠'도 かぎ라고 해요. '문을 잠그다', '자물쇠를 채우다'를 かぎをかける(열쇠를 걸다)라고 표현해요.

0074 N5

庭 にわ 마당, 뜰 [명사]

庭の掃除は大変。 마당 청소는 힘들어.

隣の家には広い庭があります。 옆집에는 넓은 뜰이 있어요.

掃除[そうじ] 청소 | 大変[たいへん] 힘듦 | 隣[となり] 옆 | 家[いえ] 집 | 広い[ひろい] 넓다 | ある① 있다

⊕ '정원'이라는 한자어는 庭園[ていえん]이라고 하는데, 이는 계획적으로 만들어진 정원으로 보통 사람들이 들어와서 즐길 수 있게 공개되어 있는 시설을 가리켜요.

 N5

玄関　げんかん　현관 [명사]

玄関から風が入って寒い。　현관으로부터 바람이 들어와서 춥다.

玄関に自転車が置いてあります。　현관에 자전거가 놓여 있습니다.

風[かぜ] 바람 ｜ 入る[はいる]① 들어오다 ｜ 寒い[さむい] 춥다 ｜ 自転車[じてんしゃ] 자전거 ｜ 置く[おく] ① 놓다 ｜ ～てある① ~해 있다

0076 N5

台所　だいどころ　부엌, 주방 [명사]

うちの台所は狭くて暗い。　우리 집의 부엌은 좁고 어두워.

台所をリフォームしました。　주방을 리폼했어요.

狭い[せまい] 좁다 ｜ 暗い[くらい] 어둡다

⊕ '주방'이라는 한자어는 厨房[ちゅうぼう]라고 하는데, 보통 레스토랑이나 식당 등의 규모가 큰 주방을 뜻할 때 쓰는 말로 일반 가정의 주방에는 안 써요.

0077 N4

キッチン　キッチン　키친 [명사]

この家のキッチンは使いにくい。　이 집의 키친은 사용하기 불편하다.

一日かけてキッチンをきれいに片付けました。　하루 들여서 키친을 깨끗하게 치웠습니다.

家[いえ] 집 ｜ 使う[つかう]① 사용하다 ｜ ～にくい ~하기 어렵다 ｜ 一日[いちにち] 하루 ｜ かける② 들이다 ｜ 片付ける[かたづける]② 치우다

⊕ キッチン은 레스토랑이나 식당의 큰 주방에도 쓸 수 있고, 일반 가정의 주방에도 쓸 수 있어요.

0078 N4

水道　すいどう　수도 [명사]

水道の水が止まらなくなった。　수돗물이 멈추지 않게 되었다.

この家はベランダに水道がなくて不便です。　이 집은 베란다에 수도가 없어서 불편합니다.

水[みず] 물 ｜ 止まる[とまる]① 멈추다 ｜ ～なくなる① ~하지 않게 되다 ｜ 家[いえ] 집 ｜ ない 없다 ｜ 不便[ふべん] 불편

0079 N5

참 490

洗う　あらう　씻다 [1류동사(타)]

あらわない　あらいます　あらえ　あらえる　あらえば　あらおう　あらって

野菜を洗ってから切った。 야채를 씻고 나서 잘랐어.

昨日、お皿を洗わないで寝ました。 어제, 설거지를 하지 않고 잤어요.

野菜[やさい] 야채 | 切る[きる]① 자르다 | 昨日[きのう] 어제 | お皿[おさら] 접시 | 寝る[ねる]② 자다

⊕ お皿を洗わないでは 직역하면 '접시를 씻지 않고'가 돼요. '설거지를 하다'는 お皿を洗う(접시를 씻다)나 洗い物[あらいもの]をする(설거지 거리를 하다)라고 표현하는 경우가 많아요.

0080 N4

ガス　ガス　가스 [명사]

東京に「ガスの科学館」がある。 とうきょう에 '가스 과학관'이 있다.

ガスの火を弱くしてください。 가스불을 약하게 해 주세요.

科学館[かがくかん] 과학관 | ある① 있다 | 火[ひ] 불 | 弱い[よわい] 약하다 | ~くする③ ~하게 하다

0081 N5

冷蔵庫　れいぞうこ　냉장고 [명사]

新しい冷蔵庫が欲しい。 새 냉장고를 갖고 싶어.

冷蔵庫にビールが入ってます。 냉장고에 맥주가 들어 있어요.

新しい[あたらしい] 새롭다 | 欲しい[ほしい] 갖고 싶다 | 入る[はいる]① 들다 | ~て(い)る② ~해 있다

⊕ 한국어의 '갖고 싶다'는 동사라서 '~를 갖고 싶다'라고 하지만, 일본어의 欲しい는 동사가 아닌 い형용사라서 ~が欲しい라는 형태가 돼요.

0082 N5

テーブル　テーブル　테이블, 식탁 [명사]

テーブルの上に灰皿がある。 테이블 위에 재떨이가 있어.

もっと大きなテーブルが必要です。 더 큰 식탁이 필요해요.

上[うえ] 위 | 灰皿[はいざら] 재떨이 | ある① 있다 | 大きな[おおきな] 큰 | 必要[ひつよう] 필요

0083 N5

お風呂　おふろ　목욕, 욕실 [명사]

日本ではお風呂とトイレが一緒の家は少ない。

일본에서는 욕실과 화장실이 함께 있는 집은 적다.

今、お風呂に入っています。　지금, 목욕하고 있습니다.

日本[にほん] 일본 ｜ 一緒[いっしょ] 같음 ｜ 家[いえ] 집 ｜ 少ない[すくない] 적다 ｜ 今[いま] 지금 ｜ 入る[はいる]① 들어가다 ｜ ～ている② ~하고 있다

- お風呂는 風呂라는 단어 앞에 お라는 접두사가 붙은 말이라 お없이 風呂라고만 할 수도 있는데 お가 없으면 거친 말투가 돼요. 그리고 N5에서는 お風呂라는 형태로 가르치게 되어 있어서 お風呂로 제시했어요.
- 일본의 집들은 보통 욕실과 화장실이 따로 있어서 같은 공간에 욕실과 화장실이 있는 것을 싫어하는 사람이 많아요.
- '목욕하다'는 お風呂に入る(목욕/욕실에 들어가다)라고 표현해요.

0084 N5

石けん　せっけん　비누 [명사]

旅行のお土産に石けんをもらった。　여행 선물로 비누를 받았다.

食事の前に石けんで手をきれいに洗いましょう。 식사 전에 비누로 손을 깨끗이 씻읍시다.

旅行[りょこう] 여행 ｜ お土産[おみやげ] 선물 ｜ もらう① 받다 ｜ 食事[しょくじ] 식사 ｜ ～の前に[まえに] ~ 전에 ｜ 手[て] 손 ｜ 洗う[あらう]① 씻다

0085 N5

シャワー　シャワー　샤워 [명사]

シャワーのお湯が熱くなったり冷たくなったりする。

샤워물이 뜨거워졌다 차가워졌다 해.

私は毎朝シャワーを浴びます。　저는 매일 아침에 샤워를 해요.

お湯[おゆ] 뜨거운 물 ｜ 熱い[あつい] 뜨겁다 ｜ ～くなる① ~해지다 ｜ ～たり～たりする③ ~하거나 ~하거나 하다 ｜ 冷たい[つめたい] 차갑다 ｜ 私[わたし] 저 ｜ 毎朝[まいあさ] 매일 아침 ｜ 浴びる[あびる]② (샤워를) 하다

- '샤워를 하다'는 シャワーを浴びる(샤워를 들쓰다)라고 해도 되고 シャワーをする(샤워를 하다)라고 해도 돼요.

0086 N5

浴びる　あびる　(햇볕을) 쬐다, 뒤집어쓰다 [2류동사(타)]

あびない　あびます　あびろ　あびられる　あびれば　あびよう　あびて

日をたくさん浴びて、トマトが大きくなった。 햇볕을 많이 쬐어 토마토가 커졌다.

頭から水を浴びました。 머리에서부터 물을 뒤집어썼습니다.

日[ひ] 햇볕 | 大きい[おおきい] 크다 | ～くなる① ～해지다 | 頭[あたま] 머리 | 水[みず] 물

⊕ 浴びる는 '샤워를 하다'라고 할 때도 쓰는데, 샤워하는 것은 위에서 떨어지는 물을 뒤집어쓰기 때문이죠.

0087 N5

脱ぐ　ぬぐ　벗다 [1류동사(타)]

ぬがない　ぬぎます　ぬげ　ぬげる　ぬげば　ぬごう　ぬいで

靴を脱いで入って。 신발을 벗고 들어와.

暑くて上着を脱ぎました。 더워서 겉옷을 벗었습니다.

靴[くつ] 신발 | 入る[はいる]① 들어오다 | 暑い[あつい] 덥다 | 上着[うわぎ] 겉옷

⊕ 入って와 같이 ～て로 문장을 끝내는 것은 ～てください(～하세요, ～해 주세요)의 반말 표현이에요. 그래서 ～て로 문장이 끝나면 문맥에 따라 '～해'나 '～해 줘'로 해석하면 돼요.

0088 N4

鏡　かがみ　거울 [명사]

⊕ かがみ라는 악센트도 써요.

玄関に鏡がかけてある家が多い。 현관에 거울이 걸려 있는 집이 많다.

大事にしていた鏡が割れてしまいました。 소중히 했었던 거울이 깨져 버렸습니다.

玄関[げんかん] 현관 | かける② 걸다 | ～てある① ～해 있다 | 家[いえ] 집 | 多い[おおい] 많다 | 大事[だいじ] 소중 | ～にする③ ～하게 하다 | ～ている② ～하고 있다 | 割れる[われる]② 깨지다 | ～てしまう① ～해 버리다

⊕ かける는 한자 掛ける로 쓰는 경우도 많아요.

⊕ 자동차에 달린 거울의 경우는 ミラー(미러)라고 해요.

0089 N5

部屋　へや　방 [명사]

部屋の前に小さなテーブルと椅子がある。 방 앞에 작은 테이블과 의자가 있어.

私の部屋に入らないでください。 제 방에 들어오지 마세요.

前[まえ] 앞 | 小さな[ちいさな] 작은 | 椅子[いす] 의자 | ある① 있다 | 私[わたし] 저 | 入る[はいる] ① 들어오다

영어 ルーム(룸)라는 말을 쓰는 경우도 있어요.

0090 N5

窓 まど 창문 [명사]

マンションのトイレには窓がないことが多い。 아파트 화장실에는 창문이 없는 경우가 많다.

窓から山がよく見えます。 창문에서 산이 잘 보입니다.

ない 없다 | 多い[おおい] 많다 | 山[やま] 산 | 見える[みえる]② 보이다

0091 N4

カーテン カーテン 커튼 [명사]

カーテンが風に揺れてた。 커튼이 바람에 흔들리고 있었어.

私の部屋に合うカーテンを探してます。 제 방에 어울리는 커튼을 찾고 있어요.

風[かぜ] 바람 | 揺れる[ゆれる]② 흔들리다 | ～て(い)る② ~하고 있다 | 私[わたし] 저 | 部屋[へや] 방 | 合う[あう]① 어울리다 | 探す[さがす]① 찾다

0092 N5

本 ほん 책 [명사]

机の上に本がある。 책상 위에 책이 있다.

厚い本を買いました。 두꺼운 책을 샀습니다.

机[つくえ] 책상 | 上[うえ] 위 | ある① 있다 | 厚い[あつい] 두껍다 | 買う[かう]① 사다

0093 N4

棚 たな 선반 [명사]

高くても長く使えそうな棚を選んだ。 비싸더라도 오래 사용할 수 있을 것 같은 선반을 골랐어.

棚に写真や人形などが飾ってあります。 선반에 사진이며 인형 등이 장식되어 있어요.

高い[たかい] 비싸다 | 長い[ながい] 오래다 | 使う[つかう]① 사용하다 | ～そうだ ~할 것 같다 | 選ぶ[えらぶ]① 고르다 | 写真[しゃしん] 사진 | 人形[にんぎょう] 인형 | 飾る[かざる]① 장식하다 | ～てある① ~해 있다

0094 N5

本棚　ほんだな　책장 [명사]

本棚が要らなくなった。　책장이 필요 없게 되었다.

本棚を自分で作りました。　책장을 스스로 만들었습니다.

要る[いる]① 필요하다 | ～なくなる① ~하지 않게 되다 | 自分で[じぶんで] 스스로 | 作る[つくる]① 만들다

本棚는 本[ほん](책)과 棚[たな](선반)가 합해진 건데, たな의 소리가 だな가 된다는 점에 유의하세요!

0095 N4

壁　かべ　벽 [명사]

壁の色を変えると部屋のイメージが変わる。　벽의 색깔을 바꾸면 방의 이미지가 바뀌어.

こちらの壁に時計をかけるつもりです。　이쪽 벽에 시계를 걸 생각이에요.

色[いろ] 색깔 | 変える[かえる]② 바꾸다 | 部屋[へや] 방 | 変わる[かわる]① 바뀌다 | 時計[とけい] 시계 | かける② 걸다 | ～つもりだ ~할 생각이다

かけるは 한자 掛ける로 쓰는 경우도 많아요.

책 날개에 있는 책갈피를 이용해서, 한 쪽을 가리고 나머지 한 쪽을 맞추는 연습을 해 보세요.

家(いえ)	집	テーブル	테이블, 식탁
家庭(かてい)	가정	お風呂(ふろ)	목욕, 욕실
住(す)む	살다(거주)	石(せっ)けん	비누
門(もん)	문, 대문	シャワー	샤워
戸(と)	문	浴(あ)びる	(햇볕을) 쬐다, 뒤집어쓰다
ドア	문	脱(ぬ)ぐ	벗다
庭(にわ)	마당, 뜰	鏡(かがみ)	거울
玄関(げんかん)	현관	部屋(へや)	방
台所(だいどころ)	부엌, 주방	窓(まど)	창문
キッチン	키친	カーテン	커튼
水道(すいどう)	수도	本(ほん)	책
洗(あら)う	씻다	棚(たな)	선반
ガス	가스	本棚(ほんだな)	책장
冷蔵庫(れいぞうこ)	냉장고	壁(かべ)	벽

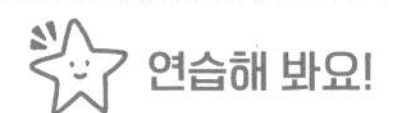

〈장문으로 연습해 봐요〉

❶ 일본어 단어의 독음을 히라가나로 쓴 후에 한국어 뜻을 써 보세요.

단어	히라가나	뜻
01. 門		
02. 水道		
03. 冷蔵庫		
04. 浴びる		
05. 部屋		

❷ 한국어 뜻에 해당하는 일본어 단어를 히라가나와 한자로 써 보세요.

단어	히라가나	한자
06. 집		
07. 살다(거주)		
08. 씻다		
09. 비누		
10. 책		

❸ (　　) 속에 적절한 단어를 써 보세요. 한자를 모를 경우에는 히라가나로 쓰세요.

11. うちの(　　　)は狭くて暗い。 우리 집의 부엌은 좁고 어두워.

12. 今、(　　　)に入っています。 지금, 목욕하고 있습니다.

13. 私は毎朝(　　　)を浴びます。 저는 매일 아침에 샤워를 해요.

14. (　　　　)から山がよく見えます。 창문에서 산이 잘 보입니다.

15. (　　　)に写真や人形などが飾ってあります。
선반에 사진이며 인형 등이 장식되어 있어요.

| 정답 |

❶ 01. もん/문, 대문 02. すいどう/수도 03. れいぞうこ/냉장고 04. あびる/(햇볕을) 쬐다, 뒤집어쓰다 05. へや/방
❷ 06. いえ/家 07. すむ/住む 08. あらう/洗う 09. せっけん/石けん 10. ほん/本
❸ 11. 台所[だいどころ] 12. お風呂[おふろ] 13. シャワー 14. 窓[まど] 15. 棚[たな]

 N5

カレンダー　カレンダー　달력, 캘린더 [명사]

来年のカレンダーをもらった。 내년의 달력을 받았다.
かわいいカレンダーをダウンロードしました。 예쁜 캘린더를 다운로드했습니다.

来年[らいねん] 내년 | もらう① 받다 | かわいい 예쁘다

0097 N4

エアコン　エアコン　에어컨 [명사]

エアコンを使いすぎて電気代が心配。 에어컨을 너무 많이 써서 전기세가 걱정이야.
暑くてもエアコンをつけませんでした。 더워도 에어컨을 켜지 않았어요.

使う[つかう]① 쓰다 | ~すぎる② 너무 ~하다 | 電気[でんき] 전기 | ~代[だい] ~세 | 心配[しんぱい] 걱정 | 暑い[あつい] 덥다 | つける② 켜다

⊕ 일본에서는 냉방도 난방도 エアコン을 쓰는 경우가 많아요.

0098 N5

ストーブ　ストーブ　난로, 스토브 [명사]

ストーブを持って冬キャンプに行こう。 난로를 가지고 겨울 캠핑하러 가자.
ストーブが消えてました。 스토브가 꺼져 있었어요.

持つ[もつ]① 가지다 | 冬[ふゆ] 겨울 | 行く[いく]① 가다 | 消える[きえる]② 꺼지다 | ~て(い)る② ~해 있다

⊕ '히터'는 ヒーター라고 해요.

0099 N5 참 451

電気　でんき　전기, 불 [명사]

電気が必要な物が多い。 전기가 필요한 물건이 많다.
暗いから電気をつけてください。 어두우니까 불을 켜 주세요.

必要[ひつよう] 필요 | 物[もの] 물건 | 多い[おおい] 많다 | 暗い[くらい] 어둡다 | つける② 켜다

0100 N4

電灯 でんとう 전등 [명사]

公園の電灯が壊れてる。 놀이터의 전등이 망가져 있어.

これは電灯の明るさを変えるスイッチです。 이것은 전등의 밝기를 바꾸는 스위치예요.

公園[こうえん] 놀이터 | 壊れる[こわれる]② 망가지다 | ～て(い)る② ~해 있다 | 明るい[あかるい] 밝다 | 変える[かえる]② 바꾸다

- 일상적으로 電灯라는 말을 쓰는 일은 거의 없고 電気[でんき]라고 해요. 참고로 '손전등(랜턴)'은 懐中電灯[かいちゅう でんとう](회중 전등)라고 해요.

0101 N4

押し入れ おしいれ 붙박이장, 벽장 [명사]

最近は押し入れのない家も多い。 요즘은 붙박이장이 없는 집도 많다.

押し入れに布団や洋服が片付けてあります。 벽장에 이부자리나 옷이 정리되어 있습니다.

最近[さいきん] 요즘 | 家[いえ] 집 | 多い[おおい] 많다 | 布団[ふとん] 이부자리 | 洋服[ようふく] 옷 | 片付ける[かたづける]② 정리하다 | ～てある① ~해 있다

- 押し入れのない家에서 쓴 の는 '의'라는 뜻이 아니라 '이/가'라는 뜻으로 が로 바꿔 쓸 수 있어요. '나의 살던 고향'의 '의'와 같은 것이죠. 이와 같이 の를 '이/가'로 쓰는 경우도 많으니 '의'로 해석이 안 될 때는 '이/가'로 해석해 보세요.
- 押し入れ는 押入れ로 쓰기도 해요. 押し入れ는 침구의 수납 공간으로 보통 미닫이문이 달려 있어요.

0102 N4

布団 ふとん 이불, 이부자리 [명사]

布団を洗濯機で洗った。 이불을 세탁기로 빨았어.

寒くなったので、冬の布団に替えました。 추워져서, 겨울 이부자리로 교체했어요.

洗濯機[せんたくき] 세탁기 | 洗う[あらう]① 빨다 | 寒い[さむい] 춥다 | ～くなる① ~해지다 | 冬[ふゆ] 겨울 | 替える[かえる]② 교체하다

- '덮는 이불'도 '까는 요'도 다 布団이라고 해요. 구별하자면 '덮는 이불'은 掛(け)布団[かけぶとん]이라고 하고, '까는 요'는 敷(き)布団[しきぶとん]이라고 해요.

0103 N4

畳 たたみ 다다미 [명사]

新しい畳はいいにおいがする。 새 다다미는 좋은 냄새가 난다.

畳の部屋が一つもない家が増えました。 다다미 방이 하나도 없는 집이 늘었습니다.

新しい[あたらしい] 새롭다 | いい 좋다 | 部屋[へや] 방 | 一つ[ひとつ] 하나 | ない 없다 | 家[いえ] 집 | 増える[ふえる]② 늘다

⊕ 畳는 일본 전통식 방 바닥에 깔고 쓰는 두꺼운 매트 같은 것이에요.

0104 N5

机 つくえ 책상 [명사]

これは僕の机で、隣の机は弟のだ。 이것은 내 책상이고, 옆의 책상은 남동생 것이다.

姉の机の上はいつもきれいです。 언니의 책상 위는 항상 깨끗합니다.

僕[ぼく] 나 | 隣[となり] 옆 | 弟[おとうと] 남동생 | 姉[あね] 언니 | 上[うえ] 위

0105 N5

椅子 いす 의자 [명사]

兄が椅子に座ってた。 오빠가 의자에 앉아 있었어.

このテーブルと椅子はセットです。 이 테이블과 의자는 세트예요.

兄[あに] 오빠 | 座る[すわる]① 앉다 | ~て(い)る② ~해 있다

⊕ 한자 椅는 어려운 한자인데 실생활에서 한자로 쓰는 경우가 많아서 한자로 소개해 드렸어요. 가타카나 イス로 표기해도 돼요. 히라가나로 써도 되지만, 약간 무식해 보일 수도 있으니 가타카나나 한자로 쓰는 것이 좋아요.

0106 N5

プリンター プリンター 프린터 [명사]

プリンターのインクが出ない。 프린터의 잉크가 나오지 않는다.

プリンターをインストールしました。 프린터를 인스톨했습니다.

出る[でる]② 나오다

0107 N4

コンピューター コンピューター 컴퓨터 [명사]

子供もコンピューターを使うようになった。 어린이도 컴퓨터를 사용하게 됐어.

私はコンピューターに興味があります。 저는 컴퓨터에 관심이 있어요.

子供[こども] 어린이 | 使う[つかう]① 사용하다 | ～ようになる① ～하게 되다 | 私[わたし] 저 | 興味[きょうみ] 관심 | ある① 있다

⊕ コンピューターは 마지막의 장음 표시 없이 コンピュータ로 쓰는 경우도 있어요.

0108 N4

パソコン パソコン PC [명사]

スマホがあればパソコンは要らないと思う。 스맛폰이 있으면 PC는 필요 없다고 생각한다.

高校生ならパソコンが必要です。 고등학생이라면 PC가 필요합니다.

ある① 있다 | 要る[いる]① 필요하다 | 思う[おもう]① 생각하다 | 高校生[こうこうせい] 고등학생 | 必要[ひつよう] 필요

⊕ パソコン은 パーソナルコンピューター(퍼스널 컴퓨터)를 줄인 말이에요. 표기할 때는 'PC'라고 쓰는 경우가 많지만, 말할 때는 PC보다 パソコン이라고 하는 사람이 많아요.

0109 N4

ファイル ファイル 파일 [명사]

書類をファイルに入れて本棚に並べた。 서류를 파일에 넣어서 책장에 가지런히 놓았다.

アップロードするファイルを選んでください。 업로드할 파일을 선택해 주세요.

書類[しょるい] 서류 | 入れる[いれる]② 넣다 | 本棚[ほんだな] 책장 | 並べる[ならべる]② 가지런히 놓다 | 選ぶ[えらぶ]① 선택하다

⊕ 사전적인 악센트는 ファイル인데, 컴퓨터 파일은 ファイル로 발음하는 사람도 있어요.

0110 N4

ソフト(な) ソフト / ソフト(な) 소프트웨어, 부드러움(부드러운) [명사, な형용사]

ソフトをアップデートした。 소프트웨어를 업데이트했어.

その花はソフトなピンク色です。 그 꽃은 부드러운 핑크색이에요.

花[はな] 꽃 | 色[いろ] 색

⊕ '소프트웨어'의 뜻으로 쓸 때는 ソフト로 발음하는 사람이 더 많아요.

0111 N5

階段 かいだん 계단 [명사]

この町には階段が多い。 이 동네에는 계단이 많다.

エレベーターか階段で3階に行ってください。 엘리베이터나 계단으로 3층에 가십시오.

町[まち] 동네 ︱ 多い[おおい] 많다 ︱ 3階[さん がい] 3층 ︱ 行く[いく]① 가다

⊕ 3階를 さんかい라고 하는 사람도 있는데, 원칙적으로는 さんがい예요.

0112 N5

洗濯 せんたく 세탁, 빨래 [명사(+する)]

この上着は家で洗濯できない。 이 겉옷은 집에서 세탁할 수 없어.

新しい服は洗濯してから着ます。 새 옷은 빨고 나서 입어요.

上着[うわぎ] 겉옷 ︱ 家[いえ] 집 ︱ できる② 할 수 있다 ︱ 新しい[あたらしい] 새롭다 ︱ 服[ふく] 옷 ︱ 着る[きる]② 입다

0113 N4

洗濯機 せんたくき 세탁기 [명사]

洗濯機が壊れたので、新しいのを買った。 세탁기가 고장 나서, 새 것을 샀다.

洗濯機で洗えるかどうかわかりません。 세탁기로 빨 수 있을지 모르겠습니다.

壊れる[こわれる]② 고장 나다 ︱ 新しい[あたらしい] 새롭다 ︱ 買う[かう]① 사다 ︱ 洗う[あらう]① 빨다 ︱ わかる① 알다

⊕ 쓸 때는 せんたくき로 쓰지만, 발음할 때는 せんたっき로 발음하는 사람들이 많아요.

⊕ 洗濯機で洗えるかどうかわかりません은 직역하면 '세탁기로 빨 수 있을지 어떨지 모르겠습니다'가 돼요.

0114 N5

掃除 そうじ 청소 [명사(+する)]

掃除は僕がして、料理は妹がする。 청소는 내가 하고, 요리는 여동생이 해.

日曜日は洗濯したり、掃除したりします。 일요일은 빨래하기도 하고 청소하기도 해요.

僕[ぼく] 나 ︱ 料理[りょうり] 요리 ︱ 妹[いもうと] 여동생 ︱ 日曜日[にちようび] 일요일 ︱ 洗濯[せんたく] 빨래 ︱ ~たり~たりする③ ~하기도 하고 ~하기도 하다

'청소'를 뜻하는 말로 '소제'라는 말이 있죠? 일본어 掃除와 똑같은 한자어예요. '소제'를 떠올리시면 掃除라는 단어를 기억하기 좋을 것 같아요.

0115 N4

掃除機 そうじき 청소기 [명사]

それはすごく古い掃除機らしい。 그것은 엄청 오래된 청소기인 모양이다.
部屋に掃除機をかけました。 방에 청소기를 돌렸습니다.

古い[ふるい] 오래되다 | ~らしい ~인 모양이다 | 部屋[へや] 방 | かける② (청소기를) 돌리다

'청소기'는 クリーナー(클리너)라고 하기도 해요.

'청소기를 돌리다'는 掃除機をかける라고 해요. かける를 보통 히라가나로 쓰는데 한자로 쓰려면 掛ける가 돼요.

0116 N5

花びん かびん 꽃병 [명사]

テーブルの上にきれいな花びんがあった。 테이블 위에 예쁜 꽃병이 있었어.
友達の誕生日に花びんをあげました。 친구의 생일에 꽃병을 주었어요.

上[うえ] 위 | ある① 있다 | 友達[ともだち] 친구 | 誕生日[たんじょうび] 생일 | あげる② 주다

花びん은 한자 花瓶으로 쓰는 경우도 많아요.

0117 N5

時計 とけい 시계 [명사]

部屋の壁に時計がかかってる。 방의 벽에 시계가 걸려 있어.
時計が止まってますよ。 시계가 멈춰 있어요.

部屋[へや] 방 | 壁[かべ] 벽 | かかる① 걸리다 | ~て(い)る② ~해 있다 | 止まる[とまる]① 멈추다

0118 N4

おもちゃ おもちゃ 장난감 [명사]

娘ももうおもちゃで遊ぶ年じゃない。 딸도 이제 장난감을 가지고 놀 나이가 아니다.
今おもちゃを片付けたところです。 지금 막 장난감을 치웠습니다.

娘[むすめ] 딸 | 遊ぶ[あそぶ]① 놀다 | 年[とし] 나이 | 今[いま] 지금 | 片付ける[かたづける]② 치우다 | ~たところだ 막 ~했다

⊕ おもちゃで遊ぶ年는 직역하면 '장난감으로 놀 나이'가 돼요.

0119 N4

ごみ ごみ 쓰레기 [명사]

海岸にごみが落ちてた。 바닷가에 쓰레기가 떨어져 있었어.

ここにごみを捨てないでください。 여기에 쓰레기를 버리지 마세요.

海岸[かいがん] 바닷가 | 落ちる[おちる]② 떨어지다 | ~て(い)る② ~해 있다 | 捨てる[すてる]② 버리다

⊕ ごみ는 가타카나 ゴミ로 쓰는 경우도 많아요.

0120 N4

ごみ箱 ごみばこ 쓰레기통, 휴지통 [명사]

⊕ ごみばこ라는 악센트도 써요.

そのごみ箱はインテリアにもなる。 그 쓰레기통은 인테리어도 된다.

ごみ箱に入れたファイルを戻しました。 휴지통에 넣은 파일을 되돌렸습니다.

~になる① ~가 되다 | 入れる[いれる]② 넣다 | 戻す[もどす]① 되돌리다

⊕ ごみ를 가타카나로 써서 ゴミ箱라고 쓰는 경우도 많아요.

⊕ ~にもなる는 ~になる(~가 되다)에 조사 も가 추가되어 '~도 되다'가 된 거예요.

확인해 봐요!

책 날개에 있는 책갈피를 이용해서, 한 쪽을 가리고 나머지 한 쪽을 맞추는 연습을 해 보세요.

カレンダー	달력, 캘린더	ファイル	파일
エアコン	에어컨	ソフト(な)	소프트웨어, 부드러움(부드러운)
ストーブ	난로, 스토브	かいだん 階段	계단
でんき 電気	전기, 불	せんたく 洗濯	세탁, 빨래
でんとう 電灯	전등	せんたくき 洗濯機	세탁기
お い 押し入れ	붙박이장, 벽장	そうじ 掃除	청소
ふとん 布団	이불, 이부자리	そうじき 掃除機	청소기
たたみ 畳	다다미	か 花びん	꽃병
つくえ 机	책상	とけい 時計	시계
いす 椅子	의자	おもちゃ	장난감
プリンター	프린터	ごみ	쓰레기
コンピューター	컴퓨터	ばこ ごみ箱	쓰레기통, 휴지통
パソコン	PC		

연습해 봐요!

〈대화로 연습해 봐요〉

1 일본어 단어의 독음을 히라가나로 쓴 후에 한국어 뜻을 써 보세요.

단어	히라가나	뜻
01. 布団		
02. 階段		
03. 洗濯機		
04. 掃除		
05. ごみ箱		

2 한국어 뜻에 해당하는 일본어 단어를 히라가나와 한자로 써 보세요.

단어	히라가나	한자
06. 전기, 불		
07. 붙박이장, 벽장		
07. 책상		
08. 꽃병		
10. 시계		

3 (　　) 속에 적절한 단어를 써 보세요. 한자를 모를 경우에는 히라가나로 쓰세요.

11. かわいい(　　　　　　)をダウンロードしました。
예쁜 캘린더를 다운로드했습니다.

12. 兄が(　　　)に座ってた。 오빠가 의자에 앉아 있었어.

13. 高校生なら(　　　　)が必要です。 고등학생이라면 PC가 필요합니다.

14. アップロードする(　　　　)を選んでください。
업로드할 파일을 선택해 주세요.

15. 娘ももう(　　　　)で遊ぶ年じゃない。
딸도 이제 장난감을 가지고 놀 나이가 아니다.

| 정답 |

1 01. ふとん / 이불, 이부자리 02. かいだん / 계단 03. せんたくき / 세탁기 04. そうじ / 청소 05. ごみばこ / 쓰레기통

2 06. でんき / 電気 07. おしいれ / 押し入れ 08. つくえ / 机 09. かびん / 花びん 10. とけい / 時計

3 11. カレンダー 12. 椅子[いす] 13. パソコン 14. ファイル 15. おもちゃ

학교

03마디에서는 '교실', '공부', '수학' 등의 학교와 관련된 단어를 배울게요.

단어 및 예문듣기

0121 N5

学校 がっこう 학교 [명사]

学校は8時に始まる。 학교는 8시에 시작된다.

今日は学校に行きたくないです。 오늘은 학교에 가고 싶지 않습니다.

8時[はち じ] 8시 | 始まる[はじまる]① 시작되다 | 今日[きょう] 오늘 | 行く[いく]① 가다 | ~たい 하고 싶다

⊕ 일본의 초 · 중 · 고등학교는 대체로 8:00나 8:20까지 등교해야 하는 학교가 많아요.

0122 N4

通う かよう 다니다 [1류동사(자)]

かよわない かよいます かよえ かよえる かよえば かよおう かよって

この店は学生の頃、毎日のように通った店だよ。 이 가게는 학생 시절, 매일같이 다닌 가게야.

私は歩いて学校に通ってます。 저는 걸어서 학교를 다니고 있어요.

店[みせ] 가게 | 学生[がくせい] 학생 | 頃[ころ] 시절 | 毎日[まいにち] 매일 | ~ようだ ~같다 | 私[わたし] 저 | 歩く[あるく]① 걷다 | 学校[がっこう] 학교 | ~て(い)る② ~하고 있다

0123 N5

참 491

先生 せんせい 선생님 [명사]

その先生の授業は面白かった。 그 선생님의 수업은 재미있었어.

井上先生はどんな先生ですか。 いのうえ 선생님은 어떤 선생님이에요?

授業[じゅぎょう] 수업 | 面白い[おもしろい] 재미있다

⊕ 先生는 한자로는 '선생'이지만 뜻은 '선생님'이라는 높이는 뜻이에요. '선생'의 뜻으로는 教師[きょうし](교사)라는 말을 써요.

0124 N4

校長 こうちょう 교장 [명사]

新しい学校の校長になれるかもしれない。 새 학교의 교장이 될 수 있을지도 모른다.

このことは校長先生もご存じです。 이 일은 교장 선생님도 아십니다.

新しい[あたらしい] 새롭다 | 学校[がっこう] 학교 | ~になる① ~가 되다 | ~かもしれない ~할지도 모른다 | 先生[せんせい] 선생님 | ご存じ[ごぞんじ] 아심

0125 N5

学生

がくせい

학생(대학생) [명사]

僕は大学を卒業した。もう学生じゃない。 나는 대학교를 졸업했다. 이제 학생이 아니다.

私は学生のときに勉強をしませんでした。 저는 학생일 때에 공부를 하지 않았습니다.

僕[ぼく] 나 | 大学[だいがく] 대학교 | 卒業[そつぎょう] 졸업 | 私[わたし] 저 | 勉強[べんきょう] 공부

- 学生는 기본적으로는 '대학생'을 가리켜요.
- '학생이니?/학생이세요?'라고 물을 때는 뒤에 さん을 붙여서 学生さん？/学生さんですか라고 하세요. さん 없이 学生라고만 하면 매우 거친 느낌이에요.

0126 N5

生徒

せいと

학생(초·중·고등학생, 학원생, 개인 지도 학생) [명사]

その生徒はテストのときにカンニングをした。 그 학생은 시험 때 부정행위를 했어.

生徒にひらがなとカタカナを教えました。 학생들에게 히라가나와 가타카나를 가르쳤어요.

教える[おしえる]② 가르치다

- 초중고 및 그 외 학원이나 개인적으로 가르치는 학생은 生徒[せいと]라고 해요.
- '부정행위'를 한자어 그대로 不正行為[ふせい こうい]라고 하기도 하지만 일상적으로는 カンニング(커닝)라는 말을 많이 써요.
- 일본어는 단수로 복수를 나타내는 경우가 많아요. 그러니 단수인지 복수인지는 문맥에 따라 판단해야 하는 경우가 많아요.

0127 N4

留学

りゅうがく

유학 [명사(+する)]

どうして留学をしようと思ったの？ 왜 유학을 하려고 생각한 거야?

私はイギリスの大学に留学しました。 저는 영국에 있는 대학교에 유학했어요.

~(よ)うと思う[おもう]① ~하려고 생각하다 | ~の？ ~한 거야? | 私[わたし] 저 | 大学[だいがく] 대학교

- イギリスの大学に는 직역하면 '영국의 대학교에'가 돼요.

0128 N5

留学生 りゅうがくせい 유학생 [명사]

この学校では100人の留学生が勉強している。 이 학교에서는 100명의 유학생이 공부하고 있다.
留学生が多くなっています。 유학생이 많아지고 있습니다.

学校[がっこう] 학교 | 100人[ひゃく にん] 100명 | 勉強[べんきょう] 공부 | ～ている② ~하고 있다 | 多い[おおい] 많다 | ～くなる① ~해지다

0129 N5

授業 じゅぎょう 수업 [명사(+する)]

もう授業が始まる。 이제 수업이 시작된다.
その先生は韓国語で授業しません。 그 선생님은 한국어로 수업하지 않습니다.

始まる[はじまる]① 시작되다 | 先生[せんせい] 선생님 | 韓国語[かんこくご] 한국어

⊕ もう授業が始まる(이제 수업이 시작된다)는 말투에 따라서는(もう의 も를 높은 소리로 세게 발음하면) '벌써 수업이 시작된다'라는 뜻이 될 수도 있어요. 즉 もう는 '이제'라는 뜻 외에 '벌써'라는 뜻으로도 써요.

⊕ 授業 뒤에 바로 する를 붙이는 것보다 조사 を를 넣어서 授業をする라고 하는 경우가 더 많아요.

0130 N4

講義 こうぎ 강의 [명사(+する)]

その講義には出席しなくてもいい。 그 강의에는 출석하지 않아도 괜찮아.
オンラインで講義するよう頼まれました。 온라인으로 강의하도록 부탁받았어요.

出席[しゅっせき] 출석 | ～なくてもいい ~하지 않아도 괜찮다 | 頼む[たのむ]① 부탁하다

⊕ ～よう는 '~하도록'이라는 뜻으로 ～ように와 같은 뜻인데 ～ように보다 약간 더 격식 차린 말투, 문어체가 돼요.

0131 N5 참 452

クラス クラス 클래스, 반(학급) [명사]

飛行機はいつもエコノミークラスに乗る。 비행기는 항상 이코노미 클래스를 탄다.
クラスで何番ですか。 반에서 몇 등입니까?

飛行機[ひこうき] 비행기 | 乗る[のる]① 타다 | 何番[なん ばん] 몇 등

⊕ 何番은 '몇 번(번호, 순번)'이라는 뜻으로도 써요.

0132 N5

勉強　べんきょう　공부 [명사(+する)]

僕は勉強が嫌い。 나는 공부를 싫어해.

図書館で勉強してからうちに帰ります。 도서관에서 공부하고 나서 집에 가요.

僕[ぼく] 나 | 嫌い[きらい] 싫어함 | 図書館[としょかん] 도서관 | 帰る[かえる]① 돌아가다

- 문장을 嫌い로 끝내면 '싫어해'라는 뜻이 되고, だ를 붙여서 嫌いだ라고 하면 '싫어한다'라는 뜻이 돼요.
- '집에 가다'는 직역하여 うちに行[い]く라고 하면 '다른 사람의 집으로 가다'의 뜻이 돼요. '자기 집으로 가다(귀가하다)'는 帰る라고 해요.

0133 N4

頑張る　がんばる　힘내다, 열심히 하다 [1류동사(자)]

がんばらない　がんばります　がんばれ　がんばれる　がんばれば　がんばろう
がんばって

頑張れ! 힘내라!

子供たちは皆、最後まで頑張り続けました。 아이들은 모두, 끝까지 계속 열심히 했습니다.

子供[こども] 아이 | 皆[みな] 모두 | 最後[さいご] 마지막 | ~続ける[つづける]② 계속 ~하다

0134 N5

質問　しつもん　질문 [명사(+する)]

質問した人からのコメントを読んでいる。 질문한 사람으로부터 온 댓글을 읽고 있다.

何か質問はありますか。 뭔가 질문이 있습니까?

人[ひと] 사람 | 読む[よむ]① 읽다 | ~ている② ~하고 있다 | 何か[なにか] 뭔가 | ある① 있다

- 人からのコメント는 직역하면 '사람으로부터의 코멘트(댓글)'가 돼요.
- 한국어에서는 '이/가'를 써서 '뭔가 질문이 있습니까?'라고 하지만, 일본어에서는 は(은/는)를 써서 何か質問はありますか(뭔가 질문은 있습니까?)라고 해요.

0135 N4

説明　せつめい　설명 [명사(+する)]

言葉での説明より動画の方がわかりやすい。 말로 하는 설명보다 동영상이 더 이해하기 쉬워.

何度も説明させられました。 (하기 싫었는데 시켜서 어쩔 수 없이) 몇 번씩이나 설명했어요.

言葉[ことば] 말 | 動画[どうが] 동영상 | ~の方が[ほうが] ~가 더 | わかる① 이해하다 | ~やすい ~하기 쉽다 | 何度も[なんども] 몇 번씩이나

⊕ 言葉での説明는 직역하면 '말로의 설명'이 돼요.

⊕ 説明させられた는 사역수동형인데, 직역하면 '설명하게 함을 당했다'가 돼요.

0136 N5

テスト　テスト　테스트, 시험 [명사(+する)]

テストが難しくて全然できなかった。 시험이 어려워서 전혀 못 봤어.

2つのうち、どちらがいいかテストしました。 2개 중, 어느 쪽이 좋을지 테스트했어요.

難しい[むずかしい] 어렵다 | 全然[ぜんぜん] 전혀 | できる② 할 수 있다 | 2つ[ふたつ] 2개 | いい 좋다

⊕ '시험을 잘 보았다/못 보았다'는 동사 できる(할 수 있다)를 써서 テストが(よく)できた(시험을 (잘) 할 수 있었다)/できなかった(할 수 없었다)라고 표현해요.

0137 N4

試験　しけん　시험 [명사(+する)]

この仕事は新しい薬を試験する仕事だ。 이 일은 새 약을 시험하는 일이다.

昨日、日本語の試験を受けました。 어제, 일본어 시험을 보았습니다.

仕事[しごと] 일 | 新しい[あたらしい] 새롭다 | 薬[くすり] 약 | 昨日[きのう] 어제 | 日本語[にほんご] 일본어 | 受ける[うける]② (시험을) 보다

⊕ 試験은 보통 명사로 쓰고, 試験する라는 동사 형태로 쓰는 경우는 많지 않아요.

⊕ '시험을 보다'라는 표현에서 '보다'는 동사 受ける(받다)를 써서 試験を受ける(시험을 받다)라고 표현해요.

⊕ 한자어 試験[しけん](시험)은 입학시험 등의 중요한 시험에 쓰고, 일상적으로 흔히 보는 '시험'은 テスト라고 하는 경우가 많아요. 한국에서 가볍게 보는 시험을 '퀴즈'라고 부르는 경우가 있는데, 그것도 일본어로는 テスト라고 해요.

0138 N5

問題　もんだい　문제 [명사]

先生がテストに難しい問題を出した。 선생님이 시험에 어려운 문제를 냈다.

それは大きな問題ではありません。 그것은 큰 문제가 아닙니다.

先生[せんせい] 선생님 | 難しい[むずかしい] 어렵다 | 出す[だす]① 내다 | 大きな[おおきな] 큰

0139 N4　참 363 546

答え　こたえ　답, 대답 [명사]

いつか答えが見つかるだろう。　언젠가 답이 찾아질 거야.

いくら呼んでも答えがありませんでした。　아무리 불러도 대답이 없었어요.

見つかる[みつかる]① 찾아지다 ｜ 呼ぶ[よぶ]① 부르다 ｜ ある① 있다

⊕ 구어 ~だろう(~할 거야, ~겠지)는 거친 말투예요. 거칠지 않게 쓰려면 반말에서도 ~でしょう라고 해요.

0140 N4

適当(な)　てきとう(な)　적당(한) [명사, な형용사]

仕事を適当にやるな。　일을 적당히 하지 마.

次の説明を読んで適当なものを選んでください。　다음 설명을 읽고 적당한 것을 고르세요.

仕事[しごと] 일 ｜ やる① 하다 ｜ 次[つぎ] 다음 ｜ 説明[せつめい] 설명 ｜ 読む[よむ]① 읽다 ｜ 選ぶ[えらぶ]① 고르다

⊕ '적당히'라고 하면 '적절하게'라는 뜻과 '대충'이라는 2가지 뜻으로 쓰죠? 일본어도 마찬가지예요.

0141 N4

点　てん　점수, 점 [명사]

数学の試験の点が悪くなくてよかった。　수학 시험의 점수가 나쁘지 않아서 다행이다.

まず、紙の上に点を3つ書いてください。　우선 종이 위에 점 3개를 쓰세요.

数学[すうがく] 수학 ｜ 試験[しけん] 시험 ｜ 悪い[わるい] 나쁘다 ｜ いい 좋다 ｜ 紙[かみ] 종이 ｜ 上[うえ] 위 ｜ 3つ[みっつ] 3개 ｜ 書く[かく]① 쓰다

⊕ よかった는 いい(좋다)의 과거형인데 '좋았다'라는 뜻 외에 '다행이다'라는 뜻으로도 써요.

⊕ '점수'라는 뜻으로 쓸 때는 点을 点数[てんすう](점수)라고 하기도 해요.

0142 N4　참 604

間違える　まちがえる　틀리다, 잘못 알다 [2류동사(타)]

まちがえない　まちがえます　まちがえろ　(まちがえられる)　まちがえれば
まちがえよう　まちがえて

⊕ まちがえる　まちがえろ　まちがえれば라는 악센트도 써요.

⊕ 가능형에 대한 추가 설명이 있으니 659쪽 6번 설명을 보세요.

答えを間違えたの？ 답을 틀린 거야?

お店で泥棒に間違えられました。 가게에서 나를 도둑으로 착각했습니다.

答え[こたえ] 답 | ～の？ ~한 거야? | 店[みせ] 가게 | 泥棒[どろぼう] 도둑

⊕ お店で泥棒に間違えられました는 직역하면 '가게에서 도둑으로 잘못 암을 당했습니다'가 돼요.

0143 N4

チェック チェック 체크 [명사(+する)]

チェックボックスにチェックを入れた。 체크박스에 체크를 표시했다.

データが正しいかどうかチェックします。 데이터가 맞는지 체크하겠습니다.

入れる[いれる]② 넣다 | 正しい[ただしい] 맞다

⊕ チェックを入れる(체크를 넣다)는 '체크(표시)를 하다', '체크를 표시하다'라는 뜻이에요.

⊕ チェック만 쓸 때는 악센트가 チェック가 되는데, ボックス(박스)와 합해져서 チェックボックス(체크박스)가 되면 악센트가 チェックボックス가 돼요.

⊕ 正しいかどうか는 직역하면 '맞는지 어떤지'가 돼요.

0144 N5

宿題 しゅくだい 숙제 [명사]

夏休みの宿題はもう終わった？ 여름방학 숙제는 이미 끝났어?

宿題を一緒にしませんか。 숙제를 함께 하지 않을래요?

夏休み[なつやすみ] 여름방학 | 終わる[おわる]① 끝나다 | 一緒に[いっしょに] 함께

0145 N4

調べる しらべる 조사하다, 알아보다 [2류동사(타)]

しらべない しらべます しらべろ しらべられる しらべれば しらべよう しらべて

それについて今、調べているところだ。 그것에 대해서 지금, 한창 조사하고 있는 중이다.

木村さんは自分で調べようとしません。 きむら 씨는 스스로 알아보려고 하지 않습니다.

今[いま] 지금 | ～ているところだ 한창 ~하고 있는 중이다 | 自分で[じぶんで] 스스로 | ～(よ)うとする ③ ~하려고 하다

0146 N5 참 416

書く かく 쓰다 [1류동사(타)]

かかない かきます かけ かける かけば かこう かいて

箱に「こちらが上」と書いてある。 상자에 '이쪽이 위'라고 써 있어.

名前を鉛筆で書きました。 이름을 연필로 썼어요.

箱[はこ] 상자 | 上[うえ] 위 | ～てある① ~해 있다 | 名前[なまえ] 이름 | 鉛筆[えんぴつ] 연필

0147 N5 참 456

読む よむ 읽다 [1류동사(타)]

よまない よみます よめ よめる よめば よもう よんで

トマトは上から読んでも下から読んでもトマトだ。
토마토는 똑바로 읽어도 거꾸로 읽어도 토마토다.

外国語を勉強するときは、声に出して読みましょう。
외국어를 공부할 때는, 소리 내어 읽읍시다.

上[うえ] 위 | 下[した] 아래 | 外国語[がいこくご] 외국어 | 勉強[べんきょう] 공부 | 声[こえ] 목소리 | 出す[だす]① 내다

- 上から読んでも下から読んでも는 직역하면 '위부터 읽어도 아래부터 읽어도'가 돼요.
- 声に出す는 직역하면 '목소리로 내다'가 되는데, '발성하다'라는 뜻으로도 쓰고 '말로 표현하다'라는 뜻으로도 써요.

0148 N4

読み方 よみかた 읽는 방법 [명사]

- よみかた라는 악센트도 써요.

テストで知らない漢字の読み方を適当に書いた。 시험에서 모르는 한자의 독음을 대강 썼어.

日本人の名前の読み方は難しいです。 일본 사람의 이름을 읽는 방법은 어려워요.

知る[しる]① 알다 | 漢字[かんじ] 한자 | 適当[てきとう] 대강 | 書く[かく]① 쓰다 | 日本人[にほんじん] 일본인 | 名前[なまえ] 이름 | 難しい[むずかしい] 어렵다

- 일본 사람의 이름은 대부분 한자(성은 모두 한자이고, 이름은 히라가나나 가타카나도 있음)로 되어 있는데, 읽는 방법이 어려운 경우(같은 한자라도 청음인지 탁음인지, 한자 독음에 없는 소리 등)가 꽤 있어서 본인에게 확인하는 것이 좋아요.

확인해 봐요!

책 날개에 있는 책갈피를 이용해서, 한 쪽을 가리고 나머지 한 쪽을 맞추는 연습을 해 보세요.

がっこう 学校	학교	せつめい 説明	설명
かよ 通う	다니다	テスト	테스트, 시험
せんせい 先生	선생님	しけん 試験	시험
こうちょう 校長	교장	もんだい 問題	문제
がくせい 学生	학생(대학생)	こた 答え	답, 대답
せいと 生徒	학생(초·중·고등학생, 학원생, 개인 지도 학생)	てきとう 適当(な)	적당(한)
りゅうがく 留学	유학	てん 点	점수, 점
りゅうがくせい 留学生	유학생	まちが 間違える	틀리다, 잘못 알다
じゅぎょう 授業	수업	チェック	체크
こうぎ 講義	강의	しゅくだい 宿題	숙제
クラス	클래스, 반(학급)	しら 調べる	조사하다, 알아보다
べんきょう 勉強	공부	か 書く	쓰다
がんば 頑張る	힘내다, 열심히 하다	よ 読む	읽다
しつもん 質問	질문	よかた 読み方	읽는 방법

연습해 봐요!

❶ 일본어 단어의 독음을 히라가나로 쓴 후에 한국어 뜻을 써 보세요.

단어	히라가나	뜻
01. 通う		
02. 授業		
03. 勉強		
04. 説明		
05. 問題		

❷ 한국어 뜻에 해당하는 일본어 단어를 히라가나와 한자로 써 보세요.

단어	히라가나	한자
06. 학교		
07. 선생님		
08. 학생(대학생)		
09. 답, 대답		
10. 쓰다		

❸ (　　) 속에 적절한 단어를 써 보세요. 한자를 모를 경우에는 히라가나로 쓰세요.

11. その(　　　)はテストのときにカンニングをした。
그 학생은 시험 때 부정행위를 했어.

12. (　　　　　　)が多くなっています。 유학생이 많아지고 있습니다.

13. (　　　　　)！ 힘내라!

14. 昨日、日本語の(　　　)を受けました。 어제, 일본어 시험을 보았습니다.

15. データが正しいかどうか(　　　)します。 데이터가 맞는지 체크하겠습니다.

| 정답 |

❶ 01. かよう / 다니다 02. じゅぎょう / 수업 03. べんきょう / 공부 04. せつめい / 설명 05. もんだい / 문제

❷ 06. がっこう / 学校 07. せんせい / 先生 08. がくせい / 学生 09. こたえ / 答え 10. かく / 書く

❸ 11. 生徒[せいと]/学生[がくせい] 12. 留学生[りゅうがくせい] 13. 頑張れ[がんばれ] 14. 試験[しけん]/テスト 15. チェック

0149 N5

ノート　ノート　노트, 공책 [명사]

授業のノートを取る。　수업의 노트 필기를 하다.

このノートは5冊で400円です。　이 공책은 5권에 400엔입니다.

授業[じゅぎょう] 수업 ㅣ 取る[とる]① 필기하다 ㅣ 5冊[ご さつ] 5권 ㅣ 400円[よんひゃく えん] 400엔

- '노트 필기를 하다', '노트에 필기하다'는 동사 取る를 써서 ノートを取る라고 표현해요.
- 참고로 '노트북PC'는 ノートパソコン이라고 해요.

0150 N5

鉛筆　えんぴつ　연필 [명사]

鉛筆を使う人が少なくなった。　연필을 사용하는 사람이 적어졌어.

鉛筆を1本、貸してくださいませんか。　연필을 한 자루, 빌려 주시겠습니까?

使う[つかう]① 사용하다 ㅣ 人[ひと] 사람 ㅣ 少ない[すくない] 적다 ㅣ ～くなる① ~해지다 ㅣ 1本[いっ ぽん] 한 자루 ㅣ 貸す[かす]① 빌려주다

- ～てくださいませんか는 직역하면 '~해 주시지 않겠습니까?'인데, 한국어에서 잘 안 쓰는 것 같아 '~해 주시겠습니까?'로 해석했어요. 이 표현은 ～てくださいますか(~해 주시겠습니까?)보다 더 정중한 부탁표현이에요.

0151 N5

シャーペン　シャーペン　샤프 [명사]

このシャーペンは安くなかった。　이 샤프는 싸지 않았다.

すみません、そのシャーペンをください。　저기요, 그 샤프를 주세요.

安い[やすい] 싸다

- シャーペン은 シャープペンシル(샤프 펜슬)의 준말이에요. シャープペン으로 줄여서 쓰기도 해요.
- 가게에서 '저기요', '여기요'라고 점원을 부를 때 일본어로는 すみません이라고 해요. すみません에는 '죄송합니다', '실례합니다' 라는 뜻 외에 이런 뜻도 있다는 것을 알아 두세요!

0152 N5

ペン　ペン　펜 [명사]

ペンでサインをした。　펜으로 서명을 했어.

このペンはとても便利です。　이 펜은 매우 편리해요.

便利[べんり] 편리

0153 N5

ボールペン ボールペン 볼펜 [명사]

黒と赤と青のボールペンを持ってきた。 검정과 빨강과 파랑 볼펜을 가져왔다.

そのメーカーのボールペンは有名です。 그 메이커의 볼펜은 유명합니다.

黒[くろ] 검정 | 赤[あか] 빨강 | 青[あお] 파랑 | 持つ[もつ]① 가지다 | ~てくる③ ~해 오다 | 有名[ゆうめい] 유명

0154 N4

万年筆 まんねんひつ 만년필 [명사]

万年筆はボールペンより字が上手に見える。 만년필은 볼펜보다 글씨를 잘 쓰는 것처럼 보인다.

最近は万年筆を使わなくなりました。 요즘은 만년필을 사용하지 않게 되었습니다.

字[じ] 글씨 | 上手[じょうず] 잘함 | 見える[みえる]② 보이다 | 最近[さいきん] 요즘 | 使う[つかう]① 사용하다 | ~なくなる① ~하지 않게 되다

字が上手に見える는 직역하면 '글씨가 능숙해 보이다', '글씨가 잘 쓰게 보이다'가 돼요.

0155 N5

消しゴム けしゴム 지우개 [명사]

ペンで書いた字は消しゴムで消すことができない。 펜으로 쓴 글씨는 지우개로 지울 수 없어.

よく消える消しゴムが欲しいです。 잘 지워지는 지우개를 갖고 싶어요.

書く[かく]① 쓰다 | 字[じ] 글씨 | 消す[けす]① 지우다 | ~ことができる② ~할 수 있다 | 消える[きえる]② 지워지다 | 欲しい[ほしい] 갖고 싶다

'~를 갖고 싶다'는 欲しい가 い형용사이기 때문에 조사 が를 써서 ~が欲しい라고 표현해요. '탐나다'로 해석하면 '~가 탐나다'가 되어 조사가 같아지니 더 쉬울지도 모르겠네요.

0156 N5

ホッチキス ホッチキス 스테이플러 [명사]

先生にホッチキスを借りた。 선생님께 스테이플러를 빌렸다.

このホッチキスは誰のですか。 이 스테이플러는 누구의 것입니까?

先生[せんせい] 선생님 | 借りる[かりる]② 빌리다 | 誰[だれ] 누구

➕ '스테이플러'는 ホッチキス라고 표기하는 것이 가장 일반적이지만, ホチキス, ステープラ, ステープラー라고 하기도 해요.

0157 N4

教科書 きょうかしょ 교과서 [명사]

テストのときに、教科書を見ても構わない。 시험 볼 때, 교과서를 봐도 상관없다.

教科書の19ページを開いてください。 교과서 19페이지를 펴세요.

見る[みる]② 보다 | ～ても構わない[かまわない] ～해도 상관없다 | 19[じゅうきゅう] 19 | 開く[ひらく]① 펴다

➕ テストのときに는 직역하면 '시험의 때에'가 돼요.

0158 N4

テキスト テキスト 텍스트, 교과서 [명사]

テキストが文字化けして読めない。 텍스트의 글자가 깨져서 읽을 수 없어.

この英語のテキストはわかりやすいです。 이 영어 교과서는 이해하기 쉬워요.

文字化けする[もじばけする]③ 글자가 깨지다 | 読む[よむ]① 읽다 | 英語[えいご] 영어 | わかる① 이해하다 | ～やすい ～하기 쉽다

➕ テキストが文字化けして는 직역하면 '텍스트가 글자 깨짐해서'가 돼요. 文字化けする(글자가 깨지다)는 난이도가 매우 높은 단어이지만, 일상적으로 흔히 쓰는 말이고 궁금하신 분들도 많을 것 같아 예문에서 썼어요.

0159 N5

ページ ページ 페이지, 쪽 [명사]

そのページを全部コピーした。 그 페이지를 전부 다 복사했다.

次のページに答えが書いてあります。 다음 쪽에 답이 적혀 있습니다.

全部[ぜんぶ] 전부 | 次[つぎ] 다음 | 答え[こたえ] 답 | 書く[かく]① 쓰다 | ～てある① ～해 있다

➕ ページ는 한자 頁로 쓰는 경우도 있어요.

0160 N4

プリント プリント 프린트(물), 출력 [명사(+する)]

先生がくださったプリントをなくしてしまった。 선생님이 주신 프린트물을 잃어버렸어.

コンビニで写真をプリントしました。 편의점에서 사진을 출력했어요.

先生[せんせい] 선생님 | くださる① 주시다 | なくす① 잃어버리다 | ～てしまう① ~해 버리다 | 写真[しゃしん] 사진

⊕ 일본에서는 편의점에 있는 복사기로 사진이나 티켓 등을 출력할 수 있어요.

⊕ 프린터로 출력하는 것은 プリントアウト(print out)라고 해요.

0161 N5

カタカナ　カタカナ　가타카나 [명사]

ひらがなを覚えてからカタカナを覚えた。 히라가나를 외우고 나서 가타카나를 외웠어.

動物の名前はカタカナで書くことが多いです。 동물의 이름은 가타카나로 쓰는 경우가 많아요.

覚える[おぼえる]② 외우다 | 動物[どうぶつ] 동물 | 名前[なまえ] 이름 | 書く[かく]① 쓰다 | 多い[おおい] 많다

⊕ '가타카나'는 일상적으로는 カタカナ로 쓰는 경우가 많지만, 한자 片仮名나 かたかな로 표기하는 경우도 있어요.

⊕ 동물 이름 외에 식물 이름, 의태어/의성어도 가타카나로 쓰는 경우가 많아요.

0162 N5

ひらがな　ひらがな　히라가나 [명사]

⊕ ひらがな라는 악센트도 써요.

ひらがなは、初めは女の人が使っていた。 히라가나는, 처음에는 여자가 사용하고 있었다.

ひらがなとカタカナと、どちらが難しいですか。 히라가나와 가타카나 중, 어느 쪽이 어려워요?

初め[はじめ] 처음 | 女の人[おんなのひと] 여자 | 使う[つかう]① 사용하다 | ～ている② ~하고 있다 | 難しい[むずかしい] 어렵다

⊕ '히라가나'는 일상적으로는 ひらがな로 쓰는 경우가 많지만, 한자 平仮名로 표기하는 경우도 있어요.

0163 N5

漢字　かんじ　한자 [명사]

私の子供は漢字が嫌いだ。 우리 아이는 한자를 싫어한다.

今日は学校で漢字をたくさん習いました。 오늘은 학교에서 한자를 많이 배웠습니다.

私[わたし] 나 | 子供[こども] 아이 | 嫌い[きらい] 싫어함 | 今日[きょう] 오늘 | 学校[がっこう] 학교 | 習う[ならう]① 배우다

⊕ 嫌い는 주로 동사 '싫어하다'로 해석하지만, 품사가 な형용사라서 を가 아닌 が를 써서 ~が嫌いだ(~를 싫어하다, ~가 싫다)가 돼요.

0164 N4

字 じ 글씨, 글자 [명사]

⊕ 악센트에 관해서는 658쪽 4번 설명을 보세요.

このボールペンは字がきれいに書ける。 이 볼펜은 글씨를 예쁘게 쓸 수 있어.

この字は何と読むんですか。 이 글자는 뭐라고 읽는 거예요?

書く[かく]① 쓰다 | 何と[なんと] 뭐라고 | 読む[よむ]① 읽다 | ~んですか ~하는 것입니까?

0165 N5

意味 いみ 의미, 뜻 [명사(+する)]

この言葉の意味がよくわからない。 이 말의 의미를 잘 모르겠어.

この絵は何を意味してますか。 이 그림은 무엇을 뜻하고 있어요?

言葉[ことば] 말 | わかる① 알다 | 絵[え] 그림 | 何[なに] 무엇 | ~て(い)る② ~하고 있다

0166 N5

言葉 ことば 말 [명사]

日本で言葉がわからなくて困ったことがある。 일본에서 말을 몰라서 곤란했던 적이 있다.

知らない言葉は辞書を引きます。 모르는 말은 사전에서 찾습니다.

日本[にほん] 일본 | わかる① 알다 | 困る[こまる]① 곤란하다 | ~たことがある① ~한 적이 있다 | 知る[しる]① 알다 | 辞書[じしょ] 사전 | 引く[ひく]① (사전에서) 찾다

⊕ '사전에서 뜻을 찾다'라는 말은 동사 引く(뽑다)를 써서 辞書を引く(사전을 뽑다)라고 표현해요. 여러 단어가 실려 있는 사전에서 찾고자 하는 단어 하나를 골라서 뽑아 낸다는 뜻에서 온 표현이라고 해요.

0167 N5

作文 さくぶん 작문 [명사(+する)]

小学生の頃、僕は作文が下手だった。 초등학생 때, 나는 작문이 서툴렀다.

生徒が作文したものを全部読みました。 학생이 작문한 것을 전부 다 읽었습니다.

小学生[しょうがくせい] 초등학생 ｜ 頃[ころ] 때 ｜ 僕[ぼく] 나 ｜ 下手[へた] 서투름 ｜ 生徒[せいと] 학생 ｜ 全部[ぜんぶ] 전부 ｜ 読む[よむ]① 읽다

0168 N4

日記　にっき　일기 [명사]

今日から日記を付け始めました。　오늘부터 일기를 쓰기 시작했어요.

毎日、日記を書くようにするといいですよ。　매일 일기를 쓰도록 하면 좋아요.

今日[きょう] 오늘 ｜ 付ける[つける]② (일기를) 쓰다 ｜ ～始める[はじめる]② ～하기 시작하다 ｜ 毎日[まいにち] 매일 ｜ 書く[かく]① 쓰다 ｜ ～ようにする③ ～하도록 하다 ｜ いい 좋다

'일기를 쓰다'라는 표현에서 '쓰다'는 동사 付ける를 쓰기도 하고 書く를 쓰기도 해요.

0169 N4

文章　ぶんしょう　문장 [명사]

次の文章を読んで、質問に答えなさい。　다음 문장을 읽고, 질문에 답하시오.

その小説家の書く文章は素晴らしいです。　그 소설가가 쓰는 문장은 훌륭합니다.

次[つぎ] 다음 ｜ 読む[よむ]① 읽다 ｜ 質問[しつもん] 질문 ｜ 答える[こたえる]② 답하다 ｜ 小説[しょうせつ] 소설 ｜ ～家[か] ～가 ｜ 書く[かく]① 쓰다 ｜ 素晴らしい[すばらしい] 훌륭하다

0170 N4

文法　ぶんぽう　문법 [명사]

文法は文章を作るときに守らなければならない規則だ。　문법은 문장을 만들 때 지켜야 하는 규칙이다.

中国語の文法を教えることになりました。　중국어 문법을 가르치게 되었습니다.

文章[ぶんしょう] 문장 ｜ 作る[つくる]① 만들다 ｜ 守る[まもる]① 지키다 ｜ ～なければならない ～해야 하다 ｜ 規則[きそく] 규칙 ｜ 中国語[ちゅうごくご] 중국어 ｜ 教える[おしえる]② 가르치다 ｜ ～ことになる① ～하게 되다

0171 N5

日本語　にほんご　일본어 [명사]

日本へ行く前に日本語を勉強するつもり。　일본에 가기 전에 일본어를 공부할 생각이야.

チェ・スヨンさんは日本語がとても上手です。 최수영 씨는 일본어를 매우 잘해요.

日本[にほん] 일본 | 行く[いく]① 가다 | ～前に[まえに] ~(하기) 전에 | 勉強[べんきょう] 공부 | ～つもりだ ~할 생각이다 | 上手[じょうず] 잘함

0172 N5

英語 えいご 영어 [명사]

英語のテストで100点を取った。 영어 시험에서 100점을 받았다.

その大学は講義を全部、英語でします。 그 대학교는 강의를 전부 영어로 합니다.

100点[ひゃく てん] 100점 | 取る[とる]① (점수를)받다 | 大学[だいがく] 대학교 | 講義[こうぎ] 강의 | 全部[ぜんぶ] 전부

'시험에서 점수를 받다'라는 표현에서 '받다'는 동사 取る를 써요.

0173 N5

外国語 がいこくご 외국어 [명사]

私のクラスには外国語ができる生徒がいない。 우리 반에는 외국어를 할 줄 아는 학생이 없어.

日本語には外国語の言葉がたくさんあります。 일본어에는 외국어의 말이 많이 있어요.

私[わたし] 나 | できる② 할 수 있다 | 生徒[せいと] 학생 | いる② 있다 | 日本語[にほんご] 일본어 | 言葉[ことば] 말 | ある① 있다

外国語ができる生徒는 직역하면 '외국어를 할 수 있는 학생'이 돼요.

0174 N4

発音 はつおん 발음 [명사(+する)]

韓国人が間違えやすい英語の発音を練習した。 한국 사람이 틀리기 쉬운 영어 발음을 연습했다.

正しく発音する方法が知りたいです。 올바르게 발음하는 방법을 알고 싶습니다.

韓国人[かんこくじん] 한국인 | 間違える[まちがえる]② 틀리다 | ～やすい ~하기 쉽다 | 英語[えいご] 영어 | 練習[れんしゅう] 연습 | 正しい[ただしい] 올바르다 | 方法[ほうほう] 방법 | 知る[しる]① 알다 | ～たい ~하고 싶다

0175 N4

いじめる　いじめる　괴롭히다, 못살게 굴다 [2류동사(타)]

いじめない　いじめます　いじめろ　いじめられる　いじめれば　いじめよう
いじめて

妹が学校で友達にいじめられた。　여동생이 학교에서 친구에게 괴롭힘을 당했어.

動物をいじめてはいけません。　동물을 못살게 굴면 안 돼요.

妹[いもうと] 여동생 ｜ 学校[がっこう] 학교 ｜ 友達[ともだち] 친구 ｜ 動物[どうぶつ] 동물 ｜ ~てはいけない ~하면 안 되다

책 날개에 있는 책갈피를 이용해서, 한 쪽을 가리고 나머지 한 쪽을 맞추는 연습을 해 보세요.

ノート	노트, 공책	漢字(かんじ)	한자
鉛筆(えんぴつ)	연필	字(じ)	글씨, 글자
シャーペン	샤프	意味(いみ)	의미, 뜻
ペン	펜	言葉(ことば)	말
ボールペン	볼펜	作文(さくぶん)	작문
万年筆(まんねんひつ)	만년필	日記(にっき)	일기
消(け)しゴム	지우개	文章(ぶんしょう)	문장
ホッチキス	스테이플러	文法(ぶんぽう)	문법
教科書(きょうかしょ)	교과서	日本語(にほんご)	일본어
テキスト	텍스트, 교과서	英語(えいご)	영어
ページ	페이지, 쪽	外国語(がいこくご)	외국어
プリント	프린트(물), 출력	発音(はつおん)	발음
カタカナ	가타카나	いじめる	괴롭히다, 못살게 굴다
ひらがな	히라가나		

연습해 봐요!

〈대화로 연습해 봐요〉

1 일본어 단어의 독음을 히라가나로 쓴 후에 한국어 뜻을 써 보세요.

단어	히라가나	뜻
01. 教科書		
02. 意味		
03. 言葉		
04. 日記		
05. 発音		

2 한국어 뜻에 해당하는 일본어 단어를 히라가나와 한자로 써 보세요.

단어	히라가나	한자
06. 지우개		
07. 한자		
08. 작문		
09. 문장		
10. 일본어		

3 (　　) 속에 적절한 단어를 써 보세요. 한자를 모를 경우에는 히라가나로 쓰세요.

11. (　　　)を使う人が少なくなった。 연필을 사용하는 사람이 적어졌어.

12. 黒と赤と青の(　　　　　　)を持ってきた。
검정과 빨강과 파랑 볼펜을 가져왔다.

13. この(　　　)は何と読むんですか。 이 글자는 뭐라고 읽는 거예요?

14. 中国語の(　　　)を教えることになりました。
중국어 문법을 가르치게 되었습니다.

15. (　　　)のテストで100点を取った。 영어 시험에서 100점을 받았다.

| 정답 |

1 01. きょうかしょ/교과서 02. いみ/의미, 뜻 03. ことば/말 04. にっき/일기 05. はつおん/발음
2 06. けしごむ/消しゴム 07. かんじ/漢字 08. さくぶん/作文 09. ぶんしょう/文章 10. にほんご/日本語
3 11. 鉛筆[えんぴつ] 12. ボールペン 13. 字[じ] 14. 文法[ぶんぽう] 15. 英語[えいご]

 N5

教室　きょうしつ　교실 [명사]

教室に机がいくつある？　교실에 책상이 몇 개 있어?

私のクラスの教室はあまり広くありません。　저희 반의 교실은 그다지 넓지 않아요.

机[つくえ] 책상 | ある① 있다 | 私[わたし] 저 | 広い[ひろい] 넓다

0177 N4

廊下　ろうか　복도 [명사]

僕は先生に廊下の掃除をさせられた。　선생님이 나에게 복도 청소를 시켰다.

この廊下は長さが130メートルもあります。　이 복도는 길이가 130m나 됩니다.

僕[ぼく] 나 | 先生[せんせい] 선생님 | 掃除[そうじ] 청소 | 長い[ながい] 길다 | 130[ひゃくさんじゅう] 130 | ある① 있다

- 先生に廊下の掃除をさせられた는 직역하면 '선생님에게 복도 청소를 시키는 것을 당했다'가 돼요. 사역수동형 문장은 '하기 싫다, 억울하다'와 같은 느낌을 표현해요.
- 130メートルもあります는 직역하면 '130미터나 있다'가 돼요. 이렇게 길이 등이 '~나 된다'라고 할 때는 동사 ある(있다)를 써요.

0178 N4

講堂　こうどう　강당 [명사]

校長先生が講堂でお話をされた。　교장 선생님께서 강당에서 말씀을 하셨어.

学生たちに講堂に集まるように言いました。　학생들에게 강당에 모이라고 말했어요.

校長[こうちょう] 교장 | 先生[せんせい] 선생님 | 話[はなし] 이야기 | 学生[がくせい] 학생 | 集まる[あつまる]① 모이다 | ～ように言う[いう]① ~하도록 말하다

- される는 する의 수동형으로, 동사의 수동형 형태는 존경어(높임말)로도 써요. 여기서 쓴 される는 '하시다'라는 뜻이에요.
- 集まるように言いました는 직역하면 '모이도록 말했습니다'가 돼요.

0179 N4

小学校　しょうがっこう　초등학교 [명사]

孫は小学校に入学したばかりだ。　손주는 초등학교에 입학한 지 얼마 되지 않았다.

私が通っていた小学校は今はもうありません。
제가 다녔던 초등학교는 지금은 이제 없습니다.

孫[まご] 손주 | 入学[にゅうがく] 입학 | ~たばかりだ ~한 지 얼마 되지 않았다 | 私[わたし] 저 | 通う[かよう]① 다니다 | ~ている② ~하고 있다 | 今[いま] 지금 | ある① 있다

어떤 일이 일어난 지 얼마 되지 않았을 때 '엊그제 ~했다'라는 표현을 쓸 때가 있죠? ~ばかり를 그렇게 번역해도 좋아요.

0180 N4

小学生 しょうがくせい 초등학생 [명사]

小学生の娘が私の誕生日にプレゼントをくれた。 초등학생인 딸이 내 생일에 선물을 줬어.

この説明なら、小学生でもわかります。 이 설명이라면, 초등학생이라도 이해할 수 있어요.

娘[むすめ] 딸 | 私[わたし] 나 | 誕生日[たんじょうび] 생일 | くれる② (다른 사람이) 주다 | 説明[せつめい] 설명 | わかる① 이해되다

わかる는 흔히 '알다'로 해석하는데, 가능의 뜻도 포함하는 단어로 문맥에 따라 '이해할 수 있다', '알 수 있다' 등으로 해석하기도 해요.

0181 N4

中学校 ちゅうがっこう 중학교 [명사]

いじめが原因で中学校に通えなくなった。 괴롭힘이 원인이 되어 중학교를 다닐 수 없게 되었다.

今日は中学校の卒業式です。 오늘은 중학교 졸업식입니다.

原因[げんいん] 원인 | 通う[かよう]① 다니다 | ~なくなる① ~하지 않게 되다 | 今日[きょう] 오늘 | 卒業式[そつぎょうしき] 졸업식

0182 N4

中学生 ちゅうがくせい 중학생 [명사]

中学生のときから両親の店を手伝ってる。 중학생 때부터 부모님의 가게를 거들고 있어.

中学生はどんなプレゼントを喜びますか。 중학생은 어떤 선물을 기뻐해요?

両親[りょうしん] 부모 | 店[みせ] 가게 | 手伝う[てつだう]① 거들다 | ~て(い)る② ~하고 있다 | 喜ぶ[よろこぶ]① 기뻐하다

0183 N4 참 447

高校 こうこう 고등학교 [명사]

日本は高校も入学試験がある。 일본은 고등학교도 입학시험이 있다.

高校の先輩が交通事故で亡くなりました。 고등학교 선배가 교통사고로 세상을 떴습니다.

日本[にほん] 일본 | 入学[にゅうがく] 입학 | 試験[しけん] 시험 | ある① 있다 | 先輩[せんぱい] 선배 | 交通[こうつう] 교통 | 事故[じこ] 사고 | 亡くなる[なくなる]① 세상을 뜨다

⊕ 高校는 高等学校[こうとう がっこう](고등학교)의 준말이에요. 대화에서는 高等学校라는 정식 명칭은 잘 쓰지 않아요.

0184 N4

高校生 こうこうせい 고등학생 [명사]

たくさんの高校生がここを通る。 많은 고등학생들이 여기를 지나가.

高校生になったら、アルバイトをするつもりです。 고등학생이 되면, 아르바이트를 할 생각이에요.

通る[とおる]① 지나가다 | ~になる① ~가 되다 | ~つもりだ ~할 생각이다

0185 N5

大学 だいがく 대학교 [명사]

斉藤さんは大学に残って研究を続けた。 さいとう 씨는 대학교에 남아서 연구를 계속했다.

大学を卒業して、今は銀行に勤めています。 대학교를 졸업하고, 지금은 은행에 근무하고 있습니다.

残る[のこる]① 남다 | 研究[けんきゅう] 연구 | 続ける[つづける]② 계속하다 | 卒業[そつぎょう] 졸업 | 今[いま] 지금 | 銀行[ぎんこう] 은행 | 勤める[つとめる]② 근무하다 | ~ている② ~하고 있다

⊕ 일본어에서는 '대학교'를 '교' 없이 大学(대학)라고 표현해요. 大学校[だいがっこう](대학교)라는 명칭을 갖는 교육기관이 따로 있는데, 그것은 일반 '대학교'와 다른 교육기관이에요.

0186 N4

大学生 だいがくせい 대학생 [명사]

日本の大学生は勉強しないと言われてる。 일본의 대학생은 공부하지 않는다고 해.

あの人は息子さんがもう大学生だそうです。 저 사람은 아드님이 벌써 대학생이라고 해요.

日本[にほん] 일본 ｜ 勉強[べんきょう] 공부 ｜ 言う[いう]① 말하다 ｜ ～ている② ~하고 있다 ｜ 人[ひと] 사람 ｜ 息子さん[むすこさん] 아드님 ｜ ～そうだ ~라고 하다

言われてる는 직역하면 '말해지고 있다'가 돼요.

0187 N4

下宿 げしゅく 하숙 [명사(+する)]

昔と違って、今は下宿にも色々な形がある。
옛날과 달리, 지금은 하숙에도 여러 가지 형태가 있다.

私はおばの家に下宿しています。 저는 고모네 집에 하숙하고 있습니다.

昔[むかし] 옛날 ｜ 違う[ちがう]① 다르다 ｜ 今[いま] 지금 ｜ 色々[いろいろ] 다양 ｜ 形[かたち] 형태 ｜ ある① 있다 ｜ 私[わたし] 저 ｜ 家[いえ] 집 ｜ ～ている② ~하고 있다

0188 N5

夏休み なつやすみ 여름방학 [명사]

夏休みの宿題が終わらなくて困ってる。 여름방학 숙제가 끝나지 않아서 난감해.

夏休みはいつからいつまでですか。 여름방학은 언제부터 언제까지예요?

宿題[しゅくだい] 숙제 ｜ 終わる[おわる]① 끝나다 ｜ 困る[こまる]① 난감하다 ｜ ～て(い)る② ~하고 있다

'난감해'라는 현재형 단어가 일본어로는 困って(い)る가 되어 있죠? 困る는 동사인데 한국어 '난감하다'가 형용사라서 이런 시제 차이가 나타나요. 困る는 동사이므로 현재 상태를 나타내려면 ～て(い)る를 써서 困って(い)る(난감해하고 있다, 난감한 상태이다)라고 하거나 困った(난감해졌다)라고 표현해요.

'겨울방학'은 冬休み[ふゆやすみ]라고 하고, '봄방학'은 春休み[はるやすみ]라고 해요. 또한 일본에는 秋休み[あきやすみ](가을방학)가 있는 학교도 많지는 않지만 있다고 해요.

0189 N4

昼休み ひるやすみ 점심 휴식시간 [명사]

昼休みに軽く運動している。 점심 시간에 가볍게 운동하고 있다.

忙しくて、昼休みも取らずに働きました。 바빠서, 점심 휴식도 취하지 않고 일했습니다.

軽い[かるい] 가볍다 ｜ 運動[うんどう] 운동 ｜ ～ている② ~하고 있다 ｜ 忙しい[いそがしい] 바쁘다 ｜ 取る[とる]① 취하다 ｜ 働く[はたらく]① 일하다

반복해서 습관적으로 하는 일에 대해서는 ～ている(~하고 있다)를 써서 표현해요. 그러니 運動している(운동하고 있다)는 지금 하고 있다는 뜻이 될 수도 있고 습관적으로 그렇게 하고 있다는 뜻이 될 수도 있어요.

0190 N4

数学　すうがく　수학 [명사]

クラスで誰が一番数学がよくできる？　반에서 누가 가장 수학을 잘해?

数学の教科書を開くと、すぐに眠くなります。　수학 교과서를 펴면, 바로 졸음이 와요.

誰[だれ] 누구 | 一番[いちばん] 가장 | できる② 할 수 있다 | 教科書[きょうかしょ] 교과서 | 開く[ひらく]① 펴다 | 眠い[ねむい] 졸리다 | ～くなる① ~해지다

⊕ 数学がよくできる는 직역하면 '수학을 잘 할 수 있어'가 돼요.

⊕ 眠くなります는 직역하면 '졸려집니다'가 돼요.

0191 N4

科学　かがく　과학 [명사]

その先生は科学で説明できないことはないと言う。　그 선생님은 과학으로 설명할 수 없는 것은 없다고 한다.

科学の力で世界を変えることが私の夢です。　과학의 힘으로 세계를 바꾸는 것이 제 꿈입니다.

先生[せんせい] 선생님 | 説明[せつめい] 설명 | できる② 할 수 있다 | ない 없다 | 言う[いう]① 말하다 | 力[ちから] 힘 | 世界[せかい] 세계 | 変える[かえる]② 바꾸다 | 私[わたし] 저 | 夢[ゆめ] 꿈

0192 N4

社会　しゃかい　사회 [명사]

社会に出るのが怖いという大学生がいる。　사회에 나가는 것이 두렵다는 대학생들이 있어.

社会のテストで90点以上取りたいです。　사회 시험에서 90점 이상 받고 싶어요.

出る[でる]② 나가다 | 怖い[こわい] 두렵다 | 大学生[だいがくせい] 대학생 | いる② 있다 | 90点[きゅうじゅってん] 90점 | 以上[いじょう] 이상 | 取る[とる]① (점수를) 받다 | ～たい ~하고 싶다

0193 N4

地理　ちり　지리 [명사]

地理の勉強は好きじゃないという人が多い。　지리 공부는 좋아하지 않는다는 사람이 많다.

この辺の地理に明るい人を探しています。　이 주변의 지리에 밝은 사람을 찾고 있습니다.

勉強[べんきょう] 공부 | 好き[すき] 좋아함 | 人[ひと] 사람 | 多い[おおい] 많다 | 辺[へん] 주변 | 明るい[あかるい] 밝다 | 探す[さがす]① 찾다 | ～ている② ~하고 있다

일본어에서도 한국어와 똑같이 地理に明るい(지리에 밝다)라는 표현이 있어요. 詳しい[くわしい](자세하다)를 써서 地理に詳しい라고 할 수도 있어요.

0194 N4

歴史 れきし 역사 [명사]

その島の文化とか歴史について調べてみた。 그 섬의 문화라든가 역사에 대해서 알아봤어.
この建物は200年以上の歴史があります。 이 건물은 200년 이상의 역사가 있어요.

島[しま] 섬 | 文化[ぶんか] 문화 | 調べる[しらべる]② 알아보다 | ～てみる② ~해 보다 | 建物[たてもの] 건물 | 200年[にひゃく ねん] 200년 | 以上[いじょう] 이상 | ある① 있다

0195 N4

医学 いがく 의학 [명사]

医学には東洋医学と西洋医学がある。 의학에는 동양 의학과 서양 의학이 있다.
このデータは医学の研究のために利用します。 이 데이터는 의학 연구를 위하여 이용합니다.

東洋[とうよう] 동양 | 西洋[せいよう] 서양 | ある① 있다 | 研究[けんきゅう] 연구 | 利用[りよう] 이용

0196 N4

文学 ぶんがく 문학 [명사]

私はフランスの文学に興味を持ってる。 나는 프랑스 문학에 관심을 가지고 있어.
タンさんは日本の文学を勉強したそうです。 탄 씨는 일본 문학을 공부했다고 해요.

私[わたし] 나 | 興味[きょうみ] 관심 | 持つ[もつ]① 가지다 | ～て(い)る② ~하고 있다 | 日本[にほん] 일본 | 勉強[べんきょう] 공부 | ～そうだ ~라고 하다

フランスの文学, 日本の文学에서 の를 빼고 フランス文学, 日本文学라고 할 수도 있어요.

0197 N4

法律 ほうりつ 법률 [명사]

それは法律で決められていることだ。 그것은 법률로 정해져 있는 것이다.
法律を守りましょう。 법률을 지킵시다.

決める[きめる]② 정하다 | ～ている② ~해 있다 | 守る[まもる]① 지키다

0198 N4

文化　ぶんか　문화 [명사]

フィリピンも米を食べる文化の国だ。　필리핀도 쌀을 먹는 문화를 가진 나라다.

韓国と日本の文化の違いに驚きました。　한국과 일본의 문화 차이에 놀랐습니다.

米[こめ] 쌀 | 食べる[たべる]② 먹다 | 国[くに] 나라 | 韓国[かんこく] 한국 | 日本[にほん] 일본 | 違い[ちがい] 차이 | 驚く[おどろく]① 놀라다

⊕ 米を食べる文化の国だ는 직역하면 '쌀을 먹는 문화의 나라다'가 돼요.

⊕ 米라는 말을 쓸 때 앞에 お를 붙여서 お米라고 하는 경우도 많아요.

0199 N4

考え方　かんがえかた　사고방식 [명사]

⊕ かんがえかた라는 악센트도 써요.

私の両親は考え方が古い。　우리 부모님은 사고방식이 구식이야.

考え方を変える必要があると思います。　사고방식을 바꿀 필요가 있다고 생각해요.

私[わたし] 나 | 両親[りょうしん] 부모 | 古い[ふるい] 낡다 | 変える[かえる]② 바꾸다 | 必要[ひつよう] 필요 | ある① 있다 | 思う[おもう]① 생각하다

0200 N4

教育　きょういく　교육 [명사(+する)]

子供の教育に熱心な人が多い。　자녀 교육에 열심인 사람이 많다.

小さい頃から父に厳しく教育されました。　어렸을 때부터 아버지에게 엄하게 교육받았습니다.

子供[こども] 자녀 | 熱心[ねっしん] 열심 | 人[ひと] 사람 | 多い[おおい] 많다 | 小さい[ちいさい] 작다 | 頃[ころ] 때 | 父[ちち] 아버지 | 厳しい[きびしい] 엄하다

⊕ 小さい頃는 직역하면 '작을 때'가 돼요.

0201 N4

研究　けんきゅう　연구 [명사(+する)]

なぜこの研究が必要なのかを説明した。　왜 이 연구가 필요한 것인지를 설명했어.

10年以上、インドの文化を研究してきました。　10년 이상, 인도 문화를 연구해 왔어요.

必要[ひつよう] 필요 ㅣ ～のだ ~한 것이다 ㅣ 説明[せつめい] 설명 ㅣ 10年[じゅう ねん] 10년 ㅣ 以上[いじょう] 이상 ㅣ 文化[ぶんか] 문화 ㅣ ～てくる③ ~해 오다

0202 N4

研究室 けんきゅうしつ 연구실 [명사]

私の研究室ではウイルスを研究している。 우리 연구실에서는 바이러스를 연구하고 있다.

研究室での生活はいかがでしたか。 연구실에서의 생활은 어떠셨습니까?

私[わたし] 나 ㅣ 研究[けんきゅう] 연구 ㅣ ～ている② ~하고 있다 ㅣ 生活[せいかつ] 생활

⊕ '우리 연구실'은 일본어로 私の研究室(내 연구실)라고 표현해요.

⊕ いかがは どう(어떻게)의 높임말이에요.

0203 N4

専門 せんもん 전문 [명사]

この店はタイの食料品を専門に売ってる。 이 가게는 태국의 식료품을 전문으로 팔고 있어.

その方はアジア経済が専門の研究員です。 그 분은 아시아 경제가 전문인 연구원이에요.

店[みせ] 가게 ㅣ 食料品[しょくりょうひん] 식료품 ㅣ 売る[うる]① 팔다 ㅣ ～て(い)る② ~하고 있다 ㅣ 方[かた] 분 ㅣ 経済[けいざい] 경제 ㅣ 研究[けんきゅう] 연구 ㅣ ～員[いん] ~원

⊕ 참고로 '전공'은 専攻[せんこう]라고 해요.

책 날개에 있는 책갈피를 이용해서, 한 쪽을 가리고 나머지 한 쪽을 맞추는 연습을 해 보세요.

教室(きょうしつ)	교실	数学(すうがく)	수학
廊下(ろうか)	복도	科学(かがく)	과학
講堂(こうどう)	강당	社会(しゃかい)	사회
小学校(しょうがっこう)	초등학교	地理(ちり)	지리
小学生(しょうがくせい)	초등학생	歴史(れきし)	역사
中学校(ちゅうがっこう)	중학교	医学(いがく)	의학
中学生(ちゅうがくせい)	중학생	文学(ぶんがく)	문학
高校(こうこう)	고등학교	法律(ほうりつ)	법률
高校生(こうこうせい)	고등학생	文化(ぶんか)	문화
大学(だいがく)	대학교	考(かんが)え方(かた)	사고방식
大学生(だいがくせい)	대학생	教育(きょういく)	교육
下宿(げしゅく)	하숙	研究(けんきゅう)	연구
夏休(なつやす)み	여름방학	研究室(けんきゅうしつ)	연구실
昼休(ひるやす)み	점심 휴식시간	専門(せんもん)	전문

연습해 봐요!

〈장문으로 연습해 봐요〉

1 일본어 단어의 독음을 히라가나로 쓴 후에 한국어 뜻을 써 보세요.

단어	히라가나	뜻
01. 教室		
02. 講堂		
03. 高校		
04. 文化		
05. 教育		

2 한국어 뜻에 해당하는 일본어 단어를 히라가나와 한자로 써 보세요.

단어	히라가나	한자
06. 초등학교		
07. 여름방학		
08. 사회		
09. 사고방식		
10. 연구실		

3 (　　) 속에 적절한 단어를 써 보세요. 한자를 모를 경우에는 히라가나로 쓰세요.

11. 僕は先生に(　　　)の掃除をさせられた。 선생님이 나에게 복도 청소를 시켰다.

12. あの人は息子さんがもう(　　　)だそうです。
저 사람은 아드님이 벌써 대학생이라고 해요.

13. 私はおばの家に(　　　)しています。 저는 고모네 집에 하숙하고 있습니다.

14. クラスで誰が一番(　　　)がよくできる？ 반에서 누가 가장 수학을 잘해?

15. この店はタイの食料品を(　　　)に売ってる。
이 가게는 태국의 식료품을 전문으로 팔고 있어.

| 정답 |

1 01. きょうしつ/교실 02. こうどう/강당 03. こうこう/고등학교 04. ぶんか/문화 05. きょういく/교육

2 06. しょうがっこう/小学校 07. なつやすみ/夏休み 08. しゃかい/社会 09. かんがえかた/考え方 10. けんきゅうしつ/研究室

3 11. 廊下[ろうか] 12. 大学生[だいがくせい] 13. 下宿[げしゅく] 14. 数学[すうがく] 15. 専門[せんもん]

직장·직업

04마디에서는 '회사', '부장님', '회의' 등의 직장과 관련된 단어와 '의사', '은행원', '공장' 등의 직업과 관련된 단어를 배울게요.

단어 및 예문듣기

 N5 참 530

仕事　しごと　일(직업) [명사]

仕事が忙しくて、彼女に会う時間がない。　일이 바빠서, 여자친구를 만날 시간이 없어.

先週、仕事でイタリアに行ってきました。　지난주에 일 때문에 이탈리아에 갔다 왔어요.

忙しい[いそがしい] 바쁘다 | 彼女[かのじょ] 여자친구 | 会う[あう]① 만나다 | 時間[じかん] 시간 | ない 없다 | 先週[せんしゅう] 지난주 | 行く[いく]① 가다 | ～てくる③ ～하고 오다

0205 N5

会社　かいしゃ　회사 [명사]

かぜで会社を休んだ。　감기 때문에 회사를 쉬었어.

うちから会社まで歩いて15分ぐらいです。　집에서 회사까지 걸어서 15분 정도예요.

休む[やすむ]① 쉬다 | 歩く[あるく]① 걷다 | 15分[じゅうご ふん] 15분

0206 N4

会社員　かいしゃいん　회사원 [명사]

両親に会社員になるように言われている。　부모님한테 회사원이 되라는 말을 듣고 있다.

弟もすっかり会社員らしくなりました。　남동생도 완전히 회사원다워졌습니다.

両親[りょうしん] 부모 | ～になる① ～가 되다 | ～ように言う[いう]① ～하도록 말하다 | ～ている② ～하고 있다 | 弟[おとうと] 남동생 | ～らしい ～답다 | ～くなる① ～해지다

＋ ～ように言われている는 직역하면 '～하도록 말해지고 있다'가 돼요.

0207 N4

事務所　じむしょ　사무실 [명사]

3年前から今の事務所に勤めている。　3년 전부터 지금의 사무실에 근무하고 있다.

では、明日の10時に事務所へ伺います。　그럼, 내일 10시에 사무실로 찾아뵙겠습니다.

3年[さん ねん] 3년 | ～前[まえ] ～전 | 今[いま] 지금 | 勤める[つとめる]② 근무하다 | ～ている② ～하고 있다 | 明日[あす] 내일 | 10時[じゅう じ] 10시 | 伺う[うかがう]① 찾아뵙다

＋ 젊은 사람들은 事務所보다 オフィス라는 말을 쓰는 경우가 많아요.

＋ 明日(내일)는 あした, あす, みょうにち의 3가지 음으로 읽을 수 있어요. 뉘앙스 차이에 대해서는 519쪽을 보세요.

 N4

課長　かちょう　과장(님) [명사]

課長は今会議中です。　과장님은 지금 회의 중이에요.

課長の仕事は大変そうです。　과장의 일은 힘들어 보여요.

今[いま] 지금 | 会議[かいぎ] 회의 | ~中[ちゅう] ~중 | 仕事[しごと] 일 | 大変[たいへん] 힘듦 | ~そうだ ~해 보이다

⊕ 뒤에 '님'에 해당되는 말을 붙이지 않고 課長만으로 '과장님'이라는 뜻이 될 수 있어요. 그래서 課長さん이나 課長様[さま]와 같이 쓰는 것은 틀린 표현이에요. 편지 등을 쓸 때는 山崎[やまざき]課長라고 쓰지 않고, ~課課長 山崎様(~과 과장 やまざき님)라고 쓰면 돼요. '부장(님)', '사장(님)'도 마찬가지예요.

0209 N4

部長　ぶちょう　부장(님) [명사]

部長に遅くまで仕事をさせられた。　부장이 늦게까지 일을 시켰다.

それについては、部長に相談しました。　그 일에 대해서는, 부장님께 상의했습니다.

遅い[おそい] 늦다 | 仕事[しごと] 일 | 相談[そうだん] 상의

⊕ 部長に遅くまで仕事をさせられた는 직역하면 '부장에게 늦게까지 일을 하게 함을 당했다'가 돼요.

0210 N4

社長　しゃちょう　사장(님) [명사]

将来、社長になりたいと思ってる。　장래, 사장이 되고 싶다고 생각하고 있어.

この書類は社長にもう見ていただきました。　이 서류는 사장님이 이미 봐 주셨어요.

将来[しょうらい] 장래 | ~になる① ~가 되다 | ~たい ~하고 싶다 | 思う[おもう]① 생각하다 | ~て(い)る② ~하고 있다 | 書類[しょるい] 서류 | 見る[みる]② 보다 | ~ていただく① (다른 사람이) ~해 주다(공손함)

⊕ 見ていただきました는 見てもらいました의 공손한 말로, 직역하면 '봐 받았어요'가 돼요.

0211 N4

会議　かいぎ　회의 [명사]

会議に出席できないかもしれない。　회의에 참석할 수 없을지도 몰라.

会議をする場所を探しておいてください。　회의를 할 장소를 찾아 놓아 주세요.

出席[しゅっせき] 출석 ㅣ できる② 할 수 있다 ㅣ ～かもしれない ～할지도 모르다 ㅣ 場所[ばしょ] 장소 ㅣ 探す[さがす]① 찾다 ㅣ ～ておく① ～해 놓다

회의 등에 '참석하다'는 出席する(출석하다)를 쓰는데, 参加[さんか]する(참가하다)라는 말을 쓰기도 해요.

0212 N4

会議室　かいぎしつ　회의실 [명사]

課長がちょうど会議室から出てきたところだ。　과장님이 마침 회의실에서 막 나왔다.

明日の2時に会議室にいらっしゃってください。　내일 2시에 회의실에 와 주십시오.

課長[かちょう] 과장(님) ㅣ 出る[でる]② 나오다 ㅣ ～てくる③ ～해 오다 ㅣ ～たところだ 막 ～했다 ㅣ 明日[あす] 내일 ㅣ 2時[に じ] 2시 ㅣ いらっしゃる① 오시다

0213 N4

アイディア　アイディア　아이디어 [명사]

アイディア라는 악센트도 써요.

それはいいアイディアだね！　그것은 좋은 아이디어네!

部長にアイディアを盗まれました。　부장님에게 아이디어를 빼앗겼어요.

いい 좋다 ㅣ 部長[ぶちょう] 부장(님) ㅣ 盗む[ぬすむ]① 훔치다

アイデア로 쓰기도 해요.

0214 N4

意見　いけん　의견 [명사]

専門家の意見を聞いてみたい。　전문가의 의견을 들어 보고 싶다.

特に意見がなければ、次に進みます。　특별히 의견이 없으면, 다음으로 넘어가겠습니다.

専門[せんもん] 전문 ㅣ ～家[か] ～가 ㅣ 聞く[きく]① 듣다 ㅣ ～てみる② ～해 보다 ㅣ ～たい ～하고 싶다 ㅣ 特に[とくに] 특별히 ㅣ ない 없다 ㅣ 次[つぎ] 다음 ㅣ 進む[すすむ]① 진행하다

0215 N4

メモ　メモ　메모 [명사(+する)]

メモを取ると忘れにくくなる。　메모를 하면 쉽게 잊어버리지 않게 돼.

大事なことはメモしておいた方がいいですよ。 중요한 것은 메모해 두는 편이 좋아요.

取る[とる]① (메모를) 하다 | 忘れる[わすれる]② 잊다 | ~にくい 쉽게 ~하지 않는다 | ~くなる① ~하게 되다 | 大事[だいじ] 중요 | ~ておく① ~해 두다 | ~た方がいい[ほうがいい] ~하는 편이 좋다

➕ '메모를 하다'는 メモを取る라고 해도 되고 メモ(を)する라고 해도 돼요.

0216 N4

書類 しょるい 서류 [명사]

会社に出す書類を準備しよう。 회사에 제출할 서류를 준비하자.

この書類を木曜日までに書いてきてください。 이 서류를 목요일까지 써 오세요.

会社[かいしゃ] 회사 | 出す[だす]① 제출하다 | 準備[じゅんび] 준비 | 木曜日[もくようび] 목요일 | 書く[かく]① 쓰다 | ~てくる③ ~해 오다

0217 N5

コピー コピー 카피, 복사 [명사(+する)]

この書類のコピーを10枚取って。 이 서류를 10장 카피해 줘.

友達のノートをコピーしました。 친구의 노트를 복사했어요.

書類[しょるい] 서류 | 10枚[じゅう まい] 10장 | 取る[とる]① (복사를) 하다 | 友達[ともだち] 친구

➕ この書類のコピーを10枚取って는 직역하면 '이 서류의 카피를 10장 해 줘'가 돼요.

0218 N4

サイン サイン 사인, 서명 [명사(+する)]

アイドルにサインしてもらったTシャツをなくした。 아이돌이 사인해 준 티셔츠를 잃어버렸다.

こちらにお名前とサインをお願いします。 여기에 성함과 서명을 부탁합니다.

~てもらう① (다른 사람이) ~해 주다 | なくす① 분실하다 | 名前[なまえ] 이름 | お願い[おねがい] 부탁

➕ アイドルにサインしてもらったTシャツ는 직역하면 '아이돌에게 사인해 받은 티셔츠'가 돼요.

0219 N5

有名(な) ゆう めい(な) 유명(한) [な형용사]

彼女はこの本を書いて有名になった。 그녀는 이 책을 써서 유명해졌어.

その人は日本では有名なタレントです。　그 사람은 일본에서는 유명한 탤런트예요.

彼女[かのじょ] 그녀 | 本[ほん] 책 | 書く[かく]① 쓰다 | ～になる① ～해지다 | 人[ひと] 사람 | 日本[にほん] 일본

'연예인'을 나타내는 말로 芸能人[げいのうじん]이라는 말도 있어요.

0220 N4

スケジュール　スケジュール　스케줄, 일정 [명사]

スケジュール라는 악센트도 써요.

スケジュールを立ててから勉強をする。　스케줄을 세우고 나서 공부를 한다.

お祭りのスケジュールが決まりました。　축제의 일정이 결정되었습니다.

立てる[たてる]② 세우다 | 勉強[べんきょう] 공부 | お祭り[おまつり] 축제 | 決まる[きまる]① 결정되다

お祭り는 앞에 お 없이 祭り로도 쓰는데, お가 없으면 약간 거친 말이 돼요. 다만 축제의 명칭으로 '～祭り(～축제)'라고 쓸 때는 お 없이 써요.

0221 N4

予定　よてい　예정, 일정 [명사(+する)]

予定されてた会議が中止になった。　예정되어 있던 회의가 취소됐어.

その日は予定があって行けそうにありません。　그 날은 일정이 있어서 갈 수 없을 것 같아요.

～て(い)る② ～해 있다 | 会議[かいぎ] 회의 | 中止[ちゅうし] 취소 | ～になる① ～가 되다 | 日[ひ] 날 | ある① 있다 | 行く[いく]① 가다 | ～そうだ ～할 것 같다 |

'동사+そうだ(～할 것 같다)'의 부정형은 ～そうにない(～할 것 같지 않다)가 돼요. ～そうにもない, ～そうもない(～할 것 같지도 않다)라는 표현도 써요.

0222 N4

これから　これから　이제부터, 앞으로 [명사(부사적으로도 사용)]

これからが楽しみだ。　앞으로가 기대된다.

これからだんだん寒くなります。　이제부터 점점 추워집니다.

楽しみ[たのしみ] 기대됨 | 寒い[さむい] 춥다 | ～くなる① ～해지다

0223 N4

将来　しょうらい　장래 [명사(부사적으로도 사용)]

先生が将来についての相談に乗ってくださった。
선생님이 장래에 대한 상담에 응해 주셨어.

将来どんな仕事をしたらいいか、考えてます。
장래 어떤 일을 하면 좋을지, 생각하고 있어요.

先生[せんせい] 선생님 | 相談[そうだん] 상담 | 乗る[のる]① (상담에) 응하다 | 仕事[しごと] 일 | いい 좋다 | 考える[かんがえる]② 생각하다 | ～て(い)る② ～하고 있다

⊕ '상담에 응하다'는 일본어로 相談に乗る(상담에 타다)라고 표현해요.

0224 N4

時代　じだい　시대 [명사]

世界を見なければならない時代を迎えている。 세계를 봐야 하는 시대를 맞이하고 있다.

時代に遅れないようにしたいです。 시대에 뒤떨어지지 않게 하고 싶습니다.

世界[せかい] 세계 | 見る[みる]② 보다 | ～なければならない ～해야 하다 | 迎える[むかえる]② 맞이하다 | ～ている② ～하고 있다 | 遅れる[おくれる]② 뒤지다 | ～ないようにする③ ～하지 않게 하다 | ～たい ～하고 싶다

0225 N4

アンケート　アンケート　앙케트, 설문(조사) [명사(+する)]

⊕ アンケート라는 악센트도 써요.

留学生に、日本に来た目的をアンケートした。
유학생들에게, 일본에 온 목적을 설문 조사했어.

スマホでアンケートに答えるバイトをしました。
스맛폰으로 앙케트에 답하는 알바를 했어요.

留学生[りゅうがくせい] 유학생 | 日本[にほん] 일본 | 来た[きた]③ 왔다 | 目的[もくてき] 목적 | 答える[こたえる]② 답하다

⊕ アンケート는 する를 바로 붙인 동사 형태보다 명사로 쓰는 경우가 더 많아요. '설문 조사를 하다'라고 할 때는 する 외에 동사 取る[とる]를 써서 アンケートを取る라고 하기도 해요.

⊕ スマホ는 スマートフォン(스마트폰)의 준말이고, バイト는 アルバイト(아르바이트)의 준말이에요.

0226 N4

ストレス　ストレス　스트레스 [명사]

ストレスのない生活を送ることは難しい。　스트레스가 없는 생활을 보내는 것은 어렵다.

ストレスで病気になる人が多いです。　스트레스 때문에 병에 걸리는 사람이 많습니다.

ない 없다 | 生活[せいかつ] 생활 | 送る[おくる]① 보내다 | 難しい[むずかしい] 어렵다 | 病気[びょうき] 병 | ~になる① ~가 되다 | 人[ひと] 사람 | 多い[おおい] 많다

- 病気になる는 직역하면 '병이 되다'가 돼요.
- '스트레스가 쌓이다'는 ストレスがたまる라고 해요.

0227 N4

スピーチ　スピーチ　스피치, 연설 [명사]

友達の結婚式のスピーチを頼まれた。　친구 결혼식의 스피치를 부탁받았어.

スピーチは最初の7秒が重要です。　연설은 처음의 7초가 중요해요.

友達[ともだち] 친구 | 結婚式[けっこんしき] 결혼식 | 頼む[たのむ]① 부탁하다 | 最初[さいしょ] 처음 | 7秒[なな びょう] 7초 | 重要[じゅうよう] 중요

책 날개에 있는 책갈피를 이용해서, 한 쪽을 가리고 나머지 한 쪽을 맞추는 연습을 해 보세요.

仕事(しごと)	일(직업)	書類(しょるい)	서류
会社(かいしゃ)	회사	コピー	카피, 복사
会社員(かいしゃいん)	회사원	サイン	사인, 서명
事務所(じむしょ)	사무실	有名(ゆうめい)(な)	유명(한)
課長(かちょう)	과장(님)	スケジュール	스케줄, 일정
部長(ぶちょう)	부장(님)	予定(よてい)	예정, 일정
社長(しゃちょう)	사장(님)	これから	이제부터, 앞으로
会議(かいぎ)	회의	将来(しょうらい)	장래
会議室(かいぎしつ)	회의실	時代(じだい)	시대
アイディア	아이디어	アンケート	앙케트, 설문(조사)
意見(いけん)	의견	ストレス	스트레스
メモ	메모	スピーチ	스피치, 연설

연습해 봐요!

❶ 일본어 단어의 독음을 히라가나로 쓴 후에 한국어 뜻을 써 보세요.

단어	히라가나	뜻
01. 課長		
02. 部長		
03. 会議室		
04. 書類		
05. 将来		

❷ 한국어 뜻에 해당하는 일본어 단어를 히라가나와 한자로 써 보세요.

단어	히라가나	한자
06. 일(직업)		
07. 회사원		
08. 사장(님)		
09. 의견		
10. 유명한		

❸ (　　) 속에 적절한 단어를 써 보세요. 한자를 모를 경우에는 히라가나로 쓰세요.

11. (　　　　)を取ると忘れにくくなる。 메모를 하면 쉽게 잊어버리지 않게 돼.

12. この書類の(　　　　)を10枚取って。 이 서류를 10장 카피해 줘.

13. お祭りの(　　　　　　　)が決まりました。 축제의 일정이 결정되었습니다.

14. (　　　　)されてた会議が中止になった。 예정되어 있던 회의가 취소됐어.

15. (　　　　)に遅れないようにしたいです。
시대에 뒤떨어지지 않게 하고 싶습니다.

| 정답 |

❶ 01. かちょう / 과장(님) 02. ぶちょう / 부장(님) 03. かいぎしつ / 회의실 04. しょるい / 서류 05. しょうらい / 장래
❷ 06. しごと / 仕事 07. かいしゃいん / 会社員 08. しゃちょう / 社長 09. いけん / 意見 10. ゆうめいな / 有名な
❸ 11. メモ 12. コピー 13. スケジュール 14. 予定[よてい] 15. 時代[じだい]

0228 N5

医者　いしゃ　의사 [명사]

この町は小さな町で、医者が一人もいない。 이 마을은 작은 마을이라서, 의사가 한 명도 없어.

私は医者になりたいです。 저는 의사가 되고 싶어요.

町[まち] 마을 | 小さな[ちいさな] 작은 | 一人[ひとり] 한 명 | いる② 있다 | 私[わたし] 저 | ～になる① ～가 되다 | ～たい ～하고 싶다

⊕ '의사 선생님'은 お医者さん[おいしゃさん], '원장 선생님'은 院長先生[いんちょう せんせい]라고 해요.

0229 N4

看護師　かんごし　간호사 [명사]

このまま看護師を続けていく自信がない。 이대로 간호사를 계속 해 나갈 자신이 없다.

看護師のうち、約8%が男性看護師だそうです。 간호사 중, 약 8%가 남자 간호사라고 합니다.

続ける[つづける]② 계속하다 | ～ていく① ～해 가다 | 自信[じしん] 자신 | ない 없다 | 約[やく] 약 | 8%[はち パーセント] 8% | 男性[だんせい] 남성 | ～そうだ ～라고 하다

⊕ 예전에는 '간호사'를 看護婦[かんごふ](간호부)라고 불렀는데, 이 말은 여자만을 가리키는 말이라서 看護師로 바뀌었어요. 그런데 지금도 여자 간호사를 看護婦さん이라고 부르는 사람들이 꽤 있어요.

⊕ 男性看護師는 직역하면 '남성 간호사'가 돼요.

0230 N4

歯医者　はいしゃ　치과의사, 치과(의원) [명사]

いい歯医者を紹介してもらった。 좋은 치과의사를 소개 받았어.

日本では歯医者がコンビニより多いそうです。 일본에서는 치과가 편의점보다 많다고 해요.

いい 좋다 | 紹介[しょうかい] 소개 | ～てもらう① (다른 사람이) ～해 주다 | 日本[にほん] 일본 | 多い[おおい] 많다 | ～そうだ ～라고 하다

⊕ 紹介してもらった는 직역하면 '소개해 받았어'가 돼요.

⊕ 歯医者는 '치과의사'라는 뜻 외에 '치과(의원)'라는 뜻으로도 써요. 歯科医院[しか いいん](치과의원)이라는 단어도 있지만 대화할 때는 歯医者 혹은 歯医者さん이라고 해요.

0231 N5

銀行　ぎんこう　은행 [명사]

銀行からお金を借りた。 은행에서 돈을 빌렸다.

駅の前に大きな銀行があります。 역 앞에 큰 은행이 있습니다.

お金[おかね] 돈 | 借りる[かりる]② 빌리다 | 駅[えき] 역 | 前[まえ] 앞 | 大きな[おおきな] 큰 | ある① 있다

0232 N4

銀行員 ぎんこういん 은행원 [명사]

その銀行の銀行員は飲み会をよくするみたい。 그 은행의 은행원은 술 모임을 자주 하는 것 같아.

その先輩は銀行員になったはずです。 그 선배는 분명히 은행원이 되었을 거예요.

銀行[ぎんこう] 은행 | 飲み会[のみかい] 술 모임 | ～みたいだ ～하는 것 같다 | 先輩[せんぱい] 선배 | ～になる① ～가 되다 | ～はずだ 분명히 ～할 것이다

0233 N4

ATM エーティーエム ATM(현금자동인출기) [명사]

ATMからカードが出てこない。 ATM에서 카드가 나오지 않는다.

このATMはお使いになれません。 이 ATM은 사용하실 수 없습니다.

出る[でる]② 나오다 | ～てくる③ ～해 오다 | お～になる① ～하시다 | 使う[つかう]① 사용하다

0234 N4

公務員 こうむいん 공무원 [명사]

市役所に勤めている人は公務員だ。 시청에 근무하고 있는 사람들은 공무원이다.

国民のために働くのが公務員の仕事です。 국민을 위해서 일하는 것이 공무원의 일입니다.

市役所[しやくしょ] 시청 | 勤める[つとめる]② 근무하다 | ～ている② ～하고 있다 | 人[ひと] 사람 | 国民[こくみん] 국민 | 働く[はたらく]① 일하다 | 仕事[しごと] 일

0235 N4

音楽家 おんがくか 음악가 [명사]

彼は世界に知られた音楽家の一人だ。 그는 세계에 알려진 음악가 중의 한 명이다.

有名な音楽家の家を訪ねました。 유명한 음악가의 집을 찾아갔습니다.

彼[かれ] 그 | 世界[せかい] 세계 | 知る[しる]① 알다 | 一人[ひとり] 한 명 | 有名[ゆうめい] 유명 | 家[いえ] 집 | 訪ねる[たずねる]② 찾아가다

⊕ 音楽家の一人だ는 직역하면 '음악가의 한 명이다'가 돼요.

0236 N4

新聞社 しんぶんしゃ 신문사 [명사]

新聞社に泥棒が入った。 신문사에 도둑이 들었어.

新聞社の方がおいでになりました。 신문사 분이 오셨습니다.

泥棒[どろぼう] 도둑 | 入る[はいる]① 들다 | 方[かた] 분 | おいでになる① 오시다

0237 N4

貿易 ぼうえき 무역 [명사(+する)]

昔、日本はオランダとの貿易が盛んだった。 옛날에, 일본은 네덜란드와의 무역이 번성했다.

貿易しなければ生きていけません。 무역하지 않으면 살아갈 수 없습니다.

昔[むかし] 옛날 | 日本[にほん] 일본 | 盛ん[さかん] 번성 | 生きる[いきる]② 살다 | ～ていく① ~해 가다

0238 N4

盛ん(な) さかん(な) 성함(성한), 번성(한) [な형용사]

ここはぶどうの生産が盛んだ。 여기는 포도의 생산이 왕성하다.

私はスポーツの盛んな中学校に通っています。 저는 스포츠가 활성화된 중학교를 다니고 있습니다.

生産[せいさん] 생산 | 私[わたし] 저 | 中学校[ちゅうがっこう] 중학교 | 通う[かよう]① 다니다 | ～ている② ~하고 있다

0239 N4

翻訳 ほんやく 번역 [명사(+する)]

映画の翻訳の仕事をしてる。 영화 번역 일을 하고 있어.

この小説はまだ韓国語に翻訳されていません。

이 소설은 아직 한국어로 번역되어 있지 않아요.

映画[えいが] 영화 | 仕事[しごと] 일 | ~て(い)る② ~하고 있다, ~해 있다 | 小説[しょうせつ] 소설 | 韓国語[かんこくご] 한국어

0240 N5

エンジニア　エンジニア　엔지니어, 기술자 [명사]

エンジニアが足りない。 엔지니어가 부족하다.

私の会社に外国人のエンジニアが来ました。 저희 회사에 외국인 기술자가 왔습니다.

足りる[たりる]② 족하다 | 私[わたし] 저 | 会社[かいしゃ] 회사 | 外国人[がいこくじん] 외국인 | 来ました[きました]③ 왔습니다

'저희 회사'는 私の会社(저의 회사)라고 표현해요.

0241 N4

技術　ぎじゅつ　기술 [명사]

ダンスの技術をもっと磨こうと思う。 댄스 기술을 더 갈고 닦으려고 생각해.

技術を正しく伝えるのは難しいです。 기술을 정확하게 전달하는 것은 어려워요.

磨く[みがく]① 닦다 | ~(よ)うと思う[おもう]① ~하려고 생각하다 | 正しい[ただしい] 바르다 | 伝える[つたえる]② 전달하다 | 難しい[むずかしい] 어렵다

エンジニア 대신에 技術者[ぎじゅつしゃ](기술자)라는 말을 쓰기도 해요.

0242 N4

産業　さんぎょう　산업 [명사]

1980年代に日本の産業が大きく変わった。 1980년대에 일본의 산업이 크게 바뀌었다.

近い将来、新しい産業が生まれるでしょう。 가까운 미래에, 새로운 산업이 생길 것입니다.

1980年[せんきゅうひゃくはちじゅう ねん] 1980년 | ~代[だい] ~대 | 日本[にほん] 일본 | 大きい[おおきい] 크다 | 変わる[かわる]① 바뀌다 | 近い[ちかい] 가깝다 | 将来[しょうらい] 장래 | 新しい[あたらしい] 새롭다 | 生まれる[うまれる]② 생기다

'가까운 미래'는 일본어로 近い将来(가까운 장래)라고 표현해요.

 N4

工業　こうぎょう　공업 [명사]

兄は工業を専門に勉強してる。　오빠는 공업을 전문으로 공부하고 있어.

私が住んでる所は、工業の盛んな町です。　제가 살고 있는 곳은, 공업이 번성한 도시예요.

兄[あに] 오빠 ｜ 専門[せんもん] 전문 ｜ 勉強[べんきょう] 공부 ｜ ～て(い)る② ~하고 있다 ｜ 私[わたし] 저 ｜ 住む[すむ]① 살다 ｜ 所[ところ] 곳 ｜ 盛ん[さかん] 번성 ｜ 町[まち] 도시

0244 N4

工場　こうじょう　공장 [명사]

家の裏に工場が建つらしい。　집 뒤에 공장이 세워지는 모양이다.

この工場ではマスクを生産しています。　이 공장에서는 마스크를 생산하고 있습니다.

家[いえ] 집 ｜ 裏[うら] 뒤 ｜ 建つ[たつ]① 세워지다 ｜ ～らしい ~하는 모양이다 ｜ 生産[せいさん] 생산 ｜ ～ている② ~하고 있다

0245 N4

工事　こうじ　공사 [명사(+する)]

家の外の壁を工事することになった。　집의 외벽을 공사하게 됐어.

工事が終わるまで、1週間ほどかかります。　공사가 끝날 때까지, 1주일 정도 걸려요.

家[いえ] 집 ｜ 外[そと] 바깥 ｜ 壁[かべ] 벽 ｜ ～ことになる① ~하게 되다 ｜ 終わる[おわる]① 끝나다 ｜ 1週間[いっしゅうかん] 1주일 ｜ かかる① 걸리다

0246 N4　참 455

店員　てんいん　점원 [명사]

スーパーの店員のアルバイトをすることにした。　슈퍼의 점원 아르바이트를 하기로 했어.

店員さんがいないお店は入りやすいです。　점원이 없는 가게는 편하게 들어갈 수 있어요.

～ことにする③ ~하기로 하다 ｜ いる② 있다 ｜ 店[みせ] 가게 ｜ 入る[はいる]① 들어가다 ｜ ～やすい ~하기 쉽다

＋ 店員이라고만 말하면 약간 거친 말투라서, 뒤에 さん을 붙여서 店員さん이라고 하는 경우가 많아요.

＋ 入りやすい는 직역하면 '들어가기 쉽다'가 돼요

 N4

お客さん　おきゃくさん　손님 [명사]

そのお店は女性のお客さんが多い。 그 가게는 여성 손님이 많다.
久しぶりに、うちにお客さんを招待しました。 오래간만에, 집에 손님을 초대했습니다.

店[みせ] 가게 | 女性[じょせい] 여성 | 多い[おおい] 많다 | 久しぶり[ひさしぶり] 오래간만 | 招待[しょうたい] 초대

0248 N4

客　きゃく　손, 객 [명사]

「客のためになる物を売れ」と言う。 '손님에게 도움이 되는 물건을 팔아라'라고 한다.
迷惑な客が来て、大変でした。 민폐를 끼치는 손님이 와서 힘들었습니다.

～になる① ～가 되다 | 物[もの] 물건 | 売る[うる]① 팔다 | 言う[いう]① 말하다 | 迷惑[めいわく] 민폐를 끼침 | 来て[きて]③ 와서 | 大変[たいへん] 힘듦

- 客는 높이는 뜻이 전혀 없는 말이라서 '손님'이라는 뜻이 아니지만, '손', '객'이라고 해석하면 부자연스럽기 때문에 '손님'으로 해석했어요. 일상적으로는 お客さん[おきゃくさん], お客様[おきゃくさま](お客さん을 더 높인 말)를 써요.
- 客のためになる物는 직역하면 '손님의 위함이 되는 물건'이 돼요.

0249 N5

サービス　サービス　서비스 [명사(+する)]

そのホテルはサービスがとてもよかった。 그 호텔은 서비스가 무척 좋았어.
お客さんにビールを1杯サービスしました。 손님에게 맥주를 한 잔 서비스했어요.

いい 좋다 | お客さん[おきゃくさん] 손님 | 1杯[いっぱい] 한 잔

0250 N4

アルバイト　アルバイト　아르바이트 [명사(+する)]

外国の人を案内するアルバイトを始めた。 외국 사람을 안내하는 아르바이트를 시작했다.
忙しくてアルバイトをする時間がありません。 바빠서 아르바이트를 할 시간이 없습니다.

外国[がいこく] 외국 | 人[ひと] 사람 | 案内[あんない] 안내 | 始める[はじめる]② 시작하다 | 忙しい[いそがしい] 바쁘다 | 時間[じかん] 시간 | ある① 있다

- アルバイト는 일상적으로는 줄여서 バイト로 쓰는 경우가 많아요. バイト의 악센트는 バイト가 돼요.

0251 N4

パート　パート　파트타임, 파트 [명사]

⊕ パート라는 악센트도 써요.

パートは働く時間を選ぶことができる。 파트타임은 일하는 시간을 고를 수 있다.
ソプラノのパートを私が歌いました。 소프라노 파트를 제가 불렀습니다.

働く[はたらく]① 일하다 | 時間[じかん] 시간 | 選ぶ[えらぶ]① 고르다 | ～ことができる② ~할 수 있다 | 私[わたし] 저 | 歌う[うたう]① 부르다

⊕ '파트타임'이라는 뜻의 パート는 パートタイム(파트타임)의 준말이에요. 일본에서는 학생들이 하는 아르바이트는 アルバイト라고 부르고, 주부(主婦(여), 主夫(남))들이 하는 아르바이트는 パート라고 부르는 것이 일반적이에요.

0252 N4

働く　はたらく　일하다 [1류동사(자)]

はたらかない　はたらきます　はたらけ　はたらける　はたらけば　はたらこう
はたらいて

父は働きすぎて病気になってしまった。 아버지는 과로를 해서 병에 걸리고 말았어.
妻は子供が生まれてからも働いてます。 아내는 아이가 태어나고 나서도 일하고 있어요.

父[ちち] 아버지 | ～すぎる② 지나치게 ~하다 | 病気[びょうき] 병 | ～になる① ~가 되다 | ～てしまう① ~하고 말다 | 妻[つま] 아내 | 子供[こども] 아이 | 生まれる[うまれる]② 태어나다 | ～て(い)る② ~하고 있다

⊕ 働きすぎて病気になってしまった는 직역하면 '지나치게 일을 해서 병이 되고 말았어'가 돼요.

0253 N4

慣れる　なれる　익숙해지다 [2류동사(자)]

なれない　なれます　なれろ　(なれられる)　なれれば　なれよう　なれて

⊕ 가능형에 대한 추가 설명이 있으니 659쪽 7번 설명을 보세요.

新しい仕事にも、もうすっかり慣れた。 새 일에도, 이제 완전히 익숙해졌다.
この国の習慣になかなか慣れません。 이 나라의 습관에 좀처럼 익숙해지지 않습니다.

新しい[あたらしい] 새롭다 | 仕事[しごと] 일 | 国[くに] 나라 | 習慣[しゅうかん] 습관

확인해 봐요!

책 날개에 있는 책갈피를 이용해서, 한 쪽을 가리고 나머지 한 쪽을 맞추는 연습을 해 보세요.

医者(いしゃ)	의사	技術(ぎじゅつ)	기술
看護師(かんごし)	간호사	産業(さんぎょう)	산업
歯医者(はいしゃ)	치과의사, 치과(의원)	工業(こうぎょう)	공업
銀行(ぎんこう)	은행	工場(こうじょう)	공장
銀行員(ぎんこういん)	은행원	工事(こうじ)	공사
ATM(エーティーエム)	ATM(현금자동인출기)	店員(てんいん)	점원
公務員(こうむいん)	공무원	お客(きゃく)さん	손님
音楽家(おんがくか)	음악가	客(きゃく)	손, 객
新聞社(しんぶんしゃ)	신문사	サービス	서비스
貿易(ぼうえき)	무역	アルバイト	아르바이트
盛(さか)ん(な)	성함(성한), 번성(한)	パート	파트타임, 파트
翻訳(ほんやく)	번역	働(はたら)く	일하다
エンジニア	엔지니어, 기술자	慣(な)れる	익숙해지다

〈장문으로 연습해 봐요〉

❶ 일본어 단어의 독음을 히라가나로 쓴 후에 한국어 뜻을 써 보세요.

단어	히라가나	뜻
01. 音楽家		
02. 新聞社		
03. 工場		
04. 働く		
05. 慣れる		

❷ 한국어 뜻에 해당하는 일본어 단어를 히라가나와 한자로 써 보세요.

단어	히라가나	한자
06. 의사		
07. 은행원		
08. 공사		
09. 점원		
10. 손님		

❸ (　　) 속에 적절한 단어를 써 보세요. 한자를 모를 경우에는 히라가나로 쓰세요.

11. (　　　　)しなければ生きていけません。 무역하지 않으면 살아갈 수 없습니다.

12. 映画の(　　　　)の仕事をしてる。 영화 번역 일을 하고 있어.

13. (　　　　)を正しく伝えるのは難しいです。
기술을 정확하게 전달하는 것은 어려워요.

14. そのホテルは(　　　　)がとてもよかった。
그 호텔은 서비스가 무척 좋았어.

15. 外国の人を案内する(　　　　)を始めた。
외국 사람을 안내하는 아르바이트를 시작했다.

| 정답 |

❶ 01. おんがくか/음악가 02. しんぶんしゃ/신문사 03. こうじょう/공장 04. はたらく/일하다 05. なれる/익숙해지다
❷ 06. いしゃ/医者 07. ぎんこういん/銀行員 08. こうじ/工事 09. てんいん/店員 10. おきゃくさん/お客さん
❸ 11. 貿易[ぼうえき] 12. 翻訳[ほんやく] 13. 技術[ぎじゅつ] 14. サービス 15. アルバイト

교통

05마디에서는 '지하철', '주차장', '교차로' 등의
교통과 관련된 단어를 배울게요.

단어 및 예문듣기

0254 N4

交通 こうつう 교통 [명사]

自転車も交通ルールを守らなければならない。 자전거도 교통 규칙을 지켜야 한다.

そこは交通の便がいい所です。 거기는 교통 편이 좋은 곳입니다.

自転車[じてんしゃ] 자전거 | 守る[まもる]① 지키다 | ~なければならない ~해야 하다 | 便[べん] 편 | いい 좋다 | 所[ところ] 곳

0255 N5

駅 えき 역 [명사]

私のうちは駅から遠い。 우리 집은 역에서 멀어.

その駅には人があまりいませんでした。 그 역에는 사람이 별로 없었어요.

私[わたし] 나 | 遠い[とおい] 멀다 | 人[ひと] 사람 | いる② 있다

⊕ '우리 집'은 私のうち(나의 집)라고 표현해요.

0256 N4

駅員 えきいん 역무원 [명사]

⊕ えきいん이라는 악센트도 써요.

僕は電車が好きで、駅員になった。 나는 전철을 좋아해서, 역무원이 되었다.

駅員さんにホームまで案内してもらいました。 역무원이 승강장까지 안내해 주었습니다.

僕[ぼく] 나 | 電車[でんしゃ] 전철 | 好き[すき] 좋아함 | ~になる① ~가 되다 | 案内[あんない] 안내 | ~てもらう① (다른 사람이) ~해 주다

⊕ 駅員さんにホームまで案内してもらいました는 직역하면 '역무원에게 승강장까지 안내해 받았습니다'가 돼요.

⊕ 駅員이라고만 하면 약간 거친 말이라서, 뒤에 さん을 붙여서 駅員さん이라고 하는 경우도 많아요.

0257 N4

駅前 えきまえ 역 앞 [명사]

⊕ えきまえ라는 악센트도 써요.

父と駅前で会うことにした。 아버지와 역 앞에서 만나기로 했어.

駅前に新しいスーパーができるそうですよ。 역 앞에 새 슈퍼가 생긴다고 해요.

父[ちち] 아버지 | 会う[あう]① 만나다 | ～ことにする③ ～하기로 하다 | 新しい[あたらしい] 새롭다 | できる② 생기다 | ～そうだ ～라고 하다

0258 N5

電車 でんしゃ 전철 [명사]

でんしゃ라는 악센트도 써요.

電車に乗ってきた。 전철을 타고 왔다.

うちからここまで電車で15分ぐらいです。 집에서 여기까지 전철로 15분 정도입니다.

乗る[のる]① 타다 | ～てくる③ ～하고 오다 | 15分[じゅうごふん] 15분

0259 N5

地下鉄 ちかてつ 지하철 [명사]

地下鉄を降りてから電話をかけた。 지하철을 내리고 나서 전화를 걸었어.

次の駅で地下鉄に乗り換えます。 이번 역에서 지하철로 갈아탈 거예요.

降りる[おりる]② 내리다 | 電話[でんわ] 전화 | かける② 걸다 | 次[つぎ] 이번 | 駅[えき] 역 | 乗り換える[のりかえる]② 갈아타다

0260 N4

急行 きゅうこう 급행(열차) [명사]

間違えて急行に乗りそうになった。 실수로 급행을 탈 뻔했다.

7時の急行でそちらに向かいます。 7시 출발의 급행열차를 타고 그쪽으로 향하겠습니다.

間違える[まちがえる]② 틀리다 | 乗る[のる]① 타다 | ～そうになる① ～할 뻔하다 | 7時[しちじ] 7시 | 向かう[むかう]① 향하다

～そうになる(～할 뻔하다)는 ～そうだ(～할 것 같다)와 ～になる(～가 되다)가 합해진 표현으로, 직역하면 '～할 것 같이 되다'가 돼요.

7時の急行で는 직역하면 '7시의 급행열차로'가 돼요.

0261 N4

特急 とっきゅう 특급(열차) [명사]

時間に間に合うように特急で行った。 시간에 늦지 않도록 특급으로 갔어.

特急にお乗りください。 특급열차를 타십시오.

時間[じかん] 시간 | 間に合う[まにあう]① 시간에 대다 | 行く[いく]① 가다 | お～ください ~하십시오 | 乗る[のる]① 타다

➕ 時間に間に合うようには 직역하면 '시간에 대도록'이 되는데, '시간에 늦지 않도록', '시간에 맞출 수 있도록' 등으로 의역하면 돼요.

0262 N4 참 294

普通 ふつう 보통, 보통(열차) [명사, な형용사, 부사]

その駅に行くなら普通に乗らないとだめだよ。 그 역에 간다면 보통열차를 타야 해.

韓国語では普通そんな言い方はしません。 한국어로는 보통 그런 표현은 하지 않아요.

駅[えき] 역 | 行く[いく]① 가다 | 乗る[のる]① 타다 | ～ないとだめだ ~해야 하다 | 韓国語[かんこくご] 한국어 | 言う[いう]① 말하다 | ～方[かた] ~(하는) 방법

➕ '특급'이나 '급행'이 아닌 '일반 열차'는 일본어로 普通라고 해요. 노선에 따라서는 普通도 몇 개 역을 건너뛰는 경우가 있어서, 모든 역에 정차하는 일반 열차를 各駅停車[かくえき ていしゃ](각 역 정차)라고 부르는 노선도 있어요. 이런 명칭은 노선에 따라 약간씩 차이가 있어요.

➕ そんな言い方はしません은 직역하면 '그런 말하는 방법은 하지 않아요'가 돼요.

0263 N5

バス バス 버스 [명사]

バスを降りてからホテルまで歩いて行った。 버스를 내리고 나서 호텔까지 걸어서 갔다.

もう30分もバスを待っています。 벌써 30분이나 버스를 기다리고 있습니다.

降りる[おりる]② 내리다 | 歩く[あるく]① 걷다 | 行く[いく]① 가다 | 30分[さんじゅっ ぷん] 30분 | 待つ[まつ]① 기다리다 | ～ている② ~하고 있다

0264 N4

途中 とちゅう 도중, 중간 [명사]

会社に行く途中で気分が悪くなった。 회사로 가는 도중에 속이 안 좋아졌어.

途中からでも試合に出たかったです。 중간부터라도 경기에 나가고 싶었어요.

会社[かいしゃ] 회사 | 行く[いく]① 가다 | 気分[きぶん] 기분 | 悪い[わるい] 나쁘다 | ～くなる① ~해지다 | 試合[しあい] 경기 | 出る[でる]② 나가다 | ～たい ~하고 싶다

➕ 気分が悪い는 '기분이 나쁘다'라는 뜻으로도 쓰지만, '속이 안 좋다'라는 뜻으로도 써요.

0265 N4 참 434 501

席　せき　자리 [명사]

空いてる席に移った。 비어 있는 자리로 옮겼어.

窓側の席の方がいいんですが。 창가 자리가 더 좋은데요.

空く[あく]① 비다 ｜ ～て(い)る② ～해 있다 ｜ 移る[うつる]① 옮기다 ｜ 窓[まど] 창문 ｜ ～側[がわ] ～쪽 ｜ ～の方が[ほうが] ～가 더 ｜ いい 좋다 ｜ ～んですが ～한데(요)

⊕ 窓側の席는 직역하면 '창문 쪽의 자리'가 돼요.

0266 N4

混む　こむ　붐비다 [1류동사(자)]

こまない　こみます　(こめ)　(こめる)　こめば　(こもう)　こんで

⊕ (　)에 들어간 활용형에 대해서는 658쪽 5번 설명을 보세요.

電車がいつもほど混んでいなかった。 전철이 평상시만큼 붐비지 않았다.

そのお店は、土日は混むらしいです。 그 가게는, 토요일과 일요일은 붐비는 모양입니다.

電車[でんしゃ] 전철 ｜ ～ている② ～해 있다 ｜ 店[みせ] 가게 ｜ 土日[どにち] 토일(토요일과 일요일) ｜ ～らしい ～하는 모양이다

⊕ 混んでいなかった는 직역하면 '붐벼 있지 않았다'가 돼요.

⊕ 混む의 한자 표기는 2010년에 상용한자로 인정되었기 때문에, 그 이전에는 込む로 표기한 경우도 있어요.

0267 N4

すく　すく　(속이) 비다 [1류동사(자)]

すかない　すきます　(すけ)　(すける)　すけば　(すこう)　すいて

⊕ (　)에 들어간 활용형에 대해서는 658쪽 5번 설명을 보세요.

早い時間なら電車もすいてるだろう。 이른 시간이라면 전철도 한산할 거야.

おなかがすきました。 배가 고파요.

早い[はやい] 이르다 ｜ 時間[じかん] 시간 ｜ 電車[でんしゃ] 전철 ｜ ～て(い)る② ～해 있다

⊕ 電車もすいてるだろう는 직역하면 '전철도 비어 있을 거야'가 돼요.

⊕ 한국어 '고프다'는 형용사라서 '배가 고파'라고 현재형으로 표현하지만, 일본어 すく(비다)는 동사라서 '배가 고프다'는 おなかがすいた(배가 비었다) 혹은 おなかがすいている(배가 비어 있다)라고 표현해요.

⊕ すく는 한자 空く로 쓰는 경우도 많아요. 다만 空く는 あく(비다)로도 읽을 수 있으니 조심하세요.

0268 N5

タクシー タクシー 택시 [명사]

ここから病院までタクシーで10分くらいだ。 여기에서 병원까지 택시로 10분 정도다.
タクシーを呼びましょうか。 택시를 불러 드릴까요?

病院[びょういん] 병원 | 10分[じゅっぷん] 10분 | 呼ぶ[よぶ]① 부르다

0269 N4

運転手 うんてんしゅ (운전)기사 [명사]

タクシーの運転手さんが色々教えてくれた。 택시 기사님이 여러 가지 알려 주었다.
私に運転手をさせてください。 제가 운전기사를 해 드리겠습니다.

色々[いろいろ] 여러 가지 | 教える[おしえる]② 알리다 | ～てくれる② (다른 사람이) ~해 주다 | 私[わたし] 저

- さん 없이 運転手라고만 하면 깔보는 듯한 인상을 주기 때문에 運転手さん이라고 하는 것이 좋아요.
- 私に運転手をさせてください는 직역하면 '저에게 운전기사를 하게 해 주세요'가 돼요. 공손하게 '~해 드리겠습니다'라고 할 때 사역형을 쓴 ~(さ)せてください라는 표현을 써요.

0270 N5

飛行機 ひこうき 비행기 [명사]

彼はまだ飛行機に乗ってない。 그는 아직 비행기를 타지 않았어.
私は飛行機が嫌いです。 저는 비행기를 싫어해요.

彼[かれ] 그 | 乗る[のる]① 타다 | ～て(い)る② ~해 있다 | 私[わたし] 저 | 嫌い[きらい] 싫어함

- '아직 ~하지 않았다'는 '아직 ~하고/해 있지 않다(まだ~ていない)'라는 시제를 써서 표현해요.
- 嫌い는 동사가 아닌 な형용사라서 を가 아닌 が를 써서 ~が嫌い가 돼요. 품사에 맞춰 해석하면 '비행기가 싫습니다'가 돼요.

0271 N4

空港 くうこう 공항 [명사]

遠くに空港が見えてきた。 멀리에 공항이 보이기 시작했어.
今、空港に着いたところです。 지금, 막 공항에 도착했어요.

遠く[とおく] 멀리 | 見える[みえる]② 보이다 | ～てくる③ ~하기 시작하다 | 今[いま] 지금 | 着く[つ

く]① 도착하다 | ～たところだ 막 ～했다

 N4

飛行場　　ひこうじょう　　비행장 [명사]

1911年に日本に初めて飛行場ができた。 1911년에 일본에 처음으로 비행장이 만들어졌다.

空港と飛行場の違いが何か、知っていますか。

공항과 비행장의 차이가 무엇인지, 알고 있습니까?

1911年[せんきゅうひゃくじゅういち ねん] 1911년 | 日本[にほん] 일본 | 初めて[はじめて] 처음으로 | できる② 만들어지다 | 空港[くうこう] 공항 | 違い[ちがい] 차이 | 何[なに] 무엇 | 知る[しる]① 알다 | ～ている② ～하고 있다

⊕ 空港와 飛行場는 명확한 구별 기준이 없어요. 규모가 큰 곳은 空港, 작은 곳은 飛行場라고 하는 경향이 있다고 해요. 현재는 주로 空港라는 말을 써요.

0273 N4

船　　ふね　　배 [명사]

風のために船が思った以上に揺れた。 바람 때문에 배가 생각했던 것 이상으로 흔들렸어.

今、船が港を出るところです。 지금, 배가 항구를 나가려는 참이에요.

風[かぜ] 바람 | 思う[おもう]① 생각하다 | 以上[いじょう] 이상 | 揺れる[ゆれる]② 흔들리다 | 今[いま] 지금 | 港[みなと] 항구 | 出る[でる]② 나가다 | ～ところだ ～하려는 참이다

⊕ 일상적으로 '배'는 한자 船를 쓰지만, '(노로 젓는 작은) 배'는 한자 舟를 쓰는 경우도 있어요.

0274 N4

港　　みなと　　항구 [명사]

その船が最後に寄った港がコーブだ。 그 배가 마지막으로 들른 항구가 코브다.

出発の日に社長が港まで来てくださいました。

출발하는 날에 사장님이 항구까지 와 주셨습니다.

船[ふね] 배 | 最後[さいご] 마지막 | 寄る[よる]① 들르다 | 出発[しゅっぱつ] 출발 | 日[ひ] 날 | 社長[しゃちょう] 사장(님) | 来て[きて]③ 와 | ～てくださる① ～해 주시다

⊕ コーブ(코브)는 타이타닉호가 마지막으로 들른 항구라고 하는데, コーヴ로 표기하기도 해요. ヴ는 V 소리를 표기하기 위한 글자예요. 예를 들어 '비너스'는 ビーナス보다 ヴィーナス로 표기하는 경우가 더 많아요.

⊕ 出発の日는 직역하면 '출발의 날'이 돼요.

0275 N5 참 526

車 くるま 차 [명사]

自分の車が欲しい。 내 차를 갖고 싶어.

道を渡るときは車に気を付けてください。 길을 건널 때는 차를 조심하세요.

自分[じぶん] 자기 ㅣ 欲しい[ほしい] 갖고 싶다 ㅣ 道[みち] 길 ㅣ 渡る[わたる]① 건너다 ㅣ 気を付ける[きを つける]② 조심하다

- '내 차를 갖고 싶다'라는 표현에서 '내 차'는 私[わたし]の車라고 하지 않고 自分の車(자기/자신 차)라고 표현해요.
- 참고로 '블랙박스'는 ドライブレコーダー(drive recorder)라고 해요.

책 날개에 있는 책갈피를 이용해서, 한 쪽을 가리고 나머지 한 쪽을 맞추는 연습을 해 보세요.

こうつう 交通	교통	せき 席	자리
えき 駅	역	こ 混む	붐비다
えきいん 駅員	역무원	すく	(속이) 비다
えきまえ 駅前	역 앞	タクシー	택시
でんしゃ 電車	전철	うんてんしゅ 運転手	(운전)기사
ち か てつ 地下鉄	지하철	ひ こう き 飛行機	비행기
きゅうこう 急行	급행(열차)	くうこう 空港	공항
とっきゅう 特急	특급(열차)	ひ こうじょう 飛行場	비행장
ふ つう 普通	보통, 보통(열차)	ふね 船	배
バス	버스	みなと 港	항구
と ちゅう 途中	도중, 중간	くるま 車	차

연습해 봐요!

〈대화로 연습해 봐요〉

1 일본어 단어의 독음을 히라가나로 쓴 후에 한국어 뜻을 써 보세요.

단어	히라가나	뜻
01. 交通		
02. 地下鉄		
03. 普通		
04. 飛行機		
05. 船		

2 한국어 뜻에 해당하는 일본어 단어를 히라가나와 한자로 써 보세요.

단어	히라가나	한자
06. 역무원		
07. 전철		
08. 급행(열차)		
09. (운전)기사		
10. 차		

3 (　　) 속에 적절한 단어를 써 보세요. 한자를 모를 경우에는 히라가나로 쓰세요.

11. 会社に行く(　　　　)で気分が悪くなった。
회사로 가는 도중에 속이 안 좋아졌어.

12. 空いてる(　　　　)に移った。 비어 있는 자리로 옮겼어.

13. そのお店は、土日は(　　　　)らしいです。
그 가게는, 토요일과 일요일은 붐비는 모양입니다.

14. (　　　　)を呼びましょうか。 택시를 불러 드릴까요?

15. 今、(　　　　)に着いたところです。 지금, 막 공항에 도착했어요.

| 정답 |

1 01. こうつう/교통 02. ちかてつ/지하철 03. ふつう/보통(열차) 04. ひこうき/비행기 05. ふね/배
2 06. えきいん/駅員 07. でんしゃ/電車 08. きゅうこう/急行 09. うんてんしゅ/運転手 10. くるま/車
3 11. 途中[とちゅう] 12. 席[せき] 13. 混む[こむ] 14. タクシー 15. 空港[くうこう]

 N4

オートバイ　オートバイ　오토바이 [명사]

オートバイで韓国一周をしようと思ってる。 오토바이로 한국 일주를 하려고 생각하고 있어.

弟がオートバイに乗りたがってます。 남동생이 오토바이를 타고 싶어해요.

韓国[かんこく] 한국 ｜ 一周[いっしゅう] 일주 ｜ ~(よ)うと思う[おもう]① ~하려고 생각하다 ｜ ~て(い)る② ~하고 있다 ｜ 弟[おとうと] 남동생 ｜ 乗る[のる]① 타다 ｜ ~たがる① ~하고 싶어하다

'타고 싶어하다'는 타고 싶어하는 상태이기 때문에 ~て(い)る(~하고 있다)를 써서 乗りたがって(い)る(타고 싶어하고 있다)라고 표현해요.

0277 N4

バイク　バイク　바이크, 오토바이 [명사]

バイクはもう二度と乗るな。 바이크는 이제 두 번 다시 타지 마라.

バイクで荷物を運ぶバイトをしています。 오토바이로 짐을 운반하는 알바를 하고 있습니다.

二度と[にどと] 두 번 다시 ｜ 乗る[のる]① 타다 ｜ 荷物[にもつ] 짐 ｜ 運ぶ[はこぶ]① 운반하다 ｜ ~ている② ~하고 있다

バイク는 モーターバイク(motor bike)의 준말인데, オートバイ와 같은 뜻으로 써요. 일상적인 대화에서는 オートバイ보다 バイク라는 말을 더 많이 써요.

0278 N4

運転　うんてん　운전 [명사(+する)]

仕事で車を運転することがある。 일 때문에 차를 운전하는 경우가 있어.

車の運転にもやっと慣れてきました。 차 운전에도 겨우 익숙해지기 시작했어요.

仕事[しごと] 일 ｜ ~ことがある① ~하는 경우가 있다 ｜ 車[くるま] 차 ｜ 慣れる[なれる]② 익숙해지다 ｜ ~てくる③ ~하기 시작하다

0279 N4

ガソリン　ガソリン　휘발유, 기름 [명사]

初めて自分でガソリンを入れてみた。 처음으로 스스로 휘발유를 넣어 보았다.

ガソリンを満タンにしました。 기름을 가득 채웠습니다.

初めて[はじめて] 처음으로 | 自分で[じぶんで] 스스로 | 入れる[いれる]② 넣다 | ～てみる② ~해 보다 | 満タン[まんタン] 휘발유를 가득 채움

⊕ 그냥 '기름'은 일본어로 油[あぶら]라고 하는데, 차에 넣는 '휘발유'는 ガソリン이라고 해요.

⊕ 満タン의 タン은 タンク(탱크)의 준말이에요. 즉 '탱크를 가득 채우다'라는 뜻이죠.

0280 N4

ガソリンスタンド　ガソリンスタンド　주유소 [명사]

セルフのガソリンスタンドがどんどん増えてる。　셀프 주유소가 계속 늘고 있어.

ガソリンスタンドで洗車もしました。　주유소에서 세차도 했어요.

増える[ふえる]② 늘다 | ～て(い)る② ~하고 있다 | 洗車[せんしゃ] 세차

0281 N4

駐車場　ちゅうしゃじょう　주차장 [명사]

この駐車場は狭くて車がとめにくい。　이 주차장은 좁아서 주차하기 어렵다.

駐車場はなくても構いません。　주차장은 없어도 상관없습니다.

狭い[せまい] 좁다 | 車[くるま] 차 | とめる② 세우다 | ～にくい ~하기 어렵다 | ～なくても構わない[かまわない] ~하지 않아도 상관없다

⊕ 車がとめにくい는 직역하면 '차를 세우기 어렵다'가 돼요.

⊕ とめる의 한자가 사전적으로는 止める로 되어 있는데 일상적으로는 停める(일시적으로 세울 때)나 駐める(주차할 때)로 표기하는 경우가 많아요. 그런데 이들은 상용한자 표기가 아니니 히라가나로 썼어요.

0282 N5

自転車　じてんしゃ　자전거 [명사]

⊕ じてんしゃ라는 악센트도 써요.

この自転車はもう古い。　이 자전거는 이제 낡았어.

自転車に乗れますか。　자전거를 탈 수 있어요?

古い[ふるい] 낡다 | 乗る[のる]① 타다

⊕ 일본어는 古い라는 현재형인데 한국어 해석이 '낡았어'라는 과거형이죠? 이는 古い가 형용사인데 한국어 '낡다'가 동사라서 시제 차이가 나는 거예요. 古い를 영어 old로 생각하면 일본어와 같은 형용사라서 '이 자전거는 old해'라는 현재형이 되죠.

⊕ 자전거는 속어로 チャリンコ라고 하는데, 줄여서 チャリ라고 하는 경우도 많아요.

0283 N5 참 540

道　みち　길 [명사]

この近くは広い道がない。 이 근처는 넓은 길이 없다.

図書館への道を教えていただけませんか。 도서관으로 가는 길을 알려 주시겠습니까?

近く[ちかく] 근처 ｜ 広い[ひろい] 넓다 ｜ ない 없다 ｜ 図書館[としょかん] 도서관 ｜ 教える[おしえる] ② 알리다 ｜ ～ていただく① (다른 사람이) ~해 주다

＋ ～ていただく는 ～てもらう의 공손한 표현이에요. 教えていただけませんか는 직역하면 '알려 받을 수 없습니까?'가 돼요. ～ていただけませんか는 ～ていただけますか(~해 받을 수 있습니까?)보다 더 공손한 표현이에요.

0284 N4

坂　さか　언덕, 비탈길 [명사]

坂の上にある学校は通うのが大変だ。 언덕 위에 있는 학교는 다니기가 힘들어.

そこは急な坂の多い町です。 거기는 가파른 비탈길이 많은 동네예요.

上[うえ] 위 ｜ ある① 있다 ｜ 学校[がっこう] 학교 ｜ 通う[かよう]① 다니다 ｜ 大変[たいへん] 힘듦 ｜ 急[きゅう] 가파름 ｜ 多い[おおい] 많다 ｜ 町[まち] 동네

0285 N4

乗り物　のりもの　탈것 [명사]

乗り物に乗らないで歩くようにしている。 탈것을 타지 않고 걸으려고 하고 있다.

乗り物の歴史について調べています。 탈것의 역사에 대해서 조사하고 있습니다.

乗る[のる]① 타다 ｜ 歩く[あるく]① 걷다 ｜ ～ようにする③ ~하도록 하다 ｜ ～ている② ~하고 있다 ｜ 歴史[れきし] 역사 ｜ 調べる[しらべる]② 조사하다

0286 N5

乗り場　のりば　타는 곳 [명사]

船の乗り場で切符を買って船に乗った。 배 타는 곳에서 표를 사서 배를 탔어.

この辺にタクシー乗り場はありませんか。 이 근처에 택시 타는 곳은 없나요?

船[ふね] 배 ｜ 切符[きっぷ] 표 ｜ 買う[かう]① 사다 ｜ 乗る[のる]① 타다 ｜ ～辺[へん] ~근처 ｜ ある① 있다

⊕ タクシー(택시)와 乗り場[のりば](승강장)가 합해져서 タクシー乗り場(택시 승강장)가 되면 악센트가 タクシーのりば로 바뀌어요.

⊕ '내리는 곳'은 일본어로 降り場[おりば]라고 해요. 단, 타는 곳과 내리는 곳이 같은 경우는 乗り場라고 하는 경우가 많아요.

0287 N5

交差点　こうさてん　교차로 [명사]

この交差点は事故が多い。　이 교차로는 사고가 많다.

次の交差点を右に曲がってください。　이번 교차로를 오른쪽으로 돌아 주세요.

事故[じこ] 사고 | 多い[おおい] 많다 | 次[つぎ] 이번 | 右[みぎ] 오른쪽 | 曲がる[まがる]① 돌다

⊕ ～を右に曲がる(~를 오른쪽으로 돌다)에서 を(을/를)를 で(에서)로 바꿀 수도 있지만, を를 쓰는 것이 더 일반적이에요.

0288 N4 참 452

信号　しんごう　신호, 신호등 [명사]

SOSの信号が送られてきた。　SOS 신호가 보내져 왔어.

ここの信号はなかなか変わりません。　여기 신호등은 좀처럼 바뀌지 않아요.

送る[おくる]① 보내다 | ～てくる③ ~해 오다 | 変わる[かわる]① 바뀌다

⊕ 한국어로는 '신호등'이라고 하는데 일본어에서는 '등' 자가 들어가지 않아요. 사전에 '등' 자가 들어간 말이 실려 있지만 실생활에서는 그렇게 쓰지 않으니 조심하세요.

0289 N4

事故　じこ　사고 [명사]

事故にあったら、どうしたらいい？　사고를 당하면, 어떻게 하면 돼?

事故で道が混んでいるようです。　사고 때문에 길이 막히는 것 같습니다.

あう① (사고 등을) 당하다 | いい 좋다 | 道[みち] 길 | 混む[こむ]① 막히다 | ～ている② ~해 있다 | ～ようだ ~하는 것 같다

⊕ 混んでいるようです는 직역하면 '막혀 있는 것 같습니다'가 돼요.

0290 N4

安全(な)　あんぜん(な)　안전(한) [명사, な형용사]

やっと安全な場所まで来られた。 겨우 안전한 장소까지 올 수 있었다.

安全のために一人で行かないでください。 안전을 위해서 혼자서 가지 마세요.

場所[ばしょ] 장소 | 来られる[こられる]② 올 수 있다 | 一人で[ひとりで] 혼자서 | 行く[いく]① 가다

来る 자체는 3류동사지만 가능형 来られる는 활용이 2류동사가 돼요. 즉 来られない, 来られます, 来られて 등으로 2류동사 활용이 돼요.

0291 N4

規則 きそく 규칙 [명사]

規則を必ず守るように言われた。 규칙을 반드시 지키라는 소리를 들었어.

規則にないことはできません。 규칙에 없는 것은 할 수 없어요.

必ず[かならず] 반드시 | 守る[まもる]① 지키다 | ～ように言う[いう]① ～하도록 말하다 | ない 없다 | できる② 할 수 있다

守るように言われた는 직역하면 '지키도록 말해졌어'가 돼요.

0292 N4

ルール ルール 룰, 규칙 [명사]

そんなルールがあるはずない。 그런 룰이 있을 리 없어.

ルールが多すぎて覚えられません。 규칙이 너무 많아서 외우지 못하겠어요.

ある① 있다 | ～はず(が)ない ～할 리(가) 없다 | 多い[おおい] 많다 | ～すぎる② 너무 ～하다 | 覚える[おぼえる]② 외우다

ルール라는 단어는 스포츠나 게임, 놀이 규칙에 대해서 말할 때 많이 써요.

0293 N5 참 494

乗る のる 타다 [1류동사(자)]

のらない のります のれ のれる のれば のろう のって

駅からホテルまでタクシーに乗るつもりだ。 역에서 호텔까지 택시를 탈 생각이다.

エレベーターに乗って10階まで行ってください。 엘리베이터를 타고 10층까지 가세요.

駅[えき] 역 | ～つもりだ ～할 생각이다 | 10階[じゅっ かい] 10층 | 行く[いく]① 가다

한국어는 '택시에 타다(자동사)'와 '택시를 타다(타동사)'의 2가지로 쓰지만, 일본어는 자동사인 ～に乗る(～에 타다)만 써요.

0294 N5

참 494 581

降りる　おりる　내리다 [2류동사(자)]

おりない　おります　おりろ　おりられる　おりれば　おりよう　おりて

新宿駅で地下鉄を降りた。　しんじゅく 역에서 지하철을 내렸어.

重い荷物を持って飛行機から降りました。　무거운 짐을 들고 비행기에서 내렸어요.

駅[えき] 역 | 地下鉄[ちかてつ] 지하철 | 重い[おもい] 무겁다 | 荷物[にもつ] 짐 | 持つ[もつ]① 들다 | 飛行機[ひこうき] 비행기

0295 N4

참 364

乗り換える　のりかえる　갈아타다 [2류동사(자/타)]

のりかえない　のりかえます　のりかえろ　のりかえられる　のりかえれば　のりかえよう　のりかえて

+ のりかえる　のりかえろ　のりかえれば라는 악센트도 써요.

特急に乗り換えたほうが早く着く。　특급으로 갈아타는 편이 일찍 도착한다.

次の駅で地下鉄に乗り換えなくてはいけません。　이번 역에서 지하철로 갈아타야 합니다.

特急[とっきゅう] 특급(열차) | 早い[はやい] 이르다 | 着く[つく]① 도착하다 | 次[つぎ] 이번 | 駅[えき] 역 | 地下鉄[ちかてつ] 지하철 | ～なくてはいけない ～해야 하다

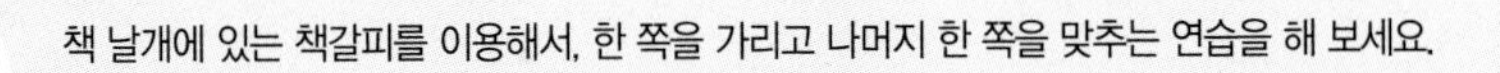
책 날개에 있는 책갈피를 이용해서, 한 쪽을 가리고 나머지 한 쪽을 맞추는 연습을 해 보세요.

オートバイ	오토바이	乗(の)り場(ば)	타는 곳
バイク	바이크, 오토바이	交差点(こうさてん)	교차로
運転(うんてん)	운전	信号(しんごう)	신호, 신호등
ガソリン	휘발유, 기름	事故(じこ)	사고
ガソリンスタンド	주유소	安全(あんぜん)(な)	안전(한)
駐車場(ちゅうしゃじょう)	주차장	規則(きそく)	규칙
自転車(じてんしゃ)	자전거	ルール	룰, 규칙
道(みち)	길	乗(の)る	타다
坂(さか)	언덕, 비탈길	降(お)りる	내리다
乗(の)り物(もの)	탈것	乗(の)り換(か)える	갈아타다

〈장문으로 연습해 봐요〉

1 일본어 단어의 독음을 히라가나로 쓴 후에 한국어 뜻을 써 보세요.

단어	히라가나	뜻
01. 坂		
02. 交差点		
03. 信号		
04. 事故		
05. 降りる		

2 한국어 뜻에 해당하는 일본어 단어를 히라가나와 한자로 써 보세요.

단어	히라가나	한자
06. 운전		
07. 자전거		
08. 길		
09. 타는 곳		
10. 안전		

3 (　　) 속에 적절한 단어를 써 보세요. 한자를 모를 경우에는 히라가나로 쓰세요.

11. 弟が(　　　　)に乗りたがってます。 남동생이 오토바이를 타고 싶어해요.
12. セルフの(　　　　　　　　)がどんどん増えてる。
    셀프 주유소가 계속 늘고 있어.
13. この(　　　　)は狭くて車がとめにくい。 이 주차장은 좁아서 주차하기 어렵다.
14. (　　　　)を必ず守るように言われた。 규칙을 반드시 지키라는 소리를 들었어.
15. 特急に(　　　　　　)ほうが早く着く。 특급으로 갈아타는 편이 일찍 도착한다.

| 정답 |

1 01. さか/언덕, 비탈길 02. こうさてん/교차로 03. しんごう/신호, 신호등 04. じこ/사고 05. おりる/내리다
2 06. うんてん/運転 07. じてんしゃ/自転車 08. みち/道 09. のりば/乗り場 10. あんぜん/安全
3 11. オートバイ/バイク 12. ガソリンスタンド 13. 駐車場[ちゅうしゃじょう] 14. 規則[きそく]/ルール 15. 乗り換えた[のりかえた]

동네·지역

06마디에서는 '우체국', '빵집' 등의 동네와 관련된 단어와 '마을', '국내' 등의 지역과 관련된 단어를 배울게요.

단어 및 예문듣기

0296 N5

店　みせ　가게 [명사]

もう店が閉まっている。 이미 가게가 닫혀 있다.

外国の食料品を売っているお店はありますか。 외국의 식료품을 파는 가게가 있습니까?

閉まる[しまる]① 닫히다 | ～ている② ～해 있다, ～하고 있다 | 外国[がいこく] 외국 | 食料品[しょくりょうひん] 식료품 | 売る[うる]① 팔다 | ある① 있다

- '식료품을 파는 가게'는 売っている店(팔고 있는 가게)라고 표현해요. 현재 판매하고 있기 때문에 ～ている(~하고 있다)를 써요.
- 한국어로는 조사 '가'를 써서 '가게가 있습니까?'라고 하죠? 그런데 일본어는 조사 は를 써서 お店はありますか(가게는 있습니까?)라고 해요.

0297 N5

肉屋　にくや　정육점, 정육점 주인 [명사]

肉屋が今日は休みだった。 정육점이 오늘은 쉬는 날이었어.

私の友達はお肉屋さんになりました。 제 친구는 정육점 주인이 됐어요.

今日[きょう] 오늘 | 休み[やすみ] 쉬는 날 | 私[わたし] 저 | 友達[ともだち] 친구 | ～になる① ~가 되다

- 肉屋라고만 하면 말이 약간 거칠어서 お肉屋さん[おにくやさん]이라고 하는 경우도 많아요.

0298 N5

パン屋　パンや　빵집, 빵집 주인 [명사]

そのパン屋はお客さんが多い。 그 빵집은 손님이 많다.

パン屋さんは毎日、朝早くから働きます。 빵집 주인은 매일, 아침 일찍부터 일합니다.

お客さん[おきゃくさん] 손님 | 多い[おおい] 많다 | 毎日[まいにち] 매일 | 朝[あさ] 아침 | 早い[はやい] 이르다 | 働く[はたらく]① 일하다

- パン屋라고만 하면 말이 약간 거칠어서 パン屋さん[パンやさん]이라고 하는 경우도 많아요.

0299 N5

魚屋　さかなや　생선가게, 생선가게 주인 [명사]

その魚屋さんはいつも元気よく挨拶する。 그 생선가게 주인은 항상 활기차게 인사한다.

魚屋が少なくなりました。 생선 가게가 적어졌습니다.

元気[げんき] 활기참 ㅣ いい 좋다 ㅣ 挨拶[あいさつ] 인사 ㅣ 少ない[すくない] 적다 ㅣ ～くなる① ～해지다

魚屋라고만 하면 말이 약간 거칠어서 魚屋さん[さかなやさん] 혹은 お魚屋さん[おさかなやさん]이라고 하는 경우도 많아요.

0300 N5

八百屋 やおや 채소가게, 채소가게 주인 [명사]

八百屋は野菜を売る店だよ。 やおや는 채소를 파는 가게야.

その八百屋さんはお客さんにとても親切です。 그 채소가게 주인은 손님에게 매우 친절해요.

野菜[やさい] 채소 ㅣ 売る[うる]① 팔다 ㅣ 店[みせ] 가게 ㅣ お客さん[おきゃくさん] 손님 ㅣ 親切[しんせつ] 친절

八百屋라고만 하면 말이 약간 거칠어서 八百屋さん[やおやさん]이라고 하는 경우도 많아요.

0301 N5

本屋 ほんや 서점, 서점 주인 [명사]

学校に行く前に本屋に行きたい。 학교에 가기 전에 서점에 가고 싶다.

本屋さんが紹介してくれた本を買いました。 서점 주인이 소개해 준 책을 샀습니다.

学校[がっこう] 학교 ㅣ 行く[いく]① 가다 ㅣ ～前に[まえに] ～(하기) 전에 ㅣ ～たい ～하고 싶다 ㅣ 紹介[しょうかい] 소개 ㅣ ～てくれる② (다른 사람이) ～해 주다 ㅣ 本[ほん] 책 ㅣ 買う[かう]① 사다

本屋라고만 하면 말이 약간 거칠어서 本屋さん[ほんやさん]이라고 하는 경우도 많아요.

0302 N5

食堂 しょくどう 식당 [명사]

この近くにとてもおいしい食堂がある。 이 근처에 아주 맛있는 식당이 있어.

大学の食堂でご飯を食べました。 대학교 식당에서 밥을 먹었어요.

近く[ちかく] 근처 ㅣ おいしい 맛있다 ㅣ ある① 있다 ㅣ 大学[だいがく] 대학교 ㅣ ご飯[ごはん] 밥 ㅣ 食べる[たべる]② 먹다

'대학교 식당'은 学生食堂[がくせい しょくどう](학생 식당)라고 하는데, 줄여서 学食[がくしょく]라고 해요.

ご飯은 히라가나 ごはん으로 쓰는 경우도 많아요.

0303 N5

レストラン　レストラン　레스토랑 [명사]

レストランに車のキーを忘れてきた。 레스토랑에 차 키를 두고 왔다.

このレストランはいつも人がたくさんいます。 이 레스토랑은 항상 사람이 많이 있습니다.

車[くるま] 차 | 忘れる[わすれる]② 두고 오다 | ～てくる③ ~하고 오다 | 人[ひと] 사람 | いる② 있다

⊕ '차 키/열쇠'는 보통 キー(key)라고 하고 かぎ(열쇠)라고는 하지 않아요.

0304 N4

メニュー　メニュー　메뉴 [명사]

メニューがフランス語で全然読めなかった。 메뉴가 프랑스어라서 전혀 읽을 수 없었어.

メニューをいただけますか。 메뉴를 주시겠습니까?

フランス語[ご] 프랑스어 | 全然[ぜんぜん] 전혀 | 読む[よむ]① 읽다 | いただく① 받다(공손함)

⊕ いただけますか는 직역하면 '받을 수 있겠습니까?'가 돼요.

0305 N4

セット　セット　세트, 세팅 [명사(+する)]

その店はケーキとコーヒーがセットで720円だ。 그 가게는 케이크와 커피가 세트로 720엔이다.

テーブルをセットしておいた。 테이블을 세팅해 놓았다.

店[みせ] 가게 | 720円[ななひゃくにじゅう えん] 720엔 | ～ておく① ~해 놓다

0306 N5

灰皿　はいざら　재떨이 [명사]

灰皿がたばこでいっぱいだ。 재떨이가 담배로 가득하다.

この灰皿、使ってもいいですか。 이 재떨이, 사용해도 됩니까?

使う[つかう]① 사용하다 | ～てもいい ~해도 되다

0307 N5

たばこ たばこ 담배 [명사]

たばこは体によくない。 담배는 몸에 좋지 않아.

ここでたばこを吸わないでください。 여기에서 담배를 피우지 마세요.

体[からだ] 몸 ｜ いい 좋다 ｜ 吸う[すう]① 피우다

⊕ たばこ는 가타카나 タバコ로 쓰는 경우도 많아요. 한자로 쓰면 煙草(연기 연, 풀 초)인데, 한자로 쓰는 일은 많지 않아요.

0308 N5

吸う すう (담배를) 피우다, 들이마시다 [1류동사(타)]

すわない すいます すえ すえる すえば すおう すって

ちょっと外の空気を吸ってくる。 잠깐 바깥 바람을 쐬고 올게.

このタオルは水をよく吸います。 이 수건은 물을 잘 빨아들여요.

外[そと] 바깥 ｜ 空気[くうき] 공기 ｜ ～てくる③ ～하고 오다 ｜ 水[みず] 물

⊕ 外の空気を吸ってきます는 직역하면 '바깥의 공기를 들이마시고 올게요'가 돼요.

0309 N5

建物 たてもの 건물 [명사]

⊕ たてもの라는 악센트도 써요.

この建物の中のどこかにいる。 이 건물 안의 어디인가에 있다.

これは日本で一番古い建物です。 이것은 일본에서 가장 오래된 건물입니다.

中[なか] 안 ｜ いる② 있다 ｜ 日本[にほん] 일본 ｜ 一番[いちばん] 가장 ｜ 古い[ふるい] 오래되다

0310 N5

ホテル ホテル 호텔 [명사]

昨日はホテルに泊まった。 어제는 호텔에 묵었어.

ホテルまでバスでどのくらいかかりますか。 호텔까지 버스로 얼마나 걸려요?

昨日[きのう] 어제 ｜ 泊まる[とまる]① 묵다 ｜ かかる① 걸리다

0311 N4

旅館 りょかん 료칸(일본의 전통 호텔) [명사]

温泉のある旅館を予約した。 온천이 있는 료칸을 예약했다.

日本の旅館には浴衣が用意されています。 일본 료칸에는 유카타가 준비되어 있어요.

温泉[おんせん] 온천 | ある① 있다 | 予約[よやく] 예약 | 日本[にほん] 일본 | 浴衣[ゆかた] 유카타(여름용 일본 전통의상) | 用意[ようい] 준비 | ～ている② ~해 있다

⊕ 旅館은 한자가 '여관'이지만 일본 전통식 숙소를 가리키는 말로, '여관'과는 이미지가 완전히 달라요! 旅館에는 저렴한 곳도 있지만 매우 비싼 곳도 많아요. 온천지에는 旅館들이 많이 있지요.

0312 N5

図書館 としょかん 도서관 [명사]

今日は友達と図書館で勉強した。 오늘은 친구와 도서관에서 공부했어.

この図書館には本が84万冊もあります。 이 도서관에는 책이 84만 권이나 있어요.

今日[きょう] 오늘 | 友達[ともだち] 친구 | 勉強[べんきょう] 공부 | 本[ほん] 책 | 84万冊[はちじゅうよんまん さつ] 84만 권 | ある① 있다

0313 N5

大使館 たいしかん 대사관 [명사]

大使館にビザを取りに行った。 대사관에 비자를 받으러 갔어.

大使館は1番出口から歩いて5分です。 대사관은 1번 출구에서 걸어서 5분이에요.

取る[とる]① 받다 | 行く[いく]① 가다 | 1番[いち ばん] 1번 | 出口[でぐち] 출구 | 歩く[あるく]① 걷다 | 5分[ご ふん] 5분

0314 N5

交番 こうばん 파출소 [명사]

財布を拾ったので交番に届けた。 지갑을 주웠기 때문에 파출소에 갖다 주었다.

交番へ行きましたが、誰もいませんでした。 파출소로 갔습니다만, 아무도 없었습니다.

財布[さいふ] 지갑 | 拾う[ひろう]① 줍다 | 届ける[とどける]② 갖다 주다 | 行く[いく]① 가다 | 誰も[だれも] 아무도 | いる② 있다

0315 N5

お巡りさん おまわりさん 경찰 아저씨 [명사]

母はお巡りさんと話してた。 어머니는 경찰 아저씨와 이야기하고 있었어.

お巡りさんに道を聞きました。 경찰 아저씨에게 길을 물었어요.

母[はは] 어머니 | 話す[はなす]① 이야기하다 | ～て(い)る② ～하고 있다 | 道[みち] 길 | 聞く[きく]① 묻다

お巡りさん은 히라가나만으로 おまわりさん이라고 쓰는 경우가 많아요.

0316 N5

警官 けいかん 경찰관 [명사]

息子は警官になった。 아들은 경찰관이 되었다.

警官に声をかけられました。 경찰관이 저에게 말을 걸었습니다.

息子[むすこ] 아들 | ～になる① ～가 되다 | 声をかける[こえを かける]② 말을 걸다

警官은 警察官[けいさつかん](경찰관)의 준말이에요.

警官に声をかけられました는 직역하면 '(저는) 경찰관에게 말을 걸어졌습니다'가 돼요.

0317 N4

警察 けいさつ 경찰 [명사]

警察には連絡するな。 경찰에는 연락하지 마라.

警察が来る前にその男は逃げてしまいました。 경찰이 오기 전에 그 남자는 도망치고 말았어요.

連絡[れんらく] 연락 | 来る[くる]③ 오다 | ～前に[まえに] ～(하기) 전에 | 男[おとこ] 남자 | 逃げる[にげる]② 도망치다 | ～てしまう① ～하고 말다

0318 N5

郵便局 ゆうびんきょく 우체국 [명사]

郵便局は閉まっていた。 우체국은 닫혀 있었다.

銀行は郵便局の隣にあります。 은행은 우체국 옆에 있습니다.

閉まる[しまる]① 닫히다 | ～ている② ～해 있다 | 銀行[ぎんこう] 은행 | 隣[となり] 옆 | ある① 있다

0319 N5

ポスト ポスト 우체통, 우편함 [명사]

ポストに手紙を入れた。 우체통에 편지를 넣었어.

ポストに何も入ってませんでした。 우편함에 아무것도 들어있지 않았어요.

手紙[てがみ] 편지 | 入れる[いれる]② 넣다 | 何も[なにも] 아무것도 | 入る[はいる]① 들다 | 〜て(い)る② 해 있다

0320 N5

スーパー スーパー 슈퍼(마켓) [명사]

スーパーで買い物をしてからうちに帰った。 슈퍼에서 장을 보고 나서 집에 돌아갔어.

この駅には大きなスーパーが2つもあります。 이 역에는 큰 슈퍼마켓이 2개나 있어요.

買い物[かいもの] 장보기 | 帰る[かえる]① 돌아가다 | 駅[えき] 역 | 大きな[おおきな] 큰 | 2つ[ふたつ] 2개 | ある① 있다

スーパー는 スーパーマーケット(super market)의 준말이에요.

0321 N4

レジ レジ 계산대 [명사]

レジの前には大抵ガムやあめが置いてある。 계산대 앞에는 대개 껌이나 사탕이 놓여 있다.

スーパーのレジで働いています。 슈퍼의 계산대에서 일하고 있습니다.

前[まえ] 앞 | 大抵[たいてい] 대개 | 置く[おく]① 놓다 | 〜てある① 〜해 있다 | 働く[はたらく]① 일하다 | 〜ている② | 〜하고 있다

レジ는 レジスター(레지스터)의 준말이에요.

0322 N4

セール セール 세일, 할인 [명사]

欲しい洋服がセールになるのを待って買った。 갖고 싶은 옷이 할인되는 것을 기다려서 샀다.

メールでセールのお知らせをお送りいたします。 메일로 세일 알림을 보내 드리겠습니다.

欲しい[ほしい] 갖고 싶다 | 洋服[ようふく] 옷 | 〜になる① 〜가 되다 | 待つ[まつ]① 기다리다 | 買う[かう]① 사다 | お知らせ[おしらせ] 알림 | お〜いたす① 〜해 드리다 | 送る[おくる]① 보내다

책 날개에 있는 책갈피를 이용해서, 한 쪽을 가리고 나머지 한 쪽을 맞추는 연습을 해 보세요.

店(みせ)	가게	ホテル	호텔
肉屋(にくや)	정육점, 정육점 주인	旅館(りょかん)	료칸 (일본의 전통 호텔)
パン屋(や)	빵집, 빵집 주인	図書館(としょかん)	도서관
魚屋(さかなや)	생선가게, 생선가게 주인	大使館(たいしかん)	대사관
八百屋(やおや)	채소가게, 채소가게 주인	交番(こうばん)	파출소
本屋(ほんや)	서점, 서점 주인	お巡(まわ)りさん	경찰 아저씨
食堂(しょくどう)	식당	警官(けいかん)	경찰관
レストラン	레스토랑	警察(けいさつ)	경찰
メニュー	메뉴	郵便局(ゆうびんきょく)	우체국
セット	세트, 세팅	ポスト	우체통, 우편함
灰皿(はいざら)	재떨이	スーパー	슈퍼(마켓)
たばこ	담배	レジ	계산대
吸(す)う	(담배를) 피우다, 들이마시다	セール	세일, 할인
建物(たてもの)	건물		

연습해 봐요!

〈대화로 연습해 봐요〉

❶ 일본어 단어의 독음을 히라가나로 쓴 후에 한국어 뜻을 써 보세요.

단어	히라가나	뜻
01. 肉屋		
02. 灰皿		
03. 建物		
04. 大使館		
05. 郵便局		

❷ 한국어 뜻에 해당하는 일본어 단어를 히라가나와 한자로 써 보세요.

단어	히라가나	한자
06. 가게		
07. 생선가게		
08. 식당		
09. (담배를) 피우다		
10. 도서관		

❸ (　　) 속에 적절한 단어를 써 보세요. 한자를 모를 경우에는 히라가나로 쓰세요.

11. (　　　　)をいただけますか。 메뉴를 주시겠습니까?

12. (　　　　)は体によくない。 담배는 몸에 좋지 않아.

13. 温泉のある(　　　　)を予約した。 온천이 있는 료칸을 예약했다.

14. 財布を拾ったので(　　　　)に届けた。
지갑을 주웠기 때문에 파출소에 갖다 주었다.

15. (　　　　)に声をかけられました。 경찰관이 저에게 말을 걸었습니다.

| 정답 |

❶ 01. にくや / 정육점, 정육점 주인 02. はいざら / 재떨이 03. たてもの / 건물 04. たいしかん / 대사관
05. ゆうびんきょく / 우체국

❷ 06. みせ / 店 07. さかなや / 魚屋 08. しょくどう / 食堂 09. すう / 吸う 10. としょかん / 図書館

❸ 11. メニュー 12. たばこ 13. 旅館[りょかん] 14. 交番[こうばん] 15. 警官[けいかん]/お巡りさん[おまわりさん]

0323 N5

コンビニ　コンビニ　편의점 [명사]

コンビニでバイトをしてる。　편의점에서 알바를 하고 있어.

コンビニのお弁当が好きで、よく買います。　편의점의 도시락을 좋아해서, 자주 사요.

~て(い)る② ~하고 있다 | 弁当[べんとう] 도시락 | 好き[すき] 좋아함 | 買う[かう]① 사다

- コンビニ는 コンビニエンスストア(convenience store)의 준말이에요.
- バイト는 アルバイト(아르바이트)의 준말이에요.
- お 없이 弁当라고만 하면 약간 거친 말이에요.

0324 N5

デパート　デパート　백화점 [명사]

デパートで洋服を買った。　백화점에서 옷을 샀다.

デパートは何時まで開いていますか。　백화점은 몇 시까지 열려 있습니까?

洋服[ようふく] 옷 | 買う[かう]① 사다 | 何時[なん じ] 몇 시 | 開く[あく]① 열리다 | ~ている② ~해 있다

- 일상적인 대화에서는 デパート라는 말보다 구체적인 백화점 이름을 말하는 경우가 많아요.

0325 N5

エレベーター　エレベーター　엘리베이터 [명사]

うちのマンションにはエレベーターがない。　우리 아파트에는 엘리베이터가 없어.

このビルのエレベーターは外が見えます。　이 빌딩의 엘리베이터는 밖이 보여요.

ない 없다 | 外[そと] 밖 | 見える[みえる]② 보이다

- うち는 '집', '안(쪽)'이라는 뜻 외에 うちの学校[がっこう](우리 학교), うちの会社[かいしゃ](우리 회사)와 같이 화자가 속해 있는 조직이나 단체에 대해서 말할 때도 써요.
- マンション이 한국어로 말하는 '아파트'예요. マンション과 アパート에 관해서는 508쪽을 보세요.

0326 N4

エスカレーター　エスカレーター　에스컬레이터 [명사]

エスカレーターで4階まで上がった。　에스컬레이터로 4층까지 올라갔다.

お子様がエスカレーターで遊ばないようにご注意ください。
자녀분이 에스컬레이터에서 놀지 않도록 주의해 주십시오.

4階[よん かい] 4층 | 上がる[あがる]① 올라가다 | お子様[おこさま] 자녀분 | 遊ぶ[あそぶ]① 놀다 | ご~ください ~해 주십시오 | 注意[ちゅうい] 주의

0327 N4

屋上 おくじょう 옥상 [명사]

そのビルの屋上から見た景色は素晴らしかった。 그 빌딩의 옥상에서 본 경치는 훌륭했어.
病院の屋上がきれいな庭になりました。 병원의 옥상이 예쁜 마당이 됐어요.

見る[みる]② 보다 | 景色[けしき] 경치 | 素晴らしい[すばらしい] 훌륭하다 | 病院[びょういん] 병원 | 庭[にわ] 마당 | ~になる① ~가 되다

0328 N4

地下 ちか 지하 [명사]

一日中地下で働いてる人もいる。 하루 종일 지하에서 일하고 있는 사람도 있다.
地下への入り口が見つかりません。 지하로 가는 입구를 찾을 수 없습니다.

一日[いちにち] 하루 | ~中[じゅう] ~내내 | 働く[はたらく]① 일하다 | ~て(い)る② ~하고 있다 | 人[ひと] 사람 | いる② 있다 | 入り口[いりぐち] 입구 | 見つかる[みつかる]① 발견되다

⊕ 地下への入り口が見つかりません은 직역하면 '지하로의 입구가 발견되지 않아요'가 돼요.

0329 N4

売り場 うりば 매장 [명사]

売り場に人がたくさん並んでた。 매장에 사람들이 많이 줄 서 있었어.
パンの売り場は地下1階にございます。 빵 매장은 지하 1층에 있습니다.

人[ひと] 사람 | 並ぶ[ならぶ]① 줄 서다 | ~ている② ~하고 있다 | 地下[ちか] 지하 | 1階[いっかい] 1층 | ございます 있습니다(정중함)

⊕ 売り場는 売場로 표기하기도 해요.

0330 N5

公園 こうえん 놀이터, 공원 [명사]

公園ではたくさんの子供たちが遊んでいた。 놀이터에서는 많은 아이들이 놀고 있었다.

公園にお弁当を持っていきました。 공원에 도시락을 가지고 갔습니다.

子供[こども] 아이 | 遊ぶ[あそぶ]① 놀다 | ～ている② ~하고 있다 | お弁当[おべんとう] 도시락 | 持つ[もつ]① 가지다 | ～ていく① ~하고 가다

0331 N4

区役所 くやくしょ 구청 [명사]

この書類を区役所に出さなくちゃいけない。 이 서류를 구청에 제출해야 해.

区役所に勤めることになりました。 구청에 근무하게 되었어요.

書類[しょるい] 서류 | 出す[だす]① 제출하다 | ～なくちゃいけない ~해야 하다 | 勤める[つとめる]② 근무하다 | ～ことになる① ~하게 되다

～なくちゃいけない는 ～なくてはいけない(~해야 하다)의 구어체예요.

0332 N4

市役所 しやくしょ 시청 [명사]

市役所まで案内させられた。 (누가 시켜서 어쩔 수 없이) 시청까지 안내했다.

これから市役所へ行ってきます。 지금부터 시청에 갔다 오겠습니다.

案内[あんない] 안내 | 行く[いく]① 가다 | ～てくる③ ~하다 오다

市役所まで案内させられた는 직역하면 '시청까지 안내하게 함을 당했다'가 돼요. 즉 화자는 하기 싫었는데 누가 시켜서 어쩔 수 없이 안내했다는 뜻이에요.

0333 N4 참 453

美容院 びよういん 미용실 [명사]

この美容院には有名な俳優も来るらしい。 이 미용실에는 유명한 배우도 오는 모양이야.

美容院で髪をカットしてもらいました。 미용실에서 머리카락을 커트해 주었어요.

有名[ゆうめい] 유명 | 俳優[はいゆう] 배우 | 来る[くる]③ 오다 | ～らしい ~하는 모양이다 | 髪[かみ] 머리카락 | ～てもらう① (다른 사람이) ~해 주다

美容室[びようしつ](미용실)라는 단어도 있어요. 도쿄에서는 美容院을 사용하는 사람과 美容室을 사용하는 사람이 거의 절반씩이지만, 규슈 지역에서는 압도적으로 美容室를 사용하는 사람이 많다고 해요.

カットしてもらいました는 직역하면 '커트해 받았습니다'가 돼요.

0334 N4

床屋 とこや 이발소 [명사]

床屋に行くのはほとんどが男性だ。 이발소에 가는 사람은 대부분이 남성이다.

床屋と美容院は、どう違うんですか。 이발소와 미용실은 어떻게 다른 겁니까?

行く[いく]① 가다 | 男性[だんせい] 남성 | 美容院[びよういん] 미용실 | 違う[ちがう]① 다르다 | ～んですか ～한 겁니까?

⊕ ～のは '～하는 것'이라는 뜻인데, 물건 외에 사람에게도 써요.

0335 N4

教会 きょうかい 교회 [명사]

日本では信者でもないのに教会で結婚式をする人が多い。 일본에서는 신자도 아닌데 교회에서 결혼식을 하는 사람이 많아.

教会に通い始めました。 교회를 다니기 시작했어요.

日本[にほん] 일본 | 信者[しんじゃ] 신자 | 結婚式[けっこんしき] 결혼식 | 人[ひと] 사람 | 多い[おおい] 많다 | 通う[かよう]① 다니다 | ～始める[はじめる]② ～하기 시작하다

⊕ 일본에서는 종교에 관계없이 교회에서 결혼식을 올리는 사람이 많고, 호텔에 결혼식용 예배당이 있는 곳이 많아요.

⊕ 성당 이름에는 '～聖堂[せいどう](성당)'라고 쓰는데, 일상적으로 '성당'도 教会[きょうかい]라고 하는 경우가 많아요. 꼭 구별을 하고 싶으면 カトリック教会(가톨릭 교회)라고 하면 돼요.

0336 N4

神社 じんじゃ 신사 [명사]

今夜、この神社でお祭りがある。 오늘밤, 이 신사에서 축제가 있어.

日本には10万以上の神社があるそうです。 일본에는 10만 이상의 신사가 있다고 해요.

今夜[こんや] 오늘밤 | お祭り[おまつり] 축제 | ある① 있다 | 日本[にほん] 일본 | 10万[じゅう まん] 10만 | 以上[いじょう] 이상 | ～そうだ ～라고 하다

0337 N4

(お)寺 てら/おてら 절 [명사]

この寺の歴史についての説明を聞いた。 이 절의 역사에 대한 설명을 들었다.

お寺と神社の違いを知らない人が結構います。

절과 신사에 차이를 모르는 사람이 제법 있습니다.

歴史[れきし] 역사 | 説明[せつめい] 설명 | 聞く[きく]① 듣다 | 神社[じんじゃ] 신사 | 違い[ちがい] 차이 | 知る[しる]① 알다 | 人[ひと] 사람 | 結構[けっこう] 제법 | いる① 있다

0338 N4

祈る　いのる　기도하다 [1류동사(타)]

いのらない　いのります　いのれ　いのれる　いのれば　いのろう　いのって

今は天気が晴れることを祈るしかない。　지금은 날씨가 개는 것을 기도하는 수밖에 없다.

母の病気が早く治るように祈りました。　어머니의 병이 빨리 낫도록 기도했습니다.

今[いま] 지금 | 天気[てんき] 날씨 | 晴れる[はれる]② 개다 | ～しかない ~(하는 수)밖에 없다 | 母[はは] 어머니 | 病気[びょうき] 병 | 早い[はやい] 빠르다 | 治る[なおる]① 낫다

0339 N4

信じる　しんじる　믿다 [2류동사(타)]

しんじない　しんじます　しんじろ　しんじられる　しんじれば　しんじよう　しんじて

あの人の言うことは信じられない。　저 사람이 하는 말은 믿을 수 없어.

姉は何でも信じやすいので心配です。　언니는 무엇이든지 쉽게 믿어서 걱정이에요.

人[ひと] 사람 | 言う[いう]① 말하다 | 姉[あね] 언니 | 何でも[なんでも] 무엇이든지 | ～やすい ~하기 쉽다 | 心配[しんぱい] 걱정

⊕ 言うことは信じられない는 직역하면 '말하는 것은 믿을 수 없어'가 돼요.

0340 N4

美術館　びじゅつかん　미술관 [명사]

社長も去年この美術館にいらっしゃったようだ。　사장님도 작년에 이 미술관에 오신 것 같다.

この美術館は建てられたばかりです。　이 미술관은 지어진 지 얼마 되지 않았습니다.

社長[しゃちょう] 사장(님) | 去年[きょねん] 작년 | いらっしゃる① 오시다 | ～ようだ ~한 것 같다 | 建てる[たてる] ②짓다 | ～たばかりだ ~한 지 얼마 되지 않았다

 N4

動物園 どうぶつえん 동물원 [명사]

この動物園には珍しい動物がたくさんいる。 이 동물원에는 희귀한 동물이 많이 있어.
動物園で働くのも悪くないと思います。 동물원에서 일하는 것도 나쁘지 않다고 생각해요.

珍しい[めずらしい] 희귀하다 | 動物[どうぶつ] 동물 | いる② 있다 | 働く[はたらく]① 일하다 | 悪い[わるい] 나쁘다 | 思う[おもう]① 생각하다

 N4

田舎 いなか 시골 [명사]

田舎での生活は不便だけど楽しい。 시골에서의 생활은 불편하지만 즐거워.
私は田舎で育ちました。 저는 시골에서 자랐어요.

生活[せいかつ] 생활 | 不便[ふべん] 불편 | 楽しい[たのしい] 즐겁다 | 私[わたし] 저 | 育つ[そだつ]① 자라다

0343 N4

郊外 こうがい 교외 [명사]

郊外のショッピングモールによく買い物に行く。 교외에 있는 쇼핑몰에 자주 쇼핑하러 간다.
来月、郊外に引っ越す予定です。 다음 달, 교외로 이사할 예정입니다.

買い物[かいもの] 쇼핑 | 行く[いく]① 가다 | 来月[らいげつ] 다음 달 | 引っ越す[ひっこす]① 이사하다 | 予定[よてい] 예정

0344 N5

町 まち 동네, 도시 [명사]

その話は町中の人がもう知ってた。 그 이야기는 온 동네 사람들이 이미 알고 있었어.
田舎から町に出てきました。 시골에서 도시로 나왔어요.

話[はなし] 이야기 | ~中[じゅう] 온~ | 人[ひと] 사람 | 知る[しる]① 알다 | ~て(い)る② ~하고 있다 | 田舎[いなか] 시골 | 出る[でる]③ 나오다 | ~てくる③ ~해 오다

⊕ 町에는 지방자치단체로서의 町도 있어요. 지방자치단체의 町는 한국의 '동'이나 '읍'과 비슷해요.

村　むら　촌락, 마을 [명사]

そこは人口が3,000人ほどの小さな村だった。
거기는 인구가 3,000명 정도의 자그마한 촌락이었다.

この村の小学校には生徒が6人しかいません。
이 마을의 초등학교에는 학생이 6명 밖에 없습니다.

人口[じんこう] 인구 ｜ 3,000人[さんぜん にん] 3,000명 ｜ 小さな[ちいさな] 자그마한 ｜ 小学校[しょうがっこう] 초등학교 ｜ 生徒[せいと] 학생 ｜ 6人[ろく にん] 6명 ｜ いる② 있다

村에는 지방자치단체로서의 村도 있어요. 지방자치단체의 村는 한국의 '면'과 비슷해요.

0346 N4

市民　しみん　시민 [명사]

ここでは市民からの情報を紹介している。
여기에서는 시민으로부터 받은 정보를 소개하고 있다.

市民の安全を守るのが警官の仕事です。　시민의 안전을 지키는 것이 경찰관의 일입니다.

情報[じょうほう] 정보 ｜ 紹介[しょうかい] 소개 ｜ ～ている② ～하고 있다 ｜ 安全[あんぜん] 안전 ｜ 守る[まもる]① 지키다 ｜ 警官[けいかん] 경찰관 ｜ 仕事[しごと] 일

市民からの情報는 직역하면 '시민으로부터의 정보'가 돼요.

0347 N4

国民　こくみん　국민 [명사]

その政治家は国民のために働く気がないみたい。
그 정치가는 국민을 위해서 일할 마음이 없는 것 같아.

今の政府は国民の声を聞こうとしません。
지금의 정부는 국민의 목소리를 들으려고 하지 않아요.

政治[せいじ] 정치 ｜ ～家[か] ～가 ｜ 働く[はたらく]① 일하다 ｜ 気[き] 마음 ｜ ない 없다 ｜ ～みたいだ ～하는 것 같다 ｜ 今[いま] 지금 ｜ 政府[せいふ] 정부 ｜ 声[こえ] 목소리 ｜ 聞く[きく]① 듣다 ｜ ～(よ)うとする③ ～하려고 하다

 N4

国内　こくない　국내 [명사]

このアニメは国内だけでなく海外でも有名だ。 이 애니는 국내뿐만 아니라 해외에서도 유명하다.

この車は去年、国内で一番売れた車です。 이 차는 작년에 국내에서 가장 많이 팔린 차입니다.

海外[かいがい] 해외 | 有名[ゆうめい] 유명 | 車[くるま] 차 | 去年[きょねん] 작년 | 一番[いちばん] 가장 | 売れる[うれる]② 팔리다

- アニメ(애니)는 アニメーション(애니메이션)의 준말이에요.
- 一番売れた車는 직역하면 '가장 팔린 차'가 돼요. 한국어에서는 이렇게 잘 안 쓰는 것 같아 '많이'를 넣었어요.

 N5

外国　がいこく　외국 [명사]

この学校は外国からの留学生が多い。 이 학교는 외국에서 온 유학생이 많다.

その人は外国に住んでいます。 그 사람은 외국에 살고 있습니다.

学校[がっこう] 학교 | 留学生[りゅうがくせい] 유학생 | 多い[おおい] 많다 | 人[ひと] 사람 | 住む[すむ]① 살다 | ～ている② ~하고 있다

- 外国からの留学生는 직역하면 '외국에서의 유학생'이 돼요.

 N4

海外　かいがい　해외 [명사]

最近、海外に行く人が減ってる。 요즘, 해외에 가는 사람이 줄고 있어.

その人は海外で働きたがってます。 그 사람은 해외에서 일하고 싶어해요.

最近[さいきん] 요즘 | 行く[いく]① 가다 | 人[ひと] 사람 | 減る[へる]① 줄다 | ～て(い)る② ~하고 있다 | 働く[はたらく]① 일하다 | ～たがる① ~하고 싶어하다

- 働きたがってます는 직역하면 '일하고 싶어하고 있어요'가 돼요.

확인해 봐요!

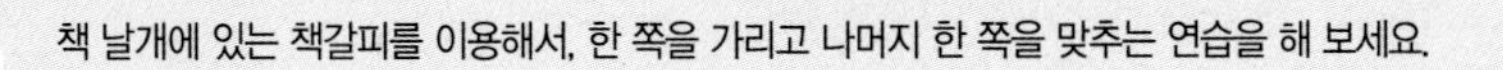

책 날개에 있는 책갈피를 이용해서, 한 쪽을 가리고 나머지 한 쪽을 맞추는 연습을 해 보세요.

コンビニ	편의점	(お)寺(てら)	절
デパート	백화점	祈(いの)る	기도하다
エレベーター	엘리베이터	信(しん)じる	믿다
エスカレーター	에스컬레이터	美術館(びじゅつかん)	미술관
屋上(おくじょう)	옥상	動物園(どうぶつえん)	동물원
地下(ちか)	지하	田舎(いなか)	시골
売(う)り場(ば)	매장	郊外(こうがい)	교외
公園(こうえん)	놀이터, 공원	町(まち)	동네, 도시
区役所(くやくしょ)	구청	村(むら)	촌락, 마을
市役所(しやくしょ)	시청	市民(しみん)	시민
美容院(びよういん)	미용실	国民(こくみん)	국민
床屋(とこや)	이발소	国内(こくない)	국내
教会(きょうかい)	교회	外国(がいこく)	외국
神社(じんじゃ)	신사	海外(かいがい)	해외

연습해 봐요!

〈장문으로 연습해 봐요〉

1 일본어 단어의 독음을 히라가나로 쓴 후에 한국어 뜻을 써 보세요.

단어	히라가나	뜻
01. 地下		
02. 市役所		
03. 神社		
04. 信じる		
05. 美術館		

2 한국어 뜻에 해당하는 일본어 단어를 히라가나와 한자로 써 보세요.

단어	히라가나	한자
06. 옥상		
07. 매장		
08. 교회		
09. 동물원		
10. 시민		

3 (　　) 속에 적절한 단어를 써 보세요. 한자를 모를 경우에는 히라가나로 쓰세요.

11. このビルの(　　　　　　　　)は外が見えます。
이 빌딩의 엘리베이터는 밖이 보여요.

12. (　　　　)にお弁当を持っていきました。 공원에 도시락을 가지고 갔습니다.

13. 母の病気が早く治るように(　　　　　　)。
어머니의 병이 빨리 낫도록 기도했습니다.

14. この車は去年、(　　　　)で一番売れた車です。
이 차는 작년에 국내에서 가장 많이 팔린 차입니다.

15. その人は(　　　　)で働きたがってます。 그 사람은 해외에서 일하고 싶어해요.

| 정답 |

1 01. ちか/지하 02. しやくしょ/시청 03. じんじゃ/신사 04. しんじる/믿다 05. びじゅつかん/미술관
2 06. おくじょう/屋上 07. うりば/売り場 08. きょうかい/教会 09. どうぶつえん/動物園 10. しみん/市民
3 11. エレベーター 12. 公園[こうえん] 13. 祈りました[いのりました] 14. 国内[こくない] 15. 海外[かいがい]

자연·동식물

07마디에서는 '계절', '바다' 등의 자연과 관련된 단어와 '고양이', '나무' 등의 동식물과 관련된 단어를 배울게요.

단어 및 예문듣기

0351 N5 참 407

春 はる 봄 [명사]

もうすぐ春だ。 이제 곧 봄이다.

私はこの春、高校を卒業しました。 저는 올해 봄에 고등학교를 졸업했습니다.

私[わたし] 저 ｜ 高校[こうこう] 고등학교 ｜ 卒業[そつぎょう] 졸업

0352 N5

夏 なつ 여름 [명사]

この夏はどこに行こうか。 이번 여름은 어디에 갈까?

夏ももう終わりますね。 여름도 이제 끝나네요.

行く[いく]① 가다 ｜ 終わる[おわる]① 끝나다

⊕ 行こう[いこう]는 '가자'라는 뜻의 의지형 표현인데, 끝에 か를 붙인 行こうか는 いこうか로 발음하면 '갈까?'라는 뜻이 되고, いこうか로 발음하면 '가 줄까?'라는 뜻이 돼요. 참고로 존댓말은 行きましょうか(갈까요?/가 드릴까요?)가 돼요.

0353 N5 참 407

秋 あき 가을 [명사]

「秋の空は高い」と言う。 '가을 하늘은 높다'라는 말을 한다.

秋は山に登る人が多くなります。 가을에는 산에 오르는 사람이 많아집니다.

空[そら] 하늘 ｜ 高い[たかい] 높다 ｜ 言う[いう]① 말하다 ｜ 山[やま] 산 ｜ 登る[のぼる]① 오르다 ｜ 人[ひと] 사람 ｜ 多い[おおい] 많다 ｜ ～くなる① ～해지다

⊕ 「秋の空は高い」と言う는 직역하면 '가을의 하늘은 높다'라고 말한다'가 돼요.

0354 N5

冬 ふゆ 겨울 [명사]

今年の冬は春のように暖かい。 올해 겨울은 봄처럼 따뜻해.

今日はこの冬で一番寒い日でした。 오늘은 이번 겨울에서 가장 추운 날이었어요.

今年[ことし] 올해 ｜ 春[はる] 봄 ｜ ～ようだ ～같다 ｜ 暖かい[あたたかい] 따뜻하다 ｜ 今日[きょう] 오늘 ｜ 一番[いちばん] 가장 ｜ 寒い[さむい] 춥다 ｜ 日[ひ] 날

0355 N4

季節 きせつ 계절 [명사]

季節に関係なく一年中食べられる物が多い。 계절에 관계없이 1년 내내 먹을 수 있는 것이 많다.

そのレストランは季節の味が楽しめます。 그 레스토랑은 계절의 맛을 즐길 수 있습니다.

関係[かんけい] 관계 ı ない 없다 ı 一年[いち ねん] 1년 ı ~中[じゅう] ~내내 ı 食べる[たべる]② 먹다 ı 物[もの] 것 ı 多い[おおい] 많다 ı 味[あじ] 맛 ı 楽しむ[たのしむ]① 즐기다

0356 N5

山 やま 산 [명사]

私は山の中の小さな村に住んでる。 나는 산 속의 작은 마을에 살고 있어.

日本で一番高い山は富士山です。 일본에서 제일 높은 산은 ふじ산이에요.

私[わたし] 나 ı 中[なか] 속 ı 小さな[ちいさな] 작은 ı 村[むら] 마을 ı 住む[すむ]① 살다 ı ~て(い)る② ~하고 있다 ı 日本[にほん] 일본 ı 一番[いちばん] 제일 ı 高い[たかい] 높다 ı 富士山[ふじさん] (산 이름)

0357 N5

海 うみ 바다 [명사]

プールより海の方が好きだ。 수영장보다 바다를 더 좋아한다.

ホテルの部屋から海が見えます。 호텔 방에서 바다가 보입니다.

~の方が[ほうが] ~가 더 ı 好き[すき] 좋아함 ı 部屋[へや] 방 ı 見える[みえる]② 보이다

⊕ 好き는 な형용사라서 を가 아닌 が를 써서 ~が好き가 돼요. 품사에 맞춰 해석하면 '바다가 더 좋다'가 돼요.

0358 N4

海岸 かいがん 바닷가 [명사]

海岸のごみを拾って集めた。 바닷가의 쓰레기를 주워서 모았어.

海岸で人が倒れてるのを見つけました。 바닷가에서 사람이 쓰러져 있는 것을 발견했어요.

拾う[ひろう]① 줍다 ı 集める[あつめる]② 모으다 ı 人[ひと] 사람 ı 倒れる[たおれる]② 쓰러지다 ı ~て(い)る② ~해 있다 ı 見つける[みつける]② 발견하다

0359 N4

砂 すな 모래 [명사]

子供たちが砂に絵をかいて遊んでいた。 아이들이 모래에 그림을 그리며 놀고 있었다.

この海岸の砂は大変細かいです。 이 바닷가의 모래는 대단히 곱습니다.

子供[こども] 아이 | 絵[え] 그림 | かく① 그리다 | 遊ぶ[あそぶ]① 놀다 | ～ている② ～하고 있다 | 海岸[かいがん] 바닷가 | 大変[たいへん] 대단히 | 細かい[こまかい] 곱다

'그림을 그리다'라는 표현에서의 '그리다'는 かく인데, '글씨를 쓰다'의 書く[かく]와는 달라요.

0360 N5

川 かわ 강 [명사]

そこには橋がなくて、川が渡れなかった。 거기에는 다리가 없어서, 강을 건널 수 없었어.

川の水は冷たくてきれいでした。 강물은 차갑고 깨끗했어요.

橋[はし] 다리 | ない 없다 | 渡る[わたる]① 건너다 | 水[みず] 물 | 冷たい[つめたい] 차갑다

0361 N5

池 いけ 못, 연못 [명사]

冬にはこの池でスケートができる。 겨울에는 이 못에서 스케이트를 탈 수 있다.

池に魚が1匹もいません。 연못에 물고기가 한 마리도 없습니다.

冬[ふゆ] 겨울 | できる② 할 수 있다 | 魚[さかな] 물고기 | 1匹[いっぴき] 한 마리 | いる② 있다

スケートができる는 직역하면 '스케이트를 할 수 있다'가 돼요. '스케이트를 타다'는 일본어로 スケートをする(스케이트를 하다)라고 표현해요.

0362 N4

湖 みずうみ 호수 [명사]

みずうみ라는 악센트도 써요.

湖の向こう側まで泳いで行ける。 호수의 건너편까지 헤엄쳐 갈 수 있어.

湖で釣りをしませんか。 호수에서 낚시를 하지 않을래요?

向こう[むこう] 건너편 | ～側[がわ] ～쪽 | 泳ぐ[およぐ]① 헤엄치다 | 行く[いく]① 가다 | 釣り[つり] 낚시

⊕ 湖의 발음에 대해서는 658쪽 2번 설명을 보세요.

0363 N5

참 477

水 みず 물 [명사]

この薬は水がなくても飲める。 이 약은 물이 없어도 먹을 수 있다.
すみませんが、水をいただけますか。 죄송하지만, 물을 주시겠습니까?

薬[くすり] 약 | ない 없다 | 飲む[のむ]① 마시다 | いただく① 받다

⊕ すみません은 すいません으로 발음하는 것이 일반적이에요. 그래서 い로 쓰기도 하는데, 올바른 표기는 み예요.
⊕ いただけますか는 직역하면 '받을 수 있겠습니까?'가 돼요.

0364 N4

石 いし 돌 [명사]

大きな石が山から落ちてきた。 커다란 돌이 산에서 떨어져 내려왔어.
靴の中に石が入ってしまいました。 신발 안에 돌이 들어가 버렸어요.

大きな[おおきな] 커다란 | 山[やま] 산 | 落ちる[おちる]② 떨어지다 | ～てくる③ ~해 오다 | 靴[くつ] 신발 | 中[なか] 안 | 入る[はいる]① 들어가다 | ～てしまう① ~해 버리다

0365 N4

景色 けしき 경치 [명사]

窓から絵のように美しい景色が見える。 창문에서 그림처럼 아름다운 경치가 보인다.
景色を楽しみながらドライブをしました。 경치를 즐기면서 드라이브를 했습니다.

窓[まど] 창문 | 絵[え] 그림 | ～ようだ ~ 같다 | 美しい[うつくしい] 아름답다 | 見える[みえる]② 보이다 | 楽しむ[たのしむ]① 즐기다

0366 N4

空気 くうき 공기 [명사]

空気が悪いからマスクをして出かけよう。 공기가 나쁘니까 마스크를 하고 외출하자.
自転車のタイヤに空気を入れました。 자전거 바퀴에 공기를 넣었어요.

悪い[わるい] 나쁘다 | 出かける[でかける]② 외출하다 | 自転車[じてんしゃ] 자전거 | 入れる[いれ]る② 넣다

 N5

空　そら　하늘 [명사]

白い鳥が空を飛んでいた。　하얀 새가 하늘을 날고 있었다.
今日は空が青くてとてもきれいです。　오늘은 하늘이 푸르고 매우 아름답습니다.

白い[しろい] 하얗다 | 鳥[とり] 새 | 飛ぶ[とぶ]① 날다 | ~ている② ~하고 있다 | 今日[きょう] 오늘 | 青い[あおい] 푸르다

0368 N4

참 438

日　ひ/ひ　해, 날 [명사]

악센트에 관해서는 658쪽 4번 설명을 보세요.

日が暮れるまでに家に帰らなければいけない。　해가 저물기 전에 집에 돌아가야 해.
約束の日になっても彼は戻ってきませんでした。　약속한 날이 되어도 그는 돌아오지 않았어요.

暮れる[くれる]② 저물다 | 家[いえ] 집 | 帰る[かえる]① 돌아가다 | ~なければいけない ~해야 하다 | 約束[やくそく] 약속 | ~になる① ~가 되다 | 彼[かれ] 그 | 戻る[もどる]① 돌아오다 | ~てくる③ ~해 오다

日 앞에 수식어가 없으면 ひ, 있으면 ひ가 돼요.
日が暮れるまでには 직역하면 '해가 저물기까지(그 전에)', 約束の日는 직역하면 '약속의 날'이 돼요.
日는 '햇빛'이라는 뜻으로 쓰기도 해요.

0369 N4

月　つき　달 [명사]

今夜は曇ってて、月が見えない。　오늘 밤은 흐려서, 달이 보이지 않아.
今年もとうとう最後の月になりました。　올해도 드디어 마지막 달이 됐어요.

今夜[こんや] 오늘 밤 | 曇る[くもる]① 흐리다 | ~て(い)る② ~해 있다 | 見える[みえる]② 보이다 | 今年[ことし] 올해 | 最後[さいご] 마지막 | ~になる① ~가 되다

曇ってて는 직역하면 '흐려져 있어서'가 돼요.

0370 N4

참 445

星　ほし　별 [명사]

空にはたくさんの星が光っていた。　하늘에는 많은 별들이 빛나고 있었다.

紙を星の形に切りました。　종이를 별 모양으로 잘랐습니다.

空[そら] 하늘 | 光る[ひかる]① 빛나다 | ~ている② ~하고 있다 | 紙[かみ] 종이 | 形[かたち] 모양 | 切る[きる]① 자르다

0371 N4

地震　じしん　지진 [명사]

地震が来たら机の下に入りなさい。　지진이 오면 책상 밑에 들어가라.

地震で建物が倒れました。　지진 때문에 건물이 무너졌어요.

来たら[きたら]③ 오면 | 机[つくえ] 책상 | 下[した] 밑 | 入る[はいる]① 들어가다 | 建物[たてもの] 건물 | 倒れる[たおれる]② 무너지다

0372 N4

揺れる　ゆれる　흔들리다 [2류동사(자)]

ゆれない　ゆれます　(ゆれろ)　(ゆれられる)　ゆれれば　(ゆれよう)　ゆれて

( )에 들어간 활용형에 대해서는 658쪽 5번 설명을 보세요.

飛行機がすごく揺れて怖かった。　비행기가 심하게 흔들려서 무서웠어.

木の枝が風に揺れてます。　나뭇가지가 바람에 흔들리고 있어요.

飛行機[ひこうき] 비행기 | 怖い[こわい] 무섭다 | 木[き] 나무 | 枝[えだ] 가지 | 風[かぜ] 바람 | ~て(い)る② ~하고 있다

0373 N4

台風　たいふう　태풍 [명사]

非常に強い台風がこちらに来そうだ。　매우 강한 태풍이 이쪽으로 올 것 같다.

台風の動きに十分注意してください。　태풍의 움직임에 충분히 주의하십시오.

非常に[ひじょうに] 매우 | 強い[つよい] 강하다 | 来そうだ[きそうだ] 올 것 같다 | 動き[うごき] 움직임 | 十分[じゅうぶん] 충분히 | 注意[ちゅうい] 주의

十分만으로도 '충분히'라는 뜻인데, 뒤에 に를 붙인 十分に의 형태로도 써요.

확인해 봐요!

책 날개에 있는 책갈피를 이용해서, 한 쪽을 가리고 나머지 한 쪽을 맞추는 연습을 해 보세요.

春(はる)	봄	水(みず)	물
夏(なつ)	여름	石(いし)	돌
秋(あき)	가을	景色(けしき)	경치
冬(ふゆ)	겨울	空気(くうき)	공기
季節(きせつ)	계절	空(そら)	하늘
山(やま)	산	日(ひ)	해, 날
海(うみ)	바다	月(つき)	달
海岸(かいがん)	바닷가	星(ほし)	별
砂(すな)	모래	地震(じしん)	지진
川(かわ)	강	揺(ゆ)れる	흔들리다
池(いけ)	못, 연못	台風(たいふう)	태풍
湖(みずうみ)	호수		

〈대화로 연습해 봐요〉

1 일본어 단어의 독음을 히라가나로 쓴 후에 한국어 뜻을 써 보세요.

단어	히라가나	뜻
01. 夏		
02. 海		
03. 水		
04. 景色		
05. 台風		

2 한국어 뜻에 해당하는 일본어 단어를 히라가나와 한자로 써 보세요.

단어	히라가나	한자
06. 산		
07. 강		
08. 공기		
09. 해, 날		
10. 달		

3 (　　) 속에 적절한 단어를 써 보세요. 한자를 모를 경우에는 히라가나로 쓰세요.

11. そのレストランは(　　　　)の味が楽しめます。
그 레스토랑은 계절의 맛을 즐길 수 있습니다.

12. (　　　　)のごみを拾って集めた。 바닷가의 쓰레기를 주워서 모았어.

13. 冬にはこの(　　　　)でスケートができる。
겨울에는 이 못에서 스케이트를 탈 수 있다.

14. 白い鳥が(　　　　)を飛んでいた。 하얀 새가 하늘을 날고 있었다.

15. (　　　　)で建物が倒れました。 지진 때문에 건물이 무너졌어요.

I 정답 I

1 01. なつ/여름 02. うみ/바다 03. みず/물 04. けしき/경치 05. たいふう/태풍

2 06. やま/山 07. かわ/川 08. くうき/空気 09. ひ/日 10. つき/月

3 11. 季節[きせつ] 12. 海岸[かいがん] 13. 池[いけ] 14. 空[そら] 15. 地震[じしん]

0374 N5 참 451

天気 てんき 날씨 [명사]

そっちの天気はどう？ 그쪽의 날씨는 어때?

天気がよければキャンプに行きましょう。 날씨가 좋으면 캠핑하러 갑시다.

行く[いく]① 가다

0375 N4

天気予報 てんきよほう 일기예보 [명사]

天気予報で明日は晴れると言っていた。 일기예보에서 내일은 갠다고 했었다.

今日の天気予報をお伝えします。 오늘의 일기예보를 전해 드리겠습니다.

明日[あした] 내일 | 晴れる[はれる]② 개다 | 言う[いう]① 말하다 | ～ている② ~하고 있다 | 今日[きょう] 오늘 | お～する③ ~해 드리다 | 伝える[つたえる]② 전하다

0376 N5 참 408

雨 あめ 비 [명사]

3日前からずっと雨が降ってる。 3일 전부터 계속 비가 내리고 있어.

さっき雨がやみました。 좀 전에 비가 그쳤어요.

3日[みっか] 3일 | ～前[まえ] ~전 | 降る[ふる]① 내리다 | ～て(い)る② ~하고 있다 | やむ① 그치다

0377 N5

大雨 おおあめ 큰비, 호우 [명사]

大雨で試合が中止になった。 큰비 때문에 경기가 취소되었다.

大雨の中を歩いて帰りました。 호우 속을 걸어서 집에 갔습니다.

試合[しあい] 경기 | 中止[ちゅうし] 취소 | ～になる① ~가 되다 | 中[なか] 속 | 歩く[あるく]① 걷다 | 帰る[かえる]① 집에 가다

中止になった는 직역하면 '취소가 되었다'가 돼요.

 N5

雪 ゆき (내리는) 눈 [명사]

生まれて初めて雪を見た。 태어나서 처음으로 눈을 봤어.

スキー場に雪がなくて、ボードができません。 스키장에 눈이 없어서, 보드를 못 타요.

生まれる[うまれる]② 태어나다 | 初めて[はじめて] 처음으로 | 見る[みる]② 보다 | スキー場[じょう] 스키장 | ない 없다 | できる② 할 수 있다

0379 N5 참 336 582

降る ふる (비, 눈 등이) 내리다 [1류동사(자)]

ふらない ふります (ふれ) (ふれる) ふれば (ふろう) ふって

( )에 들어간 활용형에 대해서는 658쪽 5번 설명을 보세요.

朝から雪が降ったりやんだりしている。 아침부터 눈이 내렸다 그쳤다 하고 있다.

昨日は一日中雨がザーザー降りました。 어제는 하루 종일 비가 주룩주룩 내렸습니다.

朝[あさ] 아침 | 雪[ゆき] 눈 | ~たり~たりする③ ~했다 ~했다 하다 | やむ① 그치다 | ~ている② ~하고 있다 | 昨日[きのう] 어제 | 一日[いちにち] 하루 | ~中[じゅう] ~ 내내 | 雨[あめ] 비

ザーザー는 ざあざあ로도 써요. 의태어나 의성어는 가타카나로 쓰는 경우가 많아요.

0380 N4 참 362

晴れ はれ 맑음, 갬 [명사]

今月はずっと晴れが続いてる。 이번 달은 계속 맑은 날씨가 이어지고 있어.

この傘は晴れの日も雨の日も使えます。 이 우산은 갠 날도 비 오는 날도 사용할 수 있어요.

今月[こんげつ] 이번 달 | 続く[つづく]① 이어지다 | ~て(い)る② ~하고 있다 | 傘[かさ] 우산 | 日[ひ] 날 | 雨[あめ] 비 | 使う[つかう]① 사용하다

晴れが続いてる는 직역하면 '맑음이 이어지고 있어'가 돼요.

0381 N5 참 352

曇り くもり 흐림 [명사]

曇りの日は元気が出ない。 흐린 날은 기운이 나지 않는다.

明日の天気は曇り時々晴れでしょう。 내일의 날씨는 흐리고 가끔 맑겠습니다.

日[ひ] 날 | 元気[げんき] 기운 | 出る[でる]② 나다 | 明日[あす] 내일 | 天気[てんき] 날씨 | 時々[ときどき] 가끔 | 晴れ[はれ] 맑음

⊕ 曇りの日는 직역하면 '흐림의 날'이 되고, 曇り時々晴れ는 직역하면 '흐림 가끔 맑음'이 돼요.

⊕ 晴れでしょう는 직역하면 '맑음일 것입니다'가 돼요.

0382 N4

雲　くも　구름 [명사]

昨日は雲一つない、いい天気だった。 어제는 구름 한 점 없는, 좋은 날씨였어.

雲の間から月が見えました。 구름 사이에서 달이 보였어요.

昨日[きのう] 어제 | 一つ[ひとつ] 하나 | ない 없다 | いい 좋다 | 天気[てんき] 날씨 | 間[あいだ] 사이 | 月[つき] 달 | 見える[みえる]② 보이다

⊕ 雲一つない는 직역하면 '구름 하나 없는'이 돼요

0383 N5

風　かぜ　바람 [명사]

風が強くて傘がさせない。 바람이 세서 우산을 쓸 수 없다.

風でドアが閉まりました。 바람 때문에 문이 닫혔습니다.

強い[つよい] 세다 | 傘[かさ] 우산 | さす① (우산을) 쓰다 | 閉まる[しまる]① 닫히다

0384 N4

참 432

吹く　　불다 [1류동사(자/타)]

ふかない　ふきます　ふけ　ふける　ふけば　ふこう　ふいて

秋らしい涼しい風が吹き始めた。 가을다운 선선한 바람이 불기 시작했어.

趣味でフルートを吹いてます。 취미로 플루트를 불고 있어요.

秋[あき] 가을 | ～らしい ～답다 | 涼しい[すずしい] 선선하다 | 風[かぜ] 바람 | ～始める② ～하기 시작하다 | 趣味[しゅみ] 취미 | ～て(い)る② ～하고 있다

0385 N5

動物　どうぶつ　동물 [명사]

子供の頃から動物が大好きだった。 어릴 때부터 동물을 무척 좋아했어.

動物に食べ物をやってはいけません。 동물에게 먹을 것을 주면 안 돼요.

子供[こども] 어린이 | 頃[ころ] 때 | 大好き[だいすき] 무척 좋아함 | 食べ物[たべもの] 먹을 것 | やる① 주다 | ～てはいけない ~하면 안 되다

0386 N5

犬 いぬ 개 [명사]

知らない犬にかまれた。 모르는 개에게 물렸다.

夕方、犬を連れて散歩に行きます。 해질녘에 개를 데리고 산책하러 갑니다.

知る[しる]① 알다 | かむ① (깨)물다 | 夕方[ゆうがた] 해질녘 | 連れる[つれる]② 동반하다 | 散歩[さんぽ] 산책 | 行く[いく]① 가다

- 夕方를 '저녁때'로 해석하는 경우도 많은데, 정확한 해석은 '해질녘', '어두워지려고 하는 무렵'이에요. 해가 져서 어두워지면 夕方라고 하지 않고 夜[よる](밤)라고 해요.

0387 N5

猫 ねこ 고양이 [명사]

猫の手も借りたいくらい忙しい。 고양이의 손도 빌리고 싶을 정도로 바빠.

私は犬より猫の方が好きです。 저는 개보다 고양이를 더 좋아해요.

手[て] 손 | 借りる[かりる]② 빌리다 | ～たい ~하고 싶다 | 忙しい[いそがしい] 바쁘다 | 私[わたし] 저 | 犬[いぬ] 개 | ～の方が[ほうが] ~가 더 | 好き[すき] 좋아함

- 猫の手も借りたい(고양이의 손도 빌리고 싶다)는 '너무 바빠서 일손이 부족한 상황'일 때 쓰는 표현이에요.
- 好き는 な형용사라서 を가 아닌 が를 써서 ～が好き가 돼요. 품사에 맞춰 해석하면 '고양이가 더 좋아요'가 돼요.
- 猫는 가타카나 ネコ로 쓰는 경우도 많아요.

0388 N5

鳥 とり 새 [명사]

黒い鳥が木の上で鳴いていた。 검은 새가 나무 위에서 울고 있었다.

私は鳥を飼っています。 저는 새를 기르고 있습니다.

黒い[くろい] 검다 | 木[き] 나무 | 上[うえ] 위 | 鳴く[なく]① 울다 | ～ている② ~하고 있다 | 私[わたし] 저 | 飼う[かう]① 기르다

- '닭도리탕'이라는 요리가 있죠? 이때 쓰는 '도리'가 鳥[とり]에서 온 말이라는 설이 있던데 그것과 연관시키면 鳥라는 단어를 쉽게 외울 수 있겠죠? 그런데 사실 '닭도리탕'의 '도리'는 일본어 鳥와 관계가 없다고 해요.

0389 N4

小鳥　ことり　작은 새 [명사]

この小鳥はけがをしてて飛べない。　이 작은 새는 다친 상태라서 날 수 없어.

小鳥の水を取り替えてやりました。　작은 새의 물을 교체해 주었어요.

～て(い)る② ~해 있다 | 飛ぶ[とぶ]① 날다 | 水[みず] 물 | 取り替える[とりかえる]② 교체하다 | ～てやる① ~해 주다

- けがをしてて는 직역하면 '다쳐 있어서'가 돼요.
- 화투놀이인 '고스톱'에서 말하는 '고도리'는 小鳥가 아니라 五鳥[ごとり]예요. 五[ご]는 '5'이고 鳥[とり]는 '새'라서 '5마리의 새'라는 뜻이 돼요. 3장의 화투 그림에 나오는 새들을 합하면 5마리가 되기 때문에 이렇게 부른다고 해요.
- 小鳥는 '크기가 작은 새'를 가리키는 말이에요. '아기 새'는 ひな라고 해요.

0390 N4

虫　むし　벌레 [명사]

私は虫が嫌いだ。　나는 벌레를 싫어한다.

葉の裏に虫がいっぱい付いていました。　잎의 뒷면에 벌레가 잔뜩 붙어 있었습니다.

私[わたし] 나 | 嫌い[きらい] 싫어함 | 葉[は] 잎 | 裏[うら] 뒷면 | 付く[つく]① 붙다 | ～ている② ~해 있다

0391 N4

ペット　ペット　애완동물 [명사]

ペットも一緒に泊まれるホテルを探してる。　애완동물도 함께 묵을 수 있는 호텔을 찾고 있어.

ペットの世話ができなくなりました。　애완동물을 돌볼 수 없게 됐어요.

一緒に[いっしょに] 함께 | 泊まる[とまる]① 묵다 | 探す[さがす]① 찾다 | ～て(い)る② ~하고 있다 | 世話[せわ] 돌봄 | できる② 할 수 있다 | ～なくなる① ~하지 않게 되다

- 世話ができなくなりました는 직역하면 '돌봄을 할 수 없게 되었어요'가 돼요.

0392 N5

참 418

木　き　나무 [명사]

- 악센트에 관해서는 658쪽 4번 설명을 보세요.

玄関の前に背の高い木が1本ある。 현관 앞에 키가 큰 나무가 한 그루 있다.

それは何の木ですか。 그것은 무슨 나무입니까?

玄関[げんかん] 현관 | 前[まえ] 앞 | 背[せ] 키 | 高い[たかい] (키가) 크다 | 1本[いっ ぽん] 한 그루 | ある① 있다 | 何の[なんの] 무슨

0393 N4

枝 えだ 가지 [명사]

木の枝に鳥が止まって、鳴いてた。 나뭇가지에 새가 앉아서, 울고 있었어.

桜の木の枝が折れました。 벚꽃나무의 가지가 부러졌어요.

木[き] 나무 | 鳥[とり] 새 | 止まる[とまる]① (새나 벌레가) 앉다 | 鳴く[なく]① 울다 | ～て(い)る② ～하고 있다 | 桜[さくら] 벚꽃 | 折れる[おれる]② 부러지다

'새가 나뭇가지에 앉다'라는 표현에서의 '앉다'는 止まる라고 하는데, 한자 留まる로 쓰는 경우도 있어요.

0394 N4

참 427 555

葉 は 잎 [명사]

악센트에 관해서는 658쪽 4번 설명을 보세요.

秋になって、木の葉が落ち始めた。 가을이 되어, 나뭇잎이 떨어지기 시작했다.

私は葉が美しい木が好きです。 저는 잎이 아름다운 나무를 좋아합니다.

秋[あき] 가을 | ～になる① ～가 되다 | 木[き] 나무 | 落ちる[おちる]② 떨어지다 | ～始める[はじめる]② ～하기 시작하다 | 私[わたし] 저 | 美しい[うつくしい] 아름답다 | 好き[すき] 좋아함

0395 N5

참 429

花 はな 꽃 [명사]

その家の庭には花がきれいに咲いてた。 그 집의 마당에는 꽃이 예쁘게 피어 있었어.

春になったら花を植えるつもりです。 봄이 되면 꽃을 심을 생각이에요.

家[いえ] 집 | 庭[にわ] 마당 | 咲く[さく]① 피다 | ～て(い)る② ～해 있다 | 春[はる] 봄 | ～になる① ～가 되다 | 植える[うえる]② 심다 | ～つもりだ ～할 생각이다

0396 N4

桜 さくら 벚꽃 [명사]

ここは桜で有名な神社だ。 여기는 벚꽃으로 유명한 신사다.

お花見と言えば桜でしょう。 꽃구경이라고 하면 벚꽃이지요.

有名[ゆうめい] 유명 | 神社[じんじゃ] 신사 | 花見[はなみ] 꽃구경 | 言う[いう]① 말하다

0397 N5

咲く さく (꽃이) 피다 [1류동사(자)]

さかない さきます (さけ) (さける) さけば (さこう) さいて

( )에 들어간 활용형에 대해서는 658쪽 5번 설명을 보세요.

きれいな黄色い花が咲いた。 예쁘고 노란 꽃이 피었어.

花が咲かない木もありますか。 꽃이 피지 않는 나무도 있어요?

黄色い[きいろい] 노랗다 | 花[はな] 꽃 | 木[き] 나무 | ある① 있다

きれいな黄色い花는 직역하면 '예쁜 노란 꽃'이 돼요.

0398 N4

草 くさ 풀 [명사]

風が吹いて草が揺れた。 바람이 불어서 풀이 흔들렸다.

猫が草の上で寝ていました。 고양이가 풀 위에서 자고 있었습니다.

風[かぜ] 바람 | 吹く[ふく]① 불다 | 揺れる[ゆれる]② 흔들리다 | 猫[ねこ] 고양이 | 上[うえ] 위 | 寝る[ねる]② 자다 | ~ている② ~하고 있다

0399 N4

植える うえる 심다 [2류동사(타)]

うえない うえます うえろ うえられる うえれば うえよう うえて

韓国で4月5日は木を植える日だよ。 한국에서 4월 5일은 나무를 심는 날이야.

そこは花が植えてあります。 거기는 꽃이 심어져 있어요.

韓国[かんこく] 한국 | 4月[しがつ] 4월 | 5日[いつか] 5일 | 木[き] 나무 | 日[ひ] 날 | 花[はな] 꽃 | ~てある① ~해 있다

확인해 봐요!

책 날개에 있는 책갈피를 이용해서, 한 쪽을 가리고 나머지 한 쪽을 맞추는 연습을 해 보세요.

天気(てんき)	날씨	猫(ねこ)	고양이
天気予報(てんきよほう)	일기예보	鳥(とり)	새
雨(あめ)	비	小鳥(ことり)	작은 새
大雨(おおあめ)	큰비, 호우	虫(むし)	벌레
雪(ゆき)	(내리는) 눈	ペット	애완동물
降(ふ)る	(비, 눈 등이) 내리다	木(き)	나무
晴(は)れ	맑음, 갬	枝(えだ)	가지
曇(くも)り	흐림	葉(は)	잎
雲(くも)	구름	花(はな)	꽃
風(かぜ)	바람	桜(さくら)	벚꽃
吹(ふ)く	불다	咲(さ)く	(꽃이) 피다
動物(どうぶつ)	동물	草(くさ)	풀
犬(いぬ)	개	植(う)える	심다

연습해 봐요!

〈장문으로 연습해 봐요〉

❶ 일본어 단어의 독음을 히라가나로 쓴 후에 한국어 뜻을 써 보세요.

단어	히라가나	뜻
01. 雪		
02. 降る		
03. 雲		
04. 虫		
05. 咲く		

❷ 한국어 뜻에 해당하는 일본어 단어를 히라가나와 한자로 써 보세요.

단어	히라가나	한자
06. 날씨		
07. 비		
08. 작은 새		
09. 나무		
10. 꽃		

❸ (　　) 속에 적절한 단어를 써 보세요. 한자를 모를 경우에는 히라가나로 쓰세요.

11. 今月はずっと(　　　　)が続いてる。 이번 달은 계속 맑은 날씨가 이어지고 있어.

12. 秋らしい涼しい風が(　　　　)始めた。 가을다운 선선한 바람이 불기 시작했어.

13. 夕方、(　　　　)を連れて散歩に行きます。
해질녘에 개를 데리고 산책하러 갑니다.

14. 猫が(　　　　)の上で寝ていました。 고양이가 풀 위에서 자고 있었습니다.

15. 韓国で4月5日は木を(　　　　)日だよ。 한국에서 4월 5일은 나무를 심는 날이야.

| 정답 |

❶ 01. ゆき/(내리는) 눈 02. ふる/(비, 눈 등이) 내리다 03. くも/구름 04. むし/벌레 05. さく/(꽃이) 피다

❷ 06. てんき/天気 07. あめ/雨 08. ことり/小鳥 09. き/木 10. はな/花

❸ 11. 晴れ[はれ] 12. 吹き[ふき] 13. 犬[いぬ] 14. 草[くさ] 15. 植える[うえる]

일본어 단어,

주제별로 배워야 쉽다!

② 나의 일상

둘째마당에서도 주제별로 단어를 소개해 드릴게요. 첫째마당에서는 '나의 주변'에서 볼 수 있는 것들을 배웠는데, 여기에서는 '나의 일상'과 관련된 단어들을 배울게요. 평상시에 생활을 하면서 '이건 일본어로 뭐라고 했더라?' 하고 일본어 단어를 떠올리는 습관을 기르는 것이 좋아요! 첫째마당과 둘째마당에서 배우는 단어들은 일상생활에서 흔히 쓰는 단어들이니 볼 때마다 일본어 단어를 떠올리면 쉽게 단어를 외울 수 있어요!

일상생활

08마디에서는 '식사'나 '쇼핑' 등의 일상생활에서 흔히 쓰는 단어들 중 앞에서 배우지 않은 단어를 배울게요.

단어 및 예문듣기

 N4

生活　せいかつ　생활 [명사(+する)]

柴田さんは田舎で生活したいそうだ。　しばた 씨는 시골에서 생활하고 싶다고 한다.
規則正しい生活を送りましょう。　규칙적인 생활을 보냅시다.

田舎[いなか] 시골 ｜ ～たい ~하고 싶다 ｜ ～そうだ ~라고 하다 ｜ 規則[きそく] 규칙 ｜ 正しい[ただしい] 바르다 ｜ 送る[おくる]① 보내다

規則正しい生活는 직역하면 '규칙 바른 생활'이 돼요.

0401 N5　참 396

起きる　おきる　일어나다 [2류동사(자)]

おきない　おきます　おきろ　おきられる　おきれば　おきよう　おきて

明日は朝早く起きる。　내일은 아침 일찍 일어날 거야.
何か問題が起きたら、すぐに教えてください。　뭔가 문제가 일어나면, 바로 알려 주세요.

明日[あした] 내일 ｜ 朝[あさ] 아침 ｜ 早い[はやい] 이르다 ｜ 何か[なにか] 뭔가 ｜ 問題[もんだい] 문제 ｜ 教える[おしえる]② 알리다

0402 N5　참 593

寝る　ねる　자다 [2류동사(자)]

ねない　ねます　ねろ　ねられる　ねれば　ねよう　ねて

家族がみんな寝た後で、一人で映画を見た。　가족이 모두 잠든 후에, 혼자서 영화를 봤어.
今日は疲れたから、もう寝ます。　오늘은 지쳤으니까, 이제 잘게요.

家族[かぞく] 가족 ｜ ～た後で[あとで] ~한 후에 ｜ 一人で[ひとりで] 혼자서 ｜ 映画[えいが] 영화 ｜ 見る[みる]② 보다 ｜ 今日[きょう] 오늘 ｜ 疲れる[つかれる]② 지치다

0403 N4

寝坊　ねぼう　늦잠 [명사(+する)]

寝坊の経験は誰にでもあるだろう。　늦잠 잔 경험은 누구에게나 있을 것이다.
寝坊して約束に遅れました。　늦잠 자서 약속에 늦었습니다.

経験[けいけん] 경험 ｜ 誰[だれ] 누구 ｜ ある① 있다 ｜ 約束[やくそく] 약속 ｜ 遅れる[おくれる]② 늦다
➕ 寝坊の経験은 직역하면 '늦잠의 경험'이 돼요.

0404 N4

夢 ゆめ 꿈 [명사]

ゆうべ変な夢を見た。 어젯밤에 이상한 꿈을 꾸었어.
その人はいつも夢のような話ばかりします。 그 사람은 늘 꿈 같은 이야기만 해요.

変[へん] 이상 ｜ 見る[みる]② 보다 ｜ 人[ひと] 사람 ｜ ～ようだ ～ 같다 ｜ 話[はなし] 이야기
➕ '꿈을 꾸다'는 일본어로 夢を見る(꿈을 보다)라고 표현해요.

0405 N4

急ぐ いそぐ 서두르다 [1류동사(자)]

いそがない いそぎます いそげ いそげる いそげば いそごう いそいで

そんなに急がなくてもいい。 그렇게 서두르지 않아도 된다.
受付は16時までですので、お急ぎください。 접수는 16시까지이므로, 서둘러 주십시오.

～なくてもいい ～하지 않아도 되다 ｜ 受付[うけつけ] 접수 ｜ 16時[じゅうろく じ] 16시 ｜ お～ください ～하십시오

0406 N5

朝ご飯 あさごはん 아침밥, 아침 식사 [명사]

朝ご飯を食べないで学校に来る子供がいる。 아침밥을 먹지 않고 학교에 오는 아이가 있어.
私は毎日、朝ご飯の前に4キロくらい歩きます。 저는 매일, 아침 식사 전에 4km 정도 걸어요.

食べる[たべる]② 먹다 ｜ 学校[がっこう] 학교 ｜ 来る[くる]③ 오다 ｜ 子供[こども] 아이 ｜ いる② 있다 ｜ 私[わたし] 저 ｜ 毎日[まいにち] 매일 ｜ ～の前に[まえに] ～ 전에 ｜ 4キロ[よん キロ] 4km ｜ 歩く[あるく]① 걷다
➕ 朝ご飯은 朝御飯 혹은 朝ごはん으로도 써요.
➕ キロ는 キロメートル(킬로미터)의 준말이에요.

0407 N5

昼ご飯 ひるごはん 점심밥, 점심 식사 [명사]

昼ご飯はいつもお弁当を持っていく。 점심밥은 항상 도시락을 가져간다.

明日、一緒に昼ご飯を食べませんか。 내일, 함께 점심을 먹지 않겠습니까?

お弁当[おべんとう] 도시락 | 持つ[もつ]① 가지다 | ～ていく① ～해 가다 | 明日[あした] 내일 | 一緒に[いっしょに] 함께 | 食べる[たべる]② 먹다

⊕ 昼ご飯은 昼御飯 혹은 昼ごはん으로도 써요. 앞에 お를 붙여서 お昼ご飯이라고 하는 경우도 많아요.

0408 N5

晩ご飯 ばんごはん 저녁밥, 저녁 식사 [명사]

昨日は外で晩ご飯を食べた。 어제는 밖에서 저녁밥을 먹었어.

友達と食べた晩ご飯はとてもおいしかったです。 친구랑 먹은 저녁은 무척 맛있었어요.

昨日[きのう] 어제 | 外[そと] 바깥 | 食べる[たべる]② 먹다 | 友達[ともだち] 친구 | おいしい 맛있다

⊕ 晩ご飯은 晩御飯 혹은 晩ごはん으로도 써요.

0409 N5

夕飯 ゆうはん 저녁밥, 저녁 식사 [명사]

今日は夕飯を作りたくない。 오늘은 저녁을 차리고 싶지 않다.

昨日の夕飯はご飯とスープとキムチだけでした。 어제 저녁밥은 밥과 국과 김치뿐이었습니다.

今日[きょう] 오늘 | 作る[つくる]① 만들다 | ～たい ～하고 싶다 | 昨日[きのう] 어제 | ご飯[ごはん] 밥

⊕ 夕飯은 바로 앞에서 배운 晩ご飯[ばんごはん]과 같은 뜻이지만, 晩ご飯이 夕飯보다 좀 더 부드러운 느낌이에요.

⊕ '저녁을 차리다'는 일본어로 夕飯を作る(저녁을 만들다)라고 표현해요.

⊕ ご飯은 히라가나 ごはん으로 쓰는 경우도 많아요.

0410 N4

食事 しょくじ 식사 [명사(+する)]

そろそろ食事の支度を始めよう。 이제 슬슬 식사 준비를 시작하자.

みんなで食事する場所を探してます。 다 같이 식사할 장소를 찾고 있어요.

支度[したく] 준비 | 始める[はじめる]② 시작하다 | 場所[ばしょ] 장소 | 探す[さがす]① 찾다 | ～て(い)る② ～하고 있다

⊕ ～ている는 편한 구어에서는 い를 생략해서 ～てる라고 하는 경우가 많아요.

 N5

食べる たべる 먹다 [2류동사(타)]

たべない　たべます　たべろ　たべられる　たべれば　たべよう　たべて

夕飯はいつも7時ごろに食べる。 저녁밥은 항상 7시쯤에 먹는다.

一日中、何も食べませんでした。 하루 종일, 아무것도 먹지 않았습니다.

夕飯[ゆうはん] 저녁밥 | 7時[しち じ] 7시 | 一日[いちにち] 하루 | ～中[じゅう] ~종일 | 何も[なにも] 아무것도

0412 N5

飲む のむ 마시다 [1류동사(타)]

のまない　のみます　のめ　のめる　のめば　のもう　のんで

今晩、友達とお酒を飲む。 오늘밤, 친구와 술을 마실 거야.

まだ薬を飲んでません。 아직 약을 먹지 않았어요.

今晩 [こんばん] 오늘밤 | 友達[ともだち] 친구 | お酒[おさけ] 술 | 薬[くすり] 약 | ～て(い)る② ~하고 있다

- '약을 먹다'라는 표현에서 '먹다'는 飲む(마시다)를 써요.
- '아직 ~하지 않았다'는 まだ～ていない(아직 ~하고/해 있지 않다)라고 표현해요. 飲まなかった(먹지 않았다)라고 하면 약을 먹을 기회가 지나서 이제는 먹지 못하는 상황에서 써요.

0413 N5

新聞 しんぶん 신문 [명사]

最近、新聞を取る人が少ない。 요즘, 신문을 구독하는 사람이 적다.

父の名前が新聞に出ました。 아버지의 이름이 신문에 나왔습니다.

最近[さいきん] 요즘 | 取る[とる]① 구독하다 | 人[ひと] 사람 | 少ない[すくない] 적다 | 父[ちち] 아버지 | 名前[なまえ] 이름 | 出る[でる]② 나오다

- 우유, 신문, 잡지 등을 정기적으로 배달 받는 조건으로 사는 경우에는 取る[とる]라는 동사를 써요.

0414 N5

雑誌 ざっし 잡지 [명사]

この雑誌は1週間に1回出る。 이 잡지는 1주일에 한 번 나온다.

図書館に雑誌がたくさん置いてありました。 도서관에 잡지가 많이 놓여 있었습니다.

1週間[いっしゅうかん] 1주일 | 1回[いっかい] 한 번 | 出る[でる]② 나오다 | 図書館[としょかん] 도서관 | 置く[おく]① 놓다 | ～てある① ~해 있다

0415 N5 참 415

買う かう 사다 [1류동사(타)]

かわない かいます かう かえる かえば かおう かって

円を売ってドルを買った。 엔화를 팔아서 달러를 샀다.

牛乳を買いに来ました。 우유를 사러 왔습니다.

円[えん] 엔화 | 売る[うる]① 팔다 | 牛乳[ぎゅうにゅう] 우유 | 来ました[きました]③ 왔습니다

0416 N5

買い物 かいもの 장보기, 쇼핑 [명사(+する)]

買い物に行ってきた。 쇼핑하러 갔다 왔어.

午前はスーパーで買い物しました。 오전에는 슈퍼에서 장을 봤어요.

行く[いく]① 가다 | ～てくる③ ~하고 오다 | 午前[ごぜん] 오전

0417 N4

品物 しなもの 물품, 물건 [명사]

チャリティーバザーのための品物を集めている。 자선 바자회를 위한 물품을 모으고 있다.

品物がまだ届いておりません。 물건이 아직 도착하지 않았습니다.

集める[あつめる]② 모으다 | ～ている② ~하고 있다 | 届く[とどく]① 도착하다 | おる① 있다(공손함)

0418 N4

袋 ふくろ 봉지 [명사]

袋にあめを入れて学校に持っていった。 봉지에 사탕을 넣어서 학교에 가져갔어.

お菓子の袋が開いてました。 과자 봉지가 열려 있었어요.

入れる[いれる]② 넣다 | 学校[がっこう] 학교 | 持つ[もつ]① 가지다 | ～ていく① ~해 가다 | お菓子[おかし] 과자 | 開く[あく]① 열리다 | ～て(い)る② ~해 있다

0419 N4

選ぶ えらぶ 고르다, 선택하다 [1류동사(타)]

えらばない えらびます えらべ えらべる えらべば えらぼう えらんで

セールで安くなったスーツを選んだ。 세일이라서 저렴해진 슈트를 골랐다.

この会社は働く時間を自由に選べます。 이 회사는 일하는 시간을 자유롭게 선택할 수 있습니다.

安い[やすい] 싸다 | ～くなる① ~해지다 | 会社[かいしゃ] 회사 | 働く[はたらく]① 일하다 | 時間[じかん] 시간 | 自由[じゆう] 자유

0420 N5

ください ください 주세요, 주십시오 [くださる(주시다)의 명령형]

すみません、コーヒー1杯ください。 저기요, 커피 한 잔 주세요.

ちょっと塩を取ってください。 잠깐 소금을 건네 주십시오.

1杯[いっぱい] 한 잔 | 塩[しお] 소금 | 取る[とる]① 건네다

- くださる의 ます형은 くださります가 아니라 くださいます(주십니다)가 돼요. くださいます의 ますか ませ로 활용돼서 くださいませ가 되면 '주세요', '주십시오'가 되는데, ませ가 생략되어 ください가 된 거예요.
- ください는 한자 下さい로 쓰기도 해요.

0421 N4

値段 ねだん 값, 가격 [명사]

いくら値段が高くても欲しい物は欲しい。 아무리 값이 비싸도 갖고 싶은 것은 갖고 싶어.

値段が下がったら買おうと思ってます。 가격이 떨어지면 사려고 생각하고 있어요.

高い[たかい] 비싸다 | 欲しい[ほしい] 갖고 싶다 | 物[もの] 것 | 下がる[さがる]① 떨어지다 | 買う[かう]① 사다 | ～(よ)うと思う[おもう]① ~하려고 생각하다 | ～て(い)る② ~하고 있다

0422 N4

払う はらう 지불하다, 내다 [1류동사(타)]

はらわない　はらいます　はらえ　はらえる　はらえば　はらおう　はらって

お客さんがお金を払わずに帰ってしまった。 손님이 돈을 지불하지 않고 가 버렸다.

水道代を払うのを忘れました。 수도세를 내는 것을 잊었습니다.

お客さん[おきゃくさん] 손님 | お金[おかね] 돈 | 帰る[かえる]① 돌아가다 | ~てしまう① ~해 버리다 | 水道[すいどう] 수도 | ~代[だい] ~세 | 忘れる[わすれる]② 잊다

帰ってしまった는 직역하면 '돌아가 버렸다'가 돼요. 그 사람이 원래 있었던 곳(주로 집)으로 돌아가는 것을 帰る라고 표현해요. 가게는 일시적으로 있는 곳이고 거기에서 원래 있었던 곳으로 돌아가는 것이라서 行く[いく]가 아니라 帰る로 표현하는 것이에요.

0423 N5

お釣り　おつり　거스름돈 [명사]

お釣りが400円多かった。 거스름돈이 400엔 많았어.

お釣りは結構です。 거스름돈은 됐어요.

400円[よんひゃく えん] 400엔 | 多い[おおい] 많다 | 結構[けっこう] 됐음

0424 N5

箱　はこ　상자 [명사]

そのお茶はきれいな箱に入っていた。 그 차는 예쁜 상자에 들어 있었다.

箱に入れていただけますか。 상자에 넣어 주실 수 있습니까?

お茶[おちゃ] 차 | 入る[はいる]① 들다 | ~ている② ~해 있다 | 入れる[いれる]② 넣다 | ~ていただく① (다른 사람이) ~해 주시다

~ていただく는 ~てもらう의 공손한 표현이에요. 入れていただけますか는 직역하면 '넣어 받을 수 있습니까?'가 되지만 부자연스러우니 '넣어 주실 수 있습니까?'로 해석한 거예요.

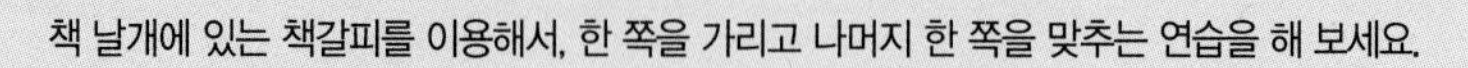
책 날개에 있는 책갈피를 이용해서, 한 쪽을 가리고 나머지 한 쪽을 맞추는 연습을 해 보세요.

生活(せいかつ)	생활	新聞(しんぶん)	신문
起(お)きる	일어나다	雑誌(ざっし)	잡지
寝(ね)る	자다	買(か)う	사다
寝坊(ねぼう)	늦잠	買(か)い物(もの)	장보기, 쇼핑
夢(ゆめ)	꿈	品物(しなもの)	물품, 물건
急(いそ)ぐ	서두르다	袋(ふくろ)	봉지
朝(あさ)ご飯(はん)	아침밥, 아침 식사	選(えら)ぶ	고르다, 선택하다
昼(ひる)ご飯(はん)	점심밥. 점심 식사	ください	주세요, 주십시오
晩(ばん)ご飯(はん)	저녁밥, 저녁 식사	値段(ねだん)	값, 가격
夕飯(ゆうはん)	저녁밥, 저녁 식사	払(はら)う	지불하다, 내다
食事(しょくじ)	식사	お釣(つ)り	거스름돈
食(た)べる	먹다	箱(はこ)	상자
飲(の)む	마시다		

연습해 봐요!

〈대화로 연습해 봐요〉

❶ 일본어 단어의 독음을 히라가나로 쓴 후에 한국어 뜻을 써 보세요.

단어	히라가나	뜻
01. 寝る		
02. 食べる		
03. 値段		
04. 払う		
05. お釣り		

❷ 한국어 뜻에 해당하는 일본어 단어를 히라가나와 한자로 써 보세요.

단어	히라가나	한자
06. 일어나다		
07. 서두르다		
08. 식사		
09. 마시다		
10. 장보기, 쇼핑		

❸ (　　) 속에 적절한 단어를 써 보세요. 한자를 모를 경우에는 히라가나로 쓰세요.

11. 規則正しい(　　　　)を送りましょう。 규칙적인 생활을 보냅시다.

12. ゆうべ変な(　　　　)を見た。 어젯밤에 이상한 꿈을 꾸었어.

13. 明日、一緒に(　　　　)を食べませんか。
내일, 함께 점심을 먹지 않겠습니까?

14. 円を売ってドルを(　　　　)。 엔화를 팔아서 달러를 샀다.

15. セールで安くなったスーツを(　　　　)。 세일이라서 저렴해진 슈트를 골랐다.

| 정답 |

❶ 01. ねる / 자다 02. たべる / 먹다 03. ねだん / 값, 가격 04. はらう / 지불하다, 내다 05. おつり / 거스름돈

❷ 06. おきる / 起きる 07. いそぐ / 急ぐ 08. しょくじ / 食事 09. のむ / 飲む 10. かいもの / 買い物

❸ 11. 生活[せいかつ] 12. 夢[ゆめ] 13. 昼ご飯[ひるごはん] 14. 買った[かった] 15. 選んだ[えらんだ]

패션·액세서리

09마디에서는 '옷', '구두' 등의 패션과 관련된 단어와 '반지', '넥타이' 등의 액세서리와 관련된 단어를 배울게요.

단어 및 예문듣기

0425 N4

アクセサリー　アクセサリー　액세서리 [명사]

アクセサリー라는 악센트도 써요.

私はアレルギーでアクセサリーができない。 나는 알레르기 때문에 액세서리를 할 수 없어.
そこはスマホのアクセサリー専門のお店です。 거기는 스맛폰 액세서리 전문 가게예요.

私[わたし] 나 ｜ できる② 할 수 있다 ｜ 専門[せんもん] 전문 ｜ 店[みせ] 가게

0426 N5　참 432

服　ふく　옷 [명사]

服が小さくなった。 옷이 작아졌다.
パーティーで赤い服を着ました。 파티에서 빨간 옷을 입었습니다.

服[ふく] 옷 ｜ 小さい[ちいさい] 작다 ｜ 赤い[あかい] 빨갛다 ｜ 着る[きる]② 입다

0427 N4

洋服　ようふく　옷 [명사]

もう着ない洋服を捨てないで売った。 이제 안 입는 옷을 버리지 않고 팔았어.
洋服に毎月どのくらいのお金をかけますか。 옷에 매달 어느 정도의 돈을 들여요?

着る[きる]② 입다 ｜ 捨てる[すてる]② 버리다 ｜ 売る[うる]① 팔다 ｜ 毎月[まいつき] 매달 ｜ お金[おかね] 돈 ｜ かける② 들이다

洋服(서양 옷)는 일본 전통의상을 가리키는 和服[わふく](일본 옷)의 반대 개념으로 나타내는 말인데, 服[ふく]와 같은 뜻으로 써요. 洋服의 한자음이 '양복'이라서 '슈트', '정장'으로 오해하는 분들이 있는데 '옷'이라는 뜻이에요.

0428 N5

上着　うわぎ　겉옷, 상의 [명사]

上着のポケットに財布が入っている。 겉옷의 주머니에 지갑이 들어 있다.
スーツの上着を着た方がいいですよ。 슈트의 상의를 입는 편이 좋습니다.

財布[さいふ] 지갑 ｜ 入る[はいる]① 들다 ｜ ～ている② ～해 있다 ｜ 着る[きる]② 입다 ｜ ～た方がいい[ほうがいい] ～하는 편이 좋다

패션에 관한 이야기를 할 때는 '겉옷'을 アウター(outer)라고 하는 경우가 많아요.

0429 N5

コート　コート　코트 [명사]

こんなコートが欲しかった。　이런 코트를 갖고 싶었어.
暑いからコートを脱ぎました。　더워서 코트를 벗었어요.

欲しい[ほしい] 갖고 싶다 ｜ 暑い[あつい] 덥다 ｜ 脱ぐ[ぬぐ]① 벗다

0430 N5

シャツ　シャツ　셔츠 [명사]

2枚で5,000円のシャツを買った。　2장에 5,000엔인 셔츠를 샀다.
このシャツは私には大きいです。　이 셔츠는 저에게는 큽니다.

2枚[に まい] 2장 ｜ 5,000円[ごせん えん] 5,000엔 ｜ 買う[かう]① 사다 ｜ 私[わたし] 저 ｜ 大きい[おおきい] 크다

0431 N4

ワイシャツ　ワイシャツ　와이셔츠 [명사]

兄は白いワイシャツにネクタイを締めてた。　형은 흰 와이셔츠에 넥타이를 매고 있었어.
毎日ワイシャツを着なければなりません。　매일 와이셔츠를 입어야 해요.

兄[あに] 형 ｜ 白い[しろい] 희다 ｜ 締める[しめる]② 매다 ｜ ～て(い)る② ~하고 있다 ｜ 毎日[まいにち] 매일 ｜ 着る[きる]② 입다 ｜ ～なければならない ~해야 하다

⊕ ワイシャツ는 Yシャツ로 표기하기도 해요.

0432 N5

スーツ　スーツ　슈트, 정장 [명사]

明日はスーツを着ないで会社に行く。　내일은 슈트를 입지 않고 회사에 간다.
父にスーツをもらいました。　아버지에게 정장을 받았습니다.

明日[あした] 내일 ｜ 着る[きる]② 입다 ｜ 会社[かいしゃ] 회사 ｜ 行く[いく]① 가다 ｜ 父[ちち] 아버지 ｜ もらう① 받다

0433 N5

セーター　セーター　스웨터 [명사]

このセーターはとても暖かい。　이 스웨터는 무척 따뜻해.

Vネックのセーターが好きです。　V넥 스웨터를 좋아해요.

暖かい[あたたかい] 따뜻하다 | 好き[すき] 좋아함

'V넥'을 전부 가타카나로 쓰면 ブイネック가 되는데, 영어 V로 쓰는 경우가 많아요.

0434 N5　참 419 473

着る　きる　(셔츠, 외투 등 상의를) 입다 [2류동사(타)]

きない　きます　きろ　きられる　きれば　きよう　きて

これは母が若い頃着ていた服だ。　이것은 어머니가 젊을 때 입었던 옷이다.

黄色のTシャツを着た人は誰ですか。　노란색 티셔츠를 입은 사람은 누구입니까?

母[はは] 어머니 | 若い[わかい] 젊다 | 頃[ころ] 때 | ~ている② ~하고 있다 | 服[ふく] 옷 | 黄色[きいろ] 노란색 | Tシャツ[ティーシャツ] 티셔츠 | 人[ひと] 사람 | 誰[だれ] 누구

0435 N5

スカート　スカート　스커트, 치마 [명사]

明日はスカートをはく。　내일은 스커트를 입을 거야.

私はスカートがあまり好きではありません。　저는 치마를 별로 좋아하지 않아요.

明日[あした] 내일 | はく① 입다 | 私[わたし] 저 | 好き[すき] 좋아함

0436 N5

ズボン　ズボン　바지 [명사]

ズボン이라는 악센트도 써요.

ズボンのポケットに何か入っている。　바지의 주머니에 뭔가 들어 있다.

昔はズボンをはく女の人はいませんでした。　옛날에는 바지를 입는 여자는 없었습니다.

何か[なにか] 뭔가 | 入る[はいる]① 들다 | ~ている② ~해 있다 | 昔[むかし] 옛날 | はく① 입다 | 女の人[おんなのひと] 여자 | いる② 있다

⊕ 요즘은 ズボン보다 パンツ나 ボトムス(bottoms: 치마도 포함한 '하의'라는 뜻)라고 하는 사람이 많아요. パンツ의 악센트를 パンツ라고 하면 속옷인 '팬티'의 뜻이 되기 때문에 '바지'의 뜻으로 쓸 때는 パンツ로 발음하세요.

0437 N5

ジーンズ　ジーンズ　청바지 [명사]

このブランドのジーンズは有名だ。　이 브랜드의 청바지는 유명하다.

その人はいつもジーンズをはいています。　그 사람은 항상 청바지를 입고 있습니다.

有名[ゆうめい] 유명 | 人[ひと] 사람 | はく① 입다 | ～ている② ～하고 있다

⊕ 요즘은 청바지를 デニム(パンツ)(데님(팬츠))라고 부르는 사람이 많아졌어요. 한국에서도 '데님'이라고 부르는 것과 똑같네요. 그리고 ジーパン이라는 말도 있는데 노티 나는 말이에요.

0438 N5

靴下　くつした　양말 [명사]

⊕ くつした라는 악센트도 써요.

右と左の靴下の色が違う。　오른쪽과 왼쪽의 양말 색깔이 달라.

靴下の中にプレゼントを入れました。　양말 속에 선물을 넣었어요.

右[みぎ] 오른쪽 | 左[ひだり] 왼쪽 | 色[いろ] 색깔 | 違う[ちがう]① 다르다 | 中[なか] 속 | 入れる[いれる]② 넣다

⊕ 한국어에서는 '왼쪽, 오른쪽' 순서가 일반적이죠? 일본어는 右(오른쪽), 左(왼쪽) 순서가 일반적이에요.

0439 N5　참 428 473

はく　はく　(치마, 바지 등 하의를) 입다 [1류동사(타)]

はかない　はきます　はけ　はける　はけば　はこう　はいて

スカートをはいて学校に行った。　치마를 입고 학교에 갔다.

このズボンはもう古いからはきません。　이 바지는 이제 낡아서 입지 않습니다.

学校[がっこう] 학교 | 行く[いく]① 가다 | 古い[ふるい] 낡다

⊕ はく는 한자 穿く로 쓰기도 해요. 그런데 穿는 상용한자가 아니기 때문에 신문이나 일본어 교재에서는 히라가나로 써요.

0440 N5

ポケット ポケット 포켓, 주머니 [명사]

ポケット라는 악센트도 써요.

ハンカチをポケットから出した。 손수건을 포켓에서 꺼냈어.
この洋服にはポケットがありません。 이 옷에는 주머니가 없어요.

出す[だす]① 꺼내다 | 洋服[ようふく] 옷 | ある① 있다

0441 N5

ボタン ボタン 버튼, 단추 [명사]

ボタン이라는 악센트도 써요.

そのボタンを押して。 그 버튼을 눌러 줘.
シャツのボタンが一つありません。 셔츠의 단추가 한 개 없습니다.

押す[おす]① 누르다 | 一つ[ひとつ] 한 개 | ある① 있다

0442 N5 참 465

靴 くつ 구두, 신발 [명사]

この靴はとても軽い。 이 구두는 매우 가볍다.
ここで靴を脱いでください。 여기에서 신발을 벗으세요.

軽い[かるい] 가볍다 | 脱ぐ[ぬぐ]① 벗다

일본어에서는 '구두'와 '신발'을 구별하지 않고 둘 다 靴라고 해요. 한자가 어려운 한자라서 히라가나로 쓰기도 해요.

0443 N5

スリッパ スリッパ 슬리퍼 [명사]

スリッパ라는 악센트도 써요.

日本では家でスリッパを履く人が多い。 일본에서는 집에서 슬리퍼를 신는 사람이 많아.
玄関にスリッパが置いてあります。 현관에 슬리퍼가 놓여 있어요.

日本[にほん] 일본 | 家[いえ] 집 | 履く[はく]① 신다 | 人[ひと] 사람 | 多い[おおい] 많다 | 玄関[げんかん] 현관 | 置く[おく]① 놓다 | ～てある① ～해 있다

 N4

サンダル　サンダル　샌들 [명사]

サンダルは履いたり脱いだりがしやすい。　샌들은 신고 벗기가 쉽다.

サンダルで学校に来ないように言いました。　샌들을 신고 학교에 오지 말라고 말했습니다.

履く[はく]① 신다 | 脱ぐ[ぬぐ]① 벗다 | ～たり～たりする③ ~하거나 ~하거나 하다 | ～やすい ~하기 쉽다 | 学校[がっこう] 학교 | 来ない[こない]③ 오지 않다 | ～ないように言う[いう] ① ~하지 않도록 말하다

- 履いたり脱いだりがしやすい는 직역하면 '신거나 벗거나가 하기 쉽다'가 돼요.
- サンダルで学校に来ないように言いました는 직역하면 '샌들로 학교에 오지 않도록 말했습니다'가 돼요.

0445 N5　참 428

履く　はく　신다 [1류동사(타)]

はかない　はきます　はけ　はける　はけば　はこう　はいて

その子は靴を履いてなかった。　그 아이는 신발을 신고 있지 않았어.

この靴は雨の日には履かないでください。　이 구두는 비 오는 날에는 신지 마세요.

子[こ] 아이 | 靴[くつ] 신발 | ～て(い)る② ~하고 있다 | 雨[あめ] 비 | 日[ひ] 날

- 치마나 바지 등 하의를 입는 것은 はく[穿く]라고 하고, 신발이나 슬리퍼 등 발에 신는 것은 履く라고 해요. 그런데 양말에 대해서는 2가지 중 어느 것을 써도 되는데, 히라가나로 쓰는 것이 무난하지 않을까 싶네요.
- 雨の日には는 직역하면 '비의 날에는'이 돼요.

책 날개에 있는 책갈피를 이용해서, 한 쪽을 가리고 나머지 한 쪽을 맞추는 연습을 해 보세요.

アクセサリー	액세서리	ズボン	바지
服(ふく)	옷	ジーンズ	청바지
洋服(ようふく)	옷	靴下(くつした)	양말
上着(うわぎ)	겉옷, 상의	はく	(치마, 바지 등 하의를) 입다
コート	코트	ポケット	포켓, 주머니
シャツ	셔츠	ボタン	버튼, 단추
ワイシャツ	와이셔츠	靴(くつ)	구두, 신발
スーツ	슈트, 정장	スリッパ	슬리퍼
セーター	스웨터	サンダル	샌들
着(き)る	(셔츠, 외투 등 상의를) 입다	履(は)く	신다
スカート	스커트, 치마		

연습해 봐요!

〈장문으로 연습해 봐요〉

1 일본어 단어의 독음을 히라가나로 쓴 후에 한국어 뜻을 써 보세요.

단어	히라가나	뜻
01. 服		
02. 上着		
03. 着る		
04. 靴		
05. 履く		

2 한국어 뜻에 해당하는 일본어 단어를 히라가나와 한자로 써 보세요.

단어	히라가나	한자
06. 옷(서양식 옷)		
07. 와이셔츠		
08. 양말		
09. 포켓, 주머니		
10. 샌들		

3 (　　) 속에 적절한 단어를 써 보세요. 한자를 모를 경우에는 히라가나로 쓰세요.

11. 私はアレルギーで(　　　　　　)ができない。
나는 알레르기 때문에 액세서리를 할 수 없어.

12. 明日は(　　　　)を着ないで会社に行く。
내일은 슈트를 입지 않고 회사에 간다.

13. 明日は(　　　　　)をはく。 내일은 스커트를 입을 거야.

14. シャツの(　　　　)が一つありません。 셔츠의 단추가 한 개 없습니다.

15. 玄関に(　　　　　)が置いてあります。 현관에 슬리퍼가 놓여 있어요.

| 정답 |

1 01. ふく/옷 02. うわぎ/겉옷, 상의 03. きる/(셔츠, 외투 등 상의를) 입다 04. くつ/구두, 신발 05. はく/신다
2 06. ようふく/洋服 07. ワイシャツ 08. くつした/靴下 09. ポケット 10. サンダル
3 11. アクセサリー 12. スーツ 13. スカート 14. ボタン 15. スリッパ

0446 N5

眼鏡　めがね　안경 [명사]

私の眼鏡はレンズが厚い。　내 안경은 렌즈가 두꺼워.

父は眼鏡をかけてます。　아버지는 안경을 쓰고 있어요.

私[わたし] 나 | 厚い[あつい] 두껍다 | 父[ちち] 아버지 | かける② (안경을)쓰다 | ～て(い)る② ～하고 있다

- 일상적으로는 가타카나 メガネ로 쓰는 경우가 많아요.
- '안경을 쓰다'는 일본어로 眼鏡をかける(안경을 걸다)라고 표현해요.

0447 N5

ネクタイ　ネクタイ　넥타이 [명사]

夏にネクタイをしない人が多くなった。　여름에 넥타이를 하지 않는 사람이 많아졌다.

ネクタイを締めて、会社へ行きます。　넥타이를 매고 회사에 갑니다.

夏[なつ] 여름 | 人[ひと] 사람 | 多い[おおい] 많다 | ～くなる① ～해지다 | 締める[しめる]② 매다 | 会社[かいしゃ] 회사 | 行く[いく]① 가다

- ネクタイを結[むす]ぶ(넥타이를 묶다)라는 표현도 써요.

0448 N4

指輪　ゆびわ　반지 [명사]

指輪をどの指につけるかで意味が違う。　반지를 어느 손가락에 끼는지에 따라 의미가 달라.

97.3%の人が結婚指輪を買うそうです。　97.3%의 사람이 결혼 반지를 산다고 해요.

指[ゆび] 손가락 | つける② (반지를)끼다 | 意味[いみ] 의미 | 違う[ちがう]① 다르다 | 97.3%[きゅうじゅうなな てん さん パーセント] 97.3% | 人[ひと] 사람 | 結婚[けっこん] 결혼 | 買う[かう]① 사다 | ～そうだ ~라고 하다

- 指輪[ゆびわ](반지)가 結婚[けっこん](결혼)과 합해져서 '결혼 반지'라는 복합명사가 되면 けっこん ゆびわ로 악센트가 바뀌어요.
- '반지'는 リング(ring)라고 하는 경우도 있어요.
- つける는 장신구를 '달다'라는 뜻으로 쓰는 동사예요. 한자로 쓰면 着ける가 되는데, 히라가나로 쓰는 경우가 더 많아요.

0449 N4

珍しい　めずらしい　희귀하다, 드물다 [い형용사]

めずらしくない　めずらしかった　めずらしく　めずらしくて　めずらしければ

⊕ めずらしくない　めずらしかった　めずらしく　めずらしくて　めずらしければ라는 악센트도 써요.

そのブローチには珍しい石が使われていた。 그 브로치에는 희귀한 보석이 사용되어 있었다.
堀さんが約束に遅れるのは珍しくないです。 ほり 씨가 약속에 늦는 건 드문 일이 아닙니다.

石[いし] 보석 | 使う[つかう]① 사용하다 | ～ている② ~해 있다 | 約束[やくそく] 약속 | 遅れる[おくれる]② 늦다

⊕ 石의 기본 뜻은 '돌'인데 '보석'의 뜻으로도 써요(가공되어 장식품이나 시계의 부품으로 사용된 것에 대해서 말할 때).

⊕ 珍しくないです는 직역하면 '드물지 않습니다'가 돼요.

0450 N5

帽子　ぼうし　모자 [명사]

その子の帽子には青いリボンがついていた。 그 아이의 모자에는 파란 리본이 달려 있었다.
帽子を脱いで挨拶をしました。 모자를 벗고 인사를 했습니다.

子[こ] 아이 | 青い[あおい] 파랗다 | つく① 달리다 | ～ている② ~해 있다 | 脱ぐ[ぬぐ]① 벗다 | 挨拶[あいさつ] 인사

⊕ 帽子を脱ぐ(모자를 벗다)와 같은 뜻으로 帽子を取[と]る라는 표현도 써요.

0451 N5

かぶる　かぶる　(모자 등을 머리에) 쓰다 [1류동사(타)]

かぶらない　かぶります　かぶれ　かぶれる　かぶれば　かぶろう　かぶって

帽子をかぶらないで出かけた。 모자를 쓰지 않고 외출했어.
自転車に乗るときにはヘルメットをかぶってください。 자전거를 탈 때는 헬멧을 쓰세요.

帽子[ぼうし] 모자 | 出かける[でかける]② 외출하다 | 自転車[じてんしゃ] 자전거 | 乗る[のる]① 타다

⊕ '~를 타다'라고 할 때 일본어는 조사 に를 써서 ~に乗る라고 해요. 틀리는 경우가 많으니 조심하세요!

0452 N4

手袋　てぶくろ　장갑 [명사]

手袋をどこかで落としてしまったようだ。 장갑을 어딘가에서 떨어뜨려 버린 것 같다.
この手袋はしたままスマホが使えます。 이 장갑은 낀 채로 스맛폰을 사용할 수 있습니다.

落とす[おとす]① 떨어뜨리다 | ～てしまう① ~해 버리다 | ～ようだ ~한 것 같다 | 使う[つかう]① 사용하다

'장갑을 끼다'라는 표현에서 '끼다'는 する(하다)를 쓰기도 하고 はめる(끼다)를 쓰기도 해요. 도쿄를 중심으로 한 동쪽 지역은 する를 쓰는 경향이 있고, 오사카를 중심으로 한 서쪽 지역은 はめる를 쓰는 경향이 있다고 해요.

0453 N5

ハンカチ ハンカチ 손수건 [명사]

ハンカチ라는 악센트도 써요.

道にハンカチが落ちてた。 길에 손수건이 떨어져 있었어.

プレゼントにハンカチをもらいました。 선물로 손수건을 받았어요.

道[みち] 길 | 落ちる[おちる]② 떨어지다 | ～て(い)る② ～해 있다 | もらう① 받다

ハンカチ는 ハンカチーフ(handkerchief)의 준말이에요.

0454 N5

かばん かばん 가방 [명사]

かばんから財布を出した。 가방에서 지갑을 꺼냈어.

かばんを開けてください。 가방을 열어 주세요.

財布[さいふ] 지갑 | 出す[だす]① 꺼내다 | 開ける[あける]② 열다

かばん은 한자 鞄으로 쓰는 경우도 많아요.

0455 N4

スーツケース スーツケース 슈트케이스, 여행가방 [명사]

彼はスーツケースを大事そうに持っていた。 그는 슈트케이스를 소중한 듯이 들고 있었다.

スーツケースの選び方をご紹介します。 여행가방을 고르는 방법을 소개해 드리겠습니다.

彼[かれ] 그 | 大事[だいじ] 소중 | ～そうだ ～해 보인다 | 持つ[もつ]① 들다 | ～ている② ～하고 있다 | 選ぶ[えらぶ]① 고르다 | ～方[かた] ～(하는) 방법 | ご～する ～해 드리다 | 紹介[しょうかい] 소개

0456 N5

荷物 にもつ 짐 [명사]

荷物が重いからタクシーで行こう。 짐이 무거우니까 택시로 가자.

その荷物はもう送りました。 그 짐은 이미 보냈어요.

重い[おもい] 무겁다 | 行く[いく]① 가다 | 送る[おくる]① 보내다

0457 N5

財布　さいふ　지갑 [명사]

財布をなくしてしまった。　지갑을 잃어버리고 말았다.

このお財布にはウォンが入っています。　이 지갑에는 원화가 들어 있습니다.

なくす① 잃다 | ～てしまう① ～하고 말다 | 入る[はいる]① 들다 | ～ている② ～해 있다

⊕ お 없이 財布라고만 쓰면 약간 거친 말투가 돼요. お를 붙여서 お財布가 되면 악센트가 おさいふ가 돼요.

0458 N5

お金　おかね　돈 [명사]

お金がなくて旅行に行けない。　돈이 없어서 여행을 갈 수 없어.

お金をちょっと貸してくださいませんか。　돈을 좀 빌려 주시겠습니까?

ない 없다 | 旅行[りょこう] 여행 | 行く[いく]① 가다 | 貸す[かす]① 빌려 주다

⊕ ～てくださいませんか는 직역하면 '～해 주시지 않겠습니까?'인데, 한국어에서 잘 안 쓰는 것 같아서 '～해 주시겠습니까?'로 해석했어요. 이 표현은 ～てくださいますか(～해 주시겠습니까?)보다 더 정중한 부탁표현이에요.

⊕ 旅行に行く는 직역하면 '여행하러 가다'가 돼요.

0459 N5

カード　カード　카드 [명사]

カードをきれいに並べた。　카드를 예쁘게 나란히 놓았다.

カードで払いました。　카드로 지불했습니다.

ない 없다 | 並べる[ならべる]② 나란히 놓다 | 払う[はらう]① 지불하다

⊕ 並べる는 '줄을 지어 나란히 놓다'라는 뜻이에요.

⊕ '크리스마스 카드' 도 '신용카드'도 모두 カード라고 해요. 그리고 '신용카드'는 줄이지 않으면 クレジットカード(credit card)이고 クレカ라고 줄이기도 해요.

0460 N5

傘　かさ　우산 [명사]

学校に傘を忘れてきた。　학교에 우산을 놓고 왔어.

傘がなかったので、友達の傘を借りました。　우산이 없었기 때문에, 친구의 우산을 빌렸어요.

学校[がっこう] 학교 | 忘れる[わすれる]② 놓고 오다 | ～てくる③ ～하고 오다 | ない 없다 | 友達[とも

だち] 친구 ㅣ 借りる[かりる]② 빌리다

忘れる는 '잊다'라는 뜻 외에 '놓고 오다'라는 뜻으로도 써요.

0461 N5

さす　さす　(우산을) 쓰다 [1류동사(타)]

さなない　さします　させ　させる　させば　さそう　さして

子供たちが傘をささないで歩いていた。　아이들이 우산을 쓰지 않고 걷고 있었다.

誰も傘をさしていませんでした。　아무도 우산을 쓰고 있지 않았습니다.

子供[こども] 아이 ㅣ 傘[かさ] 우산 ㅣ 歩く[あるく]① 걷다 ㅣ ～ている② ~하고 있다 ㅣ 誰[だれ] 누구

0462 N4

着物　きもの　기모노 [명사]

着物の着方を習ってみたい。　기모노를 입는 방법을 배워 보고 싶어.

着物を着させられました。　(저는 입기 싫었는데)기모노를 입었어요.

着る[きる]② 입다 ㅣ ～方[かた] ~(하는) 방법 ㅣ 習う[ならう]① 배우다 ㅣ ～てみる② ~해 보다 ㅣ ～たい ~하고 싶다

기모노는 일본의 전통의상이에요. 여름용 기모노인 浴衣[ゆかた]는 혼자 입을 수 있지만, 그 외의 기모노들은 혼자 입기 어려워서 기모노를 입히는 자격증이 있는 사람(미용사 등)에게 부탁해서 입는 경우가 많아요. 기모노는 빌려서 입는 사람이 많은데, 그 경우는 렌탈숍에서 입혀 줘요.

着物を着させられました는 직역하면 '기모노를 입히는 것을 당했습니다'가 돼요. 사역수동형은 주어가 하기 싫은데 누가 시켜서 어쩔 수 없이 하는 경우에 써요.

0463 N4

絹　きぬ　비단, 실크 [명사]

このティッシュは絹のように柔らかい。　이 티슈는 비단처럼 부드럽다.

このブラウスは絹100%です。　이 블라우스는 실크 100%입니다.

～ようだ ~ 같다 ㅣ 柔らかい[やわらかい] 부드럽다 ㅣ 100%[ひゃく パーセント] 100%

絹 대신에 シルク(silk)라는 말을 쓰는 경우도 많아요.

확인해 봐요!

책 날개에 있는 책갈피를 이용해서, 한 쪽을 가리고 나머지 한 쪽을 맞추는 연습을 해 보세요.

眼鏡(めがね)	안경	スーツケース	슈트케이스, 여행가방
ネクタイ	넥타이	荷物(にもつ)	짐
指輪(ゆびわ)	반지	財布(さいふ)	지갑
珍(めずら)しい	희귀하다, 드물다	お金(かね)	돈
帽子(ぼうし)	모자	カード	카드
かぶる	(모자 등을 머리에) 쓰다	傘(かさ)	우산
手袋(てぶくろ)	장갑	さす	(우산을) 쓰다
ハンカチ	손수건	着物(きもの)	기모노
かばん	가방	絹(きぬ)	비단, 실크

연습해 봐요!

〈대화로 연습해 봐요〉

1 일본어 단어의 독음을 히라가나로 쓴 후에 한국어 뜻을 써 보세요.

단어	히라가나	뜻
01. 眼鏡		
02. 指輪		
03. 帽子		
04. 財布		
05. 傘		

2 한국어 뜻에 해당하는 일본어 단어를 히라가나와 한자로 써 보세요.

단어	히라가나	한자
06. 희귀하다, 드물다		
07. 장갑		
08. 짐		
09. 돈		
10. 기모노		

3 (　　) 속에 적절한 단어를 써 보세요. 한자를 모를 경우에는 히라가나로 쓰세요.

11. (　　　　　)を締めて、会社へ行きます。 넥타이를 매고 회사에 갑니다.

12. 帽子を(　　　　　　　　)出かけた。 모자를 쓰지 않고 외출했어.

13. (　　　　)を開けてください。 가방을 열어 주세요.

14. 彼は(　　　　　　　　)を大事そうに持っていた。
그는 슈트케이스를 소중한 듯이 들고 있었다.

15. 誰も傘を(　　　　)いませんでした。 아무도 우산을 쓰고 있지 않았습니다.

| 정답 |

1 01. めがね/안경 02. ゆびわ/반지 03. ぼうし/모자 04. さいふ/지갑 05. かさ/우산
2 06. めずらしい/珍しい 07. てぶくろ/手袋 08. にもつ/荷物 09. おかね/お金 10. きもの/着物
3 11. ネクタイ 12. かぶらないで 13. かばん 14. スーツケース 15. さして

행사

10마디에서는 '결혼식', '설', '전람회' 등의 행사와 관련된 단어를 배울게요.

단어 및 예문듣기

 N5

참 492

誕生日　たんじょうび　생일 [명사]

友達から誕生日のプレゼントをもらった。 친구로부터 생일 선물을 받았어.
先生のお誕生日に花を送りました。 선생님의 생신에 꽃을 보냈어요.

友達[ともだち] 친구 | もらう① 받다 | 先生[せんせい] 선생님 | 花[はな] 꽃 | 送る[おくる]① 보내다

➕ '생신'이라고 할 때는 앞에 お를 붙여서 お誕生日라고 해요. 그런데 お誕生日는 한국어 '생신'만큼 높이는 뜻이 없고 약간 말을 예쁘게 꾸며 주는 정도라 아이에게 '생일 축하해'라고 할 때도 お誕生日라고 써요.

0465 N4

ケーキ　ケーキ　케이크 [명사]

ケーキにろうそくを立てた。 케이크에 초를 꽂았다.
ケーキを焼くのが趣味です。 케이크를 굽는 것이 취미입니다.

立てる[たてる]② 세우다 | 焼く[やく]① 굽다 | 趣味[しゅみ] 취미

➕ '초를 꽂다'는 ろうそくを立てる(초를 세우다)라고 표현해요.

0466 N4

マッチ　マッチ　성냥 [명사]

最近はマッチを使うことがなくなった。 최근에는 성냥을 사용하는 일이 없어졌어.
マッチに火をつけました。 성냥에 불을 붙였어요.

最近[さいきん] 최근 | 使う[つかう]① 사용하다 | ない 없다 | ～くなる① ～해지다 | 火[ひ] 불 | つける② 붙이다

➕ 한국에서는 케이크를 사면 초와 함께 성냥도 주죠? 일본에서는 초만 주고 성냥은 안 주는 가게가 대부분이에요.

0467 N3

ろうそく　ろうそく　초, 양초 [명사]

➕ ろうそく라는 악센트도 써요.

ろうそくの火を吹いて消した。 촛불을 불어서 껐다.
テーブルにろうそくを飾りました。 테이블에 양초를 장식했습니다.

火[ひ] 불 | 吹く[ふく]① 불다 | 消す[けす]① 끄다 | 飾る[かざる]① 장식하다

 N5

パーティー　パーティー　파티 [명사]

パーティーが始まる前に写真を撮った。 파티가 시작되기 전에 사진을 찍었어.

先月のパーティーで彼女に会いました。 지난 달에 있던 파티에서 여자친구를 만났어요.

始まる[はじまる]① 시작되다 | ～前に[まえに] ~(하기) 전에 | 写真[しゃしん] 사진 | 撮る[とる]① 찍다 | 先月[せんげつ] 지난 달 | 彼女[かのじょ] 여자친구 | 会う[あう]① 만나다

0469 N5

結婚　けっこん　결혼 [명사(+する)]

私は結婚が遅かったので子供がまだ小さい。 나는 결혼이 늦었기 때문에 아이가 아직 어리다.

まだ結婚していません。 아직 결혼하지 않았습니다.

私[わたし] 나 | 遅い[おそい] 늦다 | 子供[こども] 아이 | 小さい[ちいさい] 어리다 | ～ている② ~해 있다

- '아이가 어리다', '어린 아이'라고 할 때의 '어리다'는 小さい(작다)라고 표현하기도 해요. 幼い[おさない](어리다)라는 단어도 있어요.
- '기혼이다(결혼한 상태다)'는 結婚している(결혼해 있다)라고 표현해요.

0470 N4

結婚式　けっこんしき　결혼식 [명사]

結婚式の準備で忙しい。 결혼식 준비 때문에 바빠.

結婚式に出席してもらえますか。 결혼식에 참석해 줄 수 있어요?

準備[じゅんび] 준비 | 忙しい[いそがしい] 바쁘다 | 出席[しゅっせき] 출석 | ～てもらう① (다른 사람이) ~해 주다

- 出席してもらえますか는 직역하면 '출석해 받을 수 있어요?'가 돼요. 일본어에서는 결혼식에 '출석하다'라고 표현해요.

0471 N4

招待　しょうたい　초대 [명사(+する)]

部長の招待を喜んで受けた。 부장님의 초대를 기쁘게 받았다.

招待してくださってありがとうございます。 초대해 주셔서 감사합니다.

部長[ぶちょう] 부장(님) ｜ 喜ぶ[よろこぶ]① 기뻐하다 ｜ 受ける[うける]② 받다 ｜ ～てくださる① ～해 주시다

喜んで受けたは 직역하면 '기뻐하며 받았다'가 돼요.

0472 N4

祝う　いわう　축하하다 [1류동사(타)]

いわわない　いわいます　いわえ　いわえる　いわえば　いわおう　いわって

今は新年を祝う気分じゃない。　지금은 새해를 축하할 기분이 아니야.

兄の退院を祝ってパーティーを開きました。　형의 퇴원을 축하하여 파티를 열었어요.

今[いま] 지금 ｜ 新年[しんねん] 새해 ｜ 気分[きぶん] 기분 ｜ 兄[あに] 형 ｜ 退院[たいいん] 퇴원 ｜ 開く[ひらく]① 열다

0473 N4

お祝い　おいわい　축하, 축하 선물 [명사]

孫の高校入学のお祝いに3万円を包んだ。　손주의 고등학교 입학 축하로 3만 엔을 봉투에 넣었다.

お祝いのごちそうを食べました。　축하 기념의 진수성찬을 먹었습니다.

孫[まご] 손주 ｜ 高校[こうこう] 고등학교 ｜ 入学[にゅうがく] 입학 ｜ 3万円[さんまん えん] 3만 엔 ｜ 包む[つつむ]① 포장하다 ｜ 食べる[たべる]② 먹다

축의금을 포함하여 축하 선물이나 부의금으로 현금을 준비하는 것을 包む(포장하다)라고 표현해요. 요즘은 현금을 직접 봉투에 넣는 경우가 많지만, 정석대로라면 종이에 현금을 싼 다음에 봉투에 넣기 때문에 包む라고 하는 거예요. 현금을 包んだ라고 하면 '돈을 봉투에 넣어서 줄 준비를 했다'는 뜻과 '봉투에 넣어서 준비한 돈을 주었다'는 2가지 뜻으로 써요.

0474 N4　참 632

おめでとう(ございます)　おめでとう(ございます)　축하해(축하합니다) [감동사]

結婚、おめでとう!　결혼, 축하해!

お誕生日おめでとうございます。　생신 축하드립니다.

結婚[けっこん] 결혼 ｜ 誕生日[たんじょうび] 생일

おめでとうございます는 상황에 따라 '축하합니다'와 '축하드립니다'의 2가지 해석을 할 수 있어요.

 N4

運動会　うんどうかい　운동회 [명사]

運動会のために子供たちが練習してる。　운동회를 위해서 아이들이 연습하고 있어.

この学校では1年に2回、運動会をやります。　이 학교에서는 1년에 두 번, 운동회를 해요.

子供[こども] 아이 | 練習[れんしゅう] 연습 | ～て(い)る② ~하고 있다 | 学校[がっこう] 학교 | 1年[いちねん] 1년 | 2回[にかい] 두 번 | やる① 하다

0476 N4

(お)祭り　まつり / おまつり　축제 [명사]

人が大勢集まって、祭りのようににぎやかだ。　사람들이 많이 모여서, 축제처럼 활기가 넘친다.

お祭りに行くのが楽しみです。　축제에 가는 것이 기대됩니다.

人[ひと] 사람 | 大勢[おおぜい] 많이 | 集まる[あつまる]① 모이다 | ～ようだ ~ 같다 | 行く[いく]① 가다 | 楽しみ[たのしみ] 기대됨

+ お 없이 祭り라고 하면 약간 거친 말투가 돼요.

0477 N4

見物　けんぶつ　구경 [명사(+する)]

見物の人がたくさん来た。　구경하는 사람들이 많이 왔어.

花火を見物しました。　불꽃놀이를 구경했어요.

人[ひと] 사람 | 来た[きた]③ 왔다 | 花火[はなび] 불꽃놀이

+ 見物の人는 직역하면 '구경의 사람'이 돼요.

0478 N4

コンサート　コンサート　콘서트 [명사]

忙しくてコンサートに行けそうにない。　바빠서 콘서트에 갈 수 있을 것 같지 않다.

コンサートが中止になりました。　콘서트가 취소되었습니다.

忙しい[いそがしい] 바쁘다 | 行く[いく]① 가다 | ～そうにない ~할 것 같지 않다 | 中止[ちゅうし] 취소 | ～になる① ~가 되다

0479 N4

パンフレット　パンフレット　팸플릿 [명사]

パンフレットを用意する必要があるだろう。　팸플릿을 준비할 필요가 있을 거야.

パンフレットに説明が書いてあります。　팸플릿에 설명이 적혀 있어요.

用意[ようい] 준비 | 必要[ひつよう] 필요 | ある① 있다 | 説明[せつめい] 설명 | 書く[かく]① 쓰다 | ~てある① ~해 있다

0480 N4

ポスター　ポスター　포스터 [명사]

ポスターに私の撮った写真が使われた。　포스터에 내가 찍은 사진이 사용되었다.

壁にポスターを貼らないでください。　벽에 포스터를 붙이지 마세요.

私[わたし] 나 | 撮る[とる]① 찍다 | 写真[しゃしん] 사진 | 使う[つかう]① 사용하다 | 壁[かべ] 벽 | 貼る[はる]① 붙이다

0481 N4

正月　しょうがつ　설, 정월 [명사]

今年も家族みんなで正月を迎えた。　올해도 가족 다 같이 설을 맞이했어.

昔からのお正月の遊びを楽しみませんか。　옛날부터 있는 정월 놀이를 즐기지 않을래요?

今年[ことし] 올해 | 家族[かぞく] 가족 | 迎える[むかえる]② 맞이하다 | 昔[むかし] 옛날 | 遊び[あそび] 놀이 | 楽しむ[たのしむ]① 즐기다

+ 접두사 お를 붙여서 お正月[おしょうがつ]라고 쓰는 경우도 꽤 많아요. お 없이 쓰면 약간 거친 느낌이 있어요.

+ 일본에서는 신정을 쇠요. 보통 12/29~1/3까지는 전부 쉬는데, 더 길게 쉬는 회사들이 많아요.

0482 N4

新年　しんねん　새해 [명사]

新年には「あけましておめでとう」と挨拶する。　새해에는 '새해 복 많이 받아'라고 인사한다.

友達と新年のカウントダウンをするつもりです。　친구와 새해 카운트다운을 할 생각입니다.

挨拶[あいさつ] 인사 | 友達[ともだち] 친구 | ~つもりだ ~할 생각이다

+ あけましておめでとう는 직역하면 '새해가 돼서 축하해'가 돼요. 존댓말은 あけましておめでとうございます가 돼요.

0483 N4

展覧会　てんらんかい　전람회 [명사]

オンラインで展覧会が開かれる予定だ。 온라인으로 전람회가 열릴 예정이다.

展覧会を準備しているところです。 전람회를 한창 준비하고 있는 중입니다.

開く[ひらく]① 열다 | 予定[よてい] 예정 | 準備[じゅんび] 준비 | ~ているところだ 한창 ~하고 있는 중이다

0484 N4

会場　かいじょう　행사장, 모임 장소 [명사]

ファンが会場の外にまで並んでた。 팬들이 행사장 밖에까지 줄서 있었어.

今から会場に向かうところです。 지금부터 모임 장소로 향하려는 참이에요.

外[そと] 밖 | 並ぶ[ならぶ]① 줄 서다 | ~て(い)る② ~해 있다 | 今[いま] 지금 | 向かう[むかう]① 향하다 | ~ところだ ~하려는 참이다

⊕ 일본어는 복수도 단수로 나타내는 경우가 많아서 '팬들'이 ファン으로 되어 있죠. ~たち(~들)를 붙여서 ファンたち라고 할 수도 있지만, 단수인 ファン으로 말하는 경우가 많아요.

0485 N4

受付　うけつけ　접수, 접수처 [명사]

受付をしなければ駐車場は利用できない。 접수를 하지 않으면 주차장은 이용할 수 없다.

受付でチケットをお渡しします。 접수처에서 티켓을 드립니다.

駐車場[ちゅうしゃじょう] 주차장 | 利用[りよう] 이용 | できる② 할 수 있다 | お~する③ ~해 드리다 | 渡す[わたす]① 넘겨 주다

⊕ 受付는 受け付け 혹은 受付け로 표기하기도 해요.

0486 N4

入学　にゅうがく　입학 [명사(+する)]

入学の準備に役に立つサイトを見つけた。 입학 준비에 도움이 되는 사이트를 찾았다.

京都の大学に入学することになりました。 きょうと에 있는 대학에 입학하게 되었습니다.

準備[じゅんび] 준비 | 役に立つ[やくにたつ]① 도움이 되다 | 見つける[みつける]② 발견하다 | 大学[だいがく] 대학교 | ~ことになる① ~하게 되다

0487 N4

入学式 にゅうがくしき 입학식 [명사]

入学式で校長先生がお話をされた。 입학식에서 교장 선생님이 말씀을 하셨어.

入学式に着ていく服を選びました。 입학식에 입고 갈 옷을 골랐어요.

校長[こうちょう] 교장 | 先生[せんせい] 선생님 | 話[はなし] 이야기 | 着る[きる]② 입다 | ~ていく① ~하고 가다 | 服[ふく] 옷 | 選ぶ[えらぶ]① 고르다

유치원과 어린이집의 '입학'은 入園[にゅうえん](입원), '입학식'은 入園式[にゅうえんしき](입원식)라고 해요.

0488 N4

卒業 そつぎょう 졸업 [명사(+する)]

福田さんはうちの学校を卒業した生徒だ。 ふくだ 씨는 우리 학교를 졸업한 학생이다.

卒業おめでとうございます! 졸업 축하합니다.

学校[がっこう] 학교 | 生徒[せいと] 학생

반말로 '축하해'라고 할 때는 おめでとう라고 해요.

0489 N4

卒業式 そつぎょうしき 졸업식 [명사]

卒業式でスピーチをすることになった。 졸업식에서 스피치를 하게 되었다.

卒業式に出るかどうか、まだわかりません。 졸업식에 나갈지, 아직 모르겠습니다.

~ことになる① ~하게 되다 | 出る[でる]② 나가다 | わかる① 알다

出るかどうか는 직역하면 '나갈지 어떨지'가 돼요.

유치원이나 어린이집 졸업은 卒園[そつえん](졸원), '졸업식은 卒園式[そつえんしき](졸원식)이라고 하고, 대학원 졸업은 修了[しゅうりょう](수료)라고 해요.

0490 N4

花見 はなみ 꽃구경 [명사]

桜が咲き始めると花見の客が集まる。 벚꽃이 피기 시작하면 꽃구경 손님이 모여.

なかなかお花見に行けないでいます。 좀처럼 꽃구경하러 가지 못하고 있어요.

桜[さくら] 벚꽃 | 咲く[さく]① 피다 | ~始める[はじめる]② ~하기 시작하다 | 客[きゃく] 손님 | 集まる[あつまる]① 모이다 | 行く[いく]① 가다 | ~ないでいる② ~하지 않고 있다

⊕ 客는 '손님'이라는 높이는 말이 아니라 '객, 손'이라는 뜻인데, 부자연스러워서 '손님'으로 해석했어요.

0491 N4

予約 よやく 예약 [명사(+する)]

その日は飛行機の予約が取れなかった。 그 날은 비행기 예약을 잡을 수 없었다.

その店は予約しないで行っても構いません。 그 가게는 예약하지 않고 가도 상관없습니다.

日[ひ] 날 ㅣ 飛行機[ひこうき] 비행기 ㅣ 取る[とる]① 잡다 ㅣ 店[みせ] 가게 ㅣ 行く[いく]① 가다 ㅣ ～ても構わない[かまわない] ～해도 상관없다

확인해 봐요!

책 날개에 있는 책갈피를 이용해서, 한 쪽을 가리고 나머지 한 쪽을 맞추는 연습을 해 보세요.

誕生日(たんじょうび)	생일	コンサート	콘서트
ケーキ	케이크	パンフレット	팸플릿
マッチ	성냥	ポスター	포스터
ろうそく	초, 양초	正月(しょうがつ)	설, 정월
パーティー	파티	新年(しんねん)	새해
結婚(けっこん)	결혼	展覧会(てんらんかい)	전람회
結婚式(けっこんしき)	결혼식	会場(かいじょう)	행사장, 모임 장소
招待(しょうたい)	초대	受付(うけつけ)	접수, 접수처
祝(いわ)う	축하하다	入学(にゅうがく)	입학
お祝(いわ)い	축하, 축하 선물	入学式(にゅうがくしき)	입학식
おめでとう(ございます)	축하해(축하합니다)	卒業(そつぎょう)	졸업
運動会(うんどうかい)	운동회	卒業式(そつぎょうしき)	졸업식
(お)祭(まつ)り	축제	花見(はなみ)	꽃구경
見物(けんぶつ)	구경	予約(よやく)	예약

연습해 봐요!

〈장문으로 연습해 봐요〉

1 일본어 단어의 독음을 히라가나로 쓴 후에 한국어 뜻을 써 보세요.

단어	히라가나	뜻
01. 結婚		
02. 招待		
03. 正月		
04. 卒業		
05. 予約		

2 한국어 뜻에 해당하는 일본어 단어를 히라가나와 한자로 써 보세요.

단어	히라가나	한자
06. 운동회		
07. 새해		
08. 행사장, 모임 장소		
09. 입학식		
10. 꽃구경		

3 (　　) 속에 적절한 단어를 써 보세요. 한자를 모를 경우에는 히라가나로 쓰세요.

11. 友達から(　　　　　　　)のプレゼントをもらった。
친구로부터 생일 선물을 받았어.

12. 今は新年を(　　　　)気分じゃない。 지금은 새해를 축하할 기분이 아니야.

13. (　　　　　)に行くのが楽しみです。 축제에 가는 것이 기대됩니다.

14. (　　　　　)が中止になりました。 콘서트가 취소되었습니다.

15. (　　　　)でチケットをお渡しします。 접수처에서 티켓을 드립니다.

| 정답 |

1 01. けっこん/결혼 02. しょうたい/초대 03. しょうがつ/설, 정월 04. そつぎょう/졸업 05. よやく/예약

2 06. うんどうかい/運動会 07. しんねん/新年 08. かいじょう/会場 09. にゅうがくしき/入学式 10. はなみ/花見

3 11. 誕生日[たんじょうび] 12. 祝う[いわう] 13. (お)祭り[(お)まつり] 14. コンサート 15. 受付[うけつけ]

음식

11마디에서는 '먹다', '요리', '과자' 등의 음식과 관련된 단어를 배울게요.

단어 및 예문듣기

0492 N5

食べ物 たべもの 먹을 것, 음식 [명사]

⊕ たべもの라는 악센트도 써요.

食べ物が何もなかった。 먹을 것이 아무것도 없었어.

テーブルの上が食べ物でいっぱいです。 식탁 위가 음식으로 가득해요.

何も[なにも] 아무것도 | ない 없다 | 上[うえ] 위

0493 N5

飲み物 のみもの 마실 것, 음료 [명사]

⊕ のみもの라는 악센트도 써요.

冷たい飲み物が欲しい。 시원한 음료를 마시고 싶다.

何か飲み物をください。 뭔가 마실 것을 주세요.

冷たい[つめたい] 시원하다 | 欲しい[ほしい] 원하다 | 何か[なにか] 뭔가

0494 N5

ご飯 ごはん 밥 [명사]

ご飯はもう食べた。 밥은 이미 먹었어.

パンとご飯と、どちらが好きですか。 빵과 밥 중, 어느 쪽을 좋아해요?

食べる[たべる]② 먹다 | 好き[すき] 좋아함

⊕ ご飯(밥)은 한자 御飯으로 쓰는 경우도 있고 히라가나 ごはん으로 쓰는 경우도 많아요.

0495 N4

米 こめ 쌀 [명사]

米の輸入が増えている。 쌀의 수입이 증가하고 있다.

スーパーでお米をうちまで届けてくれます。 슈퍼에서 쌀을 집까지 배달해 줍니다.

輸入[ゆにゅう] 수입 | 増える[ふえる]② 증가하다 | ～ている② ~하고 있다 | 届ける[とどける]② 갖다 주다 | ～てくれる② (다른 사람이) ~해 주다

⊕ うちまで届けてくれます는 직역하면 '집까지 갖다 줍니다'가 돼요.

 N5

パン　　パン　　빵 [명사]

朝、パンを食べる人が多くなった。　아침에 빵을 먹는 사람이 많아졌어.

パンが焼けました。　빵이 구워졌어요.

朝[あさ] 아침 ｜ 食べる[たべる]② 먹다 ｜ 人[ひと] 사람 ｜ 多い[おおい] 많다 ｜ ～くなる① ～해지다 ｜ 焼ける[やける]② 구워지다

0497 N5

バター　　バター　　버터 [명사]

このパンは中にバターが入っている。　이 빵은 속에 버터가 들어 있다.

これはバターを付けて食べてください。　이것은 버터를 발라서 드세요.

中[なか] 속 ｜ 入る[はいる]① 들다 ｜ ～ている② ～해 있다 ｜ 付ける[つける]② 묻히다 ｜ 食べる[たべる]② 먹다

+ '버터를 바르다'는 バターを塗[ぬ]る라고도 해요. 塗る는 펴 바르는 느낌이 강한데 비해, 付ける는 펴 바를 수도 있지만 付ける의 뜻이 '묻히다'이기 때문에 버터를 얹는 느낌이 더 강해요.

+ 食べてください는 직역하면 '먹으세요'가 되는데, 어색해서 '드세요'로 해석했지만 '드세요'만큼 올리는 느낌은 없어요.

0498 N4

ジャム　　ジャム　　잼 [명사]

その店には珍しいジャムがたくさんある。　그 가게에는 특이한 잼이 많이 있어.

パンにバターとジャムを塗って食べました。　빵에 버터와 잼을 발라서 먹었어요.

店[みせ] 가게 ｜ 珍しい[めずらしい] 드물다 ｜ ある① 있다 ｜ 塗る[ぬる]① 바르다 ｜ 食べる[たべる]② 먹다

+ 珍しいジャム는 직역하면 '드문 잼'이 돼요.

0499 N5

果物　　くだもの　　과일 [명사]

今年の秋は果物が高い。　올해 가을은 과일이 비싸다.

この果物は日本語で何と言いますか。　이 과일은 일본어로 뭐라고 합니까?

今年[ことし] 올해 ｜ 秋[あき] 가을 ｜ 高い[たかい] 비싸다 ｜ 日本語[にほんご] 일본어 ｜ 何[なん] 무엇 ｜ 言う[いう]① 말하다

何と言いますか는 직역하면 '무엇이라고 말합니까?'가 돼요.

 N4

ぶどう　ぶどう　포도 [명사]

このお菓子はぶどうの味がする。 이 과자는 포도 맛이 나.

ワインを作るためのぶどうを育ててます。 와인을 만들기 위한 포도를 키우고 있어요.

お菓子[おかし] 과자 | 味[あじ] 맛 | 作る[つくる]① 만들다 | 育てる[そだてる]② 키우다 | ~て(い)る ② ~하고 있다

ぶどう는 가타카나 ブドウ로 쓰는 경우도 많아요.

'맛이 나다'는 味がする(맛이 하다)라고 표현해요.

0501 N4

りんご　りんご　사과 [명사]

青森県はりんごの生産量が多い所だ。 あおもり현은 사과의 생산량이 많은 곳이다.

このりんごはとてもいいにおいがします。 이 사과는 아주 좋은 냄새가 납니다.

県[けん] 현(지방자치단체) | 生産[せいさん] 생산 | 量[りょう] 량 | 多い[おおい] 많다 | 所[ところ] 곳 | いい 좋다

りんご는 가타카나 リンゴ로 쓰는 경우도 많아요.

'냄새가 나다'는 においがする(냄새가 하다)라고 표현해요.

0502 N5

野菜　やさい　야채, 채소 [명사]

なぜ子供は野菜が嫌いなのだろうか。 왜 아이들은 야채를 싫어하는 것일까?

野菜を食べやすい大きさに切ります。 채소를 먹기 편한 크기로 자릅니다.

子供[こども] 아이 | 嫌い[きらい] 싫어함 | ~のだ ~하는 것이다 | 食べる[たべる]② 먹다 | ~やすい ~하기 편하다 | 大きい[おおきい] 크다 | 切る[きる]① 자르다

~だろう는 '~일 것이다'라는 뜻인데 뒤에 か를 붙여서 ~だろうか라고 하면 '~일까?'가 돼요.

0503 N5

肉　にく　고기, 살 [명사]

これはお肉と野菜で作ったスペイン料理だよ。 이것은 고기와 야채로 만든 스페인 요리야.

おなかの肉を落としたいです。 뱃살을 빼고 싶어요.

野菜[やさい] 야채 ı 作る[つくる]① 만들다 ı 料理[りょうり] 요리 ı 落とす[おとす]① 빼다 ı ～たい ～하고 싶다

⊕ 肉 앞에 お를 붙인 お肉의 악센트는 おにく가 돼요. お 없이 肉라고만 하면 약간 거친 말이 돼요.

⊕ 일본어는 먹는 '고기'도 몸의 '살'도 똑같이 肉라고 해요.

 N5

牛肉 ぎゅうにく 소고기 [명사]

日本では肉の中で牛肉が一番高い。 일본에서는 고기 중에서 소고기가 가장 비싸다.

このハンバーグは牛肉100%です。 이 햄버그(스테이크)는 소고기 100%입니다.

日本[にほん] 일본 ı 肉[にく] 고기 ı ～の中で[なかで] ～ 중에서 ı 一番[いちばん] 가장 ı 高い[たかい] 비싸다 ı 100%[ひゃく パーセント] 100%

⊕ ハンバーグ에 대해서는 457쪽을 보세요.

 N5

豚肉 ぶたにく 돼지고기 [명사]

私は豚肉が食べられない。 나는 돼지고기를 못 먹어.

この豚肉は100gいくらですか。 이 돼지고기는 100g에 얼마예요?

私[わたし] 나 ı 食べる[たべる]② 먹다 ı 100g[ひゃく グラム] 100g

0506 N5

鳥肉 とりにく 닭고기 [명사]

今日は鳥肉が安かった。 오늘은 닭고기가 저렴했다.

これは鳥肉で作ったソーセージです。 이것은 닭고기로 만든 소시지입니다.

今日[きょう] 오늘 ı 安い[やすい] 저렴하다 ı 作る[つくる]① 만들다

⊕ 상용한자 표기로는 鳥肉인데, 일상적으로는 鶏肉로 쓰는 경우가 더 많아요(매스컴에서도). 이런 한자 문제 때문에 한자를 쓰지 않고 とり肉로 표기하는 사람도 꽤 있어요.

0507 N5 참 466

卵　たまご　계란, 알 [명사]

卵を割ってフライパンに入れた。 계란을 깨서 프라이팬에 넣었어.

魚のおなかに卵が入ってました。 생선의 배에 알이 들어 있었어요.

割る[わる]① 깨다 ㅣ 入れる[いれる]② 넣다 ㅣ 魚[さかな] 생선 ㅣ 入る[はいる]① 들다 ㅣ ～て(い)る② ~해 있다

0508 N4

食料品　しょくりょうひん　식료품 [명사]

食料品の値段がどんどん上がっている。 식료품 값이 자꾸 올라가고 있다.

食料品売り場で働くことになりました。 식료품 매장에서 일하게 되었습니다.

値段[ねだん] 값 ㅣ 上がる[あがる]① 올라가다 ㅣ ～ている② ~하고 있다 ㅣ 売り場[うりば] 매장 ㅣ 働く[はたらく]① 일하다 ㅣ ～ことになる① ~하게 되다

확인해 봐요!

책 날개에 있는 책갈피를 이용해서, 한 쪽을 가리고 나머지 한 쪽을 맞추는 연습을 해 보세요.

食(た)べ物(もの)	먹을 것, 음식	りんご	사과
飲(の)み物(もの)	마실 것, 음료	野菜(やさい)	야채, 채소
ご飯(はん)	밥	肉(にく)	고기, 살
米(こめ)	쌀	牛肉(ぎゅうにく)	소고기
パン	빵	豚肉(ぶたにく)	돼지고기
バター	버터	鳥肉(とりにく)	닭고기
ジャム	잼	卵(たまご)	계란, 알
果物(くだもの)	과일	食料品(しょくりょうひん)	식료품
ぶどう	포도		

연습해 봐요!

〈대화로 연습해 봐요〉

❶ 일본어 단어의 독음을 히라가나로 쓴 후에 한국어 뜻을 써 보세요.

단어	히라가나	뜻
01. 飲み物		
02. 米		
03. 果物		
04. 野菜		
05. 卵		

❷ 한국어 뜻에 해당하는 일본어 단어를 히라가나와 한자로 써 보세요.

단어	히라가나	한자
06. 먹을 것, 음식		
07. 밥		
08. 잼		
09. 소고기		
10. 식료품		

❸ (　　) 속에 적절한 단어를 써 보세요. 한자를 모를 경우에는 히라가나로 쓰세요.

11. (　　　)が焼けました。 빵이 구워졌어요.

12. これは(　　　)を付けて食べてください。 이것은 버터를 발라서 드세요.

13. この(　　　)はとてもいいにおいがします。
이 사과는 아주 좋은 냄새가 납니다.

14. 私は(　　　)が食べられない。 나는 돼지고기를 못 먹어.

15. 今日は(　　　)が安かった。 오늘은 닭고기가 저렴했다.

| 정답 |

❶ 01. のみもの / 마실 것, 음료 02. こめ / 쌀 03. くだもの / 과일 04. やさい / 야채, 채소 05. たまご / 계란, 알

❷ 06. たべもの / 食べ物 07. ごはん / ご飯 08. ジャム 09. ぎゅうにく / 牛肉 10. しょくりょうひん / 食料品

❸ 11. パン 12. バター 13. りんご 14. 豚肉[ぶたにく] 15. 鳥肉[とりにく](鶏肉나 とり肉로도 씀)

 N5

油　　あぶら　　기름 [명사]

この料理は油を使わない。　이 요리는 기름을 사용하지 않아.
手に油が付いてしまいました。　손에 기름이 묻고 말았어요.

料理[りょうり] 요리 | 使う[つかう]① 사용하다 | 手[て] 손 | 付く[つく]① 묻다 | ～てしまう① ~하고 말다

⊕ 주유할 때 쓰는 기름인 '휘발유'는 油[あぶら]라고 하지 않고 ガソリン(가솔린)이라고 해요.

0510 N5

砂糖　　さとう　　설탕 [명사]

このお菓子は砂糖が入っていない。　이 과자는 설탕이 들어 있지 않다.
砂糖をもう少し入れた方がいいと思います。　설탕을 조금 더 넣는 편이 좋을 것 같습니다.

お菓子[おかし] 과자 | 入る[はいる]① 들다 | ～ている② ~해 있다 | もう少し[すこし] 조금 더 | 入れる[いれる]② 넣다 | ～た方がいい[ほうがいい] ~하는 편이 좋다 | 思う[おもう]① 생각하다

⊕ 入れた方がいいと思います는 직역하면 '넣는 편이 좋다고 생각합니다'가 돼요. 일본 사람들이 ～と思う라는 표현을 많이 쓰는데 꼭 직역하지 않아도 '~인 것 같다', '~일 것이다' 등으로 해석하면 돼요.

⊕ 일본에서 매우 흔한 성씨 중의 하나인 佐藤[さとう]는 砂糖[さとう]와 동음이의어이지만 악센트가 달라요.

0511 N5

塩　　しお　　소금 [명사]

卵を2個、砂糖を50g、塩を4g入れる。　계란을 2개, 설탕을 50g, 소금을 4g 넣는다.
このポテトは塩がかけてあります。　이 포테이토는 소금이 뿌려져 있습니다.

卵[たまご] 계란 | 2個[に こ] 2개 | 砂糖[さとう] 설탕 | 50g[ごじゅう グラム] 50g | 4g[よん グラム] 4g | 入れる[いれる]② 넣다 | かける② 뿌리다 | ～てある① ~해 있다

⊕ 塩がかけてあります에는 '소금을 뿌려 놓았습니다'와 '소금이 뿌려져 있습니다' 2가지 의미가 포함돼요.

0512 N5

しょうゆ　　しょうゆ　　간장 [명사]

これはしょうゆをかけて食べる。　이건 간장을 뿌려 먹어.
おしょうゆはまだ入れないでください。　간장은 아직 넣지 마세요.

かける② 뿌리다 ｜ 食べる[たべる]② 먹다 ｜ 入れる[いれる]② 넣다

➕ お 없이 しょうゆ라고 하면 약간 거친 느낌이 있어서 おしょうゆ라고 쓰는 사람도 많아요.

0513 N4

ソース ソース 소스 [명사]

ソースが足りなくて味が薄かった。 소스가 부족해서 맛이 싱거웠다.

このソースは辛くて、口から火が出そうです。 이 소스는 매워서, 입에서 불이 나올 것 같습니다.

足りる[たりる]② 족하다 ｜ 味[あじ] 맛 ｜ 薄い[うすい] 연하다 ｜ 辛い[からい] 맵다 ｜ 口[くち] 입 ｜ 火[ひ] 불 ｜ 出る② 나오다 ｜ ～そうだ ~할 것 같다

➕ 맛이 '싱겁다'는 味が薄い(맛이 연하다)라고 표현해요.

0514 N4

みそ みそ 된장 [명사]

これはみそを付けて食べるとおいしい。 이것은 된장을 찍어서 먹으면 맛있어.

おみそで味を付けました。 된장으로 간을 했어요.

付ける[つける]② 찍다, 붙이다 ｜ 食べる[たべる]② 먹다 ｜ おいしい 맛있다 ｜ 味[あじ] 맛

➕ みそ는 한자 味噌로 쓰는 경우도 많아요. 그리고 お 없이 みそ라고 하면 약간 거친 느낌이 있어서 앞에 お를 붙여서 おみそ라고 하는 경우도 많아요.

➕ '간을 하다'는 味を付ける(맛을 붙이다)라고 표현해요. 참고로 '간', '맛을 내는 것'은 味付け[あじつけ]라고 해요.

0515 N4

味 あじ 맛 [명사]

主人は料理の味にうるさい。 남편은 요리의 맛에 까다롭다.

その店は味が落ちました。 그 가게는 맛이 떨어졌습니다.

主人[しゅじん] 남편 ｜ 料理[りょうり] 요리 ｜ うるさい 까다롭다 ｜ 店[みせ] 가게 ｜ 落ちる[おちる]② 떨어지다

➕ うるさい는 '시끄럽다'라는 뜻 외에 이것저것 불평이 많거나 '요구사항이 까다롭다'라는 뜻으로도 써요.

0516 N4

におい　におい　냄새 [명사]

たばこのにおいは消しにくい。 담배의 냄새는 지우기 어려워.

おいしそうなにおいがします。 맛있는 냄새가 나요.

消す[けす]① 지우다 ｜ ～にくい ~하기 어렵다 ｜ おいしい 맛있다 ｜ ～そうだ ~할 것 같다

- においは 한자 匂い 혹은 臭い로 쓰는 경우도 있어요. 匂い는 '좋은 냄새'에 쓰고, 臭い는 '나쁜 냄새'에 써요.
- '냄새가 나다'는 においがする(냄새가 하다)라고 표현해요.
- おいしそうなにおい는 직역하면 '맛있을 것 같은 냄새'가 돼요. 냄새만 맡았지 실제로 맛을 안 본 상황이라서 추측을 나타내는 ～そうな를 써요.

0517 N5

料理　りょうり　요리 [명사(+する)]

私の父は料理が上手だ。 우리 아버지는 요리를 잘한다.

料理する前に手を洗ってください。 요리하기 전에 손을 씻으세요.

私[わたし] 나 ｜ 父[ちち] 아버지 ｜ 上手[じょうず] 잘함 ｜ ～前に[まえに] ~(하기) 전에 ｜ 手[て] 손 ｜ 洗う[あらう]① 씻다

- '우리 아버지'는 일본어로 私の父(나의 아버지)라고 표현해요.

0518 N5

うどん　うどん　우동 [명사]

お昼に食べたうどんがとてもおいしかった。 점심으로 먹은 우동이 매우 맛있었어.

ここはうどんで有名な所です。 여기는 우동으로 유명한 곳이에요.

昼[ひる] 점심 ｜ 食べる[たべる]② 먹다 ｜ おいしい 맛있다 ｜ 有名[ゆうめい] 유명 ｜ 所[ところ] 곳

0519 N5

おにぎり　おにぎり　주먹밥 [명사]

大きなおにぎりを三つ作って持ってきた。 큰 주먹밥을 3개 만들어서 가져왔다.

おにぎりの中に何を入れますか。 주먹밥 속에 무엇을 넣습니까?

大きな[おおきな] 큰 ｜ 三つ[みっつ] 3개 ｜ 作る[つくる]① 만들다 ｜ 持つ[もつ]① 가지다 ｜ ～てくる③ ~해 오다 ｜ 中[なか] 속 ｜ 何[なに] 무엇 ｜ 入れる[いれる]② 넣다

0520 N5

カレー(ライス)　カレー(ライス)　카레(라이스) [명사]

昨日の晩ご飯はカレーライスだった。　어제 먹은 저녁밥은 카레라이스였어.

カレーはインドの食べ物です。　카레는 인도의 음식이에요.

昨日[きのう] 어제 | 晩ご飯[ばんごはん] 저녁밥 | 食べ物[たべもの] 음식

⊕ 昨日の晩ご飯은 직역하면 '어제의 저녁밥'이 돼요.

0521 N5

天ぷら　てんぷら　튀김 [명사]

その店の天ぷらは大きくてみんなびっくりする。　그 가게의 튀김은 커서 모두 깜짝 놀란다.

天ぷらをおいしく作るのは難しいです。　튀김을 맛있게 만드는 것은 어렵습니다.

店[みせ] 가게 | 大きい[おおきい] 크다 | びっくりする③ 깜짝 놀라다 | おいしい 맛있다 | 作る[つくる] ① 만들다 | 難しい[むずかしい] 어렵다

0522 N5

ラーメン　ラーメン　라면 [명사]

ラーメンを2杯食べても、まだおなかがすいてる。　라면을 두 그릇 먹어도, 아직 배가 고파.

両親とラーメンを食べに行きました。　부모님과 라면을 먹으러 갔어요.

2杯[にはい] 두 그릇 | 食べる[たべる]② 먹다 | すく① (배가) 고프다 | 両親[りょうしん] 부모 | 行く[いく]① 가다

⊕ ～杯[はい]는 '～잔'이라고 셀 때도 써요.

0523 N5

さしみ　さしみ　회 [명사]

ここはさしみが安くておいしい。　여기는 회가 싸고 맛있어.

おすしやおさしみは食べられますか。　초밥이나 회는 먹을 수 있어요?

安い[やすい] 싸다 | おいしい 맛있다 | 食べる[たべる]② 먹다

⊕ お 없이 さしみ라고 하면 약간 거친 말투가 돼서 おさしみ라고 쓰는 사람도 많아요

0524 N4

(お)すし　すし/おすし　스시, 초밥 [명사]

娘にすしを食べさせてやった。　딸에게 스시를 사 주었다.

おすしと言うと、思い出すことがあります。　초밥이라고 하면, 생각나는 일이 있습니다.

娘[むすめ] 딸 ｜ 食べる[たべる]② 먹다 ｜ ～てやる① ~해 주다 ｜ 言う[いう]① 말하다 ｜ 思い出す[おもいだす]① 생각나다 ｜ ある① 있다

- 食べさせてやった는 직역하면 '먹게 해 줬다'가 돼요.
- すし는 한자 寿司로 쓰는 경우가 많은데, 鮨나 鮓로 쓰는 경우도 있어요.
- すし, おすし의 す에서 모음을 무성화하는 사람도 있어요.

0525 N4

サラダ　サラダ　샐러드 [명사]

サラダにドレッシングをかけて食べた。　샐러드에 드레싱을 뿌려서 먹었다.

お客様はまずサラダを召し上がりました。　손님은 먼저 샐러드를 드셨습니다.

かける② 뿌리다 ｜ 食べる[たべる]② 먹다 ｜ お客様[おきゃくさま] 손님 ｜ 召し上がる[めしあがる]① 드시다

0526 N4

サンドイッチ　サンドイッチ　샌드위치 [명사]

明日の朝ご飯はサンドイッチと牛乳にしよう。　내일 아침은 샌드위치와 우유로 하자.

とてもおいしそうなサンドイッチでした。　매우 맛있어 보이는 샌드위치였어요.

明日[あした] 내일 ｜ 朝ご飯[あさごはん] 아침밥 ｜ 牛乳[ぎゅうにゅう] 우유 ｜ ～にする③ ~로 하다 ｜ おいしい 맛있다 ｜ ～そうだ ~해 보인다

- サンドイッチ는 サンドウィッチ로 쓰는 경우도 있어요.

0527 N4

ステーキ　ステーキ　스테이크 [명사]

厚いステーキをミディアムに焼いた。　두꺼운 스테이크를 미디엄으로 구웠다.

今日は私がステーキをごちそうします。　오늘은 제가 스테이크를 사 드리겠습니다.

厚い[あつい] 두껍다 ı 焼く[やく]① 굽다 ı 今日[きょう] 오늘 ı 私[わたし] 저 ı ごちそうする③ (음식을) 사 드리다

'스테이크'의 '테이' 부분이 〈え단+い〉 소리라서 장음화가 되어 ステーキ가 된 거예요. 최근에 들어온 외래어는 원음을 그대로 살리는 경우가 많은데, 옛날에 들어온 외래어는 일본어 발음 규칙이 적용된 것들이 많아요.

0528 N4

スパゲッティ　スパゲッティ　스파게티 [명사]

お昼にスパゲッティを作った。 점심에 스파게티를 만들었어.

スパゲッティを頼むとサラダが付いてきます。 스파게티를 주문하면 샐러드가 같이 나와요.

昼[ひる] 점심 ı 作る[つくる]① 만들다 ı 頼む[たのむ]① 주문하다 ı 付く[つく]① 붙다 ı ～てくる③ ～해 오다

スパゲッティは スパゲッティー, スパゲティ, スパゲティー로 쓰는 경우도 있어요. 요즘은 スパゲッティ보다 パスタ(파스타)라는 말을 더 많이 써요.

付いてくる는 직역하면 '붙어 오다'가 돼요.

0529 N4

ごちそう　ごちそう　진수성찬, 대접 [명사(+する)]

テーブルに並べられたごちそうに驚いた。 식탁에 차려진 진수성찬에 놀랐다.

お祝いに食事をごちそうします。 축하 선물로 식사를 대접하겠습니다.

並べる[ならべる]② 나란히 놓다 ı 驚く[おどろく]① 놀라다 ı お祝い[おいわい] 축하 선물 ı 食事[しょくじ] 식사

ごちそう는 한자 ご馳走로 쓰는 경우도 있어요.

する(하다)가 붙어서 ごちそうする가 되면 '(음식을)대접하다', '한턱내다'라는 뜻이 돼요.

확인해 봐요!

책 날개에 있는 책갈피를 이용해서, 한 쪽을 가리고 나머지 한 쪽을 맞추는 연습을 해 보세요.

油(あぶら)	기름	カレー(ライス)	카레(라이스)
砂糖(さとう)	설탕	天(てん)ぷら	튀김
塩(しお)	소금	ラーメン	라면
しょうゆ	간장	さしみ	회
ソース	소스	(お)すし	스시, 초밥
みそ	된장	サラダ	샐러드
味(あじ)	맛	サンドイッチ	샌드위치
におい	냄새	ステーキ	스테이크
料理(りょうり)	요리	スパゲッティ	스파게티
うどん	우동	ごちそう	진수성찬, 대접
おにぎり	주먹밥		

〈장문으로 연습해 봐요〉

❶ 일본어 단어의 독음을 히라가나로 쓴 후에 한국어 뜻을 써 보세요.

단어	히라가나	뜻
01. 油		
02. 砂糖		
03. 塩		
04. 味		
05. 天ぷら		

❷ 한국어 뜻에 해당하는 일본어 단어를 히라가나와 한자로 써 보세요.

단어	히라가나	한자
06. 소스		
07. 요리		
08. 라면		
09. 샌드위치		
10. 스파게티		

❸ (　　) 속에 적절한 단어를 써 보세요. 한자를 모를 경우에는 히라가나로 쓰세요.

11. これは(　　　　)をかけて食べる。 이건 간장을 뿌려 먹어.

12. おいしそうな(　　　　)がします。 맛있는 냄새가 나요.

13. お客様はまず(　　　　)を召し上がりました。
손님은 먼저 샐러드를 드셨습니다.

14. 今日は私が(　　　　)をごちそうします。
오늘은 제가 스테이크를 사 드리겠습니다.

15. テーブルに並べられた(　　　　)に驚いた。 식탁에 차려진 진수성찬에 놀랐다.

| 정답 |

❶ 01. あぶら/기름 02. さとう/설탕 03. しお/소금 04. あじ/맛 05. てんぷら/튀김
❷ 06. ソース 07. りょうり/料理 08. ラーメン 09. サンドイッチ 10. スパゲッティ
❸ 11. しょうゆ 12. におい 13. サラダ 14. ステーキ 15. ごちそう

0530 N5

(お)弁当　べんとう / おべんとう　도시락 [명사]

毎日弁当を作るのは大変だ。　매일 도시락을 만드는 것은 힘들다.

コンビニでお弁当を買ってきます。　편의점에서 도시락을 사 오겠습니다.

毎日[まいにち] 매일 | 作る[つくる]① 만들다 | 大変[たいへん] 힘듦 | 買う[かう]① 사다 | ～てくる③ ~해 오다

0531 N5

お茶　おちゃ　(마시는) 차, 녹차 [명사]

ご飯を食べた後でお茶を飲もう。　밥을 먹은 후에 차를 마시자.

お茶を入れてください。　녹차를 타 주세요.

ご飯[ごはん] 밥 | 食べる[たべる]② 먹다 | ～た後で[あとで] ~한 후에 | 飲む[のむ]① 마시다 | 入れる[いれる]② (차를) 타다

⊕ お茶는 '다도'의 뜻으로 쓰기도 해요.

⊕ '차를 타다'는 일본어로 お茶を入れる(차를 넣다)라고 표현해요.

0532 N5

紅茶　こうちゃ　홍차 [명사]

私は毎朝紅茶を1杯飲む。　나는 매일 아침에 홍차를 한 잔 마신다.

紅茶にお砂糖を入れますか。　홍차에 설탕을 넣습니까?

私[わたし] 나 | 毎朝[まいあさ] 매일 아침 | 1杯[いっぱい] 한 잔 | 飲む[のむ]① 마시다 | 砂糖[さとう] 설탕 | 入れる[いれる]② 넣다

0533 N5

コーヒー　コーヒー　커피 [명사]

コーヒーが飲みたい。　커피가 마시고 싶어.

お茶とコーヒーと、どちらがいいですか。　녹차와 커피 중, 어느 것이 좋아요?

飲む[のむ]① 마시다 | ～たい ~하고 싶다 | お茶[おちゃ] 녹차 | いい 좋다

0534 N5

牛乳　　ぎゅうにゅう　　우유 [명사]

冷蔵庫に牛乳が2本入ってる。　냉장고에 우유가 2개 들어 있어.

私は牛乳にアレルギーがあります。　저는 우유에 알레르기가 있어요.

冷蔵庫[れいぞうこ] 냉장고 | 2本[に ほん] 2개 | 入る[はいる]① 들다 | ～て(い)る② ～해 있다 | 私[わたし] 저 | ある① 있다

팩에 든 우유도 병에 든 우유도 모두 길쭉한 형태이기 때문에, 수를 셀 때는 本[ほん]을 써요.

0535 N5

(お)酒　　さけ / おさけ　　술 [명사]

酒を持ってこい！　술을 가져와라!

私はお酒が全然飲めません。　저는 술을 전혀 마실 수 없어요.

持つ[もつ]① 가지다 | ～てくる③ ～해오다 | 私[わたし] 저 | 全然[ぜんぜん] 전혀 | 飲む[のむ]① 마시다

お 없이 酒라고만 하면 거친 느낌이 있어요.

0536 N4

アルコール　　アルコール　　알코올, 술 [명사]

アルコールで消毒する。　알코올로 소독한다.

アルコールの力を借りて眠ろうとしました。　술의 힘을 빌려서 잠들려고 했습니다.

消毒[しょうどく] 소독 | 力[ちから] 힘 | 借りる[かりる]② 빌리다 | 眠る[ねむる]① 잠들다 | ～(よ)うとする③ ～하려고 하다

0537 N4　　참 445

ビール　　ビール　　맥주 [명사]

暑い日はよく冷えたビールがうまい！　더운 날은 아주 시원한 맥주가 맛있어!

ビール1杯だけで酔ってしまいました。　맥주 한 잔만으로 취해 버렸어요.

暑い[あつい] 덥다 | 日[ひ] 날 | 冷える[ひえる]② 차가워지다 | うまい 맛있다 | 1杯[いっ ぱい] 한 잔 | 酔う[よう]① 취하다 | ～てしまう① ～해 버리다

よく冷えたビール는 직역하면 '잘 차가워진 맥주'가 돼요.

うまい(맛있다)는 약간 거친 말이에요. 거칠지 않게 '맛있다'라고 할 때는 おいしい를 쓰면 돼요.

0538 N4

ワイン　ワイン　와인, 포도주 [명사]

このワインは一度も飲んだことがない。　이 와인은 한 번도 마신 적이 없다.
魚料理によく合うワインでございます。　생선요리에 잘 어울리는 포도주입니다.

一度[いちど] 한 번 | 飲む[のむ]① 마시다 | ~たことがない ~한 적이 없다 | 魚料理[さかな りょうり] 생선요리 | 合う[あう]① 어울리다

⊕ ~でございます는 ~です를 매우 정중하게 한 말이에요.

0539 N4

ジュース　ジュース　주스 [명사]

果物と野菜でジュースを作った。　과일과 야채로 주스를 만들었어.
息子はジュースばかり飲みたがります。　아들은 주스만 마시고 싶어 해요.

果物[くだもの] 과일 | 野菜[やさい] 야채 | 作る[つくる]① 만들다 | 息子[むすこ] 아들 | 飲む[のむ]① 마시다 | ~たがる① ~하고 싶어하다

0540 N4

びん　びん　병 [명사]

びんの中には水がほとんど残っていなかった。　병 안에는 물이 거의 남아 있지 않았다.
ガラスのびんが割れてけがをしました。　유리병이 깨져서 다쳤습니다.

中[なか] 안 | 水[みず] 물 | 残る[のこる]① 남다 | ~ている② ~해 있다 | 割れる[われる]② 깨지다

⊕ びん는 한자 瓶으로 쓰는 경우도 있어요.
⊕ 참고로 '패트병'은 ペットボトル라고 해요.

0541 N5　참 442

お菓子　おかし　과자 [명사]

甘いお菓子は歯に悪い。　단 과자는 치아에 안 좋아.
お菓子を食べながら宿題をしました。　과자를 먹으면서 숙제를 했어요.

甘い[あまい] 달다 | 歯[は] 치아 | 悪い[わるい] 나쁘다 | 食べる[たべる]② 먹다 | 宿題[しゅくだい] 숙제

⊕ '과자'라고만 말할 때는 お를 붙여 쓰는 경우가 많고, '~과자', '과자~'처럼 복합명사로 말할 때는 お를 빼고 써요.
⊕ 歯に悪い는 직역하면 '치아에 나빠'가 돼요. '치아에 안 좋아'라고 하는 것이 일반적인 것 같아 그렇게 해석했어요.

0542 N4

アイスクリーム　アイスクリーム　아이스크림 [명사]

牛乳の味がするアイスクリームを買った。　우유 맛이 나는 아이스크림을 샀다.
口の周りにアイスクリームが付いてますよ。　입 주변에 아이스크림이 묻어 있어요.

牛乳[ぎゅうにゅう] 우유 | 味[あじ] 맛 | 買う[かう]① 사다 | 口[くち] 입 | 周り[まわり] 주변 | 付く[つく]① 묻다 | ~て(い)る② ~해 있다

⊕ '맛이 나다'는 味がする(맛이 하다)라고 표현해요.

0543 N5

참 429

箸　はし　젓가락 [명사]

その外国人のお客さんは箸で上手に食べた。　그 외국인 손님은 젓가락으로 능숙하게 먹었어.
日本のお箸は木でできてます。　일본 젓가락은 나무로 만들어져 있어요.

外国人[がいこくじん] 외국인 | お客さん[おきゃくさん] 손님 | 上手[じょうず] 능숙 | 食べる[たべる]② 먹다 | 日本[にほん] 일본 | 木[き] 나무 | できる② 만들어지다 | ~て(い)る② ~해 있다

⊕ 일본에서는 보통 나무로 된 젓가락을 사용해요. 나무에 칠을 해서 표면이 매끈하고 수분이 스며들지 않게 되어 있어요.

0544 N5

スプーン　スプーン　스푼, 숟가락 [명사]

砂糖をスプーンに1杯入れた。　설탕을 한 스푼 넣었다.
スプーンをいただけますか。　숟가락을 주시겠습니까?

砂糖[さとう] 설탕 | 1杯[いっぱい] 한 스푼 | 入れる[いれる]② 넣다 | いただく① 받다

⊕ スプーンに1杯入れた는 직역하면 '스푼에 한 술갈 넣었다'가 돼요.

⊕ いただけますか는 직역하면 '받을 수 있겠습니까?'가 돼요.

0545 N5

ナイフ　ナイフ　나이프 [명사]

ナイフを持って飛行機に乗ることはできない。　나이프를 가지고 비행기를 탈 수는 없어.
ケーキをナイフで切りました。　케이크를 나이프로 잘랐어요.

持つ[もつ]① 가지다 | 飛行機[ひこうき] 비행기 | 乗る[のる]① 타다 | ~ことができる② ~할 수 있다 | 切る[きる]① 자르다

～ことができる(~할 수 있다)의 が를 は로 바꿔서 ～ことはできる라고 하면 '~할 수는 있다'가 돼요.

 N5

フォーク　フォーク　포크 [명사]

ナイフとフォークで食べる。　나이프와 포크로 먹는다.

スプーンとフォークをテーブルに置きました。　스푼과 포크를 식탁에 놓았습니다.

食べる[たべる]② 먹다 | 置く[おく]① 놓다

 N5

茶碗　ちゃわん　밥그릇, 찻종 [명사]

新しいお茶碗を買った。　새 밥그릇을 샀다.

母はその茶碗を大切にしています。　어머니는 그 찻종을 소중히 간직하고 있습니다.

新しい[あたらしい] 새롭다 | 買う[かう]① 사다 | 母[はは] 어머니 | 大切[たいせつ] 소중 | ～にする③ ~하게 하다

- お 없이 茶碗이라고만 하면 약간 거친 느낌이 있어요. 앞에 お가 붙어서 お茶碗이 되면 악센트가 おちゃわん이 돼요.
- その茶碗を大切にしています는 직역하면 '그 찻종을 소중히 하고 있습니다'가 돼요.
- 일상적으로 茶碗은 '밥그릇'을 가리켜요. 다도에서는 '찻종'을 茶碗이라고 부르지만, 일상적으로 녹차를 마시기 위한 '찻종'은 湯飲(み)茶碗[ゆのみぢゃわん]이라고 하고, 줄여서 湯飲(み)[ゆのみ]라고 해요.

0548 N5

皿　さら　접시 [명사]

皿を落として割ってしまった。　접시를 떨어뜨려서 깨고 말았어.

すみませんが、お皿を洗ってもらえませんか。　죄송하지만, 접시를 씻어 줄 수 없어요?

落とす[おとす]① 떨어뜨리다 | 割る[わる]① 깨다 | 洗う[あらう]① 씻다 | ～てもらう① (다른 사람이) ~해 주다

- お 없이 皿라고만 하면 약간 거친 느낌이 있어요. 그리고 お가 붙어서 お皿가 되면 악센트가 おさら가 돼요.
- 洗ってもらえませんか는 직역하면 '씻어 받을 수 없어요?'가 돼요.

책 날개에 있는 책갈피를 이용해서, 한 쪽을 가리고 나머지 한 쪽을 맞추는 연습을 해 보세요.

(お)弁当(べんとう)	도시락	びん	병
お茶(ちゃ)	(마시는) 차, 녹차	お菓子(かし)	과자
紅茶(こうちゃ)	홍차	アイスクリーム	아이스크림
コーヒー	커피	箸(はし)	젓가락
牛乳(ぎゅうにゅう)	우유	スプーン	스푼, 숟가락
(お)酒(さけ)	술	ナイフ	나이프
アルコール	알코올, 술	フォーク	포크
ビール	맥주	茶碗(ちゃわん)	밥그릇, 찻종
ワイン	와인, 포도주	皿(さら)	접시
ジュース	주스		

연습해 봐요!

〈대화로 연습해 봐요〉

❶ 일본어 단어의 독음을 히라가나로 쓴 후에 한국어 뜻을 써 보세요.

단어	히라가나	뜻
01. 紅茶		
02. 牛乳		
03. お菓子		
04. 箸		
05. 茶碗		

❷ 한국어 뜻에 해당하는 일본어 단어를 히라가나와 한자로 써 보세요.

단어	히라가나	한자
06. 도시락		
07. (마시는) 차, 녹차		
08. 술		
09. 주스		
10. 접시		

❸ (　　) 속에 적절한 단어를 써 보세요. 한자를 모를 경우에는 히라가나로 쓰세요.

11. (　　　)が飲みたい。 커피가 마시고 싶어.

12. 暑い日はよく冷えた(　　　)がうまい!
더운 날은 아주 시원한 맥주가 맛있어!

13. (　　　)をいただけますか。 숟가락을 주시겠습니까?

14. ケーキを(　　　)で切りました。 케이크를 나이프로 잘랐어요.

15. スプーンと(　　　)をテーブルに置きました。
스푼과 포크를 식탁에 놓았습니다.

| 정답 |

❶ 01. こうちゃ/홍차 02. ぎゅうにゅう/우유 03. おかし/과자 04. はし/젓가락 05. ちゃわん/밥그릇, 찻종
❷ 06. (お)べんとう/(お)弁当 07. おちゃ/お茶 08. (お)さけ/(お)酒 09. ジュース 10. さら/皿
❸ 11. コーヒー 12. ビール 13. スプーン 14. ナイフ 15. フォーク

몸·건강·마음

12마디에서는 '얼굴', '팔' 등의 몸과 관련된 단어와 '병', '아프다' 등의 건강과 관련된 단어, 그리고 '기쁘다', '외롭다' 등의 마음과 관련된 단어를 배울게요.

단어 및 예문듣기

 N5

体　からだ　몸 [명사]

体の具合が悪い。 몸이 아프다.

体が言うことを聞きません。 몸이 말을 듣지 않습니다.

具合[ぐあい] 상태 ｜ 悪い[わるい] 나쁘다 ｜ 言う[いう]① 말하다 ｜ 聞く[きく]① 듣다

- 体の具合が悪い는 직역하면 '몸의 상태가 나쁘다'가 돼요. 具合는 調子[ちょうし](상태)로 바꿔 써도 돼요.
- 言うことを聞きません는 직역하면 '말하는 것을 듣지 않습니다'가 돼요.

0550 N4 참 544

心　こころ　마음 [명사]

心と体の健康を守ることが大切だ。 마음과 몸의 건강을 지키는 것이 중요하다.

校長先生は心の広い方です。 교장 선생님은 마음이 넓은 분입니다.

体[からだ] 몸 ｜ 健康[けんこう] 건강 ｜ 守る[まもる]① 지키다 ｜ 大切[たいせつ] 중요 ｜ 校長[こうちょう] 교장 ｜ 先生[せんせい] 선생님 ｜ 広い[ひろい] 넓다 ｜ 方[かた] 분

- 한국어에서는 '몸과 마음'의 순서로 말하죠? 일본어에서는 반대로 心と体(마음과 몸)의 순서로 말하는 경우가 많아요.

0551 N5

頭　あたま　머리 [명사]

かぜをひいて頭が痛い。 감기에 걸려서 머리가 아파.

これは頭を使うゲームです。 이것은 머리를 쓰는 게임이에요.

ひく① (감기에) 걸리다 ｜ 痛い[いたい] 아프다 ｜ 使う[つかう]① 쓰다

- '감기에 걸리다'는 일본어로 かぜをひく(감기를 끌어들이다)라고 표현해요. ひく는 한자 引く로 쓰는데, '감기에 걸리다'의 뜻으로 쓸 때는 보통 히라가나로 써요.

0552 N4 참 417

髪　かみ　머리(카락) [명사]

髪が濡れたまま寝てはいけない。 머리카락이 젖은 채 자면 안 된다.

出かける前に髪を洗いました。 외출하기 전에 머리를 감았습니다.

濡れる[ぬれる]② 젖다 ｜ 寝る[ねる]② 자다 ｜ ～てはいけない ~하면 안 되다 ｜ 出かける[でかける]② 외출하다 ｜ ～前に[まえに] ~(하기) 전에 ｜ 洗う[あらう]① 씻다

⊕ '머리를 감다'라는 표현은 髪を洗う(머리를 씻다)라고 표현해요. シャンプーする(샴푸하다)라는 표현을 쓰기도 해요.

0553 N4

毛 け 털 [명사]

⊕ 악센트에 관해서는 658쪽 4번 설명을 보세요.

うちの犬は毛がとても柔らかい。 우리 집 개는 털이 매우 부드러워.

私は毛のない猫を飼ってます。 저는 털이 없는 고양이를 기르고 있어요.

犬[いぬ] 개 | 柔らかい[やわらかい] 부드럽다 | 私[わたし] 저 | ない 없다 | 猫[ねこ] 고양이 | 飼う[かう]① 기르다 | ~て(い)る② ~하고 있다

⊕ うち를 '집'으로 알고 있는 분들이 많죠? '우리 ~'라는 뜻에도 うち를 써요.

⊕ '머리카락'은 髪の毛[かみのけ](머리의 털)라고 하기도 해요.

0554 N5

顔 かお 얼굴 [명사]

酒を飲むと、すぐに顔が赤くなる。 술을 마시면, 금방 얼굴이 빨개진다.

朝起きて、まず顔を洗います。 아침에 일어나서, 먼저 세수를 합니다.

酒[さけ] 술 | 飲む[のむ]① 마시다 | 赤い[あかい] 빨갛다 | ~くなる① ~해지다 | 朝[あさ] 아침 | 起きる[おきる]② 일어나다 | 洗う[あらう]① 씻다

⊕ 顔を洗います는 직역하면 '얼굴을 씻습니다'가 돼요.

0555 N5

目 め 눈 [명사]

⊕ 악센트에 관해서는 658쪽 4번 설명을 보세요.

彼女は冷たい目で私を見てた。 그녀는 차가운 눈으로 나를 보고 있었어.

目が悪いのでコンタクトをしてます。 눈이 나쁘기 때문에 렌즈를 하고 있어요.

彼女[かのじょ] 그녀 | 冷たい[つめたい] 차갑다 | 私[わたし] 나 | 見る[みる]② 보다 | ~て(い)る② ~하고 있다 | 悪い[わるい] 나쁘다

⊕ コンタクトレンズ(콘택트 렌즈)는 줄여서 コンタクト라고 해요. '렌즈를 끼다'라는 표현은 コンタクトをつける(렌즈를 붙이다)라고도 해요.

0556 N4 참 429

鼻 はな 코 [명사]

イヌイットは鼻と鼻で挨拶する。 이누이트는 코와 코로 인사한다.

鼻が低いのが私のコンプレックスです。 코가 낮은 것이 제 콤플렉스입니다.

挨拶[あいさつ] 인사 | 低い[ひくい] 낮다 | 私[わたし] 저

0557 N5

耳 みみ 귀 [명사]

耳に水が入った。 귀에 물이 들어갔어.

この耳で確かに聞きました。 이 귀로 확실히 들었어요.

水[みず] 물 | 入る[はいる]① 들어가다 | 確か[たしか] 확실 | 聞く[きく]① 듣다

0558 N5

口 くち 입 [명사]

納豆は私の口には合わない。 낫토는 내 입에는 안 맞는다.

口を大きく開けてください。 입을 크게 벌려 주세요.

納豆[なっとう] 낫토 | 私[わたし] 나 | 合う[あう]① 맞다 | 大きい[おおきい] 크다 | 開ける[あける] ② 열다

0559 N5 참 427

歯 は 이(치아) [명사]

⊕ 악센트에 관해서는 658쪽 4번 설명을 보세요.

祖父は歯が1本もない。 할아버지는 이가 한 개도 없어.

私は歯が丈夫です。 저는 이가 튼튼해요.

祖父[そふ] 할아버지 | 1本[いっぽん] 한 개 | ない 없다 | 私[わたし] 저 | 丈夫[じょうぶ] 튼튼함

⊕ 이(치아)를 셀 때는 本[ほん]을 써서 세요. 本은 길쭉하게 생긴 것을 셀 때 쓰는 것이라 '~자루', '~개비' 등으로 해석할 때가 많아요.

0560 N5

磨く　みがく　닦다 [1류동사(타)]

みがかない　みがきます　みがけ　みがける　みがけば　みがこう　みがいて

靴をきれいに磨いた。　구두를 깨끗이 닦았다.

1日に3回、歯を磨きます。　하루에 세 번, 이를 닦습니다.

靴[くつ] 구두 | 1日[いちにち] 하루 | 3回[さん かい] 세 번 | 歯[は] 이

0561 N4

あご　あご　턱 [명사]

あごの骨が折れた。　턱뼈가 부러졌다.

あごにソースが付いてますよ。　턱에 소스가 묻어 있어요.

骨[ほね] 뼈 | 折れる[おれる]② 부러지다 | 付く[つく]① 묻다 | ~ている② ~해 있다

0562 N4

ひげ　ひげ　수염 [명사]

白いひげのおじいさんがベンチに座ってた。　흰 수염이 난 할아버지가 벤치에 앉아 있었어.

毎朝ひげをそります。　매일 아침에 수염을 깎아요.

白い[しろい] 희다 | 座る[すわる]① 앉다 | ~て(い)る② ~해 있다 | 毎朝[まいあさ] 매일 아침 | そる① 깎다

⊕ 白いひげのおじいさん은 직역하면 '흰 수염의 할아버지'가 돼요.

0563 N4　참 484

首　くび　목 [명사]

そのモデルの首は細くて長い。　그 모델의 목은 가늘고 길다.

彼は会社を首になりました。　그는 회사를 해고당했습니다.

細い[ほそい] 가늘다 | 長い[ながい] 길다 | 彼[かれ] 그 | 会社[かいしゃ] 회사 | ~になる① ~가 되다

⊕ 首になる(해고되다, 해고당하다)는 직역하면 '목이 되다'가 돼요. 참고로 首を切[き]る(목을 자르다/해고하다), 首を切[き]られる(목을 잘리다/해고되다)라는 표현도 있어요.

0564 N4 참 416

肩 かた 어깨 [명사]

肩がぶつかったことが原因でけんかになった。 어깨가 부딪친 것이 원인이 되어 싸움이 났어.

肩に力が入りすぎないようにしましょう。 어깨에 힘이 너무 들어가지 않도록 합시다.

ぶつかる① 부딪치다 | 原因[げんいん] 원인 | ～になる① ～가 되다 | 力[ちから] 힘 | 入る[はいる]① 들어가다 | ～すぎる② 너무 ～하다 | ～ないようにする③ ～하지 않도록 하다

⊕ けんかになった는 직역하면 '싸움이 됐어'가 돼요.

0565 N5

手 て 손 [명사]

⊕ 악센트에 관해서는 658쪽 4번 설명을 보세요.

この国では食べ物を手で食べる。 이 나라에서는 음식을 손으로 먹는다.

手が汚くなってしまいました。 손이 더러워지고 말았습니다.

国[くに] 나라 | 食べ物[たべもの] 음식 | 食べる[たべる]② 먹다 | 汚い[きたない] 더럽다 | ～くなる① ～해지다 | ～てしまう① ～하고 말다

0566 N4

腕 うで 팔 [명사]

腕を太くするトレーニングを毎日してる。 팔을 굵게 하는 트레이닝을 매일 하고 있어.

腕が痛くなるほどボーリングの練習をしました。 팔이 아파질 정도로 볼링 연습을 했어요.

太い[ふとい] 굵다 | ～くする③ ～하게 하다 | 毎日[まいにち] 매일 | ～て(い)る② ～하고 있다 | 痛い[いたい] 아프다 | ～くなる① ～해지다 | 練習[れんしゅう] 연습

0567 N5

おなか おなか 배 [명사]

おなかがすいた。 배가 고프다.

おなかがいっぱいで、もう食べられません。 배가 불러서, 이제 못 먹겠습니다.

すく① (배가) 고프다 | 食べる[たべる]② 먹다

⊕ すく는 '비다'라는 뜻이에요. 그래서 おなかがすいた(배가 고프다)는 직역하면 '배가 비었다'가 돼요. 그래서 すいた(비웠다)라는 과거형으로 쓰는 거예요.

⊕ おなか는 사전에 お中와 お腹로 나오는데 お腹가 상용한자 표기가 아니지만 실생활에서는 보통 お腹를 써요.

0568 N5

足　あし　발, 다리 [명사]

足のサイズは何センチ？　발 사이즈는 몇 센치야?

足が長い人が多くなりました。　다리가 긴 사람이 많아졌어요.

何[なん] 몇 | 長い[ながい] 길다 | 人[ひと] 사람 | 多い[おおい] 많다 | ～くなる① ~해지다

⊕ '발'도 '다리'도 足라고 하는데, '다리'의 뜻으로 쓸 때는 한자 脚로 쓰기도 해요.

⊕ 'cm(센티미터)'가 일본어로 センチメートル인데 줄여서 センチ라고 해요. 일본에서는 신발 사이즈를 cm로 나타내요. 즉 사이즈 245면 24.5cm[にじゅうよん てん ご センチ]라고 하는 거죠.

0569 N4

踏む　ふむ　밟다 [1류동사(타)]

ふまない　ふみます　ふめ　ふめる　ふめば　ふもう　ふんで

電車で足を踏まれた。　전철에서 발을 밟혔다.

急いでブレーキを踏みました。　서둘러 브레이크를 밟았습니다.

電車[でんしゃ] 전철 | 足[あし] 발 | 急ぐ[いそぐ]① 서두르다

0570 N4

力　ちから　힘 [명사]

最近、考える力が足りない人が増えた。　요즘, 생각하는 힘이 부족한 사람이 많아졌어.

いくら力を入れて押してもドアが開きません。　아무리 힘을 줘서 밀어도 문이 열리지 않아요.

最近[さいきん] 요즘 | 考える[かんがえる]② 생각하다 | 足りる[たりる]② 족하다 | 人[ひと] 사람 | 増える[ふえる]② 많아지다 | 入れる[いれる]② 넣다 | 押す[おす]① 밀다 | 開く[あく]① 열리다

⊕ 力を入れる는 직역하면 '힘을 넣다'가 돼요.

0571 N4 참 468

骨 ほね 뼈 [명사]

病気の祖母は、やせて骨ばかりになった。 병에 걸린 할머니는, 살이 빠져서 뼈만 남았다.

このチキンは骨がなくて食べやすいです。 이 치킨은 뼈가 없어서 먹기 편합니다.

病気[びょうき] 병 | 祖母[そぼ] 할머니 | やせる② 살이 빠지다 | ～になる① ～가 되다 | 食べる[たべる]② 먹다 | ～やすい ～하기 편하다

骨ばかりになった는 직역하면 '뼈만이 되었다'가 돼요.

확인해 봐요!

책 날개에 있는 책갈피를 이용해서, 한 쪽을 가리고 나머지 한 쪽을 맞추는 연습을 해 보세요.

体(からだ)	몸	あご	턱
心(こころ)	마음	ひげ	수염
頭(あたま)	머리	首(くび)	목
髪(かみ)	머리(카락)	肩(かた)	어깨
毛(け)	털	手(て)	손
顔(かお)	얼굴	腕(うで)	팔
目(め)	눈	おなか	배
鼻(はな)	코	足(あし)	발, 다리
耳(みみ)	귀	踏(ふ)む	밟다
口(くち)	입	力(ちから)	힘
歯(は)	이(치아)	骨(ほね)	뼈
磨(みが)く	닦다		

〈장문으로 연습해 봐요〉

❶ 일본어 단어의 독음을 히라가나로 쓴 후에 한국어 뜻을 써 보세요.

단어	히라가나	뜻
01. 心		
02. 頭		
03. 顔		
04. 首		
05. 足		

❷ 한국어 뜻에 해당하는 일본어 단어를 히라가나와 한자로 써 보세요.

단어	히라가나	한자
06. 몸		
07. 눈		
08. 귀		
09. 입		
10. 손		

❸ (　　) 속에 적절한 단어를 써 보세요. 한자를 모를 경우에는 히라가나로 쓰세요.

11. 出かける前に(　　　　)を洗いました。 외출하기 전에 머리를 감았습니다.

12. (　　　　)が低いのが私のコンプレックスです。
코가 낮은 것이 제 콤플렉스입니다.

13. 1日に3回、歯を(　　　　)。 하루에 세 번, 이를 닦습니다.

14. (　　　　)がすいた。 배가 고프다.

15. 電車で足を(　　　　)。 전철에서 발을 밟혔다.

| 정답 |

❶ 01. こころ/마음 02. あたま/머리 03. かお/얼굴 04. くび/목 05. あし/발, 다리

❷ 06. からだ/体 07. め/目 08. みみ/耳 09. くち/口 10. て/手

❸ 11. 髪[かみ] 12. 鼻[はな] 13. 磨きます[みがきます] 14. おなか 15. 踏まれた[ふまれた]

0572 N5

病気　びょうき　병 [명사]

その人は重い病気にかかっている。　그 사람은 위중한 병에 걸려 있다.

友達が病気で学校を休んでいます。　친구가 병 때문에 학교를 쉬고 있습니다.

人[ひと] 사람 ︱ 重い[おもい] 중하다 ︱ かかる① 걸리다 ︱ ～ている② ~해 있다, ~하고 있다 ︱ 友達[ともだち] 친구 ︱ 学校[がっこう] 학교 ︱ 休む[やすむ]① 쉬다

⊕ 병이 위중하거나 심각한 상태를 나타낼 때는 重い(무겁다)라고 표현해요.

0573 N5　참 453

病院　びょういん　병원 [명사]

病院で1時間も待った。　병원에서 1시간이나 기다렸어.

今すぐ病院に行った方がいいですよ。　지금 바로 병원에 가는 편이 좋아요.

1時間[いち じかん] 1시간 ︱ 待つ[まつ]① 기다리다 ︱ 今[いま] 지금 ︱ 行く[いく]① 가다 ︱ ～た方がいい[ほうがいい] ~하는 편이 좋다

0574 N5

どうしましたか　どうしましたか　(병원) 어떻게 오셨어요? [관용표현]

「どうしましたか」という質問にうまく答えられなかった。　'어떻게 오셨어요?'라는 질문에 잘 대답하지 못했다.

「どうしましたか」と医者に聞かれました。　'어떻게 오셨어요?'라고 의사에게 질문 받았습니다.

質問[しつもん] 질문 ︱ 答える[こたえる]② 대답하다 ︱ 医者[いしゃ] 의사 ︱ 聞く[きく]① 묻다

⊕ どうしましたか는 '무슨 일입니까?', '어떻게 했습니까?'라는 뜻으로 쓰는 경우도 있어요.

0575 N4　참 633

お大事に　おだいじに　몸조리 잘하세요 [감동사]

どうぞお大事に。　아무쪼록 몸조리 잘하세요.

お大事に。早く元気になってください。　몸조리 잘하세요. 빨리 건강을 회복하세요.

早い[はやい] 빠르다 ︱ 元気[げんき] 건강 ︱ ～になる① ~해지다

⊕ お大事には 반말 표현이 없기 때문에, 반말을 쓰는 상대에게도 그대로 お大事に라고 해요.
⊕ 元気になる는 직역하면 '건강해지다'가 돼요. '건강을 회복하다', '기운을 되찾다' 등으로 의역하면 자연스러워요.

0576 N4

けが　けが　부상, 상처 [명사]

けががなかなか治らない。 상처가 좀처럼 낫지 않는다.
交通事故でひどいけがをしました。 교통사고로 심하게 다쳤습니다.

治る[なおる]① 낫다 | 交通[こうつう] 교통 | 事故[じこ] 사고
⊕ けが는 한자 怪我로 쓰는 경우도 많아요.
⊕ '다치다'는 けがをする(부상을 하다)라고 표현해요.

0577 N5

かぜ　かぜ　감기 [명사]

かぜをひいた。 감기에 걸렸어.
かぜで学校を休みました。 감기 때문에 학교를 쉬었어요.

学校[がっこう] 학교 | 休む[やすむ]① 쉬다
⊕ '감기에 걸리다'는 일본어로 かぜをひく(감기를 끌어들이다)라고 표현해요.
⊕ かぜ를 한자 風邪로 쓰는 경우도 많아요.

0578 N4

熱　ねつ　열 [명사]

ウイルスは普通熱に弱い。 바이러스는 보통 열에 약해.
毎日、熱が上がったり下がったりしてます。 매일, 열이 올랐다 내렸다 하고 있어요.

普通[ふつう] 보통 | 弱い[よわい] 약하다 | 毎日[まいにち] 매일 | 上がる[あがる]① 오르다 | ~たり~たりする③ ~했다 ~했다 하다 | 下がる[さがる]① 내리다 | ~て(い)る② ~하고 있다
⊕ ウイルス의 イ를 작게 써서 ウィルス로 표기하기도 해요.

0579 N4

注射　ちゅうしゃ　주사 [명사(+する)]

注射1本打ったら、すっかりよくなった。 주사 한 대 맞았더니, 완전히 좋아졌다.

注射した後、15分は座って待っててください。

주사를 맞은 후, 15분은 앉아서 기다려 주세요.

1本[いっぽん] (주사) 한 대 | 打つ[うつ]① (주사를) 놓다 | いい 좋다 | ～くなる① ～해지다 | ～た後[あと] ～한 후 | 15分[じゅうごふん] 15분 | 座る[すわる]① 앉다 | 待つ[まつ]① 기다리다 | ～て(い)る② ～하고 있다

- 注射を打つ와 注射する는 '주사를 놓다'라는 뜻이지만 '주사를 맞다'라는 뜻으로도 써요. '주사를 맞다'라는 표현에는 注射を受[う]ける(주사를 받다)도 있어요.
- 待っててください는 직역하면 '기다리고 있어 주세요'가 돼요. 자세한 설명은 510쪽을 보세요.

0580 N4

(お)見舞い　みまい/おみまい　병문안, 위문 [명사]

父の見舞いに息子を行かせた。 아버지의 병문안에 아들을 가게 했다.

お見舞いのお電話をたくさんいただきました。 위문 전화를 많이 받았습니다.

父[ちち] 아버지 | 息子[むすこ] 아들 | 行く[いく]① 가다 | 電話[でんわ] 전화 | いただく① 받다(공손함)

0581 N4

気を付ける　きをつける　조심하다 [관용표현]

きをつけない　きをつけます　きをつけろ　きをつけられる　きをつければ
きをつけよう　きをつけて

言葉に気を付けなさい。 말을 조심해라.

番号を間違えないように気を付けてください。 번호를 틀리지 않도록 조심하세요.

言葉[ことば] 말 | 番号[ばんごう] 번호 | 間違える[まちがえる]② 틀리다

- 気を付ける는 앞에 조사 に를 써서 ～に気を付ける(～를 조심하다, ～에 조심하다)라고 표현해요.

0582 N5

薬　くすり　약 [명사]

薬を飲んでからゆっくり寝た。 약을 먹고 나서 푹 잤어.

この薬はとてもよく効きます。 이 약은 아주 잘 들어요.

飲む[のむ]① 마시다 | 寝る[ねる]② 자다 | 効く[きく]① (약이) 듣다

- '약을 먹다'는 薬を飲む(약을 마시다)라고 표현해요. 약은 씹지 않고 삼키니까 이렇게 표현하는 거겠죠!
- '듣다'는 きく인데, '약이 듣다'에는 한자 効를 써서 効く라고 표현하고, '소리를 듣다'에는 한자 聞을 써서 聞く라고 표현해요.

0583 N4

塗る　ぬる　바르다, 칠하다 [1류동사(타)]

ぬらない　ぬります　ぬれ　ぬれる　ぬれば　ぬろう　ぬって

部屋の壁にペンキを塗ろうと思っている。 방의 벽에 페인트를 칠하려고 생각하고 있다.

この薬を1日に2回、朝と夜に塗ってください。 이 약을 하루에 두 번, 아침과 밤에 바르세요.

部屋[へや] 방 | 壁[かべ] 벽 | ～(よ)うと思う[おもう]① ~하려고 생각하다 | ～ている② ~하고 있다 | 薬[くすり] 약 | 1日[いち にち] 하루 | 2回[に かい] 두 번 | 朝[あさ] 아침 | 夜[よる] 밤

0584 N5

元気(な)　げんき(な)　건강(한), 활기 넘침(활기 넘치는) [명사, な형용사]

運動をして元気な体を作ろう！ 운동을 해서 건강한 몸을 만들자!

生徒たちはいつも元気いっぱいです。 학생들은 항상 활기가 가득 넘칩니다.

運動[うんどう] 운동 | 体[からだ] 몸 | 作る[つくる]① 만들다 | 生徒[せいと] 학생

0585 N5

若い　わかい　젊다 [い형용사]

わかくない　わかかった　わかく　わかくて　わかければ

⊕ わかくない わかかった わかく わかくて わかければ라는 악센트가 기존에는 모범적인 악센트였지만, 위에 제시한 악센트로 발음하는 사람이 많아지고 있고 올바른 악센트로 인정되었기에 기본으로 제시했어요.

私のクラスの先生は若くて元気な先生。 우리 반 선생님은 젊고 활기 넘치는 선생님이야.

若い頃からずっとテニスをしてます。 젊은 시절부터 계속 테니스를 하고 있어요.

私[わたし] 나 | 先生[せんせい] 선생님 | 元気[げんき] 활기 넘침 | 頃[ころ] 시절 | ～て(い)る② ~하고 있다

⊕ '우리 반'은 私のクラス(나의 반)라고 표현해요. '우리 반'과 비슷한 표현으로는 うちのクラス도 있어요.

0586 N5

大変(な)　たいへん(な)　힘듦(힘든), 큰일(인) [명사, な형용사]

それは大変だ！ 그건 큰일이다!

大変な仕事でしたが、やっと終わりました。 힘든 일이었지만, 겨우 끝났습니다.

仕事[しごと] 일 | 終わる[おわる]① 끝나다

0587 N4 참 492

疲れる つかれる 지치다, 피곤하다 [2류동사(자)]

つかれない つかれます (つかれろ) (つかれられる) つかれれば (つかれよう) つかれて

( )에 들어간 활용형에 대해서는 658쪽 5번 설명을 보세요.

疲れたときは甘いものが欲しくなる。 지쳤을 때는 단 것이 먹고 싶어진다.

長い時間パソコンを使うと目が疲れます。 긴 시간 PC를 사용하면 눈이 피곤합니다.

甘い[あまい] 달다 | 欲しい[ほしい] 원하다 | ～くなる① ～해지다 | 長い[ながい] 길다 | 時間[じかん] 시간 | 使う[つかう]① 사용하다 | 目[め] 눈

- 甘いものが欲しくなる는 직역하면 '단 것이 갖고 싶어진다', '단 것을 원하게 된다'가 돼요. '먹고 싶다'를 食[た]べたい라고 할 수도 있어요.
- 疲れる는 '피곤하다'로 해석하는 경우가 많지만, 동사이기 때문에 정확히 해석하자면 '지치다', '피곤해지다'가 돼요. 품사의 차이 때문에 일본어와 한국어에서 시제 차이가 나타나는 경우가 많으니 조심하세요.

0588 N4

うれしい うれしい 기쁘다 [い형용사]

うれしくない うれしかった うれしく うれしくて うれしければ

- うれしくない うれしかった うれしく うれしくて うれしければ라는 악센트도 써요.

涙が出るほどうれしかった。 눈물이 날 정도로 기뻤어.

母はうれしそうに笑ってました。 어머니는 기쁜 듯이 웃고 있었어요.

涙[なみだ] 눈물 | 出る[でる]② 나다 | 母[はは] 어머니 | ～そうだ ～해 보이다 | 笑う[わらう]① 웃다 | ～て(い)る② ～하고 있다

- うれしい는 한자 嬉しい로 쓰는 경우도 많아요.

0589 N4

悲しい かなしい 슬프다 [い형용사]

かなしくない かなしかった かなしく かなしくて かなしければ

- かなしい かなしかった かなしくて かなしければ라는 악센트도 써요.

両親がけんかしているのを見て悲しくなった。 부모님이 싸우고 있는 것을 보고 슬퍼졌다.

悲しいことは誰にでもあります。 슬픈 일은 누구에게나 있습니다.

両親[りょうしん] 부모 | ～ている② ~하고 있다 | 見る[みる]② 보다 | ～くなる① ~해지다 | 誰[だれ] 누구 | ある① 있다

0590 N4

寂しい　さびしい　외롭다, 쓸쓸하다 [い형용사]

さびしくない　さびしかった　さびしく　さびしくて　さびしければ

さびしくない　さびしかった　さびしく　さびしくて　さびしければ라는 악센트도 써요.

彼女は彼と別れてからずっと寂しがってる。

그녀는 남자친구와 헤어지고 나서 계속 외로워하고 있어.

その人は寂しかったのかもしれません。 그 사람은 쓸쓸했는지도 모르겠어요.

彼女[かのじょ] 그녀 | 彼[かれ] 남자친구 | 別れる[わかれる]② 헤어지다 | ～がる① ~해하다 | ～て(い)る② ~하고 있다 | 人[ひと] 사람 | ～かもしれない ~하는지도 모르다

0591 N4

怖い　こわい　무섭다, 두렵다 [い형용사]

こわくない　こわかった　こわく　こわくて　こわければ

こわくない　こわかった　こわく　こわくて　こわければ라는 악센트가 기존에는 모범적인 악센트였지만, 위에 제시한 악센트로 발음하는 사람이 많아지고 있고 이것도 올바른 악센트로 인정되었기에 기본으로 제시했어요.

そんな怖い顔をしないで。 그런 무서운 표정을 짓지 마.

私は本当のことを知るのが怖かったんです。 저는 진실을 아는 것이 두려웠던 겁니다.

顔[かお] 얼굴 | 私[わたし] 저 | 本当[ほんとう] 정말 | 知る[しる]① 알다 | ～んだ ~한 것이다

～顔をする(~(한) 얼굴을 하다)는 '~(한) 표정을 짓다'라는 뜻이에요.

本当のことは 직역하면 '정말인 것', '사실(진실)인 것'이 돼요.

0592 N4

恥ずかしい　はずかしい　부끄럽다, 창피하다 [い형용사]

はずかしくない　はずかしかった　はずかしく　はずかしくて　はずかしければ

はずかしくない　はずかしかった　はずかしく　はずかしくて　はずかしければ라는 악센트도 써요.

こんなことをして恥ずかしくないの？ 이런 일을 하고 부끄럽지 않은 거야?

恥ずかしい話ですが、今生活に困ってます。 창피한 이야기지만, 지금 생활이 곤란해져 있어요.

～の？ ～한 거야? | 話[はなし] 이야기 | 今[いま] 지금 | 生活[せいかつ] 생활 | 困る[こまる]① 곤란하다 | ～て(い)る② ～하고 있다

生活に困ってます는 직역하면 '생활에 곤란해하고 있습니다'가 돼요. '곤란하다'는 형용사인데 困る는 동사라서 시제 차이가 나요.

0593 N4

残念(な) ざんねん(な) 유감(스러운) [명사, な형용사]

みんなで集まれないのは残念だ。 다 함께 모일 수 없는 것은 유감이다.

残念なお知らせがあります。 유감스러운 소식이 있습니다.

集まる[あつまる]① 모이다 | お知らせ[おしらせ] 소식 | ある① 있다

0594 N4

怒る おこる 화내다 [1류동사(자/타)]

おこらない　おこります　おこれ　おこれる　おこれば　おころう　おこって

先生は急に怒り出した。 선생님은 갑자기 화내기 시작했어.

お母さんを怒らせない方がいいですよ。 어머니를 화나게 하지 않는 편이 좋아요.

先生[せんせい] 선생님 | 急に[きゅうに] 갑자기 | ～出す[だす]① ～하기 시작하다 | お母さん[おかあさん] 어머니 | ～ない方がいい[ほうがいい] ～하지 않는 편이 좋다

怒る는 いかる(성내다, 노하다)라고도 읽어요. いかる는 おこる와 같은 뜻이지만 문어적인 느낌이에요.

0595 N5

困る こまる 난감하다, 곤란하다 [1류동사(자)]

こまらない　こまります　(こまれ)　(こまれる)　こまれば　(こまろう)　こまって

( )에 들어간 활용형에 대해서는 658쪽 5번 설명을 보세요.

ああ、困った。どうしよう。 아~, 난감하네. 어떻게 하지?

なくても困らないものは捨てましょう。 없어도 곤란하지 않은 것은 버립시다.

ない 없다 | 捨てる[すてる]② 버리다

困る는 '난감하다', '곤란하다'로 해석하는 경우가 많은데, 한국어 해석으로는 형용사이지만 일본어 困る는 동사예요. 이러한 품사의 차이로 시제 차이가 나는 경우가 많아요. ああ、困った도 한국어 '난감하다'는 형용사이기 때문에 현재형이지만, 일본어 困る는 동사이기 때문에 困った(어려움에 처했다)라는 과거형이 돼요.

しよう는 '하자'라는 뜻의 의지형 표현인데, どうしよう에서는 '어떻게 하지?'라는 뜻이 돼요. 존댓말로 바꾸면 どうしましょう(어떻게 할까요?, 어떻게 하죠?)가 돼요.

0596 N4

笑う　わらう　웃다 [1류동사(자/타)]

わらわない　わらいます　わらえ　わらえる　わらえば　わらおう　わらって

おなかが痛くなるほど笑った。 배가 아프도록 웃었다.

その友達はいつも私を笑わせてくれます。 그 친구는 항상 저를 웃게 해 줍니다.

痛い[いたい] 아프다 ｜ ～くなる① ～해지다 ｜ 友達[ともだち] 친구 ｜ 私[わたし] 저 ｜ ～てくれる② (다른 사람이) ～해 주다

おなかが痛くなるほど는 직역하면 '배가 아파질 정도로'가 돼요.

0597 N4　참 476

泣く　なく　울다 [1류동사(자)]

なかない　なきます　なけ　なける　なけば　なこう　ないて

この小説を読んで泣かない人はいないと思う。 이 소설을 읽고 울지 않는 사람은 없을 거야.

かわいがってた犬が死んで、妹が泣いてます。 예뻐하던 개가 죽어서, 여동생이 울고 있어요.

小説[しょうせつ] 소설 ｜ 読む[よむ]① 읽다 ｜ 人[ひと] 사람 ｜ いる② 있다 ｜ 思う[おもう]① 생각하다 ｜ かわいい 예쁘다 ｜ ～がる① ～해하다 ｜ ～て(い)る② ～하고 있다 ｜ 犬[いぬ] 개 ｜ 死ぬ[しぬ]① 죽다 ｜ 妹[いもうと] 여동생

かわいがってた犬는 직역하면 '예뻐하고 있던 개'가 돼요.

책 날개에 있는 책갈피를 이용해서, 한 쪽을 가리고 나머지 한 쪽을 맞추는 연습을 해 보세요.

病気(びょうき)	병	若(わか)い	젊다
病院(びょういん)	병원	大変(たいへん)(な)	힘듦(힘든), 큰일(인)
どうしましたか	(병원) 어떻게 오셨어요?	疲(つか)れる	지치다, 피곤하다
お大事(だいじ)に	몸조리 잘하세요	うれしい	기쁘다
けが	부상, 상처	悲(かな)しい	슬프다
かぜ	감기	寂(さび)しい	외롭다, 쓸쓸하다
熱(ねつ)	열	怖(こわ)い	무섭다, 두렵다
注射(ちゅうしゃ)	주사	恥(は)ずかしい	부끄럽다, 창피하다
(お)見舞(みま)い	병문안, 위문	残念(ざんねん)(な)	유감(스러운)
気(き)を付(つ)ける	조심하다	怒(おこ)る	화내다
薬(くすり)	약	困(こま)る	난감하다, 곤란하다
塗(ぬ)る	바르다, 칠하다	笑(わら)う	웃다
元気(げんき)(な)	건강(한), 활기 넘침(활기 넘치는)	泣(な)く	울다

〈대화로 연습해 봐요〉

❶ 일본어 단어의 독음을 히라가나로 쓴 후에 한국어 뜻을 써 보세요.

단어	히라가나	뜻
01. 病院		
02. 熱		
03. 疲れる		
04. 笑う		
05. 泣く		

❷ 한국어 뜻에 해당하는 일본어 단어를 히라가나와 한자로 써 보세요.

단어	히라가나	한자
06. 병		
07. 몸조리 잘하세요		
08. 조심하다		
09. 약		
10. 건강한, 활기 넘치는		

❸ (　　) 속에 적절한 단어를 써 보세요. 한자를 모를 경우에는 히라가나로 쓰세요.

11. 「(　　　　　　　　)」と医者に聞かれました。
'어떻게 오셨어요?'라고 의사에게 질문 받았습니다.

12. (　　　　)をひいた。 감기에 걸렸어.

13. 涙が出るほど(　　　　　　　)。 눈물이 날 정도로 기뻤어.

14. みんなで集まれないのは(　　　　)だ。 다 함께 모일 수 없는 것은 유감이다.

15. ああ、(　　　　　)。どうしよう。 아~, 난감하네. 어떻게 하지?

| 정답 |

❶ 01. びょういん/병원 02. ねつ/열 03. つかれる/지치다, 피곤하다 04. わらう/웃다 05. なく/울다

❷ 06. びょうき/病気 07. おだいじに/お大事に 08. きをつける/気を付ける 09. くすり/薬 10. げんきな/元気な

❸ 11. どうしましたか 12. かぜ 13. うれしかった 14. 残念[ざんねん] 15. 困った[こまった]

통신·뉴스·정보

13마디에서는 '인터넷', '라디오', '경제' 등의 통신·뉴스·정보와 관련된 단어를 배울게요.

단어 및 예문듣기

0598 N5

ニュース　ニュース　뉴스, 소식 [명사]

私は毎日ラジオでニュースを聞いてる。　나는 매일 라디오로 뉴스를 듣고 있어.

悪いニュースがあります。　나쁜 소식이 있어요.

私[わたし] 나 | 毎日[まいにち] 매일 | 聞く[きく]① 듣다 | ～て(い)る② ～하고 있다 | 悪い[わるい] 나쁘다 | ある① 있다

일본어에서는 습관적/반복적인 일을 할 때는 ～て(い)る(~하고 있다)를 써서 표현해요.

0599 N4

情報　じょうほう　정보 [명사]

これは確かな情報だ。　이것은 확실한 정보다.

何か情報をお持ちの方は、お電話ください。　뭔가 정보를 가지고 계시는 분은, 전화 주십시오.

確か[たしか] 확실 | 何か[なにか] 뭔가 | 持つ[もつ]① 가지다 | 方[かた] 분 | お~ください ~해 주십시오 | 電話[でんわ] 전화

0600 N4

インターネット　インターネット　인터넷 [명사]

インターネットが使えるパソコンが5台ある。　인터넷을 쓸 수 있는 PC가 다섯 대 있어.

わからないことはインターネットで調べます。　모르는 것은 인터넷으로 찾아봅니다.

使う[つかう]① 쓰다 | 5台[ごだい] 다섯 대 | ある① 있다 | わかる① 알다 | 調べる[しらべる]② 찾아보다

インターネット는 ネット로 줄여서 쓰는 경우가 많아요.

0601 N5

テレビ　テレビ　TV [명사]

うちの学校が今日テレビに出る。　우리 학교가 오늘 TV에 나온다.

私はテレビをあまり見ません。　저는 TV를 별로 보지 않습니다.

学校[がっこう] 학교 | 今日[きょう] 오늘 | 出る[でる]② 나오다 | 私[わたし] 저 | 見る[みる]② 보다

 N5

ラジオ　ラジオ　라디오 [명사]

隣の部屋のラジオの音がうるさい。 옆방의 라디오 소리가 시끄러워.

私は車を運転するとき、いつもラジオをつけます。 저는 차를 운전할 때, 항상 라디오를 켜요.

隣[となり] 옆 | 部屋[へや] 방 | 音[おと] 소리 | うるさい 시끄럽다 | 私[わたし] 저 | 車[くるま] 차 | 運転[うんてん] 운전 | つける② 켜다

0603 N4

放送　ほうそう　방송 [명사(+する)]

オリンピックの放送を見ながら食事をした。 올림픽 방송을 보면서 식사를 했다.

これは去年テレビで放送されたドラマです。 이것은 작년에 TV에서 방송된 드라마입니다.

見る[みる]② 보다 | 食事[しょくじ] 식사 | 去年[きょねん] 작년

0604 N4

番組　ばんぐみ　(방송) 프로그램 [명사]

今日は見たい番組が一つもない。 오늘은 보고 싶은 프로그램이 하나도 없어.

4月から新しい番組が始まります。 4월부터 새로운 프로그램이 시작돼요.

今日[きょう] 오늘 | 見る[みる]② 보다 | ～たい ～하고 싶다 | 一つ[ひとつ] 하나 | ない 없다 | 4月[しがつ] 4월 | 新しい[あたらしい] 새롭다 | 始まる[はじまる]① 시작되다

⊕ 일본은 새 연도가 4월에 시작해요.

0605 N4

アナウンサー　アナウンサー　아나운서 [명사]

子供の頃、アナウンサーになるのが夢だった。 어린 시절, 아나운서가 되는 것이 꿈이었다.

女性アナウンサーが少なかった時代があります。 여성 아나운서가 적었던 시대가 있습니다.

子供[こども] 아이 | 頃[ころ] 시절 | ～になる① ～가 되다 | 夢[ゆめ] 꿈 | 女性[じょせい] 여성 | 少ない[すくない] 적다 | 時代[じだい] 시대 | ある① 있다

0606 N4

ドラマ ドラマ 드라마 [명사]

この小説がドラマになるらしいよ。 이 소설이 드라마가 되는 모양이야.
そのドラマは悲しいストーリーでした。 그 드라마는 슬픈 스토리였어요.

小説[しょうせつ] 소설 | ～になる① ～가 되다 | ～らしい ～하는 모양이다 | 悲しい[かなしい] 슬프다

0607 N4 참 505

連絡 れんらく 연락 [명사(+する)]

今連絡が来たところ。 지금 막 연락이 왔어.
小さな事故でも警察に連絡した方がいいですよ。 작은 사고라도 경찰에 연락하는 편이 좋아요.

今[いま] 지금 | 来た[きた]③ 왔다 | ～たところだ 막 ～했다 | 小さな[ちいさな] 작은 | 事故[じこ] 사고 | 警察[けいさつ] 경찰 | ～た方がいい[ほうがいい] ～하는 편이 좋다

0608 N5

電話 でんわ 전화 [명사(+する)]

うちに帰る前に電話した。 집에 가기 전에 전화했다.
電話をかけても誰も出ません。 전화를 걸어도 아무도 받지 않습니다.

帰る[かえる]① 돌아가다 | ～前に[まえに] ～(하기) 전에 | かける② 걸다 | 誰も[だれも] 아무도 | 出る[でる]② (전화를) 받다

+ '자기 집으로 돌아가다'는 동사 帰る를 써요. '집에 가다'를 직역하여 行く[いく](가다)를 쓰면 안 돼요.
+ '전화를 받다'는 電話に出る(전화에 나오다/나가다)라고 표현해요.

0609 N5

携帯電話 けいたいでんわ 휴대전화 [명사]

私が学生の頃は携帯電話がなかった。 내가 학생 때는 휴대전화가 없었어.
携帯電話をマナーモードにしてください。 휴대전화를 진동 모드로 해 주세요.

私[わたし] 나 | 学生[がくせい] 학생 | 頃[ころ] 때 | ない 없다

+ 휴대전화의 '진동 모드'는 マナーモード(매너 모드)라고 해요.

0610 N4

ケータイ　　ケータイ　　휴대폰, 핸드폰 [명사]

今はほとんどの人がケータイを持っている。 지금은 대부분의 사람들이 휴대폰을 가지고 있다.

ケータイの電源を切りました。 핸드폰의 전원을 껐습니다.

今[いま] 지금 | 人[ひと] 사람 | 持つ[もつ]① 가지다 | ～ている② ~하고 있다 | 電源[でんげん] 전원 | 切る[きる]① 끄다

⊕ ケータイ는 携帯電話[けいたい でんわ](휴대전화)의 준말로, 한자 携帯로 쓰기도 해요. 그런데 지금은 모두 스마트폰을 써서 ケータイ라고 하지 않고 スマホ라고 하는 것이 일반적이에요.

0611 N4

スマホ　　スマホ　　스맛폰 [명사]

スマホのカメラでもきれいな写真が撮れる。 스맛폰의 카메라로도 예쁜 사진을 찍을 수 있어.

歩きながらスマホを見るのはやめましょう。 걸으면서 스맛폰을 보는 것은 그만둡시다.

写真[しゃしん] 사진 | 撮る[とる]① 찍다 | 歩く[あるく]① 걷다 | 見る[みる]② 보다 | やめる② 그만두다

⊕ スマホ는 スマートフォン(스마트폰)의 준말이에요.

0612 N5

かける　　かける　　(전화를) 걸다, (안경을) 쓰다 [2류동사(타)]

かけない　かけます　かけろ　かけられる　かければ　かけよう　かけて

もう遅いから、電話をかけない方がいいよ。 이제 늦은 시간이니까, 전화를 걸지 않는 게 좋아.

このクラスは眼鏡をかけた人が多いですね。 이 반은 안경을 쓴 사람이 많네요.

遅い[おそい] 늦다 | 電話[でんわ] 전화 | ～ない方がいい[ほうがいい] ~하지 않는 편이 좋다 | 眼鏡[めがね] 안경 | 人[ひと] 사람 | 多い[おおい] 많다

⊕ 遅い는 주로 '늦다'로 해석하는데, '이미 시기가 늦은 모양'인 '늦었다'나 '늦은 시간이다'로 해석하기도 해요.

⊕ 電話をかけない方がいいよ는 직역하면 '전화를 걸지 않는 편이 좋아'가 돼요.

0613 N5

番号　　ばんごう　　번호 [명사]

知らない番号から来た電話には出ない。 모르는 번호로부터 온 전화는 받지 않는다.

部屋の番号を教えてください。 방 번호를 알려 주세요.

知る[しる]① 알다 | 来た[きた]③ 왔다 | 電話[でんわ] 전화 | 出る[でる]② (전화를) 받다 | 部屋[へや] 방 | 教える[おしえる]② 알리다

0614 N4

ベル ベル 벨 [명사]

フロントのベルを鳴らした。 프런트의 벨을 울렸어.

電話のベルが鳴りました。 전화 벨이 울렸어요.

鳴らす[ならす]① 울리다 | 電話[でんわ] 전화 | 鳴る[なる]① 울리다

- 鳴らす도 鳴る도 '울리다'인데 鳴らす는 '소리가 나게 하다'라는 뜻의 타동사이고, 鳴る는 '소리가 나다'라는 뜻의 자동사예요.
- 스마트폰의 벨소리는 ベル라고 하지 않고 着信音[ちゃくしんおん](착신음)이라고 하는 경우가 많아요.

0615 N5

メール メール 메일 [명사]

好きな人からメールが来て、うれしかった。 좋아하는 사람으로부터 메일이 와서, 기뻤다.

メールか電話で連絡をください。 메일이나 전화로 연락을 주세요.

好き[すき] 좋아함 | 人[ひと] 사람 | 来て[きて]③ 와서 | うれしい 기쁘다 | 電話[でんわ] 전화 | 連絡[れんらく] 연락

0616 N5

メールアドレス メールアドレス 메일 주소 [명사]

メールアドレス、教えて。 메일 주소, 알려 줘.

ここにメールアドレスを書いてください。 여기에 메일 주소를 써 주세요.

教える[おしえる]② 알리다 | 書く[かく]① 쓰다

- 일본에서는 라인(LINE)을 쓰는 사람이 많아서 메일 주소나 전화번호보다 라인 아이디를 물어보는 사람이 많아요.

책 날개에 있는 책갈피를 이용해서, 한 쪽을 가리고 나머지 한 쪽을 맞추는 연습을 해 보세요.

ニュース	뉴스, 소식	電話(でんわ)	전화
情報(じょうほう)	정보	携帯電話(けいたいでんわ)	휴대전화
インターネット	인터넷	ケータイ	휴대폰, 핸드폰
テレビ	TV	スマホ	스맛폰
ラジオ	라디오	かける	(전화를) 걸다, (안경을) 쓰다
放送(ほうそう)	방송	番号(ばんごう)	번호
番組(ばんぐみ)	(방송) 프로그램	ベル	벨
アナウンサー	아나운서	メール	메일
ドラマ	드라마	メールアドレス	메일 주소
連絡(れんらく)	연락		

연습해 봐요!

〈장문으로 연습해 봐요〉

❶ 일본어 단어의 독음을 히라가나로 쓴 후에 한국어 뜻을 써 보세요.

단어	히라가나	뜻
01. 情報		
02. 放送		
03. 番組		
04. 連絡		
05. 電話		

❷ 한국어 뜻에 해당하는 일본어 단어를 히라가나와 한자로 써 보세요.

단어	히라가나	한자
06. 뉴스, 소식		
07. 인터넷		
08. 드라마		
09. 스맛폰		
10. 번호		

❸ (　　) 속에 적절한 단어를 써 보세요. 한자를 모를 경우에는 히라가나로 쓰세요.

11. 私は(　　　　)をあまり見ません。 저는 TV를 별로 보지 않습니다.

12. 子供の頃、(　　　　　　　)になるのが夢だった。
어린 시절, 아나운서가 되는 것이 꿈이었다.

13. もう遅いから、電話を(　　　　　)方がいいよ。
이제 늦은 시간이니까, 전화를 걸지 않는 게 좋아.

14. フロントの(　　　　)を鳴らした。 프런트의 벨을 울렸어.

15. (　　　　)か電話で連絡をください。 메일이나 전화로 연락을 주세요.

| 정답 |

❶ 01. じょうほう / 정보 02. ほうそう / 방송 03. ばんぐみ / (방송) 프로그램 04. れんらく / 연락 05. でんわ / 전화
❷ 06. ニュース 07. インターネット 08. ドラマ 09. スマホ 10. ばんごう / 番号
❸ 11. テレビ 12. アナウンサー 13. かけない 14. ベル 15. メール

0617 N4

ファックス　ファックス　팩스 [명사]

今もファックスを使っている会社が結構ある。 지금도 팩스를 사용하는 회사가 꽤 있어.

ファックスで日本に書類を送りました。 팩스로 일본에 서류를 보냈어요.

今[いま] 지금 ∣ 使う[つかう]① 사용하다 ∣ ～ている② ～하고 있다 ∣ 会社[かいしゃ] 회사 ∣ 結構[けっこう] 꽤 ∣ ある① 있다 ∣ 日本[にほん] 일본 ∣ 書類[しょるい] 서류 ∣ 送る[おくる]① 보내다

⊕ ファックスは ファクス라고 쓰기도 해요.

0618 N5

참 332

送る　おくる　보내다 [1류동사(타)]

おくらない　おくります　おくれ　おくれる　おくれば　おくろう　おくって

送ったメールが戻ってきてしまった。 보낸 메일이 되돌아와 버렸다.

写真を送りましょうか。 사진을 보내 드릴까요?

戻る[もどる]① 되돌아오다 ∣ ～てくる③ ～해 오다 ∣ ～てしまう① ～해 버리다 ∣ 写真[しゃしん] 사진

⊕ 戻る에는 '되돌아가다'와 '되돌아오다' 2가지 뜻이 있는데 ～てくる와 합해지면 '되돌아오다'의 뜻으로 한정되고 '오다'는 느낌이 강해져요.

0619 N5

手紙　てがみ　편지 [명사]

今は手紙を書くことが少なくなった。 지금은 편지를 쓰는 일이 적어졌어.

手紙に切手を貼りました。 편지에 우표를 붙였어요.

今[いま] 지금 ∣ 書く[かく]① 쓰다 ∣ 少ない[すくない] 적다 ∣ ～くなる① ～해지다 ∣ 切手[きって] 우표 ∣ 貼る[はる]① 붙이다

0620 N5

封筒　ふうとう　(편지, 서류) 봉투 [명사]

封筒に住所と名前を書いた。 봉투에 주소와 이름을 썼다.

封筒の中には書類とお金が入っています。 봉투 안에는 서류와 돈이 들어 있습니다.

住所[じゅうしょ] 주소 ｜ 名前[なまえ] 이름 ｜ 書く[かく]① 쓰다 ｜ 中[なか] 안 ｜ 書類[しょるい] 서류 ｜ お金[おかね] 돈 ｜ 入る[はいる]① 들다 ｜ ～ている② ~해 있다

封筒가 '봉투'인 줄 아는 사람들이 많은데 종이로 된 '편지 봉투'나 '서류 봉투'를 가리켜요. '비닐봉투' 같은 봉지는 袋[ふくろ]라고 해요

0621 N5

葉書 はがき 엽서 [명사]

葉書を出すのを忘れた。 엽서를 보내는 것을 깜빡했어.

葉書で知らせました。 엽서로 알렸어요.

出す[だす]① (우편물을) 보내다 ｜ 忘れる[わすれる]② 깜빡하다 ｜ 知らせる[しらせる]② 알리다

葉書는 일상적으로는 가타카나 ハガキ로 쓰거나 히라가나 はがき로 쓰는 경우가 많아요.

0622 N5

切手 きって 우표 [명사]

郵便局で切手を買ってきた。 우체국에서 우표를 사 왔어.

この手紙はいくらの切手を貼ればいいですか。 이 편지는 얼마짜리 우표를 붙이면 되나요?

郵便局[ゆうびんきょく] 우체국 ｜ 買う[かう]① 사다 ｜ ～てくる③ ~해 오다 ｜ 手紙[てがみ] 편지 ｜ 貼る[はる]① 붙이다 ｜ いい 좋다

0623 N4

住所 じゅうしょ 주소 [명사]

引っ越して住所が変わった。 이사해서 주소가 바뀌었다.

石川さんの住所をご存じですか。 いしかわ 씨의 주소를 알고 계십니까?

引っ越す[ひっこす]① 이사하다 ｜ 変わる[かわる]① 바뀌다 ｜ ご存じ[ごぞんじ] 알고 계심

0624 N5

エアメール エアメール 에어메일, 항공우편 [명사]

エアメールの封筒の書き方がよくわからない。 에어메일의 봉투를 쓰는 방법을 잘 모르겠어.

エアメールで何日くらいかかりますか。 항공우편으로 며칠 정도 걸리나요?

封筒[ふうとう] 봉투 ｜ 書く[かく]① 쓰다 ｜ ～方[かた] ~(하는) 방법 ｜ わかる① 알다 ｜ 何日[なんにち] 며칠 ｜ かかる① 걸리다

0625 N5

航空便 こうくうびん 항공편 [명사]

航空便で荷物を送った。 항공편으로 짐을 보냈다.

航空便だと、いくらですか。 항공편이면, 얼마입니까?

荷物[にもつ] 짐 ｜ 送る[おくる]① 보내다

0626 N4

火事 かじ 화재 [명사]

ストーブの火が原因で火事になった。 난로의 불이 원인이 되어 화재가 났어.

うちの近くで大きな火事がありました。 우리 집 근처에서 큰 화재가 있었어요.

火[ひ] 불 ｜ 原因[げんいん] 원인 ｜ ～になる① ~가 되다 ｜ 近く[ちかく] 근처 ｜ 大きな[おおきな] 큰 ｜ ある① 있다

⊕ 火事になった는 직역하면 '화재가 됐어'가 돼요.

0627 N4

すり すり 소매치기 [명사]

すりに財布を盗まれた。 소매치기에게 지갑을 도둑 맞았다.

この辺はすりが多いから気を付けてください。 이 근처는 소매치기가 많으니까 조심하세요.

財布[さいふ] 지갑 ｜ 盗む[ぬすむ]① 훔치다 ｜ 辺[へん] 근처 ｜ 多い[おおい] 많다 ｜ 気を付ける[きを つける]② 조심하다

⊕ すり는 가타카나 スリ로 쓰는 경우도 많아요.

0628 N4

泥棒 どろぼう 도둑 [명사]

警察はその泥棒を捕まえた。 경찰은 그 도둑을 잡았어.

先週、泥棒に入られました。 지난주에 도둑이 들었어요.

警察[けいさつ] 경찰 ｜ 捕まえる[つかまえる]② 잡다 ｜ 先週[せんしゅう] 지난주 ｜ 入る[はいる]① 들다

泥棒に入られました는 직역하면 '도둑이 드는 것을 당했어요'가 돼요. 수동형으로 표현함으로써 '피해를 입었다'는 느낌을 표현한 거예요.

0629 N4

盗む ぬすむ 훔치다 [1류동사(타)]

ぬすまない　ぬすみます　ぬすめ　ぬすめる　ぬすめば　ぬすもう　ぬすんで

かぎをかけておけば、盗まれる心配はない。 자물쇠를 채워 두면, 도둑 맞을 걱정은 없어.

母の財布からお金を盗んだことがあります。 엄마 지갑에서 돈을 훔친 적이 있어요.

かける② 걸다 ｜ ～ておく① ~해 두다 ｜ 心配[しんぱい] 걱정 ｜ ない 없다 ｜ 母[はは] 엄마 ｜ 財布[さいふ] 지갑 ｜ お金[おかね] 돈 ｜ ～ことがある① ~한 적이 있다

'문을 잠그다', '자물쇠를 채우다'는 かぎをかける(열쇠를 걸다)라고 해요.

0630 N4

案内 あんない 안내 [명사(+する)]

試験の案内のパンフレットが来た。 시험을 안내하는 팸플릿이 왔다.

私に案内させてください。 제가 안내해 드리겠습니다.

試験[しけん] 시험 ｜ 来た[きた]③ 왔다 ｜ 私[わたし] 저 ｜ ～させてください ~하게 해 주세요

試験の案内のパンフレット는 직역하면 '시험의 안내의 팸플릿'이 돼요.

私に案内させてください는 직역하면 '저에게 안내하게 해 주세요'가 돼요. '~해 드리겠습니다'라고 정중하게 말할 때는 ～させてください(~하게 해 주세요)라는 표현을 써요.

0631 N4

計画 けいかく 계획 [명사(+する)]

計画を立てずに旅行するのが好き。 계획을 세우지 않고 여행하는 것을 좋아해.

友達のバースデーパーティーを計画しました。 친구의 생일 파티를 계획했어요.

立てる[たてる]② 세우다 ｜ 旅行[りょこう] 여행 ｜ 好き[すき] 좋아함 ｜ 友達[ともだち] 친구

 N4

経験　けいけん　경험 [명사(+する)]

それは忘れられない経験になった。　그것은 잊을 수 없는 경험이 되었다.

戦争を経験した人が減っています。　전쟁을 경험한 사람이 줄고 있습니다.

忘れる[わすれる]② 잊다 ｜ ～になる① ~가 되다 ｜ 戦争[せんそう] 전쟁 ｜ 人[ひと] 사람 ｜ 減る[へる] ① 줄다 ｜ ～ている② ~하고 있다

0633 N4

政治　せいじ　정치 [명사]

政治に興味を持つようになった。　정치에 관심을 갖게 됐어.

この国では政治の話はタブーです。　이 나라에서는 정치 이야기는 터부예요.

興味[きょうみ] 관심 ｜ 持つ[もつ]① 가지다 ｜ ～ようになる① ~하게 되다 ｜ 国[くに] 나라 ｜ 話[はなし] 이야기

⊕ 興味는 한자를 보면 '흥미'인데 '흥미'보다 '관심'이라는 뜻으로 쓰는 경우가 많아요. 자세한 내용은 545쪽을 보세요.

0634 N4

経済　けいざい　경제 [명사]

この会議には経済の専門家も参加している。　이 회의에는 경제 전문가도 참가하고 있다.

経済を楽しく学べる本を探しています。　경제를 즐겁게 배울 수 있는 책을 찾고 있습니다.

会議[かいぎ] 회의 ｜ 専門[せんもん] 전문 ｜ ～家[か] ~가 ｜ 参加[さんか] 참가 ｜ ～ている② ~하고 있다 ｜ 楽しい[たのしい] 즐겁다 ｜ 学ぶ[まなぶ]① 배우다 ｜ 本[ほん] 책 ｜ 探す[さがす]① 찾다

0635 N4

国際　こくさい　국제 [명사]

国際会議に出席するためにパリへ行った。　국제 회의에 참석하기 위하여 파리로 갔어.

2014年に初めて国際大会に出ました。　2014년에 처음으로 국제 대회에 나갔어요.

会議[かいぎ] 회의 ｜ 出席[しゅっせき] 출석 ｜ 行く[いく]① 가다 ｜ 2014年[にせんじゅうよ ねん] 2014년 ｜ 初めて[はじめて] 처음으로 ｜ 大会[たいかい] 대회 ｜ 出る[でる]② 나가다

⊕ 회의나 결혼식 등의 행사에 '참석하다'라고 할 때, 일본어에서는 出席する(출석하다)라고 해요.

 N4

世界　せかい　세계 [명사]

世界の海は全部で七つだ。 세계의 바다는 전부 다 해서 7개이다.

今、世界には196の国があるそうです。 지금 세계에는 196의 나라가 있다고 합니다.

海[うみ] 바다 ｜ 全部[ぜんぶ] 전부 ｜ 七つ[ななつ] 7개 ｜ 今[いま] 지금 ｜ 196[ひゃくきゅうじゅうろく] 196 ｜ 国[くに] 나라 ｜ ある① 있다 ｜ ～そうだ ~라고 한다

0637 N4

原因　げんいん　원인 [명사]

子供の問題は親に原因があると言われる。 아이의 문제는 부모에게 원인이 있다고 한다.

火事の原因がはっきりわからなかった。 화재의 원인을 명확히 알 수 없었다.

子供[こども] 아이 ｜ 問題[もんだい] 문제 ｜ 親[おや] 부모 ｜ ある① 있다 ｜ 言う[いう]① 말하다 ｜ 火事[かじ] 화재 ｜ わかる① 알다

- 原因があると言われる는 직역하면 '원인이 있다고 말해진다'가 돼요. 일본어는 피동표현을 많이 써요.
- 原因がはっきりわからなかった는 직역하면 '원인이 명확히 판명되지 않았다'가 돼요. 이해되고 판명된 결과로 알 수 있게 되는 것이기 때문에 わかる를 '알 수 있다'라는 가능형으로 해석하기도 해요.

책 날개에 있는 책갈피를 이용해서, 한 쪽을 가리고 나머지 한 쪽을 맞추는 연습을 해 보세요.

ファックス	팩스	泥棒(どろぼう)	도둑
送る(おく)	보내다	盗む(ぬす)	훔치다
手紙(てがみ)	편지	案内(あんない)	안내
封筒(ふうとう)	(편지, 서류) 봉투	計画(けいかく)	계획
葉書(はがき)	엽서	経験(けいけん)	경험
切手(きって)	우표	政治(せいじ)	정치
住所(じゅうしょ)	주소	経済(けいざい)	경제
エアメール	에어메일, 항공우편	国際(こくさい)	국제
航空便(こうくうびん)	항공편	世界(せかい)	세계
火事(かじ)	화재	原因(げんいん)	원인
すり	소매치기		

연습해 봐요!

〈대화로 연습해 봐요〉

1 일본어 단어의 독음을 히라가나로 쓴 후에 한국어 뜻을 써 보세요.

단어	히라가나	뜻
01. 封筒		
02. 航空便		
03. 盗む		
04. 経験		
05. 政治		

2 한국어 뜻에 해당하는 일본어 단어를 히라가나와 한자로 써 보세요.

단어	히라가나	한자
06. 보내다		
07. 주소		
08. 안내		
09. 계획		
10. 국제		

3 ( ) 속에 적절한 단어를 써 보세요. 한자를 모를 경우에는 히라가나로 쓰세요.

11. (　　　　)で何日くらいかかりますか。 항공우편으로 며칠 정도 걸리나요?

12. うちの近くで大きな(　　　　)がありました。
우리 집 근처에서 큰 화재가 있었어요.

13. 警察はその(　　　　)を捕まえた。 경찰은 그 도둑을 잡았어.

14. (　　　　)を楽しく学べる本を探しています。
경제를 즐겁게 배울 수 있는 책을 찾고 있습니다.

15. 子供の問題は親に(　　　　)があると言われる。
아이의 문제는 부모에게 원인이 있다고 한다.

| 정답 |

1 01. ふうとう/(편지, 서류) 봉투 02. こうくうびん/항공편 03. ぬすむ/훔치다 04. けいけん/경험 05. せいじ/정치
2 06. おくる/送る 07. じゅうしょ/住所 08. あんない/案内 09. けいかく/計画 10. こくさい/国際
3 11. エアメール 12. 火事[かじ] 13. 泥棒[どろぼう] 14. 経済[けいざい] 15. 原因[げんいん]

취미

14마디에서는 '영화', '운동', '여행' 등의 취미와 관련된 단어를 배울게요.

단어 및 예문듣기

趣味　しゅみ　취미 [명사]

父はゴルフを趣味にしている。　아버지는 골프를 취미로 하고 있다.

趣味は何ですか。　취미가 무엇입니까?

父[ちち] 아버지 ∣ ～にする③ ～로 하다 ∣ 何[なん] 무엇

'취미가 무엇입니까?'라고 할 때는 조사 が가 아니라 は를 써서 趣味は何ですか(취미는 무엇입니까?)라고 표현해요. 일본어에서는 새로운 화제를 제시할 때 보통 が를 쓰지 않고 は를 써요.

0639 N5

映画　えいが　영화 [명사]

えいが라는 악센트도 써요.

その兄弟の話を映画にした。　그 형제의 이야기를 영화로 만들었어.

明日、友達と映画を見に行きます。　내일, 친구와 영화를 보러 가요.

兄弟[きょうだい] 형제 ∣ 話[はなし] 이야기 ∣ ～にする③ ～로 만들다 ∣ 明日[あした] 내일 ∣ 友達[ともだち] 친구 ∣ 見る[みる]② 보다 ∣ 行く[いく]① 가다

0640 N5

映画館　えいがかん　영화관 [명사]

映画館でポップコーンを食べながら映画を見た。　영화관에서 팝콘을 먹으면서 영화를 보았다.

映画館の前に人が集まっていました。　영화관 앞에 사람들이 모여 있었습니다.

食べる[たべる]② 먹다 ∣ 映画[えいが] 영화 ∣ 見る[みる]② 보다 ∣ 前[まえ] 앞 ∣ 人[ひと] 사람 ∣ 集まる[あつまる]① 모이다 ∣ ～ている② ～해 있다

한국어에서는 '영화관'을 '극장'이라고 말하기도 하죠? '극장'은 劇場[げきじょう]라고 하는데, 일본어에서의 劇場는 보통 무대가 있는 곳을 가리키지 '영화관'을 가리키지는 않아요.

0641 N4

スクリーン　スクリーン　스크린 [명사]

スクリーンがよく見えなかった。　스크린이 잘 보이지 않았어.

この映画は大きなスクリーンで見たいです。　이 영화는 큰 스크린으로 보고 싶어요.

見える[みえる]② 보이다 | 映画[えいが] 영화 | 大きな[おおきな] 큰 | 見る[みる]② 보다 | ～たい ～하고 싶다

0642 N5

音楽 おんがく 음악 [명사]

音楽がうるさくて声が聞こえない。 음악이 시끄러워서 목소리가 안 들린다.
音楽の授業を始めましょう。 음악 수업을 시작합시다.

うるさい 시끄럽다 | 声[こえ] 목소리 | 聞こえる[きこえる]② 들리다 | 授業[じゅぎょう] 수업 | 始める[はじめる]② 시작하다

0643 N5

歌 うた 노래 [명사]

歌とダンスが上手になりたい。 노래와 춤이 능숙해지고 싶어.
私は歌が下手です。 저는 노래가 서툴러요.

上手[じょうず] 능숙 | ～になる① ～해지다 | ～たい ～하고 싶다 | 私[わたし] 저 | 下手[へた] 서투름

0644 N5

歌う うたう (노래를) 부르다 [1류동사(타)]

うたわない うたいます うたえ うたえる うたえば うたおう うたって

パーティーで歌ったり踊ったりした。 파티에서 노래를 부르기도 하고 춤을 추기도 했다.
歌を歌いながらシャワーをしました。 노래를 부르면서 샤워를 했습니다.

～たり～たりする③ ～하기도 하고 ～하기도 하다 | 踊る[おどる]① 춤을 추다 | 歌[うた] 노래

0645 N5

カラオケ カラオケ 가라오케, 노래방 [명사]

一緒にカラオケに行こう! 같이 가라오케에 가자!
友達とカラオケで歌の練習をしました。 친구와 노래방에서 노래 연습을 했어요.

一緒に[いっしょに] 같이 | 行く[いく]① 가다 | 友達[ともだち] 친구 | 歌[うた] 노래 | 練習[れんしゅ

う] 연습

'노래방'은 원래 カラオケボックス(가라오케 박스)라고 하는데, カラオケ라고 줄여서 말하는 경우가 많아요.

0646 N5

ギター ギター 기타 [명사]

ギターを習ってみたい。 기타를 배워 보고 싶다.

その人は一人でギターを弾いていました。 그 사람은 혼자서 기타를 치고 있었습니다.

習う[ならう]① 배우다 | ～てみる② ～해 보다 | ～たい ～하고 싶다 | 人[ひと] 사람 | 一人で[ひとりで] 혼자서 | 弾く[ひく]① 연주하다 | ～ている② ～하고 있다

0647 N4

ピアノ ピアノ 피아노 [명사]

1週間に1回、ピアノのレッスンを受けてる。 1주일에 한 번, 피아노 레슨을 받고 있어.

どこからか、ピアノの音が聞こえてきました。 어디서인지, 피아노 소리가 들려왔어요.

1週間[いっ しゅうかん] 1주일 | 1回[いっ かい] 한 번 | 受ける[うける]② 받다 | ～て(い)る② ～하고 있다 | 音[おと] 소리 | 聞こえる[きこえる]② 들리다 | ～てくる③ ～해 오다

0648 N5

弾く ひく (현악기, 건반악기를) 연주하다 [1류동사(타)]

ひかない ひきます ひけ ひける ひけば ひこう ひいて

私はオーケストラでチェロを弾いていた。 나는 오케스트라에서 첼로를 연주했었다.

夜遅くオルガンを弾かないでください。 밤늦게 오르간을 연주하지 마세요.

私[わたし] 나 | ～ている② ～하고 있다 | 夜[よる] 밤 | 遅い[おそい] 늦다

0649 N5

ジャズ ジャズ 재즈 [명사]

音楽の先生が私にジャズを教えてくださった。 음악 선생님이 나에게 재즈를 가르쳐 주셨다.

この店にはジャズが好きな人が来る。 이 가게에는 재즈를 좋아하는 사람들이 온다.

音楽[おんがく] 음악 | 先生[せんせい] 선생님 | 私[わたし] 나 | 教える[おしえる]② 가르치다 | ～てくださる① ～해 주시다 | 店[みせ] 가게 | 好き[すき] 좋아함 | 人[ひと] 사람 | 来る[くる]③ 오다

0650 N5

カメラ　カメラ　카메라 [명사]

友達にカメラのシャッターを押してもらった。 친구가 카메라 셔터를 눌러 줬어.

出かけるときはいつもカメラを持っていきます。 외출할 때는 항상 카메라를 가지고 가요.

友達[ともだち] 친구 | 押す[おす]① 누르다 | ～てもらう① (다른 사람이) ～해 주다 | 出かける[でかける] ② 외출하다 | 持つ[もつ]① 가지다 | ～ていく① ～하고 가다

- 友達にカメラのシャッターを押してもらった는 직역하면 '친구에게 카메라 셔터를 눌러 받았어'가 돼요. '친구에게 카메라 셔터를 눌러 달라고 했어'라고 해석하기도 해요.
- '셔터를 누르다'는 シャッターを切[き]る(셔터를 끊다/자르다)라고도 표현해요.

0651 N5

写真　しゃしん　사진 [명사]

二人だけで撮った写真が1枚もない。 단 둘이서 찍은 사진이 한 장도 없다.

サムネをタップすると写真が見られます。 섬네일을 탭하면 사진을 볼 수 있습니다.

二人[ふたり] 두 명 | 撮る[とる]① 찍다 | 1枚[いち まい] 한 장 | 見る[みる]② 보다

- 二人だけで撮った写真은 직역하면 '두 명만으로 찍은 사진'이 돼요.
- サムネ는 サムネイル의 준말이에요.

0652 N4

運動　うんどう　운동 [명사(+する)]

毎日、軽い運動を楽しむようにしてる。 매일, 가벼운 운동을 즐기려고 하고 있어.

運動しろと言われて、毎日30分歩いてます。 운동하라는 말을 듣고, 매일 30분 걷고 있어요.

毎日[まいにち] 매일 | 軽い[かるい] 가볍다 | 楽しむ[たのしむ]① 즐기다 | ～ようにする③ ～하도록 하다 | ～て(い)る② ～하고 있다 | 言う[いう]① 말하다 | 30分[さんじゅっ ぷん] 30분 | 歩く[あるく]① 걷다

- 楽しむようにしてる는 직역하면 '즐기도록 하고 있어'가 돼요. 한국어에서는 주어가 화자인 경우는 '～하도록 하다'라고 하면 어색하니 '～하려고 하다'로 해석했어요.
- 運動しろと言われて는 직역하면 '운동하라고 말해져서'가 돼요.

0653 N5

スポーツ　スポーツ　스포츠 [명사]

スポーツを見るのは好きだ。　스포츠를 보는 것은 좋아한다.

私はスポーツが苦手です。　저는 스포츠를 잘 못합니다.

見る[みる]② 보다 ｜ 好き[すき] 좋아함 ｜ 私[わたし] 저 ｜ 苦手[にがて] 잘 못함

0654 N5

サッカー　サッカー　축구 [명사]

その頃はまだサッカーのプロチームがなかった。　그 시절에는 아직 축구 프로팀이 없었어.

ワールドカップを見て、サッカーを始めました。　월드컵을 보고, 축구를 시작했어요.

頃[ころ] 시절 ｜ ない 없다 ｜ 見る[みる]② 보다 ｜ 始める[はじめる]② 시작하다

0655 N5

相撲　すもう　스모(일본식 씨름) [명사]

相撲の選手を「力士」と言う。　스모의 선수를 'りきし'라고 한다.

相撲のルールは簡単です。　스모의 룰은 간단합니다.

選手[せんしゅ] 선수 ｜ 力士[りきし] 리키시(스모 선수) ｜ 言う[いう]① 말하다 ｜ 簡単[かんたん] 간단

0656 N5

プール　プール　수영장 [명사]

午後はプールで泳ぐつもりだ。　오후에는 수영장에서 수영할 생각이다.

プールのあるホテルに泊まりました。　수영장이 있는 호텔에 묵었습니다.

午後[ごご] 오후 ｜ 泳ぐ[およぐ]① 수영하다 ｜ ～つもりだ ～할 생각이다 ｜ ある① 있다 ｜ 泊まる[とまる]① 묵다

0657 N5

泳ぐ　およぐ　헤엄치다, 수영하다 [1류동사(자)]

およがない　およぎます　およげ　およげる　およげば　およごう　およいで

私はこの川を泳いで渡った。　나는 이 강을 헤엄쳐서 건넜어.

ここは冬がないので1年中泳げます。　여기는 겨울이 없어서 1년 내내 수영할 수 있어요.

私[わたし] 나 | 川[かわ] 강 | 渡る[わたる]① 건너다 | 冬[ふゆ] 겨울 | ない 없다 | 1年[いち ねん] 1년 | ~中[じゅう] ~내내

0658 N4

水泳　すいえい　수영 [명사(+する)]

水泳の時間に遅れないようにして。　수영 시간에 늦지 않도록 해.

この時計はしたまま水泳することもできます。　이 시계는 찬 채 수영할 수도 있습니다.

時間[じかん] 시간 | 遅れる[おくれる]② 늦다 | ~ないようにする③ ~하지 않도록 하다 | 時計[とけい] 시계 | ~ことができる② ~할 수 있다

⊕ 水泳することができます(수영할 수 있습니다)의 조사 が를 も로 바꿔서 水泳することもできます(수영할 수도 있습니다)가 된 거예요.

⊕ '수영하다'는 보통 水泳する보다 泳ぐ[およぐ]를 많이 써요.

0659 N4

柔道　じゅうどう　유도 [명사]

柔道をすれば、心も体も強くなれる。　유도를 하면 몸도 마음도 강해질 수 있다.

柔道の練習を頑張っています。　유도 연습을 열심히 하고 있습니다.

心[こころ] 마음 | 体[からだ] 몸 | 強い[つよい] 강하다 | ~くなる① ~해지다 | 練習[れんしゅう] 연습 | 頑張る[がんばる]① 열심히 하다 | ~ている② ~하고 있다

0660 N4

ダンス　ダンス　댄스, 춤 [명사]

ダンスを習い始めたら、体が柔らかくなった。　댄스를 배우기 시작했더니, 몸이 유연해졌어.

夫とダンスを踊りました。　남편과 춤을 추었어요.

習う[ならう]① 배우다 ｜ ~始める[はじめる]② ~하기 시작하다 ｜ 体[からだ] 몸 ｜ 柔らかい[やわらかい] 유연하다 ｜ ~くなる① ~해지다 ｜ 夫[おっと] 남편 ｜ 踊る[おどる]① 춤추다

0661 N4

テニス　テニス　테니스 [명사]

テニスなら誰にも負けない自信がある。 테니스라면 누구에게도 지지 않을 자신이 있다.

私はまだテニスの経験が浅いです。 저는 아직 테니스 경험이 적습니다.

誰[だれ] 누구 ｜ 負ける[まける]② 지다 ｜ 自信[じしん] 자신 ｜ ある① 있다 ｜ 私[わたし] 저 ｜ 経験[けいけん] 경험 ｜ 浅い[あさい] (경험이) 적다

⊕ '경험이 적다'는 일본어로 経験が浅い(경험이 얕다)라고 표현하는데 少ない[すくない](적다)를 쓸 수도 있어요.

책 날개에 있는 책갈피를 이용해서, 한 쪽을 가리고 나머지 한 쪽을 맞추는 연습을 해 보세요.

趣味(しゅみ)	취미	カメラ	카메라
映画(えいが)	영화	写真(しゃしん)	사진
映画館(えいがかん)	영화관	運動(うんどう)	운동
スクリーン	스크린	スポーツ	스포츠
音楽(おんがく)	음악	サッカー	축구
歌(うた)	노래	相撲(すもう)	스모(일본식 씨름)
歌う(うたう)	(노래를) 부르다	プール	수영장
カラオケ	가라오케, 노래방	泳ぐ(およぐ)	헤엄치다, 수영하다
ギター	기타	水泳(すいえい)	수영
ピアノ	피아노	柔道(じゅうどう)	유도
弾く(ひく)	(현악기, 건반악기를) 연주하다	ダンス	댄스, 춤
ジャズ	재즈	テニス	테니스

〈장문으로 연습해 봐요〉

1 일본어 단어의 독음을 히라가나로 쓴 후에 한국어 뜻을 써 보세요.

단어	히라가나	뜻
01. 趣味		
02. 映画		
03. 弾く		
04. 運動		
05. 水泳		

2 한국어 뜻에 해당하는 일본어 단어를 히라가나와 한자로 써 보세요.

단어	히라가나	한자
06. 스크린		
07. 음악		
08. 노래		
09. 사진		
10. 스포츠		

3 (　　) 속에 적절한 단어를 써 보세요. 한자를 모를 경우에는 히라가나로 쓰세요.

11. 歌を(　　　)ながらシャワーをしました。 노래를 부르면서 샤워를 했습니다.

12. 友達に(　　　)のシャッターを押してもらった。
친구가 카메라 셔터를 눌러 줬어.

13. ワールドカップを見て、(　　　)を始めました。
월드컵을 보고, 축구를 시작했어요.

14. (　　　)のあるホテルに泊まりました。 수영장이 있는 호텔에 묵었습니다.

15. 私はこの川を(　　　)渡った。 나는 이 강을 헤엄쳐서 건넜어.

| 정답 |

1 01. しゅみ/취미 02. えいが/영화 03. ひく/(현악기, 건반악기를)연주하다 04. うんどう/운동 05. すいえい/수영
2 06. スクリーン 07. おんがく/音楽 08. うた/歌 09. しゃしん/写真 10. スポーツ
3 11. 歌い[うたい] 12. カメラ 13. サッカー 14. プール 15. 泳いで[およいで]

0662 N5

練習 れんしゅう 연습 [명사(+する)]

何でも練習すれば上手になる。 무엇이든지 연습하면 잘하게 돼.

もう一度だけ練習をしておきましょう。 다시 한번만 연습을 해 놓읍시다.

何[なん] 무엇 ׀ 上手[じょうず] 잘함 ׀ ～になる① ～하게 되다 ׀ もう一度[いちど] 다시 한 번 ׀ ～ておく① ～해 놓다

0663 N4

ボール ボール 공 [명사]

僕がなくしたボールをパパが見つけてくれた。 내가 잃어버린 공을 아빠가 찾아 주었다.

この花はボールのように丸く咲きます。 이 꽃은 공처럼 둥글게 핍니다.

僕[ぼく] 나 ׀ なくす① 잃어버리다 ׀ 見つける[みつける]② 찾다 ׀ ～てくれる② (다른 사람이) ~해 주다 ׀ 花[はな] 꽃 ׀ ～ようだ ~ 같다 ׀ 丸い[まるい] 둥글다 ׀ 咲く[さく]① 피다

0664 N4

投げる なげる 던지다 [2류동사(타)]

なげない なげます なげろ なげられる なげれば なげよう なげて

そのピッチャーは力のあるストレートを投げた。 그 투수는 힘이 있는 직구를 던졌어.

友達に石を投げて先生に叱られました。 친구에게 돌을 던져서 선생님께 혼났어요.

力[ちから] 힘 ׀ ある① 있다 ׀ 友達[ともだち] 친구 ׀ 石[いし] 돌 ׀ 先生[せんせい] 선생님 ׀ 叱る[しかる]① 혼내다

0665 N4

打つ うつ 치다, 부딪치다 [1류동사(타)]

うたない うちます うつ うてる うてば うとう うって

4番バッターがホームランを打った。 4번 타자가 홈런을 쳤다.

階段から落ちて頭を打ちました。 계단에서 떨어져서 머리를 부딪쳤습니다.

4番[よばん] 4번 | 階段[かいだん] 계단 | 落ちる[おちる]② 떨어지다 | 頭[あたま] 머리

⊕ 4番(4번)은 보통 よんばん이라고 읽는데, 야구 경기에서의 '4번 타자'를 가리킬 때만 よばん이라고 발음해요.

⊕ '바둑을 두다'의 '두다'도 打つ라고 해요. 참고로 '장기를 두다'의 '두다'는 指す[さす]라고 해요.

0666 N5

歩く あるく 걷다 [1류동사(자)]

あるかない あるきます あるけ あるける あるけば あるこう あるいて

エレベーターを降りて長い廊下を歩いた。 엘리베이터를 내려서 긴 복도를 걸었어.

車を買ってから、あまり歩かなくなりました。 차를 사고 나서, 별로 걷지 않게 됐어요.

降りる[おりる]② 내리다 | 長い[ながい] 길다 | 廊下[ろうか] 복도 | 車[くるま] 차 | 買う[かう]① 사다 | ～なくなる① ～하지 않게 되다

0667 N5

散歩 さんぽ 산책 [명사(+する)]

散歩に行ってくるね。 산책하러 갔다 올게.

毎朝、公園を散歩してます。 매일 아침, 공원을 산책하고 있어요.

行く[いく] 가다 | ～てくる③ ～하고 오다 | 毎朝[まいあさ] 매일 아침 | 公園[こうえん] 공원 | ～て(い)る② ～하고 있다

0668 N4

走る はしる 달리다, 뛰다 [1류동사(자)]

はしらない はしります はしれ はしれる はしれば はしろう はしって

子供たちは皆、海に向かって走り出した。 아이들은 모두, 바다를 향하여 달리기 시작했다.

今朝は駅まで走って行きました。 오늘 아침에는 역까지 뛰어서 갔습니다.

子供[こども] 아이 | 皆[みな] 모두 | 海[うみ] 바다 | 向かう[むかう]① 향하다 | ～出す[だす]① ～하기 시작하다 | 今朝[けさ] 오늘 아침 | 駅[えき] 역 | 行く[いく]① 가다

0669 N5

キロ　キロ　킬로그램(kg), 킬로미터(km) [명사]

もう2キロやせたい。 2kg 더 살을 빼고 싶어.

ここから南に40キロの所にあります。 여기에서부터 남쪽으로 40km 떨어진 곳에 있어요.

2キロ[に キロ] 2kg | やせる② 살을 빼다 | ~たい ~하고 싶다 | 南[みなみ] 남쪽 | 40キロ[よんじゅっキロ] 40km | 所[ところ] 곳 | ある① 있다

- '킬로그램'은 キログラム, '킬로미터'는 キロメートル인데 일상적으로는 キロ로 줄여서 써요. 표기할 때는 가타카나 キロ로 쓰기도 하지만 kg, km로 쓰는 경우가 많아요. .
- 南に40キロの所는 직역하면 '남쪽으로 40km의 곳'이 돼요.

0670 N5

メートル　メートル　미터(m) [명사]

メートルを使っていないのはアメリカだけだ。 미터를 사용하지 않는 나라는 미국뿐이다.

私は30メートルくらいしか泳げません。 저는 30m 정도밖에 헤엄칠 수 없어요.

使う[つかう]① 사용하다 | ~ている② ~하고 있다 | 30メートル[さんじゅう メートル] 30m | 泳ぐ[およぐ]① 헤엄치다

- メートル의 악센트는 앞에 숫자가 붙으면 メートル로 바뀌어요.
  예 30メートル[さんじゅう メートル]
- '미터'는 メーター라고 하는 경우도 있지만, 공식적인 단위명은 メートル예요.

0671 N5

グラム　グラム　그램(g) [명사]

この豚肉は100グラム1,700ウォンだ。 이 돼지고기는 100g에 1,700원이다.

塩は何グラム入れればいいですか。 소금은 몇 그램 넣으면 되나요?

豚肉[ぶたにく] 돼지고기 | 100グラム[ひゃく グラム] 100g | 1,700ウォン[せんななひゃく ウォン] 1,700원 | 塩[しお] 소금 | 何[なん] 몇 | 入れる[いれる]② 넣다 | いい 좋다

- 한국어는 '100g에 1,700원'과 같이 '100g' 뒤에 조사 '에'를 쓰죠? 일본어는 조사를 잘 넣지 않아요.

0672 N4

ゲーム　ゲーム　게임, 경기 [명사]

今日のゲームは必ず勝つ! 오늘의 경기는 반드시 이길 거야!

このゲームなら簡単にクリアできます。 이 게임이라면 쉽게 클리어할 수 있어요.

今日[きょう] 오늘 | 必ず[かならず] 반드시 | 勝つ[かつ]① 이기다 | 簡単[かんたん] 쉬움 | できる② 할 수 있다

0673 N4

ゲームソフト ゲームソフト 게임소프트 [명사]

遊び終わったゲームソフトは売ってしまう。 다 갖고 논 게임소프트는 팔아 버린다.

ゲームソフトを開発する仕事をしています。 게임소프트를 개발하는 일을 하고 있습니다.

遊ぶ[あそぶ]① 놀다 | ～終わる[おわる]① 다 ~하다 | 売る[うる]① 팔다 | ～てしまう① ~해 버리다 | 開発[かいはつ] 개발 | 仕事[しごと] 일 | ～ている② ~하고 있다

遊び終わったゲームソフト는 직역하면 '다 논 게임소프트'가 돼요.

0674 N4

小説 しょうせつ 소설 [명사]

小説みたいな話で、最初は信じられなかった。

소설 같은 이야기라서, 처음에는 믿을 수 없었어.

フランスの小説を韓国語に翻訳しました。 프랑스 소설을 한국어로 번역했어요.

～みたいだ ~ 같다 | 話[はなし] 이야기 | 最初[さいしょ] 처음 | 信じる[しんじる]② 믿다 | 韓国語[かんこくご] 한국어 | 翻訳[ほんやく] 번역

0675 N4

漫画 まんが 만화, 만화책 [명사]

最近は大人でも楽しめる漫画が増えた。

최근에는 어른이라도 즐길 수 있는 만화책이 많아졌다.

漫画のコスプレをするのが趣味です。 만화의 코스프레를 하는 것이 취미입니다.

最近[さいきん] 최근 | 大人[おとな] 어른 | 楽しむ[たのしむ]① 즐기다 | 増える[ふえる]② 많아지다 | 趣味[しゅみ] 취미

漫画는 가타카나 マンガ로 쓰는 경우도 많아요.

0676 N4

アニメ　アニメ　애니 [명사]

有名な漫画がアニメになることはよくある。 유명한 만화가 애니가 되는 일은 흔히 있어.
好きなアニメのキャラクターはいますか。 좋아하는 애니 캐릭터가 있어요?

有名[ゆうめい] 유명 | 漫画[まんが] 만화 | ～になる① ～가 되다 | ある① 있다 | 好き[すき] 좋아함 | いる② 있다

⊕ 好きなアニメのキャラクターはいますか는 직역하면 '좋아하는 애니 캐릭터는 있어요?'가 돼요. 일본어에서는 화제로 처음 꺼낼 때는 は(은/는)을 써요.

0677 N4

旅行　りょこう　여행 [명사(+する)]

友達と一緒に旅行の計画を立てた。 친구와 함께 여행 계획을 세웠다.
来年はヨーロッパを旅行するつもりです。 내년에는 유럽을 여행할 생각입니다.

友達[ともだち] 친구 | 一緒に[いっしょに] 함께 | 計画[けいかく] 계획 | 立てる[たてる]② 세우다 | 来年[らいねん] 내년 | ～つもりだ ~할 생각이다

0678 N4

泊まる　とまる　묵다 [1류동사(자)]

今日はもう遅いから、泊まっていったら？ 오늘은 이미 늦었으니 묵고 가는 게 어때?
田舎の小さな旅館に泊まる予定です。 시골의 자그마한 료칸에 묵을 예정이에요.

今日[きょう] 오늘 | 遅い[おそい] 늦다 | ～ていく① ~하고 가다 | 田舎[いなか] 시골 | 小さな[ちいさな] 자그마한 | 旅館[りょかん] 료칸(일본 전통식 호텔) | 予定[よてい] 예정

⊕ ～ていったら？는 뒤에 이어지는 どう(어때)라는 말이 생략된 표현이에요.

0679 N4

目的　もくてき　목적 [명사]

私は目的もなく学生生活を送っていた。 나는 목적도 없이 학생 생활을 보내고 있었다.
目的がはっきりすれば、仕事が楽しくなります。 목적이 명확해지면, 일이 즐거워집니다.

私[わたし] 나 | ない 없다 | 学生[がくせい] 학생 | 生活[せいかつ] 생활 | 送る[おくる]① 보내다 | ~ている② ~하고 있다 | 仕事[しごと] 일 | 楽しい[たのしい] 즐겁다 | ~くなる① ~해지다

0680 N5

作る つくる 만들다 [1류동사(타)]

つくらない つくります つくれ つくれる つくれば つくろう つくって

先週の土曜日に父とこの本棚を作った。 지난주 토요일에 아버지와 이 책장을 만들었어.

今日のお弁当は私が作りました。 오늘 도시락은 제가 만들었어요.

先週[せんしゅう] 지난주 | 土曜日[どようび] 토요일 | 父[ちち] 아버지 | 本棚[ほんだな] 책장 | 今日[きょう] 오늘 | お弁当[おべんとう] 도시락 | 私[わたし] 저

0681 N4

道具 どうぐ 도구 [명사]

使い終わった道具は片付けなさい。 사용이 끝난 도구는 정리해라.

料理にはたくさんの道具が必要です。 요리에는 많은 도구가 필요합니다.

使う[つかう]① 사용하다 | ~終わる[おわる]① ~하기가 끝나다 | 片付ける[かたづける]② 정리하다 | 料理[りょうり] 요리 | 必要[ひつよう] 필요

0682 N4

糸 いと 실 [명사]

ネックレスの糸が切れた。 목걸이의 실이 끊겼어.

その木は糸のように細い花が咲きます。 그 나무는 실처럼 가느다란 꽃이 피어요.

切れる[きれる]② 끊기다 | 木[き] 나무 | ~ようだ ~ 같다 | 細い[ほそい] 가늘다 | 花[はな] 꽃 | 咲く[さく]① 피다

운명적인 인연을 '붉은 실로 맺어져 있다'라고 하죠? 일본어에서도 똑같이 赤[あか]い糸[いと]라고 해요.

0683 N3

針 はり 바늘 [명사]

針の穴に糸を簡単に通す方法がある。 바늘 구멍에 실을 쉽게 꿰는 방법이 있다.

時計の針が止まっています。 시계의 바늘이 멈춰 있습니다.

穴[あな] 구멍 ｜ 糸[いと] 실 ｜ 簡単[かんたん] 쉬움 ｜ 通す[とおす]① 꿰다 ｜ 方法[ほうほう] 방법 ｜ ある① 있다 ｜ 時計[とけい] 시계 ｜ 止まる[とまる]① 멈추다 ｜ ～ている② ~해 있다

 N5

使う　つかう　사용하다 [1류동사(타)]

つかわない　つかいます　つかえ　つかえる　つかえば　つかおう　つかって

韓国では食事のときに、スプーンと箸を使う。 한국에서는 식사 때, 숟가락과 젓가락을 쓴다.

テスト中は携帯電話を使わないでください。 시험 중에는 휴대전화를 사용하지 마십시오.

韓国[かんこく] 한국 ｜ 食事[しょくじ] 식사 ｜ 箸[はし] 젓가락 ｜ ～中[ちゅう] ~ 중 ｜ 携帯電話[けいたい でんわ] 휴대전화

＋ 조사 に를 넣어서 テスト中には(시험 중에는)라고 할 수도 있어요.

확인해 봐요!

책 날개에 있는 책갈피를 이용해서, 한 쪽을 가리고 나머지 한 쪽을 맞추는 연습을 해 보세요.

練習(れんしゅう)	연습	小説(しょうせつ)	소설
ボール	공	漫画(まんが)	만화, 만화책
投(な)げる	던지다	アニメ	애니
打(う)つ	치다, 부딪치다	旅行(りょこう)	여행
歩(ある)く	걷다	泊(と)まる	묵다
散歩(さんぽ)	산책	目的(もくてき)	목적
走(はし)る	달리다, 뛰다	作(つく)る	만들다
キロ	킬로그램(kg), 킬로미터(km)	道具(どうぐ)	도구
メートル	미터(m)	糸(いと)	실
グラム	그램(g)	針(はり)	바늘
ゲーム	게임, 경기	使(つか)う	사용하다
ゲームソフト	게임소프트		

연습해 봐요!

〈대화로 연습해 봐요〉

❶ 일본어 단어의 독음을 히라가나로 쓴 후에 한국어 뜻을 써 보세요.

단어	히라가나	뜻
01. 練習		
02. 散歩		
03. 走る		
04. 目的		
05. 道具		

❷ 한국어 뜻에 해당하는 일본어 단어를 히라가나와 한자로 써 보세요.

단어	히라가나	한자
06. 공		
07. 게임, 경기		
08. 소설		
09. 여행		
10. 만들다		

❸ (　　) 속에 적절한 단어를 써 보세요. 한자를 모를 경우에는 히라가나로 쓰세요.

11. 友達に石を(　　　　)先生に叱られました。
친구에게 돌을 던져서 선생님께 혼났어요.

12. 階段から落ちて頭を(　　　　　　)。 계단에서 떨어져서 머리를 부딪쳤어요.

13. エレベーターを降りて長い廊下を(　　　　)。
엘리베이터를 내려서 긴 복도를 걸었어.

14. 好きな(　　　　)のキャラクターはいますか。 좋아하는 애니 캐릭터가 있어요?

15. テスト中は携帯電話を(　　　　　　)ください。
시험 중에는 휴대전화를 사용하지 마십시오.

| 정답 |

❶ 01. れんしゅう/연습 02. さんぽ/산책 03. はしる/달리다, 뛰다 04. もくてき/목적 05. どうぐ/도구

❷ 06. ボール 07. ゲーム 08. しょうせつ/小説 09. りょこう/旅行 10. つくる/作る

❸ 11. 投げて[なげて] 12. 打ちました[うちました] 13. 歩いた[あるいた] 14. アニメ 15. 使わないで[つかわないで]

일본어 단어,

짝으로 배워야 재미있다!

셋째마당에서는 짝으로 배워야 기억하기 쉬운 단어들을 모아 보았어요. 단어를 배울 때 하나 하나 따로 배우는 것보다 반대말이나 관련된 말을 함께 배워야 기억하기 좋은 것들이 있어요. 특히 반대말은 함께 공부하면 각 단어의 뜻을 더 명확하게 이해할 수 있는 경우가 많아요!

반대말1-명사

15마디에서는 '입구'-'출구', '처음'-'마지막' 등의 반대의 뜻을 갖는 명사들을 짝으로 모았어요. 참 표시가 있는 단어는 앞에서 이미 배운 단어나 앞으로 배울 단어들이에요. 다른 부분에서 어떻게 배우는지 확인하면서 더 깊이 있게 단어를 배워 봅시다.

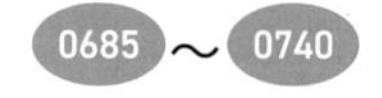

단어 및 예문듣기

0685 N5

今 いま 지금, 방금 [명사, 부사]

0686 N4

昔 むかし 옛날 [명사]

今ちょうど6時だよ。 지금 정각 6시야.

今空港に着きました。 방금 공항에 도착했어요.

6時[ろくじ] 6시 | 空港[くうこう] 공항 | 着く[つく]① 도착하다

最近よく昔を思い出す。 요즘 자주 옛날을 떠올린다.

それは昔からの習慣だそうです。 그것은 옛날부터 있던 습관이라고 합니다.

最近[さいきん] 최근 | 思い出す[おもいだす]① 떠올리다 | 習慣[しゅうかん] 습관 | ~そうだ ~라고 하다

- 昔からの習慣은 직역하면 '옛날부터의 습관'이 돼요.
- 昔는 부사적으로 사용하기도 해요.

0687 N5

入(り)口 いりぐち 입구 [명사]

0688 N5

出口 でぐち 출구 [명사]

入り口の近くの席に座った。 입구 근처에 있는 자리에 앉았어.

映画館の入口で8時に会いましょう。 영화관 입구에서 8시에 만납시다.

近く[ちかく] 근처 | 席[せき] 자리 | 座る[すわる]① 앉다 | 映画館[えいがかん] 영화관 | 8時[はちじ] 8시 | 会う[あう]① 만나다

- 入口の近くの席는 직역하면 '입구의 근처의 자리'가 돼요.
- いりぐち가 일반적이지만 いりくち라고 하는 사람도 간혹 있어요.

出口で待ってるね。 출구에서 기다리고 있을게.

出口はあちらです。 출구는 저쪽입니다.

待つ[まつ]① 기다리다 | ~て(い)る② ~하고 있다

- ~ている는 편한 구어에서는 い를 생략해서 ~てる라고 하는 경우가 많아요.

0689 N5

大人 おとな 어른, 성인 [명사]

0690 N5 참 022 529

子供 こども 어린이, 아이 [명사]

娘も大人になった。 딸도 어른이 되었다.

大人の方は1,350円です。 성인 분은 1,350엔입니다.

娘[むすめ] 딸 | ~になる① ~가 되다 | 方[かた] 분 | 1,350円[せんさんびゃくごじゅう えん] 1,350엔

もう一人子供が欲しい。 한 명 더 아이를 갖고 싶어.

子供の頃から車が好きでした。 어렸을 때부터 차를 좋아했어요.

一人[ひとり] 한 명 | 欲しい[ほしい] 갖고 싶다 | 頃[ころ] 때 | 車[くるま] 차 | 好き[すき] 좋아함

- 子供の頃는 직역하면 '아이의 때', '아이의 시절'이 돼요.
- 子ども로 쓰는 경우도 많아요.

0691 N5

先 さき 먼저, 앞 [명사]

0692 N5

後 あと 나중, 뒤 [명사]

2キロ先にガソリンスタンドがある。 2km 앞에 주유소가 있다.

私のうちでは食事よりお風呂が先です。 저희 집에서는 식사보다 목욕이 먼저입니다.

2キロ[に キロ] 2km | ある① 있다 | 私[わたし] 저 | 食事[しょくじ] 식사 | お風呂[おふろ] 목욕

- 2021년의 조사 결과, 일본에서 64%가 목욕보다 저녁식사를 먼저, 32%가 목욕을 먼저 한다고 나왔어요.

先生の後から男の子が教室に入ってきた。 선생님 뒤에서 남자아이가 교실에 들어왔어.

後でまた電話をかけます。 나중에 다시 전화를 걸게요.

先生[せんせい] 선생님 | 男の子[おとこのこ] 남자아이 | 教室[きょうしつ] 교실 | 入る[はいる]① 들어오다 | ~てくる③ ~해 오다 | 電話[でんわ] 전화 | かける② 걸다

0693 N4

表 おもて 앞면, 바깥쪽 [명사]

0694 N4 참 520

裏 うら 뒷면, 뒤쪽 [명사]

コインの表が出たら僕の勝ちだよ。 동전의 앞면이 나오면 내가 이기는 거야.

この帽子は表が白で裏が赤です。 이 모자는 바깥쪽이 흰색이고 안쪽이 빨간색이에요.

出る[でる]② 나오다 | 僕[ぼく] 나 | 勝ち[かち] 이김 | 帽子[ぼうし] 모자 | 白[しろ] 흰색 | 赤[あか] 빨간색

⊕ 僕の勝ちだ는 직역하면 '나의 승리이다'가 돼요.

箱の裏に説明が書いてある。 박스 뒷면에 설명이 쓰여 있다.

家の裏に大きな桜の木があります。 집 뒤쪽에 큰 벚나무가 있습니다.

箱[はこ] 상자 | 説明[せつめい] 설명 | 書く[かく]① 쓰다 | ～てある① ~해 있다 | 家[いえ] 집 | 大きな[おおきな] 큰 | 桜[さくら] 벚꽃 | 木[き] 나무 | ある① 있다

⊕ 건축물의 뒤쪽을 말할 때는 裏라는 말을 써요. 자세한 설명은 520쪽에 있어요.

0695 N5 참 535

初め はじめ 처음 [명사]

0696 N4

終わり おわり 끝 [명사]

初めは日本語がわからなくて大変だった。 처음에는 일본어를 몰라서 힘들었어.

来月の初めに休みを取ります。 다음 달 초에 휴가를 낼 거예요.

日本語[にほんご] 일본어 | わかる① 알다 | 大変[たいへん] 힘듦 | 来月[らいげつ] 다음 달 | 休み[やすみ] 휴가 | 取る[とる]① (휴가를) 내다

⊕ はじめ를 한자 始め로 표기하는 경우도 있어요. 자세한 설명은 535쪽에 있어요.

12月31日は1年の終わりの日だ。 12월 31일은 1년의 마지막 날이다.

楽しかった学校生活ももう終わりです。 즐거웠던 학교생활도 이제 끝입니다.

12月[じゅうに がつ] 12월 | 31日[さんじゅういち にち] 31일 | 1年[いち ねん] 1년 | 日[ひ] 날 | 楽しい[たのしい] 즐겁다 | 学校[がっこう] 학교 | 生活[せいかつ] 생활

0697 N4

最初 さいしょ 최초, 처음 [명사]

0698 N4

最後 さいご 마지막 [명사]

これは世界で最初に作られた切手だ。 이것은 세계에서 최초로 만들어진 우표이다.

どんなことでも最初が大事だと言います。 어떤 일이든 처음이 중요하다고 합니다.

世界[せかい] 세계 | 作る[つくる]① 만들다 | 切手[きって] 우표 | 大事[だいじ] 중요 | 言う[いう]① 말하다

これが最初で最後のチャンスだと思え！ 이것이 처음이자 마지막 기회라고 생각해라!

最後に一つだけお願いしてもいいですか。 마지막으로 하나만 부탁해도 돼요?

思う[おもう]① 생각하다 | 一つ[ひとつ] 하나 | お願い[おねがい] 부탁 | ～てもいい ~해도 되다

- 最初で最後のチャンス를 직역하면 '처음이고 마지막의 찬스'가 돼요.
- 最後는 한자를 직역해서 '최후'로 쓰기도 해요.

0699 N5

本当 ほんとう 정말, 사실 [명사]

0700 N4

うそ うそ 거짓말 [명사]

本当のことを話した。 사실을 이야기했어.

本当にそう思ってるんですか。 정말로 그렇게 생각하고 있는 거예요?

話す[はなす]① 이야기하다 | 思う[おもう]① 생각하다 | ～て(い)る② ~하고 있다 | ～んだ ~하는 것이다

- 本当のこと는 직역하면 '사실의 일'이 돼요.

うそをつくな！ 거짓말을 하지 마라!

うそみたいな話ですね。 거짓말 같은 이야기네요.

つく① (거짓말을) 하다 | ～みたいだ ~같다 | 話[はなし] 이야기

- うそ를 한자 嘘로 쓰는 경우도 많아요.
- 놀라면서 "진짜?!"라고 할 때 うそ!라고 하는 경우가 많아요. '거짓말처럼 느껴질 정도로 놀랐다'라는 뜻으로 쓰는 말이죠.

安心　あんしん　안심 [명사(+する), な형용사]

0702 N4

心配　しんぱい　걱정 [명사(+する), な형용사]

その人に頼めば安心。　그 사람에게 부탁하면 안심이야.

安心して長く働ける会社を探してます。　안심하고 오래 일할 수 있는 회사를 찾고 있어요.

人[ひと] 사람 ｜ 頼む[たのむ]① 부탁하다 ｜ 長い[ながい] 오래다 ｜ 働く[はたらく]① 일하다 ｜ 会社[かいしゃ] 회사 ｜ 探す[さがす]① 찾다 ｜ ~て(い)る② ~하고 있다

心配で眠れなかった。　걱정 때문에 잠들 수 없었다.

そんなに心配しなくても大丈夫ですよ。　그렇게 걱정하지 않아도 괜찮아요.

眠る[ねむる]① 잠들다 ｜ 大丈夫[だいじょうぶ] 괜찮음

0703 N4

以外　いがい　이외, 외 [명사]

0704 N4

以内　いない　이내, 내 [명사]

それ以外に方法がない。　그것 외에 방법이 없어.

関係者以外の方は入れません。　관계자 이외의 분은 들어갈 수 없어요.

方法[ほうほう] 방법 ｜ ない 없다 ｜ 関係[かんけい] 관계 ｜ ~者[しゃ] ~자 ｜ 方[かた] 분 ｜ 入る[はいる]① 들어가다

駅から1キロ以内にある家を買いたい。　역에서 1km 내에 있는 집을 사고 싶다.

1時間以内に終わらせてください。　1시간 이내로 끝내 주세요.

駅[えき] 역 ｜ 1キロ[いち キロ] 1km ｜ ある① 있다 ｜ 家[いえ] 집 ｜ 買う[かう]① 사다 ｜ ~たい ~하고 싶다 ｜ 1時間[いち じかん] 1시간 ｜ 終わる[おわる]① 끝나다

⊕ 終らせる는 終わる의 사역형으로 '끝나게 하다'이기 때문에 '끝내다'라는 뜻이 되는 거예요.

 N4

以上 いじょう 이상 [명사]

 N4

以下 いか 이하 [명사]

宿題がまだ半分以上残ってる。 숙제가 아직 절반 이상 남아 있어.

これ以上は無理です。 이 이상은 무리예요.

宿題[しゅくだい] 숙제 | 半分[はんぶん] 절반 | 残る[のこる]① 남다 | ~て(い)る② ~해 있다 | 無理[むり] 무리

彼女は友達で、それ以上でもそれ以下でもない。 그녀는 친구이고, 그 이상도 그 이하도 아니다.

5歳以下の子供はマスクをしなくてもいいです。 5세 이하의 어린이는 마스크를 안 해도 됩니다.

彼女[かのじょ] 그녀 | 友達[ともだち] 친구 | 5歳[ごさい] 5세 | 子供[こども] 어린이 | ~なくてもいい ~하지 않아도 되다

 N4

出席 しゅっせき 출석 [명사(+する)]

0708 N3

欠席 けっせき 결석 [명사(+する)]

結婚式にぜひ出席してもらいたい。 결혼식에 꼭 참석해 주었으면 해.

あの先生は出席を取りません。 저 선생님은 출석을 부르지 않아요.

結婚式[けっこんしき] 결혼식 | ~てもらう① (다른 사람이) ~해 주다 | ~たい ~하고 싶다 | 先生[せんせい] 선생님 | 取る[とる]① (출석을) 부르다

⊕ 出席してもらいたい는 직역하면 '출석해 받고 싶다'가 돼요. 결혼식에 참석하는 것을 出席(출석)라고 해요.

今年はまだ1日も学校を欠席していない。 올해는 아직 하루도 학교를 결석하지 않고 있다.

欠席の場合はどうしたらいいですか。 결석하는 경우는 어떻게 하면 됩니까?

今年[ことし] 올해 | 1日[いちにち] 하루 | 学校[がっこう] 학교 | ~ている② ~하고 있다 | 場合[ばあい] 경우 | いい 좋다

⊕ 欠席の場合는 직역하면 '결석의 경우'가 돼요.

0709 N4 참 637

縦 たて 세로 [명사]

0710 N5 참 534 637

横 よこ 가로, 옆 [명사]

日本では新聞や小説は縦に書かれている。 일본에서는 신문이나 소설은 세로로 쓰여 있다.

車が縦に3台並んでいます。 차가 세로로 3대 나란히 서 있습니다.

日本[にほん] 일본 | 新聞[しんぶん] 신문 | 小説[しょうせつ] 소설 | 書く[かく]① 쓰다 | ~ている② ~해 있다 | 車[くるま] 차 | 3台[さん だい] 3대 | 並ぶ[ならぶ]① 나란히 서다

知らない人の横に座った。 모르는 사람의 옆에 앉았어.

縦4.5cm、横3.5cmの写真を準備してください。 세로 4.5cm, 가로 3.5cm의 사진을 준비하세요.

知る[しる]① 알다 | 人[ひと] 사람 | 座る[すわる]① 앉다 | 4.5[よん てん ご] 4.5 | cm[センチ] cm | 3.5[さん てん ご] 3.5 | 写真[しゃしん] 사진 | 準備[じゅんび] 준비

cm는 センチメートル인데 일상적으로는 センチ라고 읽고 표기는 cm로 하는 경우가 많아요.

0711 N3

行き いき/ゆき 갈 때, ~행 [명사]

0712 N4

帰り かえり 돌아감/돌아옴, 돌아갈/돌아올 때 [명사]

行きに寄ったラーメン屋さんがおいしかった。 갈 때 들른 라면가게가 맛있었어.

東京行きの切符を父から渡されました。 とうきょう행 표를 아버지로부터 건네받았어요.

寄る[よる]① 들르다 | ~屋[や] ~가게 | おいしい 맛있다 | 切符[きっぷ] 표 | 父[ちち] 아버지 | 渡す[わたす]① 건네주다

가게나 가게 주인을 말할 때 ~屋라고만 하면 약간 거친 느낌이 있어서 뒤에 さん을 붙이는 경우도 많아요.

行き는 '갈 때'라는 뜻으로 쓸 때는 いき로 읽고, '~행'이라는 뜻으로 쓸 때는 ゆき로 읽는 경우가 많아요.

今夜は帰りが遅くなるよ。 오늘 밤에는 늦을 거야.

行きは船で、帰りは飛行機です。 갈 때는 배이고, 돌아올 때는 비행기입니다.

今夜[こんや] 오늘 밤 | 遅い[おそい] 늦다 | ~くなる① ~해지다 | 船[ふね] 배 | 飛行機[ひこうき] 비행기

帰りが遅くなる는 직역하면 '돌아오는 것이 늦어지다'가 돼요.

책 날개에 있는 책갈피를 이용해서, 한 쪽을 가리고 나머지 한 쪽을 맞추는 연습을 해 보세요.

今(いま)	지금, 방금	本当(ほんとう)	정말, 사실
昔(むかし)	옛날	うそ	거짓말
入(り)口(い ぐち)	입구	安心(あんしん)	안심
出口(で ぐち)	출구	心配(しんぱい)	걱정
大人(おとな)	어른, 성인	以外(い がい)	이외, 외
子供(こ ども)	어린이, 아이	以内(い ない)	이내, 내
先(さき)	먼저, 앞	以上(い じょう)	이상
後(あと)	나중, 뒤	以下(い か)	이하
表(おもて)	앞면, 바깥쪽	出席(しゅっせき)	출석
裏(うら)	뒷면, 뒤쪽	欠席(けっせき)	결석
初め(はじ)	처음	縦(たて)	세로
終わり(お)	끝	横(よこ)	가로, 옆
最初(さいしょ)	최초, 처음	行き(い/ゆ)	갈 때, ~행
最後(さい ご)	마지막	帰り(かえ)	돌아감/돌아옴, 돌아갈/돌아올 때

연습해 봐요!

〈장문으로 연습해 봐요〉

❶ 일본어 단어의 독음을 히라가나로 쓴 후에 한국어 뜻을 써 보세요.

단어	히라가나	뜻
01 大人		
02 先		
03 心配		
04 出席		
05 帰り		

❷ 한국어 뜻에 해당하는 일본어 단어를 히라가나와 한자로 써 보세요.

단어	히라가나	한자
06. 지금, 방금		
07. 입구		
08. 끝		
09. 안심		
10. 이상		

❸ (　　) 속에 적절한 단어를 써 보세요. 한자를 모를 경우에는 히라가나로 쓰세요.

11. (　　　　)また電話をかけます。 나중에 다시 전화를 걸게요.

12. (　　　　)は日本語がわからなくて大変だった。
처음에는 일본어를 몰라서 힘들었어.

13. (　　　　)をつくな! 거짓말을 하지 마라!.

14. それ(　　　　)に方法がない。 그것 외에 방법이 없어.

15. 東京(　　　　)の切符を父から渡されました。
とうきょう행 표를 아버지로부터 건네받았어요.

| 정답 |

❶ 01. おとな / 어른, 성인 02. さき / 먼저, 앞 03. しんぱい / 걱정 04. しゅっせき / 출석 05. かえり / 돌아감/돌아옴, 돌아갈/돌아올 때

❷ 06. いま / 今 07. いりぐち / 入(り)口 08. おわり / 終わり 09. あんしん / 安心 10. いじょう / 以上

❸ 11. 後で[あとで] 12. 初め[はじめ] 13. うそ 14. 以外[いがい] 15. 行き[ゆき/いき]

 N3

賛成 さんせい 찬성 [명사(+する)]

0714 N4

反対 はんたい 반대 [명사(+する)]

私の考えに誰も賛成してくれなかった。 내 생각에 아무도 찬성해 주지 않았어.

私は坂本さんの意見に賛成です。 저는 さかもと 씨의 의견에 찬성이에요.

私[わたし] 나, 저 ׀ 考え[かんがえ] 생각 ׀ 誰も[だれも] 아무도 ׀ ～てくれる② (다른 사람이) ~해 주다 ׀ 意見[いけん] 의견

賛成より反対の方が多かった。 찬성보다 반대가 더 많았다.

妻に反対されると思いました。 아내가 반대할 거라고 생각했습니다.

～の方が[ほうが] ~가 더 ׀ 多い[おおい] 많다 ׀ 妻[つま] 아내 ׀ 思う[おもう]① 생각하다

⊕ 妻に反対される는 직역하면 '아내에게 반대당한다'가 돼요.

0715 N4

出発 しゅっぱつ 출발 [명사(+する)]

0716 N3 참 590

到着 とうちゃく 도착 [명사(+する)]

課長より1時間先に出発した。 과장님보다 1시간 먼저 출발했어.

明日は出発が早いから、今日は早く寝ます。 내일은 출발이 이르니까, 오늘은 일찍 잘게요.

課長[かちょう] 과장(님) ׀ 1時間[いち じかん] 1시간 ׀ 先に[さきに] 먼저 ׀ 明日[あした] 내일 ׀ 早い[はやい] 이르다 ׀ 今日[きょう] 오늘 ׀ 寝る[ねる]② 자다

6日の4時に到着する予定だ。 6일 4시에 도착할 예정이다.

到着は何時ごろになりそうですか。 도착은 몇 시쯤이 될 것 같습니까?

6日[むいか] 6일 ׀ 4時[よ じ] 4시 ׀ 予定[よてい] 예정 ׀ 何時[なん じ] 몇 시 ׀ ～になる① ~가 되다 ׀ ～そうだ ~할 것 같다

0717 N3

成功 せいこう 성공 [명사(+する)]

0718 N4

失敗 しっぱい 실패, 실수 [명사(+する)]

今度のプロジェクトは必ず成功させる! 이번 프로젝트는 반드시 성공시키겠어!
この成功は皆様のおかげです。 이 성공은 여러분들 덕분이에요.

今度[こんど] 이번 | 必ず[かならず] 반드시 | 皆様[みなさま] 여러분

小さな失敗が大きな事故を起こすこともある。 작은 실수가 큰 사고를 일으키는 경우도 있다.
失敗しても、また頑張ればいいですよ。 실패해도 다시 열심히 하면 돼요.

小さな[ちいさな] 작은 | 大きな[おおきな] 큰 | 事故[じこ] 사고 | 起こす[おこす]① 일으키다 | ～ことがある① ～하는 경우가 있다 | 頑張る[がんばる]① 열심히 하다 | いい 좋다

- ～ばいい와 같은 표현에서는 いい의 뜻을 '좋다'보다 '되다'로 쓰는 경우가 많아요.
- ～ことがある(～하는 경우가 있다)의 조사 が를 も로 바꾸면 ～こともある(～하는 경우도 있다)가 돼요.

0719 N4

生産 せいさん 생산 [명사(+する)]

0720 N3

消費 しょうひ 소비 [명사(+する)]

これは国内で生産された牛肉だ。 이것은 국내에서 생산된 소고기이다.
この辺はりんごの生産が盛んです。 이 부근은 사과의 생산이 활발합니다.

国内[こくない] 국내 | 牛肉[ぎゅうにく] 소고기 | 辺[へん] 부근 | 盛ん[さかん] 활발

人は全然動かなくてもエネルギーを消費する。 사람은 전혀 움직이지 않아도 에너지를 소비해.
米の消費が減ってます。 쌀의 소비가 줄고 있어요.

人[ひと] 사람 | 全然[ぜんぜん] 전혀 | 動く[うごく]① 움직이다 | 米[こめ] 쌀 | 減る[へる]① 줄다 | ～て(い)る② ～하고 있다

 N4

西洋 せいよう 서양 [명사]

0722 N3

東洋 とうよう 동양 [명사]

肉を食べる習慣は西洋から日本に入った。 고기를 먹는 습관은 서양으로부터 일본으로 들어왔어.
私たちの考え方は西洋の考え方とは違います。 우리의 사고방식은 서양의 사고방식과는 달라요.

肉[にく] 고기 ｜ 食べる[たべる]② 먹다 ｜ 習慣[しゅうかん] 습관 ｜ 日本[にほん] 일본 ｜ 入る[はいる]① 들어오다 ｜ 私たち[わたしたち] 우리 ｜ 考え方[かんがえかた] 사고방식 ｜ 違う[ちがう]① 다르다

マルコ・ポーロは東洋の文化を西洋に伝えた。 마르코 폴로는 동양의 문화를 서양에 전했다.
トルコは東洋と西洋の間にあります。 튀르키예는 동양과 서양 사이에 있습니다.

文化[ぶんか] 문화 ｜ 伝える[つたえる]② 전하다 ｜ 間[あいだ] 사이 ｜ ある① 있다

0723 N4

戦争 せんそう 전쟁 [명사(+する)]

0724 N3

平和 へいわ 평화 [명사, な형용사]

戦争が二度と起きないようにしよう。 전쟁이 두 번 다시 일어나지 않도록 하자.
人はなぜ戦争するのでしょうか。 인간은 왜 전쟁하는 것일까요?

二度と[にどと] 두 번 다시 ｜ 起きる[おきる]② 일어나다 ｜ ～ないようにする③ ～하지 않도록 하다 ｜ 人[ひと] 사람

平和と安全についてみんなで考えた。 평화와 안전에 대해서 다 함께 생각했다.
平和な家庭を持ちたいと思ってます。 평화로운 가정을 갖고 싶다고 생각하고 있습니다.

安全[あんぜん] 안전 ｜ 考える[かんがえる]② 생각하다 ｜ 家庭[かてい] 가정 ｜ 持つ[もつ]① 갖다 ｜ ～たい ～하고 싶다 ｜ 思う[おもう]① 생각하다 ｜ ～て(い)る② ～하고 있다

 N4

先輩 せんぱい 선배 [명사]

0726 N3

後輩 こうはい 후배 [명사]

福田さんは高校の先輩だ。 ふくだ 씨는 고등학교 선배이다.
その人は会社で2年先輩です。 그 사람은 회사에서 2년 선배입니다.

高校[こうこう] 고등학교 | 人[ひと] 사람 | 会社[かいしゃ] 회사 | 2年[に ねん] 2년

その先輩は後輩の世話をよくしてくれる。 그 선배는 후배를 잘 챙겨 줘.
どうやってもその後輩に勝てません。 어떻게 해도 그 후배를 이길 수 없어요.

世話[せわ] 돌봄 | ~てくれる ② (다른 사람이) ~해 주다 | 勝つ[かつ]① 이기다

- 後輩の世話をよくしてくれる는 직역하면 '후배의 돌봄을 잘 해 줘'가 돼요.
- '~를 이기다'는 일본어로 ~に勝つ(~에게 이기다)라고 해요.

0727 N4

暖房 だんぼう 난방 [명사(+する)]

0728 N4

冷房 れいぼう 냉방 [명사(+する)]

日本ではエアコンで暖房する人が一番多い。 일본에서는 에어컨으로 난방하는 사람이 가장 많다.
その部屋は暖房がついていません。 그 방은 난방이 켜져 있지 않습니다.

日本[にほん] 일본 | 人[ひと] 사람 | 一番[いちばん] 가장 | 多い[おおい] 많다 | 部屋[へや] 방 | つく ① 켜지다 | ~ている② ~해 있다

- 에어컨이라고 하면 한국에서는 주로 '냉방'을 뜻하지만 일본에서는 냉난방 둘 다 エアコン으로 해요.

電車の冷房が強すぎて寒かった。 전철의 냉방이 너무 세서 추웠어.
部屋を冷房しておくように言いました。 방을 냉방해 놓으라고 말했어요.

電車[でんしゃ] 전철 | 強い[つよい] 세다 | ~すぎる② 너무 ~하다 | 寒[さむい] 춥다 | 部屋[へや] 방 | ~ておく① ~해 놓다 | ~ように言う[いう]① ~하도록 말하다

- 冷房しておくように言いました는 직역하면 '냉방해 놓도록 말했어요'가 돼요.

0729 N5 참 637

近く ちかく 근처, 가까운 곳 [명사]

ちかく라는 악센트도 써요.

0730 N4

遠く とおく 먼 곳 [명사]

駅の近くの交差点で事故があった。 역 근처의 교차로에서 사고가 있었다.

ペンギンを近くで見たことがありません。 펭귄을 가까운 곳에서 본 적이 없습니다.

駅[えき] 역 | 交差点[こうさてん] 교차로 | 事故[じこ] 사고 | ある① 있다 | 見る[みる]② 보다 | ～たことがある① ～한 적이 있다

遠くから変な音が聞こえてきた。 먼 곳에서 이상한 소리가 들려왔어.

その友達は遠くに引っ越していきました。 그 친구는 먼 곳으로 이사 갔어요.

変[へん] 이상 | 音[おと] 소리 | 聞こえる[きこえる]② 들리다 | ～てくる③ ～해 오다 | 友達[ともだち] 친구 | 引っ越す[ひっこす]① 이사하다 | ～ていく① ～해 가다

0731 N4 참 512

特別(な) とくべつ(な) 특별히, 특별(한) [명사, な형용사, 부사]

0732 N4 참 110

普通(な) ふつう(な) 보통(인) [명사, な형용사, 부사]

寒い日は熱いチゲが特別おいしく感じられる。 추운 날은 뜨거운 찌개가 특별히 맛있게 느껴져.

何か特別な理由があるのでしょう。 뭔가 특별한 이유가 있는 거겠죠.

寒い[さむい] 춥다 | 日[ひ] 날 | 熱い[あつい] 뜨겁다 | おいしい 맛있다 | 感じる[かんじる]② 느끼다 | 何か[なにか] 뭔가 | 理由[りゆう] 이유 | ある① 있다 | ～のだ ～하는 것이다

'특별히'라는 부사로 쓸 때 特別로도 쓰지만 뒤에 に를 붙여서 特別に라는 형태로도 써요.

英語では普通そんな言い方はしない。 영어에서는 보통 그런 표현은 하지 않는다.

韓国ではそれが普通です。 한국에서는 그것이 보통입니다.

英語[えいご] 영어 | 言う[いう]① 말하다 | ～方[かた] ～(하는) 방법 | 韓国[かんこく] 한국

言い方는 직역하면 '말하는 방법'이 돼요.

〈普通な+명사〉보다 〈普通の+명사〉 형태로 쓰는 경우가 더 많아요.

 N4

入院 にゅういん 입원 [명사(+する)]

0734 N4

退院 たいいん 퇴원 [명사(+する)]

けがで入院した。 다쳐서 입원했다.
祖父が入院を嫌がって困りました。 할아버지가 입원을 싫어해서 곤란했습니다.

祖父[そふ] 할아버지 | 嫌[いや] 싫음 | ～がる① ～해하다 | 困る[こまる]① 곤란하다

けがで는 직역하면 '부상 때문에', '상처 때문에'가 돼요.

みんなで祖母の退院を祝った。 다 함께 할머니의 퇴원을 축하했어.
まだ退院したばかりです。 아직 퇴원한 지 얼마 되지 않았어요.

祖母[そぼ] 할머니 | 祝う[いわう]① 축하하다 | ～たばかりだ ～한 지 얼마 되지 않았다

0735 N4

輸出 ゆしゅつ 수출 [명사(+する)]

0736 N4

輸入 ゆにゅう 수입 [명사(+する)]

のりの輸出が増え続けている。 김 수출이 계속 증가하고 있다.
ブラジルはコーヒーをたくさん輸出しています。 브라질은 커피를 많이 수출하고 있습니다.

増える[ふえる]② 증가하다 | ～続ける[つづける]② 계속 ～하다 | ～ている② ～하고 있다

アメリカからの牛肉の輸入を中止した。 미국에서 들어오는 소고기 수입을 중지했어.
これは中国から輸入された物です。 이것은 중국으로부터 수입된 것이에요.

牛肉[ぎゅうにく] 소고기 | 中止[ちゅうし] 중지 | 中国[ちゅうごく] 중국 | 物[もの] 물건

アメリカからの牛肉の輸入는 직역하면 '미국에서의 소고기의 수입'이 돼요.

0737 N4

予習 よしゅう 예습 [명사(+する)]

0738 N4

復習 ふくしゅう 복습 [명사(+する)]

いつも予習せずに授業を受けてる。 항상 예습하지 않고 수업을 받고 있어.

予習をしておいた方がいいですよ。 예습을 해 두는 편이 좋아요.

授業[じゅぎょう] 수업 | 受ける[うける]② 받다 | ~て(い)る② ~하고 있다 | ~ておく① ~해 두다 | ~た方がいい[ほうがいい] ~하는 편이 좋다

毎日、習ったことを復習するようにしている。 매일, 배운 것을 복습하도록 하고 있다.

予習より復習の方が大事です。 예습보다 복습이 더 중요합니다.

毎日[まいにち] 매일 | 習う[ならう]① 배우다 | ~ようにする③ ~하도록 하다 | ~ている② ~하고 있다 | ~の方が[ほうが] ~가 더 | 大事[だいじ] 중요

0739 N4

両方 りょうほう 양쪽, 둘 다 [명사]

0740 N3

片方 かたほう 한쪽 [명사]

右と左、両方の腕が痛い。 오른쪽과 왼쪽, 양쪽 팔이 모두 아파.

お金と時間の両方を手に入れたいと思います。 돈과 시간 둘 다를 손에 넣고 싶다고 생각해요.

右[みぎ] 오른쪽 | 左[ひだり] 왼쪽 | 腕[うで] 팔 | 痛い[いたい] 아프다 | お金[おかね] 돈 | 時間[じかん] 시간 | 手[て] 손 | 入れる[いれる]② 넣다 | 思う[おもう]① 생각하다

⊕ 한국어는 '양쪽 모두', '양쪽 다'와 같이 '모두'나 '다'와 같이 쓰죠? 일본어 みんな(모두)와 全部[ぜんぶ](전부)는 대상이 3개 이상 있는 경우에 쓰고 2개인 경우에는 못 써요.

手袋を片方なくしてしまった。 장갑을 한 쪽 잃어버렸다.

片方の意見だけ聞いて決めないでください。 한쪽의 의견만 듣고 정하지 마세요.

手袋[てぶくろ] 장갑 | なくす① 분실하다 | ~てしまう① ~해 버리다 | 意見[いけん] 의견 | 聞く[きく]① 듣다 | 決める[きめる]② 정하다

확인해 봐요!

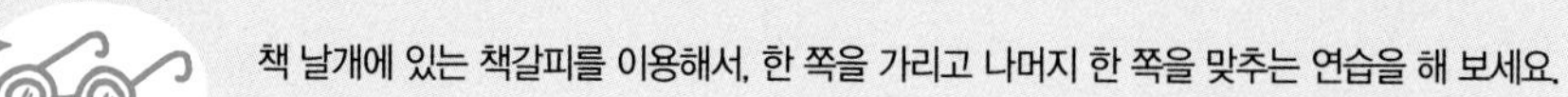

책 날개에 있는 책갈피를 이용해서, 한 쪽을 가리고 나머지 한 쪽을 맞추는 연습을 해 보세요.

賛成(さんせい)	찬성	暖房(だんぼう)	난방
反対(はんたい)	반대	冷房(れいぼう)	냉방
出発(しゅっぱつ)	출발	近(ちか)く	근처, 가까운 곳
到着(とうちゃく)	도착	遠(とお)く	먼 곳
成功(せいこう)	성공	特別(とくべつ)(な)	특별히, 특별(한)
失敗(しっぱい)	실패, 실수	普通(ふつう)(な)	보통(인)
生産(せいさん)	생산	入院(にゅういん)	입원
消費(しょうひ)	소비	退院(たいいん)	퇴원
西洋(せいよう)	서양	輸出(ゆしゅつ)	수출
東洋(とうよう)	동양	輸入(ゆにゅう)	수입
戦争(せんそう)	전쟁	予習(よしゅう)	예습
平和(へいわ)	평화	復習(ふくしゅう)	복습
先輩(せんぱい)	선배	両方(りょうほう)	양쪽, 둘 다
後輩(こうはい)	후배	片方(かたほう)	한쪽

연습해 봐요!

〈대화로 연습해 봐요〉

❶ 일본어 단어의 독음을 히라가나로 쓴 후에 한국어 뜻을 써 보세요.

단어	히라가나	뜻
01. 到着		
02. 失敗		
03. 平和		
04. 遠く		
05. 普通		

❷ 한국어 뜻에 해당하는 일본어 단어를 히라가나와 한자로 써 보세요.

단어	히라가나	한자
06. 출발		
07. 동양		
08. 근처, 가까운 곳		
09. 특별, 특별히		
10. 입원		

❸ (　　) 속에 적절한 단어를 써 보세요. 한자를 모를 경우에는 히라가나로 쓰세요.

11. (　　　)より(　　　)の方が多かった。 찬성보다 반대가 더 많았다.

12. その部屋は(　　　)がついていません。 그 방은 난방이 켜져 있지 않습니다.

13. まだ(　　　)したばかりです。 아직 퇴원한 지 얼마 되지 않았어요.

14. これは中国から(　　　)された物です。 이것은 중국으로부터 수입된 것이에요.

15. (　　　)より(　　　)の方が大事です。 예습보다 복습이 더 중요합니다.

| 정답 |

❶ 01. とうちゃく/도착 02. しっぱい/실패, 실수 03. へいわ/평화 04. とおく/먼 곳 05. ふつう/보통

❷ 06. しゅっぱつ/出発 07. とうよう/東洋 08. ちかく/近く 09. とくべつ/特別 10. にゅういん/入院

❸ 11. 賛成[さんせい], 反対[はんたい] 12. 暖房[だんぼう] 13. 退院[たいいん] 14. 輸入[ゆにゅう]
15. 予習[よしゅう], 復習[ふくしゅう]

반대말2-형용사

16마디에서는 '좋다'-'나쁘다', '덥다'-'춥다' 등의 형용사를 반대말로 짝을 지어 배울게요. 형용사 중 ㅣ형용사는 대부분 짝이 되는 단어가 있기 때문에 짝으로 배우면 더 쉽게 기억할 수 있을 거예요.

단어 및 예문듣기

0741 N5

明るい あかるい 밝다 [い형용사]

あかるくない　あかるかった　あかるく　あかるくて　あかるければ

0742 N5

暗い くらい 어둡다 [い형용사]

くらくない　くらかった　くらく　くらくて　くらければ

外はまだ明るい。 바깥은 아직 밝다.

太田さんはいつも明るかったです。 おおた 씨는 늘 밝았습니다.

外[そと] 바깥

暗い道を一人で歩くのは危ない。 어두운 길을 혼자 걷는 것은 위험해.

いつも暗くなってから散歩に行きます。 항상 어두워지고 나서 산책하러 가요.

道[みち] 길 ｜ 一人で[ひとりで] 혼자서 ｜ 歩く[あるく]① 걷다 ｜ 危ない[あぶない] 위험하다 ｜ ～くなる① ～해지다 ｜ 散歩[さんぽ] 산책 ｜ 行く[いく]① 가다

0743 N5

新しい あたらしい 새롭다 [い형용사]

あたらしくない　あたらしかった　あたらしく　あたらしくて　あたらしければ

+ あたらしくない　あたらしかった　あたらしく　あたらしくて　あたらしければ라는 악센트도 써요.

0744 N5 참 495

古い ふるい 오래되다, 낡다 [い형용사]

ふるくない　ふるかった　ふるく　ふるくて　ふるければ

+ ふるくない　ふるかった　ふるく　ふるくて　ふるければ라는 악센트가 기존에는 모범적인 악센트였지만, 위에 제시한 악센트로 발음하는 사람이 많아지고 있고 올바른 악센트로 인정되었기에 기본으로 제시했어요. 이하 '저고저' 악센트를 갖는 3음절 い형용사의 악센트는 모두 이것과 같아요.

新しくオープンしたお店に行ってきた。 새로 오픈한 가게에 갔다 왔다.

新しい年が始まりました。 새로운 해가 시작되었습니다.

店[みせ] 가게 ㅣ 行く[いく]① 가다 ㅣ ~てくる③ ~하고 오다 ㅣ 年[とし] 해 ㅣ 始まる[はじまる]① 시작되다

祖母が1枚の古い写真を見せてくれた。 할머니가 한 장의 오래된 사진을 보여줬어.
病院の建物は古かったですが、中はきれいでした。 병원 건물은 낡았지만, 안은 깨끗했어요.

祖母[そぼ] 할머니 ㅣ 1枚[いち まい] 한 장 ㅣ 写真[しゃしん] 사진 ㅣ 見せる[みせる]② 보여주다 ㅣ ~てくれる② (다른 사람이) ~해 주다 ㅣ 病院[びょういん] 병원 ㅣ 建物[たてもの] 건물 ㅣ 中[なか] 안

0745 N5 참 408

暑い　あつい　덥다 [い형용사]

あつくない　あつかった　あつく　あつくて　あつければ

あつくない　あつかった　あつく　あつくて　あつければ라는 악센트도 써요.

0746 N5

寒い　さむい　춥다 [い형용사]

さむくない　さむかった　さむく　さむくて　さむければ

さむくない　さむかった　さむく　さむくて　さむければ라는 악센트도 써요.

東京はソウルよりずっと暑かった。 とうきょう는 서울보다 훨씬 더웠다.
今年の夏も暑いですね。 올해 여름도 덥네요.

今年[ことし] 올해 ㅣ 夏[なつ] 여름

暑くも寒くもないちょうどいい天気。 덥지도 춥지도 않은 딱 좋은 날씨야.
そんな寒い所にいたらかぜをひきますよ。 그렇게 추운 곳에 있으면 감기에 걸려요.

天気[てんき] 날씨 ㅣ 所[ところ] 곳 ㅣ いる② 있다 ㅣ ひく① (감기에) 걸리다

0747 N5 참 482

暖かい　あたたかい　따뜻하다 [い형용사]

あたたかくない　あたたかかった　あたたかく　あたたかくて　あたたかければ

あたたかくない　あたたかかった　あたたかく　あたたかくて　あたたかければ라는 악센트도 써요.

0748 N5

涼しい　すずしい　선선하다, 서늘하다 [い형용사]

すずしくない　すずしかった　すずしく　すずしくて　すずしければ

➕ すずしくない　すずしかった　すずしく　すずしくて　すずしければ라는 악센트도 써요.

もう春なのになかなか暖かくならない。　이미 봄인데 좀처럼 따뜻해지지 않는다.

今日は昨日より暖かいでしょう。　오늘은 어제보다 따뜻할 것입니다.

春[はる] 봄 | ~くなる① ~해지다 | 今日[きょう] 오늘 | 昨日[きのう] 어제

午前中は曇りで涼しかった。　오전 중은 흐리고 선선했어.

これは涼しい所に置いてください。　이것은 서늘한 곳에 두세요.

午前[ごぜん] 오전 | ~中[ちゅう] ~중 | 曇り[くもり] 흐림 | 所[ところ] 곳 | 置く[おく]① 두다

➕ 曇りで涼しかった는 직역하면 '흐림이고 선선했다'가 돼요.

0749 N5　참 408

熱い　あつい　뜨겁다 [い형용사]

あつくない　あつかった　あつく　あつくて　あつければ

➕ あつくない　あつかった　あつく　あつくて　あつければ라는 악센트도 써요.

0750 N5

冷たい　つめたい　차갑다, 차다 [い형용사]

つめたくない　つめたかった　つめたく　つめたくて　つめたければ

➕ つめたい라는 악센트도 써요.

スマホがすぐに熱くなる。　스맛폰이 금방 뜨거워진다.

熱いお茶を1杯飲みました。　뜨거운 차를 한 잔 마셨습니다.

~くなる① ~해지다 | お茶[おちゃ] 차 | 1杯[いっぱい] 한 잔 | 飲む[のむ]① 마시다

水があまり冷たくなかった。　물이 별로 차갑지 않았어.

冷たい飲み物は体によくないですよ。　찬 음료는 몸에 좋지 않아요.

水[みず] 물 | 飲み物[のみもの] 음료 | 体[からだ] 몸 | いい 좋다

0751 N4 참 482

温かい　あたたかい　따뜻하다 [い형용사]

あたたかくない　あたたかかった　あたたかく　あたたかくて　あたたかければ

あたたかくない　あたたかかった　あたたかく　あたたかくて　あたたかければ라는 악센트도 써요.

0752 N4

ぬるい　ぬるい　미지근하다 [い형용사]

ぬるくない　ぬるかった　ぬるく　ぬるくて　ぬるければ

ぬるくない　ぬるかった　ぬるく　ぬるくて　ぬるければ라는 악센트도 써요.

心の温かい人になるのはそう簡単ではない。

마음이 따뜻한 사람이 되는 것은 그렇게 쉽지 않다.

ホストファミリーが温かく迎えてくれました。

호스트 패밀리가 따뜻하게 맞이해 주었습니다.

心[こころ] 마음 ｜ 人[ひと] 사람 ｜ ～になる① ~가 되다 ｜ 簡単[かんたん] 쉬움 ｜ 迎える[むかえる]② 맞이하다 ｜ ～てくれる② (다른 사람이) ~해 주다

301쪽에서 배운 暖かい[あたたかい]와의 차이에 대해서는 482쪽을 참고하세요.

このラーメン、スープがぬるくない？　이 라면, 수프가 미지근하지 않아?

シャワーのお湯がぬるくて困ることがあります。

샤워 물이 미지근해서 곤란할 때가 있어요.

お湯[おゆ] 물 ｜ 困る[こまる]① 곤란하다

0753 N5 참 408

厚い　あつい　두껍다 [い형용사]

あつくない　あつかった　あつく　あつくて　あつければ

0754 N5

薄い　うすい　얇다, 연하다 [い형용사]

うすくない　うすかった　うすく　うすくて　うすければ

0755 N3

濃い　こい　진하다, 짙다 [い형용사]

こくない　こかった　こく　こくて　こければ

こんなに厚い本は1日で読めない。　이렇게 두꺼운 책은 하루만에 읽을 수 없다.
カステラを厚く切ってください。　카스텔라를 두껍게 잘라 주세요.

本[ほん] 책 | 1日[いちにち] 하루 | 読む[よむ]① 읽다 | 切る[きる]① 자르다

新しく買ったノートパソコンは薄くて軽い。　새로 산 노트북 PC는 얇고 가벼워.
薄いピンクのスカートをはきました。　연한 핑크색 치마를 입었어요.

新しい[あたらしい] 새롭다 | 買う[かう]① 사다 | 軽い[かるい] 가볍다 | はく① 입다

そのメイク、濃すぎるんじゃない？　그 화장, 너무 진한 거 아냐?
濃いコーヒーを飲んだら眠れなくなりました。
진한 커피를 마셨더니 잠들 수 없게 되었습니다.

～すぎる 너무 ~하다 | ～んだ ~한 것이다 | 飲む[のむ]① 마시다 | 眠る[ねむる]① 잠들다 | ～なくなる① ~하지 않게 되다

⊕ メイク는 メーク로도 쓰는데 メイクアップ(메이크업)을 줄인 말이에요. 한자어 '화장'은 化粧[けしょう]라고 해요.

0756 N5

甘い　あまい　달다 [い형용사]

あまくない　あまかった　あまく　あまくて　あまければ

⊕ あまい라는 악센트도 써요.

0757 N5

辛い　からい　맵다 [い형용사]

からくない　からかった　からく　からくて　からければ

⊕ からくない　からかった　からく　からくて　からければ라는 악센트도 써요.

0758 N4

苦い　にがい　쓰다 [い형용사]

にがくない　にがかった　にがく　にがくて　にがければ

➕ にがくない　にがかった　にがく　にがくて　にがければ라는 악센트도 써요.

0759 N3

塩辛い　　しおからい　　짜다 [い형용사]

しおからくない　しおからかった　しおからく　しおからくて　しおからければ

➕ しおからくない　しおからかった　しおからく　しおからくて　しおからければ라는 악센트도 써요.

0760 N3

しょっぱい　　しょっぱい　　짜다 [い형용사]

しょっぱくない　しょっぱかった　しょっぱく　しょっぱくて　しょっぱければ

0761 N3

酸っぱい　　すっぱい　　시다 [い형용사]

すっぱくない　すっぱかった　すっぱく　すっぱくて　すっぱければ

このケーキは甘くない。　이 케이크는 달지 않아.
私は甘いお菓子が大好きです。　저는 달달한 과자를 아주 좋아해요.

私[わたし] 저 ｜ お菓子[おかし] 과자 ｜ 大好き[だいすき] 아주 좋아함

➕ 甘い(달다)의 반대는 '맵다'가 될 수도 있고 '쓰다'가 될 수도 있고, '짜다', '시다'도 가능하죠. 그래서 다 소개해 드렸어요.

父は「辛くなければおいしくない」と言う。　아버지는 '맵지 않으면 맛이 없다'라고 한다.
韓国料理には辛いものが多いです。　한국요리에는 매운 것이 많습니다.

父[ちち] 아버지 ｜ おいしい 맛있다 ｜ 言う[いう]① 말하다 ｜ 韓国[かんこく] 한국 ｜ 料理[りょうり] 요리 ｜ 多い[おおい] 많다

薬が苦くて飲みにくい。　약이 써서 먹기 힘들어.
苦い味の野菜は体にいいらしいですよ。　쓴 맛이 나는 야채는 몸에 좋은 모양이에요.

薬[くすり] 약 ｜ 飲む[のむ]① 마시다 ｜ ～にくい ~하기 어렵다 ｜ 味[あじ] 맛 ｜ 野菜[やさい] 야채 ｜ 体[からだ] 몸 ｜ いい 좋다 ｜ ～らしい ~한 모양이다

塩辛いものは食べないようにしている。 짠 것은 먹지 않으려고 하고 있다.

これは塩辛くてそのままでは食べられません。 이것은 짜서 그대로는 먹을 수 없습니다.

食べる[たべる]② 먹다 | ~ないようにする③ ~하지 않도록 하다 | ~ている② ~하고 있다

⊕ 塩[しお]가 '소금', 辛い[からい]가 '맵다'라는 뜻이라 '소금으로 맵다'니 '짜다'인 거죠. '짜다'를 辛い라고 표현하는 사람도 있는데(서쪽 지역) 이 塩辛い에서 塩가 빠졌다고 보시면 돼요. '점수가 짜다'라는 표현은 일본어에서는 辛い라고 표현해요.

なぜ海の水はしょっぱいのだろう。 왜 바닷물은 짠 것일까.

スープがしょっぱかったので、お湯を足しました。 수프가 짰기 때문에 물을 추가했어요.

海[うみ] 바다 | 水[みず] 물 | ~のだ ~인 것이다 | お湯[おゆ] 물 | 足す[たす]① 추가하다

⊕ '짜다'는 塩辛い[しおからい]가 정식 표현이라고 하는데 실생활에서는 보통 しょっぱい라고 써요(표준어권).

⊕ ~だろう는 '~할 것이다'와 '~지?'라는 뜻 외에 '~일까'라는 뜻으로도 써요.

私は酸っぱいものが苦手だ。 나는 신 것을 잘 못 먹는다.

みかんが酸っぱすぎてびっくりしました。 귤이 너무 시어서 놀랐습니다.

私[わたし] 나 | 苦手[にがて] 잘 못함 | ~すぎる② 너무 ~하다 | びっくりする③ 깜짝 놀라다

0762 N5

いい　　いい　　좋다 [い형용사]

よくない　よかった　よく　よくて　よければ

0763 N5

悪い　　わるい　　나쁘다 [い형용사]

わるくない　わるかった　わるく　わるくて　わるければ

⊕ わるくない　わるかった　わるく　わるくて　わるければ라는 악센트도 써요.

今日は天気がよくなかった。 오늘은 날씨가 좋지 않았어.

西村さんは本当にいい友達です。 にしむら 씨는 정말로 좋은 친구예요.

今日[きょう] 오늘 | 天気[てんき] 날씨 | 本当に[ほんとうに] 정말로 | 友達[ともだち] 친구

⊕ 활용이 되면 앞쪽의 い가 よ로 바뀐다는 점에 유의하세요. 현재형 いい도 よい라고 하는 경우가 있어요.

その店はサービスが悪かった。 그 가게는 서비스가 나빴다.

目が悪くて、眼鏡をかけています。 눈이 나빠서 안경을 쓰고 있습니다.

店[みせ] 가게 ㅣ 目[め] 눈 ㅣ 眼鏡[めがね] 안경 ㅣ かける② (안경을) 쓰다

0764 N4

かっこいい かっこいい 멋지다, 잘생겼다 [い형용사]

かっこよくない かっこよかった かっこよく かっこよくて かっこよければ

0765 N4

かっこ悪い かっこわるい 꼴사납다, 볼품없다 [い형용사]

かっこわるくない かっこわるかった かっこわるく かっこわるくて
かっこわるければ

あの人は背が高くてかっこいい。 저 사람은 키가 크고 잘생겼어.

かっこよく見せたいと思ってる人が多いです。 멋지게 보이고 싶다고 생각하는 사람이 많아요.

人[ひと] 사람 ㅣ 背[せ] 키 ㅣ 高い[たかい] 높다 ㅣ 見せる[みせる]② 보이다 ㅣ ~たい ~하고 싶다 ㅣ 思う[おもう]① 생각하다 ㅣ ~て(い)る② ~하고 있다 ㅣ 多い[おおい] 많다

- かっこいい는 格好いい[かっこういい](모습 좋다, 모양 좋다)에서 う가 생략된 말이에요.
- '잘 생긴 남자'라고 얼굴만을 가리키는 단어로는 イケメン이 있어요.

それはかっこ悪すぎるから嫌だ。 그건 너무 볼품없어서 싫다.

失敗することはかっこ悪いことではありません。 실수하는 것은 꼴사나운 일이 아닙니다.

~すぎる② 너무 ~하다 ㅣ 嫌[いや] 싫음 ㅣ 失敗[しっぱい] 실수

- かっこ悪い는 格好悪い[かっこうわるい](모습 나쁘다, 모양 나쁘다)에서 う가 생략된 말이에요.

책 날개에 있는 책갈피를 이용해서, 한 쪽을 가리고 나머지 한 쪽을 맞추는 연습을 해 보세요.

明(あか)るい	밝다	薄(うす)い	얇다, 연하다
暗(くら)い	어둡다	濃(こ)い	진하다, 짙다
新(あたら)しい	새롭다	甘(あま)い	달다
古(ふる)い	오래되다, 낡다	辛(から)い	맵다
暑(あつ)い	덥다	苦(にが)い	쓰다
寒(さむ)い	춥다	塩辛(しおから)い	짜다
暖(あたた)かい	따뜻하다	しょっぱい	짜다
涼(すず)しい	선선하다, 서늘하다	酸(す)っぱい	시다
熱(あつ)い	뜨겁다	いい	좋다
冷(つめ)たい	차갑다, 차다	悪(わる)い	나쁘다
温(あたた)かい	따뜻하다	かっこいい	멋지다, 잘생겼다
ぬるい	미지근하다	かっこ悪(わる)い	꼴사납다, 볼품없다
厚(あつ)い	두껍다		

연습해 봐요!

〈장문으로 연습해 봐요〉

1 일본어 단어의 독음을 히라가나로 쓴 후에 한국어 뜻을 써 보세요.

단어	히라가나	뜻
01. 暗い		
02. 古い		
03. 涼しい		
04. 冷たい		
05. 甘い		

2 한국어 뜻에 해당하는 일본어 단어를 히라가나와 한자로 써 보세요.

단어	히라가나	한자
06. 밝다		
07. 새롭다		
08. 춥다		
09. 맵다		
10. 나쁘다		

3 (　　) 속에 적절한 단어를 써 보세요. 한자를 모를 경우에는 히라가나로 쓰세요.

11. 今日は昨日より(　　　　)でしょう。 오늘은 어제보다 따뜻할 것입니다.

12. (　　　　)お茶を1杯飲みました。 뜨거운 차를 한 잔 마셨습니다.

13. こんなに(　　　　)本は1日で読めない。
이렇게 두꺼운 책은 하루만에 읽을 수 없다.

14. 新しく買ったノートパソコンは(　　　　)軽い。
새로 산 노트북 PC는 얇고 가벼워.

15. あの人は背が高くて(　　　　)。 저 사람은 키가 크고 잘생겼어.

| 정답 |

1 01. くらい/어둡다 02. ふるい/오래되다, 낡다 03. すずしい/선선하다, 서늘하다 04. つめたい/차갑다, 차다 05. あまい/달다

2 06. あかるい/明るい 07. あたらしい/新しい 08. さむい/寒い 09. からい/辛い 10. わるい/悪い

3 11. 暖かい[あたたかい] 12. 熱い[あつい] 13. 厚い[あつい] 14. 薄くて[うすくて] 15. かっこいい

0766 N5

忙しい　いそがしい　바쁘다 [い형용사]

いそがしくない　いそがしかった　いそがしく　いそがしくて　いそがしければ

いそがしくない　いそがしかった　いそがしく　いそがしくて　いそがしければ라는 악센트도 써요.

0767 N5

暇(な)　ひま(な)　틈, 한가(한) [명사, な형용사]

金子さんはいつも仕事で忙しい。　かねこ 씨는 항상 일 때문에 바빠.
今日は一日中忙しかったです。　오늘은 하루 종일 바빴어요.

仕事[しごと] 일 | 今日[きょう] 오늘 | 一日[いちにち] 하루 | ~中[じゅう] ~ 종일

仕事が忙しくて休む暇もない。　일이 바빠서 쉴 틈도 없다.
暇なときはドラマをよく見ます。　한가할 때는 드라마를 자주 봅니다.

仕事[しごと] 일 | 休む[やすむ]① 쉬다 | ない 없다 | 見る[みる]② 보다

0768 N5　참 570

うるさい　うるさい　시끄럽다 [い형용사]

うるさくない　うるさかった　うるさく　うるさくて　うるさければ

うるさくない　うるさかった　うるさく　うるさくて　うるさければ라는 악센트도 써요.

0769 N5

静か(な)　しずか(な)　조용함, 조용한 [な형용사]

外がうるさくて寝られなかった。　밖이 시끄러워서 잘 수 없었어.
うるさいから静かにしてください。　시끄러우니까 조용히 해 주세요.

外[そと] 밖 | 寝る[ねる]② 자다 | ~にする③ ~하게 하다

いつもうるさい岡本君が今日は静かだ。　항상 시끄러운 おかもと 군이 오늘은 조용하다.
静かな所に住みたいと思っています。　조용한 곳에 살고 싶다고 생각하고 있습니다.

~君[くん] ~ 군 | 今日[きょう] 오늘 | 所[ところ] 곳 | 住む[すむ]① 살다 | ~たい ~하고 싶다 | 思う[おもう]① 생각하다 | ~ている② ~하고 있다

0770 N5

참 563

おいしい おいしい 맛있다 [い형용사]

おいしくない おいしかった おいしく おいしくて おいしければ

おいしい おいしかった おいしくて おいしければ라는 악센트도 써요.

0771 N5

まずい まずい 맛없다 [い형용사]

まずくない まずかった まずく まずくて まずければ

まずくない まずかった まずく まずくて まずければ라는 악센트도 써요.

ここはおいしくないから、ほかの所に行こう。 여기는 맛있지 않으니까, 다른 곳으로 가자.
これ、すごくおいしいですね! 이거, 엄청 맛있네요!

所[ところ] 곳 | 行く[いく]① 가다

'맛있다'라는 뜻의 단어로 うまい도 있는데 うまい에 대해서는 563쪽을 보세요.

日本のチーズは外国人にはまずいと言う。 일본의 치즈는 외국인에게는 맛없다고 한다.
お店で食べた料理がまずかったです。 가게에서 먹은 요리가 맛없었습니다.

日本[にほん] 일본 | 外国人[がいこくじん] 외국인 | 言う[いう]① 말하다 | 店[みせ] 가게 | 食べる[たべる]② 먹다 | 料理[りょうり] 요리

0772 N5

多い おおい 많다 [い형용사]

おおくない おおかった おおく おおくて おおければ

0773 N5

少ない すくない 적다 [い형용사]

すくなくない すくなかった すくなく すくなくて すくなければ

うちの会社は男の人より女の人の方が多い。 우리 회사는 남자보다 여자가 더 많다.
この授業は宿題が多くて大変です。 이 수업은 숙제가 많아서 힘듭니다.

会社[かいしゃ] 회사 ｜ 男の人[おとこのひと] 남자 ｜ 女の人[おんなのひと] 여자 ｜ ～の方が[ほうが] ~가 더 ｜ 授業[じゅぎょう] 수업 ｜ 宿題[しゅくだい] 숙제 ｜ 大変[たいへん] 힘듦

去年はヨーロッパからの留学生が少なかった。 작년에는 유럽에서 온 유학생이 적었어.
こんにゃくはカロリーが少ないです。 곤약은 칼로리가 적어요.

去年[きょねん] 작년 ｜ 留学生[りゅうがくせい] 유학생

⊕ ヨーロッパからの留学生는 직역하면 '유럽에서의 유학생'이 돼요.

0774 N5 참 565

重い おもい 무겁다 [い형용사]

おもくない おもかった おもく おもくて おもければ

0775 N5

軽い かるい 가볍다 [い형용사]

かるくない かるかった かるく かるくて かるければ

荷物が重かった。 짐이 무거웠다.
今日は朝からずっと頭が重いです。 오늘은 아침부터 계속 머리가 무겁습니다.

荷物[にもつ] 짐 ｜ 今日[きょう] 오늘 ｜ 朝[あさ] 아침 ｜ 頭[あたま] 머리

その上着は軽かった。 그 겉옷은 가벼웠어.
朝ご飯を軽く食べて出かけました。 아침밥을 가볍게 먹고 외출했어요.

上着[うわぎ] 겉옷 ｜ 朝ご飯[あさごはん] 아침밥 ｜ 食べる[たべる]② 먹다 ｜ 出かける[でかける]② 외출하다

0776 N5 참 569

面白い おもしろい 재미있다 [い형용사]

おもしろくない おもしろかった おもしろく おもしろくて おもしろければ

⊕ おもしろくない おもしろかった おもしろく おもしろくて おもしろければ라는 악센트도 써요.

0777 N4

つまらない つまらない 재미없다 [い형용사]

つまらない　つまらなかった　つまらなく　つまらなくて　つまらなければ

この映画は面白かった。 이 영화는 재미있었다.

ゲームが面白くてやめられません。 게임이 재미있어서 그만둘 수 없습니다.

映画[えいが] 영화 ı やめる② 그만두다

授業がつまらなくて受ける気にならない。 수업이 재미없어서 들을 마음이 안 생겨.

部長のつまらない話を聞かされました。 부장님의 재미없는 이야기를 어쩔 수 없이 들었어요.

授業[じゅぎょう] 수업 ı 受ける[うける]② 받다 ı 気[き] 마음 ı ～になる① ～가 되다 ı 部長[ぶちょう] 부장(님) ı 話[はなし] 이야기 ı 聞く[きく]① 듣다

- つまらない를 편한 구어에서는 つまんない라고 하는 경우도 있어요.
- ～気になる가 '~(하는) 마음이 생기다'라는 뜻이에요.
- 話を聞かされました는 직역하면 '이야기를 듣게 함을 당했습니다'가 돼요. 사역수동형은 주어가 하기 싫은데 어쩔 수 없이 하는 경우에 쓰는 표현이에요.

0778 N5

強い　つよい　강하다, 세다 [い형용사]

つよくない　つよかった　つよく　つよくて　つよければ

- つよくない　つよかった　つよく　つよくて　つよければ라는 악센트도 써요.

0779 N5

弱い　よわい　약하다 [い형용사]

よわくない　よわかった　よわく　よわくて　よわければ

- よわくない　よわかった　よわく　よわくて　よわければ라는 악센트도 써요.

イギリスのチームが強かった。 영국 팀이 강했어.

昨日は風が強くて寒かったです。 어제는 바람이 세서 추웠어요.

昨日[きのう] 어제 ı 風[かぜ] 바람 ı 寒い[さむい] 춥다

僕は酒に弱い。 나는 술에 약하다.

藤原さんは体が弱くてよく学校を休みます。 ふじわら 씨는 몸이 약해서 자주 학교를 쉽니다.

僕[ぼく] 나 ı 酒[さけ] 술 ı 体[からだ] 몸 ı 学校[がっこう] 학교 ı 休む[やすむ]① 쉬다

 N5

近い　ちかい　가깝다 [い형용사]

ちかくない　ちかかった　ちかく　ちかくて　ちかければ

ちかくない　ちかかった　ちかく　ちかくて　ちかければ라는 악센트도 써요.

0781 N5

遠い　とおい　멀다 [い형용사]

とおくない　とおかった　とおく　とおくて　とおければ

時間はもう12時に近かった。 시간은 벌써 12시에 가까웠어.

ここなら駅もバス停も近くて便利ですよ。 여기라면 역도 버스 정류장도 가까워서 편리해요.

時間[じかん] 시간 | 12時[じゅうに じ] 12시 | 駅[えき] 역 | バス停[てい] 버스 정류장 | 便利[べんり] 편리

日本は近くて遠い国だと言う。 일본은 가깝고 먼 나라라고 한다.

そんなに遠くないから歩いて行きましょう。 그렇게 멀지 않으니까 걸어서 갑시다.

日本[にほん] 일본 | 国[くに] 나라 | 言う[いう]① 말하다 | 歩く[あるく]① 걷다 | 行く[いく]① 가다

0782 N5

長い　ながい　길다, 오래다 [い형용사]

ながくない　ながかった　ながく　ながくて　ながければ

ながくない　ながかった　ながく　ながくて　ながければ라는 악센트도 써요.

0783 N5

短い　みじかい　짧다 [い형용사]

みじかくない　みじかかった　みじかく　みじかくて　みじかければ

みじかくない　みじかかった　みじかく　みじかくて　みじかければ라는 악센트도 써요.

この靴を履くと足が長く見える。 이 신발을 신으면 다리가 길어 보여.

その約束を長い間忘れてました。 그 약속을 오랫동안 잊고 있었어요.

靴[くつ] 신발 | 履く[はく]① 신다 | 足[あし] 다리 | 見える[みえる]② 보이다 | 約束[やくそく] 약속 | 間[あいだ] 사이 | 忘れる[わすれる]② 잊다 | ~て(い)る② ~하고 있다

休み時間が短かった。 쉬는 시간이 짧았다.
髪を短く切りました。 머리를 짧게 잘랐습니다.

休み[やすみ] 쉼 | 時間[じかん] 시간 | 髪[かみ] 머리카락 | 切る[きる]① 자르다

0784 N5

広い ひろい 넓다 [い형용사]

ひろくない ひろかった ひろく ひろくて ひろければ

ひろくない ひろかった ひろく ひろくて ひろければ라는 악센트도 써요.

0785 N5

狭い せまい 좁다 [い형용사]

せまくない せまかった せまく せまくて せまければ

せまくない せまかった せまく せまくて せまければ라는 악센트도 써요.

そのおばあさんは広い家に一人で住んでいた。 그 할머니는 넓은 집에 혼자서 살고 있었다.
病院の前の道が広くなりました。 병원 앞의 길이 넓어졌습니다.

家[いえ] 집 | 一人で[ひとりで] 혼자서 | 住む[すむ]① 살다 | ~ている② ~하고 있다 | 病院[びょういん] 병원 | 前[まえ] 앞 | 道[みち] 길 | ~くなる① ~해지다

子供が3人も生まれて、家が狭くなった。 자식이 셋이나 태어나서 집이 좁아졌어.
自分が心が狭いと思いませんか。 스스로가 마음이 좁다고 생각하지 않아요?

子供[こども] 자식 | 3人[さん にん] 3명 | 生まれる[うまれる]② 태어나다 | 家[いえ] 집 | ~くなる① ~해지다 | 自分[じぶん] 자신 | 心[こころ] 마음 | 思う[おもう]① 생각하다

0786 N5

速い はやい 빠르다 [い형용사]

はやくない はやかった はやく はやくて はやければ

はやくない はやかった はやく はやくて はやければ라는 악센트도 써요.

0787 N5

遅い　おそい　느리다, 늦다 [い형용사]

おそくない　おそかった　おそく　おそくて　おそければ

⊕ おそい라는 악센트도 써요.

 N5

早い　はやい　이르다, 빠르다 [い형용사]

はやくない　はやかった　はやく　はやくて　はやければ

⊕ はやくない　はやかった　はやく　はやくて　はやければ라는 악센트도 써요.

このビルのエレベーターは世界で一番速い。
이 빌딩의 엘리베이터는 세계에서 가장 빠르다.

速く走る方法を先生に教えてもらいました。
빨리 달리는 방법을 선생님이 가르쳐 주었습니다.

世界[せかい] 세계 | 一番[いちばん] 가장 | 走る[はしる]① 달리다 | 方法[ほうほう] 방법 | 教える[おしえる]② 가르치다 | ~てもらう① (다른 사람이) ~해 주다

⊕ 先生に教えてもらいました는 직역하면 '선생님에게 가르쳐 받았습니다'가 돼요.

⊕ 速い는 속도가 빠르다는 뜻이에요. 아이가 밥을 먹는데 느릿느릿하게 먹고 있으면 速く食べなさい(빠른 속도로 먹어)라고 하죠.

インターネットのスピードが遅い。　인터넷 속도가 느려.

遅くなるときは電話してください。　늦어질 때는 전화해 주세요.

~くなる① ~해지다 | 電話[でんわ] 전화

ゆうべは父の帰りが早かった。　어젯밤에는 아버지 귀가가 빨랐다.

今朝は早く起きました。　오늘 아침에는 일찍 일어났습니다.

父[ちち] 아버지 | 帰り[かえり] 귀가 | 今朝[けさ] 오늘 아침 | 起きる[おきる]② 일어나다

⊕ 早い는 시간이 빠르다, 이르다는 뜻이에요. 아이가 밥을 차려 줬는데 밥을 안 먹고 딴 짓을 하고 있다면 早く食べなさい(빨리/일찍 먹기 시작해라)라고 하죠.

0789 N5

難しい　むずかしい　어렵다 [い형용사]

⊕ むずかしい라는 악센트도 써요.

むずかしくない　むずかしかった　むずかしく　むずかしくて　むずかしければ

むずかしくない　むずかしかった　むずかしく　むずかしくて　むずかしければ라는 악센트도 써요.

0790 N4 　　　　　　　　　　　　　　　　　　　　　　　　　　　　　참 573

やさしい　　やさしい　　쉽다 [い형용사]

やさしくない　やさしかった　やさしく　やさしくて　やさしければ

やさしい　やさしかった　やさしくて　やさしければ라는 악센트도 써요.

彼は難しい質問にもすぐに答えた。　그는 어려운 질문에도 바로 대답했다.

英語の試験が難しかったです。　영어 시험이 어려웠습니다.

彼[かれ] 그 | 質問[しつもん] 질문 | 答える[こたえる]② 대답하다 | 英語[えいご] 영어 | 試験[しけん] 시험

この本は日本語の文法がやさしく説明されてる。
이 책은 일본어 문법이 쉽게 설명되어 있어.

やさしい問題から始めた方がいいですよ。　쉬운 문제부터 시작하는 편이 좋아요.

本[ほん] 책 | 日本語[にほんご] 일본어 | 文法[ぶんぽう] 문법 | 説明[せつめい] 설명 | ～て(い)る② ~해 있다 | 問題[もんだい] 문제 | 始める[はじめる]② 시작하다 | ～た方がいい[ほうがいい] ~하는 편이 좋다

やさしい를 한자 易しい로 쓰는 경우도 있지만 히라가나로 쓰는 경우가 많아요.

0791 N5

安い　　やすい　　값싸다 [い형용사]

やすくない　やすかった　やすく　やすくて　やすければ

やすくない　やすかった　やすく　やすくて　やすければ라는 악센트도 써요.

0792 N5

高い　　たかい　　비싸다, 높다 [い형용사]

たかくない　たかかった　たかく　たかくて　たかければ

たかくない　たかかった　たかく　たかくて　たかければ라는 악센트도 써요.

0793 N5

低い　　ひくい　　낮다 [い형용사]

ひくくない　ひくかった　ひくく　　ひくくて　ひくければ

ひくくない　ひくかった　ひくく　ひくくて　ひくければ라는 악센트도 써요.

欲しかった物が安く買えた。 갖고 싶었던 것을 싸게 살 수 있었다.

もっと安いのはありませんか。 더 싼 것은 없습니까?

欲しい[ほしい] 갖고 싶다 | 物[もの] 물건 | 買う[かう]① 사다 | ある① 있다

鼻を高くしたいと思っている。 코를 높이고 싶다고 생각하고 있어.

今年は野菜がとても高いです。 올해는 채소가 매우 비싸요.

鼻[はな] 코 | ~くする③ ~하게 하다 | 思う[おもう]① 생각하다 | ~ている② ~하고 있다 | 今年[ことし] 올해 | 野菜[やさい] 채소

高くしたい는 직역하면 '높게 하고 싶다'가 돼요.

学校の机が私には低かった。 학교 책상이 나에게는 낮았다.

その人は低い声でゆっくり話しました。 그 사람은 낮은 목소리로 천천히 이야기했습니다.

学校[がっこう] 학교 | 机[つくえ] 책상 | 私[わたし] 나 | 人[ひと] 사람 | 声[こえ] 목소리 | 話す[はなす]① 이야기하다

책 날개에 있는 책갈피를 이용해서, 한 쪽을 가리고 나머지 한 쪽을 맞추는 연습을 해 보세요.

忙(いそが)しい	바쁘다	近(ちか)い	가깝다
暇(ひま)(な)	틈, 한가(한)	遠(とお)い	멀다
うるさい	시끄럽다	長(なが)い	길다, 오래다
静(しず)か(な)	조용함, 조용한	短(みじか)い	짧다
おいしい	맛있다	広(ひろ)い	넓다
まずい	맛없다	狭(せま)い	좁다
多(おお)い	많다	速(はや)い	빠르다
少(すく)ない	적다	遅(おそ)い	느리다, 늦다
重(おも)い	무겁다	早(はや)い	이르다, 빠르다
軽(かる)い	가볍다	難(むずか)しい	어렵다
面白(おもしろ)い	재미있다	やさしい	쉽다
つまらない	재미없다	安(やす)い	값싸다
強(つよ)い	강하다, 세다	高(たか)い	비싸다, 높다
弱(よわ)い	약하다	低(ひく)い	낮다

〈대화로 연습해 봐요〉

❶ 일본어 단어의 독음을 히라가나로 쓴 후에 한국어 뜻을 써 보세요.

단어	히라가나	뜻
01. 静かな		
02. 少ない		
03. 面白い		
04. 高い		
05. 低い		

❷ 한국어 뜻에 해당하는 일본어 단어를 히라가나와 한자로 써 보세요.

단어	히라가나	한자
06. 많다		
07. 무겁다		
08. 강하다, 세다		
09. 넓다		
10. 값싸다		

❸ (　　) 속에 적절한 단어를 써 보세요. 한자를 모를 경우에는 히라가나로 쓰세요.

11. 仕事が(　　　　　)休む(　　　)もない。 일이 바빠서 쉴 틈도 없다.

12. 外が(　　　　　　)寝られなかった。 밖이 시끄러워서 잘 수 없었어.

13. これ、すごく(　　　　　)ですね！ 이거, 엄청 맛있네요!

14. 朝ご飯を(　　　　)食べて出かけました。 아침밥을 가볍게 먹고 외출했어요.

15. 日本は(　　　　)て(　　　　)国だと言う。 일본은 가깝고 먼 나라라고 한다.

| 정답 |

❶ 01. しずかな/조용한 02. すくない/적다 03. おもしろい/재미있다 04. たかい/비싸다, 높다 05. ひくい/낮다

❷ 06. おおい/多い 07. おもい/重い 08. つよい/強い 09. ひろい/広い 10. やすい/安い

❸ 11. 忙しくて[いそがしくて], 暇[ひま] 12. うるさくて 13. おいしい 14. 軽く[かるく] 15. 近く[ちかく], 遠い[とおい]

0794 N4 [참 573]

簡単(な) かんたん(な) 간단(한), 쉬움(쉬운) [な형용사]

0795 N4

複雑(な) ふくざつ(な) 복잡(한) [な형용사]

言葉で言うほど簡単じゃない。 말로 하는 것처럼 간단하지 않아.

その講義は簡単にAが取れるそうです。 그 강의는 쉽게 A를 받을 수 있다고 해요.

言葉[ことば] 말 | 言う[いう]① 말하다 | 講義[こうぎ] 강의 | 取る[とる]① (점수를) 받다 | ～そうだ ～라고 하다

～ほど는 '～정도', '～만큼'이라는 뜻인데 뒤쪽에 ～ない라는 부정이 이어지면 '～만큼 ～하지 않다'라는 뜻이 돼요.

その話を聞いて複雑な気分になった。 그 이야기를 듣고 복잡한 기분이 되었다.

複雑そうですが、使ってみると簡単です。 복잡해 보이지만, 사용해 보면 간단합니다.

話[はなし] 이야기 | 聞く[きく]① 듣다 | 気分[きぶん] 기분 | ～になる① ～가 되다 | ～そうだ ～해 보이다 | 使う[つかう]① 사용하다 | ～てみる② ～해 보다

0796 N5 [참 570]

きれい(な) きれい(な) 예쁨(예쁜), 깨끗함(깨끗한) [な형용사]

0797 N5

汚い きたない 더럽다, 지저분하다 [い형용사]

きたなくない　きたなかった　きたなく　きたなくて　きたなければ

きたなくない　きたなかった　きたなく　きたなくて　きたなければ라는 악센트도 써요.

庭にきれいな花が咲いていた。 마당에 예쁜 꽃이 피어 있었다.

お皿をきれいに洗ってください。 접시를 깨끗하게 씻어 주세요.

庭[にわ] 마당 | 花[はな] 꽃 | 咲く[さく]① 피다 | ～ている② ～해 있다 | 皿[さら] 접시 | 洗う[あらう]① 씻다

きれい를 한자 奇麗나 綺麗로 쓰는 경우도 있어요.

兄の部屋は汚かった。 오빠의 방은 지저분했어.

汚い手で食べたり飲んだりしないでください。 더러운 손으로 먹거나 마시지 마세요.

兄[あに] 오빠 | 部屋[へや] 방 | 手[て] 손 | 食べる[たべる]② 먹다 | ～たり～たりする③ ～하거나 ～하거나 하다 | 飲む[のむ]① 마시다

0798 N5 참 474 563

上手(な) じょうず(な) 잘함(잘하는), 능숙(한) [な형용사]

0799 N5 참 475

下手(な) へた(な) 잘 못함(잘 못하는), 서투름(서투른) [な형용사]

中野さんはロシア語が上手だ。 なかの 씨는 러시아어가 능숙하다.

私のクラスには歌が上手な人が多いです。 저희 반에는 노래를 잘 부르는 사람이 많습니다.

～語[ご] ～어 | 私[わたし] 저 | 歌[うた] 노래 | 人[ひと] 사람 | 多い[おおい] 많다

⊕ 私のクラス는 직역하면 '저의 반'이 돼요.

前より英語が下手になった。 전보다 영어가 서툴러졌어.

私は車の運転が下手です。 저는 차 운전을 잘 못해요.

前[まえ] 전 | 英語[えいご] 영어 | ～になる① ～하게 되다 | 私[わたし] 저 | 車[くるま] 차 | 運転[うんてん] 운전

0800 N5

好き(な) すき(な) 좋아함(좋아하는), 좋음(좋은) [な형용사]

0801 N5 참 562

嫌い(な) きらい(な) 싫어함(싫어하는), 싫음(싫은) [な형용사]

嫌いじゃないが好きでもない。 싫어하지 않지만 좋아하지도 않아.

スポーツの中でサッカーが一番好きです。 스포츠 중에서 축구가 가장 좋아요.

～の中で[なかで] ～ 중에서 | 一番[いちばん] 가장

⊕ '사랑하다'라는 뜻으로도 好き라는 말을 많이 써요. 愛する[あいする](사랑하다)라는 말은 일상적으로는 잘 안 써요.

⊕ 好き는 동사가 아니라 な형용사이기 때문에 '～를 좋아하다'라고 할 때 조사 を를 쓰지 않고 が를 써서 ～が好き라고 해요. 형용사인 '좋다'로 해석하면 '～가 좋다'가 돼서 일본어와 조사가 같아져요.

僕は勉強が嫌いだった。 나는 공부가 싫었다.

私は辛いものが嫌いです。 저는 매운 것을 싫어합니다.

僕[ぼく] 나 | 勉強[べんきょう] 공부 | 私[わたし] 저 | 辛い[からい] 맵다

嫌い도 好き와 마찬가지로 동사가 아니라 な형용사이기 때문에 '~를 싫어하다'라고 할 때 が를 써서 ~が嫌い라고 해요. 일본어와 품사를 맞춰서 '~가 싫다'로 해석해도 돼요..

0802 N5

大好き(な) だいすき(な) 많이 좋아함(많이 좋아하는), 많이 좋음(많이 좋은) [な형용사]

0803 N3

大嫌い(な) だいきらい(な) 너무 싫어함(너무 싫어하는), 너무 싫음(너무 싫은) [な형용사]

子供の頃から音楽が大好きだった。 어렸을 때부터 음악을 많이 좋아했어.

今大好きな人がいます。 지금 많이 사랑하는 사람이 있어요.

子供[こども] 어린이 | 頃[ころ] 때 | 音楽[おんがく] 음악 | 今[いま] 지금 | 人[ひと] 사람 | いる② 있다

大嫌いな人と同じクラスになった。 너무 싫어하는 사람과 같은 반이 되었다.

私は虫が大嫌いです。 저는 벌레가 너무 싫습니다.

人[ひと] 사람 | 同じ[おなじ] 같음 | ~になる① ~가 되다 | 私[わたし] 저 | 虫[むし] 벌레

0804 N5 참 509

大丈夫(な) だいじょうぶ(な) 괜찮음(괜찮은) [な형용사]

0805 N4

だめ(な) だめ(な) 안 됨(안 되는), 소용없음(소용없는) [な형용사]

このくらいは大丈夫! 이 정도는 괜찮아!

これは子供が飲んでも大丈夫な薬です。 이건 어린이가 먹어도 괜찮은 약이에요.

子供[こども] 어린이 | 飲む[のむ]① 마시다 | 薬[くすり] 약

このままではだめだ! 이대로는 안 된다!

明日がだめなら、あさってでもいいですよ。 내일이 안 된다면, 모레라도 괜찮습니다.

明日[あした] 내일

だめ는 한자 駄目로 쓰는 경우도 많고, 가타카나 ダメ로 쓰는 경우도 많아요.

 N5

便利(な)　べんり(な)　편리(한) [な형용사]

0807 N4　참 504

不便(な)　ふべん(な)　불편(한) [명사, な형용사]

駅ができて、ここも便利になった。　역이 생겨서, 여기도 편리해졌어.

そこならバスより地下鉄の方が便利ですよ。　거기라면 버스보다 지하철이 더 편리해요.

駅[えき] 역 ｜ できる② 생기다 ｜ ～になる① ～해지다 ｜ 地下鉄[ちかてつ] 지하철 ｜ ～の方が[ほうが] ～가 더

田舎の不便な生活にももう慣れた。　시골의 불편한 생활에도 이제 익숙해졌다.

ご不便をおかけしますが、よろしくお願いします。
불편을 끼쳐 드리겠지만, 잘 부탁드리겠습니다.

田舎[いなか] 시골 ｜ 生活[せいかつ] 생활 ｜ 慣れる[なれる]② 익숙해지다 ｜ お～する③ ～해 드리다 ｜ かける② (불편을) 끼치다 ｜ お願い[おねがい] 부탁

0808 N4

固い/硬い/堅い　かたい　딱딱하다, 단단하다 [い형용사]

かたくない　かたかった　かたく　かたくて　かたければ

- 固い는 쉽게 변하지 않고 연결이나 결속이 강한 것을 나타내요. 셋 중 固い가 가장 넓은 범위에서 쓰이니 잘 모를 때는 固い를 쓰거나 히라가나로 쓰세요. 예 固く信[しん]じる 굳게 믿는다, 固く結[むす]ぶ 단단하게 묶다
- 硬い는 돌이나 금속과 같이 딱딱한 것이나 긴장해서 몸이 굳은 경우 등에 써요. 예 硬いボール 딱딱한 공, 緊張[きんちょう]して硬くなった 긴장해서 굳었다
- 堅い는 속이 꽉 차 있고 튼튼한 것이나 견실하고 확실한 것을 나타내요. 예 硬い材質[ざいしつ] 단단한 재질, 口[くち]が堅い 입이 무겁다(남에게 함부로 말하지 않는다)

0809 N4

柔らかい/軟らかい　やわらかい　부드럽다, 유연하다 [い형용사]

やわらかくない　やわらかかった　やわらかく　やわらかくて　やわらかければ

- やわらかくない　やわらかかった　やわらかく　やわらかくて　やわらかければ라는 악센트도 써요.
- 柔らかい는 폭신한 모양, 탄력이 있는 모양, 온화한 모양을 나타낼 때 써요. 예 柔らかいクッション 부드러운 쿠션, 柔らかい表情[ひょうじょう] 부드러운 표정

⊕ 軟らかい는 硬い[かたい](딱딱하다)의 반대말로 연약한 것, 흐물흐물하거나 물컹물컹한 모양을 나타낼 때, 긴장감이 없을 때 등에 써요. 예 土が軟らかい 흙이 부드럽다, 軟らかいご飯[はん] 진 밥

⊕ 그런데 柔らかい와 軟らかい는 엄격하게 구별되지 않고 바꿔 쓰는 경우도 꽤 있는데 柔らかい를 쓰는 경우가 더 많아요. 그러니 어떤 한자를 써야 할지 잘 모를 때는 柔らかい를 쓰는 것이 무난해요.

手を固く握った。 손을 꽉 잡았어.

ホテルのベッドが硬かったです。 호텔의 침대가 딱딱했어요.

クラリネットは堅い木で作られている。 클라리넷은 단단한 나무로 만들어져 있다.

手[て] 손 | 握る[にぎる]① 쥐다 | 木[き] 나무 | 作る[つくる]① 만들다 | ～ている② ~해 있다

⊕ 手を固く握った는 '손을 굳게 쥐었다'라는 뜻으로도 써요.

赤ちゃんの手がとても柔らかかった。 아기의 손이 무척 부드러웠어.

今は軟らかいものしか食べられません。 지금은 부드러운 것밖에 못 먹어요.

赤ちゃん[あかちゃん] 아기 | 手[て] 손 | 今[いま] 지금 | 食べる[たべる]② 먹다

0810 N4

深い　ふかい　깊다 [い형용사]

ふかくない　ふかかった　ふかく　ふかくて　ふかければ

⊕ ふかくない　ふかかった　ふかく　ふかくて　ふかければ라는 악센트도 써요.

0811 N4

浅い　あさい　얕다 [い형용사]

あさくない　あさかった　あさく　あさくて　あさければ

⊕ あさい라는 악센트도 써요.

危ないから川の深い所には行くな。 위험하니까 강의 깊은 곳에는 가지 마라.

この音楽を聞きながら寝ると深く眠れます。 이 음악을 들으면서 자면 깊이 잠들 수 있습니다.

危ない[あぶない] 위험하다 | 川[かわ] 강 | 所[ところ] 곳 | 行く[いく]① 가다 | 音楽[おんがく] 음악 | 聞く[きく]① 듣다 | 寝る[ねる]② 자다 | 眠る[ねむる]① 잠들다

ホテルのプールはどちらも浅かった。 호텔의 수영장은 둘 다 얕았어.

考えが浅いと叱られました。 생각이 얕다고 혼났어요.

考え[かんがえ] 생각 | 叱る[しかる]① 혼내다

⊕ どちら(어느 쪽)는 대상이 2가지인 경우에 써요. 그래서 どちらも가 '어느 쪽도', '둘 다'라는 뜻이 되는 거예요.

0812 N4 참 504

太い ふとい 굵다 [い형용사]

ふとくない ふとかった ふとく ふとくて ふとければ

➕ ふとくない ふとかった ふとく ふとくて ふとければ라는 악센트도 써요.

0813 N4

細い ほそい 가늘다, 폭이 좁다 [い형용사]

ほそくない ほそかった ほそく ほそくて ほそければ

➕ ほそくない ほそかった ほそく ほそくて ほそければ라는 악센트도 써요.

腕が太いからノースリーブは着ない。 팔이 굵어서 민소매는 안 입는다.

字が太くて見やすいです。 글씨가 굵어서 보기 편합니다.

腕[うで] 팔 | 着る[きる]② 입다 | 字[じ] 글자 | 見る[みる]② 보다 | ~やすい ~하기 편하다

細くてまっすぐな足になりたい。 가늘고 곧은 다리가 되고 싶어.

細い道を走りました。 폭이 좁은 길을 달렸어요.

足[あし] 다리 | ~になる① ~가 되다 | ~たい ~하고 싶다 | 道[みち] 길 | 走る[はしる]① 달리다

0814 N4

無理(な) むり(な) 무리(한) [명사(+する), な형용사]

0815 N3

可能(な) かのう(な) 가능(한) [명사, な형용사]

無理だとわかっていたはずだ。 무리라고 분명히 알고 있었을 것이다.

無理なお願いをしてすみません。 무리한 부탁을 해서 죄송합니다.

わかる① 알다 | ~ている② ~하고 있다 | ~はずだ 분명히 ~할 것이다 | お願い[おねがい] 부탁

外国人も利用が可能かどうか調べた。 외국인도 이용이 가능한지 알아봤어.

そんなことが可能なんですか。 그런 일이 가능한 거예요?

外国人[がいこくじん] 외국인 | 利用[りよう] 이용 | 調べる[しらべる]② 알아보다 | ~んだ ~한 것이다

➕ 可能かどうか는 직역하면 '가능한지 어떤지'가 돼요.

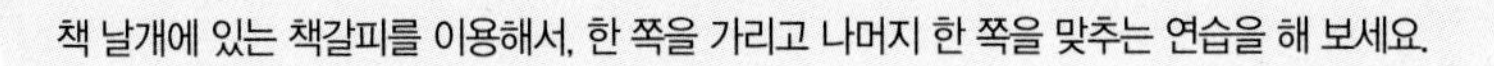
책 날개에 있는 책갈피를 이용해서, 한 쪽을 가리고 나머지 한 쪽을 맞추는 연습을 해 보세요.

かんたん 簡単(な)	간단(한), 쉬움(쉬운)	だめ(な)	안 됨(안 되는), 소용없음(소용없는)
ふくざつ 複雑(な)	복잡(한)	べんり 便利(な)	편리(한)
きれい(な)	예쁨(예쁜), 깨끗함(깨끗한)	ふべん 不便(な)	불편(한)
きたな 汚い	더럽다, 지저분하다	かた かた かた 固い/硬い/堅い	딱딱하다, 단단하다
じょうず 上手(な)	잘함(잘하는), 능숙(한)	やわ 柔らかい/ やわ 軟らかい	부드럽다, 유연하다
へた 下手(な)	잘 못함(잘 못하는), 서투름(서투른)	ふか 深い	깊다
す 好き(な)	좋아함(좋아하는), 좋음(좋은)	あさ 浅い	얕다
きら 嫌い(な)	싫어함(싫어하는), 싫음(싫은)	ふと 太い	굵다
だいす 大好き(な)	많이 좋아함 (많이 좋아하는), 많이 좋음(많이 좋은)	ほそ 細い	가늘다, 폭이 좁다
だいきら 大嫌い(な)	너무 싫어함 (너무 싫어하는), 너무 싫음(너무 싫은)	むり 無理(な)	무리(한)
だいじょうぶ 大丈夫(な)	괜찮음(괜찮은)	かのう 可能(な)	가능(한)

〈장문으로 연습해 봐요〉

❶ 일본어 단어의 독음을 히라가나로 쓴 후에 한국어 뜻을 써 보세요.

단어	히라가나	뜻
01. 簡単		
02. 汚い		
03. 固い		
04. 浅い		
05. 細い		

❷ 한국어 뜻에 해당하는 일본어 단어를 히라가나와 한자로 써 보세요.

단어	히라가나	한자
06. 잘 못함, 서투름		
07. 좋아하는, 좋은		
08. 불편		
09. 깊다		
10. 굵다		

❸ (　　) 속에 적절한 단어를 써 보세요. 한자를 모를 경우에는 히라가나로 쓰세요.

11. 中野さんはロシア語が(　　　　　)。 なかの 씨는 러시아어가 능숙하다.

12. 僕は勉強が(　　　　　)。 나는 공부가 싫었다.

13. このくらいは(　　　　　)！ 이 정도는 괜찮아!

14. 駅ができて、ここも(　　　　　)なった。 역이 생겨서, 여기도 편리해졌어.

15. (　　　　　)お願いをしてすみません。 무리한 부탁을 해서 죄송합니다.

| 정답 |

❶ 01. かんたん / 간단, 쉬움 02. きたない / 더럽다, 지저분하다 03. かたい / 딱딱하다, 단단하다 04. あさい / 얕다 05. ほそい / 가늘다, 폭이 좁다

❷ 06. へた / 下手 07. すきな / 好きな 08. ふべん / 不便 09. ふかい / 深い 10. ふとい / 太い

❸ 11. 上手だ[じょうずだ] 12. 嫌いだった[きらいだった] 13. 大丈夫[だいじょうぶ] 14. 便利に[べんりに] 15. 無理な[むりな]

반대말3-동사

17마디에서는 '가다'-'오다', '가르치다'-'배우다' 등의 동사를 반대말로 짝을 지어 배울게요. 반대말을 함께 배우면 단어의 뜻을 더 명확히 알 수 있는 경우가 꽤 있어서 단어를 이해하는 데도 도움이 될 거예요.

단어 및 예문듣기

0816 N5 참 410

開く あく 열리다 [1류동사(자)]

あかない あきます (あけ) (あける) あけば (あこう) あいて

( )에 들어간 활용형태에 대해서는 658쪽 5번 설명을 보세요.

0817 N5

閉まる しまる 닫히다 [1류동사(자)]

しまらない しまります (しまれ) (しまれる) しまれば (しまろう) しまって

ドアが開いている。 문이 열려 있다.

そのお店は朝9時に開きます。 그 가게는 아침 9시에 문이 열립니다.

店[みせ] 가게 ｜ 朝[あさ] 아침 ｜ 9時[く じ] 9시

銀行はもう閉まってた。 은행은 이미 문이 닫혀 있었어.

そのレストランは何時に閉まりますか。 그 레스토랑은 몇 시에 문이 닫혀요?

銀行[ぎんこう] 은행 ｜ ~て(い)る② ~해 있다 ｜ 何時[なん じ] 몇 시

0818 N5 참 472

ある ある 있다 [1류동사(자)]

ない あります (あれ) (あれる) あれば (あろう) あって

ある의 ない형(부정형)은 예외적으로 ない가 돼요. ない를 한자 無い로 쓰는 경우도 있어요.

0819 N5

ない ない 없다 [い형용사]

なくない なかった なく なくて なければ

「すみません」という言葉にはたくさんの意味がある。

'すみません'이라는 말에는 많은 뜻이 있다.

この近くに郵便局はありませんか。 이 근처에 우체국은 없습니까?

言葉[ことば] 말 ｜ 意味[いみ] 의미 ｜ 近く[ちかく] 근처 ｜ 郵便局[ゆうびんきょく] 우체국

ある는 무생물이나 식물 등 움직이지 않는 것에 써요. 자세한 설명은 472쪽을 보세요.

冷蔵庫に何もない。 냉장고에 아무것도 없어.

その階にはお手洗いがなかったです。 그 층에는 화장실이 없었어요.

冷蔵庫[れいぞうこ] 냉장고 | 何も[なにも] 아무것도 | 階[かい] 층 | お手洗い[おてあらい] 화장실

0820 N5 참 644

行く いく 가다 [1류동사(자)]

いかない いきます いけ いける いけば いこう いって

行く를 ゆく라고 발음할 때도 있는데 일상적으로는 いく라고 해요.

0821 N5 참 644

来る くる 오다 [3류동사(자)]

こない きます こい こられる くれば こよう きて

駅まで歩いて行った。 역까지 걸어서 갔다.

来月、日本へ行きます。 다음 달, 일본에 갑니다.

駅[えき] 역 | 歩く[あるく]① 걷다 | 来月[らいげつ] 다음 달 | 日本[にほん] 일본

お客さんが一人も来ない。 손님이 한 명도 오지 않아.

いつプサンに来ますか。 언제 부산에 와요?

お客さん[おきゃくさん] 손님 | 一人[ひとり] 한 명

0822 N5

入れる いれる 넣다 [2류동사(타)]

いれない いれます いれろ いれられる いれれば いれよう いれて

0823 N5

出す だす 내다, 꺼내다 [1류동사(타)]

ださない だします だせ だせる だせば だそう だして

欲しい物をカートに入れた。 갖고 싶은 것을 카트에 넣었다.
車にガソリンを入れてきました。 차에 휘발유를 넣고 왔습니다.

欲しい[ほしい] 갖고 싶다 ㅣ 物[もの] 물건 ㅣ 車[くるま] 차

かばんから財布を出した。 가방에서 지갑을 꺼냈어.
レポートを出さなかった人はいますか。 리포트를 내지 않은 사람이 있어요?

財布[さいふ] 지갑 ㅣ 人[ひと] 사람 ㅣ いる② 있다

⊕ 出さなかった人はいますか는 직역하면 '내지 않은 사람은 있어요?'가 돼요. 한국어는 '은'보다 '이'를 쓰는 것이 더 자연스러우니 '사람이'로 해석했는데 일본어는 は를 써요.

0824 N5

入る はいる 들다, 들어가다/들어오다 [1류동사(자)]

はいらない はいります はいれ はいれる はいれば はいろう はいって

0825 N5

出る でる 나가다, 나오다 [2류동사(자)]

でない でます でろ でられる でれば でよう でて

かぎをなくして窓から家に入った。 열쇠를 잃어버려서 창문으로 집에 들어왔다.
いい大学に入りたいです。 좋은 대학에 들어가고 싶습니다.

なくす① 잃어버리다 ㅣ 窓[まど] 창문 ㅣ 家[いえ] 집 ㅣ 大学[だいがく] 대학교 ㅣ ～たい ～하고 싶다

猫が部屋を出たり入ったりしてた。 고양이가 방을 들락날락하고 있었어.
外に出てタバコを吸います。 밖에 나가서 담배를 피워요.

猫[ねこ] 고양이 ㅣ 部屋[へや] 방 ㅣ ～たり～たりする③ ～했다가 ～했다가 하다 ㅣ ～て(い)る② ～하고 있다 ㅣ 外[そと] 밖 ㅣ 吸う[すう]① 피우다

⊕ 出たり入ったりしてた는 직역하면 '나갔다가 들어왔다가 하고 있었다', '나왔다가 들어갔다가 하고 있었다'가 돼요.

0826 N5 참 252

送る おくる 보내다, 데려다 주다 [1류동사(타)]

おくらない おくります おくれ おくれる おくれば おくろう おくって

 N4

迎える　むかえる　마중하다, 맞이하다 [2류동사(타)]

むかえない　むかえます　むかえろ　むかえられる　むかえれば　むかえよう
むかえて

プレゼントを宅配で送った。　선물을 택배로 보냈다.
空港まで送りますよ。　공항까지 데려다 줄게요.

宅配[たくはい] 택배 ㅣ 空港[くうこう] 공항

おじが駅まで迎えに来てくれることになってる。　고모부가 역까지 마중나와 주기로 되어 있어.
新年を迎えるために家中を掃除しました。　새해를 맞이하기 위해 온 집안을 청소했어요.

駅[えき] 역 ㅣ 来て[きて]③ 와 ㅣ ～てくれる② (다른 사람이) ~해 주다 ㅣ ～ことになる① ~하게 되다 ㅣ ～て(い)る② ~해 있다 ㅣ 新年[しんねん] 새해 ㅣ 家[いえ] 집 ㅣ ～中[じゅう] 온 ~ ㅣ 掃除[そうじ] 청소

⊕ 일본의 전통적인 관습으로는 연말에 집안 대청소를 하고 1/1~3에는 청소를 하지 않아요. 설 기간에는 행운의 신이 집에 오니 신이 있는 기간 동안에 청소를 하면 행운이 달아난다고 청소를 하지 않아요.

0828 N5

教える　おしえる　가르치다, 알리다 [2류동사(타)]

おしえない　おしえます　おしえろ　おしえられる　おしえれば　おしえよう
おしえて

0829 N5　참 593

習う　ならう　배우다 [1류동사(타)]

ならわない　ならいます　ならえ　ならえる　ならえば　ならおう　ならって

カフェでハングルを教えている。　카페에서 한글을 가르치고 있다.
この漢字の読み方を教えてくださいませんか。　이 한자의 읽는 법을 알려 주시겠습니까?

漢字[かんじ] 한자 ㅣ 読む[よむ]① 읽다 ㅣ ～方[かた] ~(하는) 방법

⊕ 教えてくださいませんか는 직역하면 '알려 주시지 않겠습니까?'가 되는데 부자연스러우니 '알려 주시겠습니까?'로 해석했어요. 教えてくださいますか(알려 주시겠습니까?)보다 더 공손하게 부탁하는 표현이에요.

来週からテコンドーを習う。　다음 주부터 태권도를 배워.

お茶を習ったことがあります。 다도를 배운 적이 있어요.

来週[らいしゅう] 다음 주 | お茶[おちゃ] 다도 | ~たことがある① ~한 적이 있다

⊕ お茶라는 단어는 '(마시는)차', '녹차'라는 뜻 외에 '다도'라는 뜻으로도 써요. 茶道[さどう](다도)라는 단어도 있어요.

0830 N5 참 463

押す おす 누르다, 밀다 [1류동사(타)]

おさない おします おせ おせる おせば おそう おして

0831 N5 참 343

引く ひく 당기다, 끌다 [1류동사(타)]

ひかない ひきます ひけ ひける ひけば ひこう ひいて

このボタンを押すとスタートする。 이 버튼을 누르면 시작된다.

危ないですから、押さないでください。 위험하니까 밀지 마세요.

危ない[あぶない] 위험하다

⊕ スタートする는 직역하면 '스타트한다'가 돼요.

椅子を引く音がうるさい。 의자를 끄는 소리가 시끄러워.

引いて開けるドアを押してしまいました。 당겨서 여는 문을 밀어 버렸어요.

椅子[いす] 의자 | 音[おと] 소리 | うるさい 시끄럽다 | 開ける[あける]② 열다 | ~てしまう① ~해 버리다

0832 N5

覚える おぼえる 외우다, 기억하다 [2류동사(타)]

おぼえない おぼえます おぼえろ おぼえられる おぼえれば おぼえよう おぼえて

0833 N5 참 592

忘れる わすれる 잊다, 두고 오다 [2류동사(타)]

わすれない　わすれます　わすれろ　わすれられる　わすれれば　わすれよう
わすれて

クラスメイトの名前と顔を覚えた。 같은 반 친구들의 이름과 얼굴을 외웠다.

昨日の夜のことは何も覚えていません。 어젯밤 일은 아무것도 기억나지 않습니다.

名前[なまえ] 이름 | 顔[かお] 얼굴 | 昨日[きのう] 어제 | 夜[よる] 밤 | 何も[なにも] 아무것도 | ～ている② ～해 있다

- クラスメイト(classmate)를 クラスメート라고 쓰기도 해요.
- 何も覚えていません는 직역하면 '아무것도 기억해 있지 않습니다'가 돼요.

この単語は覚えても覚えても忘れてしまう。 이 단어는 외워도 외워도 잊어버려.

地下鉄に傘を忘れてきたことがあります。 지하철에 우산을 두고 온 적이 있어요.

単語[たんご] 단어 | ～てしまう① ～해 버리다 | 地下鉄[ちかてつ] 지하철 | 傘[かさ] 우산 | ～てくる③ ～해 오다 | ～たことがある① ～한 적이 있다

0834 N5

貸す　かす　빌려주다 [1류동사(타)]

かさない　かします　かせ　かせる　かせば　かそう　かして

0835 N5

참 490 644

借りる　かりる　빌리다 [2류동사(타)]

かりない　かります　かりろ　かりられる　かりれば　かりよう　かりて

0836 N5

返す　かえす　돌려주다, 반납하다 [1류동사(타)]

かえさない　かえします　かえせ　かえせる　かえせば　かえそう　かえして

私はお金を貸さないし、借りもしない。 나는 돈을 빌려주지 않고 빌리지도 않는다.

友達に車を貸しました。 친구에게 차를 빌려주었습니다.

私[わたし] 나 | お金[おかね] 돈 | 友達[ともだち] 친구 | 車[くるま] 차

隣の子に消しゴムを借りた。 옆자리 아이에게 지우개를 빌렸어.

チェジュドでレンタカーを借りました。 제주도에서 렌터카를 빌렸어요.

隣[となり] 옆 | 子[こ] 아이 | 消しゴム[けしゴム] 지우개

⊕ 隣の子는 직역하면 '옆 아이'가 되는데 '옆자리에 앉은 아이'라는 뜻으로도 쓰고 '옆집 아이'라는 뜻으로도 써요.

⊕ '제주도'를 チェジュ島[とう]라고 하거나 한자를 모두 일본 발음으로 さいしゅうとう라고 읽는 경우도 있어요.

図書館で借りた本を返さない人がいる。 도서관에서 빌린 책을 반납하지 않는 사람이 있다.

貸したお金を返してください。 빌려준 돈을 돌려 주세요.

図書館[としょかん] 도서관 | 本[ほん] 책 | 人[ひと] 사람 | いる② 있다 | お金[おかね] 돈

0837 N5 참 397

立つ たつ 서다, 일어서다 [1류동사(자)]

たたない たちます たて たてる たてば たとう たって

0838 N5

座る すわる 앉다 [1류동사(자)]

すわらない すわります すわれ すわれる すわれば すわろう すわって

足が痛くて立てなくなった。 다리가 아파서 일어설 수 없게 됐어.

窓のそばに立ってる人は誰ですか。 창가에 서 있는 사람은 누구예요?

足[あし] 다리 | 痛い[いたい] 아프다 | ~なくなる① ~하지 않게 되다 | 窓[まど] 창문 | ~て(い)る② ~해 있다 | 人[ひと] 사람 | 誰[だれ] 누구

⊕ 窓のそば는 직역하면 '창문 곁', '창문 가까이'가 돼요.

朝はバスで座れることが少ない。 아침에는 버스에서 앉을 수 있는 경우가 적다.

ここに座ってもいいですか。 여기에 앉아도 됩니까?

朝[あさ] 아침 | 少ない[すくない] 적다 | ~てもいい ~해도 되다

0839 N5 참 155 582

降る ふる (비나 눈 등이) 내리다 [1류동사(자)]

ふらない ふります (ふれ) (ふれる) ふれば (ふろう) ふって

⊕ ( )에 들어간 활용형태에 대해서는 658쪽 5번 설명을 보세요.

やむ　　やむ　　그치다 [1류동사(자)]

やまない　やみます　(やめ)　(やめる)　やめば　(やもう)　やんで

雨が降ってもキャンプに行く。 비가 내려도 캠핑하러 갈 거야.

雪が降る前にうちに帰りましょう。 눈이 내리기 전에 집에 갑시다.

雨[あめ] 비 | 行く[いく]① 가다 | 雪[ゆき] 눈 | ～前に[まえに] ～(하기) 전에 | 帰る[かえる]① 집에 가다

⊕ 降る는 하늘에서 비나 눈 등이 내리는 것이나 높은 곳에서 작은 것이 떨어져 오는 것을 나타내요.

今日は一日中雨が降ったりやんだりしていた。

오늘은 하루 종일 비가 내렸다 그쳤다 했다.

雪がなかなかやみませんでした。 눈이 좀처럼 그치지 않았습니다.

今日[きょう] 오늘 | 一日[いちにち] 하루 | ～中[じゅう] ~ 종일 | 雨[あめ] 비 | ～たり～たりする③ ~했다가 ~했다가 하다 | 雪[ゆき] 눈

⊕ 降ったりやんだりしていた는 직역하면 '내렸다가 그쳤다가 하고 있었다'가 돼요.

확인해 봐요!

책 날개에 있는 책갈피를 이용해서, 한 쪽을 가리고 나머지 한 쪽을 맞추는 연습을 해 보세요.

開(あ)く	열리다	習(なら)う	배우다
閉(し)まる	닫히다	押(お)す	누르다, 밀다
ある	있다	引(ひ)く	당기다, 끌다
ない	없다	覚(おぼ)える	외우다, 기억하다
行(い)く	가다	忘(わす)れる	잊다, 두고 오다
来(く)る	오다	貸(か)す	빌려주다
入(い)れる	넣다	借(か)りる	빌리다
出(だ)す	내다, 꺼내다	返(かえ)す	돌려주다, 반납하다
入(はい)る	들다, 들어가다/들어오다	立(た)つ	서다, 일어서다
出(で)る	나가다, 나오다	座(すわ)る	앉다
送(おく)る	보내다, 데려다 주다	降(ふ)る	(비나 눈 등이) 내리다
迎(むか)える	마중하다, 맞이하다	やむ	그치다
教(おし)える	가르치다, 알리다		

〈대화로 연습해 봐요〉

❶ 일본어 단어의 독음을 히라가나로 쓴 후에 한국어 뜻을 써 보세요.

단어	히라가나	뜻
01. 閉まる		
02. 入れる		
03. 習う		
04. 忘れる		
05. 返す		

❷ 한국어 뜻에 해당하는 일본어 단어를 히라가나와 한자로 써 보세요.

단어	히라가나	한자
06. 열리다		
07. 가르치다, 알리다		
08. 빌려주다		
09. 빌리다		
10. 서다, 일어서다		

❸ (　　) 속에 적절한 단어를 써 보세요. 한자를 모를 경우에는 히라가나로 쓰세요.

11. かばんから財布を(　　　　)。 가방에서 지갑을 꺼냈어.

12. 空港まで(　　　　　　)よ。 공항까지 데려다 줄게요.

13. (　　)開けるドアを(　　)しまいました。 당겨서 여는 문을 밀어 버렸어요.

14. 昨日の夜のことは何も(　　　　)いません。
어젯밤 일은 아무것도 기억나지 않습니다.

15. 今日は一日中雨が(　　　　)り(　　　　)りしていた。
오늘은 하루 종일 비가 내렸다 그쳤다 했다.

| 정답 |

❶ 01. しまる/닫히다 02. いれる/넣다 03. ならう/배우다 04. わすれる/잊다, 두고 오다 05. かえす/돌려주다, 반납하다
❷ 06. あく/開く 07. おしえる/教える 08. かす/貸す 09. かりる/借りる 10. たつ/立つ
❸ 11. 出した[だした] 12. 送ります[おくります] 13. 引いて[ひいて], 押して[おして] 14. 覚えて[おぼえて]
15. 降った[ふった], やんだ

 N4

上げる あげる 올리다 [2류동사(타)]

あげない あげます あげろ あげられる あげれば あげよう あげて

0842 N4

下げる さげる 내리다 [2류동사(타)]

さげない さげます さげろ さげられる さげれば さげよう さげて

もっとスピードを上げろ！ 더 속도를 올려라!
荷物を上の棚に上げていただけますか。 짐을 위의 선반에 올려 주시겠습니까?

荷物[にもつ] 짐 | 上[うえ] 위 | 棚[たな] 선반 | ～ていただく① (다른 사람이) ~해 주다(공손함)

売れないから値段を下げた。 팔리지 않아서 값을 내렸다.
コストをもっと下げなければいけないと思います。 비용을 더 내려야 한다고 생각합니다.

売れる[うれる]② 팔리다 | 値段[ねだん] 값 | ～なければいけない ~해야 하다 | 思う[おもう]① 생각하다

0843 N4 참 586

生きる いきる 살다 [2류동사(자)]

いきない いきます いきろ いきられる いきれば いきよう いきて

0844 N5

死ぬ しぬ 죽다 [1류동사(자)]

しなない しにます しね しねる しねば しのう しんで

その頃、僕の祖父はまだ生きてた。 그 때 우리 할아버지는 아직 살아 계셨어.
人は何歳まで生きられると思いますか。 사람은 몇 살까지 살 수 있다고 생각해요?

頃[ころ] 때 | 僕[ぼく] 나 | 祖父[そふ] 할아버지 | ～て(い)る② ~해 있다 | 人[ひと] 사람 | 何歳[なんさい] 몇 살 | 思う[おもう]① 생각하다

これは生きるか死ぬかの問題だ。 이것은 죽느냐 사느냐의 문제이다.

病気で死んだ母が夢に出てきました。 병으로 죽은 어머니가 꿈에 나왔습니다.

問題[もんだい] 문제 | 病気[びょうき] 병 | 母[はは] 어머니 | 夢[ゆめ] 꿈 | 出る[でる]② 나오다 | ～てくる③ ～해 오다

일본어는 生きるか死ぬか(사느냐 죽느냐)의 순서로 말해요.

0845 N4

遅れる おくれる 늦다 [2류동사(자)]

おくれない おくれます おくれろ (おくれられる) おくれれば おくれよう
おくれて

가능형에 대한 추가 설명이 있으니 659쪽 6번 설명을 보세요.

 N4

間に合う まにあう 시간에 대다, 늦지 않게 하다 [1류동사(자)]

まにあわない まにあいます (まにあえ) (まにあえる) まにあえば (まにあおう)
まにあって

( )에 들어간 활용형태에 대해서는 658쪽 5번 설명을 보세요.

約束の時間に遅れそうなときは、電話くれる? 약속 시간에 늦을 것 같을 때는 전화 줄래?

授業に遅れて先生に叱られました。 수업에 늦어서 선생님께 혼났어요.

約束[やくそく] 약속 | 時間[じかん] 시간 | ～そうだ ～할 것 같다 | 電話[でんわ] 전화 | くれる② (다른 사람이) 주다 | 授業[じゅぎょう] 수업 | 先生[せんせい] 선생님 | 叱る[しかる]① 혼내다

間に合ってよかった! 늦지 않아서 다행이다!

飛行機の時間に間に合いそうにありません。 비행기 시간에 맞출 수 없을 것 같습니다.

いい 좋다 | 飛行機[ひこうき] 비행기 | 時間[じかん] 시간 | ～そうにない ～할 것 같지 않다

よかった의 기본적인 뜻이 '좋았다'지만 '다행이다', '잘 됐다'라는 뜻으로도 써요.

時間に間に合いそうにありません는 직역하면 '시간에 댈 수 없을 것 같습니다'가 돼요.

 N4

勝つ かつ 이기다 [1류동사(자)]

かたない かちます かて かてる かてば かとう かって

0848 N4

負ける まける 지다 [2류동사(자)]

まけない まけます まけろ (まけられる) まければ まけよう まけて

가능형에 대한 추가 설명이 있으니 659쪽 6번 설명을 보세요.

この試合に勝つために今まで頑張ってきた。 이 경기에 이기기 위해서 지금까지 열심히 해 왔어.

三浦さんには何をしても勝てません。 みうら 씨에게는 무엇을 해도 이길 수 없어요.

試合[しあい] 경기 | 今[いま] 지금 | 頑張る[がんばる]① 열심히 하다 | ～てくる③ ~해 오다 | 何[なに] 무엇

負けるな！ 지지 마라!

私のチームはいつも負けてばかりです。 저희 팀은 늘 지기만 합니다.

私[わたし] 저

0849 N4

捨てる すてる 버리다 [2류동사(타)]

すてない すてます すてろ すてられる すてれば すてよう すてて

0850 N4

拾う ひろう 줍다 [1류동사(타)]

ひろわない ひろいます ひろえ ひろえる ひろえば ひろおう ひろって

捨てられるペットが多すぎる。 버려지는 애완동물이 너무 많아.

ここにごみを捨てないでください。 여기에 쓰레기를 버리지 마세요.

多い[おおい] 많다 | ～すぎる② 너무 ~하다

財布を拾ってくれた人にお礼をした。 지갑을 주워 준 사람에게 사례를 했다.

誰かの手袋を拾いました。 누군가의 장갑을 주웠습니다.

財布[さいふ] 지갑 | ～てくれる② (다른 사람이) ~해 주다 | 人[ひと] 사람 | お礼[おれい] 사례 | 誰か[だれか] 누군가 | 手袋[てぶくろ] 장갑

0851 N4

足す たす 더하다, 추가하다 [1류동사(타)]

たさない たします たせ たせる たせば たそう たして

0852 N5 참 334

引く ひく 빼다, 당기다 [1류동사(타)]

ひかない ひきます ひけ ひける ひけば ひこう ひいて

味が薄かったから塩を足した。 싱거웠기 때문에 소금을 추가했어.

300円足すとちょうど10,000円になります。 300엔 더하면 딱 10,000엔이 돼요.

味[あじ] 맛 | 薄い[うすい] 연하다 | 塩[しお] 소금 | 300円[さんびゃく えん] 300엔 | 10,000円[いちまん えん] 10,000엔 | ～になる① ~가 되다

- '싱겁다'를 일본어로 味が薄い(맛이 연하다)라고 표현해요.
- '만 엔'을 일본어로 いちまんえん(일만 엔)이라고 표현해요. いち(일)를 빼면 안 돼요!

1,270円から100円引いて売った。 1,270엔에서 100엔 빼고 팔았다.

このレバーを引くとドアが開きます。 이 손잡이를 당기면 문이 열립니다.

1,270円[せんにひゃくななじゅう えん] 1,270엔 | 100円[ひゃく えん] 100엔 | 売る[うる]① 팔다 | 開く[あく]① 열리다

- レバー는 영어 lever예요.

0853 N4 참 399

続ける つづける 계속하다, 이어가다 [2류동사(타)]

つづけない つづけます つづけろ つづけられる つづければ つづけよう つづけて

0854 N4

やめる　やめる　그만두다, 끊다 [2류동사(타)]

やめない　やめます　やめろ　やめられる　やめれば　やめよう　やめて

留学生活を続けられなくなった。　유학생활을 이어갈 수 없게 됐어.

夫は今の仕事を続けたがってます。　남편은 지금 하는 일을 계속하고 싶어해요.

留学[りゅうがく] 유학 ｜ 生活[せいかつ] 생활 ｜ ～なくなる① ~하지 않게 되다 ｜ 夫[おっと] 남편 ｜ 今[いま] 지금 ｜ 仕事[しごと] 일 ｜ ～たい ~하고 싶다 ｜ ～がる① ~해하다 ｜ ～て(い)る② ~하고 있다

⊕ 続けたがってます는 직역하면 '계속하고 싶어하고 있습니다'가 돼요.

ゲームを途中でやめられない。　게임을 하는 도중에 그만둘 수 없다.

たばこをやめようと思っています。　담배를 끊으려고 생각하고 있습니다.

途中[とちゅう] 도중 ｜ ～(よ)うと思う[おもう]① ~하려고 생각하다 ｜ ～ている② ~하고 있다

0855 N4

逃げる　にげる　도망치다 [2류동사(자)]

にげない　にげます　にげろ　にげられる　にげれば　にげよう　にげて

0856 N3

追う　おう　좇다, 쫓다 [1류동사(타)]

おわない　おいます　おえ　おえる　おえば　おおう　おって

彼は逃げるように帰っていった。　그는 도망치듯이 돌아갔어.

警察が逃げた泥棒を捕まえました。　경찰이 도망친 도둑을 잡았어요.

彼[かれ] 그 ｜ ～ようだ ~하는 것 같다 ｜ 帰る[かえる]① 돌아가다 ｜ ～ていく① ~해 가다 ｜ 警察[けいさつ] 경찰 ｜ 泥棒[どろぼう] 도둑 ｜ 捕まえる[つかまえる]② 잡다

⊕ 帰る는 '돌아가다'로도 '돌아오다'로도 쓰는데 뒤에 ～ていく가 붙으면 확실히 '돌아가다'가 되죠. 참고로 뒤에 ～てくる(~해 오다)가 붙으면 '돌아오다'가 돼요.

年を取っても夢を追い続けたい。　나이를 먹어도 꿈을 계속 좇고 싶다.

仕事に追われて忙しい毎日です。　일에 쫓겨서 바쁜 나날입니다.

年[とし] 나이 | 取る[とる]① (나이를) 먹다 | 夢[ゆめ] 꿈 | ~続ける[つづける]② 계속 ~하다 | ~たい ~하고 싶다 | 仕事[しごと] 일 | 忙しい[いそがしい] 바쁘다 | 毎日[まいにち] 매일

忙しい毎日는 직역하면 '바쁜 매일'이 돼요.

0857 N4

ぬれる　ぬれる　젖다 [2류동사(자)]

ぬれない　ぬれます　(ぬれろ)　(ぬれられる)　ぬれれば　(ぬれよう)　ぬれて

( )에 들어간 활용형태에 대해서는 658쪽 5번 설명을 보세요.

0858 N4

乾く　かわく　마르다 [1류동사(자)]

かわかない　かわきます　(かわけ)　(かわける)　かわけば　(かわこう)　かわいて

自転車が雨にぬれないようにしまっておいた。　자전거가 비에 젖지 않도록 치워 놓았어.

廊下がぬれているのでお気を付けください。　복도가 젖어 있으니 조심하십시오.

自転車[じてんしゃ] 자전거 | 雨[あめ] 비 | しまう① 치우다 | ~ておく① ~해 놓다 | 廊下[ろうか] 복도 | ~ている② ~해 있다 | お~ください ~하십시오 | 気を付ける[きをつける]② 조심하다

ぬれる를 한자 濡れる로 쓰는 경우도 많아요.

天気が悪くて洗濯物が乾きそうにない。　날씨가 안 좋아서 세탁물이 마를 것 같지 않다.

ペンキがまだ乾いていません。　페인트가 아직 마르지 않았습니다.

天気[てんき] 날씨 | 悪い[わるい] 나쁘다 | 洗濯物[せんたくもの] 세탁물 | ~そうにない ~할 것 같지 않다 | ~ている② ~해 있다

天気が悪くて는 직역하면 '날씨가 나빠서'가 돼요.

洗濯[せんたく]는 '세탁', '빨래'라는 뜻이고 '빨래감'이나 '빨래한 것'은 洗濯物라고 해요.

'아직 ~하지 않았다'를 일본어로 まだ~ていない(아직 ~해 있지 않다)라고 표현해요. 시제가 다르니 조심하세요.

0859 N4

増える　ふえる　많아지다, 늘다 [2류동사(자)]

ふえない　ふえます　(ふえろ)　(ふえられる)　ふえれば　(ふえよう)　ふえて

( )에 들어간 활용형태에 대해서는 658쪽 5번 설명을 보세요.

0860 N4

減る へる 적어지다, 줄다 [1류동사(자)]

へらない へります (へれ) (へれる) へれば (へろう) へって

お客さんが少しずつ増えてる。 손님이 조금씩 늘고 있어.

ネットショッピングを利用する人が増えました。 인터넷쇼핑을 이용하는 사람이 많아졌어요.

お客さん[おきゃくさん] 손님 | 少し[すこし] 조금 | ~て(い)る② ~하고 있다 | 利用[りよう] 이용 | 人[ひと] 사람

人口がどんどん減っている。 인구가 자꾸만 줄고 있다.

人が集まる機会が前に比べて減りました。 사람들이 모이는 기회가 전에 비해 적어졌습니다.

人口[じんこう] 인구 | ~ている② ~하고 있다 | 人[ひと] 사람 | 集まる[あつまる]① 모이다 | 機会[きかい] 기회 | 前[まえ] 전 | 比べる[くらべる]② 비교하다

0861 N4

太る ふとる 살찌다 [1류동사(자)]

ふとらない ふとります ふとれ ふとれる ふとれば ふとろう ふとって

0862 N4

やせる やせる 살이 빠지다 [2류동사(자)]

やせない やせます やせろ やせられる やせれば やせよう やせて

これはいくら食べても太らない。 이것은 아무리 먹어도 살찌지 않아.

私は自分が太ってるのが嫌です。 저는 제가 살찐 것이 싫어요.

食べる[たべる]② 먹다 | 私[わたし] 저 | 自分[じぶん] 자기 | ~て(い)る② ~해 있다 | 嫌[いや] 싫음

⊕ '(현재) 살이 쪘다', '뚱뚱하다'를 일본어로 太って(い)る(살이 쪄 있다)라고 표현해요.

やせたがる女性が多い。 살을 빼고 싶어하는 여성이 많다.

病気で10キロもやせてしまいました。 병에 걸려 10킬로나 살이 빠져 버렸습니다.

~たい ~하고 싶다 | ~がる① ~해하다 | 女性[じょせい] 여성 | 多い[おおい] 많다 | 病気[びょうき] 병 | ~てしまう① ~해 버리다

⊕ 病気で는 직역하면 '병으로'가 돼요.

⊕ 太る와 やせる는 원칙적으로는 의지가 작용하지 않는 동사(무의지동사)로 사전에도 '살찌다'와 '살이 빠지다'라고 나와요. 그런데 실제로는 '살찌우다', '살을 빼다'라는 의지동사로도 써요. 특히 やせたい(살을 빼고 싶다)나 やせられる(살을 뺄 수 있다), やせよう(살을 빼자) 등을 많이 써요. 그래서 이 책에서는 명령형이나 가능형, 의지형을 실었어요.

0863 N4

ほめる ほめる 칭찬하다 [2류동사(타)]

ほめない ほめます ほめろ ほめられる ほめれば ほめよう ほめて

0864 N4

叱る しかる 혼내다, 야단치다 [1류동사(타)]

しからない しかります しかれ しかれる しかれば しかろう しかって

それはほめすぎだよ。 그건 과한 칭찬이야.

子供をもっとほめてやろうと思います。 아이를 더 칭찬해 주려고 생각해요.

～すぎ 너무 ~함 | 子供[こども] 아이 | ～てやる① ~해 주다(위의 존재가 아래의 존재에게) | ～(よ)うと思う[おもう]① ~하려고 생각하다

⊕ ～すぎる가 '너무 ~하다'라는 뜻인데 すぎる를 すぎ라고 하면 명사형이 될 수 있어요.

⊕ ほめる는 한자 褒める로 쓰는 경우도 많아요.

子供は叱るよりほめて育てろ。 아이는 야단치기보다 칭찬하며 키워라.

私は両親に叱られたことがありません。 저는 부모님에게 혼난 적이 없습니다.

子供[こども] 아이 | 育てる[そだてる]② 키우다 | 私[わたし] 저 | 両親[りょうしん] 부모 | ～たことがある① ~한 적이 있다

0865 N4

守る まもる 지키다 [1류동사(타)]

まもらない まもります まもれ まもれる まもれば まもろう まもって

0866 N3

破る やぶる 어기다, 찢다 [1류동사(타)]

やぶらない　やぶります　やぶれ　やぶれる　やぶれば　やぶろう　やぶって

病気から体を守るために、しっかり手を洗おう。

병으로부터 몸을 지키기 위해, 제대로 손을 씻자.

約束を守れなかったので、すぐに謝りました。 약속을 지킬 수 없었기 때문에, 바로 사과했어요.

病気[びょうき] 병 | 体[からだ] 몸 | 手[て] 손 | 洗う[あらう]① 씻다 | 約束[やくそく] 약속 | 謝る[あやまる]① 사과하다

レシートを破って捨てた。 영수증을 찢어서 버렸다.

約束を破らないように気を付けましょう。 약속을 어기지 않도록 조심합시다.

捨てる[すてる]② 버리다 | 約束[やくそく] 약속 | 気を付ける[きをつける]② 조심하다

책 날개에 있는 책갈피를 이용해서, 한 쪽을 가리고 나머지 한 쪽을 맞추는 연습을 해 보세요.

上(あ)げる	올리다	やめる	그만두다, 끊다
下(さ)げる	내리다	逃(に)げる	도망치다
生(い)きる	살다	追(お)う	좇다, 쫓다
死(し)ぬ	죽다	ぬれる	젖다
遅(おく)れる	늦다	乾(かわ)く	마르다
間(ま)に合(あ)う	시간에 대다, 늦지 않게 하다	増(ふ)える	많아지다, 늘다
勝(か)つ	이기다	減(へ)る	적어지다, 줄다
負(ま)ける	지다	太(ふと)る	살찌다
捨(す)てる	버리다	やせる	살이 빠지다
拾(ひろ)う	줍다	ほめる	칭찬하다
足(た)す	더하다, 추가하다	叱(しか)る	혼내다, 야단치다
引(ひ)く	빼다, 당기다	守(まも)る	지키다
続(つづ)ける	계속하다, 이어가다	破(やぶ)る	어기다, 찢다

〈장문으로 연습해 봐요〉

❶ 일본어 단어의 독음을 히라가나로 쓴 후에 한국어 뜻을 써 보세요.

단어	히라가나	뜻
01. 遅れる		
02. 勝つ		
03. 捨てる		
04. 引く		
05. 減る		

❷ 한국어 뜻에 해당하는 일본어 단어를 히라가나와 한자로 써 보세요.

단어	히라가나	한자
06. 내리다		
07. 시간에 대다		
08. 더하다, 추가하다		
09. 살찌다		
10. 지키다		

❸ (　　) 속에 적절한 단어를 써 보세요. 한자를 모를 경우에는 히라가나로 쓰세요.

11. これは(　　　　)か(　　　　)かの問題だ。 이것은 죽느냐 사느냐의 문제이다.

12. 財布を(　　　　)くれた人にお礼をした。 지갑을 주워 준 사람에게 사례를 했다.

13. たばこを(　　　　)と思っています。 담배를 끊으려고 생각하고 있습니다.

14. 天気が悪くて洗濯物が(　　　　　　　　)ない。
날씨가 안 좋아서 빨래가 마를 것 같지 않다.

15. 子供は(　　　　)より(　　　　)育てろ。 아이는 야단치기보다 칭찬하며 키워라.

| 정답 |

❶ 01. おくれる / 늦다 02. かつ / 이기다 03. すてる / 버리다 04. ひく / 빼다, 당기다 05. へる / 적어지다, 줄다

❷ 06. さげる / 下げる 07. まにあう / 間に合う 08. たす / 足す 09. ふとる / 太る 10. まもる / 守る

❸ 11. 生きる[いきる], 死ぬ[しぬ] 12. 拾って[ひろって] 13. やめよう 14. 乾きそうに[かわきそうに]
15. 叱る[しかる], ほめて

동사와 명사

18마디에서는 동사에서 파생된 명사가 꽤 많아서 서로 관련이 있는 동사와 명사를 함께 배울게요. 예외가 있긴 하지만 대부분 동사의 ます형에서 ます를 빼면 명사가 돼요. 이 규칙을 알면 동사와 명사의 관계를 쉽게 알 수 있어요.

단어 및 예문듣기

 N5

遊ぶ あそぶ 놀다 [1류동사(자)]

あそばない あそびます あそべ あそべる あそべば あそぼう あそんで

0868 N4

遊び あそび 놀이, 장난 [명사]

今日一緒に遊ばない？ 오늘 같이 놀지 않을래?

このゲームは遊びながら漢字が覚えられます。 이 게임은 놀면서 한자를 외울 수 있어요.

今日[きょう] 오늘 | 一緒に[いっしょに] 같이 | 漢字[かんじ] 한자 | 覚える[おぼえる]② 외우다

昔からの遊びを楽しんだ。 옛날부터 있었던 놀이를 즐겼다.

私が遊びでやってると思ってるんですか。 제가 장난으로 하는 줄 아시는 거예요?

昔[むかし] 옛날 | 楽しむ[たのしむ]① 즐기다 | 私[わたし] 저 | やる① 하다 | ~て(い)る② ~하고 있다 | 思う[おもう]① 생각하다 | ~んだ ~한 것이다

⊕ 昔からの遊びは 직역하면 '옛날부터의 놀이'가 돼요.

⊕ 遊びでやってると思ってるんですか는 직역하면 '장난으로 하고 있다고 생각하고 있는 겁니까?'가 돼요.

0869 N5

曇る くもる 흐리다, 흐려지다 [1류동사(자)]

くもらない くもります (くもれ) (くもれる) くもれば (くもろう) くもって

⊕ ( )에 들어간 활용형태에 대해서는 658쪽 5번 설명을 보세요.

0870 N5 참 155

曇り くもり 흐림 [명사]

今は曇っているが、午後には晴れる。 지금은 흐리지만, 오후에는 갠다.

明日は曇るでしょう。 내일은 흐릴 것입니다.

今[いま] 지금 | ~ている② ~하고 있다 | 午後[ごご] 오후 | 晴れる[はれる]② 개다 | 明日[あす] 내일

曇りの日は気分が暗くなる。 흐린 날은 기분이 어두워져.

今日の天気は曇り時々雨です。 오늘의 날씨는 흐리고 가끔 비가 옵니다.

日[ひ] 날 | 気分[きぶん] 기분 | 暗い[くらい] 어둡다 | ～くなる① ～해지다 | 今日[きょう] 오늘 | 天気[てんき] 날씨 | 時々[ときどき] 가끔 | 雨[あめ] 비

⊕ 曇りの日는 직역하면 '흐림의 날'이 돼요.

⊕ 曇り時々雨です는 직역하면 '흐림 가끔 비입니다'가 돼요.

0871 N5 참 579

話す　はなす　이야기하다 [1류동사(타)]

はなさない　はなします　はなせ　はなせる　はなせば　はなそう　はなして

0872 N4

話　はなし　이야기 [명사]

そのことは誰にも話さなかった。　그 일은 아무에게도 이야기하지 않았어.

ちょっと話したいことがあります。　잠깐 이야기하고 싶은 것이 있어요.

誰[だれ] 누구 | ～たい ～하고 싶다 | ある① 있다

あの人の話はわかりにくい。　저 사람의 이야기는 이해하기 어렵다.

妹が面白い話を聞かせてくれました。　여동생이 재미있는 이야기를 들려주었습니다.

人[ひと] 사람 | わかる① 이해하다 | ～にくい ～하기 어렵다 | 妹[いもうと] 여동생 | 面白い[おもしろい] 재미있다 | 聞く[きく]① 듣다 | ～てくれる② (다른 사람이) ～해 주다

⊕ 聞かせてくれました는 직역하면 '듣게 해 주었습니다'가 돼요.

0873 N5

休む　やすむ　쉬다 [1류동사(자타)]

やすまない　やすみます　やすめ　やすめる　やすめば　やすもう　やすんで

0874 N5

休み　やすみ　쉼, 휴일 [명사]

1か月休まないで働いた。　한 달 쉬지 않고 일했어.

今日はかぜで仕事を休みました。　오늘은 감기로 일을 쉬었어요.

1か月[いっかげつ] 1개월 | 働く[はたらく]① 일하다 | 今日[きょう] 오늘 | 仕事[しごと] 일

この店は木曜日が休みだ。 이 가게는 목요일이 쉬는 날이다.

来週休みを取って旅行に行きます。 다음 주에 휴가를 내서 여행을 갑니다.

店[みせ] 가게 | 木曜日[もくようび] 목요일 | 来週[らいしゅう] 다음 주 | 取る[とる]① (휴가를) 내다 | 旅行[りょこう] 여행 | 行く[いく]① 가다

➕ '휴가를 내다'를 일본어로 休みを取る(휴가를 잡다/취득하다)라고 표현해요.

➕ '여행을 가다'를 일본어로 旅行に行く(여행에 가다, 여행하러 가다)라고 표현해요.

0875 N4

踊る おどる 춤추다 [1류동사(자)]

おどらない おどります おどれ おどれる おどれば おどろう おどって

0876 N4

踊り おどり 춤 [명사]

友達が急に踊り出してびっくりした。 친구가 갑자기 춤추기 시작해서 깜짝 놀랐어.

歌ったり踊ったりするのが好きです。 노래 부르거나 춤추는 것을 좋아해요.

友達[ともだち] 친구 | 急に[きゅうに] 갑자기 | ～出す[だす]① ～하기 시작하다 | びっくりする③ 깜짝 놀라다 | 歌う[うたう]① (노래를) 부르다 | ～たり～たりする③ ～하거나 ～하거나 하다 | 好き[すき] 좋아함

2年生の頃から踊りを習い始めた。 2학년 때부터 춤을 배우기 시작했다.

変な踊りを踊っている人がいました。 이상한 춤을 추고 있는 사람이 있었습니다.

2年生[に ねんせい] 2학년 | 頃[ころ] 때 | 習う[ならう]① 배우다 | ～始める[はじめる]② ～하기 시작하다 | 変[へん] 이상 | ～ている② ～하고 있다 | 人[ひと] 사람 | いる② 있다

0877 N4

飾る かざる 장식하다 [1류동사(타)]

かざらない かざります かざれ かざれる かざれば かざろう かざって

0878 N3

飾り かざり 장식 [명사]

玄関に花を飾った。 현관에 꽃을 장식했어.

棚にトロフィーが飾られてました。 선반에 트로피가 장식되어 있었어요.

玄関[げんかん] 현관 | 花[はな] 꽃 | 棚[たな] 선반 | ~て(い)る② ~해 있다

正月の飾りは29日と31日に飾ってはいけない。 설 장식은 29일과 31일에 장식하면 안 된다.

クリスマスツリーに飾りを付けましょう。 크리스마스 트리에 장식을 답시다.

正月[しょうがつ] 설 | 29日[にじゅうく にち] 29일 | 31日[さんじゅういち にち] 31일 | ~てはいけない ~하면 안 되다 | 付ける[つける]② 달다

29일은 9[く]가 苦[く](쓸 고)와 같은 소리라서 안 좋다고 하고 31일은 가는 해가 하룻밤밖에 안 남아서 안 좋다고 해서 설 장식을 29일과 31일을 피해서 달아요.

0879 N4

騒ぐ さわぐ 떠들다 [1류동사(자)]

さわがない さわぎます さわげ さわげる さわげば さわごう さわいで

0880 N3

騒ぎ さわぎ 소동 [명사]

騒ぐな! 떠들지 마라!

バスの中で子供が騒いで、うるさかったです。 버스 안에서 아이가 떠들어서 시끄러웠어요.

中[なか] 안 | 子供[こども] 아이 | うるさい 시끄럽다

その問題は大きな騒ぎになった。 그 문제는 큰 소동이 되었다.

これ以上騒ぎを起こさないようにしてください。 더 이상 소동을 일으키지 않도록 해 주세요.

問題[もんだい] 문제 | 大きな[おおきな] 큰 | ~になる① ~가 되다 | 以上[いじょう] 이상 | 起こす[おこす]① 일으키다 | ~ないようにする③ ~하지 않도록 하다

これ以上는 직역하면 '이 이상'이 돼요.

0881 N4

包む つつむ 포장하다, 싸다 [1류동사(타)]

つつまない つつみます つつめ つつめる つつめば つつもう つつんで

0882 N3

包み つつみ 포장, 포장한 것 [명사]

おにぎりをアルミホイルで包む。 주먹밥을 쿠킹호일로 싼다.

プレゼント用に包んでください。 선물용으로 포장해 주세요.

~用[よう] ~용

プレゼントの包みを開けた。 선물 포장을 뜯었어.

住所と名前を書いて包みに貼ってください。 주소와 이름을 써서 포장한 것에 붙여 주세요.

開ける[あける]② 열다 | 住所[じゅうしょ] 주소 | 名前[なまえ] 이름 | 書く[かく]① 쓰다 | 貼る[はる] ① 붙이다

0883 N4

釣る つる 낚다 [1류동사(타)]

つらない つります つれ つれる つれば つろう つって

0884 N3

釣り つり 낚시 [명사]

釣ったばかりの魚を焼いて食べた。 갓 낚은 물고기를 구워서 먹었다.

今日は魚が1匹も釣れませんでした。 오늘은 물고기를 한 마리도 낚을 수 없었습니다.

~たばかりだ 막 ~했다 | 魚[さかな] 물고기 | 焼く[やく]① 굽다 | 食べる[たべる]② 먹다 | 今日[きょう] 오늘 | 1匹[いっぴき] 한 마리

船で海に出て釣りをした。 배로 바다에 나가서 낚시를 했어.

ゴルフと釣りが趣味です。 골프와 낚시가 취미예요.

船[ふね] 배 | 海[うみ] 바다 | 出る[でる]② 나가다 | 趣味[しゅみ] 취미

0885 N4

光る ひかる 빛나다 [1류동사(자)]

ひからない ひかります (ひかれ) (ひかれる) ひかれば (ひかろう) ひかって

(　)에 들어간 활용형에 대해서는 658쪽 5번 설명을 보세요.

0886 N4

光　ひかり　빛 [명사]

光る石を拾った。 빛나는 돌을 주웠어.

暗い所で猫の目が光ってびっくりしました。 어두운 곳에서 고양이 눈이 빛나서 깜짝 놀랐어요.

石[いし] 돌 | 拾う[ひろう]① 줍다 | 暗い[くらい] 어둡다 | 所[ところ] 곳 | 猫[ねこ] 고양이 | 目[め] 눈 | びっくりする③ 깜짝 놀라다

光で病気を治す研究が行われてるそうだ。 빛으로 병을 고치는 연구가 진행되고 있다고 한다.

光より速いものはないと言います。 빛보다 빠른 것은 없다고 합니다.

病気[びょうき] 병 | 治す[なおす]① 고치다 | 研究[けんきゅう] 연구 | 行う[おこなう]① 행하다 | ～て(い)る② ～하고 있다 | ～そうだ ～라고 하다 | 速い[はやい] 빠르다 | ない 없다 | 言う[いう]① 말하다

0887 N3

引き出す　ひきだす　끌어내다 [1류동사(타)]

ひきださない　ひきだします　ひきだせ　ひきだせる　ひきだせば　ひきだそう
ひきだして

0888 N4

引き出し　ひきだし　서랍 [명사]

菅さんは人の意見を引き出すのが上手だ。 すが 씨는 사람들의 의견을 끌어내는 것을 잘한다.

チームの力を引き出せるようになりたいです。 팀의 힘을 끌어낼 수 있게 되고 싶습니다.

人[ひと] 사람 | 意見[いけん] 의견 | 上手[じょうず] 잘함 | 力[ちから] 힘 | ～ようになる① ～하게 되다 | ～たい ～하고 싶다

かぎは上から二番目の引き出しに入ってる。 열쇠는 위에서 두 번째 서랍에 들어 있어.

その書類はこちらの引き出しにしまってあります。 그 서류는 이쪽 서랍에 정리되어 있어요.

上[うえ] 위 | 二番目[にばんめ] 두 번째 | 入る[はいる]① 들다 | ～て(い)る② ～해 있다 | 書類[しょるい] 서류 | しまう① 넣다 | ～てある① ～해 있다

0889 N4

引っ越す　ひっこす　이사하다 [1류동사(자)]

ひっこさない　ひっこします　ひっこせ　ひっこせる　ひっこせば　ひっこそう　ひっこして

0890 N3

引っ越し　ひっこし　이사 [명사]

引っ越したばかりで、知っている人がいない。 이사한 지 얼마 안 되어, 아는 사람이 없다.

再来月引っ越す予定です。 다다음 달에 이사할 예정입니다.

~たばかりだ ~한 지 얼마 되지 않았다 | 知る[しる]① 알다 | ~ている② ~하고 있다 | 人[ひと] 사람 | いる② 있다 | 再来月[さらいげつ] 다다음 달 | 予定[よてい] 예정

⊕ 知っている人がいない는 직역하면 '알고 있는 사람이 없다'가 돼요. '아는 사람'이면 이미 알고 있는 상태이기 때문에 ~ている를 써서 知っている人라고 해요. 한국어와 시제가 다르니 조심하세요.

今、引っ越しの準備で忙しい。 지금 이사 준비 때문에 바빠.

田舎への引っ越しを考えてます。 시골로 가는 이사를 생각하고 있어요.

今[いま] 지금 | 準備[じゅんび] 준비 | 忙しい[いそがしい] 바쁘다 | 田舎[いなか] 시골 | 考える[かんがえる]② 생각하다 | ~て(い)る② ~하고 있다

⊕ 田舎への引っ越し는 직역하면 '시골로의 이사'가 돼요.

0891 N4

向かう　むかう　향하다 [1류동사(자)]

むかわない　むかいます　むかえ　むかえる　むかえば　むかおう　むかって

0892 N3

向かい　むかい　맞은편 [명사]

空港に向かう地下鉄の中ですりにあった。 공항으로 향하는 지하철 안에서 소매치기를 당했다.

壁に向かって立ってください。 벽을 향해서 서 주세요.

空港[くうこう] 공항 | 地下鉄[ちかてつ] 지하철 | 中[なか] 안 | あう① 당하다 | 壁[かべ] 벽 | 立つ[たつ]① 서다

向かいの家で火事が起きた。 맞은편 집에서 화재가 일어났어.

好きな人の向かいに座りました。 좋아하는 사람의 맞은편에 앉았어요.

家[いえ] 집 | 火事[かじ] 화재 | 起きる[おきる]② 일어나다 | 好き[すき] 좋아함 | 人[ひと] 사람 | 座る[すわる]① 앉다

0893 N4

喜ぶ よろこぶ 기뻐하다 [1류동사(타)]

よろこばない よろこびます よろこべ よろこべる よろこべば よろこぼう よろこんで

0894 N3

喜び よろこび 기쁨 [명사]

女性に喜ばれるプレゼントを探している。 여성이 기뻐할 만한 선물을 찾고 있다.

喜んで伺います。 기꺼이 찾아 뵙겠습니다.

女性[じょせい] 여성 | 探す[さがす]① 찾다 | ～ている② ~하고 있다 | 伺う[うかがう]① 찾아 뵙다

⊕ 女性に喜ばれるプレゼント는 직역하면 '여성에게 기뻐함을 받는 선물'이 돼요.

彼はそのニュースを聞いて喜びの声を上げた。 그는 그 뉴스를 듣고 기쁨의 소리를 질렀다.

仕事に大きな喜びを感じたことがありません。 일에 큰 기쁨을 느낀 적이 없어요.

彼[かれ] 그 | 聞く[きく]① 듣다 | 声[こえ] 목소리 | 上げる[あげる]② 올리다 | 仕事[しごと] 일 | 大きな[おおきな] 큰 | 感じる[かんじる]② 느끼다 | ～たことがある① ~한 적이 있다

책 날개에 있는 책갈피를 이용해서, 한 쪽을 가리고 나머지 한 쪽을 맞추는 연습을 해 보세요.

遊(あそ)ぶ	놀다	包(つつ)む	포장하다, 싸다
遊(あそ)び	놀이, 장난	包(つつ)み	포장, 포장한 것
曇(くも)る	흐리다, 흐려지다	釣(つ)る	낚다
曇(くも)り	흐림	釣(つ)り	낚시
話(はな)す	이야기하다	光(ひか)る	빛나다
話(はなし)	이야기	光(ひかり)	빛
休(やす)む	쉬다	引(ひ)き出(だ)す	끌어내다
休(やす)み	쉼, 휴일	引(ひ)き出(だ)し	서랍
踊(おど)る	춤추다	引(ひ)っ越(こ)す	이사하다
踊(おど)り	춤	引(ひ)っ越(こ)し	이사
飾(かざ)る	장식하다	向(む)かう	향하다
飾(かざ)り	장식	向(む)かい	맞은편
騒(さわ)ぐ	떠들다	喜(よろこ)ぶ	기뻐하다
騒(さわ)ぎ	소동	喜(よろこ)び	기쁨

〈대화로 연습해 봐요〉

❶ 일본어 단어의 독음을 히라가나로 쓴 후에 한국어 뜻을 써 보세요.

단어	히라가나	뜻
01. 遊ぶ		
02. 曇り		
03. 踊り		
04. 包む		
05. 喜ぶ		

❷ 한국어 뜻에 해당하는 일본어 단어를 히라가나와 한자로 써 보세요.

단어	히라가나	한자
06. 이야기		
07. 쉬다		
08. 빛나다		
09. 서랍		
10. 향하다		

❸ (　　) 속에 적절한 단어를 써 보세요. 한자를 모를 경우에는 히라가나로 쓰세요.

11. そのことは誰にも(　　　　　　　　)。 그 일은 아무에게도 이야기하지 않았어.

12. 玄関に花を(　　　　)。 현관에 꽃을 장식했어.

13. その問題は大きな(　　　　)になった。 그 문제는 큰 소동이 되었다.

14. (　　　　)ばかりの魚を焼いて食べた。 갓 낚은 물고기를 구워서 먹었다.

15. 再来月(　　　　　)予定です。 다다음 달에 이사할 예정입니다.

| 정답 |

❶ 01. あそぶ/놀다 02. くもり/흐림 03. おどり/춤 04. つつむ/포장하다, 싸다 05. よろこぶ/기뻐하다

❷ 06. はなし/話 07. やすむ/休む 08. ひかる/光る 09. ひきだし/引き出し 10. むかう/向かう

❸ 11. 話さなかった[はなさなかった] 12. 飾った[かざった] 13. 騒ぎ[さわぎ] 14. 釣った[つった] 15. 引っ越す[ひっこす]

0895 N5

生まれる　うまれる　태어나다 [2류동사(자)]

うまれない　うまれます　(うまれろ)　(うまれられる)　うまれれば　(うまれよう)　うまれて

( )에 들어간 활용형태에 대해서는 658쪽 5번 설명을 보세요.

0896 N3

生まれ　うまれ　출생 [명사]

生まれて初めて外国に行く。　태어나서 처음으로 외국에 간다.

ここは私が生まれた家です。　여기는 제가 태어난 집입니다.

初めて[はじめて] 처음으로 | 外国[がいこく] 외국 | 行く[いく]① 가다 | 私[わたし] 저 | 家[いえ] 집

私の周りには1990年代の生まれの人が多い。　내 주위에는 1990년대 출생인 사람들이 많아.

私はクァンジュの生まれです。　저는 광주 출생이에요.

私[わたし] 나, 저 | 周り[まわり] 주위 | 1990年[せんきゅうひゃくきゅうじゅう ねん] 1990년 | ～代[だい] ～대 | 人[ひと] 사람 | 多い[おおい] 많다

0897 N4

晴れる　はれる　개다 [2류동사(자)]

はれない　はれます　(はれろ)　(はれられる)　はれれば　(はれよう)　はれて

( )에 들어간 활용형태에 대해서는 658쪽 5번 설명을 보세요.

0898 N4　참 155

晴れ　はれ　갬, 맑음 [명사]

晴れればここから島が見える。　날씨가 개면 여기에서 섬이 보여.

よく晴れた空がとてもきれいでした。　활짝 갠 하늘이 매우 아름다웠어요.

島[しま] 섬 | 見える[みえる]② 보이다 | 空[そら] 하늘

よく晴れた空는 직역하면 '잘 갠 하늘'이 돼요.

晴れの日が続いている。　맑은 날이 이어지고 있다.

久しぶりに晴れになりました。 오래간만에 날씨가 개었습니다.

日[ひ] 날 | 続く[つづく]① 이어지다 | ～ている② ～하고 있다 | 久しぶり[ひさしぶり] 오래간만 | ～になる① ～가 되다

晴れの日는 직역하면 '갬의 날', '맑음의 날'이 돼요.

晴れになりました는 직역하면 '갬이 되었습니다', '맑음이 되었습니다'가 돼요.

0899 N5

答える こたえる 대답하다 [2류동사(자)]

こたえない こたえます こたえろ こたえられる こたえれば こたえよう こたえて

0900 N4 참 063 546

答え こたえ 대답, 답 [명사]

大きな声で「はい」と答えた。 큰 소리로 '네'라고 대답했어.

先生の質問に答えました。 선생님의 질문에 대답했어요.

大きな[おおきな] 큰 | 声[こえ] 목소리 | 先生[せんせい] 선생님 | 質問[しつもん] 질문

最初の問題の答えがわからなかった。 첫 번째 문제의 답을 몰랐다.

ドアをノックしましたが、答えがありませんでした。 문을 노크했지만, 대답이 없었습니다.

最初[さいしょ] 처음 | 問題[もんだい] 문제 | わかる① 알다 | ある① 있다

0901 N4

勤める つとめる 근무하다 [2류동사(자)]

つとめない つとめます つとめろ つとめられる つとめれば つとめよう つとめて

0902 N3

勤め つとめ 근무 [명사]

銀行に10年以上勤めている。 은행에 10년 이상 근무하고 있다.

会社に勤めながら勉強しました。 회사에 근무하면서 공부했습니다.

銀行[ぎんこう] 은행 | 10年[じゅう ねん] 10년 | 以上[いじょう] 이상 | ~ている② ~하고 있다 | 会社[かいしゃ] 회사 | 勉強[べんきょう] 공부

土曜日も勤めがある。 토요일도 근무가 있어.

どちらにお勤めですか。 어디에 근무하세요?

土曜日[どようび] 토요일 | ある① 있다

どちら의 기본 뜻이 '어느 쪽'인데 どこ(어디)의 정중한 말로도 써요.

お勤めですか는 직역하면 '근무이십니까?'가 돼요.

0903 N4

連れる つれる 동반하다 [2류동사(타)]

つれない つれます つれろ つれられる つれれば つれよう つれて

0904 N3

連れ つれ 일행, 동반자 [명사]

子供を歯医者に連れていった。 아이를 치과에 데려갔다.

空港に犬を連れた女性がいました。 공항에 개를 동반한 여성이 있었습니다.

子供[こども] 아이 | 歯医者[はいしゃ] 치과 | ~ていく① ~해가다 | 空港[くうこう] 공항 | 犬[いぬ] 개 | 女性[じょせい] 여성 | いる② 있다

連れる는 連れて나 連れた라는 형태로 쓰는 것이 일반적이에요.

後で連れが来ることになってる。 이따가 일행이 오기로 되어 있어.

お連れ様がお待ちです。 일행분이 기다리십니다.

後で[あとで] 이따가 | 来る[くる]③ 오다 | ~ことになる① ~하게 되다 | ~て(い)る② ~해 있다 | ~様[さま] ~님 | お待ち[おまち] 기다리심

0905 N4

참 122

乗り換える のりかえる 갈아타다 [2류동사(자)]

のりかえない のりかえます のりかえろ のりかえられる のりかえれば のりかえよう のりかえて

のりかえる のりかえろ のりかえれば라는 악센트도 써요.

 N4

乗り換え　のりかえ　환승, 갈아타기 [명사]

地下鉄からバスに乗り換える。 지하철에서 버스로 갈아타다.
急行に乗り換えた方が早く着きますよ。 급행으로 갈아타는 것이 더 일찍 도착해요.

地下鉄[ちかてつ] 지하철 ㅣ 急行[きゅうこう] 급행 ㅣ ～た方が[ほうが] ～하는 편이 더 ㅣ 早い[はやい] 이르다 ㅣ 着く[つく]① 도착하다

この駅は乗り換えが便利だ。 이 역은 갈아타기가 편리해.
乗り換えを調べてから出かけます。 환승을 알아보고 나서 외출해요.

駅[えき] 역 ㅣ 便利[べんり] 편리 ㅣ 調べる[しらべる]② 알아보다 ㅣ 出かける[でかける]② 외출하다

0907 N5 참 262

歌う　うたう　(노래를) 부르다 [1류동사(타)]

うたわない　うたいます　うたえ　うたえる　うたえば　うたおう　うたって

0908 N5 참 262

歌　うた　노래 [명사]

日本語の授業で日本の歌を歌った。 일본어 수업에서 일본 노래를 불렀어.
大きな声で歌いながら歩きました。 큰 소리로 노래 부르면서 걸었어요.

日本語[にほんご] 일본어 ㅣ 授業[じゅぎょう] 수업 ㅣ 日本[にほん] 일본 ㅣ 大きな[おおきな] 큰 ㅣ 声[こえ] 목소리 ㅣ 歩く[あるく]① 걷다

この歌は韓国でとても有名な歌だ。 이 노래는 한국에서 매우 유명한 노래이다.
私は歌を聞くのが好きです。 저는 노래를 듣는 것을 좋아합니다.

韓国[かんこく] 한국 ㅣ 有名[ゆうめい] 유명 ㅣ 私[わたし] 저 ㅣ 聞く[きく]① 듣다 ㅣ 好き[すき] 좋아함

0909 N4

知らせる しらせる 알리다 [2류동사(타)]

しらせない しらせます しらせろ しらせられる しらせれば しらせよう
しらせて

0910 N4

お知らせ おしらせ 알림, 안내문 [명사]

火事を知らせるベルの音がして、驚いた。 화재를 알리는 벨 소리가 나서 놀랐어.

カカオトークで場所を知らせます。 카카오톡으로 장소를 알릴게요.

火事[かじ] 화재 ❘ 音[おと] 소리 ❘ 驚く[おどろく]① 놀라다 ❘ 場所[ばしょ] 장소

図書館の利用についてのお知らせが届いた。 도서관 이용에 관한 안내문이 왔다.

学校からのお知らせはこちらをご覧ください。 학교에서 보내는 알림은 여기를 보십시오.

図書館[としょかん] 도서관 ❘ 利用[りよう] 이용 ❘ 届く[とどく]① 도착하다 ❘ 学校[がっこう] 학교 ❘ ご覧ください[ごらんください] 보십시오

- お 없이 知らせ[しらせ]라고 쓰는 경우도 있어요.
- 学校からのお知らせ는 직역하면 '학교로부터의 알림'이 돼요.

0911 N4 참 500

思い出す おもいだす 상기하다, 기억이 나다 [1류동사(타)]

おもいださない おもしだします おもいだせ おもいだせる おもいだせば
おもいだそう おもいだして

0912 N3

思い出 おもいで 추억 [명사]

この歌は私に子供の頃の夢を思い出させる。 이 노래는 나에게 어릴 때의 꿈을 생각나게 해.

あの人の名前がどうしても思い出せません。 저 사람의 이름이 도저히 기억나지 않아요.

歌[うた] 노래 ❘ 私[わたし] 나 ❘ 子供[こども] 아이 ❘ 頃[ころ] 때 ❘ 夢[ゆめ] 꿈 ❘ 人[ひと] 사람 ❘ 名前[なまえ] 이름

⊕ 思い出すは '생각 나다'라는 자동사로 해석하는 경우가 많은데 思い出すは 타동사예요. 그래서 '~가 생각나다'라고 할 때 ~を思い出す(~를 상기하다)라고 해요. 아래쪽 예문은 思い出せる라는 가능형이기 때문에 名前が가 된 거예요.

祖父との思い出を大切にしたい。 할아버지와의 추억을 간직하고 싶다.

ここは忘れられない思い出の場所です。 여기는 잊지 못할 추억의 장소입니다.

祖父[そふ] 할아버지 | 大切[たいせつ] 소중 | ~にする③ ~하게 하다 | ~たい ~하고 싶다 | 忘れる[わすれる]② 잊다 | 場所[ばしょ] 장소

⊕ 大切にしたい는 직역하면 '소중하게 하고 싶다'가 돼요.

0913 N4

楽しむ たのしむ 즐기다 [1류동사(타)]

たのしまない たのしみます たのしめ たのしめる たのしめば たのしもう たのしんで

0914 N4

楽しみ(な) たのしみ(な) 즐거움, 기대됨(기대되는) [명사, な형용사]

⊕ たのしみ라는 악센트도 써요.

0915 N5

楽しい たのしい 즐겁다 [い형용사]

たのしくない たのしかった たのしく たのしくて たのしければ

⊕ たのしくない たのしかった たのしく たのしくて たのしければ라는 악센트도 써요.

友達と一緒にゲームを楽しんだ。 친구와 함께 게임을 즐겼어.

どうぞごゆっくりお食事をお楽しみください。 아무쪼록 느긋하게 식사를 즐기십시오.

友達[ともだち] 친구 | 一緒に[いっしょに] 함께 | 食事[しょくじ] 식사 | お~ください ~하십시오

生きる楽しみが欲しい。 사는 즐거움을 원한다.

久しぶりに会えるのを楽しみにしています。 오래간만에 만날 수 있기를 기대하고 있습니다.

生きる[いきる]② 살다 | 欲しい[ほしい] 원하다 | 久しぶり[ひさしぶり] 오래간만 | 会う[あう]① 만나다 | ~にする③ ~로 하다 | ~ている② ~하고 있다

学校の勉強が全然楽しくない。 학교 공부가 전혀 즐겁지 않아.

旅行はとても楽しかったです。 여행은 아주 즐거웠어요.

学校[がっこう] 학교 | 勉強[べんきょう] 공부 | 全然[ぜんぜん] 전혀 | 旅行[りょこう] 여행

0916 N4 참 593

眠る ねむる 잠자다, 잠들다 [1류동사(자)]

ねむらない ねむります ねむれ ねむれる ねむれば ねむろう ねむって

0917 N2

眠り ねむり 잠, 수면 [명사]

0918 N4

眠い ねむい 졸리다 [い형용사]

ねむくない ねむかった ねむく ねむくて ねむければ

⊕ ねむい라는 악센트도 써요.

どんなに深く眠っていてもすぐ起きられる。 아무리 깊이 잠들어 있어도 바로 일어날 수 있다.

最近よく眠れないことがあります。 요즘 푹 잘 수 없는 때가 있습니다.

深い[ふかい] 깊다 | ～ている② ~하고 있다 | 起きる[おきる]② 일어나다 | 最近[さいきん] 요즘 | ～ないことがある① ~하지 않는 때가 있다

ゆうべは眠りが浅かったような気がする。 어젯밤에는 설잠을 잔 것 같은 느낌이 들어.

眠りについてお医者さんに伺いました。 수면에 대해서 의사 선생님께 여쭈웠어요.

浅い[あさい] 얕다 | ～ようだ ~한 것 같다 | 気がする[きがする]③ 느낌이 들다 | 医者[いしゃ] 의사 | 伺う[うかがう]① 여쭙다

⊕ 眠りが浅かった는 직역하면 '잠이 얕았다'가 돼요.

目を開けていられないくらい眠い。 눈을 뜨고 있을 수 없을 정도로 졸린다.

眠くてもうこれ以上起きていられません。 졸려서 이제 더 이상 깨어 있을 수 없습니다.

目[め] 눈 | 開ける[あける]② 뜨다 | ～ている② ~해 있다 | 以上[いじょう] 이상 | 起きる[おきる]② 일어나다

⊕ もうこれ以上는 직역하면 '이제 이 이상'이 돼요. 한국어 표현과 약간 다르죠.

책 날개에 있는 책갈피를 이용해서, 한 쪽을 가리고 나머지 한 쪽을 맞추는 연습을 해 보세요.

生(う)まれる	태어나다	歌(うた)う	(노래를) 부르다
生(う)まれ	출생	歌(うた)	노래
晴(は)れる	개다	知(し)らせる	알리다
晴(は)れ	갬, 맑음	お知(し)らせ	알림, 안내문
答(こた)える	대답하다	思(おも)い出(だ)す	상기하다, 기억이 나다
答(こた)え	대답, 답	思(おも)い出(で)	추억
勤(つと)める	근무하다	楽(たの)しむ	즐기다
勤(つと)め	근무	楽(たの)しみ(な)	즐거움, 기대됨(기대되는)
連(つ)れる	동반하다	楽(たの)しい	즐겁다
連(つ)れ	일행, 동반자	眠(ねむ)る	잠자다, 잠들다
乗(の)り換(か)える	갈아타다	眠(ねむ)り	잠, 수면
乗(の)り換(か)え	환승, 갈아타기	眠(ねむ)い	졸리다

연습해 봐요!

〈장문으로 연습해 봐요〉

❶ 일본어 단어의 독음을 히라가나로 쓴 후에 한국어 뜻을 써 보세요.

단어	히라가나	뜻
01. 晴れ		
02. 勤める		
03. 乗り換える		
04. 楽しむ		
05. 眠い		

❷ 한국어 뜻에 해당하는 일본어 단어를 히라가나와 한자로 써 보세요.

단어	히라가나	한자
06. 태어나다		
07. 대답, 답		
08. 알림, 안내문		
09. 상기하다, 기억이 나다		
10. 즐겁다		

❸ (　　) 속에 적절한 단어를 써 보세요. 한자를 모를 경우에는 히라가나로 쓰세요.

11. 子供を歯医者に(　　　　)いった。 아이를 치과에 데려갔다.

12. この駅は(　　　　)が便利だ。 이 역은 갈아타기가 편리해.

13. 火事を(　　　　)ベルの音がして、驚いた。
화재를 알리는 벨 소리가 나서 놀랐어.

14. 生きる(　　　　)が欲しい。 사는 즐거움을 원한다.

15. 最近よく(　　　　)ことがあります。 요즘 푹 잘 수 없는 때가 있습니다.

| 정답 |

❶ 01. はれ/갬, 맑음 02. つとめる/근무하다 03. のりかえる/갈아타다 04. たのしむ/즐기다 05. ねむい/졸리다
❷ 06. うまれる/生まれる 07. こたえ/答え 08. おしらせ/お知らせ 09. おもいだす/思い出す 10. たのしい/楽しい
❸ 11. 連れて[つれて] 12. 乗り換え[のりかえ] 13. 知らせる[しらせる] 14. 楽しみ[たのしみ] 15. 眠れない[ねむれない]

자동사와 타동사

19마디에서는 자동사와 타동사를 짝으로 배울게요. 짝이 되는 자동사와 타동사에도 예외는 있지만 규칙적인 것들이 많아요.

'자동사:타동사'의 규칙

〈あ단+る〉:〈え단+る〉

〈～れる〉:〈～る〉

〈～れる〉:〈～す〉

〈～る〉:〈～す〉

〈～え단+る〉:〈～あ단+す〉

〈～う단〉:〈～あ단+す〉

〈～い단+る〉:〈～お단+す〉

〈～う단〉:〈～え단+る〉

〈～え단+る〉:〈～う단〉

단어 및 예문듣기

0919 N5

かかる かかる 걸리다, (비용이) 들다 [1류동사(자)]

かからない かかります (かかれ) (かかれる) かかれば (かかろう) かかって

( )에 들어간 활용형에 대해서는 658쪽 5번 설명을 보세요.

0920 N5

かける かける 걸다, 들이다 [2류동사(타)]

かけない かけます かけろ かけられる かければ かけよう かけて

留学にはお金がかかる。 유학에는 돈이 들어.

この仕事は時間がかかります。 이 일은 시간이 걸려요.

留学[りゅうがく] 유학 | お金[おかね] 돈 | 仕事[しごと] 일 | 時間[じかん] 시간

かかる를 한자 掛かる로 쓰는 경우도 있어요.

友達に電話をかけた。 친구에게 전화를 걸었다.

時間をかけてゆっくり考えた。 시간을 들여서 천천히 생각했다.

友達[ともだち] 친구 | 電話[でんわ] 전화 | 時間[じかん] 시간 | 考える[かんがえる]② 생각하다

かける를 한자 掛ける로 쓰는 경우도 있어요.

0921 N4

掛かる かかる 걸리다 [1류동사(자)]

かからない かかります (かかれ) (かかれる) かかれば (かかろう) かかって

( )에 들어간 활용형에 대해서는 658쪽 5번 설명을 보세요.

0922 N4

掛ける かける 걸다 [2류동사(타)]

かけない かけます かけろ かけられる かければ かけよう かけて

壁に掛かってた絵が落ちた。 벽에 걸려 있던 그림이 떨어졌어.

窓にかわいいカーテンが掛かっていました。 창문에 귀여운 커튼이 걸려 있었어요.

壁[かべ] 벽 | ～て(い)る② ~해 있다 | 絵[え] 그림 | 落ちる[おちる]② 떨어지다 | 窓[まど] 창문

かかるを '시간이 걸리다'라는 뜻으로 쓸 때는 주로 히라가나로 쓰는데 '벽에 걸리다'라는 뜻으로 쓸 때는 한자로도 쓰고 히라가나로도 써요.

このフックは帽子を掛けるのにちょうどいい。 이 후크는 모자를 거는 데에 딱 좋다.

上着はこのハンガーに掛けてください。 겉옷은 이 옷걸이에 거세요.

帽子[ぼうし] 모자 | いい 좋다 | 上着[うわぎ] 겉옷

'행어(hanger)'를 ハンガー라고 해요.

일본어로 '안경을 쓰다'를 眼鏡[めがね]をかける라고 해요. 안경을 귀나 코에 걸기 때문에 그렇게 표현하는 것 같아요.

心配[しんぱい]を掛ける(걱정을 끼치다), 腰[こし]を掛ける(걸터앉다)라는 표현도 있으니 기억해 두세요~! 掛ける를 히라가나로 쓰는 경우도 많아요.

0923 N5

始まる はじまる 시작되다 [1류동사(자)]

はじまらない はじまります (はじまれ) (はじまれる) はじまれば (はじまろう) はじまって

( )에 들어간 활용형에 대해서는 658쪽 5번 설명을 보세요.

0924 N4

始める はじめる 시작하다 [2류동사(타)]

はじめない はじめます はじめろ はじめられる はじめれば はじめよう はじめて

もうすぐ野球のシーズンが始まる。 이제 곧 야구 시즌이 시작돼.

新しいドラマが始まりました。 새 드라마가 시작됐어요.

野球[やきゅう] 야구 | 新しい[あたらしい] 새롭다

まだバイトを始めたばかりだ。 아직 알바를 시작한 지 얼마 되지 않았다.

では、会議を始めます。 그럼, 회의를 시작하겠습니다.

～たばかりだ ~한 지 얼마 되지 않았다 | 会議[かいぎ] 회의

0925 N5 참 594

曲がる まがる 구부러지다, 돌다 [1류동사(자)]

まがらない まがります まがれ まがれる まがれば まがろう まがって

0926 N3

曲げる まげる 구부리다, 굽히다 [2류동사(타)]

まげない まげます まげろ まげられる まげれば まげよう まげて

このワイヤーは簡単に曲がる。 이 와이어는 쉽게 구부러져.

次の交差点を左に曲がってください。 이번 교차로를 왼쪽으로 돌아 주세요.

簡単[かんたん] 쉬움 | 次[つぎ] 이번 | 交差点[こうさてん] 교차로 | 左[ひだり] 왼쪽

曲がる가 자동사인데 交差点を曲がる에서 조사 を(을/를)를 썼죠? 이와 같이 자동사에 쓰는 を는 '이동이나 통과하는 자리'를 나타내요. 한국어에서도 '하늘을 날다'와 같이 자동사에 '을/를'을 쓰니 쉽게 이해되시죠?

ひざを曲げると痛い。 무릎을 구부리면 아프다.

彼は最後まで自分の考えを曲げませんでした。

그는 끝까지 자기의 생각을 굽히지 않았습니다.

痛い[いたい] 아프다 | 彼[かれ] 그 | 最後[さいご] 끝 | 自分[じぶん] 자기 | 考え[かんがえ] 생각

0927 N4

集まる あつまる 모이다 [1류동사(자)]

あつまらない あつまります あつまれ あつまれる あつまれば あつまろう あつまって

0928 N4

集める あつめる 모으다 [2류동사(타)]

あつめない あつめます あつめろ あつめられる あつめれば あつめよう あつめて

人が少しずつ集まり始めた。 사람들이 조금씩 모이기 시작했어.

明日の午前9時に駅前に集まってください。 내일 오전 9시에 역 앞에 모이세요.

人[ひと] 사람 | 少し[すこし] 조금 | ~始める[はじめる]② ~하기 시작하다 | 明日[あした] 내일 | 午前[ごぜん] 오전 | 9時[くじ] 9시 | 駅前[えきまえ] 역 앞

できるだけ情報を集めよう。 가능한 한 정보를 모으자.

世界中の専門家を集めて会議を開きました。 온 세계의 전문가들을 모아서 회의를 열었습니다.

情報[じょうほう] 정보 | 世界[せかい] 세계 | ~中[じゅう] 온 ~ | 専門[せんもん] 전문 | ~家[か] ~가 | 会議[かいぎ] | 開く[ひらく]① 열다

0929 N4

変わる　かわる　바뀌다, 변하다 [1류동사(자)]

かわらない　かわります　かわれ　かわれる　かわれば　かわろう　かわって

0930 N4

참 415

変える　かえる　바꾸다 [2류동사(타)]

かえない　かえます　かえろ　かえられる　かえれば　かえよう　かえて

信号が赤から青に変わった。 신호등이 빨간불에서 파란불로 바뀌었다.

中川さんは昔と少しも変わりませんね。 なかがわ 씨는 옛날과 조금도 변하지 않았네요.

信号[しんごう] 신호등 | 赤[あか] 빨강 | 青[あお] 파랑 | 昔[むかし] 옛날 | 少し[すこし] 조금

➕ 赤から青に変わった는 직역하면 '빨강에서 파랑으로 바뀌었다'가 돼요.

この机は高さが変えられる。 이 책상은 높이를 바꿀 수 있어.

ヘアスタイルを変えてみました。 헤어스타일을 바꿔 봤어요.

机[つくえ] 책상 | 高さ[たかさ] 높이

0931 N4

決まる　きまる　정해지다, 결정되다 [1류동사(자)]

きまらない　きまります　(きまれ)　(きまれる)　きまれば　(きまろう)　きまって

➕ (　)에 들어간 활용형에 대해서는 658쪽 5번 설명을 보세요.

0932 N4

決める　きめる　정하다, 결정하다 [2류동사(타)]

きめない　きめます　きめろ　きめられる　きめれば　きめよう　きめて

今日新しい大統領が決まる。　오늘 새 대통령이 결정된다.

いつ行くかまだ決まっていません。　언제 갈지 아직 정해지지 않았습니다.

今日[きょう] 오늘 ǀ 新しい[あたらしい] 새롭다 ǀ 大統領[だいとうりょう] 대통령 ǀ 行く[いく]① 가다 ǀ ~ている② ~해 있다

⊕ 決まっていません는 직역하면 '정해져 있지 않습니다'가 돼요. 일본어에서는 일어나기가 기대되는데 아직 일어나지 않은 일을 まだ~ていない(아직 ~해 있지 않다)라고 표현해요. 한국어와 시제가 다르니 조심하세요.

自分のことは自分で決めなさい。　자신의 일은 스스로 정해라.

どれにするか決めるのが難しいです。　어떤 것으로 할지 결정하는 것이 어려워요.

自分[じぶん] 자신 ǀ 難しい[むずかしい] 어렵다

⊕ どれにするか는 선택지가 3가지 이상 있는 것들 중 어떤 것으로 할지에 대해서 말한 거예요. 구체적인 선택지가 없는 경우에는 どんなのにするか(어떤 것으로 할지)라고 해요.

0933 N3

伝わる　つたわる　전해지다 [1류동사(자)]

つたわらない　つたわります　(つたわれ)　(つたわれる)　つたわれば　(つたわろう)　つたわって

⊕ ( )에 들어간 활용형에 대해서는 658쪽 5번 설명을 보세요.

0934 N4

伝える　つたえる　전하다 [2류동사(타)]

つたえない　つたえます　つたえろ　つたえられる　つたえれば　つたえよう　つたえて

気持ちがうまく伝わらないことがある。　마음이 잘 전해지지 않는 경우가 있다.

それはこの国に昔から伝わる話です。　그것은 이 나라에 옛날부터 전해지는 이야기입니다.

気持ち[きもち] 마음 ǀ ~ないことがある① ~하지 않는 경우가 있다 ǀ 国[くに] 나라 ǀ 昔[むかし] 옛날 ǀ 話[はなし] 이야기

この石には特別な力があると伝えられてる。 이 돌에는 특별한 힘이 있다고 전해지고 있어.
ご家族の皆さんによろしくお伝えください。 가족 여러분께 안부 전해 주십시오.

石[いし] 돌 | 特別[とくべつ] 특별 | 力[ちから] 힘 | ある① 있다 | ～て(い)る② ~하고 있다 | 家族[かぞく] 가족 | 皆さん[みなさん] 여러분 | お～ください ~해 주십시오

0935 N5

止まる とまる 멈추다 [1류동사(자)]

とまらない とまります とまれ とまれる とまれば とまろう とまって

0936 N4

止める とめる 멈추다(멈추게 하다) [2류동사(타)]

とめない とめます とめろ とめられる とめれば とめよう とめて

止まっていた電車がやっと動き始めた。 멈춰 있던 전철이 겨우 움직이기 시작했다.
血がなかなか止まりませんでした。 피가 좀처럼 멈추지 않았습니다.

電車[でんしゃ] 전철 | 動く[うごく]① 움직이다 | ～始める[はじめる]② ~하기 시작하다 | 血[ち] 피

車を止めようとしたが、止まらなかった。 차를 멈추려 했지만 멈추지 않았어.
エスカレーターを止めてください。 에스컬레이터를 멈춰 주세요.

車[くるま] 차 | ～ようとする③ ~하려고 하다

0937 N4

ぶつかる ぶつかる 부딪히다, 충돌하다 [1류동사(자)]

ぶつからない ぶつかります ぶつかれ ぶつかれる ぶつかれば ぶつかろう ぶつかって

0938 N3

ぶつける ぶつける 부딪치다, 던져 맞히다 [2류동사(타)]

ぶつけない ぶつけます ぶつけろ ぶつけられる ぶつければ ぶつけよう ぶつけて

小鳥が窓ガラスにぶつかった。 작은 새가 창유리에 부딪혔다.

トラックとタクシーがぶつかる事故がありました。 트럭과 택시가 충돌하는 사고가 났습니다.

小鳥[ことり] 작은 새 | 窓ガラス[まどガラス] 창유리 | 事故[じこ] 사고 | ある① 있다

⊕ '사고가 나다'를 일본어로 事故がある(사고가 있다)라고 표현해요. 事故が起[お]きる(사고가 일어나다) 혹은 事故が起[お]こる(사고가 일어나다)라고도 해요.

壁にボールをぶつけて遊んだ。 벽에 공을 던져 맞히며 놀았어.

ドアに頭をぶつけそうになりました。 문에 머리를 부딪칠 뻔했어요.

壁[かべ] 벽 | 遊ぶ[あそぶ]① 놀다 | 頭[あたま] 머리 | ～そうだ ~할 것 같다 | ～になる① ~하게 되다

⊕ 한국어 '부딪치다'는 자동사로도 타동사로도 쓰기 때문에 ぶつかる도 ぶつける로 '부딪치다'로 해석할 수 있어요.

⊕ ぶつけそうになりました는 직역하면 '부딪칠 것 같이 되었습니다'가 돼요.

0939 N4

見つかる みつかる 발견되다, 들키다 [1류동사(자)]

みつからない みつかります (みつかれ) (みつかれる) みつかれば (みつかろう) みつかって

⊕ ( )에 들어간 활용형에 대해서는 658쪽 5번 설명을 보세요.

0940 N4 참 602

見つける みつける 발견하다, 찾다 [2류동사(타)]

みつけない みつけます みつけろ みつけられる みつければ みつけよう みつけて

ここなら誰にも見つからないだろう。 여기라면 아무에게도 들키지 않을 것이다.

なくしたスマホが見つかりました。 잃어버린 스맛폰을 찾았습니다.

誰[だれ] 누구 | なくす① 잃어버리다

⊕ スマホが見つかった는 직역하면 '스맛폰이 발견되었다'가 돼요.

⊕ 見つかる를 한자 見付かる로 쓰는 경우도 있어요.

盗まれた自転車を見つけた。 도둑맞은 자전거를 찾았어.

珍しい花を見つけました。 희귀한 꽃을 발견했어요.

盗む[ぬすむ]① 훔치다 | 自転車[じてんしゃ] 자전거 | 珍しい[めずらしい] 희귀하다 | 花[はな] 꽃

⊕ 見つける를 한자 見付ける로 쓰는 경우도 있어요.

0941 N4

売れる うれる 팔리다 [2류동사(자)]

うれない うれます (うれろ) (うれられる) うれれば (うれよう) うれて

( )에 들어간 활용형에 대해서는 658쪽 5번 설명을 보세요.

0942 N5

売る うる 팔다 [1류동사(타)]

うらない うります うれ うれる うれば うろう うって

そのTシャツは飛ぶように売れた。 그 T셔츠는 날개 돋친 듯이 팔렸다.
最近よく売れている物は何ですか。 요즘 잘 팔리는 것은 무엇입니까?

飛ぶ[とぶ]① 날다 | ~ようだ ~하는 것 같다 | 最近[さいきん] 요즘 | ~ている② ~하고 있다 | 物[もの] 물건 | 何[なん] 무엇

'날개 돋친 듯 팔리다'를 일본어로 飛ぶように売れる(날 듯 팔리다)라고 표현해요.

このピザはスーパーで298円で売ってる。 이 피자는 슈퍼에서 298엔에 팔고 있어.
これはもっと安く売らないと売れません。 이것은 더 싸게 팔지 않으면 안 팔려요.

298円[にひゃくきゅうじゅうはち えん] 298엔 | ~て(い)る② ~하고 있다 | 安い[やすい] 싸다

0943 N4

折れる おれる 부러지다, 접히다 [2류동사(자)]

おれない おれます (おれろ) (おれられる) おれれば (おれよう) おれて

( )에 들어간 활용형에 대해서는 658쪽 5번 설명을 보세요.

0944 N4

折る おる 부러뜨리다, 접다 [1류동사(타)]

おらない おります おれ おれる おれば おろう おって

壁にぶつかって歯が折れてしまった。 벽에 부딪쳐서 이가 부러져 버렸다.
このベッドは真ん中で半分に折れます。 이 침대는 한가운데에서 반으로 접힙니다.

壁[かべ] 벽 | ぶつかる① 부딪치다 | 歯[は] 이, 치아 | ~てしまう① ~해 버리다 | 真ん中[まんなか] 한가운데 | 半分[はんぶん] 절반

私は読んでたページの角を折った。 나는 읽고 있던 페이지의 모서리를 접었어.
公園の木の枝を折らないでください。 공원의 나뭇가지를 부러뜨리지 마세요.

私[わたし] 나 | 読む[よむ]① 읽다 | ~て(い)る② ~하고 있다 | 角[かど] 모서리 | 公園[こうえん] 공원 | 木[き] 나무 | 枝[えだ] 가지

0945 N4

切れる　きれる　끊어지다, 끊기다 [2류동사(자)]

きれない　きれます　(きれろ)　(きれられる)　きれれば　(きれよう)　きれて

( )에 들어간 활용형에 대해서는 658쪽 5번 설명을 보세요.

0946 N5　참 419 464

切る　きる　끊다, 자르다 [1류동사(타)]

きらない　きります　きれ　きれる　きれば　きろう　きって

ネックレスの糸が切れてしまった。 목걸이의 줄이 끊어져 버렸다.
話している途中で電話が切れました。 이야기하고 있는 도중에 전화가 끊겼습니다.

糸[いと] 줄 | 話す[はなす]① 이야기하다 | ~ている② ~하고 있다 | 途中[とちゅう] 도중 | 電話[でんわ] 전화

糸[いと]의 기본 뜻은 '실'인데 '줄'로 해석하는 것들도 있어요. 예 釣り糸[つりいと](낚싯줄), くもの糸(거미줄)

電話を切らないで待った。 전화를 끊지 않고 기다렸어.
豚肉を小さく切りました。 돼지고기를 작게 잘랐어요.

電話[でんわ] 전화 | 待つ[まつ]① 기다리다 | 豚肉[ぶたにく] 돼지고기 | 小さい[ちいさい] 작다

0947 N4

割れる　われる　깨지다, 갈리다 [2류동사(자)]

われない　われます　(われろ)　(われられる)　われれば　(われよう)　われて

( )에 들어간 활용형에 대해서는 658쪽 5번 설명을 보세요.

割る　　わる　　깨다, 나누다 [1류동사(타)]

わらない　わります　われ　われる　われば　わろう　わって

買ってきた卵10個のうち2個が割れていた。　사 온 계란 10개 중 2개가 깨져 있었다.

その問題については意見が2つに割れました。　그 문제에 대해서는 의견이 2가지로 갈렸습니다.

買う[かう]① 사다 ｜ ～てくる③ ～해 오다 ｜ 卵[たまご] 계란 ｜ 10個[じゅっ こ] 10개 ｜ 2個[に こ] 2개 ｜ ～ている② ～해 있다 ｜ 問題[もんだい] 문제 ｜ 意見[いけん] 의견 ｜ 2つ[ふたつ] 둘

食事代は人数で割るという払い方がいい。　식대는 인원수로 나눈다는 지불방식이 좋아.

コップを落として割ってしまいました。　컵을 떨어뜨려서 깨 버렸어요.

食事[しょくじ] 식사 ｜ ～代[だい] ～비 ｜ 人数[にんずう] 인원수 ｜ 払う[はらう]① 지불하다 ｜ ～方[かた] ～(하는) 방법 ｜ いい 좋다 ｜ 落とす[おとす]① 떨어뜨리다 ｜ ～てしまう① ～해 버리다

⊕ 식대를 인원수로 나누어서 내는 것을 割り勘[わりかん]이라고 해요.

책 날개에 있는 책갈피를 이용해서, 한 쪽을 가리고 나머지 한 쪽을 맞추는 연습을 해 보세요.

かかる	걸리다, (비용이) 들다	伝(つた)える	전하다
かける	걸다, 들이다	止(と)まる	멈추다
掛(か)かる	걸리다	止(と)める	멈추다 (멈추게 하다)
掛(か)ける	걸다	ぶつかる	부딪히다, 충돌하다
始(はじ)まる	시작되다	ぶつける	부딪치다, 던져 맞히다
始(はじ)める	시작하다	見(み)つかる	발견되다, 들키다
曲(ま)がる	구부러지다, 돌다	見(み)つける	발견하다, 찾다
曲(ま)げる	구부리다, 굽히다	売(う)れる	팔리다
集(あつ)まる	모이다	売(う)る	팔다
集(あつ)める	모으다	折(お)れる	부러지다, 접히다
変(か)わる	바뀌다, 변하다	折(お)る	부러뜨리다, 접다
変(か)える	바꾸다	切(き)れる	끊어지다, 끊기다
決(き)まる	정해지다, 결정되다	切(き)る	끊다, 자르다
決(き)める	정하다, 결정하다	割(わ)れる	깨지다, 갈리다
伝(つた)わる	전해지다	割(わ)る	깨다, 나누다

연습해 봐요!

〈대화로 연습해 봐요〉

❶ 일본어 단어의 독음을 히라가나로 쓴 후에 한국어 뜻을 써 보세요.

단어	히라가나	뜻
01. 曲がる		
02. 変える		
03. 決まる		
04. 伝える		
05. 割れる		

❷ 한국어 뜻에 해당하는 일본어 단어를 히라가나와 한자로 써 보세요.

단어	히라가나	한자
06. 시작하다		
07. 모으다		
08. 발견되다, 들키다		
09. 팔리다		
10. 끊다, 자르다		

❸ (　　) 속에 적절한 단어를 써 보세요. 한자를 모를 경우에는 히라가나로 쓰세요.

11. この仕事は時間が(　　　　　　)。 이 일은 시간이 걸려요.

12. 壁に(　　　　　　　　)絵が落ちた。 벽에 걸려 있던 그림이 떨어졌어.

13. どれにするか(　　　　)のが難しいです。
어떤 것으로 할지 결정하는 것이 어려워요.

14. 小鳥が窓ガラスに(　　　　　　)。 작은 새가 창유리에 부딪혔다.

15. 私は読んでたページの角を(　　　　)。 나는 읽고 있던 페이지 모서리를 접었어.

| 정답 |

❶ 01. まがる/구부러지다, 돌다 02. かえる/바꾸다 03.きまる/정해지다, 결정되다 04. つたえる/전하다 05. われる/깨지다, 갈리다

❷ 06. はじめる/始める 07. あつめる/集める 08. みつかる/見つかる 09. うれる/売れる 10. きる/切る

❸ 11. かかります 12. 掛かって(い)た[かかって(い)た] 13. 決める[きめる] 14. ぶつかった 15. 折った[おった]

0949 N4

壊れる　こわれる　고장 나다, 망가지다 [2류동사(자)]

こわれない　こわれます　(こわれろ)　(こわれられる)　こわれれば　(こわれよう)　こわれて

( )에 들어간 활용형에 대해서는 658쪽 5번 설명을 보세요.

0950 N4

壊す　こわす　고장 내다, 망가뜨리다 [1류동사(타)]

こわさない　こわします　こわせ　こわせる　こわせば　こわそう　こわして

사전형이 〈~れる〉면 꼭 자동사이고, す로 끝나면 꼭 타동사예요. 다만 忘れる[わすれる](잊다), くれる(주다), 入れる[いれる](넣다)는 예외로 れる로 끝나지만 타동사예요.

壊れたスマホを直した。　고장 난 스맛폰을 수리했다.

友達との関係が壊れてしまいました。　친구와의 관계가 망가져 버렸습니다.

直す[なおす]① 수리하다 | 友達[ともだち] 친구 | 関係[かんけい] 관계 | ~てしまう① ~해 버리다

借りたノートパソコンを壊しちゃった。　빌린 노트북PC를 고장 내고 말았어.

体を壊さないように気を付けてくださいね。　건강을 해치지 않도록 조심하세요.

借りる[かりる]② 빌리다 | ~ちゃう① ~하고 말다 | 体[からだ] 몸 | 気を付ける[きをつける]② 조심하다

~ちゃう는 ~てしまう의 준말이에요.

体を壊さないように는 직역하면 '몸을 망가뜨리지 않도록'이 돼요.

0951 N4

倒れる　たおれる　쓰러지다 [2류동사(자)]

たおれない　たおれます　たおれろ　(たおれられる)　たおれれば　たおれよう　たおれて

가능형에 대한 추가 설명이 있으니 659쪽 6번 설명을 보세요.

0952 N3

倒す　たおす　쓰러뜨리다, 젖히다 [1류동사(타)]

たおさない　たおします　たおせ　たおせる　たおせば　たおそう　たおして

地下鉄の中で隣にいた人が急に倒れた。 지하철 안에서 옆에 있던 사람이 갑자기 쓰러졌다.

台風で木が倒れました。 태풍 때문에 나무가 쓰러졌습니다.

地下鉄[ちかてつ] 지하철 | 中[なか] 안 | 隣[となり] 옆 | いる② 있다 | 人[ひと] 사람 | 急に[きゅうに] 갑자기 | 台風[たいふう] 태풍 | 木[き] 나무

このゲームの最後のボスが倒せない。 이 게임의 마지막 보스를 쓰러뜨릴 수 없어.

シートを倒してもよろしいですか。 좌석을 젖혀도 되겠습니까?

最後[さいご] 마지막 | よろしい 좋다(정중함)

⊕ 게임에서 마지막에 나오는 보스를 ラスボス라고 하는데 이는 ラストボス(last boss)의 준말이에요.

⊕ 비행기 '좌석'을 シート라고 부르기도 해요.

0953 N4

汚れる よごれる 더러워지다 [2류동사(자)]

よごれない よごれます (よごれろ) (よごれられる) よごれれば (よごれよう) よごれて

⊕ ( )에 들어간 활용형에 대해서는 658쪽 5번 설명을 보세요.

0954 N3

汚す よごす 더럽히다 [1류동사(타)]

よごさない よごします よごせ よごせる よごせば よごそう よごして

台所が油で汚れている。 주방이 기름으로 더러워져 있다.

汚れた服のままでは恥ずかしいです。 더러운 옷을 입은 채로는 민망합니다.

台所[だいどころ] 주방 | 油[あぶら] 기름 | 服[ふく] 옷 | 恥ずかしい[はずかしい] 민망하다

⊕ 汚れた服のままでは는 직역하면 '더러워진 옷인 채로는'이 돼요.

川や海を汚さないようにしよう。 강이나 바다를 더럽히지 않도록 하자.

工場の煙は空気を汚す大きな原因です。 공장의 연기는 공기를 더럽히는 큰 원인이에요.

川[かわ] 강 | 海[うみ] 바다 | ~ないようにする③ ~하지 않도록 하다 | 工場[こうじょう] 공장 | 煙[けむり] 연기 | 空気[くうき] 공기 | 大きな[おおきな] 큰 | 原因[げんいん] 원인

0955 N4

移る うつる 옮다, 이동하다 [1류동사(자)]

うつらない うつります うつれ うつれる うつれば うつろう うつって

0956 N3 참 608

移す うつす 옮기다, 이동시키다 [1류동사(타)]

うつさない うつします うつせ うつせる うつせば うつそう うつして

事務所が来年から千葉に移ることになった。 사무실이 내년부터 ちば로 이동하게 되었다.

私のかぜが弟にうつってしまったようです。 제 감기가 남동생에게 옮아 버린 것 같습니다.

事務所[じむしょ] 사무실 | 来年[らいねん] 내년 | ～ことになる① ～하게 되다 | 私[わたし] 저 | 弟[おとうと] 남동생 | ～てしまう① ～해 버리다 | ～ようだ ～하는 것 같다

'병이 옮다'라는 뜻으로 쓸 때는 보통 한자로 쓰지 않고 히라가나 うつる로 써요.

ほかの人に病気をうつさないように気を付けた。 다른 사람에게 병을 옮기지 않도록 조심했어.

けがをした人を安全な場所に移しました。 다친 사람들을 안전한 곳으로 이동시켰어요.

人[ひと] 사람 | 病気[びょうき] 병 | 気を付ける[きをつける]② 조심하다 | 安全[あんぜん] 안전 | 場所[ばしょ] 장소

'병을 옮기다'라는 뜻으로 쓸 때도 보통 한자로 쓰지 않고 히라가나 うつす로 써요.

0957 N3

写る うつる (사진에) 찍히다 [1류동사(자)]

うつらない うつります うつれ うつれる うつれば うつろう うつって

0958 N4 참 591

写す うつす (사진을) 찍다, 베끼다 [1류동사(타)]

うつさない うつします うつせ うつせる うつせば うつそう うつして

写真にかわいく写りたい。 사진에 예쁘게 찍히고 싶어.

後ろに写ってるのは何ですか。 뒤에 찍힌 것은 뭐예요?

写真[しゃしん] 사진 | かわいい 예쁘다 | ～たい ～하고 싶다 | 後ろ[うしろ] 뒤 | ～て(い)る② ～해 있다 | 何[なん] 무엇

写って(い)るのは는 직역하면 '찍혀 있는 것은'이 돼요. '찍힌 상태'이기 때문에 ～て(い)る로 표현해요.

有名な写真家が写した写真が飾られていた。 유명한 사진가가 찍은 사진이 장식되어 있었다.

文章をそのまま写さないでください。 문장을 그대로 베끼지 마세요.

有名[ゆうめい] 유명 | 写真[しゃしん] 사진 | ～家[か] ～가 | 飾る[かざる]① 장식하다 | ～ている② ～해 있다 | 文章[ぶんしょう] 문장

0959 N4

참 444 603

通る とおる 통과하다, 지나다 [1류동사(자)]

とおらない とおります とおれ とおれる とおれば とおろう とおって

0960 N2

通す とおす 통과시키다, 지나게 하다 [1류동사(타)]

とおさない とおします とおせ とおせる とおせば とおそう とおして

この通りは一日中たくさんの人が通る。 이 길은 하루 종일 많은 사람들이 지나가.

ここは風がよく通って夏でも涼しいです。 여기는 바람이 잘 통해서 여름이라도 시원해요.

通り[とおり] 길 | 一日[いちにち] 하루 | ～中[じゅう] ~ 종일 | 人[ひと] 사람 | 風[かぜ] 바람 | 夏[なつ] 여름 | 涼しい[すずしい] 시원하다

ゴムは電気を通さない。 고무는 전기를 통과시키지 않는다.

すみません、ちょっと通してください。 죄송합니다, 잠깐 지나갈게요.

電気[でんき] 전기

ちょっと通してください는 직역하면 '잠깐 지나가게 해 주세요'가 돼요.

0961 N4

残る のこる 남다 [1류동사(자)]

のこらない のこります のこれ のこれる のこれば のころう のこって

 N3

残す　のこす　남기다 [1류동사(타)]

のこさない　のこします　のこせ　のこせる　のこせば　のこそう　のこして

私からゲームを取ったら何も残らない。　나는 게임을 빼면 시체야.
まだ仕事が残ってます。　아직 일이 남아 있어요.

私[わたし] 나 | 取る[とる]① 빼다 | 何も[なにも] 아무것도 | 仕事[しごと] 일 | ～て(い)る② ～해 있다

私からゲームを取ったら何も残らない는 직역하면 '나에게서 게임을 빼면 아무것도 남지 않아'가 돼요.

食べ物を残さずに食べよう!　음식을 남기지 말고 먹자!
忘れないようにメモを残しておきました。　잊지 않도록 메모를 남겨 놓았습니다.

食べ物[たべもの] 음식 | 食べる[たべる]② 먹다 | 忘れる[わすれる]② 잊다 | ～ておく① ～해 놓다

0963 N4

回る　まわる　돌다 [1류동사(자)]

まわらない　まわります　まわれ　まわれる　まわれば　まわろう　まわって

0964 N2

回す　まわす　돌리다 [1류동사(타)]

まわさない　まわします　まわせ　まわせる　まわせば　まわそう　まわして

子供がお母さんの周りをぐるぐる回ってた。　아이가 엄마의 주위를 빙빙 돌고 있었어.
2ヶ月間ヨーロッパを回る予定です。　2개월 동안 유럽을 돌 예정이에요.

子供[こども] 아이 | お母さん[おかあさん] 어머니 | 周り[まわり] 주위 | ～て(い)る② ～하고 있다 | 2ヶ月[に かげつ] 2개월 | ～間[かん] ~ 동안 | 予定[よてい] 예정

首を回そうとすると、痛くて回せない。　목을 돌리려고 하면, 아파서 돌릴 수 없다.
ダイヤルを回して時間をセットしてください。　다이얼을 돌려서 시간을 세팅하세요.

首[くび] 목 | ～(よ)うとする③ ～하려고 하다 | 痛い[いたい] 아프다 | 時間[じかん] 시간

'세팅'을 일본어로는 ing를 빼고 セット(세트)라고 해요.

 N4

참 580

戻る　もどる　되돌아가다/되돌아오다 [1류동사(자)]

もどらない　もどります　もどれ　もどれる　もどれば　もどろう　もどって

0966 N4

戻す　もどす　되돌리다 [1류동사(타)]

もどさない　もどします　もどせ　もどせる　もどせば　もどそう　もどして

私は忘れ物を取りに戻ることがよくある。
나는 두고 온 물건을 가지러 되돌아가는 일이 자주 있어.

自分の席に戻ってください。　자기 자리로 돌아가세요.

私[わたし] 나 | 忘れ物[わすれもの] 두고 온 물건 | 取る[とる]① 잡다 | ある① 있다 | 自分[じぶん] 자기 | 席[せき] 자리

この湖を昔のようなきれいな湖に戻そう。　이 호수를 옛날 같은 깨끗한 호수로 되돌리자.

読み終わった本は本棚に戻しておいてください。　다 읽은 책은 책장에 되돌려 놓으세요.

湖[みずうみ] 호수 | 昔[むかし] 옛날 | ～ようだ ～ 같다 | 読む[よむ]① 읽다 | ～終わる[おわる]① 다 ～하다 | 本[ほん] 책 | 本棚[ほんだな] 책장 | ～ておく① ～해 놓다

戻す를 '토하다'라는 뜻으로 쓸 때도 있어요. 먹었던 음식을 되돌린다는 뜻이죠.

0967 N5

渡る　わたる　건너다 [1류동사(자)]

わたらない　わたります　わたれ　わたれる　わたれば　わたろう　わたって

0968 N4

渡す　わたす　건네주다 [1류동사(타)]

わたさない　わたします　わたせ　わたせる　わたせば　わたそう　わたして

この橋を渡れば私が育った町だよ。　이 다리를 건너면 내가 자란 동네야.

道を渡るときは、車に気を付けてください。　길을 건널 때는 차를 조심하세요.

橋[はし] 다리 | 私[わたし] 나 | 育つ[そだつ]① 자라다 | 町[まち] 동네 | 道[みち] 길 | 車[くるま] 차 | 気を付ける[きをつける]② 조심하다

気になる女性にプレゼントを渡したい。 마음이 끌리는 여성에게 선물을 주고 싶다.
折れた名刺を渡すのは失礼です。 접힌 명함을 주는 것은 실례입니다.

気になる[きになる]① 신경 쓰이다 | 女性[じょせい] 여성 | ～たい ~하고 싶다 | 折れる[おれる]② 접히다 | 名刺[めいし] 명함 | 失礼[しつれい] 실례

⊕ 気になる는 '신경 쓰이다', '마음에 걸리다', '마음이 끌리다', '걱정되다' 등의 뜻으로 써요.

0969 N4 참 609

冷える ひえる 차가워지다, 추워지다 [2류동사(자)]

ひえない ひえます (ひえろ) (ひえられる) ひえれば (ひえよう) ひえて

⊕ ( )에 들어간 활용형에 대해서는 658쪽 5번 설명을 보세요.

0970 N3

冷やす ひやす 차게 하다, 식히다 [1류동사(타)]

ひやさない ひやします ひやせ ひやせる ひやせば ひやそう ひやして

夏はやっぱり冷えたビールが一番！ 여름에는 역시 시원한 맥주가 제일이야!
今夜は冷えるらしいですよ。 오늘 밤에는 추워지는 모양이에요.

夏[なつ] 여름 | 一番[いちばん] 제일 | 今夜[こんや] 오늘 밤 | ～らしい ~하는 모양이다

飲み物を冷蔵庫に入れて冷やしておいた。 마실 것을 냉장고에 넣어 차게 해 놓았다.
体を冷やすために冷たい水を飲みました。 몸을 식히기 위해서 시원한 물을 마셨습니다.

飲み物[のみもの] 마실 것 | 冷蔵庫[れいぞうこ] 냉장고 | 入れる[いれる]② 넣다 | ～ておく① ~해 놓다 | 体[からだ] 몸 | 冷たい[つめたい] 차갑다 | 水[みず] 물 | 飲む[のむ]① 마시다

0971 N4

燃える もえる 불타다 [2류동사(자)]

もえない もえます (もえろ) (もえられる) もえれば (もえよう) もえて

⊕ ( )에 들어간 활용형에 대해서는 658쪽 5번 설명을 보세요.

 N3

燃やす　もやす　불태우다 [1류동사(타)]

もやさない　もやします　もやせ　もやせる　もやせば　もやそう　もやして

ストーブの周りに燃えやすい物を置かないで。　난로의 주변에 잘 타는 것을 두지 마.

その火事は5日間燃え続けました。　그 화재는 5일 동안 계속 이어졌어요.

周り[まわり] 주변 ｜ ～やすい ～하기 쉽다 ｜ 物[もの] 물건 ｜ 置く[おく]① 두다 ｜ 火事[かじ] 화재 ｜ 5日[いつか] 5일 ｜ ～間[かん] ~ 동안 ｜ ～続ける[つづける]② 계속 ~하다

⊕ 燃え続けました는 직역하면 '계속 불탔습니다'가 돼요.

運動してカロリーを燃やそう!　운동해서 칼로리를 태우자!

ごみを燃やすのは法律で禁止されています。　쓰레기를 태우는 것은 법으로 금지되어 있습니다.

運動[うんどう] 운동 ｜ 法律[ほうりつ] 법률 ｜ 禁止[きんし] 금지 ｜ ～ている② ~해 있다

0973 N5　참 464

消える　きえる　꺼지다, 지워지다 [2류동사(자)]

きえない　きえます　(きえろ)　(きえられる)　きえれば　(きえよう)　きえて

⊕ ( )에 들어간 활용형에 대해서는 658쪽 5번 설명을 보세요.

0974 N5

消す　けす　끄다, 지우다 [1류동사(타)]

けさない　けします　けせ　けせる　けせば　けそう　けして

⊕ 〈~え단+る〉:〈~あ단+す〉의 예들을 보았는데, 消える와 消す는 예외적으로 〈~あ단+す〉가 되지 않아요.

部屋の電気が消えた。　방의 불이 꺼졌어.

この消しゴムはよく消えます。　이 지우개는 잘 지워져요.

部屋[へや] 방 ｜ 電気[でんき] 불 ｜ 消しゴム[けしゴム] 지우개

暑くないからエアコンを消した。　덥지 않기 때문에 에어컨을 껐다.

必要なデータを消してしまって困っています。　필요한 데이터를 지워 버려서 난처합니다.

暑い[あつい] 덥다 ｜ 必要[ひつよう] 필요 ｜ 困る[こまる]① 난처하다 ｜ ～ている② ~해 있다

0975 N4 참 437

なくなる　なくなる　없어지다 [1류동사(자)]

なくならない　なくなります　(なくなれ)　(なくなれる)　なくなれば　(なくなろう)　なくなって

( )에 들어간 활용형에 대해서는 658쪽 5번 설명을 보세요.

0976 N5 참 592

なくす　なくす　분실하다, 없애다 [1류동사(타)]

なくさない　なくします　なくせ　なくせる　なくせば　なくそう　なくして

なくなる와 なくす도 예외적인 형태예요.

ここに置いてあったかばんがなくなった。 여기에 놓아 둔 가방이 없어졌어.

この世界から戦争はなくならないのでしょうか。 이 세계에서 전쟁은 없어지지 않는 것일까요?

置く[おく]① 놓다 ｜ ～てある① ~해 두다 ｜ 世界[せかい] 세계 ｜ 戦争[せんそう] 전쟁 ｜ ～のだ ~하는 것이다

～てある는 '~해 있다'라는 상태와 '~해 두다'라는 의도를 함께 나타내는 표현이에요. 문맥에 따라 '~해 있다'로 해석할지 '~해 두다'로 해석할지 정하면 돼요.

なくなる는 한자 無くなる로 쓰는 경우도 많아요.

差別をなくそう！ 차별을 없애자!

財布をどこでなくしたかわかりません。 지갑을 어디에서 분실했는지 모르겠습니다.

差別[さべつ] 차별 ｜ 財布[さいふ] 지갑 ｜ わかる① 알다

なくす는 한자 無くす로 쓰는 경우도 많아요.

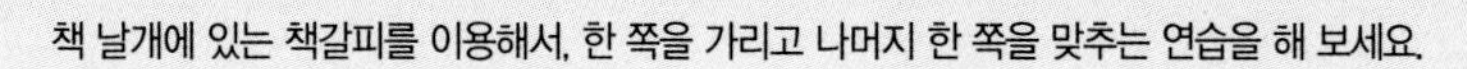
책 날개에 있는 책갈피를 이용해서, 한 쪽을 가리고 나머지 한 쪽을 맞추는 연습을 해 보세요.

壊(こわ)れる	고장 나다, 망가지다	回(まわ)る	돌다
壊(こわ)す	고장 내다, 망가뜨리다	回(まわ)す	돌리다
倒(たお)れる	쓰러지다	戻(もど)る	되돌아가다/ 되돌아오다
倒(たお)す	쓰러뜨리다, 젖히다	戻(もど)す	되돌리다
汚(よご)れる	더러워지다	渡(わた)る	건너다
汚(よご)す	더럽히다	渡(わた)す	건네주다
移(うつ)る	옮다, 이동하다	冷(ひ)える	차가워지다, 추워지다
移(うつ)す	옮기다, 이동시키다	冷(ひ)やす	차게 하다, 식히다
写(うつ)る	(사진에) 찍히다	燃(も)える	불타다
写(うつ)す	(사진을) 찍다, 베끼다	燃(も)やす	불태우다
通(とお)る	통과하다, 지나다	消(き)える	꺼지다, 지워지다
通(とお)す	통과시키다, 지나게 하다	消(け)す	끄다, 지우다
残(のこ)る	남다	なくなる	없어지다
残(のこ)す	남기다	なくす	분실하다, 없애다

연습해 봐요!

〈장문으로 연습해 봐요〉

❶ 일본어 단어의 독음을 히라가나로 쓴 후에 한국어 뜻을 써 보세요.

단어	히라가나	뜻
01. 汚れる		
02. 移る		
03. 渡す		
04. 冷える		
05. 消える		

❷ 한국어 뜻에 해당하는 일본어 단어를 히라가나와 한자로 써 보세요.

단어	히라가나	한자
06. (사진을) 찍다, 베끼다		
07. 통과하다, 지나다		
08. 돌다		
09. 되돌리다		
10. 끄다, 지우다		

❸ (　　) 속에 적절한 단어를 써 보세요. 한자를 모를 경우에는 히라가나로 쓰세요.

11. 体を(　　　　　　)ように気を付けてくださいね。
건강을 해치지 않도록 조심하세요.

12. 台風で木が(　　　　　　)。 태풍 때문에 나무가 쓰러졌습니다.

13. 食べ物を(　　　　　　)食べよう！ 음식을 남기지 말고 먹자!

14. 自分の席に(　　　　　　)ください。 자기 자리로 돌아가세요.

15. ストーブの周りに(　　　　　　)物を置かないで。
난로의 주변에 잘 타는 것을 두지 마.

| 정답 |

❶ 01. よごれる / 더러워지다 02. うつる / 옮다, 이동하다 03. わたす / 건네주다 04. ひえる / 차가워지다, 추워지다 05. きえる / 꺼지다, 지워지다

❷ 06. うつす / 写す 07. とおる / 通る 08. まわる / 回る 09. もどす / 戻す 10. けす / 消す

❸ 11. 壊さない[こわさない] 12. 倒れました[たおれました] 13. 残さずに[のこさずに] 14. 戻って[もどって] 15. 燃えやすい[もえやすい]

動く　うごく　움직이다 [1류동사(자)]

うごかない　うごきます　うごけ　うごける　うごけば　うごこう　うごいて

0978 N3

動かす　うごかす　움직이다(움직이게 하다) [1류동사(타)]

うごかさない　うごかします　うごかせ　うごかせる　うごかせば　うごかそう　うごかして

写真撮るから動かないで～！　사진 찍을 테니까 움직이지 마~!

動きやすい格好で来てください。　움직이기 편한 옷차림으로 오세요.

写真[しゃしん] 사진 | 撮る[とる]① 찍다 | ～やすい ~하기 편하다 | 格好[かっこう] 옷차림 | 来て[きて]③ 와

体を動かさずにやせたい。　몸을 움직이지 않고 살빼고 싶다.

家具を動かすのを手伝ってください。　가구를 움직이는 것을 도와주세요.

体[からだ] 몸 | やせる② 살 빼다 | ～たい ~하고 싶다 | 家具[かぐ] 가구 | 手伝う[てつだう]① 도와주다

0979 N4

沸く　わく　끓다 [1류동사(자)]

わかない　わきます　(わけ)　(わける)　わけば　(わこう)　わいて

( )에 들어간 활용형에 대해서는 658쪽 5번 설명을 보세요.

0980 N4

沸かす　わかす　끓이다 [1류동사(타)]

わかさない　わかします　わかせ　わかせる　わかせば　わかそう　わかして

お湯が沸いた。　물이 끓었어.

血が沸くようなライブでした。　피가 끓어오를 듯한 라이브 콘서트였어요.

お湯[おゆ] 뜨거운 물 | 血[ち] 피 | ～ようだ ~하는 것 같다

お湯を沸かしてお茶を入れた。 물을 끓여서 차를 탔다.

水は一度沸かすと味が変わります。 물은 한 번 끓이면 맛이 변합니다.

お湯[おゆ] 뜨거운 물 ｜ お茶[おちゃ] 차 ｜ 入れる[いれる]② (차를) 타다 ｜ 水[みず] 물 ｜ 一度[いちど] 한 번 ｜ 味[あじ] 맛 ｜ 変わる[かわる]① 변하다

0981 N5

참 165

起きる おきる 일어나다 [2류동사(자)]

おきない おきます おきろ おきられる おきれば おきよう おきて

0982 N4

起こす おこす 일으키다, 깨우다 [1류동사(타)]

おこさない おこします おこせ おこせる おこせば おこそう おこして

もう起きる時間だ！ 벌써 일어날 시간이다!

地震が起きたときに、何をしたらいいですか。 지진이 일어났을 때, 무엇을 하면 돼요?

時間[じかん] 시간 ｜ 地震[じしん] 지진 ｜ 何[なに] 무엇 ｜ いい 좋다

倒してしまった自転車を起こした。 넘어뜨려 버린 자전거를 일으켰다.

休みの日は早く起こさないでください。 쉬는 날은 일찍 깨우지 말아 주세요.

倒す[たおす]① 넘어뜨리다 ｜ ～てしまう① ～해 버리다 ｜ 自転車[じてんしゃ] 자전거 ｜ 休み[やすみ] 쉼 ｜ 日[ひ] 날 ｜ 早い[はやい] 이르다

0983 N4

落ちる おちる 떨어지다 [2류동사(자)]

おちない おちます (おちろ) (おちられる) おちれば (おちよう) おちて

( )에 들어간 활용형에 대해서는 658쪽 5번 설명을 보세요.

0984 N4

落とす おとす 떨어뜨리다 [1류동사(타)]

おとさない おとします おとせ おとせる おとせば おとそう おとして

道にお金が落ちてた。 길에 돈이 떨어져 있었어.

大学の入学試験に落ちる夢を見ました。 대학교 입학시험에 떨어지는 꿈을 꾸었어요.

道[みち] 길 | お金[おかね] 돈 | ～て(い)る② ~해 있다 | 大学[だいがく] 대학교 | 入学[にゅうがく] 입학 | 試験[しけん] 시험 | 夢[ゆめ] 꿈 | 見る[みる]② 보다

'꿈을 꾸다'를 일본어로 夢を見る(꿈을 보다)라고 표현해요.

スマホを落とさないようストラップを付けた。 스맛폰을 떨어뜨리지 않도록 스트랩을 달았다.

箸を落としてしまいました。 젓가락을 떨어뜨려 버렸습니다.

付ける[つける]② 달다 | 箸[はし]① 젓가락 | ～てしまう① ~해 버리다

0985 N5 참 336

立つ　たつ　서다, 일어서다 [1류동사(자)]

たたない　たちます　たて　たてる　たてば　たとう　たって

0986 N4

立てる　たてる　세우다 [2류동사(타)]

たてない　たてます　たてろ　たてられる　たてれば　たてよう　たてて

電車の中でずっと立ってた。 전철 안에서 계속 서 있었어.

立たなくてもいいですよ。 일어서지 않아도 돼요.

電車[でんしゃ] 전철 | 中[なか] 안 | ～て(い)る② ~해 있다 | ～なくてもいい ~하지 않아도 되다

イランでは親指を立ててはいけない。 이란에서는 엄지손가락을 세우면 안 된다.

旅行の計画を立てました。 여행 계획을 세웠습니다.

親指[おやゆび] 엄지손가락 | ～てはいけない ~하면 안 되다 | 旅行[りょこう] 여행 | 計画[けいかく] 계획

'엄지손가락'을 일본어로 親指(부모손가락)라고 표현해요.

0987 N4

建つ　たつ　세워지다, 건설되다 [1류동사(자)]

たたない　たちます　(たて)　(たてる)　たてば　(たとう)　たって

(　)에 들어간 활용형에 대해서는 658쪽 5번 설명을 보세요.

0988 N5

建てる たてる 세우다, 건설하다 [2류동사(타)]

たてない たてます たてろ たてられる たてれば たてよう たてて

うちの隣に新しいマンションが建つらしい。 우리 집 옆에 새 아파트가 건설되는 모양이야.
そのホテルは山の上に建ってました。 그 호텔은 산 위에 세워져 있었어요.

隣[となり] 옆 | 新しい[あたらしい] 새롭다 | ～らしい ～하는 모양이다 | 山[やま] 산 | 上[うえ] 위 | ～て(い)る② ～해 있다

去年、家を建てた。 작년에 집을 지었다.
この教会は800年前に建てられました。 이 교회는 800년 전에 세워졌습니다.

去年[きょねん] 작년 | 家[いえ] 집 | 教会[きょうかい] 교회 | 800年[はっぴゃく ねん] 800년 | ～前に[まえに] ~ 전에

0989 N4

進む すすむ 나아가다, 진척되다 [1류동사(자)]

すすまない すすみます すすめ すすめる すすめば すすもう すすんで

0990 N3

進める すすめる 나아가게 하다, 진행하다 [2류동사(타)]

すすめない すすめます すすめろ すすめられる すすめれば すすめよう すすめて

進むも 進めるも 첫 번째 す의 모음을 무성화시키는 사람도 있어요. 원칙적으로는 무성화하는 것이 맞지만, 요즘은 무성화시키지 않는 사람이 많아졌어요.

目標に向かって進め! 목표를 향해서 나아가라!
勉強がなかなか進みません。 공부가 좀처럼 진척되지 않아요.

目標[もくひょう] 목표 | 向かう[むかう]① 향하다 | 勉強[べんきょう] 공부

ゆっくりと車を前に進めた。 천천히 차를 앞으로 나아가게 했다.
このまま工事を進めることはできません。 이대로 공사를 진행할 수는 없습니다.

車[くるま] 차 | 前[まえ] 앞 | 工事[こうじ] 공사 | ～ことができる② ~할 수 있다

⊕ 조사 が를 は로 바꿔서 ～ことはできる라고 하면 '～할 수는 있다'가 돼요.

0991 N4

続く つづく 계속되다, 이어지다 [1류동사(자)]

つづかない つづきます (つづけ) (つづける) つづけば (つづこう) つづいて

⊕ ( )에 들어간 활용형에 대해서는 658쪽 5번 설명을 보세요.

0992 N4 참 343

続ける つづける 계속하다, 이어서 하다 [2류동사(타)]

つづけない つづけます つづけろ つづけられる つづければ つづけよう
つづけて

校長先生の話は1時間も続いた。 교장 선생님의 이야기는 1시간씩이나 계속됐어.

結婚生活は長く続きませんでした。 결혼생활은 오래 가지 않았어요.

校長[こうちょう] 교장 | 先生[せんせい] 선생님 | 話[はなし] 이야기 | 1時間[いち じかん] 1시간 | 結婚[けっこん] 결혼 | 生活[せいかつ] 생활 | 長い[ながい] 오래다

⊕ 長く続きませんでした는 직역하면 '오래 이어지지 않았습니다'가 돼요.

健康のために、ジョギングを続けている。 건강을 위해, 조깅을 계속하고 있다.

子供が生まれた後も仕事を続けるつもりです。 아이가 태어난 후에도 일을 계속할 생각입니다.

健康[けんこう] 건강 | ～ている② ～하고 있다 | 子供[こども] 아이 | 生まれる[うまれる]② 태어나다 | ～た後[あと] ～한 후 | 仕事[しごと] 일 | ～つもりだ ～할 생각이다

0993 N4

並ぶ ならぶ 줄 서다, 늘어서다 [1류동사(자)]

ならばない ならびます ならべ ならべる ならべば ならぼう ならんで

0994 N4

並べる ならべる 나란히 하다, 늘어놓다 [2류동사(타)]

ならべない ならべます ならべろ ならべられる ならべれば ならべよう
ならべて

並ばないと買えないスイーツをゲットした。 줄 서지 않으면 살 수 없는 간식을 득템했어.

その通りにはたくさんの店が並んでました。 그 길에는 많은 가게들이 늘어서 있었어요.

買う[かう]① 사다 | 通り[とおり] 길 | 店[みせ] 가게 | ～て(い)る② ～해 있다

스イーツ와 ゲット는 교과서적인 표현이 아니지만 워낙 많이 쓰기 때문에 예문에 썼어요. スイーツ는 영어 sweets며 주로 양식 과자를 가리켜요. ゲット는 영어 get예요.

家族で撮った写真を壁に並べて貼った。 가족이 같이 찍은 사진을 벽에 나란히 붙였다.

教室の机と椅子をきれいに並べました。 교실의 책상과 의자를 가지런히 놓았습니다.

家族[かぞく] 가족 | 撮る[とる]① 찍다 | 写真[しゃしん] 사진 | 壁[かべ] 벽 | 貼る[はる]① 붙이다 | 教室[きょうしつ] 교실 | 机[つくえ] 책상 | 椅子[いす] 의자

'きれいに並べました'는 직역하면 '가지런히 늘어 놓았습니다'가 돼요.

0995 N4 참 590

届く　とどく　도착하다, 닿다 [1류동사(자)]

とどかない　とどきます　(とどけ)　(とどける)　とどけば　(とどこう)　とどいて

( )에 들어간 활용형에 대해서는 658쪽 5번 설명을 보세요.

0996 N4

届ける　とどける　갖다 주다 [2류동사(타)]

とどけない　とどけます　とどけろ　とどけられる　とどければ　とどけよう
とどけて

荷物が今届いたところ。 짐이 방금 도착했어.

子供の手の届かない所に置いてください。 아이의 손이 닿지 않는 곳에 놓아 주세요.

荷物[にもつ] 짐 | 今[いま] 방금 | ～たところだ 막 ～했다 | 子供[こども] 아이 | 手[て] 손 | 所[ところ] 곳 | 置く[おく]① 놓다

拾った財布を交番に届けた。 주운 지갑을 파출소에 갖다 주었다.

8時までにお届けします。 8시까지 갖다 드리겠습니다.

拾う[ひろう]① 줍다 | 財布[さいふ] 지갑 | 交番[こうばん] 파출소 | 8時[はちじ] 8시 | お～する③ ～해 드리다

～までに가 '～까지'로 해석돼서 ～まで와 구별할 수 없는 분들이 많은데 ～まで는 어떤 동작이 まで로 나타낸 시간까지 계속 이어지는 것을 나타내고 ～までに는 그 시간을 한계로 해서 그 전에 동작이 일어나는 것을 나타내요.

 N4

聞こえる　きこえる　들리다 [2류동사(자)]

きこえない　きこえます　(きこえろ)　(きこえられる)　きこえれば　(きこえよう)　きこえて

( )에 들어간 활용형에 대해서는 658쪽 5번 설명을 보세요.

0998 N5　참 644

聞く　きく　듣다 [1류동사(타)]

きかない　ききます　きけ　きける　きけば　きこう　きいて

聞こえる와 聞く도 예외적인 형태예요.

このアパートは隣の音がよく聞こえる。　이 연립주택은 옆집 소리가 잘 들려.

何を言ってるのか、よく聞こえません。　무슨 말을 하고 있는지 잘 들리지 않아요.

隣[となり] 옆집 ｜ 音[おと] 소리 ｜ 何[なに] 무엇 ｜ 言う[いう]① 말하다 ｜ ～て(い)る② ~하고 있다 ｜ ～のだ ~하는 것이다

何を言っているのかは 직역하면 '무엇을 말하고 있는 것인지'가 돼요.

私もその話を聞いた。　나도 그 이야기를 들었다.

生徒たちが先生の言うことを聞きません。　학생들이 선생님의 말을 듣지 않습니다.

私[わたし] 나 ｜ 話[はなし] 이야기 ｜ 生徒[せいと] 학생 ｜ 先生[せんせい] 선생님 ｜ 言う[いう]① 말하다

先生の言うことを聞きません는 직역하면 '선생님이 말하는 것을 듣지 않습니다'가 돼요.

0999 N4　참 595

見える　みえる　보이다 [2류동사(자)]

みえない　みえます　(みえろ)　(みえられる)　みえれば　(みえよう)　みえて

( )에 들어간 활용형에 대해서는 658쪽 5번 설명을 보세요.

1000 N5　참 508 644

見る　みる　보다 [2류동사(타)]

みない　みます　みろ　みられる　みれば　みよう　みて

見える와 見る도 예외적인 형태예요.

部屋の窓から海が見えた。 방 창문에서 바다가 보였어.

遠くのものが見えにくくなりました。 멀리 있는 것이 잘 안 보이게 됐어요.

部屋[へや] 방 | 窓[まど] 창문 | 海[うみ] 바다 | 遠く[とおく] 먼 곳 | ~にくい ~하기 어렵다 | ~くなる① ~하게 되다

⊕ 遠くのものが는 직역하면 '먼 곳의 것이'가 돼요.

キーボードを見ないでタイピングできる。 키보드를 보지 않고 타이핑할 수 있다.

先週の土曜日に友達と映画を見ました。 지난주 토요일에 친구와 같이 영화를 보았습니다.

できる② 할 수 있다 | 先週[せんしゅう] 지난주 | 土曜日[どようび] 토요일 | 友達[ともだち] 친구 | 映画[えいが] 영화

1001 N4

焼ける やける 구워지다, 타다 [2류동사(자)]

やけない やけます (やけろ) (やけられる) やければ (やけよう) やけて

⊕ ( )에 들어간 활용형에 대해서는 658쪽 5번 설명을 보세요.

1002 N4 참 468

焼く やく 굽다, 태우다 [1류동사(타)]

やかない やきます やけ やける やけば やこう やいて

⊕ 焼ける와 焼く도 예외적인 형태예요.

火事で家が焼けた。 화재 때문에 집이 불탔어.

お肉がおいしそうに焼けました。 고기가 맛있게 구워졌어요.

火事[かじ] 화재 | 家[いえ] 집 | 肉[にく] 고기 | おいしい 맛있다 | ~そうだ ~해 보이다

⊕ おいしそうに焼けました는 직역하면 '맛있을 것 같이 구워졌습니다', '맛있어 보이게 구워졌습니다'가 돼요. 아직 먹어보지 않은 상황이죠. 만약 이미 맛을 보았다면 おいしく焼けた(맛있게 구워졌다)라고 해요.

海に行っても焼かないようにしている。 바다에 가도 태우지 않으려고 하고 있다.

ケーキを焼くのが趣味です。 케이크를 굽는 것이 취미입니다.

海[うみ] 바다 | 行く[いく]① 가다 | ~ないようにする③ ~하지 않도록 하다 | ~ている② ~하고 있다 | 趣味[しゅみ] 취미

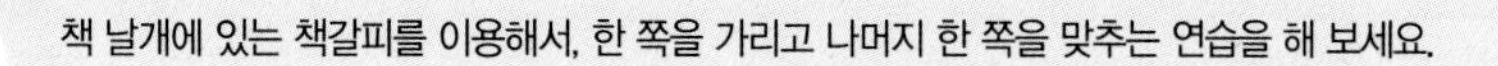
책 날개에 있는 책갈피를 이용해서, 한 쪽을 가리고 나머지 한 쪽을 맞추는 연습을 해 보세요.

動(うご)く	움직이다	進(すす)める	나아가게 하다, 진행하다
動(うご)かす	움직이다 (움직이게 하다)	続(つづ)く	계속되다, 이어지다
沸(わ)く	끓다	続(つづ)ける	계속하다, 이어서 하다
沸(わ)かす	끓이다	並(なら)ぶ	줄 서다, 늘어서다
起(お)きる	일어나다	並(なら)べる	나란히 하다, 늘어놓다
起(お)こす	일으키다, 깨우다	届(とど)く	도착하다, 닿다
落(お)ちる	떨어지다	届(とど)ける	갖다 주다
落(お)とす	떨어뜨리다	聞(き)こえる	들리다
立(た)つ	서다, 일어서다	聞(き)く	듣다
立(た)てる	세우다	見(み)える	보이다
建(た)つ	세워지다, 건설되다	見(み)る	보다
建(た)てる	세우다, 건설하다	焼(や)ける	구워지다, 타다
進(すす)む	나아가다, 진척되다	焼(や)く	굽다, 태우다

연습해 봐요!

〈대화로 연습해 봐요〉

1 일본어 단어의 독음을 히라가나로 쓴 후에 한국어 뜻을 써 보세요.

단어	히라가나	뜻
01. 起きる		
02. 建てる		
03. 続く		
04. 並ぶ		
05. 届ける		

2 한국어 뜻에 해당하는 일본어 단어를 히라가나와 한자로 써 보세요.

단어	히라가나	한자
06. 움직이다		
07. 서다, 일어서다		
08. 나아가다, 진척되다		
09. 듣다		
10. 보이다		

3 (　　) 속에 적절한 단어를 써 보세요. 한자를 모를 경우에는 히라가나로 쓰세요.

11. お湯を(　　　　)お茶を入れた。 물을 끓여서 차를 탔다.

12. 箸を(　　　　)しまいました。 젓가락을 떨어뜨려 버렸습니다.

13. このまま工事を(　　　　)ことはできません。
이대로 공사를 진행할 수는 없습니다.

14. このアパートは隣の音がよく(　　　　)。 이 연립주택은 옆집 소리가 잘 들려.

15. お肉がおいしそうに(　　　　)。 고기가 맛있게 구워졌어요.

| 정답 |

1 01. おきる / 일어나다 02. たてる / 세우다, 건설하다 03. つづく / 계속되다, 이어지다 04. ならぶ / 줄 서다, 늘어서다
05. とどける / 갖다 주다

2 06. うごく / 動く 07. たつ / 立つ 08. すすむ / 進む 09. きく / 聞く 10. みえる / 見える

3 11. 沸かして[わかして] 12. 落として[おとして] 13. 進める[すすめる] 14. 聞こえる[きこえる]
15. 焼けました[やけました]

일본어 단어,

제대로 구별해야 확실하다!

일본어는 발음 종류가 많지 않아서 동음이의어, 즉 소리가 똑같은데 뜻이 다른 단어들이 많아요. 동음이의어는 악센트(억양)로 구별할 수 있는 것들도 많으니 악센트에 신경 쓰면서 배우면 좋아요! 넷째마당에서는 한국 사람들이 구별하기 어려운 발음 때문에 소리가 비슷하게 들리는 단어들이나 한국 사람들이 흔히 실수하는 단어들, 또 한국어와 일본어에서 구별 기준이 다른 단어들을 모아 보았어요.

소리가 같아서 헛갈릴 수 있는 단어

20마디에서는 동음이의어, 즉 소리는 같은데 뜻이 다른 단어를 배울게요. 일본어는 동음이의어를 악센트(억양)로 구별하는 경우도 꽤 있으니 악센트에도 신경 쓰면서 배우면 좋아요! 악센트가 틀리면 제대로 뜻이 전달되지 않는 경우도 많고 알아듣기도 힘들어요. 발음도 악센트도 완전히 똑같은 것들은 전후에 따라 구별해야 해요.

단어 및 예문듣기

1003 N5 참 146

秋 あき 가을 [명사]

1004 N3

空き あき 빈 곳, 빈 자리 [명사]

コスモスは秋に咲く。 코스모스는 가을에 피어.
私は春より秋の方が好きです。 저는 봄보다 가을을 더 좋아해요.

咲く[さく]① 피다 | 私[わたし] 저 | 春[はる] 봄 | ~の方が[ほうが] ~가 더 | 好き[すき] 좋아함

キャンセルした人がいて空きが出た。 취소한 사람이 있어서 빈 자리가 났다.
この駐車場は空きを見つけるのが大変です。 이 주차장은 빈 곳을 찾기가 힘듭니다.

人[ひと] 사람 | いる② 있다 | 出る[でる]② 나다 | 駐車場[ちゅうしゃじょう] 주차장 | 見つける[みつける]② 찾다 | 大変[たいへん] 힘듦

+ 소리가 같은 단어는 악센트로 단어를 구별하는 경우가 꽤 많으니 일본어를 배울 때 악센트에 신경 쓰면서 배우세요.

1005 N5 참 146

春 はる 봄 [명사]

1006 N4

貼る はる (풀, 못 등으로) 붙이다 [1류동사(타)]

はらない はります はれ はれる はれば はろう はって

来年の春からその会社で働く。 내년 봄부터 그 회사에서 일해.
私は春に生まれました。 저는 봄에 태어났어요.

来年[らいねん] 내년 | 会社[かいしゃ] 회사 | 働く[はたらく]① 일하다 | 私[わたし] 저 | 生まれる[うまれる]② 태어나다

ポスターを貼るアルバイトをした。 포스터를 붙이는 아르바이트를 했다.
壁に二人で撮った写真が貼ってあります。 벽에 둘이서 찍은 사진이 붙어 있습니다.

壁[かべ] 벽 | 二人[ふたり] 두 사람 | 撮る[とる]① 찍다 | 写真[しゃしん] 사진 | ~てある① ~해 있다

+ 貼ってあります는 직역하면 '붙여져 있습니다'가 돼요.

+ 貼る를 한자 張る로 쓰는 경우도 있지만, 일상적으로는 주로 貼る로 써요.

1007 N5

あめ あめ 사탕 [명사]

1008 N5 참 154

雨 あめ 비 [명사]

ホワイトデーに彼女にあめをあげる。 화이트데이에 여자친구에게 사탕을 줄 거야.

かばんの中にいつもあめが入ってます。 가방 속에 항상 사탕이 들어 있어요.

彼女[かのじょ] 여자친구 | あげる② 주다 | 中[なか] 속 | 入る[はいる]① 들다 | ～て(い)る② ~해 있다

- あめ를 한자 飴로 쓰는 경우도 많아요.
- ～ている는 편한 구어에서는 い를 생략해서 ～てる라고 하는 경우가 많아요.

天気予報で明日は雨になると言っていた。 일기예보에서 내일은 비가 온다고 했었다.

先月は雨がたくさん降りました。 지난달에는 비가 많이 내렸습니다.

天気予報[てんき よほう] 일기예보 | 明日[あした] 내일 | ～になる① ~가 되다 | 言う[いう]① 말하다 | ～ている② ~하고 있다 | 先月[せんげつ] 지난달 | 降る[ふる]① 내리다

- 雨になると言っていた는 직역하면 '비가 된다고 말하고 있었다'가 돼요. 일기예보는 한마디만 하고 끝나는 것이 아니라 일정한 시간 동안 날씨에 대해서 설명하기 때문에 言っていた(말하고 있었다)라고 표현해요.

1009 N5 참 301

暑い あつい 덥다 [い형용사]

あつくない あつかった あつく あつくて あつければ

- あつくない あつかった あつく あつくて あつければ라는 악센트도 써요.

1010 N5 참 302

熱い あつい 뜨겁다 [い형용사]

あつくない あつかった あつく あつくて あつければ

- あつくない あつかった あつく あつくて あつければ라는 악센트도 써요.

1011 N5 참 303

厚い あつい 두껍다 [い형용사]

あつくない　あつかった　あつく　あつくて　あつければ

タイは4月が一番暑い。 태국은 4월이 가장 더워.

今年の夏は去年の夏より暑かったですね。 올해 여름은 작년 여름보다 더웠네요.

4月[しがつ] 4월 | 一番[いちばん] 가장 | 今年[ことし] 올해 | 夏[なつ] 여름 | 去年[きょねん] 작년

フライパンが熱くなってから肉を入れる。 프라이팬이 뜨거워지고 나서 고기를 넣는다.

熱いから気を付けて食べてください。 뜨거우니까 조심해서 드세요.

～くなる① ~해지다 | 肉[にく] 고기 | 入れる[いれる]② 넣다 | 気を付ける[きをつける]② 조심하다 | 食べる[たべる]② 먹다

もっと厚いカーテンが買いたかった。 더 두꺼운 커튼을 사고 싶었어.

氷が厚くないので、上に乗らないでください。 얼음이 두껍지 않으니까 위에 올라타지 마세요.

買う[かう]① 사다 | ～たい ~하고 싶다 | 氷[こおり] 얼음 | 上[うえ] 위 | 乗る[のる]① 올라타다

1012 N5 참 032 508 644

会う　あう　만나다 [1류동사(자)]

あわない　あいます　あえ　あえる　あえば　あおう　あって

1013 N4

合う　あう　맞다 [1류동사(자)]

あわない　あいます　(あえ)　(あえる)　あえば　(あおう)　あって

( )에 들어간 활용형에 대해서는 658쪽 5번 설명을 보세요.

彼にもう1ヶ月も会っていない。 남자친구를 벌써 한 달이나 만나지 않고 않다.

明日、仕事が終わってから会いましょう。 내일, 일이 끝나고 나서 만납시다.

彼[かれ] 남자친구 | 1ヶ月[いっかげつ] 1개월 | ～ている② ~하고 있다 | 明日[あした] 내일 | 仕事[しごと] 일 | 終わる[おわる]① 끝나다

'~를 만나다/보다'를 일본어로 ～に会う라고 해요. 조사가 を가 아니라 に를 쓴다는 점에 유의하세요.

その友達とは気が合う。 그 친구와는 마음이 잘 맞아.

これ、サイズが合わないんですが。 이거, 사이즈가 안 맞는데요.

友達[ともだち] 친구 | 気[き] 마음

1014 N5 참 330

開く あく 열리다 [1류동사(자)]

あかない あきます (あけ) (あける) あけば (あこう) あいて

( )에 들어간 활용형에 대해서는 658쪽 5번 설명을 보세요.

1015 N4

空く あく 비다 [1류동사(자)]

あかない あきます (あけ) (あける) あけば (あこう) あいて

窓が開いて、女の人が顔を出した。 창문이 열리고, 여자가 얼굴을 내밀었다.

このボタンを押せばドアが開きます。 이 버튼을 누르면 문이 열립니다.

窓[まど] 창문 | 女の人[おんなのひと] 여자 | 顔[かお] 얼굴 | 出す[だす]① 내다 | 押す[おす]① 누르다

娘は時間が空くとすぐスマホを触る。 딸은 시간이 비면 바로 스맛폰을 만져.

空いている席が1つもなかった。 비어 있는 자리가 하나도 없었어.

娘[むすめ] 딸 | 時間[じかん] 시간 | 触る[さわる]① 만지다 | 席[せき] 자리 | 1つ[ひとつ] 하나 | ない 없다

1016 N5 참 641

いくら いくら 얼마 [명사]

1017 N4

いくら(〜ても) いくら(〜ても) 아무리 (~해도) [부사]

これ、いくらで買った？ 이거, 얼마에 샀어?

このかばんはいくらですか。 이 가방은 얼마예요?

買う[かう]① 사다

いくら金持ちでも、あんな人は嫌だ。 아무리 부자라도 저런 사람은 싫다.

いくら探しても見つかりません。 아무리 찾아도 못 찾겠습니다.

金持ち[かねもち] 부자 | 人[ひと] 사람 | 嫌[いや] 싫음 | 探す[さがす]① 찾다 | 見つかる[みつかる] ① 발견되다

⊕ 見つかりません는 직역하면 '발견되지 않습니다'가 돼요.

1018 N5 참 651

1 いち 일(1) [명사]

1019 N3

位置 いち 위치 [명사]

1から10までで一番好きな数字は何？ 1부터 10까지 중에서 가장 좋아하는 숫자는 뭐야?

1年の半分くらいは外国にいます。 1년의 절반 정도는 외국에 있어요.

一番[いちばん] 가장 | 好き[すき] 좋아함 | 数字[すうじ] 숫자 | 何[なに] 무엇 | 1年[いち ねん] 1년 | 半分[はんぶん] 절반 | 外国[がいこく] 외국 | いる② 있다

⊕ 1[いち]는 한자 一로 쓰는 경우도 있어요.

GPSで今いる位置がすぐにわかる。 GPS로 지금 있는 위치를 바로 알 수 있다.

机の位置を変えるつもりです。 책상 위치를 바꿀 생각입니다.

今[いま] 지금 | いる② 있다 | わかる① 알다 | 机[つくえ] 책상 | 変える[かえる]② 바꾸다 | ～つもりだ ~할 생각이다

⊕ わかる는 주로 '알다'로 해석하지만 '이해할 수 있다'라는 가능의 뜻을 포함하고 있어서 '알 수 있다'로 해석하기도 해요.

1020 N5 참 654

5日 いつか 5일 [명사]

1021 N4

いつか いつか 언젠가 [부사]

5月5日はこどもの日だ。 5월 5일은 어린이날이다.

1週間に5日働いて2日休みます。 1주일에 5일 일하고 2일 쉽니다.

5月[ご がつ] 5월 | 日[ひ] 날 | 1週間[いっ しゅうかん] 1주일 | 働く[はたらく]① 일하다 | 2日[ふつか] 2일 | 休む[やすむ]① 쉬다

いつかまたあの人に会いたい。 언젠가 다시 저 사람을 만나고 싶어.

いつか必ずまた戻ってきます。 언젠가 꼭 다시 돌아올게요.

人[ひと] 사람 | 会う[あう]① 만나다 | ～たい ~하고 싶다 | 必ず[かならず] 꼭 | 戻る[もどる]① 돌아오다 | ～てくる③ ~해 오다

1022 N5 참 614

いっぱい いっぱい 가득, 많이 [부사]

1023 N5

1杯 いっぱい 한 잔 [명사]

袋の中にお菓子がいっぱい入っていた。 봉투 안에 과자가 가득 들어 있었다.

欲しい物がいっぱいあります。 갖고 싶은 것이 많이 있습니다.

袋[ふくろ] 봉투 | 中[なか] 안 | お菓子[おかし] 과자 | 入る[はいる]① 들다 | ～ている② ～해 있다 | 欲しい[ほしい] 갖고 싶다 | 物[もの] 물건 | ある① 있다

1杯飲んでから帰ろう。 한 잔 마시고 나서 집에 가자.

ビールもう1杯ください。 맥주 한 잔 더 주세요.

飲む[のむ]① 마시다 | 帰る[かえる]① 집에 가다

1024 N5

置く おく 두다, 놓다 [1류동사(타)]

おかない おきます おけ おける おけば おこう おいて

1025 N4 참 656

億 おく 억 [명사]

部屋が狭くてベッドが置けない。 방이 좁아서 침대를 놓을 수 없어.

荷物は玄関の前に置いてください。 짐은 현관 앞에 두세요.

部屋[へや] 방 | 狭い[せまい] 좁다 | 荷物[にもつ] 짐 | 玄関[げんかん] 현관 | 前[まえ] 앞

その人は5億もする車に乗っているそうだ。 그 사람은 5억이나 하는 차를 타고 있다고 한다.

日本の人口は1億2,580万人です。 일본의 인구는 1억 2,580만 명입니다.

人[ひと] 사람 | 5億[ごおく] 5억 | 車[くるま] 차 | 乗る[のる]① 타다 | ～ている② ～하고 있다 | ～そうだ ~라고 하다 | 日本[にほん] 일본 | 人口[じんこう] 인구 | 1億[いち おく] 1억 | 2,580万人[にせんごひゃくはちじゅうまん にん] 2,580만 명

책 날개에 있는 책갈피를 이용해서, 한 쪽을 가리고 나머지 한 쪽을 맞추는 연습을 해 보세요.

あき 秋	가을	あ 空く	비다
あ 空き	빈 곳, 빈 자리	いくら	얼마
はる 春	봄	いくら(〜ても)	아무리 (~해도)
は 貼る	(풀, 못 등으로) 붙이다	いち 1	일(1)
あめ	사탕	い ち 位置	위치
あめ 雨	비	いつか 5日	5일
あつ 暑い	덥다	いつか	언젠가
あつ 熱い	뜨겁다	いっぱい	가득, 많이
あつ 厚い	두껍다	いっぱい 1杯	한 잔
あ 会う	만나다	お 置く	두다, 놓다
あ 合う	맞다	おく 億	억
あ 開く	열리다		

연습해 봐요!

〈장문으로 연습해 봐요〉

❶ 일본어 단어의 독음을 히라가나로 쓴 후에 한국어 뜻을 써 보세요.

단어	히라가나	뜻
01. 春		
02. 熱い		
03. 合う		
04. 位置		
05. 5日		

❷ 한국어 뜻에 해당하는 일본어 단어를 히라가나와 한자로 써 보세요.

단어	히라가나	한자
06. 가을		
07. 덥다		
08. 만나다		
09. 열리다		
10. 비다		

❸ (　　) 속에 적절한 단어를 써 보세요. 한자를 모를 경우에는 히라가나로 쓰세요.

11. ポスターを(　　　　)アルバイトをした。 포스터를 붙이는 아르바이트를 했다.

12. 先月は(　　　　)がたくさん降りました。 지난달에는 비가 많이 내렸습니다.

13. これ、(　　　　)で買った？ 이거, 얼마에 샀어?

14. 欲しい物が(　　　　)あります。 갖고 싶은 것이 많이 있습니다.

15. 荷物は玄関の前に(　　　　)ください。 짐은 현관 앞에 두세요.

| 정답 |

❶ 01. はる/봄 02. あつい/뜨겁다 03. あう/맞다 04. いち/위치 05. いつか/5일

❷ 06. あき/秋 07. あつい/暑い 08. あう/会う 09. あく/開く 10. あく/空く

❸ 11. 貼る[はる] 12. 雨[あめ] 13. いくら 14. いっぱい 15. 置いて[おいて]

1026 N5 참 169

買う かう 사다 [1류동사(타)]

かわない　かいます　かえ　かえる　かえば　かおう　かって

1027 N4 참 598

飼う かう 기르다 [1류동사(타)]

かわない　かいます　かえ　かえる　かえば　かおう　かって

家族にお土産を買った。 가족에게 선물을 샀어.

その靴はどこで買いましたか。 그 신발은 어디에서 샀어요?

家族[かぞく] 가족 | お土産[おみやげ] 선물 | 靴[くつ] 신발

この猫は誰かに飼われていた猫だと思う。 이 고양이는 누군가가 기르던 고양이일 것이다.

鳥を飼ってみたいです。 새를 길러 보고 싶습니다.

猫[ねこ] 고양이 | 誰か[だれか] 누군가 | ～ている② ~하고 있다 | 思う[おもう]① 생각하다 | 鳥[とり] 새 | ～てみる② ~해 보다 | ～たい ~하고 싶다

⊕ 誰かに飼われていた猫だと思う는 직역하면 '누군가에게 길러지고 있던 고양이라고 생각한다'가 돼요.

1028 N5 참 580

帰る かえる 돌아가다/돌아오다, 집에 가다 [1류동사(자)]

かえらない　かえります　かえれ　かえれる　かえれば　かえろう　かえって

1029 N4 참 375

変える かえる 바꾸다 [2류동사(타)]

かえない　かえます　かえろ　かえられる　かえれば　かえよう　かえて

昨日はタクシーで帰った。 어제는 택시로 돌아갔어.

もうそろそろ帰ります。 이제 슬슬 집에 갈게요.

昨日[きのう] 어제

見方を変えれば世界が変わる。 시각을 바꾸면 세계가 바뀐다.

彼は自分の考えを変えようとしません。 그는 자신의 생각을 바꾸려고 하지 않습니다.

見る[みる]② 보다 ㅣ ~方[かた] ~(하는) 방법 ㅣ 世界[せかい] 세계 ㅣ 変わる[かわる]① 바뀌다 ㅣ 彼[かれ] 그 ㅣ 自分[じぶん] 자신 ㅣ 考え[かんがえ] 생각 ㅣ ~(よ)うとする③ ~하려고 하다

+ 見方[みかた]는 직역하면 '보는 방법'이 돼요.

1030 N5 참 065

書く かく 쓰다 [1류동사(타)]

かかない かきます かけ かける かけば かこう かいて

1031 N5

かく かく 그리다 [1류동사(타)]

かかない かきます かけ かける かけば かこう かいて

日本語で文を書いてみよう。 일본어로 글을 써 보자.

名前を鉛筆で書きました。 이름을 연필로 썼어요.

日本語[にほんご] 일본어 ㅣ 文[ぶん] 글 ㅣ ~てみる② ~해 보다 ㅣ 名前[なまえ] 이름 ㅣ 鉛筆[えんぴつ] 연필

その人はいつも花の絵をかく。 그 사람은 항상 꽃 그림을 그린다.

駅までの地図をかいてくださいませんか。 역까지 가는 지도를 그려 주시겠습니까?

人[ひと] 사람 ㅣ 花[はな] 꽃 ㅣ 絵[え] 그림 ㅣ 駅[えき] 역 ㅣ 地図[ちず] 지도

+ '그리다'라는 뜻의 かく를 한자 描く로 쓰는 경우도 있어요.

+ かいてくださいませんか는 직역하면 '그려 주시지 않겠습니까?'가 돼요. かいてくださいますか(그려 주시겠습니까?)라고 하는 것보다 더 공손한 부탁표현이 돼요.

1032 N5 참 643

方 かた 분(사람) [명사]

1033 N4 참 229

肩 かた 어깨 [명사]

酒井さんの奥さんはきれいな方だった。 さかい 씨의 부인은 예쁜 분이었다.

内田さんという方からお電話がありました。 うちだ 씨라는 분한테 전화가 왔었습니다.

奥さん[おくさん] 부인 | 電話[でんわ] 전화 | ある① 있다

⊕ お電話がありましたは 직역하면 '전화가 있었습니다'가 돼요.

かばんを肩に掛けた。 가방을 어깨에 멨어.

マッサージをしてもらって肩が軽くなりました。 마사지를 받고 어깨가 가벼워졌어요.

掛ける[かける]② 걸다 | ~てもらう① (다른 사람이) ~해 주다 | 軽い[かるい] 가볍다 | ~くなる① ~해지다

⊕ '어깨에 메다'는 일본어로 肩に掛ける(어깨에 걸다)라고 표현해요.

⊕ マッサージをしてもらっては 직역하면 '마사지를 해 받고'가 돼요.

1034 N5

紙 かみ 종이 [명사]

1035 N4

참 225

髪 かみ 머리(카락) [명사]

1036 N3

神 かみ 신 [명사]

みんなの名前を紙に書いた。 모두의 이름을 종이에 썼다.

コピー機に紙が1枚もありません。 복사기에 종이가 한 장도 없습니다.

名前[なまえ] 이름 | 書く[かく]① 쓰다 | コピー機[き] 복사기 | 1枚[いち まい] 한 장 | ある① 있다

髪の長い女性が僕の隣に座った。 머리가 긴 여성이 내 옆에 앉았어.

髪を少し切ってパーマをかけました。 머리를 조금 자르고 파마를 했어요.

長い[ながい] 길다 | 女性[じょせい] 여성 | 僕[ぼく] 나 | 隣[となり] 옆 | 座る[すわる]① 앉다 | 少し[すこし] 조금 | 切る[きる]① 자르다 | かける② (파마를) 하다

⊕ 머리를 자르는 것을 カットする(컷하다)라고 하기도 해요.

私は神を信じている。 나는 신을 믿고 있다.

神様に祈りました。 하느님께 기도했습니다.

私[わたし] 나 | 信じる[しんじる]② 믿다 | ~ている② ~하고 있다 | ~様[さま] ~님 | 祈る[いのる]① 기도하다

⊕ 神様[かみさま]는 직역하면 '신님'이 돼요. '신'을 높이는 말로 해석할 때는 '신령님', '하나님', '하느님' 모두 가능해요.

1037 N5 참 158

木 き 나무 [명사]

1038 N4

気 き 기, 생각 [명사]

⊕ 악센트에 관해서는 658쪽 4번 설명을 보세요.

学校の入り口に大きな木が1本立ってた。 학교 입구에 큰 나무가 한 그루 서 있었어.

木のそばに自転車が置いてありました。 나무 곁에 자전거가 놓여 있었어요.

学校[がっこう] 학교 | 入り口[いりぐち] 입구 | 大きな[おおきな] 큰 | 1本[いっぽん] 한 그루 | 立つ[たつ]① 서다 | ～て(い)る② ~해 있다 | 自転車[じてんしゃ] 자전거 | 置く[おく]① 놓다 | ～てある① ~해 있다

あの人は気が強そうで怖い。 저 사람은 기가 세 보여서 무섭다.

その人と会ってみる気はありませんか。 그 사람과 만나 볼 생각은 없습니까?

人[ひと] 사람 | 強い[つよい] 세다 | ～そうだ ~해 보이다 | 怖い[こわい] 무섭다 | 会う[あう]① 만나다 | ～てみる② ~해 보다 | ある① 있다

⊕ 気는 '기분', '마음', '의식' 등의 뜻으로도 써요.

1039 N5 참 651

9 きゅう 구(9) [명사]

1040 N4 참 638

急 きゅう 급함, 가파름 [명사, な형용사]

カートに本が9冊入ってる。 카트에 책이 9권 들어 있어.

娘は今年9歳になりました。 딸은 올해 9살이 되었어요.

本[ほん] 책 | 9冊[きゅう さつ] 9권 | 入る[はいる]① 들다 | ～て(い)る② ~해 있다 | 娘[むすめ] 딸 | 今年[ことし] 올해 | 9歳[きゅう さい] 9살 | ～になる① ~가 되다

急に雨が降り出した。 갑자기 비가 내리기 시작했다.

お寺までの坂が急で大変でした。 절까지 가는 비탈길이 가팔라서 힘들었습니다.

雨[あめ] 비 | 降る[ふる]① 내리다 | ～出す[だす]① ~하기 시작하다 | 寺[てら] 절 | 坂[さか] 비탈길 | 大変[たいへん] 힘듦

⊕ お寺までの坂는 직역하면 '절까지의 비탈길'이 돼요. 寺는 앞에 お를 붙여서 お寺라고 하는 경우가 많아요.
⊕ 急는 な형용사로도 쓰는데 여기에서는 9와 대조하기 위해서 제목에서 (な)를 붙이지 않았어요.

1041 N5 참 380 464

切る きる 끊다, 자르다 [1류동사(타)]

きらない きります きれ きれる きれば きろう きって

1042 N5 참 177 473

着る きる (셔츠, 외투 등 상의를) 입다 [2류동사(타)]

きない きます きろ きられる きれば きよう きて

彼女は私の言葉を切った。 그녀는 내 말을 끊었다.
カッターで紙を半分に切りました。 커터칼로 종이를 절반으로 잘랐습니다.

彼女[かのじょ] 그녀 | 私[わたし] 나 | 言葉[ことば] 말 | 紙[かみ] 종이 | 半分[はんぶん] 절반

明日、このワンピースを着ていく。 내일, 이 원피스를 입고 갈 거야.
家に着ない服がたくさんあります。 집에 입지 않는 옷이 많이 있어요.

明日[あした] 내일 | ～ていく① ~하고 가다 | 家[いえ] 집 | 服[ふく] 옷 | ある① 있다

1043 N5 참 578

閉める しめる 닫다 [2류동사(타)]

しめない しめます しめろ しめられる しめれば しめよう しめて

1044 N5

締める しめる 매다, 조이다 [2류동사(타)]

しめない しめます しめろ しめられる しめれば しめよう しめて

窓を閉めてから出かけた。 창문을 닫고 나서 외출했다.
ドアを閉めましょう。 문을 닫읍시다.

窓[まど] 창문 | 出かける[でかける]② 외출하다

ネクタイを締めないで会社に行く。 넥타이를 매지 않고 회사에 가.

シートベルトを締めてください。 안전벨트를 매세요.

会社[かいしゃ] 회사 ㅣ 行く[いく]① 가다

1045 N5 참 653

~週間 しゅうかん ~주일 [접미사]

1046 N4

習慣 しゅうかん 습관 [명사]

テストまで2週間しかない。 시험까지 2주일밖에 안 남았다.

5週間アメリカに行っていました。 5주 동안 미국에 가 있었습니다.

2週間[に しゅうかん] 2주일 ㅣ ない 없다 ㅣ 5週間[ご しゅうかん] 5주일 ㅣ 行く[いく]① 가다 ㅣ ～ている② ~해 있다

⊕ 2週間しかない는 직역하면 '2주일밖에 없다'가 돼요.

寝る前にスマホを見る習慣がある。 잠자기 전에 스맛폰을 보는 습관이 있어.

なぜ悪い習慣をやめられないのでしょう。 왜 나쁜 습관을 그만두지 못하는 걸까요.

寝る[ねる]② 자다 ㅣ ～前に[まえに] ~(하기) 전에 ㅣ 見る[みる]② 보다 ㅣ ある① 있다 ㅣ 悪い[わるい] 나쁘다 ㅣ やめる② 그만두다 ㅣ ～のだ ~하는 것이다

책 날개에 있는 책갈피를 이용해서, 한 쪽을 가리고 나머지 한 쪽을 맞추는 연습을 해 보세요.

買う (か)	사다	木 (き)	나무
飼う (か)	기르다	気 (き)	기, 생각
帰る (かえ)	돌아가다/돌아오다, 집에 가다	9 (きゅう)	구(9)
変える (か)	바꾸다	急 (きゅう)	급함, 가파름
書く (か)	쓰다	切る (き)	끊다, 자르다
かく	그리다	着る (き)	(셔츠, 외투 등 상의를) 입다
方 (かた)	분(사람)	閉める (し)	닫다
肩 (かた)	어깨	締める (し)	매다, 조이다
紙 (かみ)	종이	～週間 (しゅうかん)	~주일
髪 (かみ)	머리(카락)	習慣 (しゅうかん)	습관
神 (かみ)	신		

〈대화로 연습해 봐요〉

❶ 일본어 단어의 독음을 히라가나로 쓴 후에 한국어 뜻을 써 보세요.

단어	히라가나	뜻
01. 帰る		
02. 急		
03. 着る		
04. 閉める		
05. ～週間		

❷ 한국어 뜻에 해당하는 일본어 단어를 히라가나와 한자로 써 보세요.

단어	히라가나	한자
06. 사다		
07. 분(사람)		
08. 종이		
09. 나무		
10. 끊다, 자르다		

❸ (　　) 속에 적절한 단어를 써 보세요. 한자를 모를 경우에는 히라가나로 쓰세요.

11. 見方を(　　　　　)世界が変わる。 시각을 바꾸면 세계가 바뀐다.

12. (　　　　　)の長い女性が僕の隣に座った。 머리가 긴 여성이 내 옆에 앉았어.

13. その人と会ってみる(　　　)はありませんか。
그 사람과 만나 볼 생각은 없습니까?

14. シートベルトを(　　　　　)ください。 안전벨트를 매세요.

15. なぜ悪い(　　　　　)をやめられないのでしょう。
왜 나쁜 습관을 그만두지 못하는 걸까요.

| 정답 |

❶ 01. かえる 돌아가다/돌아오다, 집에 가다 02. きゅう/급함, 가파름 03. きる/입다 04. しめる/닫다 05. ～しゅうかん/～주일

❷ 06. かう/買う 07. かた/方 08. かみ/紙 09. き/木 10. きる/切る

❸ 11. 変えれば[かえれば] 12. 髪[かみ] 13. 気[き] 14. 締めて[しめて] 15. 習慣[しゅうかん]

1047 N5 참 590

着く　つく　도착하다 [1류동사(자)]

つかない　つきます　つけ　つける　つけば　つこう　ついて

1048 N4 참 502

付く　つく　붙다, 묻다 [1류동사(자)]

つかない　つきます　つけ　つける　つけば　つこう　ついて

1049 N4

つく　つく　(불 등이) 켜지다 [1류동사(자)]

つかない　つきます　(つけ)　(つける)　つけば　(つこう)　ついて

( )에 들어간 활용형에 대해서는 658쪽 5번 설명을 보세요.

今ちょうど家に着いた。 지금 막 집에 도착했다.

荷物は着きましたか。 짐은 도착했습니까?

今[いま] 지금 | 家[いえ] 집 | 荷物[にもつ] 짐

この冷蔵庫はマグネットが付かない。 이 냉장고는 자석이 붙지 않아.

服に血が付きました。 옷에 피가 묻었어요.

冷蔵庫[れいぞうこ] 냉장고 | 服[ふく] 옷 | 血[ち] 피

'자석'은 일본어로 磁石[じしゃく]라고 하는데, 磁石는 자석 전체를 가리키고 マグネット는 자석 중 종이 등을 고정하기 위해서 사용하는 도구를 가리키는 경우가 많아요.

付く는 히라가나 つく로 쓰는 경우도 있어요.

付く를 '따르다'라는 뜻으로 쓰기도 해요.

예 授業[じゅぎょう]に付いていけない。 수업에 따라갈 수 없다.

何も触っていないのに電気がついて驚いた。 아무것도 만지지 않았는데 불이 켜져서 놀랐어.

テレビがつかないんですが、どうしたらいいですか。 TV가 안 켜지는데, 어떻게 하면 돼요?

何も[なにも] 아무것도 | 触る[さわる]① 만지다 | ～ている② ~하고 있다 | 電気[でんき] 불 | 驚く[おどろく]① 놀라다 | いい 좋다

1050 N4

付ける つける 붙이다, 묻히다 [2류동사(타)]

つけない　つけます　つけろ　つけられる　つければ　つけよう　つけて

1051 N5

つける つける (불 등을) 켜다 [2류동사(타)]

つけない　つけます　つけろ　つけられる　つければ　つけよう　つけて

1052 N4

漬ける つける 담그다 [2류동사(타)]

つけない　つけます　つけろ　つけられる　つければ　つけよう　つけて

これは味が付いてるから、何も付けないで食べて。
이건 간이 되어 있으니까, 아무것도 찍지 말고 먹어.

背中を壁に付けて座ってください。 등을 벽에 붙이고 앉으세요.

味[あじ] 맛 | 付く[つく]① 붙다 | 何も[なにも] 아무것도 | 食べる[たべる]② 먹다 | 背中[せなか] 등 | 壁[かべ] 벽 | 座る[すわる]① 앉다

- '간이 되다'는 일본어로 味が付く(맛이 붙다)라고 하고 '간을 하다'는 味を付ける(맛을 붙이다)라고 표현해요.
- 何も付けないで는 직역하면 '아무것도 묻히지 말고'가 돼요.

暑いときはすぐにエアコンをつける。 더울 때는 바로 에어컨을 켠다.

電気をつけておいてください。 불을 켜 놓아 주세요.

暑い[あつい] 덥다 | 電気[でんき] 불 | ~ておく① ~해 놓다

韓国では冬にキムチをたくさん漬ける。 한국에서는 겨울에 김치를 많이 담근다.

レモンを砂糖に漬けてシロップを作りました。 레몬을 설탕에 담가서 시럽을 만들었습니다.

韓国[かんこく] 한국 | 冬[ふゆ] 겨울 | 砂糖[さとう] 설탕 | 作る[つくる]① 만들다

1053 N5 참 493

できる　できる　할 수 있다 [2류동사(자)]

できない　できます　(できろ)　(できられる)　できれば　(できよう)　できて

➕ (　)에 들어간 활용형에 대해서는 658쪽 5번 설명을 보세요.

1054 N4

できる　できる　생기다 [2류동사(자)]

できない　できます　(できろ)　(できられる)　できれば　(できよう)　できて

できないことを約束してはいけない。　할 수 없는 것을 약속하면 안 돼.
その友達は英語ができます。　그 친구는 영어를 할 줄 알아요.

約束[やくそく] 약속 ｜ ～てはいけない ~하면 안 되다 ｜ 友達[ともだち] 친구 ｜ 英語[えいご] 영어

➕ 英語ができます는 직역하면 '영어를 할 수 있어요'가 돼요.

足の裏に何かできて痛い。　발바닥에 뭔가 나서 아프다.
子供ができました。　아이가 생겼습니다.

足[あし] 발 ｜ 裏[うら] 뒷면 ｜ 何か[なにか] 뭔가 ｜ 痛い[いたい] 아프다 ｜ 子供[こども] 아이

➕ '발바닥'은 일본어로 足の裏(발의 뒷면)이라고 표현해요.
➕ できる를 한자 出来る로 쓰는 경우도 있어요.

1055 N5

年　とし　나이, 해 [명사]

1056 N3

都市　とし　도시 [명사]

おじは年より若く見える。　큰아버지는 나이보다 젊어 보여.
その年の春に大学に入りました。　그 해 봄에 대학에 들어갔어요.

若い[わかい] 젊다 ｜ 見える[みえる]② 보이다 ｜ 春[はる] 봄 ｜ 大学[だいがく] 대학교 ｜ 入る[はいる]① 들어가다

韓国は人口が都市に集まりすぎている。 한국은 인구가 도시에 너무 집중되어 있다.

都市での生活にももう慣れました。 도시에서의 생활에도 이제 익숙해졌습니다.

韓国[かんこく] 한국 | 人口[じんこう] 인구 | 集まる[あつまる]① 모이다 | ~すぎる② 너무 ~하다 | ~ている② ~해 있다 | 生活[せいかつ] 생활 | 慣れる[なれる]② 익숙해지다

⊕ 集まりすぎている는 직역하면 '너무 모여 있다'가 돼요. '집중'이라는 한자어는 集中[しゅうちゅう]예요.

1057 N5 참 591

撮る とる 찍다 [1류동사(타)]

とらない とります とれ とれる とれば とろう とって

1058 N5 참 444 493

取る とる 잡다, 취득하다 [1류동사(타)]

とらない とります とれ とれる とれば とろう とって

写真1枚撮って~! 사진 한 장 찍어 줘~!

写真がきれいに撮れませんでした。 사진을 예쁘게 찍을 수 없었어요.

写真[しゃしん] 사진 | 1枚[いち まい] 한 장

⊕ 동사의 가능형을 쓸 때는 목적어를 ~を가 아니라 ~が로 나타내는 경우가 많아요. 그래서 撮れませんでした(찍을 수 없었어요)라는 가능형의 목적어인 写真을 写真を가 아니라 写真が로 쓴 거예요.

先に行って場所を取っておくね。 먼저 가서 자리를 잡아 놓을게.

日本はビザを取らなくても行けます。 일본은 비자를 발급받지 않아도 갈 수 있습니다.

先に[さきに] 먼저 | 行く[いく]① 가다 | 場所[ばしょ] 장소 | ~ておく① ~해 놓다 | 日本[にほん] 일본

⊕ '자리를 잡다'는 일본어로 場所を取る 외에 席[せき]を取る라고도 해요. 席는 의자가 있는 경우예요.

⊕ ビザを取らなくても는 직역하면 '비자를 취득하지 않아도'가 돼요.

⊕ 取る는 이 외에도 매우 다양한 뜻으로 쓰니 ~を取る를 하나의 덩어리로 기억하는 것이 좋아요.

1059 N5 참 494

なる なる 되다 [1류동사(자)]

ならない なります なれ なれる なれば なろう なって

鳴る なる 울리다, 소리가 나다 [1류동사(자)]

ならない なります (なれ) (なれる) なれば (なろう) なって

息子は医者になった。 아들은 의사가 됐어.
これからどうなるかわかりません。 앞으로 어떻게 될지 모르겠어요.

息子[むすこ] 아들 | 医者[いしゃ] 의사 | ～になる① ～가 되다 | わかる① 알다

おなかがすいて、おなかがグーグー鳴った。 배가 고파서, 배에서 꼬르륵 소리가 났다.
アラームが鳴らなくて寝坊してしまいました。 알람이 울리지 않아서 늦잠을 자고 말았습니다.

すく① (배가) 고프다 | 寝坊[ねぼう] 늦잠 | ～てしまう① ～하고 말다

⊕ '배가 고프다'는 일본어로 おなかがすいた(배가 비었다)라고 표현해요.

⊕ おなかがグーグー鳴った는 직역하면 '배가 꼬르륵 울렸다'가 돼요.

1061 N5 참 227

歯 は 이(치아) [명사]

1062 N4 참 159 555

葉 は 잎 [명사]

⊕ 악센트에 관해서는 658쪽 4번 설명을 보세요.

歯が痛くてごはんが食べられない。 이가 아파서 밥을 먹을 수 없어.
寝る前には必ず歯を磨いてください。 자기 전에는 꼭 이를 닦으세요.

痛い[いたい] 아프다 | 食べる[たべる]② 먹다 | 寝る[ねる]② 자다 | ～前に[まえに] ～(하기) 전에 | 必ず[かならず] 반드시 | 磨く[みがく]① 닦다

変な形の葉を見つけた。 이상한 모양의 잎사귀를 발견했다.
葉の裏に虫がいました。 잎 뒤에 벌레가 있었습니다.

変[へん] 이상 | 形[かたち] 모양 | 見つける[みつける]② 발견하다 | 裏[うら] 뒷면 | 虫[むし] 벌레 | いる② 있다

1063 N5

참 180

履く　　はく　　신다 [1류동사(타)]

はかない　はきます　はけ　はける　はけば　はこう　はいて

1064 N5

참 178 473

はく　　はく　　(치마, 바지 등 하의를) 입다 [1류동사(타)]

はかない　はきます　はけ　はける　はけば　はこう　はいて

1065 N3

吐く　　はく　　토하다 [1류동사(타)]

はかない　はきます　はけ　はける　はけば　はこう　はいて

私はスニーカーしか履かない。　나는 운동화밖에 안 신어.

学校にサンダルを履いてこないでください。　학교에 샌들을 신고 오지 마세요.

私[わたし] 나 ｜ 学校[がっこう] 학교 ｜ ~てくる③ ~하고 오다

⊕ '운동화'는 スニーカー라고 하는 경우가 많아요. '운동화'의 한자 運動靴[うんどうぐつ]라는 말도 있는데 '어린 아이들이 사용하는 말'이라는 이미지예요.

黒いスカートをはいた女の子が公園にいた。　검은 치마를 입은 여자아이가 놀이터에 있었다.

今日はショートパンツをはきます。　오늘은 반바지를 입을 겁니다.

黒い[くろい] 검다 ｜ 女の子[おんなのこ] 여자아이 ｜ 公園[こうえん] 놀이터 ｜ いる② 있다 ｜ 今日[きょう] 오늘

⊕ '반바지'는 ショートパンツ(short pants)라고 하는데, 젊은 사람들은 ショーパン으로 줄여서 쓰는 경우가 많아요. 半[はん]ズボン으로 아는 분들이 있는데 '어린 아이들이 사용하는 말'이라는 이미지예요.

お酒を飲みすぎて吐いた。　술을 너무 많이 마셔서 토했어.

薬のにおいで吐きそうになりました。　약 냄새 때문에 토할 뻔했어요.

酒[さけ] 술 ｜ 飲む[のむ]① 마시다 ｜ ~すぎる② 너무 ~하다 ｜ 薬[くすり] 약 ｜ ~そうだ ~할 것 같다 ｜ ~になる① ~하게 되다

⊕ 吐きそうになりました는 직역하면 '토할 것 같게 됐어요'가 돼요.

1066 N5

橋 はし 다리 [명사]

1067 N5 참 220

箸 はし 젓가락 [명사]

橋を渡ると、左に銀行がある。 다리를 건너면, 왼쪽에 은행이 있다.

この橋はアメリカで一番長い橋です。 이 다리는 미국에서 가장 긴 다리입니다.

渡る[わたる]① 건너다 | 左[ひだり] 왼쪽 | 銀行[ぎんこう] 은행 | ある① 있다 | 一番[いちばん] 가장 | 長い[ながい] 길다

日本の箸をお土産に買った。 일본 젓가락을 선물로 샀어.

タイやベトナムでもお箸を使います。 태국이나 베트남에서도 젓가락을 사용해요.

日本[にほん] 일본 | お土産[おみやげ] 선물 | 買う[かう]① 사다 | 使う[つかう]① 사용하다

1068 N5 참 159

花 はな 꽃 [명사]

1069 N5 참 227

鼻 はな 코 [명사]

⊕ 花도 鼻도 둘 다 악센트가 はな인데 뒤에 이어지는 조사의 악센트가 달라요. 花が는 はなが가 되고 鼻が는 はなが가 돼요.

私はよく花を見に行く。 나는 자주 꽃을 보러 간다.

花に水をやりました。 꽃에 물을 주었습니다.

私[わたし] 나 | 見る[みる]② 보다 | 行く[いく]① 가다 | 水[みず] 물 | やる① 주다

鼻をかんだ。 코를 풀었어.

鼻がつまっていて、においがわかりません。 코가 막혀 있어서 냄새를 모르겠어요.

かむ① 풀다 | つまる① 막히다 | わかる① 알다

⊕ '풀다'라는 뜻의 かむ는 '깨물다'의 かむ와 다른 동사예요. 악센트가 '풀다'는 かむ이고 '깨물다'는 かむ예요.

책 날개에 있는 책갈피를 이용해서, 한 쪽을 가리고 나머지 한 쪽을 맞추는 연습을 해 보세요.

着(つ)く	도착하다	なる	되다
付(つ)く	붙다, 묻다	鳴(な)る	울리다, 소리가 나다
つく	(불 등이) 켜지다	歯(は)	이(치아)
付(つ)ける	붙이다, 묻히다	葉(は)	잎
つける	(불 등을) 켜다	履(は)く	신다
漬(つ)ける	담그다	吐(は)く	(치마, 바지 등 하의를) 입다
できる	할 수 있다	吐(は)く	토하다
できる	생기다	橋(はし)	다리
年(とし)	나이, 해	箸(はし)	젓가락
都市(とし)	도시	花(はな)	꽃
撮(と)る	찍다	鼻(はな)	코
取(と)る	잡다, 취득하다		

〈장문으로 연습해 봐요〉

❶ 일본어 단어의 독음을 히라가나로 쓴 후에 한국어 뜻을 써 보세요.

단어	히라가나	뜻
01. 付ける		
02. 鳴る		
03. 歯		
04. 橋		
05. 鼻		

❷ 한국어 뜻에 해당하는 일본어 단어를 히라가나와 한자로 써 보세요.

단어	히라가나	한자
06. 도착하다		
07. 나이, 해		
08. 도시		
09. 잡다, 취득하다		
10. 꽃		

❸ (　　) 속에 적절한 단어를 써 보세요. 한자를 모를 경우에는 히라가나로 쓰세요.

11. 電気を(　　　　)おいてください。 불을 켜 놓아 주세요.
12. その友達は英語が(　　　　　)。 그 친구는 영어를 할 줄 알아요.
13. 写真がきれいに(　　　　　　　　　)。 사진을 예쁘게 찍을 수 없었어요.
14. 私はスニーカーしか(　　　　　)。 나는 운동화밖에 안 신어.
15. 日本の(　　　)をお土産に買った。 일본 젓가락을 선물로 샀어.

| 정답 |

❶ 01. つける / 붙이다, 묻히다 02. なる / 울리다, 소리가 나다 03. は / 이(치아) 04. はし / 다리 05. はな / 코

❷ 06. つく / 着く 07. とし / 年 08. とし / 都市 09. とる / 取る 10. はな / 花

❸ 11. つけて 12. できます 13. 撮れませんでした[とれませんでした] 14. 履かない[はかない] 15. 箸[はし]

1070 N5 참 175

服 ふく 옷 [명사]

1071 N4 참 156

吹く ふく 불다 [1류동사(자타)]

ふかない　ふきます　ふけ　ふける　ふけば　ふこう　ふいて

友達と服を買いに行った。 친구와 옷을 사러 갔다.

今着ている服を脱いで、これを着てください。 지금 입고 있는 옷을 벗고, 이것을 입으세요.

友達[ともだち] 친구 | 買う[かう]① 사다 | 行く[いく]① 가다 | 今[いま] 지금 | 着る[きる]② 입다 | ～ている② ~하고 있다 | 脱ぐ[ぬぐ]① 벗다

ここは暑い日でも風が吹けば涼しい。 여기는 더운 날이라도 바람이 불면 시원해.

ろうそくの火を吹いて消しました。 촛불을 불어서 껐어요.

暑い[あつい] 덥다 | 日[ひ] 날 | 風[かぜ] 바람 | 涼しい[すずしい] 시원하다 | 火[ひ] 불 | 消す[けす]① 끄다

1072 N5 참 635

夜 よる 밤 [명사]

1073 N4

寄る よる 들르다 [1류동사(자)]

よらない　よります　よれ　よれる　よれば　よろう　よって

金曜日の夜、一緒に映画見に行かない？ 금요일 밤에 같이 영화 보러 가지 않을래?

昨日の夜はよく寝られませんでした。 어젯밤에는 잘 못 잤습니다.

金曜日[きんようび] 금요일 | 一緒に[いっしょに] 함께 | 映画[えいが] 영화 | 見る[みる]② 보다 | 行く[いく]① 가다 | 昨日[きのう] 어제 | 寝る[ねる]② 자다

どこへも寄らずにまっすぐ帰ってきなさい。 아무데도 들르지 말고 곧바로 돌아와라.

コンビニに寄ってお弁当を買っていきます。 편의점에 들러서 도시락을 사 갈게요.

帰る[かえる]① 돌아오다 | ～てくる③ ~해 오다 | 弁当[べんとう] 도시락 | 買う[かう]① 사다 | ～ていく① ~해 가다

帰る[かえる]는 '돌아가다'와 '돌아오다'의 2가지 뜻으로 쓰는데, ～てくる를 붙여 帰ってくる라고 하면 '돌아오다'의 뜻만으로 한정돼요.

1074 N4

機会 きかい 기회 [명사]

1075 N4

機械 きかい 기계 [명사]

こんな機会を待ってたんだ！ 이런 기회를 기다렸던 거야!

機会があれば、ぜひご覧ください。 기회가 있으면, 꼭 보십시오.

待つ[まつ]① 기다리다 | ～て(い)る② ~하고 있다 | ～んだ ~한 것이다 | ある① 있다 | ご覧ください[ごらんください] 보십시오

新しい機械を置く場所を作らなければならない。 새 기계를 두는 자리를 만들어야 한다.

どうも機械が故障したようです。 어쩐지 기계가 고장 난 것 같습니다.

新しい[あたらしい] 새롭다 | 置く[おく]① 두다 | 場所[ばしょ] 장소 | 作る[つくる]① 만들다 | ～なければならない ~해야 하다 | 故障[こしょう] 고장 | ～ようだ ~한 것 같다

1076 N4 참 481

くれる くれる (다른 사람이) 주다 [2류동사(타)]

くれない くれます (くれろ) (くれられる) くれれば (くれよう) くれて

くれる는 화자가 주어가 될 수 없는 동사이기 때문에 화자의 의지가 작용할 수 없어요. 그래서 명령형이나 가능형, 의지형을 보통 안 써요(사투리에서는 쓰는 곳도 있어요).

1077 N4

暮れる くれる 저물다, (해가) 지다 [2류동사(자)]

くれない くれます (くれろ) (くれられる) くれれば (くれよう) くれて

( )에 들어간 활용형에 대해서는 658쪽 5번 설명을 보세요.

その病院ではいつも子供にあめをくれる。 그 병원에서는 항상 아이들에게 사탕을 줘.

この時計は母が亡くなる前にくれた物です。 이 시계는 엄마가 세상을 뜨기 전에 준 거예요.

病院[びょういん] 병원 | 子供[こども] 아이 | 時計[とけい] 시계 | 母[はは] 어머니 | 亡くなる[なくなる]① 세상을 뜨다 | ～前に[まえに] ~(하기)전에 | 物[もの] 것

夏のアイスランドは夜にも日が暮れない。 여름의 아이슬란드는 밤에도 해가 지지 않는다.
ホテルに着くまでに日が暮れてしまいました。 호텔에 도착하기 전에 해가 져 버렸습니다.

夏[なつ] 여름 | 夜[よる] 밤 | 日[ひ] 해 | 着く[つく]① 도착하다 | ～てしまう① ~해 버리다

ホテルに着くまでには 직역하면 '호텔에 도착하기까지'가 돼요. ～までには '~까지 그 전에'라는 뜻이에요.

1078 N4

故障 こしょう 고장 [명사(+する)]

1079 N3

こしょう こしょう 후추 [명사]

エレベーターが故障していた。 엘리베이터가 고장 나 있었다.
今、故障の原因を調べているところです。 지금 고장의 원인을 한창 조사하고 있는 중입니다.

～ている② ~해 있다 | 今[いま] 지금 | 原因[げんいん] 원인 | 調べる[しらべる]② 조사하다 | ～ているところだ 한창 ~하고 있는 중이다

どうしよう！ こしょうを入れすぎちゃった！ 어쩌지! 후추를 너무 많이 넣고 말았어!
塩とこしょうだけで味を付けました。 소금과 후추만으로 맛을 냈어요.

入れる[いれる]② 넣다 | ～すぎる② 너무 ~하다 | ～ちゃう① ~하고 말다 | 塩[しお] 소금 | 味[あじ] 맛 | 付ける[つける]② (맛을) 내다

こしょう를 한자 胡椒로 쓰는 경우도 있어요.

～ちゃう는 ～てしまう의 준말이에요.

'맛을 내다', '양념/간을 하다'는 일본어로 味を付ける(맛을 붙이다)라고 표현해요.

1080 N4 참 111 501

席 せき 자리 [명사]

1081 N3

せき せき 기침 [명사]

席が空くのをしばらく待っていた。 자리가 비는 것을 잠시 기다리고 있었다.

窓側の席でお願いします。 창가 쪽 자리로 부탁합니다.

空く[あく]① 비다 | 待つ[まつ]① 기다리다 | ～ている② ～하고 있다 | 窓[まど] 창문 | ～側[がわ] ～쪽 | お願いします[おねがいします] 부탁합니다

一度せきが出始めると、止まらない。 한 번 기침이 나기 시작하면 멈추지 않아.

乾いたせきが1週間以上続いてます。 마른 기침이 1주일 이상 이어지고 있어요.

一度[いちど] 한 번 | 出る[でる]② 나다 | ～始める[はじめる]② ～하기 시작하다 | 止まる[とまる]① 멈추다 | 乾く[かわく]① 마르다 | 1週間[いっ しゅうかん] 1주일 | 以上[いじょう] 이상 | 続く[つづく]① 이어지다 | ～て(い)る② ～하고 있다

⊕ せき를 한자 咳로 쓰는 경우도 많아요.

1082 N4 참 644

訪ねる たずねる 방문하다 [2류동사(타)]

たずねない たずねます たずねろ たずねられる たずねれば たずねよう たずねて

1083 N4 참 644

尋ねる たずねる 묻다 [2류동사(타)]

たずねない たずねます たずねろ たずねられる たずねれば たずねよう たずねて

昔の友達が私を訪ねてきた。 오래된 친구가 나를 찾아왔다.

夏休みに京都を訪ねようと思っています。 여름방학에 きょうと를 방문하려는 생각입니다.

昔[むかし] 옛날 | 友達[ともだち] 친구 | 私[わたし] 나 | ～てくる③ ～해 오다 | 夏休み[なつやすみ] 여름방학 | ～(よ)うと思う[おもう]① ～하려고 생각하다 | ～ている② ～하고 있다

⊕ 昔の友達는 직역하면 '옛날 친구'가 돼요.

彼女に泣いている訳を尋ねた。 여자친구에게 울고 있는 이유를 물었어.

1つお尋ねしてもよろしいですか。 하나 여쭤봐도 되겠습니까?

彼女[かのじょ] 여자친구 | 泣く[なく]① 울다 | ～ている② ～하고 있다 | 訳[わけ] 이유 | 1つ[ひとつ] 하나 | お～する③ (행위를 받는 사람을 높이는 표현) | よろしい 좋다(정중함)

⊕ 尋ねる는 문어적인 표현이어서 일상적인 회화에서는 '묻다'라고 할 때 聞く[きく]를 써요.

 N4

直す　なおす　고치다(수리) [1류동사(타)]

なおさない　なおします　なおせ　なおせる　なおせば　なおそう　なおして

1085 N3

治す　なおす　고치다(치료) [1류동사(타)]

なおさない　なおします　なおせ　なおせる　なおせば　なおそう　なおして

⊕ 直す는 고장난 것을 '고치다', 治す는 병을 '고치다'라는 뜻이에요.

直せるなら直したい。 고칠 수 있다면 고치고 싶다.

これは直すのにどのくらい時間がかかりますか。 이것은 고치는 데 얼마나 시간이 걸립니까?

～たい ~하고 싶다 ｜ 時間[じかん] 시간 ｜ かかる① 걸리다

病気には治さなくてもいい病気もある。 병에는 고치지 않아도 되는 병도 있어.

今は病気を治すことだけを考えてください。 지금은 병을 고치는 것만을 생각하세요.

病気[びょうき] 병 ｜ ～なくてもいい ~하지 않아도 되다 ｜ ある① 있다 ｜ 今[いま] 지금 ｜ 考える[かんがえる]② 생각하다

1086 N4

直る　なおる　고쳐지다, 수리되다 [1류동사(자)]

なおらない　なおります　(なおれ)　(なおれる)　なおれば　(なおろう)　なおって

⊕ ( )에 들어간 활용형에 대해서는 658쪽 5번 설명을 보세요.

1087 N4

治る　なおる　낫다 [1류동사(자)]

なおらない　なおります　(なおれ)　(なおれる)　なおれば　(なおろう)　なおって

⊕ 直る는 고장난 것이 '고쳐지다', 治る는 병이 '낫다'라는 뜻이에요.

このカメラはもう直らないと言われた。 이 카메라는 이제 수리가 안 된다고 들었다.

発音は練習すれば直ります。 발음은 연습하면 고쳐집니다.

言う[いう]① 말하다 ı 発音[はつおん] 발음 ı 練習[れんしゅう] 연습

直らないと言われたは 직역하면 '수리가 안 된다고 말해졌다'가 돼요.

薬を飲んだら病気がすっかり治った。 약을 먹었더니 병이 다 나았어.

軽いかぜですから、2、3日で治るでしょう。 가벼운 감기니까 2, 3일이면 나을 거예요.

薬[くすり] 약 ı 飲む[のむ]① 마시다 ı 病気[びょうき] 병 ı 軽い[かるい] 가볍다 ı 2、3日[にさん にち] 2, 3일

'약을 먹다'는 일본어로 薬を飲む(약을 마시다)라고 표현해요.

2日(2일)은 ふつか, 3日(3일)은 みっか라고 하는데 2、3日(2, 3일)이 되면 にさん にち가 돼요.

1088 N4 참 392

なくなる なくなる 없어지다 [1류동사(자)]

なくならない なくなります (なくなれ) (なくなれる) なくなれば (なくなろう) なくなって

( )에 들어간 활용형에 대해서는 658쪽 5번 설명을 보세요.

なくなる는 한자 無くなる로 쓰는 경우도 있어요.

1089 N4

亡くなる なくなる 세상을 뜨다 [1류동사(자)]

なくならない なくなります (なくなれ) (なくなれる) なくなれば (なくなろう) なくなって

その店は、確かなくなったはずだ。 그 가게는, 내 기억으로는 분명 없어졌다.

トイレットペーパーがなくなりそうです。 화장지가 다 떨어질 것 같습니다.

店[みせ] 가게 ı 確か[たしか] 내 기억으로는 ı ～はずだ 분명히 ~할 것이다 ı ～そうだ ~할 것 같다

トイレットペーパー(toilet paper)는 화장실에서 쓰는 두루마리 화장지를 가리켜요.

交通事故で父が亡くなった。 교통사고로 아버지가 세상을 떴어.

社長のお母様がお亡くなりになりました。 사장님의 어머님이 돌아가셨어요.

交通[こうつう] 교통 ı 事故[じこ] 사고 ı 父[ちち] 아버지 ı 社長[しゃちょう] 사장(님) ı お母様[おかあさま] 어머님 ı お～になる① ~하시다

亡くなる를 '돌아가시다'로 해석하는 사람들이 있는데 '돌아가시다'라는 높임의 뜻은 없어요. 死ぬ[しぬ](죽다)를 완곡하게 표현한 말이에요. '돌아가시다'라고 하려면 お亡くなりになる나 亡くなられる라고 해야 해요.

1090 N4

火 ひ 불 [명사]

1091 N4 참 150

日 ひ/ひ 해, 날 [명사]

⊕ 악센트에 관해서는 658쪽 4번 설명을 보세요.

花火をするときは、火を消す水を用意する。 불꽃놀이를 할 때는, 불을 끌 물을 준비한다.

紙は火が付きやすいから、気を付けてください。 종이는 불이 붙기 쉬우니까 조심하세요.

花火[はなび] 불꽃놀이 | 消す[けす]① 끄다 | 水[みず] 물 | 用意[ようい] 준비 | 紙[かみ] 종이 | 付く[つく]① 붙다 | ~やすい ~하기 쉽다 | 気を付ける[きをつける]② 조심하다

冬は日が出るのが遅い。 겨울은 해가 뜨는 게 늦어.

その日は都合が悪くて行けません。 그 날은 사정이 안 좋아서 갈 수 없어요.

冬[ふゆ] 겨울 | 出る[でる]② 나오다 | 遅い[おそい] 늦다 | 都合[つごう] 형편 | 悪い[わるい] 나쁘다 | 行く[いく]① 가다

⊕ 日 앞에 수식어가 없으면 ひ, 있으면 ひ가 돼요. 즉 위쪽 예문의 日が는 수식어가 없으니 ひが가 되고, 아래쪽 예문의 その日は는 수식어 その가 있으니 ひは가 돼요.

⊕ 都合が悪くて는 직역하면 '형편이 나빠서'가 돼요.

확인해 봐요!

책 날개에 있는 책갈피를 이용해서, 한 쪽을 가리고 나머지 한 쪽을 맞추는 연습을 해 보세요.

服(ふく)	옷	せき	기침
吹(ふ)く	불다	訪(たず)ねる	방문하다
夜(よる)	밤	尋(たず)ねる	묻다
寄(よ)る	들르다	直(なお)す	고치다(수리)
機会(きかい)	기회	治(なお)す	고치다(치료)
機械(きかい)	기계	直(なお)る	고쳐지다, 수리되다
くれる	(다른 사람이) 주다	治(なお)る	낫다
暮(く)れる	저물다, (해가) 지다	なくなる	없어지다
故障(こしょう)	고장	亡(な)くなる	세상을 뜨다
こしょう	후추	火(ひ)	불
席(せき)	자리	日(ひ)	해, 날

연습해 봐요!

❶ 일본어 단어의 독음을 히라가나로 쓴 후에 한국어 뜻을 써 보세요.

단어	히라가나	뜻
01. 吹く		
02. 寄る		
03. 席		
04. 直す		
05. 治る		

❷ 한국어 뜻에 해당하는 일본어 단어를 히라가나와 한자로 써 보세요.

단어	히라가나	한자
06. 옷		
07. 밤		
08. 세상을 뜨다		
09. 불		
10. 해, 날		

❸ (　　) 속에 적절한 단어를 써 보세요. 한자를 모를 경우에는 히라가나로 쓰세요.

11. (　　　)があれば、ぜひご覧ください。 기회가 있으면, 꼭 보십시오.

12. エレベーターが(　　　)していた。 엘리베이터가 고장 나 있었다.

13. 乾いた(　　　)が１週間以上続いてます。
마른 기침이 1주일 이상 이어지고 있어요.

14. 昔の友達が私を(　　　　)きた。 오래된 친구가 나를 찾아왔다.

15. トイレットペーパーが(　　　　)そうです。
화장지가 다 떨어질 것 같습니다.

| 정답 |

❶ 01. ふく/불다 02. よる/들르다 03. せき/자리 04. なおす/고치다(수리) 05. なおる/낫다

❷ 06. ふく/服 07. よる/夜 08. なくなる/亡くなる 09. ひ/火 10. ひ/日

❸ 11. 機会[きかい] 12. 故障[こしょう] 13. せき 14. 訪ねて[たずねて] 15. なくなり

소리가 비슷해서 구별하기 어려운 단어

21마디에서는 소리가 똑같지는 않지만 비슷해서 구별하기 어려운 단어를 배울게요. 특히 한국 사람들에게는 장음과 단음의 구별과 청음과 탁음의 구별이 어려울 거예요. 발음의 구별을 잘 못해도 악센트를 정확히 발음하면 의미 전달이 잘되는 경우가 많아요. 그런 부분에 신경 쓰면서 배워 보세요.

단어 및 예문듣기

1092 N5 참 646

いいえ いいえ 아니요 [감동사]

1093 N5 참 038 519 643

家 いえ 집 [명사]

いいえ、そうじゃありません。 아니요, 그렇지 않습니다.

いいえ、もう結構です。 아니요, 이제 됐습니다.

結構[けっこう] 이제 됐음

友達と家で飲んだ。 친구랑 집에서 술 마셨어.

今、家に誰もいません。 지금 집에 아무도 없어요.

友達[ともだち] 친구 ı 飲む[のむ]① 마시다 ı 今[いま] 지금 ı 誰も[だれも] 아무도 ı いる② 있다

+ 목적어 없이 飲む[のむ](마시다)라고 하면 술을 마신다는 뜻이에요.

+ 일본어는 단음과 장음 구별이 참 중요해요. 오디오를 잘 듣고 감각을 키우도록 하세요~!

1094 N5 참 219

お菓子 おかし 과자 [명사]

1095 N4 참 569

おかしい おかしい 이상하다, 웃기다 [い형용사]

おかしくない　おかしかった　おかしく　おかしくて　おかしければ

+ おかしくない　おかしかった　おかしく　おかしくて　おかしければ라는 악센트도 써요.

お菓子を買っておばの家に持っていった。 과자를 사서 이모네 집에 가지고 갔다.

私はお菓子が好きです。 저는 과자를 좋아합니다.

買う[かう]① 사다 ı 家[いえ] 집 ı 持つ[もつ]① 가지다 ı ～ていく① ~하고 가다 ı 私[わたし] 저 ı 好き[すき] 좋아함

おかしいなあ。確かにここに置いたはずなのに。 이상하네. 분명히 여기에 두었는데.

弟の話がおかしくて、みんなで笑いました。 남동생 이야기가 웃겨서 다 같이 웃었어요.

確か[たしか] 확실 ı 置く[おく]① 두다 ı ～はずだ 분명히 ~할 것이다 ı 弟[おとうと] 남동생 ı 話[はなし] 이야기 ı 笑う[わらう]① 웃다

1096 N5 참 016

おじいさん

おじいさん 할아버지(높임○) [명사]

1097 N5 참 462

おじさん

おじさん 아저씨, 백부나 (외)숙부 등 부모의 남자 형제 [명사]

その家にはおじいさんが一人で住んでいる。 그 집에는 할아버지가 혼자서 살고 있다.
おじいさんはお元気ですか。 할아버지는 안녕하십니까?

家[いえ] 집 | 一人[ひとり] 혼자 | 住む[すむ]① 살다 | ～ている② ~하고 있다 | 元気[げんき] 건강

隣のおじさんは毎朝、犬と散歩をしている。 옆집 아저씨는 매일 아침에 개랑 산책하고 있어.
友達のおじさんは有名な先生です。 친구의 외삼촌은 유명한 선생님이에요.

隣[となり] 옆집 | 毎朝[まいあさ] 매일 아침 | 犬[いぬ] 개 | 散歩[さんぽ] 산책 | ～ている② ~하고 있다 | 友達[ともだち] 친구 | 有名[ゆうめい] 유명 | 先生[せんせい] 선생님

⊕ 높이지 않는 호칭은 おじ가 되는데 おじ에는 '아저씨'라는 뜻이 없어요. 친가와 외가 구별없이 부모의 남자 형제는 모두 おじ(さん)라고 해요.

1098 N5 참 016

おばあさん

おばあさん 할머니(높임○) [명사]

1099 N5 참 462

おばさん

おばさん 아주머니, 백모나 (외)숙모 등 부모의 여자 형제 [명사]

孫が生まれて私もおばあさんになった。 손주가 태어나서 나도 할머니가 되었다.
そのおばあさんには子供がいませんでした。 그 할머니에게는 아이가 없었습니다.

孫[まご] 손주 | 生まれる[うまれる]② 태어나다 | 私[わたし] 나 | ～になる① ~가 되다 | 子供[こども] 아이 | いる② 있다

社長は課長のおばさんだと聞いた。 사장님은 과장님의 고모라고 들었어.
パン屋のおばさんはいつも親切です。 빵집 아주머니는 항상 친절해요.

社長[しゃちょう] 사장(님) | 課長[かちょう] 과장(님) | 聞く[きく]① 듣다 | パン屋[や] 빵집 | 親切[しんせつ] 친절

⊕ 높이지 않는 호칭은 おば가 되는데 おば에는 '아주머니'라는 뜻이 없어요. 친가와 외가 구별없이 부모의 여자 형제는 모두 おば(さん)라고 해요.

1100 N5

地図 ちず 지도 [명사]

1101 N3

チーズ チーズ 치즈 [명사]

その道は地図にない道だった。 그 길은 지도에 없는 길이었다.

地図を見ながら歩きました。 지도를 보면서 걸었습니다.

道[みち] 길 | ない 없다 | 見る[みる]② 보다 | 歩く[あるく]① 걷다

このチーズはワインとよく合う。 이 치즈는 와인과 잘 어울려.

ハムとチーズを入れたサンドイッチを作りました。 햄과 치즈를 넣은 샌드위치를 만들었어요.

合う[あう]① 어울리다 | 作る[つくる]① 만들다

1102 N5 참 426 493

取る とる 집다, 취득하다 [1류동사(타)]

とらない とります とれ とれる とれば とろう とって

1103 N4 참 387 603

通る とおる 지나다, 통과하다 [1류동사(자)]

とおらない とおります とおれ とおれる とおれば とおろう とおって

この中から好きなのを取って。 이 중에서 좋아하는 것을 가져가.

パスポートを取りました。 여권을 발급받았습니다.

中[なか] 중 | 好き[すき] 좋아함

⊕ 好きなのを取って는 직역하면 '좋아하는 것을 집어'가 돼요.

この道は今工事中で通れない。 이 길은 지금 공사 중이기 때문에 지나갈 수 없어.

難しい試験に通ってうれしいです。 어려운 시험에 통과해서 기뻐요.

道[みち] 길 | 今[いま] 지금 | 工事[こうじ] 공사 | ～中[ちゅう] ～ 중 | 難しい[むずかしい] 어렵다 | 試験[しけん] 시험 | うれしい 기쁘다

1104 N5

ビル ビル 빌딩 [명사]

1105 N5 참 218

ビール ビール 맥주 [명사]

駅の前に高いビルが建った。 역 앞에 높은 빌딩이 세워졌다.

そのお店はこのビルの一番上の階にあります。 그 가게는 이 빌딩의 가장 위층에 있습니다.

駅[えき] 역 | 前[まえ] 앞 | 高い[たかい] 높다 | 建つ[たつ]① 세워지다 | 店[みせ] 가게 | 一番[いちばん] 가장 | 上[うえ] 위 | 階[かい] 층 | ある① 있다

ビールがぬるくてまずい。 맥주가 미지근해서 맛없어.

ビールを飲むと太るというのは本当ですか。 맥주를 마시면 살이 찐다는 것은 사실이에요?

ぬるい 미지근하다 | まずい 맛없다 | 飲む[のむ]① 마시다 | 太る[ふとる]① 살이 찌다 | 本当[ほんとう] 사실

1106 N5 참 495

欲しい ほしい 갖고 싶다, 원하다 [い형용사]

ほしくない　ほしかった　ほしく　ほしくて　ほしければ

⊕ ほしくない　ほしかった　ほしく　ほしくて　ほしければ라는 악센트도 써요.

1107 N4 참 150

星 ほし 별 [명사]

子供は欲しくない。 아이는 갖고 싶지 않다.

何か欲しいものはありますか。 뭔가 원하는 것이 있습니까?

子供[こども] 아이 | 何か[なにか] 뭔가 | ある① 있다

⊕ 한국어로는 '원하는 것이 있습니까?'가 되지만 일본어는 欲しいものはありますか(원하는 것은 있습니까?)라고 해요. 화제로 제시하고자 할 때 일본어에서는 は(은/는)를 써요.

星の光が地球に届くまでには時間がかかる。 별빛이 지구에 도착할 때까지는 시간이 걸려.

星に興味を持ち始めたのは、小学生の頃です。 별에 관심을 갖기 시작한 것은 초등학생 때예요.

光[ひかり] 빛 | 地球[ちきゅう] 지구 | 届く[とどく]① 도착하다 | 時間[じかん] 시간 | かかる① 걸리다 | 興味[きょうみ] 관심 | 持つ[もつ]① 갖다 | ~始める[はじめる]② ~하기 시작하다 | 小学生[しょうがくせい] 초등학생 | 頃[ころ] 때

1108 N4

正しい　ただしい　옳다, 바르다 [い형용사]

ただしくない　ただしかった　ただしく　ただしくて　ただしければ

⊕ ただしくない　ただしかった　ただしく　ただしくて　ただしければ라는 악센트도 써요.

1109 N2

ただし　ただし　단, 다만 [접속사]

自分が正しいと思うことをしなさい。 스스로가 옳다고 생각하는 것을 해라.

規則正しく生活するのは簡単ではありません。 규칙적으로 생활하는 것은 쉽지 않습니다.

自分[じぶん] 자신 | 思う[おもう]① 생각하다 | 規則[きそく] 규칙 | 生活[せいかつ] 생활 | 簡単[かんたん] 쉬움

午前8時に集合。ただし、雨の場合は中止。 오전 8시에 집합. 단, 비가 올 경우는 취소.

ただし、この値段には送料が入っていません。 다만, 이 가격에는 배송비가 들어 있지 않아요.

午前[ごぜん] 오전 | 8時[はちじ] 8시 | 集合[しゅうごう] 집합 | 雨[あめ] 비 | 場合[ばあい] 경우 | 中止[ちゅうし] 취소 | 値段[ねだん] 가격 | 送料[そうりょう] 배송비 | 入る[はいる]① 들다 | ~ている② ~해 있다

⊕ 雨の場合は는 직역하면 '비의 경우는'이 돼요.

⊕ ただし를 한자 但し로 쓰는 경우도 있어요.

1110 N4

場合　ばあい　경우 [명사]

⊕ 場合의 발음에 대해서는 658쪽 2번 설명을 보세요.

1111 N4

倍 ばい 배, 두 배 [명사]

書類が必要な場合もある。 서류가 필요한 경우도 있어.
もしそうなった場合には、ご連絡ください。 만약 그렇게 된 경우에는 연락해 주십시오.

書類[しょるい] 서류 | 必要[ひつよう] 필요 | ある① 있다 | なる① 되다 | ご～ください ~해 주십시오 | 連絡[れんらく] 연락

お願い！ 1万円貸して！ 倍にして返すから！ 부탁이야! 만 엔 빌려줘! 배로 돌려줄 테니까!
利用客が去年に比べて3倍以上増えました。 이용객이 작년에 비해 3배 이상 늘었습니다.

お願い[おねがい] 부탁 | 1万円[いちまん えん] 만 엔 | 貸す[かす]① 빌려주다 | ～にする③ ~로 하다 | 返す[かえす]① 돌려주다 | 利用[りよう] 이용 | ～客[きゃく] ~객 | 去年[きょねん] 작년 | 比べる[くらべる]② 비교하다 | 3倍[さん ばい] 3배 | 以上[いじょう] 이상 | 増える[ふえる]② 늘다

⊕ 倍にしては 직역하면 '배로 해서'가 돼요. 2倍[に ばい]にして(2배로 해서)라고 할 수도 있어요.

1112 N5 참 636

ここ ここ 여기 [대명사]

1113 N4 참 080

高校 こうこう 고등학교 [명사]

1114 N5 참 635

午後 ごご 오후 [명사]

ちょっとここで待ってて。 잠깐 여기에서 기다려 줘.
ここからは一人で行きます。 여기서부터는 혼자서 갈게요.

待つ[まつ]① 기다리다 | ～て(い)る② ~하고 있다 | 一人で[ひとりで] 혼자서 | 行く[いく]① 가다

⊕ 待ってては 待っていての い가 생략된 것으로, 待っていてください(기다리고 있어 주세요)의 반말이에요.

高校と大学で中国語を習った。 고등학교와 대학교에서 중국어를 배웠다.
高校で数学を教えています。 고등학교에서 수학을 가르치고 있습니다.

大学[だいがく] 대학교 | 中国語[ちゅうごくご] 중국어 | 習う[ならう]① 배우다 | 数学[すうがく] 수학 | 教える[おしえる]② 가르치다 | ～ている② ~하고 있다

明日の午後、時間ある？ 내일 오후에 시간 있어?

今週は午後10時から午前6時まで働きます。 이번 주는 오후 10시부터 오전 6시까지 일해요.

明日[あした] 내일 | 時間[じかん] 시간 | ある① 있다 | 今週[こんしゅう] 이번 주 | 10時[じゅう じ] 10시 | 午前[ごぜん] 오전 | 6時[ろく じ] 6시 | 働く[はたらく]① 일하다

⊕ 일본어는 청음과 탁음(오른쪽 위에 ˝이 없는 것과 있는 것의) 구별도 어려워요. 탁음은 청음보다 훨씬 무겁고 목에 울림(진동)이 더 느껴져요.

1115 N5 참 654

4日 よっか 4일 [명사]

1116 N5 참 654

8日 ようか 8일 [명사]

4日の夜に飲み会がある。 4일 밤에 술모임이 있다.

私は4月4日に生まれました。 저는 4월 4일에 태어났습니다.

夜[よる] 밤 | 飲み会[のみかい] 술모임 | ある① 있다 | 私[わたし] 저 | 4月[し がつ] 4월 | 生まれる[うまれる]② 태어나다

5日から8日まで旅行に行く。 5일부터 8일까지 여행을 가요.

8日に帰ってきます。 8일에 돌아와요.

5日[いつか] 5일 | 旅行[りょこう] 여행 | 行く[いく]① 가다 | 帰る[かえる]① 돌아오다 | ～てくる③ ~해 오다

⊕ 4日[よっか]와 8日[ようか]는 발음이 매우 비슷해서 헛갈리는 경우가 많아요. 특히 청해시험에서 제대로 구별할 수 있는지 나오는 경우가 꽤 있으니 신경 써서 연습하세요!

확인해 봐요!

책 날개에 있는 책갈피를 이용해서, 한 쪽을 가리고 나머지 한 쪽을 맞추는 연습을 해 보세요.

いいえ	아니요	ビール	맥주
家(いえ)	집	欲(ほ)しい	갖고 싶다, 원하다
お菓子(かし)	과자	星(ほし)	별
おかしい	이상하다, 웃기다	正(ただ)しい	옳다, 바르다
おじいさん	할아버지	ただし	단, 다만
おじさん	아저씨, 백부나(외)숙부 등 부모의 남자 형제	場合(ばあい)	경우
おばあさん	할머니	倍(ばい)	배, 두 배
おばさん	아주머니, 백모나 (외)숙모 등 부모의 여자 형제	ここ	여기
地図(ちず)	지도	高校(こうこう)	고등학교
チーズ	치즈	午後(ごご)	오후
取(と)る	집다, 취득하다	4日(よっか)	4일
通(とお)る	지나다, 통과하다	8日(ようか)	8일
ビル	빌딩		

〈장문으로 연습해 봐요〉

❶ 일본어 단어의 독음을 히라가나로 쓴 후에 한국어 뜻을 써 보세요.

단어	히라가나	뜻
01. お菓子		
02. 通る		
03. 欲しい		
04. 星		
05. 午後		

❷ 한국어 뜻에 해당하는 일본어 단어를 히라가나와 한자로 써 보세요.

단어	히라가나	한자
06. 집		
07. 지도		
08. 옳다, 바르다		
09. 경우		
10. 고등학교		

❸ (　　) 속에 적절한 단어를 써 보세요. 한자를 모를 경우에는 히라가나로 쓰세요.

11. (　　　　)なあ。確かにここに置いたはずなのに。
이상하네. 분명히 여기에 두었는데.

12. パン屋の(　　　　)はいつも親切です。 빵집 아주머니는 항상 친절해요.

13. 駅の前に高い(　　　　)が建った。 역 앞에 높은 빌딩이 세워졌다.

14. お願い！ 1万円貸して！ (　　　　)にして返すから！
부탁이야! 만 엔 빌려줘! 배로 돌려줄 테니까!

15. 5日から(　　　　)まで旅行に行く。 5일부터 8일까지 여행을 가요.

| 정답 |

❶ 01. おかし/과자 02. とおる/지나다, 통과하다 03. ほしい/갖고 싶다, 원하다 04. ほし/별 05. ごご/오후
❷ 06. いえ/家 07. ちず/地図 08. ただしい/正しい 09. ばあい/場合 10. こうこう/高校
❸ 11. おかしい 12. おばさん 13. ビル 14. 倍[ばい] 15. 8日[ようか]

1117 N5 참 154

天気 てんき 날씨 [명사]

1118 N5 참 048

電気 でんき 전기, 불 [명사]

明日から天気が悪くなるって言ってた。 내일부터 날씨가 안 좋아진다고 했었어.
今日は本当にいい天気ですね。 오늘은 정말로 좋은 날씨네요.

明日[あした] 내일 | 悪い[わるい] 나쁘다 | ～くなる① ~해지다 | 言う[いう]① 말하다 | ～て(い)る② ~하고 있다 | 今日[きょう] 오늘 | 本当に[ほんとうに] 정말로 | いい 좋다

- 悪くなる는 직역하면 '나빠진다'가 돼요.
- ～って言う는 ～と言う의 구어체예요.

このストーブは電気が要らない。 이 난로는 전기가 필요없다.
私は電気を全部消して寝ます。 저는 불을 전부 다 끄고 잡니다.

要る[いる]① 필요하다 | 私[わたし] 저 | 全部[ぜんぶ] 전부 | 消す[けす]① 끄다 | 寝る[ねる]② 자다

1119 N4

かむ かむ (깨)물다, 씹다 [1류동사(타)]

かまない　かみます　かめ　かめる　かめば　かもう　かんで

1120 N3

ガム ガム 껌 [명사]

よくかまないと、体に悪いらしいよ。 잘 씹지 않으면 몸에 안 좋은 모양이야.
食事中に口の中をかんでしまいました。 식사 중에 입 안을 깨물어 버렸어요.

体[からだ] 몸 | 悪い[わるい] 나쁘다 | ～らしい ~하는 모양이다 | 食事[しょくじ] 식사 | ～中[ちゅう] ~중 | 口[くち] 입 | 中[なか] 안 | ～てしまう① ~해 버리다

- 体に悪い는 직역하면 '몸에 나쁘다'가 돼요.
- かむ를 한자 噛む로 쓰는 경우도 있어요.

食事の後は、キシリトールの入ったガムをかむ。 식사 후에는 자일리톨이 든 껌을 씹는다.
かみ終わったガムは紙に包んで捨てましょう。 다 씹은 껌은 종이에 싸서 버립시다.

食事[しょくじ] 식사 ı ~の後[あと] ~ 후 ı 入る[はいる]① 들다 ı ~終わる[おわる]① 다 ~하다 ı 紙[かみ] 종이 ı 包む[つつむ]① 싸다 ı 捨てる[すてる]② 버리다

1121 N4 참 120

信号 しんごう 신호, 신호등 [명사]

1122 N4

人口 じんこう 인구 [명사]

光で信号を送る技術は広く使われている。 빛으로 신호를 보내는 기술은 널리 사용되고 있다.
信号が青になるまで待ちましょう。 신호등이 파란불이 될 때까지 기다립시다.

光[ひかり] 빛 ı 送る[おくる]① 보내다 ı 技術[ぎじゅつ] 기술 ı 広い[ひろい] 넓다 ı 使う[つかう]① 사용하다 ı ~ている② ~하고 있다 ı 青[あお] 파랑 ı ~になる① ~가 되다 ı 待つ[まつ]① 기다리다

この町は人口がどんどん減ってる。 이 도시는 인구가 점점 줄고 있어.
世界の人口は増え続けてます。 세계의 인구는 계속 늘고 있어요.

町[まち] 도시 ı 減る[へる]① 줄다 ı ~て(い)る② ~하고 있다 ı 世界[せかい] 세계 ı 増える[ふえる]② 늘다 ı ~続ける[つづける]② 계속 ~하다

1123 N5 참 060

クラス クラス 반(학급), 수업 [명사]

1124 N5

グラス グラス 글라스, 잔 [명사]

⊕ グラス라는 악센트도 써요.

1125 N4

ガラス ガラス 유리 [명사]

私はクラスで一番背が低い。 나는 반에서 제일 키가 작아.
英語のクラスにネイティブの先生が来ました。 영어 수업에 원어민 선생님이 왔어요.

私[わたし] 나 ı 一番[いちばん] 제일 ı 背[せ] 키 ı 低い[ひくい] 낮다 ı 英語[えいご] 영어 ı 先生[せんせい] 선생님 ı 来ました[きました]③ 왔습니다

⊕ '키가 작다'는 일본어로 背が低い(키가 낮다)라고 표현해요.

ワインをグラス1杯だけ飲んだ。 와인을 글라스 한 잔만 마셨다.
それでは皆さん、グラスを持ってください。 그럼 여러분, 잔을 들어 주세요.

1杯[いっ ぱい] 한 잔 | 飲む[のむ]① 마시다 | 皆さん[みなさん] 여러분 | 持つ[もつ]① 들다

プラスチックはガラスに比べて割れにくい。 플라스틱은 유리에 비해 쉽게 안 깨져.
買ってきた花をガラスの花びんに飾りました。 사 온 꽃을 유리 꽃병에 장식했어요.

比べる[くらべる]② 비교하다 | 割れる[われる]② 깨지다 | ～にくい 쉽게 ~하지 않다 | 買う[かう]① 사다 | ～てくる③ ~해 오다 | 花[はな] 꽃 | 花びん[かびん] 꽃병 | 飾る[かざる]① 장식하다

1126 N5 참 651

10 じゅう 십(10) [명사]

1127 N4

自由 じゆう 자유 [명사, な형용사]

その部屋は10人まで泊まれる。 그 방은 10명까지 묵을 수 있다.
10はスペイン語で「ディエス」と言います。 10은 스페인어로 '디에스'라고 해요.

部屋[へや] 방 | 10人[じゅう にん] 10명 | 泊まる[とまる]① 묵다 | スペイン語[ご] 스페인어 | 言う[いう]① 말하다

⊕ 10[じゅう]는 한자 十으로 쓰는 경우도 있어요.

結婚すると自由な時間がなくなりそう。 결혼하면 자유로운 시간이 없어질 것 같아.
ご自由にお使いください。 자유롭게 사용하십시오.

結婚[けっこん] 결혼 | 時間[じかん] 시간 | なくなる① 없어지다 | ～そうだ ~할 것 같다 | お～ください ~하십시오 | 使う[つかう]① 사용하다

⊕ 自由는 な형용사로도 쓰는데, 여기에서는 10과 대조하기 위해 な를 붙이지 않았어요.

1128 N5 참 234

病院 びょういん 병원 [명사]

1129 N4 참 137

美容院 びよういん 미용실 [명사]

その人は病院に着く前に死んだ。 그 사람은 병원에 도착하기 전에 죽었다.

毎日、病院に通っています。 매일 병원에 다니고 있습니다.

人[ひと] 사람 | 着く[つく]① 도착하다 | ～前に[まえに] ~(하기) 전에 | 死ぬ[しぬ]① 죽다 | 毎日[まいにち] 매일 | 通う[かよう]① 다니다 | ～ている② ~하고 있다

来月から美容院で働くことになった。 다음 달부터 미용실에서 일하게 됐어.

美容院の予約が取れませんでした。 미용실 예약을 잡을 수 없었어요.

来月[らいげつ] 다음 달 | 働く[はたらく]① 일하다 | ～ことになる① ~하게 되다 | 予約[よやく] 예약 | 取る[とる]① 잡다

'미용실'을 나타내는 단어로 美容室[びようしつ]도 있어요. 美容院과 病院의 발음 구별이 어려우면 美容室를 쓰세요. 다만 일본 국어사전에는 대부분 美容院만 나와 있고 일본어 교육에서도 美容院을 가르치게 되어 있어요.

1130 N4

利用 りよう 이용 [명사(+する)]

1131 N3

量 りょう 양 [명사]

空いた時間を利用してできる仕事を見つけた。 빈 시간을 이용해서 할 수 있는 일을 찾았다.

カードはご利用になれません。 카드는 이용하실 수 없습니다.

空く[あく]① 비다 | 時間[じかん] 시간 | できる② 할 수 있다 | 仕事[しごと] 일 | 見つける[みつける]② 찾다 | ご～になる① ~하시다

仕事の量が多くて1日24時間では足りない。 일의 양이 많아서 하루 24시간으로는 부족해.

新しいメニューはお肉の量が2倍になります。 새 메뉴는 고기의 양이 2배가 돼요.

仕事[しごと] 일 | 多い[おおい] 많다 | 1日[いち にち] 하루 | 24時間[にじゅうよ じかん] 24시간 | 足りる[たりる]② 족하다 | 新しい[あたらしい] 새롭다 | 肉[にく] 고기 | 2倍[に ばい] 2배 | ～になる① ~가 되다

1132 N4

참 020

夫 おっと 남편 [명사]

1133 N4

참 529

音 おと 소리 [명사]

先週オープンしたブランチカフェに夫と行った。
지난주에 오픈한 브런치 카페에 남편과 갔다.

夫は銀行に勤めています。 남편은 은행에 근무하고 있습니다.

先週[せんしゅう] 지난주 | 行く[いく]① 가다 | 銀行[ぎんこう] 은행 | 勤める[つとめる]② 근무하다 | ~ている② ~하고 있다

スマホから変な音がする。 스맛폰에서 이상한 소리가 나.
木の枝が折れるような音が聞こえました。 나뭇가지가 부러지는 것 같은 소리가 들렸어요.

変[へん] 이상 | 木[き] 나무 | 枝[えだ] 가지 | 折れる[おれる]② 부러지다 | ~ようだ ~하는 것 같다 | 聞こえる[きこえる]② 들리다

'소리가 나다'는 일본어로 音がする(소리가 하다)라고 표현해요.

1134 N4 참 102

店員 てんいん 점원 [명사]

1135 N3

定員 ていいん 정원 [명사]

店のお金を盗んだのはバイトの店員だった。 가게의 돈을 훔친 것은 알바 점원이었다.
洋服を選ぶときに、店員さんに相談しました。 옷을 고를 때 점원에게 상의했습니다.

店[みせ] 가게 | お金[おかね] 돈 | 盗む[ぬすむ]① 훔치다 | 洋服[ようふく] 옷 | 選ぶ[えらぶ]① 고르다 | 相談[そうだん] 상의

店員이라고만 하면 약간 거친 느낌이 있어요. 부정적인 내용이 아닐 때는 뒤에 さん을 붙여서 店員さん이라고 하는 경우가 많아요.

定員が20人なのに、25人も乗ってる! 정원이 20명인데, 25명이나 타고 있어!
定員いっぱいになるまで受付いたします。 정원이 가득 찰 때까지 접수하겠습니다.

20人[にじゅう にん] 20명 | 25人[にじゅうご にん] 25명 | 乗る[のる]① 타다 | ~て(い)る② ~하고 있다 | ~になる① ~가 되다 | 受付[うけつけ] 접수 | いたす① 하다(공손함)

1136 N5

待つ まつ 기다리다 [1류동사(타)]

またない まちます まて まてる まてば まとう まって

1137 N5

持つ もつ 들다, 가지다 [1류동사(타)]

もたない もちます もて もてる もてば もとう もって

母が寝ないで私を待っていた。 어머니가 자지 않고 나를 기다리고 있었다.

バスを待ちながら友達と話をしました。 버스를 기다리면서 친구와 이야기를 했습니다.

母[はは] 어머니 | 寝る[ねる]② 자다 | 私[わたし] 나 | ～ている② ～하고 있다 | 友達[ともだち] 친구 | 話[はなし] 이야기

財布を持たないで出かけた。 지갑을 안 들고 외출했어.

鉛筆と消しゴムを持ってきてください。 연필과 지우개를 가지고 와 주세요.

財布[さいふ] 지갑 | 出かける[でかける]② 외출하다 | 鉛筆[えんぴつ] 연필 | 消しゴム[けしゴム] 지우개 | ～てくる③ ～하고 오다

⊕ 待つ와 持つ는 발음도 비슷하지만 한자도 비슷하니 조심하세요! 한자의 오른쪽은 똑같고 왼쪽만 달라요.

1138 N5

呼ぶ よぶ 부르다 [1류동사(타)]

よばない よびます よべ よべる よべば よぼう よんで

1139 N5 참 065

読む よむ 읽다 [1류동사(타)]

よまない よみます よめ よめる よめば よもう よんで

その人は何度呼んでも答えなかった。 그 사람은 몇 번 불러도 대답하지 않았다.

私は清水さんを「お姉さん」と呼びました。 저는 しみず 씨를 '언니'라고 불렀습니다.

人[ひと] 사람 | 何度[なんど] 몇 번 | 答える[こたえる]② 대답하다 | 私[わたし] 저 | お姉さん[おねえさん] 언니

⊕ 일본에서는 가족 외의 관계에서 '누나, 언니, 오빠, 형'이라는 말을 쓰는 경우가 많지 않아요. 연하라도 친하지 않으면 존댓말을 쓰고 연상이라도 친하면 반말을 쓰고 '친구'라고 불러요.

私の息子はあまり本を読まない。 우리 아들은 별로 책을 읽지 않아.

今日のニュースはまだ読んでません。 오늘 뉴스는 아직 읽지 않았어요.

私[わたし] 나 | 息子[むすこ] 아들 | 本[ほん] 책 | 今日[きょう] 오늘 | ～て(い)る② ～하고 있다

➕ 私の息子는 직역하면 '나의 아들'이 돼요. 일본어에서는 '나의 아들', '나의 학교/회사'와 같은 표현을 써요. 꼭 '우리 아들'이라고 하고 싶다면 うちの息子라고 하면 돼요. うち는 '집'이라는 뜻 외에 '주어가 속하는 집단'이라는 뜻이 있어요.

➕ まだ読んでいません은 직역하면 '아직 읽고 있지 않습니다'가 돼요. 이와 같이 まだ(아직) 뒤에는 ～ていない라는 표현이 이어지고, 한국어처럼 '～하지 않았다'라는 과거부정형이 이어지지 않아요.

➕ 呼ぶ도 読む도 て형은 둘 다 よんで가 되는데, 악센트가 달라서 악센트로 구별해야 하니 신경 쓰세요.

1140 N4

ハンバーグ　ハンバーグ　햄버그(스테이크) [명사]

1141 N4

ハンバーガー　ハンバーガー　햄버거 [명사]

お弁当にご飯とハンバーグとサラダを入れた。 도시락에 밥이랑 햄버그랑 샐러드를 넣었어.

子供たちはハンバーグが大好きです。 아이들은 햄버그를 무척 좋아해요.

弁当[べんとう] 도시락 | ご飯[ごはん] 밥 | 入れる[いれる]② 넣다 | 子供[こども] 아이 | 大好き[だいすき] 무척 좋아함

➕ ハンバーグ는 반찬으로 먹는 햄버그 스테이크예요. ハンバーグステーキ(햄버그 스테이크)라는 말도 쓰는데 ハンバーグ보다 크기가 커요. ハンバーグステーキ의 악센트는 ハンバーグステーキ가 돼요.

ドライブスルーでハンバーガーを買った。 드라이브스루에서 햄버거를 샀다.

久しぶりにハンバーガーを食べました。 오랜만에 햄버거를 먹었습니다.

買う[かう]① 사다 | 久しぶり[ひさしぶり] 오래간만 | 食べる[たべる]② 먹다

1142 N4

すごい　すごい　굉장하다, 대단하다 [い형용사]

すごくない　すごかった　すごく　すごくて　すごければ

➕ すごくない　すごかった　すごく　すごくて　すごければ라는 악센트도 써요.

1143 N4

ひどい　ひどい　심하다, 너무하다 [い형용사]

ひどくない　ひどかった　ひどく　ひどくて　ひどければ

➕ ひどくない　ひどかった　ひどく　ひどくて　ひどければ라는 악센트도 써요.

英語も中国語もできるの？すごいね！ 영어도 중국어도 할 줄 아는 거야? 대단하네!

一昨日の火事はすごかったです。 그제께 일어난 화재는 굉장했어요.

英語[えいご] 영어 ｜ 中国語[ちゅうごくご] 중국어 ｜ できる② 할 수 있다 ｜ ～の？ ～하는 거야? ｜ 一昨日[おととい] 그저께 ｜ 火事[かじ] 화재

⊕ 英語も中国語もできる는 직역하면 '영어도 중국어도 할 수 있다'가 돼요.

ひどく汚れていなければ水で洗うだけでいい。 심하게 더럽지 않으면 물로 씻기만 하면 된다.

そのやり方はひどすぎると思いませんか。 그 방법은 너무하다고 생각하지 않아요?

汚れる[よごれる]② 더러워지다 ｜ ～ている② ～해 있다 ｜ 水[みず] 물 ｜ 洗う[あらう]① 씻다 ｜ いい 좋다 ｜ やる 하다 ｜ ～方[かた] ～(하는) 방법 ｜ ～すぎる② 너무 ～하다 ｜ 思う[おもう]① 생각하다

⊕ 汚れていなければ는 직역하면 '더러워져 있지 않으면'이 돼요

⊕ やり方는 직역하면 '하는 방법'이 돼요.

⊕ ひどすぎる는 직역하면 '너무 너무하다'가 돼요. ひどい(너무하다)보다 더 정도가 심한 경우에 써요.

책 날개에 있는 책갈피를 이용해서, 한 쪽을 가리고 나머지 한 쪽을 맞추는 연습을 해 보세요.

天気(てんき)	날씨	量(りょう)	양
電気(でんき)	전기, 불	夫(おっと)	남편
かむ	(깨)물다, 씹다	音(おと)	소리
ガム	껌	店員(てんいん)	점원
信号(しんごう)	신호, 신호등	定員(ていいん)	정원
人口(じんこう)	인구	待(ま)つ	기다리다
クラス	반(학급), 수업	持(も)つ	들다, 가지다
グラス	글라스, 잔	呼(よ)ぶ	부르다
ガラス	유리	読(よ)む	읽다
10(じゅう)	십(10)	ハンバーグ	햄버그(스테이크)
自由(じゆう)	자유	ハンバーガー	햄버거
病院(びょういん)	병원	すごい	굉장하다, 대단하다
美容院(びよういん)	미용실	ひどい	심하다, 너무하다
利用(りよう)	이용		

연습해 봐요!

〈대화로 연습해 봐요〉

1 일본어 단어의 독음을 히라가나로 쓴 후에 한국어 뜻을 써 보세요.

단어	히라가나	뜻
01. 電気		
02. 信号		
03. 利用		
04. 待つ		
05. 呼ぶ		

2 한국어 뜻에 해당하는 일본어 단어를 히라가나와 한자로 써 보세요.

단어	히라가나	한자
06. 날씨		
07. 병원		
08. 점원		
09. 들다, 가지다		
10. 읽다		

3 (　　) 속에 적절한 단어를 써 보세요. 한자를 모를 경우에는 히라가나로 쓰세요.

11. 私は(　　　　)で一番背が低い。 나는 반에서 제일 키가 작아.

12. ご(　　　　)にお使いください。 자유롭게 사용하십시오.

13. (　　　　)の予約が取れませんでした。 미용실 예약을 잡을 수 없었어요.

14. 新しいメニューはお肉の(　　　　)が2倍になります。
새 메뉴는 고기 양이 2배가 돼요.

15. スマホから変な(　　　　)がする。 스맛폰에서 이상한 소리가 나.

| 정답 |

1 01. でんき / 전기, 불 02. しんごう / 신호, 신호등 03. りよう / 이용 04. まつ / 기다리다 05. よぶ / 부르다

2 06. てんき / 天気 07. びょういん / 病院 08. てんいん / 店員 09. もつ / 持つ 10. よむ / 読む

3 11. クラス 12. 自由[じゆう] 13. 美容院[びよういん] 14. 量[りょう] 15. 音[おと]

한국어에서는 구별하지만 일본어에서는 구별하지 않는 단어

22마디에서는 한국어에서는 구별하지만 일본어에서는 구별하지 않는 단어를 배울게요. 한국어에서는 2가지 단어인데 일본어에서는 1가지만 외우면 돼요! 이번 마디는 가벼운 마음으로 배워봅시다.

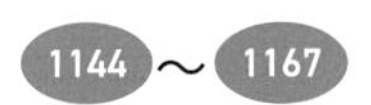

단어 및 예문듣기

1144 N5 참 014

お兄さん おにいさん 오빠, 형(높임○) [명사]

その人は「歌のお兄さん」と呼ばれてる。 그 사람은 '노래의 오빠'라고 불리고 있어.

さっきそこであなたのお兄さんに会いましたよ。 좀 전에 거기에서 당신 형을 만났어요.

人[ひと] 사람 | 歌[うた] 노래 | 呼ぶ[よぶ]① 부르다 | ~て(い)る② ~하고 있다 | 会う[あう]① 만나다

+ 높이지 않는 호칭인 兄[あに]도 '오빠'와 '형'의 구별이 없어요.

1145 N5 참 015

お姉さん おねえさん 누나, 언니(높임○) [명사]

友達のお姉さんは明るい人だった。 친구의 누나는 밝은 사람이었어.

お姉さんはどうしてますか。 언니는 어떻게 지내요?

友達[ともだち] 친구 | 明るい[あかるい] 밝다 | 人[ひと] 사람 | ~て(い)る② ~하고 있다

+ 높이지 않는 호칭인 姉[あね]도 '누나'와 '언니'의 구별이 없어요.

+ どうしてますか는 직역하면 '어떻게 하고 있습니까?'가 돼요.

1146 N5 참 443

おじ(さん) おじ(さん) 백부, (외)숙부 등 부모의 남자 형제 [명사]

友達のおじさんは学校の先生だ。 친구의 작은아버지는 학교 선생님이다.

私のおじは北京に住んでいます。 제 이모부는 베이징에 살고 계십니다.

友達[ともだち] 친구 | 学校[がっこう] 학교 | 先生[せんせい] 선생님 | 私[わたし] 저 | 北京[ペキン] 베이징 | 住む[すむ]① 살다 | ~ている② ~하고 있다

+ 住んでいます는 직역하면 '살고 있습니다'가 돼요. '제 이모부'도 청자보다 화자에 가까운 사람이라 높이면 안 돼요.

+ 일본어에서는 친가와 외가, 위 아래 구별없이 불러요. 위 아래는 한자를 다르게 쓰긴 하지만 히라가나로 쓰는 경우가 많아요. 바로 아래의 おば(さん)도 마찬가지예요.

1147 N5 참 443

おば(さん) おば(さん) 백모, (외)숙모 등 부모의 여자 형제 [명사]

私は今、東京にあるおばの家にいる。 나는 지금 とうきょう에 있는 큰어머니 집에 있어.

友達はおばさんと一緒に買い物に来ていました。 친구는 이모와 함께 쇼핑하러 왔었어요.

私[わたし] 나 | 今[いま] 지금 | ある① 있다 | 家[いえ] 집 | いる② 있다 | 友達[ともだち] 친구 | 一緒に[いっしょに] 함께 | 買い物[かいもの] 쇼핑 | 来て[きて]③ 와 | ～ている ~해 있다

1148 N5

兄弟 きょうだい 형제, 남매 [명사]

私は兄弟がいない。 나는 형제가 없다.

その二人は兄弟じゃありません。 그 두 사람은 남매가 아닙니다.

私[わたし] 나 | いる② 있다 | 二人[ふたり] 두 사람

'형제'도 '남매'도 兄弟라고 해요. '남매'를 한자 兄妹(오빠와 여동생) 혹은 姉弟(누나와 남동생)로 표기하는 경우도 있지만, 일상적으로는 兄弟로 쓰는 경우가 많아요.

1149 N5 참 334

押す おす 누르다, 밀다 [1류동사(타)]

おさない おします おせ おせる おせば おそう おして

押すな! 밀지 마!

チャイムを押さないでノックしてください。 초인종을 누르지 말고 노크를 해 주세요.

1150 N5 참 316

遅い おそい 느리다, 늦다 [い형용사]

おそくない おそかった おそく おそくて おそければ

おそい라는 악센트도 써요.

今年は花が咲くのが遅いね。 올해는 꽃이 피는 것이 늦네.

あの人は仕事が遅くて困ります。 저 사람은 일이 느려서 곤란해요.

今年[ことし] 올해 | 花[はな] 꽃 | 咲く[さく]① 피다 | 人[ひと] 사람 | 仕事[しごと] 일 | 困る[こまる] ① 곤란하다

일본어에서는 '느리다'도 '늦다'도 遅い라고 해요. 반대말의 경우 '느리다'는 速い[はやい](빠르다)가 되고 '늦다'는 早い[はやい](이르다, 빠르다)가 돼요.

1151 N5

かぎ　かぎ　열쇠, 자물쇠 [명사]

玄関のかぎがかかっていた。　현관이 잠겨 있었다.

ロッカーのかぎをなくしてしまいました。　사물함의 열쇠를 잃어버렸습니다.

かかる① 걸리다 ｜ ～ている② ～해 있다 ｜ なくす① 잃다 ｜ ～てしまう① ～해 버리다

- 玄関のかぎがかかっていた는 직역하면 '현관 자물쇠가 걸려 있었다'가 돼요.
- '자물쇠'를 나타내는 錠[じょう]나 錠前[じょうまえ]라는 단어도 있는데, 일상적으로는 거의 안 쓰고 자물쇠도 かぎ라고 하는 경우가 많아요.
- ロッカー는 영어 locker예요.
- かぎ를 한자 鍵로 쓰는 경우도 많고, 가타카나 カギ로 쓰는 경우도 많아요.

1152 N5　참 391

消える　きえる　꺼지다, 사라지다 [2류동사(자)]

きえない　きえます　きえろ　きえられる　きえれば　きえよう　きえて

データが消えた!　데이터가 사라졌어!

お店の電気はもう消えていました。　가게 불은 이미 꺼져 있었어요.

店[みせ] 가게 ｜ 電気[でんき] 불 ｜ ～ている② ～해 있다

- '지워지다'도 消える라고 표현해요.

1153 N5　참 380 419

切る　きる　자르다, 베다 [1류동사(타)]

きらない　きります　きれ　きれる　きれば　きろう　きって

割れたガラスで指を切った。　깨진 유리에 손가락을 베였다.

フランスパンを厚く切りました。　바게트를 두껍게 잘랐습니다.

割れる[われる]② 깨지다 ｜ 指[ゆび] 손가락 ｜ 厚い[あつい] 두껍다

- 切る는 '자르다', '베다' 외에 '끊다'라는 뜻으로도 써요.
- 일본에서는 바게트를 フランスパン(프랑스 빵)이라고 하는 경우가 많아요.

1154 N5 참 179

靴 くつ 구두, 신발 [명사]

靴が小さくて足が痛い。 구두가 작아서 발이 아파.

今、靴を履いています。 지금, 신발을 신고 있어요.

小さい[ちいさい] 작다 ｜ 足[あし] 발 ｜ 痛い[いたい] 아프다 ｜ 今[いま] 지금 ｜ 履く[はく]① 신다 ｜ ～ている② ~하고 있다

1155 N5

魚 さかな 물고기, 생선 [명사]

この川には大きな魚がいる。 이 강에는 큰 물고기가 있다.

今日の晩ご飯は魚を食べましょう。 오늘 저녁밥은 생선을 먹읍시다.

川[かわ] 강 ｜ 大きな[おおきな] 큰 ｜ いる② 있다 ｜ 今日[きょう] 오늘 ｜ 晩ご飯[ばんごはん] 저녁밥 ｜ 食べる[たべる]② 먹다

1156 N5 참 632

さようなら さようなら 안녕히 가세요, 안녕히 계세요 [감동사]

あなたとはもう二度と会いません。さようなら。
당신과는 이제 두 번 다시 보지 않겠어요. 안녕히 계세요.

お国に帰ってもどうぞお元気で。さようなら。
고국에 돌아가서도 아무쪼록 건강하세요. 안녕히 가세요.

二度と[にどと] 두 번 다시 ｜ 会う[あう]① 만나다 ｜ 国[くに] 고국 ｜ 元気[げんき] 건강

- '안녕히 가세요'도 '안녕히 계세요'도 일본어로는 さようなら가 돼요. 그런데 さようなら라는 인사를 일상적으로 잘 안 쓰고 두 번 다시 못 볼 때, 못 볼 수도 있는 상황에서 쓰는 경우가 많아요. 그래서 드라마에서 사귀던 남녀가 이별하는 장면 등에서 쓰는 경우가 많아요. 다만 초등학교에서 하교할 때 하는 인사로 さようなら를 써요.
- お元気で 자체는 '건강히'라는 뜻으로, 뒤에 이어지는 '지내세요'라는 부분이 생략된 말이에요.
- さようなら를 짧게 さよなら라고 하는 경우도 많아요.

1157 N5 참 317

高い たかい 비싸다, 높다 [い형용사]

たくない たかかった たかく たかくて たかければ

⊕ たかくない たかかった たかく たかくて たかければ라는 악센트도 써요.

野菜が高くなった。 채소가 비싸졌다.

この辺には高い山がありません。 이 근처에는 높은 산이 없습니다.

野菜[やさい] 야채, 채소 ㅣ ～くなる① ～해지다 ㅣ 辺[へん] 근처 ㅣ 山[やま] 산 ㅣ ある① 있다

1158 N5 참 206

卵 たまご 계란, 알 [명사]

卵から小さな鳥の赤ちゃんが出てきた。 알에서 작은 새끼 새가 나왔어.

卵を使ったレシピを紹介します。 계란을 사용한 레시피를 소개할게요.

小さな[ちいさな] 작은 ㅣ 鳥[とり] 새 ㅣ 赤ちゃん[あかちゃん] 아기 ㅣ 出る[でる]② 나오다 ㅣ ～てくる③ ～해 오다 ㅣ 使う[つかう]① 사용하다 ㅣ 紹介[しょうかい] 소개

1159 N5

飛ぶ とぶ 날다, 뛰다 [1류동사(자)]

とばない とびます とべ とべる とべば とぼう とんで

鳥のほかにも空を飛ぶ動物がたくさんいる。 새 외에도 하늘을 나는 동물이 많이 있다.

手を洗ったときに水が飛んで服がぬれました。 손을 씻었을 때 물이 튀어서 옷이 젖었습니다.

鳥[とり] 새 ㅣ 空[そら] 하늘 ㅣ 動物[どうぶつ] 동물 ㅣ いる② 있다 ㅣ 手[て] 손 ㅣ 洗う[あらう]① 씻다 ㅣ 水[みず] 물 ㅣ 服[ふく] 옷 ㅣ ぬれる② 젖다

⊕ 飛ぶ를 '뛰다(점프하다)'라는 뜻으로 쓰기도 하는데, 이 때는 한자를 跳ぶ로 쓰는 경우가 많아요.

1160 N5 참 637

前 まえ 앞, 전 [명사]

暗くて前がよく見えない。 어두워서 앞이 잘 안 보여.

その人とは前に会ったことがあります。 그 사람과는 전에 만난 적이 있어요.

暗い[くらい] 어둡다 | 見える[みえる]② 보이다 | 人[ひと] 사람 | 会う[あう]① 만나다 | ～たことがある① ～한 적이 있다

1161 N5 참 639

よく よく 잘, 자주 [부사]

日本の音楽はよく知らない。 일본 음악은 잘 몰라.

そこは私がよく行く飲み屋です。 그곳은 제가 자주 가는 술집이에요.

日本[にほん] 일본 | 音楽[おんがく] 음악 | 知る[しる]① 알다 | 私[わたし] 저 | 行く[いく]① 가다 | 飲み屋[のみや] 술집

1162 N4 참 291

失敗 しっぱい 실수, 실패 [명사(+する)]

失敗することは誰にでもある。 실수하는 일은 누구에게나 있다.

失敗を失敗で終わらせないことが大事です。 실패를 실패로 끝내지 않는 것이 중요합니다.

誰[だれ] 누구 | ある① 있다 | 終わる[おわる]① 끝나다 | 大事[だいじ] 중요

⊕ 아주 가벼운 실수인 경우는 ミス(미스테이크의 준말)를 쓰기도 해요.

1163 N4

線 せん 선, 줄 [명사]

この線からこっちに入ってくるな。 이 선부터 이쪽으로 들어오지 마라.

間違えた単語に線を引きました。 틀린 단어에 줄을 그었습니다.

入る[はいる]① 들어오다 | ～てくる③ ～해 오다 | 間違える[まちがえる]② 틀리다 | 単語[たんご] 단어 | 引く[ひく]① (줄을) 긋다

⊕ 금('금을 긋다'의 '금')도 線이라고 해요.

⊕ '줄을 긋다', '금을 긋다'는 일본어로 線を引く(선을 끌다)라고 표현해요.

1164 N4 참 029

相談 そうだん 상의, 상담 [명사(+する)]

進路について先生に相談をした。 진로에 대해서 선생님께 상담을 했어.

ちょっと相談したいことがあるんですが……。 잠깐 상의하고 싶은 것이 있는데요…….

進路[しんろ] 진로 | 先生[せんせい] 선생님 | ～たい ～하고 싶다 | ある① 있다 | ～んですが ～하는데요

1165 N4 참 231

骨 ほね **뼈, 가시** [명사]

腕の骨が折れた。 팔 뼈가 부러졌다.

魚は骨があるから嫌いです。 생선은 가시가 있어서 싫어합니다.

腕[うで] 팔 | 折れる[おれる]② 부러지다 | 魚[さかな] 생선 | ある① 있다 | 嫌い[きらい] 싫어함

- 우산의 '살'도 骨라고 해요.
- 식물의 '가시'는 とげ라고 해요.

1166 N4 참 402

焼く やく **굽다, 태우다** [1류동사(타)]

やかない　やきます　やけ　やける　やけば　やこう　やいて

牛肉なのに焼きすぎちゃった！ 소고기인데 너무 오래 굽고 말았어!

これは動物の骨を焼いて灰にしたものです。
이것은 동물의 뼈를 태워서 재로 만든 것이에요.

牛肉[ぎゅうにく] 소고기 | ～すぎる② 너무 ～하다 | ～ちゃう① ～하고 말다 | 動物[どうぶつ] 동물 | 骨[ほね] 뼈 | 灰[はい] 재 | ～にする③ ～로 만들다

- ～ちゃう는 ～てしまう의 준말이에요.

1167 N4

指 ゆび **손가락, 발가락** [명사]

この温泉は日本で5本の指に入る温泉だ。
이 온천은 일본에서 다섯 손가락 안에 드는 온천이다.

足の指を開く運動をするといいですよ。 발가락을 벌리는 운동을 하면 좋아요.

温泉[おんせん] 온천 | 日本[にほん] 일본 | 5本[ごほん] 다섯 개 | 入る[はいる]① 들다 | 足[あし] 발 | 開く[ひらく]① 펴다 | 運動[うんどう] 운동 | いい 좋다

- 5本の指に入る는 직역하면 '다섯 손가락에 든다'가 돼요.
- 指라고만 하면 주로 '손가락'을 나타내고 '발가락'은 足[あし]の指(발의 발가락)라고 표현하는 경우가 많긴 해요.
- 손가락이나 발가락도 길쭉하게 생겨서 개수를 셀 때 ～本[ほん]을 써요.

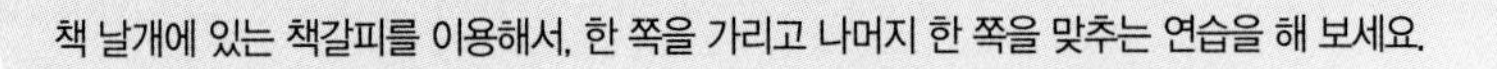
책 날개에 있는 책갈피를 이용해서, 한 쪽을 가리고 나머지 한 쪽을 맞추는 연습을 해 보세요.

お兄(にい)さん	오빠, 형(높임○)	さようなら	안녕히 가세요, 안녕히 계세요
お姉(ねえ)さん	누나, 언니(높임○)	高(たか)い	비싸다, 높다
おじ(さん)	백부, (외)숙부 등 부모의 남자 형제	卵(たまご)	계란, 알
おば(さん)	백모, (외)숙모 등 부모의 여자 형제	飛(と)ぶ	날다, 튀다
兄弟(きょうだい)	형제, 남매	前(まえ)	앞, 전
押(お)す	누르다, 밀다	よく	잘, 자주
遅(おそ)い	느리다, 늦다	失敗(しっぱい)	실수, 실패
かぎ	열쇠, 자물쇠	線(せん)	선, 줄
消(き)える	꺼지다, 사라지다	相談(そうだん)	상의, 상담
切(き)る	자르다, 베다	骨(ほね)	뼈, 가시
靴(くつ)	구두, 신발	焼(や)く	굽다, 태우다
魚(さかな)	물고기, 생선	指(ゆび)	손가락, 발가락

〈장문으로 연습해 봐요〉

❶ 일본어 단어의 독음을 히라가나로 쓴 후에 한국어 뜻을 써 보세요.

단어	히라가나	뜻
01. お姉さん		
02. 遅い		
03. 飛ぶ		
04. 相談		
05. 指		

❷ 한국어 뜻에 해당하는 일본어 단어를 히라가나와 한자로 써 보세요.

단어	히라가나	한자
06. 형제, 남매		
07. 자르다, 베다		
08. 물고기, 생선		
09. 비싸다, 높다		
10. 앞, 전		

❸ (　　) 속에 적절한 단어를 써 보세요. 한자를 모를 경우에는 히라가나로 쓰세요.

11. チャイムを(　　　　　　)ノックしてください。
초인종을 누르지 말고 노크를 해 주세요.

12. 玄関の(　　　　)がかかっていた。 현관이 잠겨 있었다.

13. 今、(　　　　)を履いています。 지금, 신발을 신고 있어요.

14. 間違えた単語に(　　　　)を引きました。 틀린 단어에 줄을 그었습니다.

15. 牛肉なのに(　　　　)すぎちゃった！ 소고기인데 너무 오래 굽고 말았어!

| 정답 |

❶ 01. おねえさん/누나, 언니 02. おそい/느리다, 늦다 03. とぶ/날다, 튀다 04. そうだん/상의, 상담 05. ゆび/손가락, 발가락

❷ 06. きょうだい/兄弟 07. きる/切る 08. さかな/魚 09. たかい/高い 10. まえ/前

❸ 11. 押さないで[おさないで] 12. かぎ 13. 靴[くつ] 14. 線[せん] 15. 焼き[やき]

일본어에서는 구별하지만 한국어에서는 구별하지 않는 단어

23마디에서는 일본어에서는 구별하지만 한국어에서는 구별하지 않는 단어를 배울게요. 한국어에는 없는 구별이라서 잘못 말하는 사람이 많으니 어떤 기준으로 구별하는지 신경 써서 배워야 할 부분이에요. 가족의 호칭에 대해서는 앞에서(013쪽~023쪽) 이미 자세히 배웠기 때문에 여기에서는 다루지 않았어요.

단어 및 예문듣기

1168 N5 참 330

ある ある 있다 [1류동사(자)]

ない ありますす (あれ) (あれる) あれば (あろう) あって

⊕ あるの ない형(부정형)은 예외적으로 ない가 돼요. ない를 한자 無い로 쓰는 경우도 있어요.

⊕ ( )에 들어간 활용형에 대해서는 658쪽 5번 설명을 보세요.

1169 N5

いる いる 있다 [2류동사(자)]

いない います いろ いられる いれば いよう いて

일본어는 ある(무생물)와 いる(생물)를 구별해요. 버스나 택시처럼 무생물이지만 마침 생물처럼 움직이는 것은 いる라고도 표현해요. 그리고 가족에 대해 '동생이 있다'처럼 말할 때 ある를 쓰는 경우가 있지만 요즘은 많이 안 써요.

うちの近くに川がある。 우리 집 근처에 강이 있다.

机の上に本があります。 책상 위에 책이 있습니다.

近く[ちかく] 근처 ׀ 川[かわ] 강 ׀ 机[つくえ] 책상 ׀ 上[うえ] 위 ׀ 本[ほん] 책

庭に犬が2匹いる。 마당에 개가 두 마리 있어.

今日はずっと家にいます。 오늘은 계속 집에 있어요.

庭[にわ] 마당 ׀ 犬[いぬ] 개 ׀ 2匹[に ひき] 두 마리 ׀ 今日[きょう] 오늘 ׀ 家[いえ] 집

1170 N5

絵 え 그림 [명사]

1171 N3

図 ず 그림 [명사]

⊕ 악센트에 관해서는 658쪽 4번 설명을 보세요.

絵[え]는 미술이나 작품으로 그린 그림이고 그 그림 하나만으로 독립된 완성품이에요. 이에 비해 図[ず]는 관계나 구조를 쉽게 이해할 수 있도록 그리는 보조적인 그림으로 선, 점, 화살표, 동그라미 등을 이용한 그림인 경우가 많아요.

美術館に絵を見に行った。 미술관에 그림을 보러 갔다.

私は絵をかくのが好きです。 저는 그림을 그리는 것을 좋아합니다.

美術館[びじゅつかん] 미술관 | 見る[みる]② 보다 | 行く[いく]① 가다 | 私[わたし] 저 | かく① 그리다 | 好き[すき] 좋아함

右の図を見て、問題に答えなさい。 오른쪽 그림을 보고 문제에 답하시오.
わかりやすく図で説明します。 이해하기 쉽게 그림으로 설명할게요.

右[みぎ] 오른쪽 | 見る[みる]② 보다 | 問題[もんだい] 문제 | 答える[こたえる]② 답하다 | わかる① 이해하다 | ～やすい ~하기 쉽다 | 説明[せつめい] 설명

1172 N5

カップ カップ 컵 [명사]

1173 N5

コップ コップ 컵 [명사]

> カップ는 커피나 녹차 등의 뜨거운 음료를 마실 때 쓰는 손잡이가 있는 컵이에요. 이에 비해 コップ는 물이나 주스 등의 차가운 음료를 마실 때 쓰는 손잡이가 없는 컵이에요.

私は毎朝、カップ1杯の紅茶を飲む。 나는 매일 아침에 컵 한 잔의 홍차를 마신다.
このカップに熱いお湯を入れてください。 이 컵에 뜨거운 물을 넣어 주세요.

私[わたし] 나 | 毎朝[まいあさ] 매일 아침 | 1杯[いっ ぱい] 한 잔 | 紅茶[こうちゃ] 홍차 | 飲む[のむ]① 마시다 | 熱い[あつい] 뜨겁다 | お湯[おゆ] 물 | 入れる[いれる]② 넣다

1日にコップに7杯くらいの水を飲むといいよ。 하루에 컵으로 7잔 정도의 물을 마시면 좋아.
牛乳がコップに半分しか残ってません。 우유가 컵에 절반밖에 남아 있지 않아요.

1日[いちにち] 하루 | 7杯[なな はい] 7잔 | 水[みず] 물 | 飲む[のむ]① 마시다 | いい 좋다 | 牛乳[ぎゅうにゅう] 우유 | 半分[はんぶん] 절반 | 残る[のこる]① 남다 | ～て(い)る② ~해 있다

1174 N5 참 177 419

着る きる 입다(상의) [2류동사(타)]

きない きます きろ きられる きれば きよう きて

1175 N5 참 178 428

はく はく 입다(하의) [1류동사(타)]

はかない　はきます　はけ　はける　はけば　はこう　はいて

着る[きる]는 셔츠나 겉옷, 원피스처럼 상반신이나 몸 전체에 입는 경우에 쓰고, はく는 치마나 바지, 팬티처럼 다리에 꿰어서 하반신에 입는 경우에 써요.

着られなくなった服を妹にあげた。 입을 수 없게 된 옷을 여동생에게 주었다.

このシャツ、着てみてもいいですか。 이 셔츠, 입어 봐도 됩니까?

～なくなる① ～하지 않게 되다 | 服[ふく] 옷 | 妹[いもうと] 여동생 | あげる② 주다 | ～てみる② ～해 보다 | ～てもいい ～해도 되다

私はよくデニムパンツをはく。 나는 자주 청바지를 입어.

短いスカートははきたくないです。 짧은 치마는 입고 싶지 않아요.

私[わたし] 나 | 短い[みじかい] 짧다 | ～たい ～하고 싶다

- 요즘은 '청바지'를 デニムパンツ라고 하는데, 줄여서 デニム라고도 해요.
- はく를 한자 穿く로 쓰는 경우도 있어요.

1176 N5 참 322 563

上手(な)　じょうず(な)　잘함(잘하는), 능숙(한) [な형용사]

1177 N3

得意(な)　とくい(な)　잘함(잘하는), 능숙(한) [な형용사]

上手[じょうず]는 어떤 행위나 그 결과물에 대해 '잘했다'고 '객관적으로 판단, 평가하는 것'을 나타내고, 得意[とくい]는 '자신감', '좋아하는 마음'을 나타내요. 그래서 주어가 '나'인 경우는 '난 이걸 잘해'라고 '자신감'을 나타내는 것이니 得意를 쓰세요! '나'가 주어인데 上手를 쓰면 거만해 보이니 조심하세요!

日本語が上手になりたい。 일본어를 잘하게 되고 싶다.

その友達は説明が上手でした。 그 친구는 설명이 능숙했습니다.

日本語[にほんご] 일본어 | ～になる① ～가 되다 | ～たい ～하고 싶다 | 友達[ともだち] 친구 | 説明[せつめい] 설명

- 日本語が上手になりたい라는 문장의 주어가 생략되어 있는데 '나'가 주어죠? 이 문장의 경우 '잘하게 되고 싶다'라는 내용이지 '잘한다'라는 내용이 아니기 때문에 '나'가 주어이지만 上手를 써도 자연스러워요.
- 한국어 '잘하다'는 동사라서 '～를 잘하다'라고 하지만 일본어 上手는 형용사예요. 그래서 ～が上手라고 해요. 품사를 맞춰서 형용사인 '능숙하다'로 해석하면 '～가 능숙하다'가 되니 쉽게 이해되시죠?

そのゲームなら得意だよ。 그 게임이라면 능숙해.

何か得意なスポーツはありますか。 뭔가 자신 있는 운동은 있어요?

何か[なにか] 뭔가 | ある① 있다

⊕ 得意なスポーツ는 직역하면 '잘하는 스포츠'가 돼요.

⊕ 得意도 上手와 마찬가지로 형용사이기 때문에 ～が得意라고 표현해요.

⊕ '공부를 잘하다'라고 할 때 上手를 쓰면 안 된다고 앞에서 설명 드렸죠? 上手는 기술적인 것에 대해 쓰는 말이에요. 그런데 得意는 '자신감'을 나타내는 표현이라서 勉強が得意だ라고 할 수 있어요.

1178 N5 참 322

下手(な) へた(な) 잘 못함(잘 못하는), 서투름(서투른) [な형용사]

1179 N3

苦手(な) にがて(な) 잘 못함(잘 못하는), 서투름(서투른) [な형용사]

| 上手[じょうず], 得意[とくい]와 마찬가지로 下手[へた]는 '객관적인 판단, 평가'를 나타내고 苦手[にがて]는 '자신감이 없고 하기를 싫어한다'는 '주관적인 마음'을 나타내요. 그런데 이들은 '잘 못한다'라는 부정적인 뜻이기 때문에 '나'가 주어인 경우에도 下手를 써요. 스스로에게 下手를 쓰면 '나'를 더 낮게 표현하여 겸손의 표현이 돼요.

私はコミュニケーションが下手だ。 나는 커뮤니케이션을 잘 못한다.

母は料理が下手な人でした。 어머니는 요리가 서투른 사람이었습니다.

私[わたし] 나 | 母[はは] 어머니 | 料理[りょうり] 요리 | 人[ひと] 사람

人の前で話すのが苦手。 사람들 앞에서 이야기하는 것을 잘 못해.

英語が苦手なので、外国に行くのが怖いです。 영어가 서툴러서 외국에 가는 것이 두려워요.

人[ひと] 사람 | 前[まえ] 앞 | 話す[はなす]① 이야기하다 | 英語[えいご] 영어 | 外国[がいこく] 외국 | 行く[いく]① 가다 | 怖い[こわい] 두렵다

1180 N5 참 641

誰 だれ 누구 [대명사]

1181 N5 참 641

どなた どなた 누구, 어느 분 [대명사]

| どなた는 誰[だれ]의 높임말이에요. 따라서 정중하게 말하고자 할 때는 どなた를 쓰는 것이 좋아요.

誰からの電話？ 누구한테 온 전화야?

誰かいますか。 누구 있습니까?

電話[でんわ] 전화 | いる② 있다

⊕ 誰からの電話?는 직역하면 '누구로부터의 전화야?'가 돼요.

⊕ 誰かいますか는 직역하면 '누군가 있어요?'가 돼요. 誰かいますか는 누군가가 '있는지 없는지'를 묻는 질문이고 誰か를 誰が(누가)로 바꿔서 誰がいますか(누가 있어요?)라고 하면 '누가' 있는지 묻는 질문이 돼요.

これはどなたのですか。 이것은 어느 분 거예요?

あの方はどなたですか。 저 분은 누구세요?

方[かた] 분

1182 N5

鳴く なく 울다 [1류동사(자)]

なかない なきます なけ なける なけば なこう ないて

1183 N4 참 241

泣く なく 울다 [1류동사(자)]

なかない なきます なけ なける なけば なこう ないて

> 鳴く[なく]는 동물이나 벌레 등이 소리 내는 것을 나타내고 泣く[なく]는 사람이 우는 것을 나타내요. 한국어에서 개는 '울다'가 아니라 '짖다'라고 하죠? 일본어는 개도 鳴く라고 하고 그 외에 吠える[ほえる](짖다)라는 단어도 써요.

公園でセミがたくさん鳴いていた。 놀이터에서 매미가 많이 울고 있었다.

うちの猫はあまり鳴きません。 우리 집 고양이는 별로 울지 않습니다.

公園[こうえん] 놀이터 | ～ている② ～하고 있다 | 猫[ねこ] 고양이

泣かないで。もう大丈夫だから。 울지 마. 이제 괜찮으니까.

映画のラストシーンで泣きそうになりました。 영화의 마지막 장면에서 울 뻔했어요.

大丈夫[だいじょうぶ] 괜찮음 | 映画[えいが] 영화 | ～そうだ ～할 것 같다 | ～になる① ～하게 되다

⊕ 泣きそうになりました는 직역하면 '울 것 같이 됐어요'가 돼요.

1184 N5 참 654

～人 ～にん ～명 [접미사]

⊕ ～人의 악센트는 앞에 오는 숫자에 따라 달라지니 654쪽을 보세요.

1185 N2

～名　～めい　~명 [접미사]

> ～名[めい]는 격식 차린 말투여서 문서나 격식 차려서 말할 때 외에는 ～人[にん]을 써요. 한국어 '～명'을 직역해서 ～名를 쓰는 분들이 꽤 있는데 어색한 경우가 많으니 조심하세요!

1つのテーブルに8人まで座れる。　한 테이블에 8명까지 앉을 수 있어.

兄弟は何人ですか。　형제는 몇 명이에요?

1つ[ひとつ] 하나 | 8人[はち にん] 8명 | 座る[すわる]① 앉다 | 兄弟[きょうだい] 형제 | 何人[なん にん] 몇 명

このクラスの定員は10名です。　이 반의 정원은 10명입니다.

何名様ですか。　몇 분이십니까?

定員[ていいん] 정원 | 10名[じゅう めい] 10명 | 何名様[なん めいさま] 몇 분

1186 N5　참 149

水　みず　물 [명사]

1187 N4

お湯　おゆ　물, 온수 [명사]

> 온도가 차가운 것에서 상온의 물을 水[みず]라고 하고, 온도가 따뜻한 것에서 뜨거운 물을 お湯[おゆ]라고 해요. 일상 회화에서는 お를 붙여서 お湯라고 쓰는 경우가 많은데, 온천에서 '～の湯(~탕)'라고 쓸 때는 お 없이 써요.

水を1杯飲んだ。　물을 한 잔 마셨어.

水がなくて困りました。　물이 없어서 곤란했어요.

1杯[いっ ぱい] 한 잔 | 飲む[のむ]① 마시다 | ない 없다 | 困る[こまる]① 곤란하다

お湯が沸いた。　물이 끓었다.

お風呂のお湯が出ないんですが。　욕실의 온수가 안 나오는데요.

沸く[わく]① 끓다 | お風呂[おふろ] 욕실 | 出る[でる]② 나오다 | ～んですが ~하는데요

확인해 봐요!

책 날개에 있는 책갈피를 이용해서, 한 쪽을 가리고 나머지 한 쪽을 맞추는 연습을 해 보세요.

ある	있다	下手(へた)(な)	잘 못함(잘 못하는), 서투름(서투른)
いる	있다	苦手(にがて)(な)	잘 못함(잘 못하는), 서투름(서투른)
絵(え)	그림	誰(だれ)	누구
図(ず)	그림	どなた	누구, 어느 분
カップ	컵	鳴(な)く	울다
コップ	컵	泣(な)く	울다
着(き)る	입다(상의)	～人(にん)	~명
はく	입다(하의)	～名(めい)	~명
上手(じょうず)(な)	잘함(잘하는), 능숙(한)	水(みず)	물
得意(とくい)(な)	잘함(잘하는), 능숙(한)	お湯(ゆ)	물, 온수

연습해 봐요!

〈대화로 연습해 봐요〉

1 일본어 단어의 독음을 히라가나로 쓴 후에 한국어 뜻을 써 보세요.

단어	히라가나	뜻
01. 絵		
02. 得意な		
03. 誰		
04. 泣く		
05. お湯		

2 한국어 뜻에 해당하는 일본어 단어를 히라가나와 한자로 써 보세요.

단어	히라가나	한자
06. 그림(보조적)		
07. 입다(상의)		
08. 잘 못하는(객관적 평가)		
09. ~명(일상적으로 씀)		
10. 물(찬물)		

3 (　　) 속에 적절한 단어를 써 보세요. 한자를 모를 경우에는 히라가나로 쓰세요.

11. 庭に犬が２匹(　　　　)。 마당에 개가 두 마리 있어.

12. 牛乳が(　　　　　)に半分しか残ってません。
우유가 컵에 절반밖에 남아 있지 않아요. (손잡이가 없는 컵)

13. 短いスカートは(　　　　　　　)です。 짧은 치마는 입고 싶지 않아요.

14. 日本語が(　　　　　)なりたい。 일본어를 잘하게 되고 싶다.

15. あの方は(　　　　　)ですか。 저 분은 누구세요?

| 정답 |

1 01. え / 그림(예술적) 02. とくいな / 잘하는, 능숙한(자신감) 03. だれ / 누구 04. なく / 울다(사람) 05. おゆ / 물(따뜻함, 뜨거움), 온수

2 06. ず / 図 07. きる / 着る 08. へたな / 下手な 09. ～にん / ～人 10. みず / 水

3 11. いる 12. コップ 13. はきたくない 14. 上手に[じょうずに] 15. どなた

1188 N5

私 わたくし 저 [대명사]

1189 N4

참 011

私 わたし 저, 나 [대명사]

1190 N4

僕 ぼく 나, 저(남자) [대명사]

1191 N1

俺 おれ 나(남자) [대명사]

> 私[わたくし]와 私[わたし]는 같은 한자를 쓰고 다르게 읽어요. わたくし는 매우 격식 차리고 공손하게 말을 할 때 남녀 구별없이 써요. わたし는 わたくし보다 덜 공손한 말인데 일상적으로 여자는 '나'든 '저'든 わたし를 써요. 남자는 공손하게 말할 때는 わたし를 쓰고 존댓말을 쓰더라도 그렇게 공손하게 말하지 않아도 되는 경우와 반말을 쓰더라도 아주 친한 사이가 아닌 경우는 僕[ぼく]를 쓰고, 반말 쓰는 아주 편한 사이에서는 俺[おれ]를 써요.

よろしければ、私がご案内いたします。 괜찮으시다면, 제가 안내해 드리겠습니다.

このイベントの担当は私です。 이 이벤트의 담당은 접니다.

ご~いたす① ~해 드리다 | 案内[あんない] 안내 | 担当[たんとう] 담당

もしもし、愛？ 私。 여보세요, あい니? 나야.

私は先月、韓国から来ました。 저는 지난달에 한국에서 왔어요.

先月[せんげつ] 지난달 | 韓国[かんこく] 한국 | 来ました[きました]③ 왔습니다

⊕ 반말에서 わたし를 쓰는 것은 여성스러운 말투예요.

僕はそろそろ結婚したいと思っている。 나는 이제 결혼하고 싶다고 생각하고 있다.

今日は僕がごちそうします。 오늘은 제가 사 줄게요.

結婚[けっこん] 결혼 | ~たい ~하고 싶다 | 思う[おもう]① 생각하다 | ~ている② ~하고 있다 | 今日[きょう] 오늘

そんなこと俺に聞くなよ。 그런 거 나한테 묻지 마.

よかったら俺が送るよ。 괜찮다면 내가 데려다 줄게.

聞く[きく]① 묻다 | いい 좋다 | 送る[おくる]① 데려다 주다

よかったら는 직역하면 '좋으면', '좋다면'이 되는데, '괜찮으면', '괜찮다면'이라는 뜻으로 써요.

1192 N4

참 644

あげる

あげる

주다 [2류동사(타)]

あげない　あげます　あげろ　あげられる　あげれば　あげよう　あげて

1193 N4

참 433

くれる

くれる

주다 [2류동사(타)]

くれない　くれます　(くれろ)　(くれられる)　くれれば　(くれよう)　くれて

くれる는 화자가 주어가 될 수 없는 동사이기 때문에 화자의 의지가 작용할 수 없어요. 그래서 명령형이나 가능형, 의지형을 보통 안 써요(사투리인 경우는 쓰는 곳도 있어요).

1194 N4

やる

やる

주다 [1류동사(타)]

やらない　やります　やれ　やれる　やれば　やろう　やって

'A가 B에게 주다'라고 할 때 A와 B 중 누가 더 '나(화자)'에게 가까운지에 따라 あげる와 くれる를 구별해요. A(주는 사람)가 화자에게 더 가까운 경우는 AがBにあげる라고 하고 B(받는 사람)가 화자에게 더 가까운 경우 AがBにくれる라고 해요. やる는 あげる와 같은 말인데 받는 사람(B)이 동물이나 식물, 자녀 등 아래의 존재에게 줄 때 써요. 대상을 경시하는 말이니 약간 거친 느낌이 있어서 やる를 쓸 수 있는 대상인 경우에도 あげる를 쓰는 사람이 많아요.

私は友達に花をあげた。　나는 친구에게 꽃을 주었다.

彼の誕生日に何をあげるつもりですか。　남자친구의 생일에 무엇을 줄 생각입니까?

私[わたし] 나 | 友達[ともだち] 친구 | 花[はな] 꽃 | 彼[かれ] 남자친구 | 誕生日[たんじょうび] 생일 | 何[なに] 무엇 | ～つもりだ ~할 생각이다

위쪽 예문은 '나'가 '친구'에게 주는 상황이고 아래쪽 예문은 '당신(청자)'이 '남자친구'에게 주는 상황이죠. 둘 다 주는 사람이 받는 사람보다 '나'에게 가까운 사람이죠. 그래서 あげる를 쓴 거예요.

どうして連絡をくれなかったの？　왜 연락을 안 준 거야?

友達が私の息子に卒業のお祝いをくれました。　친구가 제 아들에게 졸업 선물을 주었어요.

連絡[れんらく] 연락 | ～の？ ~한 거야? | 友達[ともだち] | 私[わたし] 저 | 息子[むすこ] 아들 | 卒業[そつぎょう] 졸업 | お祝い[おいわい] 축하 선물

⊕ 위쪽 예문은 '청자'가 '화자에게 주는 상황이고 아래쪽 예문은 '친구'가 '내 아들'에게 주는 상황이죠. 둘 다 받는 사람이 주는 사람보다 '나'에게 가까운 사람이죠. 그래서 くれる를 쓴 거예요.

この花は3日おきに水をやれば大丈夫。 이 꽃은 3일마다 물을 주면 괜찮아.

猫にえさをやるのは私の仕事です。 고양이에게 먹이를 주는 것은 제 일이에요.

花[はな] 꽃 | 3日[みっか] 3일 | 水[みず] 물 | 大丈夫[だいじょうぶ] 괜찮음 | 猫[ねこ] 고양이 | 私[わたし] 저 | 仕事[しごと] 일

⊕ 받는 대상이 위쪽 예문은 '꽃'이고 아래쪽 예문은 '고양이'죠. 둘 다 주는 사람보다 아래의 존재죠. 이런 경우 やる를 쓸 수 있는데 あげる로 표현해도 돼요.

1195 N5 참 301

暖かい あたたかい 따뜻하다 [い형용사]

あたたかくない あたたかかった あたたかく あたたかくて あたたかければ

⊕ あたたかくない あたたかかった あたたかく あたたかくて あたたかければ라는 악센트도 써요.

1196 N5 참 303

温かい あたたかい 따뜻하다 [い형용사]

あたたかくない あたたかかった あたたかく あたたかくて あたたかければ

⊕ あたたかくない あたたかかった あたたかく あたたかくて あたたかければ라는 악센트도 써요.

기온처럼 몸 전체로 느끼는 경우는 暖かい[あたたかい], 어떤 물건의 온도나 마음 등 그 것 자체의 온도가 따뜻하다고 할 때는 温かい[あたたかい]를 써요. 반대말을 생각하면 구별하기 쉬워요. 暖かい의 반대말은 涼しい[すずしい](선선하다)와 寒い[さむい](춥다)이고 温かい의 반대말은 ぬるい(미지근하다)와 冷たい[つめたい](차갑다)예요.

テグはソウルより暖かい。 대구는 서울보다 따뜻해.

今日は風もなくて暖かかったですね。 오늘은 바람도 없고 따뜻했네요.

今日[きょう] 오늘 | 風[かぜ] 바람 | ない 없다

料理が温かくなかったのが残念だった。 요리가 따뜻하지 않았던 것이 아쉬웠다.

温かい家庭を持つことが夢でした。 따뜻한 가정을 가지는 것이 꿈이었습니다.

料理[りょうり] 요리 | 残念[ざんねん] 아쉬움 | 家庭[かてい] 가정 | 持つ[もつ]① 가지다 | 夢[ゆめ] 꿈

1197 N4

贈り物 おくりもの 선물 [명사]

1198 N4

プレゼント プレゼント 선물 [명사]

1199 N4

お土産 おみやげ 선물 [명사]

贈り物[おくりもの]와 プレゼント는 기본적으로는 같은 뜻인데 贈り物는 격식을 갖춰 보내는 선물이면서 어느 정도 가격이 나가는 선물에 쓰고 일상적으로 주고받는 선물은 プレゼント라고 해요. お土産[おみやげ]는 여행 가서 사 오는 선물이나 다른 사람의 집을 방문할 때 사서 가져가는 선물을 가리켜요.

ほとんどの人が1年に1回以上贈り物をする。
대부분의 사람이 1년에 한 번 이상 선물을 준다.

大変結構な贈り物をありがとうございます。 대단히 좋은 선물을 감사합니다.

人[ひと] 사람 | 1年[いち ねん] 1년 | 1回[いっ かい] 한 번 | 以上[いじょう] 이상 | 大変[たいへん] 대단히 | 結構[けっこう] 좋음

⊕ 贈り物をする는 직역하면 '선물을 하다'가 되는데 '선물을 주다'라는 뜻으로 써요.

プレゼントをあげて彼女を驚かせた。 선물을 줘서 여자친구를 놀라게 했어.

プレゼントに指輪をもらいました。 선물로 반지를 받았어요.

あげる② 주다 | 彼女[かのじょ] 여자친구 | 驚く[おどろく]① 놀라다 | 指輪[ゆびわ] 반지 | もらう① 받다

お土産も持たずに先生のお宅を訪ねた。 선물도 안 가지고 선생님 댁을 방문했다.

外国人が喜ぶ韓国のお土産は何ですか。 외국 사람이 기뻐하는 한국의 선물은 무엇입니까?

持つ[もつ]① 가지다 | 先生[せんせい] 선생님 | お宅[おたく] 댁 | 訪ねる[たずねる]② 방문하다 | 外国人[がいこくじん] 외국 사람 | 喜ぶ[よろこぶ]① 기뻐하다 | 韓国[かんこく] 한국 | 何[なん] 무엇

⊕ 일상적으로 お를 붙인 お土産라는 형태로 쓰는 경우가 많은데, お를 빼고 みやげ라고 하는 경우도 있어요.

1200 N4

お疲れ様(です/でした) おつかれさま(です/でした)

수고해(수고하십니다/수고하셨습니다) [감동사]

1201 N2

ご苦労様(です/でした) ごくろうさま(です/でした)

수고해(수고해요/수고했어요) [감동사]

> ご苦労様(です/でした)[ごくろうさま(です/でした)]는 윗사람이 아랫사람에게 쓰는 말이고 동년배나 윗사람에게 쓰면 안 돼요! お疲れ様(です/でした)[おつかれさま(です/でした)]는 위아래 모두 쓸 수 있는 말이에요. 하지만 お疲れ様(です/でした)도 역시 수고를 위로하는 말이라서 윗사람에게 쓰면 안 된다고 하는 사람들도 있어요.

お疲れ様！ 明日もよろしく！ 수고 많았어! 내일도 잘 부탁해!

長い間お疲れ様でした。 오랫동안 수고 많으셨습니다.

明日[あした] 내일 | 長い[ながい] 오래다 | 間[あいだ] 사이

ご苦労様。もう帰ってもいいよ。 수고했어. 이제 집에 가도 돼.

遅くまでご苦労様でした。 늦게까지 수고했어요.

帰る[かえる]① 집에 가다 | ～てもいい ～해도 되다 | 遅い[おそい] 늦다

1202 N4

참 228

首 くび 목 [명사]

1203 N4

のど のど 목 [명사]

> 首[くび]는 머리와 몸통을 연결하는 경부를 나타내고(neck), のど는 목의 안쪽, 목구멍(인후)을 나타내요(throat).

私は首が短い。 나는 목이 짧다.

首が痛くなった原因がわかりません。 목이 아파진 원인을 모르겠습니다.

私[わたし] 나 | 短い[みじかい] 짧다 | 痛い[いたい] 아프다 | ～くなる① ～해지다 | 原因[げんいん] 원인 | わかる① 알다

⊕ 首를 '머리', '고개'라는 뜻으로 쓰는 경우도 있어요.

예 窓[まど]から首を出[だ]す。 창문에서 고개를 내밀다.

お医者さんにのどが赤いと言われた。　의사 선생님한테 목이 빨갛다는 말을 들었어.

のどにいい食べ物と飲み物をご紹介します。　목에 좋은 음식과 음료를 소개해 드릴게요.

医者[いしゃ] 의사 | 赤い[あかい] 빨갛다 | 言う[いう]① 말하다 | 食べ物[たべもの] 음식 | 飲み物[のみもの] 음료 | ご~する③ ~해 드리다 | 紹介[しょうかい] 소개

➕ 赤いと言われた는 직역하면 '빨갛다고 말해졌다'가 돼요.

➕ のど를 한자 喉로 쓰는 경우도 많아요.

1204 N4

買い物袋　かいものぶくろ　장바구니, 쇼핑백 [명사]

1205 N3

買い物かご　かいものかご　장바구니 [명사]

買い物袋[かいものぶくろ]는 천이나 비닐로 된 쇼핑백을 가리키고 買い物かご[かいものかご]는 매장에 있는 플라스틱 바구니를 가리켜요. 바퀴가 달린 카트는 カート라고 해요. 일본에서는 買い物袋를 マイバッグ(my bag)나 エコバッグ(eco bag)라고 하는 경우도 많아요. 계산대에서 파는 비닐봉지는 レジ袋[ぶくろ]라고 해요. 계산대는 レジ라고 하는데 キャッシュレジスター(cash register)의 준말이에요. 계산대를 キャッシャー(cashier)라고도 하는데, 계산대 표시판에는 レジ나 キャッシャー 외에 お会計[おかいけい](회계), お勘定場[おかんじょうば](계산장)이라고 적힌 곳도 있어요. 참고로 '셀프 계산대'는 セルフレジ라고 해요. 計算[けいさん](계산)이라는 말은 사용하지 않아요. '계산'에 대해서는 514쪽을 보세요.

夫が重い買い物袋を持って帰ってきた。　남편이 무거운 장바구니를 들고 돌아왔다.

いつもかばんに買い物袋が入れてあります。　항상 가방에 쇼핑백이 들어 있습니다.

夫[おっと] 남편 | 重い[おもい] 무겁다 | 持つ[もつ]① 들다 | 帰る[かえる]① 돌아오다 | ~てくる③ ~해 오다 | 入れる[いれる]② 넣다 | ~てある① ~해 있다

➕ ~てある는 '~해 있다'와 '~해 놓다' 두 가지 의미가 들어 있어요. 그러니 買い物袋が入れてあります를 '쇼핑백이 들어 있습니다'라고 해석할 수도 있고 '쇼핑백을 넣어 놓았습니다'라고 해석할 수도 있어요.

買い物かごを持って、レジに並んだ。　장바구니를 들고 계산대에 줄 섰어.

買い物かごをご利用ください。　장바구니를 이용해 주십시오.

持つ[もつ]① 들다 | 並ぶ[ならぶ]① 줄 서다 | ご~ください ~해 주십시오 | 利用[りよう] 이용

林 はやし 숲 [명사]

1207 N4

森 もり 숲 [명사]

> 다양한 종류의 나무들이 빽빽하게 서 있고 깊숙이 우거져 있는 곳을 森[もり]라고 하고, 1가지 혹은 2~3가지 종류의 나무가(다양하지 않음) 모여 있으면서 나무와 나무 사이가 약간 떨어져 있는 곳을 林[はやし]라고 해요. 그래서 森가 林보다 나무가 많고 규모가 큰 것이 일반적이에요.

海岸のすぐそばに松の林があった。 바닷가 바로 근처에 소나무 숲이 있었다.

林の中を一人で散歩するのが好きです。 숲 속을 혼자서 산책하는 것을 좋아합니다.

海岸[かいがん] 바닷가 | 松[まつ] 소나무 | ある① 있다 | 中[なか] 속 | 一人で[ひとりで] 혼자서 | 散歩[さんぽ] 산책 | 好き[すき] 좋아함

美しい森を守ろう! 아름다운 숲을 지키자!

夜は危険ですから、森に入らないでください。 밤에는 위험하니까, 숲에 들어가지 마세요.

美しい[うつくしい] 아름답다 | 守る[まもる]① 지키다 | 夜[よる] 밤 | 危険[きけん] 위험 | 入る[はいる]① 들어가다

확인해 봐요!

책 날개에 있는 책갈피를 이용해서, 한 쪽을 가리고 나머지 한 쪽을 맞추는 연습을 해 보세요.

私(わたくし)	저	プレゼント	선물
私(わたし)	저, 나	お土産(みやげ)	선물
僕(ぼく)	나, 저(남자)	お疲(つか)れ様(さま)(です/でした)	수고해 (수고하십니다/ 수고하셨습니다)
俺(おれ)	나(남자)	ご苦労様(くろうさま)(です/でした)	수고해 (수고해요/ 수고했어요)
あげる	주다	首(くび)	목
くれる	주다	のど	목
やる	주다	買(か)い物袋(ものぶくろ)	장바구니, 쇼핑백
暖(あたた)かい	따뜻하다	買(か)い物(もの)かご	장바구니
温(あたた)かい	따뜻하다	林(はやし)	숲
贈(おく)り物(もの)	선물	森(もり)	숲

연습해 봐요!

〈장문으로 연습해 봐요〉

❶ 일본어 단어의 독음을 히라가나로 쓴 후에 한국어 뜻을 써 보세요.

단어	히라가나	뜻
01. 僕		
02. 暖かい		
03. 贈り物		
04. お疲れ様でした		
05. 森		

❷ 한국어 뜻에 해당하는 일본어 단어를 히라가나와 한자로 써 보세요.

단어	히라가나	한자
06. 저, 나(남녀)		
07. 선물(여행)		
08. 목(경부)		
09. 장바구니(플라스틱)		
10. 숲(나무가 적은)		

❸ (　　) 속에 적절한 단어를 써 보세요. 한자를 모를 경우에는 히라가나로 쓰세요.

11. よろしければ、(　　　　)がご案内いたします。
    괜찮으시다면 제가 안내해 드리겠습니다. (매우 공손함)

12. 私は友達に花を(　　　　)。 나는 친구에게 꽃을 주었다.

13. この花は３日おきに水を(　　　　)大丈夫。 이 꽃은 3일마다 물을 주면 괜찮아.

14. (　　　　　　　)に指輪をもらいました。 선물로 반지를 받았어요.

15. お医者さんに(　　　　)が赤いと言われた。
    의사 선생님한테 목이 빨갛다는 말을 들었어.

| 정답 |

❶ 01. ぼく / 나, 저(남자) 02. あたたかい / 따뜻하다 03. おくりもの / 선물 04. おつかれさまでした / 수고하셨습니다 05. もり / 숲

❷ 06. わたし / 私 07. おみやげ / お土産 08. くび / 首 09. かいものかご / 買い物かご 10. はやし / 林

❸ 11. 私[わたくし] 12. あげた 13. やれば / あげれば 14. プレゼント 15. のど

한국 사람들이 실수하기 쉬운 단어

24마디에서는 한국 사람들이 실수하기 쉬운 단어를 배울게요. 일본어가 한국어와 비슷해서 비교적 배우기 쉽지만, 비슷하다고 해도 외국어라서 다른 부분들이 있어요. 비슷하기 때문에 한국어를 그대로 일본어로 직역하는 실수를 하는 경우가 많지요. 이렇게 실수하기 쉬운 단어들을 모아 보았어요.

단어 및 예문듣기

1208 N5 참 041

洗う　あらう　씻다, 감다 [1류동사(타)]

あらわない　あらいます　あらえ　あらえる　あらえば　あらおう　あらって

한국어로는 샤워하거나 목욕하는 것을 '씻고 올게'처럼 '씻다'라고 표현하죠? 일본어에서는 그렇게 표현하지 않고 シャワーをする(샤워를 하다), お風呂[ふろ]に入[はい]る(목욕하다)라고 표현해요. 洗[あら]ってきます(씻고 오겠습니다)라고 하면 '뭘 씻어요?'라는 질문을 받을 거예요.

うちに帰ったら、まず手を洗う。　집에 돌아오면, 우선 손을 씻어.

私は髪を夜洗わないで、朝洗います。　저는 머리를 저녁에 감지 않고 아침에 감아요.

帰る[かえる]① 돌아오다 | 手[て] 손 | 私[わたし] 저 | 髪[かみ] 머리(카락) | 夜[よる] 밤 | 朝[あさ] 아침

+ '머리를 감다'는 シャンプーする(샴푸하다)나 頭[あたま]を洗う(머리를 씻다)라고 표현하기도 해요.

1209 N5

痛い　いたい　아프다 [い형용사]

いたくない　いたかった　いたく　いたくて　いたければ

+ いたくない　いたかった　いたく　いたくて　いたければ라는 악센트도 써요.

痛い[いたい]는 특정한 부위에 통증을 느끼는 경우에 써요. 구체적으로 어디에 통증이 있는 경우가 아니라 막연하게 '몸이 아프다'라고 할 때는 体[からだ]の具合[ぐあい]が悪[わる]い(몸 상태가 나쁘다), 体の調子[ちょうし]が悪い(몸 상태가 나쁘다)라고 해요.

おなかが痛い。　배가 아프다.

このマスクは耳が痛くなりません。　이 마스크는 귀가 아파지지 않습니다.

耳[みみ] 귀 | ~くなる① ~해지다

1210 N5 참 335 644

借りる　かりる　빌리다 [2류동사(타)]

かりない　かります　かりろ　かりられる　かりれば　かりよう　かりて

일본어에서는 다른 사람의 물건을 잠깐 빌려 쓸 때나, 다른 사람 집에서 화장실을 쓸 때 借りる[かりる]라고 표현해요.

このボールペン、ちょっと借りるね。　이 볼펜, 잠깐 빌릴게.

トイレを借りてもいいですか。　화장실을 써도 돼요?

~てもいい ~해도 되다

1211 N5

結構(な)　けっこう(な)　좋음(좋은), 이제 됐음(이제 된) [な형용사]

結構[けっこう]가 '좋다', '괜찮다'라는 뜻으로도 쓰고 거절하는 뜻의 '됐다'라는 뜻으로도 써서 헷갈리는 경우가 많아요. 문맥에 따라 '좋다'라는 뜻인지 '됐다'라는 뜻인지 잘 판단하셔야 해요.

それは結構なことだ。　그것은 좋은 일이다.

もう結構です。　이제 됐습니다.

⊕ 結構를 '제법'이라는 뜻의 부사로 쓰기도 해요.

1212 N5　참 586

する　する　하다 [3류동사(자, 타)]

しない　します　しろ　できる　すれば　しよう　して

音[おと](소리), 味[あじ](맛), におい(냄새) 등이 '나다'라고 할 때 동사 する(하다)를 쓰고, 指輪[ゆびわ](반지), ネックレス(목걸이), マスク(마스크) 등을 하는 것도 する(하다)라고 해요. 또 '일본어를 하다'라는 한국어를 직역하는 사람들이 꽤 있는데 日本語[にほんご]を話[はな]す(일본어를 말하다) 혹은 日本語で話す(일본어로 말하다)라고 해요.

変なにおいがした。　이상한 냄새가 났어.

その人は高い時計をしていました。　그 사람은 비싼 시계를 차고 있었어요.

変[へん] 이상 ｜ 人[ひと] 사람 ｜ 高い[たかい] 비싸다 ｜ 時計[とけい] 시계 ｜ ～ている② ～하고 있다

⊕ 시계나 반지의 경우는 する 외에도 つける(착용하다), はめる(끼다)도 쓸 수 있고, 목걸이의 경우는 つける(착용하다)도 쓸 수도 있어요.

1213 N5　참 058

先生　せんせい　선생님 [명사]

한자 先生은 '선생'이죠. 한국어에서는 '선생님'이라고 해서 일본어 先生[せんせい] 뒤에 様[さま](님)를 붙이는 사람들이 있는데 붙이면 안 돼요! 先生만으로 '선생님'이라는 뜻이에요!

先生が私を呼んだ。　선생님이 나를 불렀다.

私は音楽の先生が大好きです。　저는 음악 선생님을 무척 좋아합니다.

私[わたし] 나, 저 ｜ 呼ぶ[よぶ]① 부르다 ｜ 音楽[おんがく] 음악 ｜ 大好き[だいすき] 무척 좋아함

1214 N5 참 649

~たち　　~たち　　~들 [접미사]

~たち(~들)는 원칙적으로는 사람이나 동물 외에는 쓸 수 없어요! 다만 요즘은 영어의 영향 때문인지 무생물에 たち를 쓰는 경우가 많아지고 있긴 해요. 그리고 일본어는 복수도 단수로 표현하는 경우가 많아요.

公園でたくさんの子供たちが遊んでた。　놀이터에서 많은 아이들이 놀고 있었어.

色々な国の学生たちと友達になりました。　다양한 나라의 학생들과 친구가 되었어요.

公園[こうえん] 놀이터 | 子供[こども] 아이 | 遊ぶ[あそぶ]① 놀다 | ~て(い)る② ~하고 있다 | 色々[いろいろ] 다양 | 国[くに] 나라 | 学生[がくせい] 학생 | 友達[ともだち] 친구 | ~になる① ~가 되다

⊕ たち를 한자 達로 쓰는 경우도 많아요.

1215 N5 참 191

誕生日　　たんじょうび　　생일 [명사]

한자 誕生日이 '탄생일'이라서 '생신'이라는 뜻인 줄 아는 사람들이 있는데 그냥 '생일'이라는 뜻이에요. '생신'은 앞에 お를 붙여서 お誕生日[おたんじょうび]라고 해요. 사전에서 '생일'을 찾아보면 生日[せいじつ]라는 단어가 나오는데 일상적으로 쓰지 않는 단어예요.

今日は私の誕生日だ。　오늘은 내 생일이다.

お誕生日はいつですか。　생신은 언제세요?

今日[きょう] 오늘 | 私[わたし] 나

1216 N5 참 238

疲れる　　つかれる　　지치다, 피곤하다 [2류동사(자)]

つかれない　つかれます　(つかれろ)　(つかれられる)　つかれれば　(つかれよう)　つかれて

⊕ ( )에 들어간 활용형에 대해서는 658쪽 5번 설명을 보세요.

'피곤해'라고 하려면 일본어는 疲れた[つかれた]라는 과거형이 돼요. 疲れる는 동사인데 '피곤하다'는 형용사이기 때문에 시제가 달라지는 거예요. 품사를 맞춰서 해석하면 疲れる는 '지치다, 피곤해지다'가 돼요. 지금 '피곤하다'라는 상태인 것은 이미 지쳤기 때문에, 피곤해졌기 때문에 '피곤한' 상태가 된 것이죠. 그래서 疲れた라는 과거형을 쓰는 거예요.

今日は本当に疲れた。　오늘은 정말로 지쳤어.

疲れていませんか。　피곤하지 않아요?

今日[きょう] 오늘 | 本当に[ほんとうに] 정말로 | ~ている② ~해 있다

⊕ 疲れていませんかは 직역하면 '지쳐 있지 않아요?', '피곤해져 있지 않아요?'가 돼요.

1217 N5 참 425

できる　できる　할 수 있다 [2류동사(자)]

できない　できます　(できろ)　(できる)　できれば　(できよう)　できて

⊕ ( )에 들어간 활용형에 대해서는 658쪽 5번 설명을 보세요.

'~를 할 수 있다'는 일본어로 ~ができる예요. 조사 が를 써야 하는데 を로 잘못 쓰는 사람이 많으니 조심하세요. 한국어 '하다'가 타동사인데 일본어 できる는 자동사라서 조사가 다른 거예요. できる를 자동사 '가능하다'로 기억하면 조사를 잘못 쓰지 않을 거예요. 그리고 できる는 그것 자체가 する(하다)의 가능형이라서 가능형이 따로 없어요.

竹内さんは韓国語ができる。　たけうち 씨는 한국어를 할 줄 안다.

その子は勉強ができます。　그 아이는 공부를 잘합니다.

韓国語[かんこくご] 한국어 ｜ 子[こ] 아이 ｜ 勉強[べんきょう] 공부

⊕ 韓国語ができる는 직역하면 '한국어를 할 수 있다'가 돼요.

⊕ '공부를 잘한다'는 勉強[べんきょう]ができる(공부를 할 수 있다)라고 해요. 上手[じょうず](잘하다)를 쓰면 안 돼요. 그리고 직역해서 勉強をよくする라고 하면 이는 '공부를 많이/열심히 하다'라는 뜻이니 조심하세요.

⊕ できる를 한자 出来る로 쓰는 경우도 있어요.

1218 N5 참 426 444

取る　とる　잡다, 집다 [1류동사(타)]

とらない　とります　とれ　とれる　とれば　とろう　とって

取る[とる]는 물건을 손으로 잡는 것, 손으로 잡고 가져오는 것 등을 나타내요. '가지러 가다/오다'를 持[も]ちに行[い]く/来[く]る라고 잘못 말하는 사람이 많은데 이는 取りに行く/来る라고 해야 해요. 손이 닿지 않는 곳에 있는 물건을 달라고 할 때도 取る를 써서 ~を取ってください라고 해요.

うちまで取りに来て。　우리 집까지 가지러 와.

すみませんが、塩を取ってください。　죄송하지만, 소금을 건네 주세요.

来て[きて]③ 와 ｜ 塩[しお] 소금

⊕ 塩を取ってください는 직역하면 '소금을 집어 주세요'가 돼요.

⊕ 取る라는 동사는 이 외에 点[てん]を取る(점수를 받다), 休み[やすみ]を取る(휴가를 내다), メモを取る(메모를 하다), コピーを取る(복사를 하다), 免許[めんきょ]を取る(면허증을 따다), 予約[よやく]を取る(예약을 잡다), 証明書[しょうめいしょ]を取る(증명서를 발급받다), 注文[ちゅうもん]を取る(주문을 받다), 牛乳[ぎゅうにゅう]を取る(우유를 정기적으로 배달 받다) 등 다양한 뜻으로 써요.

1219 N5 참 426

なる　なる　되다 [1류동사(자)]

ならない　なります　なれ　なれる　なれば　なろう　なって

'~가 되다'는 일본어로 ～になる라고 해요. 조사 に를 が로 잘못 쓰는 사람이 많으니 조심하세요. 그리고 '1등을 하다'는 일본어로 1番[いちばん]になる(1등이 되다)라고 해요. 1番をする라고 잘못 쓰는 사람이 많아요.

私は勉強で1番になったことがない。　나는 공부에서 1등을 한 적이 없다.

好きな人と同じクラスになりました。　좋아하는 사람과 같은 반이 되었습니다.

私[わたし] 나 | 勉強[べんきょう] 공부 | 1番[いち ばん] 1등 | ～たことがない ~한 적이 없다 | 好き[すき] 좋아함 | 人[ひと] 사람 | 同じ[おなじ] 같음

1220 N5 참 121

乗る　のる　타다 [1류동사(자)]

のらない　のります　のれ　のれる　のれば　のろう　のって

'~를 타다'는 일본어로 ～に乗る[のる]라고 해요. 조사 を를 쓰지 않고 に를 써야 해요. 한국어 '타다'는 타동사로도('~를 타다') 자동사로도('~에 타다') 쓰는데 乗る는 자동사로만 써요. 乗る는 '~에 타다'라고 기억하세요!

福岡まで船に乗って行った。　ふくおか까지 배를 타고 갔어.

時間に遅れて飛行機に乗れませんでした。　시간에 늦어서 비행기를 탈 수 없었어요.

船[ふね] 배 | 行く[いく]① 가다 | 時間[じかん] 시간 | 遅れる[おくれる]② 늦다 | 飛行機[ひこうき] 비행기

1221 N5 참 122 581

降りる　おりる　내리다 [2류동사(자)]

おりない　おります　おりろ　おりられる　おりれば　おりよう　おりて

'~에서 내리다'는 일본어로 ～を降りる[おりる]라고 해요. ～から降りる라고 할 수도 있지만 を를 쓰는 경우가 훨씬 많아요. 降りる가 자동사인데 を를 쓰는 이유는 이 때 쓰는 を가 목적어를 나타내는 조사가 아니라 '출발점', '기점'을 나타내는 조사이기 때문이에요. 조사와 함께 ～を降りる를 한 덩어리로 기억하세요!

友達が先に電車を降りた。　친구가 먼저 전철에서 내렸다.

重い荷物を持ってバスを降りました。　무거운 짐을 들고 버스에서 내렸습니다.

友達[ともだち] 친구 | 先に[さきに] 먼저 | 電車[でんしゃ] 전철 | 重い[おもい] 무겁다 | 荷物[にもつ] 짐 | 持つ[もつ]① 들다

1222 N5 참 655

~番 ~ばん ~번(순번), ~등 [접미사]

~番의 악센트는 앞에 오는 숫자에 따라 달라지니 655쪽을 보세요.

한자 番이 '번'이라서 ~番[ばん]을 '한 번', '두 번'이라는 횟수로 잘못 아는 사람들이 많아요. ~番에는 횟수의 뜻은 없어요~! '~번'이라는 횟수를 나타낼 때는 ~回[かい]나 ~度[ど]를 쓰세요.

期末テストはクラスで5番だった。 기말고사는 반에서 5등이었어.

6番のお客様、どうぞ。 6번 손님, 들어오세요.

期末[きまつ] 기말 ı 5番[ごばん] 5등 ı 6番[ろくばん] 6번 ı お客様[おきゃくさま] 손님

'기말고사'를 期末テスト(기말 테스트)라고 하는 경우가 많은데 期末試験[きまつ しけん](기말 시험)이라고 하기도 해요. 참고로 '중간고사'는 中間[ちゅうかん]テスト/試験[しけん]이라고 해요.

1223 N5 참 300

古い ふるい 오래되다, 낡다 [い형용사]

ふるくない ふるかった ふるく ふるくて ふるければ

ふるくない ふるかった ふるく ふるくて ふるければ라는 악센트도 써요.

古い[ふるい]가 형용사인데 '오래되다', '낡다'라는 동사로 해석되어 시제 차이가 나는 경우가 많아요. 한국어에 맞춰 古い의 시제를 생각하면 틀리니 조심하세요. 헛갈리시면 'old하다'로 생각하세요.

この時計は古いが、まだ使える。 이 시계는 오래됐지만 아직 쓸 수 있어.

古くて汚いトイレをリフォームしました。 낡고 더러운 화장실을 리폼했어요.

時計[とけい] 시계 ı 使う[つかう]① 사용하다 ı 汚い[きたない] 더럽다

1224 N5 참 445

欲しい ほしい 갖고 싶다, 원하다 [い형용사]

ほしくない ほしかった ほしく ほしくて ほしければ

ほしくない ほしかった ほしく ほしくて ほしければ라는 악센트도 써요.

欲しい[ほしい]는 형용사이기 때문에 조사 が를 써서 ~が欲しい라고 하는데, 한국어 '갖고 싶다'는 타동사이기 때문에 '~를 갖고 싶다'가 되는 거예요. 欲しい를 '탐나다'로 해석하기도 하는데 자동사 '탐나다'로 해석하면 '~가 탐나다'가 되어 일본어 조사와 같아지기 때문에 쉽게 기억할 수 있어요.

遊ぶ時間がもっと欲しい。 놀 시간을 더 갖고 싶다.

本当は私もプレゼントが欲しかったです。 사실은 저도 선물을 갖고 싶었습니다.

遊ぶ[あそぶ]① 놀다 ı 時間[じかん] 시간 ı 本当[ほんとう] 사실 ı 私[わたし] 저

1225 N5

ベッド　ベッド　침대 [명사]

'침대'라는 한자어인 寝台[しんだい]는 일상적으로 거의 안 쓰니 ベッド를 쓰세요. 寝台라고 쓰는 것은 寝台列車[しんだい れっしゃ](침대열차(침대칸으로 된 열차)) 정도예요. 참고로 2023년 현재는 침대열차가 하나만 남아 있고 나머지는 모두 폐지되었다고 해요.

ゆうべは9時にベッドに入った。 어젯밤에는 9시에 침대에 들어갔어.

私のベッドの上で猫が寝ていました。 제 침대 위에서 고양이가 자고 있었어요.

9時[くじ] 9시 ǀ 入る[はいる]① 들어가다 ǀ 私[わたし] 저 ǀ 上[うえ] 위 ǀ 猫[ねこ] 고양이 ǀ 寝る[ねる]② 자다 ǀ ~ている② ~하고 있다

1226 N5

ミルク　ミルク　밀크, 분유 [명사]

'분유'는 정확하게는 粉[こな]ミルク(가루 밀크)라고 하는데, 줄여서 ミルク라고 하는 경우가 많아요. '분유'를 사전에서 찾아보면 粉乳[ふんにゅう]라는 단어가 나오는데 일상적으로 쓰지 않는 말이에요. 그리고 ミルク를 '우유'의 뜻으로 쓰는 경우도 있는데 주로 음료 이름에 들어가는 경우예요.

赤ちゃんにミルクを飲ませた。 아기에게 분유를 먹였다.

コーヒーにミルクを入れますか。 커피에 밀크를 넣습니까?

赤ちゃん[あかちゃん] 아기 ǀ 飲む[のむ]① 마시다 ǀ 入れる[いれる]② 넣다

+ '분유를 먹이다'는 일본어로 ミルクを飲ませる(분유를 마시게 하다)라고 표현해요.

+ 일본에서는 커피에 넣는 액상 밀크를 ミルク라고 해요. クリーム라고 하는 경우도 있고, 오사카나 나고야 쪽에서는 コーヒーフレッシュ라고 한다네요.

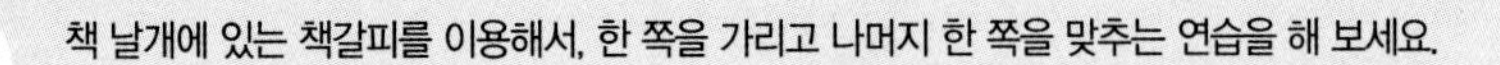
책 날개에 있는 책갈피를 이용해서, 한 쪽을 가리고 나머지 한 쪽을 맞추는 연습을 해 보세요.

洗(あら)う	씻다, 감다	取(と)る	잡다, 집다
痛(いた)い	아프다	なる	되다
借(か)りる	빌리다	乗(の)る	타다
結構(けっこう)(な)	좋음(좋은), 이제 됐음(이제 된)	降(お)りる	내리다
する	하다	～番(ばん)	~번(순번), ~등
先生(せんせい)	선생님	古(ふる)い	오래되다, 낡다
～たち	~들	欲(ほ)しい	갖고 싶다, 원하다
誕生日(たんじょうび)	생일	ベッド	침대
疲(つか)れる	지치다, 피곤하다	ミルク	밀크, 분유
できる	할 수 있다		

연습해 봐요!

〈대화로 연습해 봐요〉

❶ 일본어 단어의 독음을 히라가나로 쓴 후에 한국어 뜻을 써 보세요.

단어	히라가나	뜻
01. 痛い		
02. 誕生日		
03. 疲れる		
04. 取る		
05. 降りる		

❷ 한국어 뜻에 해당하는 일본어 단어를 히라가나와 한자로 써 보세요.

단어	히라가나	한자
06. 씻다		
07. 빌리다		
08. 타다		
09. 오래되다, 낡다		
10. 갖고 싶다, 원하다		

❸ (　　) 속에 적절한 단어를 써 보세요. 한자를 모를 경우에는 히라가나로 쓰세요.

11. もう(　　　　　)です。 이제 됐습니다.

12. 変なにおいが(　　　　　)。 이상한 냄새가 났어.

13. その子は勉強が(　　　　　)。 그 아이는 공부를 잘합니다.

14. 私は勉強で1番に(　　　　　)ことがない。 나는 공부에서 1등을 한 적이 없다.

15. ゆうべは9時に(　　　　　)に入った。 어젯밤에는 9시에 침대에 들어갔어.

| 정답 |

❶ 01. いたい/아프다 02. たんじょうび/생일 03. つかれる/지치다, 피곤하다 04. とる/잡다, 집다 05. おりる/내리다

❷ 06. あらう/洗う 07. かりる/借りる 08. のる/乗る 09. ふるい/古い 10. ほしい/欲しい

❸ 11. 結構[けっこう] 12. した 13. できます 14. なった 15. ベッド

1227 N5

まだ　まだ　아직 [부사]

'아직' 뒤에 부정표현이 올 때, 즉 '아직 ~하지 않았다'라고 할 때 일본어는 과거형을 쓰지 않고 ～ていない(~하고 있지 않다/~해 있지 않다)라는 표현을 써요. 예를 들어 '아직 먹지 않았다'는 まだ食[た]べていない(아직 먹고 있지 않다, 아직 먹은 상태가 아니다)라고 해요. 시제를 틀리기 쉬우니 조심하세요!

借りたお金をまだ返してない。　빌린 돈을 아직 돌려주지 않았어.

今年は桜がまだ咲いてません。　올해는 벚꽃이 아직 피지 않았어요.

借りる[かりる]② 빌리다 | お金[おかね] 돈 | 返す[かえす]① 돌려주다 | ～て(い)る② ~하고 있다, ~해 있다 | 今年[ことし] 올해 | 桜[さくら] 벚꽃 | 咲く[さく]① 피다

1228 N5　참 621

もう　もう　~ 더, 이제 [부사]

もう를 단독으로 쓸 때는 '더'라는 뜻이 없고 もうちょっと(조금 더), もう一度[いちど](한 번 더, 다시 한번)와 같이 뒤에 다른 단어가 붙어서 もう~라는 형태가 되어야 '더'라는 뜻이 돼요. 그리고 もう~라는 형태가 되면 もう의 악센트가 もう로 바뀌어요.

もう少し待ってて。　좀 더 기다려 줘.

もう勉強する必要がありません。　이제 공부할 필요가 없습니다.

少し[すこし] 조금 | 待つ[まつ]① 기다리다 | ～て(い)る② ~하고 있다 | 勉強[べんきょう] 공부 | 必要[ひつよう] 필요 | ある① 있다

⊕ 단독으로 '더'라고 할 때는 もっと를 쓰면 돼요.

⊕ もう에는 '이미', '벌써'라는 뜻도 있어요.

1229 N5　참 585

わかる　わかる　알다, 이해되다 [1류동사(자)]

わからない　わかります　(わかれ)　(わかれる)　わかれば　(わかろう)　わかって

⊕ (　)에 들어간 활용형에 대해서는 658쪽 5번 설명을 보세요.

わかる를 '알다'로 해석하는 경우가 많아서 타동사로 착각하는 사람이 많은데 わかる는 자동사예요. 그래서 ～をわかる가 아니라 ～がわかる가 되는 거예요. 자동사에 맞춰 해석하면 '이해되다'가 돼요. 조사 が를 써야 하는데 を로 잘못 쓰는 사람이 많으니 조심하세요!

この単語の意味がわからない。　이 단어의 뜻을 모르겠어.

私はスペイン語がわかります。　저는 스페인어를 알아요.

単語[たんご] 단어 | 意味[いみ] 뜻 | 私[わたし] 저 | スペイン語[ご] 스페인어

⊕ わかる를 한자 分かる로 쓰는 경우도 있어요.

1230 N4 참 366

思い出す おもいだす 생각나다, 기억이 나다 [1류동사(타)]

おもいださない　おもいだします　おもいだせ　おもいだせる　おもいだせば　おもいだそう　おもいだして

思い出す[おもいだす]를 '생각나다'로 해석해서 자동사로 착각하는 사람이 많아요. 思い出す는 타동사예요. 타동사에 맞춰서 해석하자면 '상기하다', '기억해 내다'가 돼요. 타동사이기 때문에 조사 を를 써서 ～を思い出す가 되어야 해요.

最近、昔のことを思い出すことが多い。 요즘, 옛날 기억이 날 때가 많다.

嫌なことを思い出さないようにしています。 싫은 일이 생각나지 않도록 하고 있습니다.

最近[さいきん] 최근 | 昔[むかし] 옛날 | 多い[おおい] 많다 | 嫌[いや] 싫음 | ～ないようにする③ ～하지 않도록 하다

⊕ 昔のことを思い出す는 직역하면 '옛날의 일을 상기하다'가 돼요.

1231 N4

会話 かいわ 회화, 대화 [명사(+する)]

会話[かいわ]는 직역하면 '회화'인데 '대화'의 뜻으로도 써요. '대화'를 직역하면 対話[たいわ]가 되는데 일본어 対話는 두 사람, 혹은 두 그룹이 마주보고 1대 1 구도로 이야기하며 어떤 문제를 해결하는 상황을 가리켜요. 이에 비해 会話는 2명 이상이 모여 이야기를 나누는 것을 가리켜요. 対話라는 말은 일상적으로 쓰는 일이 거의 없어요.

文法は得意だけど、会話は苦手。 문법은 잘하지만, 회화는 잘 못해.

会話のない家庭が増えたようです。 대화가 없는 가정이 많아진 것 같아요.

文法[ぶんぽう] 문법 | 得意[とくい] 잘함 | 苦手[にがて] 잘 못함 | ない 없다 | 家庭[かてい] 가정 | 増える[ふえる]② 많아지다 | ～ようだ ~한 것 같다

1232 N4

触る さわる 손대다, 만지다 [1류동사(자타)]

さわらない　さわります　さわれ　さわれる　さわれば　さわろう　さわって

触る[さわる]는 ～に触る라는 자동사 용법과 ～を触る라는 타동사 용법이 있어요. ～に触る는 '～에 손대다', '～에 닿다'라는 뜻이고 ～を触る는 '～를 만지다'라는 뜻이에요. 그래서 ～を触る가 더 적극적, 의도적, 장기적으로 만지는 느낌이 있어요.

汚い手で食べ物を触るのはやめなさい。 더러운 손으로 음식을 만지는 것은 그만해라.

作品に触らないでください。 작품에 손대지 마세요.

汚い[きたない] 더럽다 | 手[て] 손 | 食べ物[たべもの] 음식 | やめる② 그만하다 | 作品[さくひん] 작품

1233 N4

下着　したぎ　속옷 [명사]

下着[したぎ]는 '하의'라는 뜻이 아니라 '속옷'이라는 뜻이에요! 한자 下는 '아래'라는 뜻 외에 '안쪽'이라는 뜻도 있어요. 그래서 '속옷'은 안쪽에 입는 것이라서 下着라고 하는 것이고, '양말'은 신발 안쪽에 신는 것이라서 靴下[くつした]라고 하는 거예요.

この服は下着が見えそうだ。 이 옷은 속옷이 보일 것 같다.

男性用の下着なら、5階で売っています。 남성용 속옷이라면 5층에서 팔고 있습니다.

服[ふく] 옷 | 見える[みえる]② 보이다 | ～そうだ ～할 것 같다 | 男性[だんせい] 남성 | ～用[よう] ～용 | 5階[ごかい] 5층 | 売る[うる]① 팔다 | ～ている② ～하고 있다

1234 N4

滑る　すべる　미끄러지다, 미끄럽다 [1류동사(자)]

すべらない　すべります　(すべれ)　(すべれる)　すべれば　(すべろう)　すべって

'스키/스케이트를 타다'는 する(하다)를 써서 スキー/スケートをする라고 하면 돼요. スキー/スケートを滑る[すべる]나 スキー/スケートを乗る[のる]라고 말하는 사람들이 많은데 잘못된 표현이에요. スキー/スケートで滑る(스키/스케이트로 미끄러지다)는 쓸 수 있는 표현이에요.

スキーで山を滑って下りてきた。 스키를 타고 산을 내려왔다.

雪で道が滑るから、気を付けてください。 눈 때문에 길이 미끄러우니까, 조심하세요.

山[やま] 산 | 下りる[おりる]② 내리다 | ～てくる③ ～해 오다 | 雪[ゆき] 눈 | 道[みち] 길 | 気を付ける[きをつける]② 조심하다

+ スキーで山を滑って下りてきた는 직역하면 '스키로 산을 미끄러져 내려왔다'가 돼요.

1235 N4

참 111 434

席　せき　자리 [명사]

한국어에서는 '자리가 있다'라고 하면 '자리에 임자가 있다'라는 뜻으로 이해하는 경우가 많은 것 같아요. 그런데 일본어는 席[せき]がある(자리가 있다)라고 하면 꼭 '빈 자리가 있다'라는 뜻이에요. 오해하는 경우가 많으니 조심하세요!

ここ、席ある？ 여기, 자리 있어?

はい、その席は誰も使っていませんよ。 네, 그 자리는 아무도 쓰고 있지 않아요.

ある① 있다 | 誰も[だれも] 아무도 | 使う[つかう]① 쓰다 | ～ている② ~하고 있다

1236 N4

注意(する) ちゅうい(する) 주의(하다/주다) [명사(+する)]

ちゅうい(しない) ちゅうい(します) ちゅうい(しろ) ちゅうい(できる)
ちゅうい(すれば) ちゅうい(しよう) ちゅうい(して)

する(하다)는 しない します しろ できる すれば しよう して라는 악센트를 갖는데 〈명사+する〉(~하다)가 되어 명사와 결합한 하나의 단어로 인식되게 되면 する 자체의 악센트가 사라지거나 매우 약하게만 나타나요.

注意する[ちゅういする]는 '주의하다'라는 뜻 외에 '주의 주다'라는 뜻으로도 쓰니 기억하세요.

何度注意しても同じ失敗をする。 몇 번 주의를 줘도 같은 실수를 한다.
けがをしないように注意しながら進めてください。 다치지 않도록 주의하면서 진행하세요.

何度[なんど] 몇 번 | 同じ[おなじ] 같음 | 失敗[しっぱい] 실수 | 進める[すすめる]② 진행하다

1237 N4 참 423

付く つく 따르다, 붙다 [1류동사(자)]

つかない つきます つけ つける つけば つこう ついて

한국어에서는 '따르다'가 자동사(~에 따르다)와 타동사(~를 따르다)로 쓰죠. 그런데 일본어 付く[つく]는 자동사라서 を가 아니라 に를 써서 ～に付く가 돼요. '~를 따르다'를 해석할 때도 일본어 付く가 타동사로는 쓰지 않기 때문에 ～に付く라고 할 수밖에 없어요. 그리고 付く는 '따르다' 외에 '붙다', '묻다(들러붙다)'라는 뜻으로 쓰기도 해요.

大学に進学する兄に付いてソウルに来た。 대학에 진학하는 형을 따라 서울에 왔어.
こののりはよく付きます。 이 풀은 잘 붙어요.

大学[だいがく] 대학교 | 進学[しんがく] 진학 | 兄[あに] 형 | 来た[きた]③ 왔다

일상적으로는 ～に付いて를 히라가나 ～について로 쓰는 경우도 많아요.

のり(풀)를 한자 糊나 가타카나 ノリ로 쓰는 경우도 많아요.

풀이나 테이프 등이 '붙다'라고 할 때는 한자 着く로 쓰거나 히라가나로 쓰는 경우도 있어요.

1238 N4

都合 つごう 형편, 사정 [명사]

都合[つごう]는 그 때의 상황이나 사정, 다른 일과의 관계를 나타내는 말로 사전적으로는 '형편', '사정'으로 해석되는데 직역하면 어색한 경우가 많아요. 문맥에 따라 자연스럽게 의역하시면 돼요.

仕事の都合でなかなか歯医者に行けない。 일 때문에 좀처럼 치과에 갈 수 없다.

ご都合がよろしければ、今から伺います。 시간이 괜찮으시다면, 지금 찾아뵙겠습니다.

仕事[しごと] 일 | 歯医者[はいしゃ] 치과의원 | 行く[いく]① 가다 | よろしい 좋다(정중함) | 今[いま] 지금 | 伺う[うかがう]① 찾아뵙다

今から伺います는 직역하면 '지금부터 찾아뵙겠습니다'가 돼요. '지금부터 출발해서 간다'라는 뜻이죠.

1239 N4

似る にる 닮다, 비슷하다 [2류동사(자)]

にない にます (にろ) (にられる) にれば (によう) にて

( )에 들어간 활용형에 대해서는 658쪽 5번 설명을 보세요.

한국어에서는 '닮다'가 자동사(~와 닮다)와 타동사(~를 닮다)로 쓰죠. 그런데 일본어 似る[にる]는 자동사라서 を가 아니라 に를 써서 ～に似る가 돼요. ～と似る(~와 닮다)라는 표현도 써요. 그리고 조심해야 할 것이 '~를/와 닮았다'가 ～に/と似ている(~를/와 닮아 있다)라는 ～ている라는 시제가 된다는 점이에요.

私は目は母に、鼻は父に似てる。 나는 눈은 어머니를, 코는 아버지를 닮았어.

アンドロイドは人と似た形のロボットです。 안드로이드는 사람과 비슷한 형태의 로봇이에요.

私[わたし] 저 | 目[め] 눈 | 母[はは] 어머니 | 鼻[はな] 코 | 父[ちち] 아버지 | ～て(い)る② ~해 있다 | 人[ひと] 사람 | 形[かたち] 형태

1240 N4

人形 にんぎょう 인형 [명사]

人形[にんぎょう]는 원칙적으로는 사람 모양의 인형을 가리켜요. 동물 등의 인형도 人形라고 할 수도 있지만 털이 있는 봉제인형은 ぬいぐるみ라고 해요. ぬう가 '꿰매다', '바느질하다'라는 뜻이고 くるむ가 '감싸다'라는 뜻인데 봉제인형은 바느질해서 솜을 감싸서 만든 것이라서 그렇게 부르는 것이겠죠.

日本では3月と5月に人形を飾る。 일본에는 3월과 5월에 인형을 장식한다.

娘は人形で遊ぶのが好きです。 딸은 인형을 가지고 노는 것을 좋아합니다.

日本[にほん] 일본 | 3月[さん がつ] 3월 | 5月[ご がつ] 5월 | 飾る[かざる]① 장식하다 | 娘[むすめ] 딸 | 遊ぶ[あそぶ]① 놀다 | 好き[すき] 좋아함

일본에서는 3월 3일이 ひな祭[まつ]り(桃[もも]の節句[せっく]라고도 함)이고, 5월 5일이 端午[たんご]の節句[せっく]예요. ひな祭り는 딸이 건강하게 자라기를 기원하는 날이고 端午の節句는 아들이 건강하게 자라기를 기원하는 날이에요. 이 때 장식하는 인형들이 있어요.

1241 N4 참 326

太い ふとい 굵다 [い형용사]

ふとくない　ふとかった　ふとく　ふとくて　ふとければ

ふとくない　ふとかった　ふとく　ふとくて　ふとければ라는 악센트도 써요.

太い[ふとい]는 나무, 연필, 면(우동, 국수 등), 끈, 벨트 등 길쭉하게 생긴 것의 폭이 굵은 것을 나타낼 때 써요. '책이 두껍다'라고 할 때 太い로 잘못 쓰는 사람이 많아요. 책 등이 두꺼운 것은 厚い[あつい]라고 해요.

黒のマジックで太い線を1本引いた。 검정 매직으로 굵은 선을 한 줄 그었어.

うちの犬は足が太くて短いです。 저희 집 개는 다리가 굵고 짧아요.

黒[くろ] 검정 ı 線[せん] 선 ı 1本[いっぽん] 한 줄 ı 引く[ひく]① (줄을) 긋다 ı 犬[いぬ] 개 ı 足[あし] 다리 ı 短い[みじかい] 짧다

1242 N4 참 324

不便(な) ふべん(な) 불편(한) [명사, な형용사]

不便[ふべん]은 '편리하지 않다'라는 뜻이고 '마음이 불편하다'는 뜻으로는 안 써요. '마음이 불편하다'라고 할 때는 心苦[こころぐる]しい(마음이 괴롭다), 気[き]まずい(상대방과 마음이 딱 맞지 않고 거북하다), 気[き]が重[おも]い(마음이 무겁다), 気[き]になる(신경 쓰이다) 등과 같은 말을 써요.

クレジットカードが使えないのは不便だ。 신용카드를 쓸 수 없는 것은 불편하다.

祖父母の家は交通が不便な所にあります。 조부모 집은 교통이 불편한 곳에 있습니다.

使う[つかう]① 사용하다 ı 祖父母[そふぼ] 조부모 ı 家[いえ] 집 ı 交通[こうつう] 교통 ı 所[ところ] 곳 ı ある① 있다

1243 N4 참 100

翻訳 ほんやく 번역 [명사(+する)]

翻訳[ほんやく]는 사용법이 아니라 발음에 신경 써야 해요. ほんやく인데 ほにゃく처럼 발음하는 사람이 참 많아요. 잘 안 되면 ほん에서 한 번 끊는 느낌으로 발음하거나 ほん의 ん을 받침 'ㅇ'으로 발음하는 느낌으로 발음하세요.

その言葉を韓国語に翻訳するのは難しい。 그 말을 한국어로 번역하는 것은 어려워.

将来は翻訳の仕事をしたいと思っています。 앞으로는 번역 일을 하고 싶은 생각이 있습니다.

言葉[ことば] 말 ı 韓国語[かんこくご] 한국어 ı 難しい[むずかしい] 어렵다 ı 将来[しょうらい] 장래 ı 仕事[しごと] 일 ı ～たい ～하고 싶다 ı 思う[おもう]① 생각하다 ı ～ている② ～하고 있다

将来は翻訳の仕事をしたいと思っています는 직역하면 '장래는 번역의 일을 하고 싶다고 생각하고 있습니다'가 돼요.

1244 N4

참 247

連絡 れんらく 연락 [명사(+する)]

連絡[れんらく]도 발음에 신경 써야 해요. れんらく의 ん을 받침 'ㄹ'처럼 발음하는 사람이 많아요. れん에서 한 번 끊고 らく라고 발음하는 연습을 하고 나서 れんらく를 발음해 보세요. ん을 발음할 때 혀의 양 옆에서 바람이 새어나오면 안 돼요.

彼女からずっと連絡がない。 여자친구로부터 계속 연락이 없다.

またご連絡します。 또 연락 드리겠습니다.

彼女[かのじょ] 여자친구 | ない 없다

책 날개에 있는 책갈피를 이용해서, 한 쪽을 가리고 나머지 한 쪽을 맞추는 연습을 해 보세요.

まだ	아직	注意(ちょうい)(する)	주의(하다/주다)
もう	~ 더, 이제	付(つ)く	따르다, 붙다
わかる	알다, 이해되다	都合(つごう)	형편, 사정
思(おも)い出(だ)す	생각나다, 기억이 나다	似(に)る	닮다, 비슷하다
会話(かいわ)	회화, 대화	人形(にんぎょう)	인형
触(さわ)る	손대다, 만지다	太(ふと)い	굵다
下着(したぎ)	속옷	不便(ふべん)(な)	불편(한)
滑(すべ)る	미끄러지다, 미끄럽다	翻訳(ほんやく)	번역
席(せき)	자리	連絡(れんらく)	연락

〈장문으로 연습해 봐요〉

❶ 일본어 단어의 독음을 히라가나로 쓴 후에 한국어 뜻을 써 보세요.

단어	히라가나	뜻
01. 席		
02. 注意する		
03. 付く		
04. 都合		
05. 連絡		

❷ 한국어 뜻에 해당하는 일본어 단어를 히라가나와 한자로 써 보세요.

단어	히라가나	한자
06. 회화, 대화		
07. 속옷		
08. 인형		
09. 굵다		
10. 불편		

❸ (　　) 속에 적절한 단어를 써 보세요. 한자를 모를 경우에는 히라가나로 쓰세요.

11. 今年は桜が(　　　　)咲いてません。 올해는 벚꽃이 아직 피지 않았어요.

12. この単語の意味が(　　　　　　)。 이 단어의 뜻을 모르겠어.

13. 最近、昔のことを(　　　　　　)ことが多い。
요즘, 옛날 기억이 날 때가 많다.

14. 作品に(　　　　　　　)ください。 작품에 손대지 마세요.

15. 私は目は母に、鼻は父に(　　　　)る。
나는 눈은 어머니를, 코는 아버지를 닮았어.

| 정답 |

❶ 01. せき/자리 02. ちゅういする/주의하다/주의 주다 03. つく/따르다, 붙다 04. つごう/형편, 사정 05. れんらく/연락
❷ 06. かいわ/会話 07. したぎ/下着 08. にんぎょう/人形 09. ふとい/太い 10. ふべん/不便
❸ 11. まだ 12. わからない 13. 思い出す[おもいだす] 14. 触らないで[さわらないで] 15. 似て[にて]

1245 N5 참 032 409 644

会う あう 만나다 [1류동사(자)]

あわない あいます あえ あえる あえば あおう あって

1246 N5 참 401 644

見る みる 보다 [2류동사(타)]

みない みます みろ みられる みれば みよう みて

사람을 만날 때 한국어로 '~를 만나다'라고 하지만 '~를 보다'라고도 하죠? 이 때문에 일본어를 할 때 見る[みる]로 잘못 쓰는 사람이 참 많아요. 일본어는 사람을 만날 때는 꼭 会う[あう]를 써야 해요. ~を見た라고 하면 그 사람이 시야에 들어오기만 한 것이고 눈이 마주치지도 인사하지도 않은 경우예요.

早く彼に会いたい。 빨리 남자친구를 보고 싶다.

今日は彼女と会えませんでした。 오늘은 여자친구와 만날 수 없었습니다.

早い[はやい] 이르다 | 彼[かれ] 남자친구 | ~たい ~하고 싶다 | 今日[きょう] 오늘 | 彼女[かのじょ] 여자친구

⊕ '보고 싶다'를 見たい라고 하면 '구경하고 싶다'라는 뜻이 돼요. 사람을 '보고 싶다'라고 할 때는 会いたい라고 해야 해요.

⊕ '~를 만나다'는 일본어로 ~に会う, '~와 만나다'는 ~と会う라고 해요. 조사를 を로 잘못 쓰지 않도록 하세요.

その映画が見たい。 그 영화를 보고 싶어.

松田さんが車に乗って出かけるのを見ました。 まつだ 씨가 차를 타고 나가는 것을 봤어요.

映画[えいが] 영화 | ~たい ~하고 싶다 | 車[くるま] 차 | 乗る[のる]① 타다 | 出かける[でかける]② 외출하다

⊕ 아래쪽 예문 松田さんが車に乗って出かけるのを見ました는 松田 씨와 인사하거나 이야기를 나누지 않고 그저 松田 씨가 차를 타고 나가는 것을 우연히 본 상황만을 나타내요.

1247 N5

アパート アパート 연립주택 [명사]

1248 N3

マンション マンション 아파트 [명사]

일본어 アパート는 한국의 아파트와 달리 높이 4층 이하 정도의 규모가 작은 연립주택을 말해요. 한국의 '아파트'는 일본어로 マンション이라고 해요.

女性が安心して住めるアパートを探してる。 여성이 안심하고 살 수 있는 연립주택을 찾고 있어.

アパートを借りることにしました。 연립주택을 빌리기로 했어요.

女性[じょせい] 여성 | 安心[あんしん] 안심 | 住む[すむ]① 살다 | 探す[さがす]① 찾다 | ～て(い)る② ~하고 있다 | 借りる[かりる]② 빌리다 | ～ことにする③ ~하기로 하다

マンションの入り口に人がたくさんいた。 아파트 입구에 사람들이 많이 있었다.

古いマンションに住んでいます。 오래된 아파트에 살고 있습니다.

入り口[いりぐち] 입구 | 人[ひと] 사람 | いる② 있다 | 古い[ふるい] 오래되다 | 住む[すむ]① 살다 | ～ている② ~하고 있다

1249 N5 참 641

いつ いつ 언제 [대명사, 부사]

1250 N5

何時 なんじ 몇 시 [접두사+접미사]

> 어떤 특정한 하루 중의 시간을 '언제'라고 물을 때는 보통 いつ라고 하지 않고 何時[なん じ]라고 써요. いつ는 하루보다 긴 시간 범위에서 쓰는 것이 일반적이에요.

いつ会う? 언제 만날래?

いつでもいいですよ。 언제든지 좋아요.

会う[あう]① 만나다 | いい 좋다

明日の何時に会う? 내일 몇 시에 만날래?

何時でもいいですよ。 몇 시든지 좋아요.

明日[あした] 내일 | 何時[なん じ] 몇 시 | 会う[あう]① 만나다 | いい 좋다

1251 N5

丈夫(な) じょうぶ(な) 튼튼함(튼튼한) [な형용사]

1252 N5 참 323

大丈夫(な) だいじょうぶ(な) 괜찮음(괜찮은) [な형용사]

> 한자 丈夫가 '장부', 大丈夫가 '대장부'인데 일본어는 뜻이 전혀 다르니 조심하세요! 일본어도 고어에서는 한국어와 같은 뜻이었는데 시간이 지나면서 뜻이 달라진 거예요.

丈夫な体になりたい。 튼튼한 몸이 되고 싶다.

このガラスは丈夫です。 이 유리는 튼튼합니다.

体[からだ] 몸 | なる① 되다 | ～たい ~하고 싶다

(넘어진 친구에게) 大丈夫? 괜찮아?

かぜはもう大丈夫です。 감기는 이제 괜찮아요.

1253 N5 참 641

どうして どうして 왜 [부사]

1254 N5 참 641

どうやって どうやって 어떻게 (해서) [부사+1류동사]

> どうして도 どうやって도 どう(어떻게)에 '해서'를 나타내는 して와 やって를 연결한 표현이에요. どうして도 '어떻게 해서'라는 뜻으로 쓸 수도 있지만 보통 '왜'라는 뜻으로 쓰니 どうやって와 헷갈리지 않도록 조심하세요.

どうして泣いてるの? 왜 울고 있는 거야?

どうして誰も来ないんですか。 왜 아무도 안 오는 겁니까?

泣く[なく]① 울다 | ～て(い)る② ~하고 있다 | ～の? ~하는 거야? | 誰も[だれも] 아무도 | 来ない[こない]③ 오지 않다 | ～んですか ~하는 겁니까?

+ ～の? 의 존댓말이 ～んですか예요.

どうやって答えがわかったの? 어떻게 해서 답을 안 거야?

台風がどうやってできるか知っていますか。 태풍이 어떻게 생기는지 알고 있어요?

答え[こたえ] 답 | わかる① 알다 | ～の? ~한 거야? | 台風[たいふう] 태풍 | できる② 생기다 | 知る[しる]① 알다 | ～ている② ~하고 있다

1255 N5

待って(ください) まって(ください)

잠깐만(요), 기다려 (주세요) [관용표현]

1256 N5

待って(い)て(ください) まって(い)て(ください)

기다리고 있어 (주세요) [관용표현]

待って(ください)[まって(ください)]는 떠나려는 사람을 불러 세우는 등 상대방의 행동을 멈추게 할 때 쓰고, 화장실을 갔다 오는 동안 기다려 달라는 등 잠시 상대방을 기다리게 할 때는 待って(い)て(ください)[まって(い)て(ください)](기다리고 있어 (주세요))라고 해요.

ちょっと待って。何の話かよくわからないんだけど。
잠깐만. 무슨 말인지 잘 모르겠는데.

ちょっと待ってください。よく聞き取れません。 잠시만요. 잘 못 알아듣겠습니다.

何[なん] 무엇 | 話[はなし] 이야기 | わかる① 이해되다 | ～んだけど ~하는데 | 聞き取る[ききとる]① 알아듣다

～んだけど는 ～んですが/のですが의 반말이라고 보면 돼요.

ここでちょっと待ってて。 여기서 잠깐 기다려 줘.

すぐ戻りますから、ちょっと待っていてください。
금방 돌아올 테니까, 잠깐 기다려 주세요.

戻る[もどる]① 되돌아오다

1257 N4 참 543

形 かたち 모양, 형태 [명사]

1258 N3

模様 もよう 무늬 [명사]

模様(모양)이라는 한자는 일본어에서는 もよう라고 읽고 '무늬'라는 뜻으로 '모양'을 나타내지는 않아요. '모양', '형태'는 形[かたち]라고 하니 틀리지 마세요~!

この帽子は自由に形が変えられる。 이 모자는 자유롭게 모양을 바꿀 수 있어.

「あ」と「お」は字の形が似てます。 'あ'와 'お'는 글자 형태가 닮았어요.

帽子[ぼうし] 모자 | 自由[じゆう] 자유 | 変える[かえる]② 바꾸다 | 字[じ] 글자 | 似る[にる]② 닮다 | ～て(い)る② ~해 있다

'닮았다'라고 할 때 일본어는 似て(い)る(닮아 있다)라고 표현해요. 한국어와 시제가 다르니 주의하세요!

彼女は花の模様のワンピースを着てきた。 여자친구는 꽃 무늬 원피스를 입고 왔다.

茶色と白の模様の鳥がいました。 갈색과 흰색 무늬의 새가 있었습니다.

彼女[かのじょ] 여자친구 | 花[はな] 꽃 | 着る[きる]② 입다 | ～てくる③ ~하고 오다 | 茶色[ちゃいろ] 갈색 | 白[しろ] 흰색 | 鳥[とり] 새 | いる② 있다

模様를 '상황'이라는 뜻으로 쓰는 경우도 있어요.

1259 N4

確か たしか 아마도, 내 기억으로는 [부사]

1260 N4

確か(な) たしか(な) 확실(한) [な형용사]

> 確か[たしか]를 '확실히'로 잘못 아시는 분들이 많아요. '확실히'가 되려면 確かに라고 해야 하고 確か는 '아마도', '내 기억으로는'이라는 뜻이에요. 多分[たぶん]도 '아마', '아마도'라는 뜻인데 確か가 더 확신이 높은 말이에요.

あの人、確か中学のときの先輩だよ。 저 사람, 아마도 중학교 때의 선배야.

確か、それは先月の19日だったと思います。 제 기억으로는 그것은 지난달 19일이었을 거예요.

人[ひと] 사람 | 中学[ちゅうがく] 중학(교) | 先輩[せんぱい] 선배 | 先月[せんげつ] 지난달 | 19日[じゅうくにち] 19일 | 思う[おもう]① 생각하다

⊕ 中学[ちゅうがく]는 中学校[ちゅうがっこう]의 준말이에요.

これは確かな情報だ。 이것은 확실한 정보이다.

確かに覚えたはずなのに、思い出せません。 분명 확실히 외웠는데, 기억나지 않습니다.

情報[じょうほう] 정보 | 覚える[おぼえる]② 외우다 | ～はずだ 분명히 ～할 것이다 | 思い出す[おもいだす]① 기억나다

⊕ '확실하다'라고 할 때는 確かだ라고 해요.

1261 N4 참 294

特別(な) とくべつ(な) 특별히, 특별(한) [명사, な형용사, 부사]

1262 N4 참 640

特に とくに 특히, 특별히 [부사]

> 特別(に)[とくべつ(に)]와 特に[とくに]는 교체 가능한 경우도 있지만 안 되는 경우도 있어요. 特に는 어떤 대상 중에서 특정한 것을 거론해서 강조할 때 쓰는데(특히) 이 뜻으로 쓰는 特に는 特別(に)로 바꿔 쓸 수 없어요. 特別(に)를 '특별하게'라는 뜻으로 쓴다고 기억해 두시면 실수하지 않을 거예요.

これは女性用に特別に作られたものだ。 이것은 여성용으로 특별히 만들어진 것이다.

何か特別な理由でもあるんですか。 뭔가 특별한 이유라도 있는 겁니까?

女性[じょせい] 여성 ǀ ~用[よう] ~용 ǀ 作る[つくる]① 만들다 ǀ 何か[なにか] 뭔가 ǀ 理由[りゆう] 이유 ǀ ある① 있다

に 없이 特別만으로도 '특별히'라는 부사로 쓰기도 해요.

예 特別大[おお]きい(특별히 크다)

日本文化の中でも、特におお祭りに興味がある。

일본 문화 중에서도 특히 축제에 관심이 있어.

特に問題はなかったです。 특별히 문제는 없었어요.

日本[にほん] 일본 ǀ 文化[ぶんか] 문화 ǀ ~の中で[なかで] ~ 중에서 ǀ お祭り[おまつり] 축제 ǀ 興味[きょうみ] 관심 ǀ ある① 있다 ǀ 問題[もんだい] 문제 ǀ ない 없다

아래쪽 예문은 특정한 것을 거론해서 강조하는 것이 아니기 때문에 特別(に)로 바꿔서 特別(に)問題はなかったと 할 수도 있지만 위쪽 예문은 바꿔 쓸 수 없어요.

1263 N4

パパ パパ 아빠 [명사]

1264 N5

ママ ママ 엄마 [명사]

한국어에서 '엄마', '아빠'라는 말은 어른이 되어도 흔히 쓰지만 일본어 パパ, ママ는 어린 아이들이 쓰는 말이라는 인상이 강해요. 어른이 되어도 쓰는 사람도 있지만 안 좋게 보는 사람들도 있어요. 그래서 집에서는 パパ, ママ라고 하지만 밖에서는 쓰지 않다는 사람이 많은 것 같아요.

高橋さんは3人の子供のパパだよ。 たかはし 씨는 세 아이의 아빠야.

この子はパパと遊ぶのが大好きです。 이 아이는 아빠랑 노는 것을 무척 좋아해요.

3人[さん にん] 3명 ǀ 子供[こども] 아이 ǀ 子[こ] 아이 ǀ 遊ぶ[あそぶ]① 놀다 ǀ 大好き[だいすき] 무척 좋아함

ママはどこ？ 엄마는 어디야?

ママと赤ちゃんの写真を撮りました。 엄마와 아기의 사진을 찍었습니다.

赤ちゃん[あかちゃん] 아기 ǀ 写真[しゃしん] 사진 ǀ 撮る[とる]① 찍다

1265 N3

計算 けいさん 계산 [명사(+する)]

1266 N3

勘定 かんじょう 계산 [명사(+する)]

식사를 하고 나서 '계산해 주세요'라고 할 때 計算[けいさん]이라는 말을 안 쓰고 勘定[かんじょう]라고 해요! 会計[かいけい](회계)라는 말을 쓰는 사람도 있어요. 잘못 말하는 사람이 많으니 조심하세요!

何度やってみても計算が合わない。 몇 번 해 봐도 계산이 맞지 않아.

目的地までの時間を計算してみました。 목적지까지 걸리는 시간을 계산해 봤어요.

何度[なんど] 몇 번 | やる① 하다 | ～てみる② ～해 보다 | 合う[あう]① 맞다 | 目的地[もくてきち] 목적지 | 時間[じかん] 시간

⊕ 目的地までの時間은 직역하면 '목적지까지의 시간'이 돼요.

勘定を済ませた。 (대금) 계산을 끝냈다.

お勘定お願いします。 계산해 주세요.

済む[すむ]① 끝나다 | お願い[おねがい] 부탁

⊕ お勘定お願いします는 직역하면 '계산 부탁합니다'가 돼요.

확인해 봐요!

책 날개에 있는 책갈피를 이용해서, 한 쪽을 가리고 나머지 한 쪽을 맞추는 연습을 해 보세요.

会う(あ)	만나다	待って(い)て(ください)(ま)	기다리고 있어 (주세요)
見る(み)	보다	形(かたち)	모양, 형태
アパート	연립주택	模様(もよう)	무늬
マンション	아파트	確か(たし)	아마도, 내 기억으로는
いつ	언제	確か(な)(たし)	확실(한)
何時(なんじ)	몇 시	特別(な)(とくべつ)	특별히, 특별(한)
丈夫(な)(じょうぶ)	튼튼함(튼튼한)	特に(とく)	특히, 특별히
大丈夫(な)(だいじょうぶ)	괜찮음(괜찮은)	パパ	아빠
どうして	왜	ママ	엄마
どうやって	어떻게 (해서)	計算(けいさん)	계산
待って(ください)(ま)	잠깐만(요), 기다려 (주세요)	勘定(かんじょう)	계산

〈대화로 연습해 봐요〉

❶ 일본어 단어의 독음을 히라가나로 쓴 후에 한국어 뜻을 써 보세요.

단어	히라가나	뜻
01. 会う		
02. 大丈夫な		
03. 模様		
04. 確かな		
05. 計算		

❷ 한국어 뜻에 해당하는 일본어 단어를 히라가나와 한자로 써 보세요.

단어	히라가나	한자
06. 보다		
07. 몇 시		
08. 잠깐만, 기다려		
09. 모양, 형태		
10. 특히, 특별히		

❸ (   ) 속에 적절한 단어를 써 보세요. 한자를 모를 경우에는 히라가나로 쓰세요.

11. 古い(   )に住んでいます。 오래된 아파트에 살고 있습니다.

12. (   )泣いてるの？ 왜 울고 있는 거야?

13. あの人、(   )中学のときの先輩だよ。
저 사람, 아마도 중학교 때의 선배야.

14. この子は(   )と遊ぶのが大好きです。
이 아이는 아빠랑 노는 것을 무척 좋아해요.

15. お(   )お願いします。 계산해 주세요.

| 정답 |

❶ 01. あう/만나다 02. だいじょうぶな/괜찮은 03. もよう/무늬 04. たしかな/확실한 05. けいさん/계산
❷ 06. みる/見る 07. なんじ/何時 08. まって/待って 09. かたち/形 10. とくに/特に
❸ 11. マンション 12. どうして 13. 確か[たしか] 14. パパ 15. 勘定[かんじょう]

일본어 단어,

뉘앙스 차이를 알아야 완벽하다!

다섯째마당에서는 뜻이 비슷한 말이 있어서 헷갈리기 쉬운 단어들을 품사별로 정리해서 소개해 드릴게요. 뜻이 비슷한 단어들이 서로 어떤 차이가 있는지 알아야 실수하지 않고 정확히 사용할 수 있죠! 지금까지 '이 단어와 이 단어의 차이가 뭐지?' 하면서 답답했던 것들을 여기에서 속 시원하게 해결하세요!

뜻이 비슷한 말이 여러 개 있는 명사

25마디에서는 뜻이 비슷한 말이 여러 개 있는 명사에 대해 배울게요. 이미 앞에서 배운 단어들도 나와요. 그런 단어들은 앞에서 어떤 예문으로 연습했는지 다시 확인하면서 공부하면 더 잘 기억할 수 있어요.

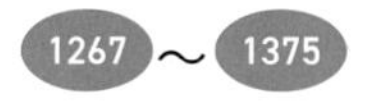

단어 및 예문듣기

1267 N5 참 634

明日 あした 내일 [명사(부사적으로도 사용)]

1268 N4 참 634

明日 あす 내일 [명사(부사적으로도 사용)]

> 明日는 あした라고 읽을 수도 있고 あす라고 읽을 수도 있어요. 뜻은 같지만 あした가 일상적으로 사용하는 편한 말투인데 비해 あす는 약간 격식 차린 말투예요. 그래서 공손하게 말을 해야 하는 상황에서는 あす를 쓰는 경우가 많아요. 明日는 みょうにち라고 읽을 수도 있는데 이는 あす보다 더욱 격식 차린 말투이며 일상적으로 많이 쓰지 않아요.

明日、暇？ 내일, 시간 있어?

明日の7時に会いましょう。 내일 7시에 만납시다.

暇[ひま] 한가 | 7時[しちじ] 7시 | 会う[あう]① 만나다

「明日の韓国を考える」という本を読んだ。 '내일의 한국을 생각한다'라는 책을 읽었다.

明日は晴れるでしょう。 내일은 (날씨가) 맑을 것입니다.

韓国[かんこく] 한국 | 考える[かんがえる]② 생각하다 | 本[ほん] 책 | 読む[よむ]① 읽다 | 晴れる[はれる]② 개다

1269 N5 참 038 442 643

家 いえ 집 [명사]

1270 N5

うち うち 집, 우리 집 [명사]

> 家[いえ]는 '집'이라는 뜻인데 비해 うち는 그냥 '집'을 나타내기도 하고 '우리 집', '가정', '자기가 속하는 곳'을 나타내기도 해요. 그래서 '우리 집'이라고 할 때 家를 쓰려면 私[わたし]の家(나의 집)처럼 앞에 私の가 붙어야 하지만 うち는 私の를 붙일 필요가 없어요. 그리고 '우리 회사'라고 할 때는 私の会社[かいしゃ](나의 회사)라고 하기도 하고 うちの会社라고 하기도 해요. うち를 쓰면 '내가 속하는 회사'가 되어 '우리'의 느낌에 더 가까워요.

この島には白い家が多い。 이 섬에는 하얀 집이 많아.

古い家を借りて住んでます。 오래된 집을 빌려서 살고 있어요.

島[しま] 섬 | 白い[しろい] 하얗다 | 多い[おおい] 많다 | 古い[ふるい] 오래되다 | 借りる[かりる]② 빌리다 | 住む[すむ]① 살다 | ～て(い)る② ～하고 있다

＋ ～ている는 편한 구어에서는 い를 생략하여 ～てる라고 하는 경우가 많아요.

うちの猫がいなくなった。　　우리 집의 고양이가 사라졌다.

明日はうちにいるつもりです。　　내일은 집에 있을 생각입니다.

猫[ねこ] 고양이 | いる② 있다 | ～くなる① ～해지다 | 明日[あした] 내일 | ～つもりだ ～할 생각이다

➕ 猫がいなくなった는 직역하면 '고양이가 없어졌다'가 돼요.

1271 N5

1日　　いちにち　　하루 [명사]

1272 N5　　참 654

1日　　ついたち　　1일 [명사]

> 1日를 いちにち로 읽으면 '하루'라는 뜻이고 ついたち로 읽으면 '～월 ～일'이라고 할 때의 '1일'이 돼요. 표기가 똑같아서 헷갈리는 사람이 많으니 조심하세요! 그리고 한자 一日로 표기할 수도 있어요.

1日は24時間だ。　　하루는 24시간이다.

1日に何回歯を磨きますか。　　하루에 몇 번 이를 닦아요?

24時間[にじゅうよ じかん] 24시간 | 何回[なん かい] 몇 번 | 歯[は] 이 | 磨く[みがく]① 닦다

来月の1日にテジョンへ行く。　　다음 달 1일에 대전에 간다.

毎月1日はコーヒーが50%OFFになります。　　매달 1일은 커피가 50% 할인이 됩니다.

来月[らいげつ] 다음 달 | 行く[いく]① 가다 | 毎月[まいつき] 매달 | 50%[ごじゅっ パーセント] 50% | ～になる① ～가 되다

➕ 50%OFFになります는 직역하면 '50% OFF가 됩니다'가 돼요. OFF는 가타카나로 쓰면 オフ가 돼요.

1273 N5　　참 637

後ろ　　うしろ　　뒤 [명사]

1274 N4　　참 283

裏　　うら　　뒤, 뒷면 [명사]

> 後ろ[うしろ]의 반대말은 前[まえ](앞)이고 裏[うら]의 반대말은 表[おもて](앞면)예요. 그런데 건물의 뒤쪽이나 거리의 뒤쪽을 말할 때는 後ろ를 쓰지 않고 裏를 써요. 그래서 '뒷집'은 裏の家[うらのいえ], '뒷골목'은 裏通り[うらどおり]라고 해요.

教室の後ろのドアが開いていた。　　교실의 뒷문이 열려 있었다.

このブラウスは後ろにリボンがあります。 이 블라우스는 뒤에 리본이 있습니다.

教室[きょうしつ] 교실 | 開く[あく]① 열리다 | ～ている② ~해 있다 | ある① 있다

うちの裏に家が建つらしい。 우리 집 뒤에 집이 지어지는 모양이야.

紙の表と裏を間違えないようにしてください。 종이의 앞면과 뒷면을 틀리지 않도록 하세요.

家[いえ] 집 | 建つ[たつ]① 지어지다 | ～らしい ~하는 모양이다 | 紙[かみ] 종이 | 表[おもて] 앞면 | 間違える[まちがえる]② 틀리다 | ～ないようにする③ ~하지 않도록 하다

1275 N5

お手洗い おてあらい 화장실 [명사]

1276 N5

トイレ トイレ 화장실 [명사]

> お手洗い[おてあらい]는 トイレ보다 정중한 말투예요. 그래서 공손하게 말해야 하는 상황에서는 お手洗い를 쓰세요. '화장실'이라는 한자어는 일본어로 化粧室(けしょうしつ)가 되는데, 이 말은 화장실 표시에는 많이 쓰지만 대화에서는 잘 안 써요.

お手洗いに行ってくるね。 화장실에 갔다 올게.

お手洗いをお借りしてもいいですか。 화장실을 써도 돼요?

行く[いく]① 가다 | ～てくる③ ~하고 오다 | お～する③ ~하다(공손함) | 借りる[かりる]② 빌리다 | ～てもいい ~해도 되다

+ お手洗いをお借りしてもいいですか는 직역하면 '화장실을 빌려도 됩니까?'가 돼요. 남의 집에서 화장실을 써도 되는지 물을 때는 '빌리다'라는 표현을 써요.

トイレに行きたい。 화장실에 가고 싶다.

トイレでたばこを吸わないでください。 화장실에서 담배를 피우지 마세요.

行く[いく]① 가다 | ～たい ~하고 싶다 | 吸う[すう]① 피우다

1277 N5

男 おとこ 남자, 사나이 [명사]

1278 N5

男の人 おとこのひと 남자 [명사]

1279 N4

男性 だんせい 남성 [명사]

1280 N3

男子 だんし 남자 [명사]

1281 N5

男の子 おとこのこ 남자아이, 어린 남자 [명사]

男[おとこ]는 약간 거친 말이에요. 그래서 부정적으로 말할 때나 '사나이'처럼 거친 느낌으로 말할 때 쓰는 일이 많아요. 뉴스에서도 사건의 피해자나 목격자는 男性[だんせい]라고 하고 가해자나 용의자는 男라고 해요. 대화에서 '남자'라고 할 때는 男の人[おとこのひと]라고 쓰는 경우가 많아요. 男子[だんし]는 초중고등학교나 운동경기에서(남자 경기와 여자 경기, 남자팀과 여자팀 등) 주로 써요. 다만, 「~男子」가 유행어처럼 쓰이기도 해요. 男の子[おとこのこ]는 보통 어린이에 대해서 쓰는데 어른이라도 연배가 높은 사람이 젊은 남자에 대해서 쓰는 경우도 있어요.

彼は男らしい男だ。 그는 남자다운 남자이다.

男は私一人だけでした。 남자는 저 혼자였습니다.

彼[かれ] 그 | 私[わたし] 저 | 一人[ひとり] 혼자

⊕ 아래쪽 예문에서 男라고 쓴 것은 화자 본인에 관해서 말하는 경우라서 약간 거친 말을 쓴 거예요. (겸손한 뜻)

友達が知らない男の人と歩いてた。 친구가 모르는 남자와 걷고 있었어.

好きな男の人がいます。 사랑하는 남자가 있어요.

友達[ともだち] 친구 | 知る[しる]① 알다 | 歩く[あるく]① 걷다 | ~て(い)る② ~하고 있다 | 好き[すき] 좋아함 | いる② 있다

⊕ 好き[すき]를 '좋아하다'만으로 아시는 분들이 많은데 '사랑하다'라는 뜻으로도 흔히 써요. '사랑하다'를 사전으로 찾아보면 愛する[あいする]라고 나오는데 이 말은 굉장히 낯간지럽고 무거운 말이라서 일상적으로 잘 안 써요.

政治家は女性より男性のほうが多い。 정치가는 여성보다 남성이 더 많다.

男性の方はこちらにお並びください。 남성 분들은 이쪽에 줄서 주십시오.

政治[せいじ] 정치 | ~家[か] ~가 | 女性[じょせい] 여성 | 多い[おおい] 많다 | 方[かた] 분 | お~ください ~해 주십시오 | 並ぶ[ならぶ]① 줄 서다

⊕ 격식 차린 말투에는 男の人보다 男性가 더 어울려요.

次は男子100メートルの決勝だ。 다음은 남자 100미터 결승이다.

男子クラスは女子クラスに比べてうるさいです。 남자반은 여자반에 비해서 시끄러워요.

次[つぎ] 다음 | 100[ひゃく] 100 | 決勝[けっしょう] 결승 | 女子[じょし] 여자 | 比べる[くらべる]② 비교하다 | うるさい 시끄럽다

5歳の男の子にあげるプレゼントは何がいい？ 5살 남자아이에게 줄 선물은 뭐가 좋아?
男の子が欲しいです。 남자아이를 갖고 싶어요.

5歳[ごさい] 5살 ｜ あげる② 주다 ｜ 何[なに] 무엇 ｜ いい 좋다 ｜ 欲しい[ほしい] 갖고 싶다

1282 N5

女 おんな 여자 [명사]

1283 N5

女の人 おんなのひと 여자 [명사]

1284 N4

女性 じょせい 여성 [명사]

1285 N3

女子 じょし 여자 [명사]

1286 N5

女の子 おんなのこ 여자아이, 어린 여자 [명사]

남자의 경우와 마찬가지로 女[おんな]도 약간 거친 말이에요. 그래서 부정적으로 말할 때나 거친 느낌으로 말할 때 女를 쓰는 일이 많아요. 뉴스에서도 피해자나 목격자는 女性[じょせい]라고 하고 가해자나 용의자는 女라고 해요. 대화에서는 女の人[おんなのひと]라고 쓰는 경우가 많아요. 女子[じょし]는 초중고등학교나 운동경기에서(남자 경기와 여자 경기, 남자팀과 여자팀 등) 주로 써요. 다만, [~女子]가 유행어처럼 쓰이기도 해요. 女の子[おんなのこ]는 보통 어린이에 대해서 쓰는데 어른이라도 연배가 높은 사람이 젊은 여자에 대해서 쓰는 경우도 있어요.

女に生まれてよかった。 여자로 태어나서 다행이다.
警察がその女を探しています。 경찰이 그 여자를 찾고 있습니다.

生まれる[うまれる]② 태어나다 ｜ いい 좋다 ｜ 警察[けいさつ] 경찰 ｜ 探す[さがす]① 찾다 ｜ ~ている② ~하고 있다

- 위쪽 예문에서 女라고 쓴 것은 화자 본인에 관해서 말하는 경우라서 약간 거친 말을 쓴 거예요. (겸손한 뜻)
- よかった는 직역하면 '좋았다'인데 '다행이다'라는 뜻으로도 써요.

その女の人は前に会ったことがある。 그 여자는 전에 만난 적이 있어.
後ろにいた女の人が私に声をかけました。 뒤에 있던 여자가 저에게 말을 걸었어요.

前[まえ] 전 | 会う[あう]① 만나다 | ～たことがある① ～한 적이 있다 | 後ろ[うしろ] 뒤 | いる② 있다 | 私[わたし] 저 | 声をかける[こえをかける]② 말을 걸다

'말을 걸다'는 일본어로 声をかける(목소리를 걸다)라고 표현해요.

女性が働きやすい会社が増えているようだ。 여성이 일하기 편한 회사가 많아지고 있는 것 같다.

女性らしさについて、どう思いますか。 여성다움에 대해서 어떻게 생각합니까?

働く[はたらく]① 일하다 | ～やすい ～하기 편하다 | 会社[かいしゃ] 회사 | 増える[ふえる]② 많아지다 | ～ている② ～하고 있다 | ～ようだ ～하는 것 같다 | 思う[おもう]① 생각하다

～らしい(～답다)의 い를 さ로 바꿔서 ～らしさ라고 하면 '～다움'이라는 명사가 돼요.

その先生は女子ばかりかわいがる。 그 선생님은 여자만 예뻐해.

女子の野球チームは珍しいです。 여자 야구팀은 드물어요.

先生[せんせい] 선생님 | かわいい 예쁘다 | ～がる① ～해하다 | 野球[やきゅう] 야구 | 珍しい[めずらしい] 드물다

隣の女の子がうちに遊びに来た。 옆집 여자아이가 우리 집에 놀러 왔다.

帽子をかぶった女の子の絵をかきました。 모자를 쓴 여자아이의 그림을 그렸습니다.

隣[となり] 옆집 | 遊ぶ[あそぶ]① 놀다 | 来た[きた]③ 왔다 | 帽子[ぼうし] 모자 | かぶる① (모자를) 쓰다 | 絵[え] 그림 | かく① 그리다

1287 N5

カフェ　カフェ　카페 [명사]

1288 N5

喫茶店　きっさてん　찻집, 다방 [명사]

> 喫茶店[きっさてん]이라는 말을 옛날에는 많이 썼는데 요즘, 특히 젊은 사람들은 잘 안 써요. 구체적인 가게 명칭을 이야기하는 경우가 많은데 굳이 '커피숍'이라고 한다면 カフェ라고 쓰는 것이 좋아요.

カフェでバイトを始めた。 카페에서 알바를 시작했다.

あそこのカフェに入りませんか。 저기에 있는 카페에 들어가지 않을래요?

始める[はじめる]② 시작하다 | 入る[はいる]① 들어가다

ここに学生の頃よく行った喫茶店があった。 여기에 학생 시절에 자주 갔던 찻집이 있었어.

この店はソウルで一番古い喫茶店です。 이 가게는 서울에서 가장 오래된 다방이에요.

学生[がくせい] 학생 | 頃[ころ] 시절 | 行く[いく]① 가다 | ある① 있다 | 店[みせ] 가게 | 一番[いちばん] 가장 | 古い[ふるい] 오래되다

1289 N5

切符 きっぷ 표 [명사]

1290 N4

チケット チケット 티켓, 표 [명사]

| 지하철이나 버스 등 대중교통을 탈 때 쓰는 표는 切符[きっぷ]라고 하고 영화나 연극, 항공권 등은 チケット라고 해요.

切符をなくしてしまった。 표를 잃어버렸다.

ウルサン行きの切符を買いました。 울산행 표를 샀습니다.

なくす① 잃어버리다 | ~てしまう① ~해 버리다 | ~行き[ゆき] ~행 | 買う[かう]① 사다

+ ~行き[ゆき](~행)는 いき라고 읽을 수도 있는데 ゆき로 읽는 것이 일반적이에요.

チケットがなければ入れない。 티켓이 없으면 들어갈 수 없어.

チケットは早く予約した方がいいですよ。 티켓은 빨리 예약하는 편이 좋아요.

入る[はいる]① 들어가다 | 早い[はやい] 빠르다 | 予約[よやく] 예약 | ~た方がいい[ほうがいい] ~하는 편이 좋다

1291 N5

薬屋 くすりや 약국 [명사]

1292 N3

薬局 やっきょく 약국 [명사]

| 薬局[やっきょく]는 약사가 상주하고 약을 조제하는 조제실이 있는 약국을 가리켜요. 이에 비해 薬屋[くすりや]는 약사가 상주할 필요가 없고 조제실도 없는 '약 판매점'이에요. 그런데 일상대화에서는 薬局를 薬屋(さん)이라고 하는 경우도 있어요.

薬屋さんで薬を買ってきた。 약국에서 약을 사왔어.

日本では、たばこを売ってる薬屋があります。 일본에서는 담배를 파는 약국이 있어요.

薬[くすり] 약 | 買う[かう]① 사다 | ~てくる③ ~해 오다 | 日本[にほん] 일본 | 売う[うる]① 팔다 | ~て(い)る② ~하고 있다 | ある① 있다

+ 薬屋라고만 하면 약간 거친 느낌이 있어서 뒤에 さん을 붙여서 말하는 경우도 많아요.

+ 薬屋(さん)에는 '약국'이라는 뜻 외에 '약국 주인'이라는 뜻도 있어요.

+ たばこを売ってる薬屋는 직역하면 '담배를 팔고 있는 약국'이 돼요. 일본 약국 중에는 담배를 파는 곳이 있어요.

駅前の薬局は今日休みだった。 역 앞의 약국은 오늘 쉬는 날이었다.

そこはオープンしたばかりの薬局です。 거기는 아직 오픈한 지 얼마 되지 않은 약국입니다.

駅前[えきまえ] 역 앞 ㅣ 今日[きょう] 오늘 ㅣ 休み[やすみ] 쉬는 날 ㅣ ～たばかりだ ～한 지 얼마 되지 않았다

1293 N5 참 114

車 くるま 차 [명사]

1294 N5

自動車 じどうしゃ 자동차 [명사]

⊕ じどうしゃ라는 악센트도 써요.

한국어에서도 일상적으로 '차'라고 하지 '자동차'라고 하지 않죠? 일본어도 마찬가지로 일상적으로는 車[くるま]라고 하고 自動車[じどうしゃ]라고 하지 않아요. 자동차회사 등의 명칭이나 '전기자동차'와 같이 다른 말과 합해져서 하나의 단어가 될 때 등에는 自動車라고 써요.

新しい車が欲しい。 새 차를 갖고 싶어.

車をレンタルして旅行するつもりです。 차를 렌트해서 여행할 생각이에요.

新しい[あたらしい] 새롭다 ㅣ 欲しい[ほしい] 갖고 싶다 ㅣ 旅行[りょこう] 여행 ㅣ ～つもりだ ～할 생각이다

1898年に日本で初めて自動車が走った。 1898년에 일본에서 처음으로 자동차가 달렸다.

自動車の工場を見に行きました。 자동차 공장을 보러 갔습니다.

1898年[せんはっぴゃくきゅうじゅうはち ねん] 1898년 ㅣ 日本[にほん] 일본 ㅣ 初めて[はじめて] 처음으로 ㅣ 走る[はしる]① 달리다 ㅣ 工場[こうじょう] 공장 ㅣ 見る[みる]② 보다 ㅣ 行く[いく]① 가다

확인해 봐요!

책 날개에 있는 책갈피를 이용해서, 한 쪽을 가리고 나머지 한 쪽을 맞추는 연습을 해 보세요.

明日(あした)	내일	男の子(おとこのこ)	남자아이, 어린 남자
明日(あす)	내일	女(おんな)	여자
家(いえ)	집	女の人(おんなのひと)	여자
うち	집, 우리 집	女性(じょせい)	여성
1日(いちにち)	하루	女子(じょし)	여자
1日(ついたち)	1일	女の子(おんなのこ)	여자아이, 어린 여자
後ろ(うしろ)	뒤	カフェ	카페
裏(うら)	뒤, 뒷면	喫茶店(きっさてん)	찻집, 다방
お手洗い(おてあらい)	화장실	切符(きっぷ)	표
トイレ	화장실	チケット	티켓, 표
男(おとこ)	남자, 사나이	薬屋(くすりや)	약국
男の人(おとこのひと)	남자	薬局(やっきょく)	약국
男性(だんせい)	남성	車(くるま)	차
男子(だんし)	남자	自動車(じどうしゃ)	자동차

연습해 봐요!

〈장문으로 연습해 봐요〉

❶ 일본어 단어의 독음을 히라가나로 쓴 후에 한국어 뜻을 써 보세요.

단어	히라가나	뜻
01. 明日		
02. 後ろ		
03. お手洗い		
04. 男の人		
05. 薬屋		

❷ 한국어 뜻에 해당하는 일본어 단어를 히라가나와 한자로 써 보세요.

단어	히라가나	한자
06. 집		
07. 하루		
08. 남성		
09. 여자아이, 어린 여자		
10. 차		

❸ (　　) 속에 적절한 단어를 써 보세요. 한자를 모를 경우에는 히라가나로 쓰세요.

11. (　　　)の猫がいなくなった。 우리 집의 고양이가 사라졌다.

12. 来月の(　　　)にテジョンへ行く。 다음 달 1일에 대전에 간다.

13. うちの(　　　)に家が建つらしい。 우리 집 뒤에 집이 지어지는 모양이야.

14. (　　　)でバイトを始めた。 카페에서 알바를 시작했다.

15. ウルサン行きの(　　　)を買いました。 울산행 표를 샀습니다.

| 정답 |

❶ 01. あした/あす/내일 02. うしろ/뒤 03. おてあらい/화장실 04. おとこのひと/남자 05. くすりや/약국

❷ 06. いえ/家 07. いちにち/1日 08. だんせい/男性 09. おんなのこ/女の子 10. くるま/車

❸ 11. うち 12. 1日[ついたち] 13. 裏[うら] 14. カフェ 15. 切符[きっぷ]

1295 N5

声 こえ 목소리, 소리 [명사]

1296 N4

참 454

音 おと 소리 [명사]

| 사람이나 동물과 같은 생물의 소리를 声[こえ]라고 하고, 악기 소리나 바람 소리 같은 무생물의 소리를 音[おと]라고 해요.

その鳥はきれいな声で鳴く。 그 새는 예쁜 소리로 울어.

韓国は声が低い男性が多いと思います。 한국은 목소리가 낮은 남성이 많은 것 같아요.

鳥[とり] 새 | 鳴く[なく]① 울다 | 韓国[かんこく] 한국 | 低い[ひくい] 낮다 | 男性[だんせい] 남성 | 多い[おおい] 많다 | 思う[おもう]① 생각하다

音のする方を見ると、小さな動物がいた。 소리가 나는 쪽을 보니 작은 동물이 있었다.

音を立てないようにしてください。 소리를 내지 않도록 하세요.

~方[ほう] ~쪽 | 見る[みる]② 보다 | 小さな[ちいさな] 작은 | 動物[どうぶつ] 동물 | いる② 있다 | 立てる[たてる]② (소리를) 내다 | ~ないようにする③ ~하지 않도록 하다

+ 조용한 곳, 조용해야 하는 곳에서 '소리를 내다'라고 할 때 일본어로 音を立てる(소리를 세우다)라고 표현해요. 악기 등의 소리를 내는 것은 音を出[だ]す라고 표현해요.

1297 N5

참 022 282

子供 こども 아이, 어린이 [명사]

1298 N4

子 こ 자식, 아이 [명사]

| 子供[こども]는 어른이 되기 전의 어린 사람을 가리켜요. 子[こ]는 子供와 똑같은 '아이'라는 뜻으로도 쓰지만 子의 원래 뜻은 '부모에서 태어난 존재', 즉 '자식'이라는 뜻이기 때문에 어른이 되어도 부모의 子(자식)가 돼요.

二人の間に子供ができた。 두 사람 사이에 아이가 생겼어.

この本は子供にはちょっと難しいと思います。 이 책은 어린이에게는 조금 어려울 것 같아요.

二人[ふたり] 두 사람 | 間[あいだ] 사이 | できる② 생기다 | 本[ほん] 책 | 難しい[むずかしい] 어렵다 | 思う[おもう]① 생각하다

「子は親の鏡」ということわざがある。 '자식은 부모의 거울'이라는 속담이 있다.

先月、3人目の子が生まれました。 지난달에 셋째 아이가 태어났습니다.

親[おや] 부모 | 鏡[かがみ] 거울 | ある① 있다 | 先月[せんげつ] 지난달 | 3人[さん にん] 3명 | ～目[め] ～째 | 生まれる[うまれる]② 태어나다

- 3人目の子が生まれました는 직역하면 '3명째의 아이가 태어났습니다'가 돼요.
- 아래쪽 예문은 子를 子供로 바꿔 쓸 수 있어요.

1299 N5 참 089

仕事 しごと 일(직업) [명사]

1300 N4

用事 ようじ 볼일, 일 [명사]

1301 N4

用 よう 볼일, 일 [명사]

> 仕事[しごと]도 用事[ようじ]도 用[よう]도 '일'이라고 번역되기 때문에 혼동하는 경우가 많은데 仕事는 '직업'이라는 뜻의 '일'이에요. 用事와 用는 '볼 일'이라는 같은 뜻으로 써요. 다만 여기에서는 난이도가 높아서 취급하지 않지만 用事에는 '볼일', '일' 외의 뜻이 없지만 用에는 '용도', '쓸모' 등 다른 뜻도 있어요.

今月は仕事が忙しい。 이번 달은 일이 바빠.

仕事中にお邪魔してすみません。 업무 중에 찾아와서 죄송해요.

今月[こんげつ] 이번 달 | 忙しい[いそがしい] 바쁘다 | ～中[ちゅう] ～ 중 | お邪魔する[おじゃまする]③ 방문하다

- 邪魔[じゃま]는 '방해'라는 뜻인데, お邪魔する의 형태로 쓰면 보통 '방문하다'라는 뜻으로 써요.

忘れていた用事を思い出した。 잊고 있던 일이 생각났다.

用事が済んだらすぐに帰ります。 볼일이 끝나면 바로 돌아가겠습니다.

忘れる[わすれる]② 잊다 | ～ている② ～하고 있다 | 思い出す[おもいだす]① 생각나다 | 済む[すむ]① 끝나다 | 帰る[かえる]① 돌아가다

課長に用を頼まれた。 과장님께 일을 부탁받았어.

ちょっと用があるので、お先に失礼します。 잠깐 볼일이 있어서 먼저 가 보겠습니다.

課長[かちょう] 과장(님) | 頼む[たのむ]① 부탁하다 | ある① 있다 | 先に[さきに] 먼저 | 失礼[しつれい] 실례

- 用を頼まれた(일을 부탁받았다)에서 말하는 '일'은 중요한 일이 아니라 잡일을 부탁받았다는 뜻이에요. 직업 상 중요한 일을 부탁받은 경우라면 仕事を頼まれた라고 표현해요.

1302 N5

辞書 じしょ 사전 [명사]

1303 N4

辞典 じてん 사전 [명사]

> 일상적으로 '사전'이라고 할 때는 辞書[じしょ]를 써요. 辞典[じてん]은 '일한사전', '인명사전'과 같이 '~사전'이라는 명칭에서 써요. 일상적으로는 辞典을 단독으로 쓰는 일이 거의 없으니 辞書로 기억하는 것이 좋아요.

辞書を引いてもこの言葉の意味がわからない。 사전에서 찾아도 이 말의 뜻을 모르겠어.

知らない単語は辞書で調べてください。 모르는 단어는 사전으로 알아봐요.

引く[ひく]① (사전에서) 찾다 | 言葉[ことば] 말 | 意味[いみ] 뜻 | わかる① 알다 | 知る[しる]① 알다 | 単語[たんご] 단어 | 調べる[しらべる]② 알아보다

⊕ '사전에서 찾다'는 일본어로 辞書を引く(사전을 뽑다)라고 표현해요.

新しい辞典が出された。 새 사전이 출간되었다.

辞典を作る仕事に興味があります。 사전을 만드는 일에 관심이 있습니다.

新しい[あたらしい] 새롭다 | 出す[だす]① 내다 | 作る[つくる]① 만들다 | 仕事[しごと] 일 | 興味[きょうみ] 관심 | ある① 있다

1304 N5

背 せ/せ 키, 등 [명사]

1305 N4

背中 せなか 등 [명사]

> 背[せ]를 '키', '신장'의 뜻으로 쓸 때는 악센트가 せ가 되고, '등'의 뜻으로 쓸 때는 악센트가 せ가 돼요. 사람의 '등'을 말할 경우에 背는 약간 문어적인 말이고 背中[せなか]가 더 구어적인 말이에요. 의자, 칼 등 무생물의 '등'이라는 뜻으로 쓸 때는 背를 써요.

上着を椅子の背にかけた。 겉옷을 의자 등받이에 걸쳤어.

私は背が低いですが、兄は背が高いです。 저는 키가 작지만, 형은 키가 커요.

上着[うわぎ] 겉옷 | 椅子[いす] 의자 | かける② 걸다 | 私[わたし] 저 | 低い[ひくい] 낮다 | 兄[あに] 형 | 高い[たかい] 높다

⊕ '의자 등받이'는 일본어로 椅子の背(의자의 등)라고 표현해요.

⊕ '키가 크다/작다'는 일본어로 背が高い[たかい]/低い[ひくい](키가 높다/낮다)라고 표현해요.

息子が僕の背中を洗ってくれた。 아들이 내 등을 밀어 주었다.

最近、祖父の背中が曲がってきました。 요즘 할아버지의 등이 구부러지기 시작했습니다.

息子[むすこ] 아들 | 僕[ぼく] 나 | 洗う[あらう]① 씻다 | ~てくれる② (다른 사람이) ~해 주다 | 最近[さいきん] 요즘 | 祖父[そふ] 할아버지 | 曲がる[まがる]① 구부러지다 | ~てくる③ ~하기 시작하다

⊕ 背中を洗ってくれた는 직역하면 '등을 씻어 주었다'가 돼요.

1306 N5

全部 ぜんぶ 전부, 모두 [명사(부사적으로도 사용)]

1307 N5 참 643

みんな みんな 다, 모두 [명사, 부사]

1308 N4

皆 みな 다, 모두 [명사, 부사]

> 全部[ぜんぶ]는 주로 사물에 대해서 쓰고 みんな와 皆[みな]는 사물에 대해서도 사람에 대해서도 써요. みんな와 皆는 같은 뜻인데 みんな는 구어적인 말이고 皆는 문어적인 말이에요.

欲しいものを全部持ってる。 갖고 싶은 것을 전부 가지고 있어.

全部で1万円になります。 전부 해서 만 엔이 되겠습니다.

欲しい[ほしい] 갖고 싶다 | 持つ[もつ]① 가지다 | ~て(い)る② ~하고 있다 | 1万円[いちまん えん] 1만 엔 | ~になる① ~가 되다

お金をみんな使ってしまった。 돈을 다 써 버렸다.

みんなで一緒に飲みましょう! 모두 다 함께 술을 마십시다!

お金[おかね] 돈 | 使う[つかう]① 쓰다 | ~てしまう① ~해 버리다 | 一緒に[いっしょに] 함께 | 飲む[のむ]① 마시다

⊕ みんな와 皆를 대명사적으로도 쓰는 경우가 있어요.
예 みんなの考[かんが]えを教[おし]えてください。 여러분의 생각을 알려 주세요.

家族皆に結婚を反対された。 가족 모두가 결혼을 반대했다.

私たちは皆元気に過ごしております。 저희는 모두 건강히 지내고 있습니다.

家族[かぞく] 가족 | 結婚[けっこん] 결혼 | 反対[はんたい] 반대 | 私たち[わたしたち] 저희 | 元気[げんき] 건강 | 過ごす[すごす]① 지내다 | ~ておる① ~하고 있다(공손함)

⊕ 家族皆に結婚を反対された는 직역하면 '가족 모두에게 결혼을 반대 당했다'가 돼요.

 N5

次 つぎ 이번, 다음 [명사]

1310 N4

今度 こんど 이번, 다음 [명사]

次[つぎ]는 미래에 대해서만 쓸 수 있는 데 비해 今度[こんど]는 今度は間違[まちが]えなかった(이번에는 틀리지 않았다), 今度の先生はいい先生だ(이번 선생님은 좋은 선생님이다), 今度の土曜日(오는 토요일)와 같이 가까운 과거, 현재, 가까운 미래에 대해 쓸 수 있어요. 가까운 미래를 나타낼 때 次는 '바로 이어서 오는'이라는 느낌이고 今度는 좀 더 막연한 미래라는 느낌이에요. 그래서 '그 다음에'나 '다음 날'이라고 할 때는 바로 이어지는 것을 표현하는 것이라서 次를 써요.

次の次の駅で降りる。 다음 다음 역에서 내린다.

次に何をしたらいいですか。 이번에는 무엇을 하면 됩니까?

駅[えき] 역 | 降りる[おりる]② 내리다 | 何[なに] 무엇 | いい 좋다

今度のテストはよくできた。 이번 시험은 잘 봤어.

また今度会いましょう。 다음에 또 봅시다.

できる② 할 수 있다 | 会う[あう]① 만나다

- 今度のテスト를 '다음 시험'이라는 미래의 뜻으로 쓸 수도 있어요. 次のテスト는 미래의 뜻으로만 써요.
- テストはよくできた는 직역하면 '시험은 잘 할 수 있었다'가 돼요. '시험을 잘 보다'를 이렇게 표현해요.

1311 N5

所 ところ 곳 [명사]

1312 N4

場所 ばしょ 장소, 자리 [명사]

所[ところ]는 '곳'이라는 뜻으로 ~した所(~한 곳), ~の所(~의 곳)와 같이 앞에 수식하는 단어나 문장이 있어야 해요. 이에 비해 場所[ばしょ]는 독립적으로도 쓸 수 있어요. 다만 所によって(곳에 따라)와 같이 관용적인 표현에서는 所를 독립적으로 쓰는 경우도 있어요.

座る所がなくて立っていた。 앉을 곳이 없어서 서 있었다.

暗い所でスマホを見ると目が悪くなりますよ。 어두운 곳에서 스맛폰을 보면 눈이 나빠져요.

座る[すわる]① 앉다 | ない 없다 | 立つ[たつ]① 서다 | ~ている② ~해 있다 | 暗い[くらい] 어둡다 | 見る[みる]② 보다 | 目[め] 눈 | 悪い[わるい] 나쁘다 | ~くなる① ~해지다

ここは昔、工場があった場所だよ。 여기는 옛날에 공장이 있던 자리야.

集まる場所と時間が決まったら教えてください。 모이는 장소와 시간이 정해지면 알려 주세요.

昔[むかし] 옛날 | 工場[こうじょう] 공장 | ある① 있다 | 集まる[あつまる]① 모이다 | 時間[じかん] 시간 | 決まる[きまる]① 정해지다 | 教える[おしえる]② 알리다

1313 N5 참 637

隣 となり 옆, 옆집 [명사]

1314 N5 참 287 637

横 よこ 옆, 가로 [명사]

1315 N5 참 637

そば そば 곁, 가까이 [명사]

隣[となり]와 横[よこ]는 둘 다 '옆'을 나타내서 바꿔 쓸 수도 있는데 隣는 '좌우 방향에서 가장 가까운 곳'이라는 뉘앙스이고 横는 '좌우 방향'이라는 뉘앙스예요. 그래서 '게는 옆으로 걷는다'라고 하려면 어떤 자리가 아니라 방향을 나타내는 것이니 横를 써야 해요. 또한 隣에는 '옆집'이라는 뜻도 있고 横에는 '가로'라는 뜻도 있어요. 隣와 横는 대상과의 거리가 상관없지만 そば는 거리가 중요해요. 좌우라는 방향성은 나타내지 않고 360도 주변에서 가까운 곳을 나타내요.

⊕ 隣를 '이웃'으로 해석하는 경우도 많은데, 隣는 '옆', '옆집'만 나타내고 앞이나 뒤, 그 외 가까운 집은 나타내지 않아요.

隣に若い男の人が住んでいる。 옆집에 젊은 남자가 살고 있다.

友達の隣の席に座りました。 친구의 옆 자리에 앉았습니다.

若い[わかい] 젊다 | 男の人[おとこのひと] 남자 | 住む[すむ]① 살다 | ~ている② ~하고 있다 | 友達[ともだち] 친구 | 席[せき] 자리 | 座る[すわる]① 앉다

漢字の横にひらがなで読み方を書いた。 한자 옆에 히라가나로 읽는 법을 썼어.

縦が30cmで横が20cmです。 세로가 30cm이고 가로가 20cm예요.

漢字[かんじ] 한자 | 読む[よむ]① 읽다 | ~方[かた] ~(하는) 방법 | 書く[かく]① 쓰다 | 縦[たて] 세로 | 30cm[さんじゅっ センチ] 30cm | 20cm[にじゅっ センチ] 20cm

⊕ cm는 원래 センチメートル이지만 말할 때는 보통 センチ라고만 해요.

いつもそばにいたい。 늘 곁에 있고 싶다.

耳のそばで大きな声を出してはいけません。 귀 가까이에서 큰 소리를 내면 안 됩니다.

いる② 있다 | 耳[みみ] 귀 | 大きな[おおきな] 큰 | 声[こえ] 목소리 | 出す[だす]① 내다 | ~てはいけない ~하면 안 되다

1316 N5

友達 ともだち 친구 [명사]

1317 N3

友人 ゆうじん 친구 [명사]

1318 N3

親友 しんゆう 절친 [명사]

友達[ともだち]와 友人[ゆうじん]은 같은 뜻인데 友人이 격식 차린 말투예요. 그래서 일상적인 편한 대화에서는 友達를 쓰고 공손하게 말해야 하는 경우에는 友人을 써요. 親友[しんゆう]는 사전에서 찾아보면 그냥 '친구'라고 나와 있는데 '절친', '단짝 친구'라는 뜻이에요.

今日は友達の誕生日。 오늘은 친구의 생일이야.

その人は昔からの友達です。 그 사람은 오래된 친구예요.

今日[きょう] 오늘 | 誕生日[たんじょうび] 생일 | 人[ひと] 사람 | 昔[むかし] 옛날

⊕ 昔からの友達는 직역하면 '옛날부터의 친구'가 돼요.

結婚式の友人代表の挨拶を頼まれた。 결혼식의 친구 대표 인사를 부탁 받았다.

友人の紹介で今の夫と会いました。 친구의 소개로 지금의 남편과 만났습니다.

結婚式[けっこんしき] 결혼식 | 代表[だいひょう] 대표 | 挨拶[あいさつ] 인사 | 頼む[たのむ]① 부탁하다 | 紹介[しょうかい] 소개 | 今[いま] 지금 | 夫[おっと] 남편 | 会う[あう]① 만나다

私は親友と呼べる友達がいない。 나는 절친이라고 부를 수 있는 친구가 없어.

親友とけんかして、今連絡を取ってません。 절친과 싸워서 지금 연락을 하고 있지 않아요.

私[わたし] 나 | 呼ぶ[よぶ]① 부르다 | いる② 있다 | 今[いま] 지금 | 連絡[れんらく] 연락 | 取る[とる]① 취하다 | ~て(い)る② ~하고 있다

1319 N5

始め はじめ 처음, 시작 [명사(부사적으로도 사용)]

1320 N5

참 283

初め はじめ 처음, 초 [명사(부사적으로도 사용)]

1321 N5

初めて　はじめて　처음, 처음으로 [부사]

始め[はじめ]는 어떤 일의 '시작', '개시'를 나타내고 初め[はじめ]는 시간의 흐름을 중시하는 말로 '최초'나 '초기 단계', '첫 번째'를 나타내요. 그런데 2개의 한자를 혼용하는 경우도 있어요. 한자를 모를 때는 히라가나로 쓰세요. 初めて[はじめて]는 경험상 처음이라는 뜻으로 써요.

そのドラマを始めから終わりまで全部見た。 그 드라마를 처음부터 끝까지 전부 다 보았다.

授業の始めに、何を勉強するか説明します。 수업을 시작할 때, 무엇을 공부할지 설명합니다.

終わり[おわり] 끝 | 全部[ぜんぶ] 전부 | 見る[みる]② 보다 | 授業[じゅぎょう] 수업 | 何[なに] 무엇 | 勉強[べんきょう] 공부 | 説明[せつめい] 설명

+ 授業の始めに는 직역하면 '수업의 시작에'가 돼요.

初めはわからないことが多かった。 처음에는 모르는 것이 많았어.

新しいモデルが来年の初めに出ます。 새 모델이 내년 초에 나와요.

わかる① 알다 | 多い[おおい] 많다 | 新しい[あたらしい] 새롭다 | 来年[らいねん] 내년 | 出る[でる] ② 나오다

昨日、彼のご両親に初めて会った。 어제, 남자친구의 부모님을 처음으로 만났다.

初めての海外旅行で、何が一番心配でしたか。 첫 해외여행에서 무엇이 제일 걱정이었습니까?

昨日[きのう] 어제 | 彼[かれ] 남자친구 | 両親[りょうしん] 부모 | 会う[あう]① 만나다 | 海外[かいがい] 해외 | 旅行[りょこう] 여행 | 何[なに] 무엇 | 一番[いちばん] 제일 | 心配[しんぱい] 걱정

책 날개에 있는 책갈피를 이용해서, 한 쪽을 가리고 나머지 한 쪽을 맞추는 연습을 해 보세요.

声(こえ)	목소리, 소리	次(つぎ)	이번, 다음
音(おと)	소리	今度(こんど)	이번, 다음
子供(こども)	아이, 어린이	所(ところ)	곳
子(こ)	자식, 아이	場所(ばしょ)	장소, 자리
仕事(しごと)	일(직업)	隣(となり)	옆, 옆집
用事(ようじ)	볼일, 일	横(よこ)	옆, 가로
用(よう)	볼일, 일	そば	곁, 가까이
辞書(じしょ)	사전	友達(ともだち)	친구
辞典(じてん)	사전	友人(ゆうじん)	친구
背(せ)	키, 등	親友(しんゆう)	절친
背中(せなか)	등	始め(はじめ)	처음, 시작
全部(ぜんぶ)	전부, 모두	初め(はじめ)	처음, 초
みんな	다, 모두	初めて(はじめて)	처음, 처음으로
皆(みな)	다, 모두		

연습해 봐요!

〈대화로 연습해 봐요〉

1 일본어 단어의 독음을 히라가나로 쓴 후에 한국어 뜻을 써 보세요.

단어	히라가나	뜻
01. 音		
02. 用事		
03. 辞書		
04. 今度		
05. 友達		

2 한국어 뜻에 해당하는 일본어 단어를 히라가나와 한자로 써 보세요.

단어	히라가나	한자
06. 목소리, 소리		
07. 일(직업)		
08. 전부, 모두		
09. 장소, 자리		
10. 옆, 가로		

3 (　　) 속에 적절한 단어를 써 보세요. 한자를 모를 경우에는 히라가나로 쓰세요.

11. 二人の間に(　　　　)ができた。 두 사람 사이에 아이가 생겼어.

12. 私は(　　　)が低いですが、兄は(　　　)が高いです。
저는 키가 작지만, 형은 키가 커요.

13. (　　　　　)一緒に飲みましょう！ 모두 다 함께 술을 마십시다!

14. いつも(　　　　)にいたい。 늘 곁에 있고 싶다.

15. 昨日、彼のご両親に(　　　　　)会った。
어제, 남자친구의 부모님을 처음으로 만났다.

| 정답 |

1 01. おと/소리 02. ようじ/볼일, 일 03. じしょ/사전 04. こんど/이번, 다음 05. ともだち/친구

2 06. こえ/声 07. しごと/仕事 08. ぜんぶ/全部 09. ばしょ/場所 10. よこ/横

3 11. 子供[こども] 12. 背[せ], 背[せ] 13. みんなで, 皆で[みなで] 14. そば 15. 初めて[はじめて]

1322 N5

半分 はんぶん 반, 절반 [명사(부사적으로도 사용)]

半分을 부사적으로 쓸 때는 악센트가 はんぶん이 돼요.

1323 N5

半 はん 반 [명사]

半分[はんぶん]은 독립된 단어로 '절반'이라는 뜻으로 쓰는데 半[はん]은 1メートル半(1미터 반)과 같이 앞에 다른 말이 붙어서 ～半이라는 형태로 쓰거나 半強制[はんきょうせい](반강제)와 같이 뒤에 다른 말이 붙어서 半～라는 형태로 쓰는 것이 일반적이에요.

まだ半分も終わってない。 아직 절반도 끝나지 않았어.

ご飯を半分だけください。 밥을 반만 주세요.

終わる[おわる]① 끝나다 | ～て(い)る② ～해 있다 | ご飯[ごはん] 밥

'아직 ～하지 않았다'라고 할 때 일본어는 한국어와 달리 '아직 ～하고/해 있지 않다(まだ～ていない)'라는 시제를 써요.

りんごを1個半食べた。 사과를 한 개 반 먹었다.

今朝は7時半に起きました。 오늘 아침에는 7시 반에 일어났습니다.

1個[いっこ] 한 개 | 食べる[たべる]② 먹다 | 今朝[けさ] 오늘 아침 | 7時[しちじ] 7시 | 起きる[おきる]② 일어나다

1324 N5 참 635

昼 ひる 낮, 점심 [명사]

1325 N4

昼間 ひるま 낮, 낮 동안 [명사]

昼[ひる]는 ①일출부터 일몰까지의 밝은 시간, ②낮 12시 혹은 12시 전후, ③점심 식사의 3가지 뜻으로 쓰는데 昼間[ひるま]는 ①의 뜻으로만 써요.

昼でも夜でも、いつでもいいよ。 낮이든 밤이든, 언제든지 괜찮아.

そろそろお昼にしましょう。 이제 점심을 먹읍시다.

夜[よる] 밤 | いい 좋다 | ～にする③ ～로 하다

昼라고만 하면 약간 거칠게 들릴 수도 있어서 앞에 お를 붙여 お昼라고 하는 경우도 많아요.

お昼にしましょう는 직역하면 '점심으로 합시다'가 되는데, 점심을 먹자는 뜻이에요.

昼間は働いて、夜学校に通ってる。 낮에는 일하고, 밤에 학교를 다니고 있어.

祖母は昼間も寝てることが多くなりました。 할머니는 낮 동안도 자고 있을 때가 많아졌어요.

働く[はたらく]① 일하다 | 夜[よる] 밤 | 学校[がっこう] 학교 | 通う[かよう]① 다니다 | ~て(い)る② ~하고 있다 | 祖母[そぼ] 할머니 | 寝る[ねる]② 자다 | 多い[おおい] 많다 | ~くなる① ~해지다

1326 N5

ほか ほか 다른 곳/것, ~ 외 [명사]

1327 N4

別(な) べつ(な) 다름(다른), 별개(의) [명사, な형용사]

> ほかは '그 이외의 곳/것', '어떤 범위 밖에 있는 것'이라는 뜻이고 別[べつ]는 同[おな]じ(같음)의 반대로 '그것과 다른 것', '차이가 있는 것', '그것과 구별되는 것'을 나타내요. 예를 들어 ほかの場所[ばしょ](다른 장소)라고 하면 '여기' 외의 장소라는 느낌이고 別の場所(다른 장소)라고 하면 '여기'와 별개의 장소, '여기'와 차이가 나는 장소라는 느낌이에요.

おすしのほかにも好きな日本料理がある。 스시 외에도 좋아하는 일본 요리가 있다.

このことはほかの人に言わないでください。 이 일은 다른 사람에게 말하지 말아 주세요.

好き[すき] 좋아함 | 日本[にほん] 일본 | 料理[りょうり] 요리 | ある① 있다 | 人[ひと] 사람 | 言う[いう]① 말하다

⊕ ほかを 한자 他나 外로 쓰는 경우도 있는데 他로 쓰는 경우가 많아요.

それとこれは別の話だ。 그것과 이것은 다른 이야기다.

プライベートで使うアカウントは仕事で使うのと別にしています。
개인적으로 사용하는 계정은 업무에서 사용하는 것과 별개로 하고 있습니다.

話[はなし] 이야기 | 使う[つかう]① 사용하다 | 仕事[しごと] 일 | ~にする③ ~로 하다 | ~ている② ~하고 있다

⊕ 명사를 수식할 때 別な~보다 別の~라고 하는 경우가 더 많아요.

1328 N5 참 119

道 みち 길 [명사]

1329 N4

通り とおり 길 [명사]

1330 N3

道路 どうろ 도로 [명사]

道[みち]를 제일 많이 쓰고 뜻도 넓어서 通り[とおり]와 道路[どうろ]도 道에 포함돼요. 通り와 道路는 '큰 길'을 가리키는데, 道路는 '사람이나 차 등 교통을 위해 정비된 길'을 나타내요. 또 道에는 실제 길 외에 '방법, 수단(표현할 길 등)'과 '과정(장인이 되는 길 등)' 등의 다양한 뜻으로 쓰지만, 通り나 道路에는 다른 뜻이 없어요.

金メダルへの道はまだ遠い。 금메달로 가는 길은 아직 멀다.

道を間違えました。 길을 잘못 들었습니다.

金メダル[きん メダル] 금메달 | 遠い[とおい] 멀다 | 間違える[まちがえる]② 틀리다

金メダルへの道는 직역하면 '금메달로의 길'이 돼요.

道を間違えました는 직역하면 '길을 틀렸습니다'가 돼요.

毎年お祭りの日は通りが人でいっぱいになる。 해마다 축제 날은 길이 사람들로 가득해.

この通りは車が多いので気を付けてください。 이 길은 차가 많으니 조심하세요.

毎年[まいとし] 매년 | お祭り[おまつり] 축제 | 日[ひ] 날 | 人[ひと] 사람 | ~になる① ~해지다 | 車[くるま] 차 | 多い[おおい] 많다 | 気を付ける[きをつける]② 조심하다

人でいっぱいになる는 직역하면 '사람으로 가득해져'가 돼요.

道路の真ん中で車が止まってしまった。 도로 한가운데에서 차가 멈춰 버렸다.

道路が工事中で車が通れません。 도로가 공사 중이라서 차가 지나갈 수 없습니다.

真ん中[まんなか] 한가운데 | 車[くるま] 차 | 止まる[とまる]① 멈추다 | ~てしまう① ~해 버리다 | 工事[こうじ] 공사 | ~中[ちゅう] ~중 | 通る[とおる]① 지나가다

1331 N5

物 もの 물건, 것 [명사]

1332 N4

事 こと 일, 것 [명사]

物[もの]는 구체적인 형태를 가지고 있는 물건을 가리키고 事[こと]는 추상적인 것, 어떤 동작이나 작용, 성질, 상태, 변화 등을 나타내요. 의존명사로 쓸 때, 즉 '~하는 것'과 같은 형태로 쓸 때는 히라가나로 쓰는 것이 원칙이지만 한자로 쓰는 사람들도 있어요.

何かおいしいものが食べたい。 뭔가 맛있는 것이 먹고 싶어.

どんな物でも大事にしましょう。 어떤 물건이더라도 소중히 합시다.

何か[なにか] 뭔가 | おいしい 맛있다 | 食べる[たべる]② 먹다 | ～たい ～하고 싶다 | 大事[だいじ] 소중 | ～にする③ ～하게 하다

事が思ったように進まない。 일이 생각한 것처럼 진행되지 않는다.

なぜか嫌なことばかり続いています。 왠지 안 좋은 일만 계속되고 있습니다.

思う[おもう]① 생각하다 | ～ようだ ～하는 것 같다 | 進む[すすむ]① 진행되다 | 嫌[いや] 싫음 | 続く[つづく]① 계속되다 | ～ている② ～하고 있다

⊕ 嫌なことばかり는 직역하면 '싫은 일만'이 돼요.

1333 N5 참 014

両親 りょうしん 부모, 양친 [명사]

1334 N3

親 おや 부모 [명사]

1335 N2

父母 ふぼ 부모 [명사]

> 両親[りょうしん]과 父母[ふぼ]는 '아버지'와 '어머니' 둘을 가리키는 데 비해 親[おや]는 둘 다 가리킬 수도 있고 부모 둘 중 하나만 가리킬 수도 있어요. 그리고 両親과 父母는 사람에게만 쓰지만 親는 동물에게도 쓸 수 있어요. 그리고 '부모라는 것은 ～'과 같이 '부모'를 보편적인 뜻으로 쓸 때는 親를 써야 해요. 일상적으로 '부모'라고 할 때는 両親을 쓰고 父母는 쓸 일이 거의 없어요. 다만 祖父母[そふぼ](조부모)라는 말은 흔히 써요.

私が大学生のときに両親が亡くなった。 내가 대학생 때 부모님이 세상을 떴어.

ご両親と一緒に住んでますか。 부모님과 같이 살고 있어요?

私[わたし] 나 | 大学生[だいがくせい] 대학생 | 亡くなる[なくなる]① 세상을 뜨다 | 一緒に[いっしょに] 함께 | 住む[すむ]① 살다 | ～て(い)る② ～하고 있다

⊕ '부모님'이라고 높이려면 아래쪽 예문처럼 앞에 ご를 붙여서 ご両親[ごりょうしん]이라고 하면 돼요. 그런데 일본어에서는 자기 가족을 다른 사람에게 높여 말하면 안 돼요.

親の代わりに孫を育てている人が増えた。 부모를 대신해서 손주를 키우고 있는 사람이 많아졌다.

親に相談してから決めてもよろしいですか。 부모님께 상의하고 나서 결정해도 되겠습니까?

～の代わりに[かわりに] ～ 대신해서 | 孫[まご] 손주 | 育てる[そだてる]② 키우다 | ～ている② ～하고 있다 | 人[ひと] 사람 | 増える[ふえる]② 많아지다 | 相談[そうだん] 상의 | 決める[きめる]② 결정하다 | よろしい 좋다(정중함)

PTAとは父母と先生の集まりだ。 PTA란 부모와 선생님의 모임이다.

父母の会の会長になりました。 부모 모임의 회장이 되었습니다.

先生[せんせい] 선생님 | 集まり[あつまり] 모임 | 会[かい] 모임 | 会長[かいちょう] 회장 | ～になる ① ～가 되다

⊕ 父母の会는 옛날 명칭이고 지금은 保護者会[ほごしゃかい](보호자 모임)라고 해요.

1336 N4

赤ちゃん あかちゃん 아기, 새끼 [명사]

1337 N3

赤ん坊 あかんぼう 아기 [명사]

> 赤ん坊[あかんぼう]보다 赤ちゃん[あかちゃん]이 더 귀여운 느낌, 사랑스러운 느낌, 친근감이 더 강하게 나타나요. 그리고 赤ん坊는 사람에게만 쓰지만 赤ちゃん은 동물의 새끼에도 쓸 수 있어요.

生まれたばかりの猫の赤ちゃんを拾った。 태어난 지 얼마 안 된 새끼 고양이를 주웠어.

赤ちゃんが泣いてる声が聞こえます。 아기가 울고 있는 소리가 들려요.

生まれる[うまれる]② 태어나다 | ～たばかりだ ～한 지 얼마 되지 않았다 | 猫[ねこ] 고양이 | 拾う[ひろう]① 줍다 | 泣く[なく]① 울다 | ～て(い)る② ～하고 있다 | 声[こえ] 목소리 | 聞こえる[きこえる]② 들리다

⊕ '새끼 고양이'를 나타내는 말로 子猫[こねこ]라는 단어도 있어요.

赤ん坊がミルクを欲しがっている。 아기가 분유를 먹고 싶어하고 있다.

毎日、娘の赤ん坊の世話をしています。 매일, 딸의 아기를 돌보고 있습니다.

欲しい[ほしい] 원하다 | ～がる① ～해하다 | ～ている② ～하고 있다 | 毎日[まいにち] 매일 | 娘[むすめ] 딸 | 世話をする[せわをする]③ 돌보다

⊕ 欲しがっている는 직역하면 '갖고 싶어 하고 있다'인데, 문맥에 따라 '먹고/마시고 싶어 하다' 등으로 해석해요.

1338 N4 참 511

形 かたち 모양, 형태 [명사]

1339 N4

格好 かっこう 자세, 옷차림 [명사]

形[かたち]는 물건의 모습이나 형태, 형식을 가리키고 格好[かっこう]는 보통 사람에 관한 것에 쓰여 옷차림이나 동작, 자세, 모습에 대해서 말할 때 써요.

その山は遠くから見るとカメの形に見える。 그 산은 멀리서 보면 거북이 모양으로 보여.
彼は自分の経験を映画という形で残しました。 그는 자신의 경험을 영화라는 형태로 남겼어요.

山[やま] 산 | 遠く[とおく] 먼 곳 | 見る[みる]② 보다 | 見える[みえる]② 보이다 | 彼[かれ] 그 | 自分[じぶん] 자신 | 経験[けいけん] 경험 | 映画[えいが] 영화 | 残す[のこす]① 남기다

父が変な格好で寝ていた。 아버지가 이상한 자세로 자고 있었다.
こんな格好では外に出られません。 이런 옷차림으로는 밖에 나갈 수 없습니다.

父[ちち] 아버지 | 変[へん] 이상 | 寝る[ねる]② 자다 | 〜ている② 〜하고 있다 | 外[そと] 바깥 | 出る[でる]② 나가다

1340 N4

気分 きぶん 기분 [명사]

1341 N4

気持ち きもち 마음, 기분 [명사]

1342 N4 참 225

心 こころ 마음, 정성 [명사]

気分[きぶん]은 '마음(정신) 상태', '쾌/불쾌'를 주로 나타내고 온몸으로 느끼는 경우에 쓰는데 비해 気持ち[きもち]는 감정이나 생각을 나타내는 경우가 많고 '마음', '생각', '기분', '심정', '심리', '감촉' 등 매우 넓은 뜻으로 써요. 그리고 몸의 일부에서 느끼는 경우에 써요. 예를 들어 '날씨가 좋아서 기분이 좋다'는, 상쾌함을 느낌으로서 쾌적한 정신 상태, 온몸에 좋은 느낌이 드는 경우라서 気分がいい라고 하고, '푹신푹신한 침대'나 마사지를 받고 기분이 좋은 경우는 '감촉'으로 느끼는 경우이면서 몸의 일부에서 느끼는 경우라서 気持ちがいい라고 해요. '내 마음 알아?'와 같이 '심정', '생각', '감정'을 나타낼 때도 気持ち라고 해요. 心[こころ]는 '마음', '정성', '정신'이라는 뜻으로 쓰는데, 감정을 나타내는 말이 아니기 때문에 '좋다/나쁘다'가 없어요. 心는 '마음이 넓은 사람'이나 '마음을 보듬어준다'라고 할 때 쓰고, 또 心からうれしく思[おも]う(진심으로 기쁘게 생각한다)와 같은 표현에서 써요.

この水族館は海の中にいるような気分になる。 이 수족관은 바닷속에 있는 것 같은 기분이 돼.
気分が悪くなって倒れたことがあります。 속이 안 좋아져서 쓰러진 적이 있어요.

水族館[すいぞくかん] 수족관 | 海[うみ] 바다 | 中[なか] 속 | いる② 있다 | 〜ようだ 〜하는 것 같다 | 〜になる① 〜가 되다 | 悪い[わるい] 나쁘다 | 〜くなる① 〜해지다 | 倒れる[たおれる]② 쓰러지다 | 〜たことがある① 〜한 적이 있다

⊕ '바닷속에 있는 것 같은 기분이' 드는 것은 온몸으로 느끼는 감각이니 気分을 써요.

⊕ 気分が悪くなっては 직역하면 '기분이 나빠져서'가 되는데, 마음이 상하는 경우나 속이 안 좋고 컨디션이 안 좋을 때에도 気分が悪い라고 해요. 気持ちが悪い도 속이 안 좋을 때 쓰는데 気分が悪い가 막연하게 속이 안 좋을 때 쓰는 데 비해 気持ちが悪い는 토할 것 같은 경우에 써요. 또 気持ちが悪い는 '징그럽다'라는 뜻으로도 써요.

このクッションはとても柔らかくて気持ちいい。 이 쿠션은 무척 부드러워서 느낌이 좋다.

彼女の気持ちがわかりません。 여자친구의 마음을 모르겠습니다.

柔らかい[やわらかい] 부드럽다 | いい 좋다 | 彼女[かのじょ] 여자친구 | わかる① 알다

⊕ '쿠션이 부드러워서 기분이 좋다'고 하는 것은 피부로 느끼는 감각이기 때문에 気持ち를 써요.

⊕ '여자친구의 마음을 모르겠다'라는 것은 여자친구의 생각을 모르겠다는 뜻이기 때문에 気持ち를 써요.

先生のお言葉が今でも私の心に残ってる。 선생님의 말씀이 지금도 내 마음에 남아 있어.

助けてくださったことに心から感謝します。 도와주신 것에 진심으로 감사드립니다.

先生[せんせい] 선생님 | 言葉[ことば] 말 | 今[いま] 지금 | 私[わたし] 나 | 残る[のこる]① 남다 | ~て(い)る② ~해 있다 | 助ける[たすける]② 돕다 | ~てくださる① ~해 주시다 | 感謝[かんしゃ] 감사

⊕ 今でも를 今も로 바꿔 쓸 수도 있는데 今も는 단순히 '지금도'라는 뜻인데 비해 今でも는 '지금까지도', '지금도 여전히'라는 뉘앙스가 있어요.

1343 N4

興味 きょうみ 관심, 흥미 [명사]

1344 N3

関心 かんしん 관심 [명사]

興味[きょうみ]는 어떤 대상에 재미를 느끼거나 마음이 끌리는 것을 나타내고 関心[かんしん]은 어떤 대상에 주의를 기울이거나 신경을 쓰는 것을 나타내요. 그래서 興味는 감정적인 경우가 많고 関心은 이성적인 경우가 많아요. 그리고 興味는 비교적 가벼운 내용에 쓰고 関心은 비교적 무거운 내용, 심각하거나 진지한 내용에 쓰는 경우가 많아요.

12歳の頃、歴史に興味を持つようになった。 12살 때, 역사에 관심을 가지게 되었다.

中国の文学に興味があります。 중국 문학에 흥미가 있습니다.

12歳[じゅうに さい] 12살 | 頃[ころ] 때 | 歴史[れきし] 역사 | 持つ[もつ]① 가지다 | ~ようになる① ~하게 되다 | 中国[ちゅうごく] 중국 | 文学[ぶんがく] 문학 | ある① 있다

⊕ 한국어로는 '관심이 있다'라는 말을 많이 써서 関心으로 직역하는 사람이 많은데 일상적인 대화에서는 興味가 어울리는 경우가 더 많아요.

そのサービスはユーザーの高い関心を集めてる。 그 서비스는 유저들의 높은 관심을 모으고 있어.

政治に関心のない若い人が多いです。 정치에 관심이 없는 젊은 사람들이 많아요.

高い[たかい] 높다 | 集める[あつめる]② 모으다 | ~て(い)る② ~하고 있다 | 政治[せいじ] 정치 | ない 없다 | 若い[わかい] 젊다 | 人[ひと] 사람 | 多い[おおい] 많다

1345 N4

具合 ぐあい 상태, 형편 [명사]

1346 N3

調子 ちょうし 상태, 기세 [명사]

'몸/기계의 상태가 좋다/나쁘다'라는 뜻으로 쓸 때는 具合[ぐあい]와 調子[ちょうし] 둘 다 써요. 具合는 '내가 나서는 것은 상황 상 안 좋다'와 같이 상황이나 형편도 나타내는데 이 경우는 調子로 바꿔 쓸 수 없어요. 그리고 調子는 움직임이나 기세가 느껴져요. 그래서 '격한 기세로 말하다'와 같이 움직임이 느껴지는 뜻으로 쓸 때는 調子를 써야 해요.

その日は予定が入ってて、具合が悪い。 그 날은 일정이 들어 있어서, 시간이 안 돼.

お体の具合はいかがですか。 몸 상태는 어떠세요?

日[ひ] 날 | 予定[よてい] 예정 | 入る[はいる]① 들다 | ～て(い)る② ~해 있다 | 悪い[わるい] 나쁘다 | 体[からだ] 몸

- 具合が悪い는 직역하면 '형편이 나쁘다'가 돼요.
- 위쪽 예문은 '상황, 형편'이라는 뜻으로 쓴 것이기 때문에 調子로 바꿔 쓸 수 없지만, 아래쪽 예문은 '상태, 컨디션'이라는 뜻으로 쓴 것이기 때문에 調子로 바꿔 쓸 수 있어요.

いいよ！ その調子で頑張れ！ 좋아! 그 기세로 더 열심히 해!

今日は朝からおなかの調子がよくないです。 오늘은 아침부터 장이 안 좋습니다.

いい 좋다 | 頑張る[がんばる]① 힘내다 | 今日[きょう] 오늘 | 朝[あさ] 아침

- おなかの調子がよくない는 직역하면 '배의 상태가 안 좋다'가 돼요.
- 위쪽 예문은 '기세'라는 움직임이 느껴지는 뜻으로 쓴 것이기 때문에 具合로 바꿔 쓸 수 없지만, 아래쪽 예문은 '상태, 컨디션'이라는 뜻으로 쓴 것이기 때문에 具合로 바꿔 쓸 수 있어요.

1347 N4 참 063 363

答え こたえ 대답, 답 [명사]

1348 N4

返事 へんじ 대답, 답장 [명사]

누가 부른 것에 대한 대답에는 答え[こたえ]도 返事[へんじ]도 쓸 수 있어요. 차이가 나는 점은 答え는 어떤 문제를 풀어서 나오는 해답 및 정답이라는 뜻도 있는데 返事에는 그런 뜻이 없어요. 또 返事에는 '답장'이라는 뜻이 있는데 答え는 그런 뜻이 없어요.

この問題の答えがなぜ1番なのかわからない。 이 문제의 답이 왜 1번인지 모르겠다.

いくら呼んでも答えがありません。 아무리 불러도 대답이 없습니다.

問題[もんだい] 문제 | 1番[いち ばん] 1번 | ~のだ ~인 것이다 | わかる① 알다 | いくら~ても 아무리 ~해도 | 呼ぶ[よぶ]① 부르다 | ある① 있다

- なぜ1番なのかは 직역하면 '왜 1번인 것인지'가 돼요.
- 아래쪽 예문은 返事로 바꿔 쓸 수 있지만, 위쪽 예문은 바꿔 쓸 수 없어요.

もっと大きな声で返事をしなさい。 더 큰 소리로 대답해라.

メールを送ったのになかなか返事が来ません。 메일을 보냈는데 좀처럼 답장이 오지 않아요.

大きな[おおきな] 큰 | 声[こえ] 목소리 | 送る[おくる]① 보내다 | 来ません[きません]③ 오지 않아요

- 答え는 答えをする라는 형태로 쓰지 않기 때문에 위쪽 예문을 答え로 바꾸려면 答える(답하다)라는 동사로 바꿔서 答えなさい라고 해야 해요. 아래쪽 예문은 答え로 바꿔 쓸 수 없어요.

책 날개에 있는 책갈피를 이용해서, 한 쪽을 가리고 나머지 한 쪽을 맞추는 연습을 해 보세요.

半分(はんぶん)	반, 절반	赤ちゃん(あか)	아기, 새끼
半(はん)	반	赤ん坊(あかぼう)	아기
昼(ひる)	낮, 점심	形(かたち)	모양, 형태
昼間(ひるま)	낮, 낮 동안	格好(かっこう)	자세, 옷차림
ほか	다른 곳/것, ~ 외	気分(きぶん)	기분
別(べつ)(な)	다름(다른), 별개(의)	気持ち(きも)	마음, 기분
道(みち)	길	心(こころ)	마음, 정성
通り(とお)	길	興味(きょうみ)	관심, 흥미
道路(どうろ)	도로	関心(かんしん)	관심
物(もの)	물건, 것	具合(ぐあい)	상태, 형편
事(こと)	일, 것	調子(ちょうし)	상태, 기세
両親(りょうしん)	부모, 양친	答え(こた)	대답, 답
親(おや)	부모	返事(へんじ)	대답, 답장
父母(ふぼ)	부모		

〈장문으로 연습해 봐요〉

❶ 일본어 단어의 독음을 히라가나로 쓴 후에 한국어 뜻을 써 보세요.

단어	히라가나	뜻
01. 別		
02. 物		
03. 両親		
04. 形		
05. 気持ち		

❷ 한국어 뜻에 해당하는 일본어 단어를 히라가나와 한자로 써 보세요.

단어	히라가나	한자
06. 반, 절반		
07. 낮, 점심		
08. 아기, 새끼		
09. 마음, 정성		
10. 대답, 답		

❸ (　　) 속에 적절한 단어를 써 보세요. 한자를 모를 경우에는 히라가나로 쓰세요.

11. この(　　　　)は車が多いので気を付けてください。
이 길은 차가 많으니 조심하세요.

12. こんな(　　)では外に出られません。 이런 옷차림으로는 밖에 나갈 수 없습니다.

13. (　　　　)が悪くなって倒れたことがあります。
속이 안 좋아져서 쓰러진 적이 있어요.

14. 中国の文学に(　　　　)があります。 중국 문학에 흥미가 있습니다.

15. 今日は朝からおなかの(　　　　)がよくないです。
오늘은 아침부터 장이 안 좋습니다.

| 정답 |

❶ 01. べつ/다름, 별개 02. もの/물건, 것 03. りょうしん/부모, 양친 04. かたち/모양, 형태 05. きもち/마음, 기분
❷ 06. はんぶん/半分 07. ひる/昼 08. あかちゃん/赤ちゃん 09. こころ/心 10. こたえ/答え
❸ 11. 通り[とおり]/道[みち]/道路[どうろ] 12. 格好[かっこう] 13. 気分[きぶん] 14. 興味[きょうみ] 15. 調子[ちょうし]/具合[ぐあい]

1349 N4

この間　このあいだ　저번, 지난번 [명사(부사적으로도 사용)]

1350 N4

さっき　さっき　아까, 조금 전 [명사, 부사]

この間[このあいだ]는 '요전', '저번', '지난번'이라는 뜻으로 그리 멀지 않은 과거, 며칠 전이나 몇 주 전을 가리키는데, さっき는 '아까', '조금 전'이라는 뜻으로 현재와 매우 가까운 과거를 가리켜요.

この間の話、どうなった？　저번에 이야기했던 것, 어떻게 됐어?

この間はどうもお世話になりました。　지난번에는 정말 신세 졌습니다.

話[はなし] 이야기 | なる① 되다 | 世話になる[せわになる]① 신세를 지다

⊕ この間の話는 직역하면 '저번의 이야기'가 돼요.

さっきもらったばかりのカップを割っちゃった。　조금 전에 받은 컵을 깨 버렸어.

さっきから何をしてるんですか。　아까부터 무얼 하고 있는 거예요?

もらう① 받다 | ～たばかりだ 막 ~했다 | 割る[わる]① 깨다 | ～ちゃう① ~해 버리다 | 何[なに] 무엇 | ～て(い)る② ~하고 있다

⊕ ～ちゃう는 ～てしまう의 준말이에요.

1351 N4

この頃　このごろ　요즘, 요새 [명사(부사적으로도 사용)]

1352 N4

最近　さいきん　요즘, 최근 [명사(부사적으로도 사용)]

最近[さいきん]은 과거의 한 시점, 한 번만 일어났던 일에 대해서 말할 때도 쓸 수 있는데 この頃[このごろ]는 쓸 수 없어요. この頃는 반드시 시간 폭이 있어야 해요. 시간 폭이 있는 내용인 경우는 この頃보다 最近이 약간 시간 폭이 넓은 느낌이 있지만 바꿔 쓸 수 있는 경우가 많아요.

この頃よく悪い夢を見る。　요새 자주 나쁜 꿈을 꾼다.

この頃元気がありませんね。どうしたんですか。　요즘 기운이 없네요. 왜 그러세요?

悪い[わるい] 나쁘다 | 夢[ゆめ] 꿈 | 見る[みる]② 보다 | 元気[げんき] 기운 | ある① 있다

⊕ '꿈을 꾸다'를 일본어로 夢を見る(꿈을 보다)라고 표현해요.

⊕ どうしたんですか는 직역하면 '어떻게 한 겁니까?'가 되는데, '왜 그러세요? 어디 아프세요?'라는 뜻으로 써요.

橋本様が最近うちにおいでになった。 はしもと 님이 최근에 우리 집에 오셨다.
最近は前ほど忙しくありません。 요즘은 예전만큼 바쁘지 않습니다.

～様[さま] ～님 | おいでになる① 오시다 | 前[まえ] 전 | 忙しい[いそがしい] 바쁘다

위쪽 예문에 쓴 最近은 과거의 한 시점을 나타내기 때문에 この頃로 바꿔 쓸 수 없어요.

1353 N4

試合 しあい 시합, 경기 [명사]

1354 N2

競技 きょうぎ 경기 [명사]

1355 N3

大会 たいかい 대회 [명사]

개인이든 팀이든 1대 1 구도로 맞붙는 경우는 試合[しあい]라고 하고 육상경기나 수영 등 출전한 선수가 서로 기술을 겨루는 경우는 競技[きょうぎ]라고 해요. 競技는 단독으로 쓰기보다 陸上競技[りくじょうきょうぎ](육상경기)나 ～競技場[きょうぎじょう](～경기장)와 같이 앞에 다른 말이 붙은 형태로 많이 써요. 단독으로 '경기'라고 쓸 때는 競技大会(경기대회)를 줄인 大会[たいかい](대회)라는 말을 쓰는 경우가 많아요. 大会는 '경기대회'라는 뜻 외에 승부와 관계없이 많은 사람들이 모이는 행사를 가리키는 뜻으로도 써요.

今日の試合は必ず勝て！ 오늘 시합은 반드시 이겨라!
サッカーの試合中にけがをしてしまいました。 축구 경기 중에 다치고 말았어요.

今日[きょう] 오늘 | 必ず[かならず] 반드시 | 勝つ[かつ]① 이기다 | ～中[ちゅう] ～중 | けがをする③ 다치다 | ～てしまう① ～하고 말다

けがは '부상', '상처'라는 뜻인데 けがをする(부상을 하다)라고 하면 '다치다'라는 뜻이 돼요.

台風のため、競技が中止になった。 태풍 때문에 경기가 취소되었다.
競技を行う場所がまだ決まっていません。 경기를 할 장소가 아직 정해지지 않았습니다.

台風[たいふう] 태풍 | 中止[ちゅうし] 취소 | ～になる① ～가 되다 | 行う[おこなう]① 행하다 | 場所[ばしょ] 장소 | 決まる[きまる]① 정해지다 | ～ている② ～해 있다

決まっていません는 직역하면 '정해져 있지 않습니다'가 돼요.

来年はソウルで大会が開かれることになった。 내년에는 서울에서 대회가 열리게 됐어.
日本の高校野球は年に２回、大会があります。 일본 고교야구는 1년에 두 번 대회가 있어요.

来年[らいねん] 내년 | 開く[ひらく]① 열다 | ～ことになる① ～하게 되다 | 日本[にほん] 일본 | 高校[こうこう] 고등학교 | 野球[やきゅう] 야구 | 年[ねん] 연, 해 | 2回[にかい] 두 번 | ある① 있다

年に２回는 직역하면 '해에 두 번'이 되는데 １年[いち ねん]に２回(1년에 두 번)라고 할 수도 있어요.

1356 N4

仕方 しかた (하는) 방법 [명사]

1357 N4

方法 ほうほう 방법 [명사]

仕方[しかた]는 어떻게 하는지 하는 방법, 즉 행동을 나타내요. 方法[ほうほう]는 仕方와 같이 행동을 나타낼 수도 있고 수단을 나타낼 수도 있어요. 예를 들어 料理[りょうり]の仕方는 요리하는 과정(행동)을 나타내고 料理の方法는 같은 뜻을 나타낼 수도 있고 또 어떤 도구를 사용하는지(예: 전자레인지를 사용한다), 어떤 기술을 사용하는지(예: 찐다)를 나타낼 수도 있어요.

勉強の仕方がわからない。 공부하는 방법을 모르겠다.

私の説明の仕方が悪かったようです。 제 설명 방식이 안 좋았던 것 같습니다.

勉強[べんきょう] 공부 | わかる① 알다 | 私[わたし] 저 | 説明[せつめい] 설명 | 悪い[わるい] 나쁘다 | ～ようだ ~한 것 같다

勉強の仕方는 직역하면 '공부의 방법'이 돼요.

何かいい方法があれば教えて。 뭔가 좋은 방법이 있으면 알려 줘.

ログインする方法をご紹介いたします。 로그인하는 방법을 소개해 드리겠습니다.

何か[なにか] 뭔가 | いい 좋다 | ある① 있다 | 教える[おしえる]② 알리다 | ご～いたす① ~해 드리다(공손함) | 紹介[しょうかい] 소개

1358 N4

準備 じゅんび 준비 [명사(+する)]

1359 N4

用意 ようい 준비 [명사(+する)]

1360 N4

支度 したく 준비, 채비 [명사(+する)]

準備[じゅんび]는 필요한 물건을 준비하는 것뿐만이 아니라 계획, 환경, 정신적인 준비 등까지도 포함하고, 단기적인 준비에도 장기적인 준비에도 쓰는 말로, 세 단어 중 제일 넓은 뜻으로 써요. 用意[ようい]는 바로 사용할 물건을 준비하는 경우에 써요. 支度[したく]는 식사 준비나 외출, 여행 등을 위해 필요한 물건을 준비하는 경우에 써요.

来月行われる国際会議の準備をしている。 다음 달에 열리는 국제회의의 준비를 하고 있다.
まだ心の準備ができていません。 아직 마음의 준비가 되지 않았습니다.

来月[らいげつ] 다음 달 | 行う[おこなう]① 열리다 | 国際[こくさい] 국제 | 会議[かいぎ] 회의 | ~ている② ~하고 있다, ~해 있다 | 心[こころ] 마음 | できる② 되다

- 準備ができていません은 직역하면 '준비가 되어 있지 않습니다'가 돼요.

10人分の席を用意してもらった。 10인분 자리를 준비해 달라고 했어.
位置について、用意、どん! 출발 위치에 서서, 준비, 땅!

10人[じゅう にん] 10인 | ~分[ぶん] ~분 | 席[せき] 자리 | ~てもらう① (다른 사람이) ~해 주다 | 位置[いち] 위치 | つく① 어떤 자리에 가서 있다

- 用意してもらった는 직역하면 '준비해 받았다'가 돼요. '준비해 주었다'로 해석하기도 하는데 ~てもらう는 보통 해 달라고 부탁해서 상대방이 해 주는 경우라서 '~해 달라고 (부탁)했다' 등으로 해석하기도 해요.
- 位置について의 ついて를 한자로 쓰면 着いて인데, 이 표현을 쓸 때는 히라가나로 쓰는 경우가 많아요.
- '요이, 땅!'이라고 하는 '요이'가 일본어 用意[ようい]예요.

晩ごはんの支度をしているところだ。 한창 저녁 준비를 하고 있는 중이다.
すぐ出かけられるように支度をしておきました。 바로 나갈 수 있도록 채비를 해 놓았습니다.

晩ごはん[ばんごはん] 저녁밥 | ~ているところだ 한창 ~하고 있는 중이다 | 出かける[でかける]② 외출하다 | ~ておく① ~해 놓다

1361 N4

血 ち 피 [명사]

1362 N3

血液 けつえき 혈액 [명사]

| 일상적으로는 血[ち]를 많이 쓰고 血液[けつえき]는 글에서 쓰거나 격식 차려 말할 때나 의학적인 이야기를 할 때 써요.

その男性が倒れていた場所は血の海だった。 그 남성이 쓰러져 있었던 자리는 피바다였다.
ブラッディマリーは血のように赤いカクテルです。 블러디 메리는 피처럼 빨간 칵테일입니다.

男性[だんせい] 남성 | 倒れる[たおれる]② 쓰러지다 | ~ている② ~해 있다 | 場所[ばしょ] 자리 | 海[うみ] 바다 | ~ようだ ~ 같다 | 赤い[あかい] 빨갛다

- ブラッディマリー를 ブラッディメアリー라고 하는 사람도 있어요. 그리고 ブラッディ 뒤에 ・을 넣는 경우도 있어요.

血液の色が青や緑色の動物がいる。 혈액 색이 파란색이나 초록색인 동물이 있어요.
血液が足りなくて困ってる人もいます。 혈액이 부족해서 난처한 사람들도 있어요.

色[いろ] 색 | 青[あお] 파란색 | 緑色[みどりいろ] 초록색 | 動物[どうぶつ] 동물 | いる② 있다 | 足りる[たりる]② 족하다 | 困る[こまる]① 곤란하다 | ~て(い)る② ~하고 있다 | 人[ひと] 사람

1363 N4

中止 ちゅうし 취소, 중지 [명사(+する)]

1364 N3

キャンセル キャンセル 캔슬, 취소 [명사(+する)]

1365 N2

取り消し とりけし 취소 [명사]

中止[ちゅうし]는 콘서트나 경기, 운동회 등 큰 이벤트가 취소되는 경우에 쓰고 キャンセル는 예약이나 약속을 취소할 때 써요. 取り消し[とりけし]는 キャンセル와 같은 뜻으로 쓰기도 하는데 이미 정한 것이나 행한 것이 나중에 적절치 않다고 판단되어서 철회하는 경우에도 써요. 예를 들어 免許[めんきょ]取り消し(면허 취소)나 出場[しゅつじょう]取り消し(출전 취소) 등과 같이 써요.

雪のため試合が中止になった。 눈 때문에 경기가 취소되었다.

日本の工場での生産を中止します。 일본 공장에서의 생산을 중지합니다.

雪[ゆき] 눈 | 試合[しあい] 경기 | ~になる① ~가 되다 | 日本[にほん] 일본 | 工場[こうじょう] 공장 | 生産[せいさん] 생산

⊕ 이벤트나 행사가 취소되는 경우는 中止라고 하고 キャンセル나 取り消し라고는 하지 않아요.

予約をキャンセルしなければよかった。 예약을 캔슬하지 말 걸 그랬어.

デートの約束をキャンセルされてしまいました。 데이트 약속을 취소당하고 말았어요.

予約[よやく] 예약 | ~なければよかった ~하지 말 걸 그랬다 | 約束[やくそく] 약속 | ~てしまう① ~하고 말다

⊕ キャンセルしなければよかった는 직역하면 '취소하지 않으면 좋았다'가 돼요.

⊕ 여기 예문을 둘 다 取り消し로 바꿔 쓸 수도 있는데, 予約[よやく]는 キャンセル를 쓰는 경우가 더 많아요.

注文を取り消しする方法がわからない。 주문을 취소하는 방법을 모르겠다.

発言の取り消しをしたいです。 발언 취소를 하고 싶습니다.

注文[ちゅうもん] 주문 | 方法[ほうほう] 방법 | わかる① 알다 | 発言[はつげん] 발언 | ~たい ~하고 싶다

⊕ 위쪽 예문은 キャンセル로 바꿔 쓸 수 있는데, 아래쪽 예문은 이미 행한 것을 철회하는 경우라서 바꿔 쓸 수 없어요.

⊕ 取り消し를 取消し 혹은 取消로 쓰는 경우도 있어요.

⊕ '취소하다'라는 동사로 쓸 때는 取り消す[とりけす]가 돼요.

1366 N4 참 159 427

葉 は 잎 [명사]

1367 N4

葉っぱ はっぱ 잎 [명사]

> 葉[は]보다 葉っぱ[はっぱ]가 더 구어적인 말이라서 편한 일상적인 대화에서는 葉っぱ를 쓰는 경우가 많아요. 글에서는 葉っぱ를 쓰면 약간 유치한 느낌이 들 수 있어서 葉를 쓰는 경우가 더 많아요.

チューリップの葉が黄色くなった。 튤립 잎이 노래졌어.

お茶の葉はそのまま食べることもできます。 녹차 잎은 그대로 먹을 수도 있어요.

黄色い[きいろい] 노랗다 | ～くなる① ～해지다 | お茶[おちゃ] 녹차 | 食べる[たべる]② 먹다 | ～ことができる② ～할 수 있다

- お茶[おちゃ]는 '차'라는 뜻으로도 '녹차'라는 뜻으로도 써요. 정확히 '녹차'라고 하려면 緑茶[りょくちゃ]로 쓰세요.
- ～ことができる(～할 수 있다)의 조사 が를 も로 바꿔서 ～こともできる라고 하면 '～할 수도 있다'가 돼요.

葉っぱで船を作って遊んだ。 잎으로 배를 만들어서 놀았다.

この木は葉っぱが丸くてかわいいですね。 이 나무는 잎이 동그래서 귀엽네요.

船[ふね] 배 | 作る[つくる]① 만들다 | 遊ぶ[あそぶ]① 놀다 | 木[き] 나무 | 丸い[まるい] 동그랗다 | かわいい 귀엽다

1368 N4

理由 りゆう 이유 [명사]

1369 N4

訳 わけ 이유, 까닭 [명사]

> 둘 다 나타내는 뜻은 같은데 理由[りゆう]가 한자어이기 때문에 좀 더 딱딱한 느낌이에요. 그리고 訳[わけ]는 '이유'라는 뜻 외에 '까닭'이나 '영문', '사연' 등의 뜻으로도 써요.

健康上の理由から、たばこをやめた。 건강상의 이유로 담배를 끊었어.

この会社を選んだ理由を聞かせてください。 이 회사를 선택한 이유를 말해 주세요.

健康[けんこう] 건강 | ～上[じょう] ～상 | やめる② 그만두다 | 会社[かいしゃ] 회사 | 選ぶ[えらぶ]① 선택하다 | 聞く[きく]① 듣다

- 理由を聞かせてください는 직역하면 '이유를 듣게 해 주세요'가 돼요.

最近、祖父が訳のわからないことばかり言う。 요즘, 할아버지가 영문 모를 소리만 한다.

きっと何か訳があるはずです。 분명 뭔가 이유가 있을 것입니다.

最近[さいきん] 요즘 | 祖父[そふ] 할아버지 | わかる① 알다 | 言う[いう]① 말하다 | 何か[なにか] 뭔가 | ある① 있다 | ～はずだ 분명히 ~할 것이다

⊕ 訳のわからない의 の는 '의'라는 뜻이 아니라 '이/가'라는 뜻으로, 직역하면 '이유가 이해되지 않는'이 돼요.

1370 N4

留守 るす 부재(중) [명사]

1371 N1

不在 ふざい 부재(중) [명사]

> 留守[るす]는 외출해서 집에 없는 것을 나타내고 不在[ふざい]는 장소에 관계없이 그 자리에 없는 것을 나타내요. 즉 집인 경우는 留守와 不在 둘 다 쓸 수 있는데(留守를 쓰는 경우가 많음) 그 외의 장소라면 不在를 써야 해요.

来月、長い間家を留守にする予定。 다음 달에 오랫동안 집을 비울 예정이야.

留守の間に誰かが来たようだ。 집에 없는 사이에 누가 온 것 같다.

来月[らいげつ] 다음 달 | 長い[ながい] 오래다 | 間[あいだ] 사이 | 家[いえ] 집 | ～にする③ ~로 하다 | 予定[よてい] 예정 | 誰か[だれか] 누군가 | 来た[きた]③ 왔다 | ～ようだ ~한 것 같다

⊕ 誰かが来たようだ는 직역하면 '누군가가 온 것 같다'가 돼요. 誰が(누가)라고 하면 안 돼요. 誰が를 쓰려면 誰が来た?(누가 왔어?)와 같이 의문문이 되거나 誰が来たか(누가 왔는지)와 같이 '누구'가 포인트가 되는 문장이 되어야 해요.

部長が不在のため、代わりに私が会議に出席した。
부장님이 부재중이셔서, 대신 내가 회의에 참석했다.

両親は旅行中で不在です。 부모님은 여행 중이라서 집에 없습니다.

部長[ぶちょう] 부장(님) | 代わりに[かわりに] 대신에 | 私[わたし] 나 | 会議[かいぎ] 회의 | 出席[しゅっせき] 출석 | 両親[りょうしん] 부모 | 旅行[りょこう] 여행 | ～中[ちゅう] ~ 중

1372 N4

レポート レポート 보고서, 과제 [명사]

⊕ レポート라는 악센트도 써요.

1373 N4

リポート リポート 보도 [명사(+する)]

⊕ リポート라는 악센트도 써요.

| レポート도 リポート도 둘 다 영어 report에서 온 말인데, 과제나 보고서를 レポート라고 하고 방송에서 현장을 취재하고 상황을 중계 보도하는 것을 リポート라고 해요.

その講義は毎週レポートを出さなきゃならない。 그 강의는 매주 과제를 제출해야 해.

明日までのレポートが3つもあります。 내일까지 내야 할 보고서가 3개나 있어요.

講義[こうぎ] 강의 ı 毎週[まいしゅう] 매주 ı 出す[だす]① 내다 ı ～なきゃならない ～해야 하다 ı 明日[あした] 내일 ı 3つ[みっつ] 3개 ı ある① 있다

⊕ ～なきゃならない는 ～なければならない의 구어체예요.

その病気についてのリポートを担当している。 그 질병에 대한 보도를 담당하고 있다.

この国の素晴らしさをリポートします。 이 나라가 얼마나 멋진지를 보도하겠습니다.

病気[びょうき] 병 ı 担当[たんとう] 담당 ı ～ている② ～하고 있다 ı 国[くに] 나라 ı 素晴らしい[すばらしい] 멋지다

⊕ この国の素晴らしさ는 직역하면 '이 나라의 멋짐'이 돼요.

⊕ リポート를 하는 '취재기자'를 リポーター라고 해요.

1374 N4

忘れ物 わすれもの 두고 온 물건, 잊은 물건 [명사]

1375 N3

落とし物 おとしもの 흘린 물건, 분실물 [명사]

| 忘れ物[わすれもの]는 어디에 깜빡 두고 온 물건을 가리키니 그 물건이 어디에 있는지 아는 경우예요. 落とし物[おとしもの]는 실수로 흘린 물건, 바닥에 떨어져 있는 분실물을 가리켜요. 그러니 落とし物를 한 당사자는 그 물건이 어디에 있는지 모르죠.

忘れ物をしたような気がする。 두고 온 물건이 있는 것 같은 느낌이 들어.

忘れ物がないか確認してください。 잊은 물건이 없는지 확인하세요.

～ようだ ～한 것 같다 ı 気がする[きがする]③ 느낌이 들다 ı 確認[かくにん] 확인

⊕ 忘れ物をしたような는 직역하면 '두고 온 물건을 한 것 같은'이 돼요. '물건을 두고 오다'는 忘れ物をする라고 해요.

落とし物を拾って交番に届けた。 분실물을 주워서 파출소에 갖다 주었다.

落とし物をしないように気を付けましょう。 물건을 흘리지 않도록 조심합시다.

拾う[ひろう]① 줍다 ı 交番[こうばん] 파출소 ı 届ける[とどける]② 갖다 주다 ı 気を付ける[きをつける]② 조심하다

⊕ 落とし物를 落し物로 표기하는 경우도 있어요.

⊕ 届ける[とどける]에는 '갖다 주다'라는 뜻 외에 '신고하다'라는 뜻도 있어요. 交番に届ける에서 쓴 届ける를 '신고하다'로 해석할 수도 있어요.

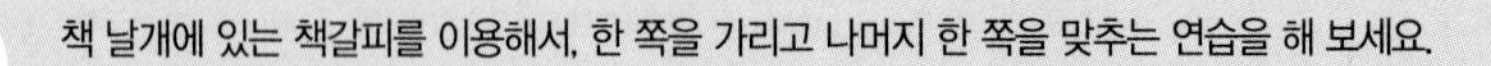
책 날개에 있는 책갈피를 이용해서, 한 쪽을 가리고 나머지 한 쪽을 맞추는 연습을 해 보세요.

この間(あいだ)	저번, 지난번	中止(ちゅうし)	취소, 중지
さっき	아까, 조금 전	キャンセル	캔슬, 취소
この頃(ごろ)	요즘, 요새	取(と)り消(け)し	취소
最近(さいきん)	요즘, 최근	葉(は)	잎
試合(しあい)	시합, 경기	葉(は)っぱ	잎
競技(きょうぎ)	경기	理由(りゆう)	이유
大会(たいかい)	대회	訳(わけ)	이유, 까닭
仕方(しかた)	(하는) 방법	留守(るす)	부재(중)
方法(ほうほう)	방법	不在(ふざい)	부재(중)
準備(じゅんび)	준비	レポート	보고서, 과제
用意(ようい)	준비	リポート	보도
支度(したく)	준비, 채비	忘(わす)れ物(もの)	두고 온 물건, 잊은 물건
血(ち)	피	落(お)とし物(もの)	흘린 물건, 분실물
血液(けつえき)	혈액		

〈대화로 연습해 봐요〉

❶ 일본어 단어의 독음을 히라가나로 쓴 후에 한국어 뜻을 써 보세요.

단어	히라가나	뜻
01. 最近		
02. 用意		
03. 血		
04. 取り消し		
05. 留守		

❷ 한국어 뜻에 해당하는 일본어 단어를 히라가나와 한자로 써 보세요.

단어	히라가나	한자
06. 시합, 경기		
07. (하는) 방법		
08. 취소, 중지		
09. 이유		
10. 두고 온 물건, 잊은 물건		

❸ (　　) 속에 적절한 단어를 써 보세요. 한자를 모를 경우에는 히라가나로 쓰세요.

11. (　　　　)はどうもお世話になりました。 지난번에는 정말 신세 졌습니다.

12. (　　　　)よく悪い夢を見る。 요새 자주 나쁜 꿈을 꾼다.

13. 何かいい(　　　　)があれば教えて。 뭔가 좋은 방법이 있으면 알려 줘.

14. まだ心の(　　　　)ができていません。 아직 마음의 준비가 되지 않았습니다.

15. 予約を(　　　　　)しなければよかった。 예약을 캔슬하지 말 걸 그랬어.

| 정답 |

❶ 01. さいきん/요즘, 최근 02. ようい/준비 03. ち/피 04. とりけし/취소 05. るす/부재(중)

❷ 06. しあい/試合 07. しかた/仕方 08. ちゅうし/中止 09. りゆう/理由 10. わすれもの/忘れ物

❸ 11.この間[このあいだ] 12. この頃[このごろ]/最近[さいきん] 13. 方法[ほうほう] 14. 準備[じゅんび] 15. キャンセル

뜻이 비슷한 말이 여러 개 있는 형용사

26마디에서는 뜻이 비슷한 말이 여러 개 있는 형용사에 대해 배울게요. 형용사에는 い형용사와 な형용사가 있는데, 둘 다 모두 다루지만 단어에 따라서는 다른 품사와 비교하는 경우도 있어요.

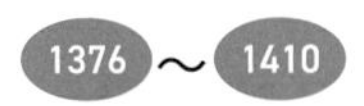

단어 및 예문듣기

1376 N5

危ない　あぶない　위험하다, 위태롭다 [い형용사]

あぶなくない　あぶなかった　あぶなく　あぶなくて　あぶなければ

あぶない라는 악센트도 써요.

1377 N4

危険(な)　きけん(な)　위험(한) [명사, な형용사]

危ない[あぶない]와 危険[きけん]은 둘 다 '위험하다'라는 뜻으로 쓰는데 危ない가 순 일본어이고 危険이 한자어라서 危ない가 더 부드러운 느낌이에요. 그리고 危ない는 '위험하다'라는 뜻 외에 '위태롭다', '의심된다', '걱정된다', '미덥지 않다' 등 다양한 뜻으로 써요.

今働いてる会社が危ない。　지금 일하고 있는 회사가 위태로워.

昔はこの辺もこんなに危なくなかったです。　옛날에는 이 주변도 이렇게 위험하지 않았어요.

今[いま] 지금 | 働く[はたらく]① 일하다 | ～て(い)る② ~하고 있다 | 会社[かいしゃ] 회사 | 昔[むかし] 옛날 | 辺[へん] 부근

아래쪽 예문은 危険으로 바꿔 쓸 수 있어요.

危険なことはするな。　위험한 일은 하지 마라.

それは危険が大きすぎます。　그것은 위험이 너무 큽니다.

大きい[おおきい] 크다 | ～すぎる② 너무 ~하다

아래쪽 예문은 명사로 쓴 것이기 때문에 형용사인 危ない로 바꿔 쓸 수 없어요.

1378 N5

一緒　いっしょ　같음, 함께 함 [명사]

1379 N5

同じ　おなじ　같음 [な형용사]

それは私[わたし]のと一緒だ, それは私のと同じだ(그것은 내 것과 같다)와 같이 '동일하다'는 뜻으로 쓸 때는 一緒[いっしょ]와 同じ[おなじ]가 같은 뜻이에요. 그런데 一緒に行[い]きましょう(같이 갑시다)나 一緒に終[お]わった(동시에 끝났다)와 같이 '함께', '동시에'라는 뜻으로 쓸 때는 一緒만 쓰고 同じ는 쓸 수 없어요.

私たちは小学校が一緒だった。 우리는 초등학교가 같았어.

昼ご飯を一緒に食べませんか。 점심을 함께 먹지 않을래요?

私たち[わたしたち] 우리 | 小学校[しょうがっこう] 초등학교 | 昼ご飯[ひるごはん] 점심 | 食べる[たべる]② 먹다

⊕ 위쪽 예문은 '동일하다'라는 뜻이기 때문에 同じ로 바꿔 쓸 수 있는데 아래쪽 예문은 바꿔 쓸 수 없어요.

その人は私と同じ服を着ていた。 그 사람은 나랑 같은 옷을 입고 있었다.

私と妹は靴のサイズが同じです。 저와 여동생은 신발 사이즈가 똑같습니다.

人[ひと] 사람 | 私[わたし] 나, 저 | 服[ふく] 옷 | 着る[きる]② 입다 | ~ている② ~하고 있다 | 妹[いもうと] 여동생 | 靴[くつ] 신발

1380 N5

嫌(な) いや(な) 싫음(싫은), 불쾌(한) [な형용사]

1381 N5 참 322

嫌い(な) きらい(な) 싫음(싫은), 싫어함(싫어하는) [な형용사]

嫌[いや]는 '불쾌하다', '하기 싫다', '피하고 싶다'라는 마음을 나타내는 데 비해 嫌い[きらい]는 好き[すき](좋아함, 선호함)의 반대말로 기호를 나타내요. 예를 들어 これを貸[か]してください(이것을 빌려주세요)라는 부탁에 대한 대답은 '하기 싫다'라는 마음을 나타내는 것이기 때문에 嫌[いや]です(싫어요)가 되고, トマトは好きですか(토마토는 좋아합니까?)라는 질문에 대한 대답은 기호를 나타내는 것이기 때문에 いいえ、嫌[きら]いです(아니요, 싫어해요)가 돼요. 반대로 말할 때 いい(좋다)를 쓴다면 嫌[いや]가 맞는 표현이고, 好き(좋아하다)를 쓴다면 嫌い[きらい]가 맞는 표현이에요.

嫌ならしなくてもいいよ。 싫다면 하지 않아도 돼.

嫌なにおいがしました。 불쾌한 냄새가 났어요.

~なくてもいい ~하지 않아도 되다

私は甘いものが嫌いだ。 나는 단 것을 싫어한다.

好きでも嫌いでもありません。 좋지도 싫지도 않습니다.

私[わたし] 나 | 甘い[あまい] 달다 | 好き[すき] 좋아함

1382 N5 참 311

おいしい おいしい 맛있다 [い형용사]

おいしくない　おいしかった　おいしく　おいしくて　おいしければ

＋ おいしい　おいしかった　おいしくて　おいしければ라는 악센트도 써요.

1383 N4

うまい うまい 맛있다 [い형용사]

うまくない　うまかった　うまく　うまくて　うまければ

＋ うまくない　うまかった　うまく　うまくて　うまければ라는 악센트가 기존에는 모범적인 악센트였지만, 위에 제시한 악센트로 발음하는 사람이 많아지고 있고 올바른 악센트로 인정되었기에 제시했어요. 이하 '저고저' 악센트를 갖는 3음절 い형용사의 악센트는 모두 이것과 같아요.

둘 다 '맛있다'라는 뜻으로 쓰는데 うまい는 거친 말투라서 공손하게 말할 때는 おいしい를 써요. 그리고 うまい에는 '맛있다'라는 뜻 외에 '잘한다'라는 뜻도 있어요. うまい를 '맛있다'의 뜻으로 쓸 때는 거친 말투인데 '잘하다'라는 뜻으로 쓸 때는 上手[じょうず]보다는 거칠지만 많이 거친 말투는 아니에요.

おいしくなかったら「おいしくない」って言って。 맛이 없으면 '맛이 없다'라고 말해.

どうでしたか。おいしかったですか。 어땠어요? 맛있었어요?

言う[いう]① 말하다

＋ ～って言う는 ～と言う의 구어체예요.

うまそうなにおいがする！ 맛있는 냄새가 나!

料理がうまくて食べすぎちゃった。 요리가 맛있어서 너무 많이 먹어 버렸어.

料理[りょうり] 요리 | 食べる[たべる]② 먹다 | ～すぎる② 너무 ～하다 | ～ちゃう① ～해 버리다

＋ うまそうなにおい는 직역하면 '맛있을 것 같은 냄새'가 돼요.

＋ ～ちゃう는 ～てしまう의 준말이에요.

1384 N5 참 322 474

上手(な) じょうず(な) 잘함(잘하는), 능숙(한) [な형용사]

1385 N2

うまい うまい 잘하다, 능숙하다 [い형용사]

うまくない　うまかった　うまく　うまくて　うまければ

⊕ うまくない　うまかった　うまく　うまくて　うまければ라는 악센트도 써요.

둘 다 '잘하다'라는 뜻으로 쓰는데 うまい는 약간 거친 말투라서 공손하게 말할 때는 上手[じょうず]를 써요. うまい에는 '맛있다'라는 뜻도 있는데 '맛있다'의 뜻으로 쓸 때는 거친 말투인데 '잘하다'의 뜻으로 쓸 때는 上手보다는 약간 거칠지만 많이 거친 말투는 아니에요.

私は日本語があまり上手じゃない。 나는 일본어를 별로 잘하지 못해.
ゴルフがお上手ですね。 골프를 잘 치시네요.

私[わたし] 나 | 日本語[にほんご] 일본어

妹はピアノがうまかった。 여동생은 피아노를 잘 쳤다.
その人は箸がうまく使えませんでした。 그 사람은 젓가락을 잘 사용하지 못했습니다.

妹[いもうと] 여동생 | 人[ひと] 사람 | 箸[はし] 젓가락 | 使う[つかう]① 사용하다

1386 N5

大きい　おおきい　크다 [い형용사]

おおきくない　おおきかった　おおきく　おおきくて　おおきければ

⊕ おおきくない　おおきかった　おおきく　おおきくて　おおきければ라는 악센트도 써요.

1387 N5

大きな　おおきな　큰 [연체사]

大きい[おおきい]는 い형용사로 활용이 되는데 大きな[おおきな]는 활용되지 않고 항상 〈大きな+명사〉로만 써요. 〈大きい+명사〉와 〈大きな+명사〉는 같은 뜻으로, 바꿔 쓸 수 있는데 뒤에 이어지는 명사가 問題[もんだい](문제)나 影響[えいきょう](영향)와 같이 추상적인 명사인 경우는 大きい보다 大きな를 쓰는 경우가 많아요. 그리고 객관적인 시각에는 大きい(누가 봐도 크다)를, 주관적인 시각에는 大きな(주어가 느끼기에 크다)를 써요.

びっくりして目を大きく開けた。 놀라서 눈을 크게 떴다.
もう少し大きい声で話してください。 좀 더 큰 소리로 말해 주세요.

びっくりする③ 깜짝 놀라다 | 目[め] 눈 | 開ける[あける]② 열다 | もう少し[もうすこし] 좀 더 | 声[こえ] 목소리 | 話す[はなす]① 이야기하다

これは大きなチャンスだ! 이건 큰 기회다!
今日は大きなニュースがありませんでした。 오늘은 큰 이슈가 없었습니다.

今日[きょう] 오늘 | ある① 있다

1388 N5

小さい　ちいさい　작다 [い형용사]

ちいさくない　ちいさかった　ちいさく　ちいさくて　ちいさければ

ちいさくない　ちいさかった　ちいさく　ちいさくて　ちいさければ라는 악센트도 써요.

1389 N5

小さな　ちいさな　작은 [연체사]

小さい[ちいさい]와 小さな[ちいさな]의 차이도 大きい, 大きな의 차이와 같아요. 小さな는 활용되지 않고 항상 〈小さな+명사〉로만 써요. 〈小さい+명사〉와 〈小さな+명사〉는 같은 뜻으로, 바꿔 쓸 수 있는데 명사가 幸[しあわせ(행복)]나 うそ(거짓말)과 같이 추상적인 명사인 경우는 小さい보다 小さな를 쓰는 경우가 많아요. 그리고 객관적인 시각에는 小さい(누가 봐도 작다)를, 주관적인 시각에는 小さな(주어가 느끼기에 작다)를 써요.

私は子供の頃とても小さかった。　나는 어릴 때 아주 작았어.

その小鳥はとても小さくてかわいいです。　그 새는 아주 작고 귀여워요.

私[わたし] 나 | 子供[こども] 어린이 | 頃[ころ] 때 | 小鳥[ことり] 작은 새 | かわいい 귀엽다

私は子供の頃는 직역하면 '나는 어린이의 때'가 돼요.

小鳥[ことり]는 '아기새'가 아니라 '작은 새'라는 뜻이에요.

小さなミスが大きな事故になった。　작은 실수가 큰 사고가 됐다.

私は小さな会社で働いています。　저는 작은 회사에서 일하고 있습니다.

大きな[おおきな] 큰 | 事故[じこ] 사고 | ~になる① ~가 되다 | 私[わたし] 저 | 会社[かいしゃ] 회사 | 働く[はたらく]① 일하다 | ~ている② ~하고 있다

ミス는 '실수'라는 뜻인데 어원에 대해서는 영어 mistake, miss, 고어인 'missan' 등 여러 설이 있어요. mistake와 연결 지어 기억하는 것이 가장 편할 것 같아요.

1390 N5　참 312

重い　おもい　무겁다 [い형용사]

おもくない　おもかった　おもく　おもくて　おもければ

1391 N4

重たい　おもたい　무겁다 [い형용사]

おもたくない　おもたかった　おもたく　おもたくて　おもたければ

⊕ おもたい라는 악센트도 써요.

> 重い[おもい]와 重たい[おもたい]는 같은 뜻인데 重い는 객관적인 사실을 나타낼 때 쓰고 重たい는 무거운 것이 '부담스럽다', '고통스럽다'라는 화자의 주관적인 감정, 그것도 부정적인 감정을 포함해요. 그리고 重い는 '정도가 심하다'(심각한 병 등), '중대하다'(책임이 무겁다 등)라는 뜻으로도 쓰는데 重たい는 그런 뜻으로 쓰지 않아요.

その荷物、重くない？ 그 짐, 무겁지 않아?

今度の仕事は責任が重いです。 이번 일은 책임이 무거워요.

荷物[にもつ] 짐 ｜ 今度[こんど] 이번 ｜ 仕事[しごと] 일 ｜ 責任[せきにん] 책임

子供がかばんを重たがった。 아이가 가방을 무거워했다.

体が重たくて頭も痛いです。 몸이 무겁고 머리도 아픕니다.

子供[こども] 아이 ｜ ～がる① ～해하다 ｜ 体[からだ] 몸 ｜ 頭[あたま] 머리 ｜ 痛い[いたい] 아프다

확인해 봐요!

책 날개에 있는 책갈피를 이용해서, 한 쪽을 가리고 나머지 한 쪽을 맞추는 연습을 해 보세요.

あぶ 危ない	위험하다, 위태롭다	じょうず 上手(な)	잘함(잘하는), 능숙(한)
きけん 危険(な)	위험(한)	うまい	잘하다, 능숙하다
いっしょ 一緒	같음, 함께 함	おお 大きい	크다
おな 同じ	같음	おお 大きな	큰
いや 嫌(な)	싫음(싫은), 불쾌(한)	ちい 小さい	작다
きら 嫌い(な)	싫음(싫은), 싫어함(싫어하는)	ちい 小さな	작은
おいしい	맛있다	おも 重い	무겁다
うまい	맛있다	おも 重たい	무겁다

〈장문으로 연습해 봐요〉

❶ 일본어 단어의 독음을 히라가나로 쓴 후에 한국어 뜻을 써 보세요.

단어	히라가나	뜻
01. 危険		
02. 一緒		
03. 嫌な		
04. 嫌いな		
05. 重い		

❷ 한국어 뜻에 해당하는 일본어 단어를 히라가나와 한자로 써 보세요.

단어	히라가나	한자
06. 위험하다, 위태롭다		
07. 같음		
08. 잘하는, 능숙한		
09. 크다		
10. 작은		

❸ (　　) 속에 적절한 단어를 써 보세요. 한자를 모를 경우에는 히라가나로 쓰세요.

11. どうでしたか。(　　　　　　)ですか。 어땠어요? 맛있었어요?

12. (　　　　　　)においがする！ 맛있는 냄새가 나!

13. その人は箸が(　　　　　　)使えませんでした。
    그 사람은 젓가락을 잘 사용하지 못했습니다.

14. これは(　　　　　　)チャンスだ！ 이건 큰 기회다!

15. 子供がかばんを(　　　　　　)。 아이가 가방을 무거워했다.

| 정답 |

❶ 01. きけん/위험 02. いっしょ/같음, 함께 함 03. いやな/싫은, 불쾌한 04. きらいな/싫은, 싫어하는 05. おもい/무겁다
❷ 06. あぶない/危ない 07. おなじ/同じ 08. じょうずな/上手な 09. おおきい/大きい 10. ちいさな/小さな
❸ 11. おいしかった 12. うまそうな/おいしそうな 13. うまく/上手に[じょうずに] 14. 大きな[おおきな]
15. 重たがった[おもたがった]

1392 N5 참 312

面白い おもしろい 재미있다 [い형용사]

おもしろくない　おもしろかった　おもしろく　おもしろくて　おもしろければ

おもしろくない　おもしろかった　おもしろく　おもしろくて　おもしろければ라는 악센트도 써요.

1393 N4 참 442

おかしい おかしい 웃기다, 이상하다 [い형용사]

おかしくない　おかしかった　おかしく　おかしくて　おかしければ

おかしくない　おかしかった　おかしく　おかしくて　おかしければ라는 악센트도 써요.

1394 N4

変(な) へん(な) 이상(한) [な형용사]

面白い[おもしろい]는 '재미있다'는 뜻으로 흥미롭다, 즐겁다는 뉘앙스가 있어요. 이에 비해 おかしい는 웃음이 날 정도로 익살스럽거나 우스꽝스러운 상황에서 써요. 또 おかしい에는 '이상하다'라는 뜻도 있는데 이 때는 変[へん]으로 바꿔 쓸 수 있어요. おかしい는 '보통 때와 다르다', '수상하다'는 느낌이 있고 変은 '정상이 아니다', '기묘하다'는 느낌이 있어요.

そのドラマは全然面白くなかった。 그 드라마는 전혀 재미없었다.

何か面白いことをしませんか。 뭔가 재미있는 것을 하지 않을래요?

全然[ぜんぜん] 전혀 | 何か[なにか] 뭔가

何がおかしくて、そんなに笑ってるの？ 뭐가 웃겨서 그렇게 웃고 있는 거야?

声がおかしいですね。かぜをひいたんですか。 목소리가 이상하네요. 감기에 걸린 건가요?

何[なに] 무엇 | 笑う[わらう]① 웃다 | ～て(い)る② ~하고 있다 | ～の？ ~하는 거야? | 声[こえ] 목소리 | ひく① (감기에) 걸리다 | ～んですか ~한 겁니까?

～んですか(~한 겁니까?)의 반말이 ～の？예요.

変なにおいがする。 이상한 냄새가 난다.

皆さん、何か変だと思いませんか。 여러분, 뭔가 이상하다는 생각이 들지 않습니까?

皆さん[みなさん] 여러분 | 何か[なにか] 뭔가 | 思う[おもう]① 생각하다

1395 N5

かわいい かわいい 귀엽다, 예쁘다 [い형용사]

かわいくない かわいかった かわいく かわいくて かわいければ

1396 N5 참 321

きれい(な) きれい(な) 예쁨(예쁜), 깨끗함(깨끗한) [な형용사]

1397 N4

美しい うつくしい 아름답다 [い형용사]

うつくしくない うつくしかった うつくしく うつくしくて うつくしければ

+ うつくしくない うつくしかった うつくしく うつくしくて うつくしければ라는 악센트도 써요.

흔히 かわいい가 '귀엽다', きれい가 '예쁘다'로 알고 있지만 きれい는 하늘에 빛나는 별들이나 산에서 내려다보는 야경 등 '아름답다'에 가까운 '예쁘다'이고 일상적으로 흔히 쓰는 '예쁘다'는 かわいい라고 해요. きれい는 '예쁘다' 외에 '깨끗하다'라는 뜻도 있어요. 美しい[うつくしい]는 きれい와 비슷하지만 문어적인 말이고 일상적으로는 きれい를 많이 써요. 정신적인 아름다움에 대해서는 美しい를 쓰는 경우가 많아요.

そのワンピース、かわいいね。 그 원피스, 예쁘네.

動物の赤ちゃんたちがとてもかわいかったです。 새끼 동물들이 무척 귀여웠어요.

動物[どうぶつ] 동물 | 赤ちゃん[あかちゃん] 아기

空の色がきれいだ。 하늘의 색이 예쁘다.

部屋をきれいに掃除しました。 방을 깨끗하게 청소했습니다.

空[そら] 하늘 | 色[いろ] 색깔 | 部屋[へや] 방 | 掃除[そうじ] 청소

景色が絵のように美しくて感動した。 경치가 그림처럼 아름다워서 감동했어.

その美しい心を、ずっと持ち続けてください。 그 아름다운 마음을 계속 간직하세요.

景色[けしき] 경치 | 絵[え] 그림 | ~ようだ ~ 같다 | 感動[かんどう] 감동 | 心[こころ] 마음 | 持つ[もつ]① 가지다 | ~続ける[つづける]② 계속 ~하다

1398 N5 참 310

うるさい うるさい 시끄럽다 [い형용사]

うるさくない うるさかった うるさく うるさくて うるさければ

1399 N5

にぎやか(な)　にぎやか(な)　활기참(활기찬), 번화(한) [な형용사]

うるさい는 한국어 '시끄럽다'와 같은 뜻으로 부정적인 느낌이에요. にぎやか는 부정적인 뜻이 아니라 긍정적인 느낌이에요. 그래서 '활기차다', '활기 넘치다', '번화하다' 등으로 해석하는 것이 にぎやか의 느낌에 가까워요.

弟と妹がうるさくて勉強ができない。　남동생과 여동생이 시끄러워서 공부를 할 수 없다.
昨日は隣の音楽の音がうるさかったです。　어제는 옆집의 음악 소리가 시끄러웠습니다.

弟[おとうと] 남동생 ǀ 妹[いもうと] 여동생 ǀ 勉強[べんきょう] 공부 ǀ できる② 할 수 있다 ǀ 昨日[きのう] 어제 ǀ 隣[となり] 옆집 ǀ 音楽[おんがく] 음악 ǀ 音[おと] 소리

⊕ 隣[となり]는 '옆집'일 수도 있고 '옆방'일 수도 있어요. 隣の家[いえ](옆집), 隣の部屋[へや](옆방)라고 하기도 해요.

観光客が増えて町がにぎやかになった。　관광객들이 많아져서 동네가 북적거리게 되었어.
お祭りはとてもにぎやかでした。　축제는 매우 활기 넘쳤어요.

観光[かんこう] 관광 ǀ ~客[きゃく] ~객 ǀ 増える[ふえる]② 많아지다 ǀ 町[まち] 동네 ǀ ~になる① ~해지다 ǀ お祭り[おまつり] 축제

⊕ にぎやか를 한자 賑やか로 쓰는 경우도 있어요.

1400 N5

大切(な)　たいせつ(な)　소중(한) [な형용사]

1401 N4

大事(な)　だいじ(な)　중요(한), 소중(한) [な형용사]

⊕ だいじ(な)라는 악센트도 써요.

1402 N3

重要(な)　じゅう よう(な)　중요(한) [な형용사]

한국어 '소중하다'는 마음의 버팀목이 되어 주는 것, 그 것/사람이 없어지면 정신적인 충격을 받는 경우에 쓰고 '중요하다'는 객관적으로, 사회적으로 필요성이 높고 중요한 것/사람에 쓰죠? 일본어 大切[たいせつ]가 '소중하다'이고 重要[じゅうよう]가 '중요하다'예요. 大事[だいじ]는 그 중간에 위치해요.

時間を大切にしたい。　시간을 소중히 하고 싶어.
あかりは大切な友達です。　あかり는 소중한 친구예요.

時間[じかん] 시간 ǀ ~にする③ ~하게 하다 ǀ ~たい ~하고 싶다 ǀ 友達[ともだち] 친구

大事な約束を忘れてた！ 중요한 약속을 잊고 있었네!

その子は人形を大事そうに持っていました。 그 아이는 인형을 소중한 듯이 가지고 있었습니다.

約束[やくそく] 약속 | 忘れる[わすれる]② 잊다 | 子[こ] 아이 | 人形[にんぎょう] 인형 | ～そうだ ~해 보인다 | 持つ[もつ]① 가지다 | ～ている② 하고 있다

重要な会議に欠席してしまった。 중요한 회의에 결석하고 말았다.

告白するならタイミングが重要です。 고백한다면 타이밍이 중요해요.

会議[かいぎ] 회의 | 欠席[けっせき] 결석 | ～てしまう① ~하고 말다 | 告白[こくはく] 고백

1403 N5

立派(な) りっぱ(な) 훌륭함(훌륭한) [な형용사]

1404 N4

素晴らしい すばらしい 훌륭하다, 멋지다 [い형용사]

すばらしくない すばらしかった すばらしく すばらしくて すばらしければ

⊕ すばらしくない すばらしかった すばらしく すばらしくて すばらしければ라는 악센트도 써요.

素晴らしい[すばらしい]가 立派[りっぱ]보다 더 칭송하는 느낌과 감탄하는 느낌이 강해요. 그리고 立派는 아랫사람이 윗사람에게 직접 쓸 수 없어요. 그리고 立派는 사람의 행위와 관련이 있는 사항에 쓰는 것이 일반적이니 '훌륭한 경치'라고 할 때는 素晴らしい景色[けしき]라고 해야 해요.

いい服を着れば誰でも立派に見える。 좋은 옷을 입으면 누구든지 훌륭해 보여.

立派な大人になりたいです。 훌륭한 어른이 되고 싶어요.

いい 좋다 | 服[ふく] 옷 | 着る[きる]② 입다 | 誰でも[だれでも] 누구든지 | 見える[みえる]② 보이다 | 大人[おとな] 어른 | ～になる① ~가 되다 | ～たい ~하고 싶다

自然の素晴らしさをたくさんの人に伝えたい。 자연의 훌륭함을 많은 사람들에게 전하고 싶다.

それは素晴らしいアイディアですね。 그건 멋진 아이디어네요.

自然[しぜん] 자연 | 人[ひと] 사람 | 伝える[つたえる]② 전하다

1405 N4

一生懸命(な) いっしょうけんめい(な) 열심히, 열심히 함(열심히 하는) [な형용사, 부사]

 N4

熱心(な)　　ねっしん(な)　　열성적(인), 열심(인) [な형용사]

ねっしん(な)라는 악센트도 써요.

一生懸命[いっしょうけんめい]는 전력을 다해서 어떤 행위를 한다는 뜻으로 행동 자체를 표현하는 말인데 비해 熱心[ねっしん]은 어떤 일에 열정을 가지고 임하는 자세, 정성을 다 하는 마음 가짐을 표현하는 말이에요. 따라서 '열심히 달리다'라고 하려면 '달리다'라는 행위를 열심히 하는 것이니 一生懸命가 더 어울리고 '이야기를 열심히 듣다'라고 하려면 '듣는다는 행동' 자체를 힘들여 하는 것이 아니라 '들으려는 자세'를 말하는 것이니 熱心이 더 어울려요.

新しい仕事を早く覚えようと一生懸命だった。　새 일을 빨리 배우려고 열심이었어.
一生懸命働く気になりません。　열심히 일할 기분이 안 들어요.

新しい[あたらしい] 새롭다 | 仕事[しごと] 일 | 早い[はやい] 빠르다 | 覚える[おぼえる]② 배우다 | 働く[はたらく]① 일하다 | ～気になる[きになる]① ～할 기분이 되다

覚える[おぼえる]의 가장 기본적인 뜻이 '기억하다', '외우다'인데 '배우다', '익히다'라는 뜻으로도 써요.

一生懸命를 '열심히'라는 부사로 쓸 때는 一生懸命라고만 해도 되고 뒤에 に를 붙여서 一生懸命に라고 해도 돼요.

その人は子供の教育に熱心だ。　그 사람은 자녀 교육에 열성적이다.
その生徒はクラスで一番熱心な生徒です。　그 학생은 반에서 가장 열심인 학생입니다.

人[ひと] 사람 | 子供[こども] 자녀 | 教育[きょういく] 교육 | 生徒[せいと] 학생 | 一番[いちばん] 가장

1407 N5　참 321

簡単(な)　　かんたん(な)　　간단(한), 쉬움(쉬운) [な형용사]

1408 N4　참 317

やさしい　　やさしい　　쉽다 [い형용사]

やさしくない　やさしかった　やさしく　やさしくて　やさしければ

やさしい　やさしかった　やさしくて　やさしければ라는 악센트도 써요.

簡単[かんたん]과 やさしい는 바꿔 쓸 수 있는 경우도 많은데 簡単은 복잡하거나 번거롭지 않고 간단한 경우에 쓰고 やさしい는 이해하거나 외우기 쉬운 경우에 써요. 따라서 やさしく説明[せつめい]する는 '(알기) 쉽게 설명하다'라는 뜻이 되지만 簡単に説明する는 '간단하게(간략하게) 설명하다'라는 뜻이 돼요.

これは簡単な仕事だから、誰でもできる。　이건 간단한 일이니까 누구든지 할 수 있어.
このゲームは慣れれば簡単にクリアできます。　이 게임은 익숙해지면 쉽게 클리어할 수 있어요.

仕事[しごと] 일 | 誰[だれ] 누구 | できる② 할 수 있다 | 慣れる[なれる]② 익숙해지다

試験は思ったほどやさしくなかった。 시험은 생각했던 만큼 쉽지 않았다.

もう少しやさしい言葉で説明していただけますか。 좀 더 쉬운 말로 설명해 주시겠습니까?

試験[しけん] 시험 | 思う[おもう]① 생각하다 | もう少し[すこし] 좀 더 | 言葉[ことば] 말 | 説明[せつめい] 설명 | ～ていただく① (다른 사람이) ~해 주다(공손함)

➕ やさしい를 한자 易しい로 쓰는 경우도 있어요.

➕ ～ていただく는 ～てもらう의 공손한 표현이에요. 説明していただけますか는 직역하면 '설명해 받을 수 있습니까?'가 되지만 부자연스러우니 '설명해 주시겠습니까?'로 해석했어요.

1409 N4 참 031

親切(な) しんせつ(な) 친절(한) [명사, な형용사]

1410 N4

優しい やさしい 상냥하다, 다정하다 [い형용사]

やさしくない やさしかった やさしく やさしくて やさしければ

➕ やさしい やさしかった やさしくて やさしければ라는 악센트도 써요.

어떤 사람이 親切[しんせつ]하다고 하면 그 사람의 본성은 알 수 없지만 겉으로 보이는 행동이 친절하다, 예의 바르다는 느낌이 있는데 비해 優しい[やさしい]는 그 사람의 본성이 상대방을 배려하는 따뜻한 마음을 가진 사람이라는 느낌이에요. 문맥에 따라 優しい를 '친절하다'로 해석하는 경우도 있어요.

小さな親切が大きな喜びになることもある。 작은 친절이 큰 기쁨이 되는 경우도 있다.

親切な人が道を案内してくれました。 친절한 사람이 길을 안내해 주었습니다.

小さな[ちいさな] 작은 | 大きな[おおきな] 큰 | 喜び[よろこび] 기쁨 | ～になる① ~가 되다 | ～ことがある① ~하는 경우가 있다 | 人[ひと] 사람 | 道[みち] 길 | 案内[あんない] 안내 | ～てくれる② (다른 사람이) ~해 주다

➕ ～ことがある(~하는 경우가 있다)의 조사 が를 も로 바꿔서 ～こともある라고 하면 '~하는 경우도 있다'가 돼요.

その男の人は優しそうな人だった。 그 남자는 상냥해 보이는 사람이었어.

先生が優しい言葉をかけてくださいました。 선생님이 다정한 말을 걸어 주셨어요.

男の人[おとこのひと] 남자 | ～そうだ ~해 보이다 | 人[ひと] 사람 | 先生[せんせい] 선생님 | 言葉[ことば] 말 | かける② 걸다 | ～てくださる① ~해 주시다

책 날개에 있는 책갈피를 이용해서, 한 쪽을 가리고 나머지 한 쪽을 맞추는 연습을 해 보세요.

面白(おもしろ)い	재미있다	重要(じゅうよう)(な)	중요(한)
おかしい	웃기다, 이상하다	立派(りっぱ)(な)	훌륭함(훌륭한)
変(へん)(な)	이상(한)	素晴(すば)らしい	훌륭하다, 멋지다
かわいい	귀엽다, 예쁘다	一生懸命(いっしょうけんめい)(な)	열심히, 열심히 함(열심히 하는)
きれい(な)	예쁨(예쁜), 깨끗함(깨끗한)	熱心(ねっしん)(な)	열성적(인), 열심(인)
美(うつく)しい	아름답다	簡単(かんたん)(な)	간단(한), 쉬움(쉬운)
うるさい	시끄럽다	やさしい	쉽다
にぎやか(な)	활기참(활기찬), 번화(한)	親切(しんせつ)(な)	친절(한)
大切(たいせつ)(な)	소중(한)	優(やさ)しい	상냥하다, 다정하다
大事(だいじ)(な)	중요(한), 소중(한)		

〈대화로 연습해 봐요〉

❶ 일본어 단어의 독음을 히라가나로 쓴 후에 한국어 뜻을 써 보세요.

단어	히라가나	뜻
01. 美しい		
02. 大切な		
03. 素晴らしい		
04. 簡単な		
05. 優しい		

❷ 한국어 뜻에 해당하는 일본어 단어를 히라가나와 한자로 써 보세요.

단어	히라가나	한자
06. 재미있다		
07. 이상한		
08. 중요한, 소중한		
09. 열성적인, 열심인		
10. 친절		

❸ (　　) 속에 적절한 단어를 써 보세요. 한자를 모를 경우에는 히라가나로 쓰세요.

11. 何が(　　　　　　)、そんなに笑ってるの？
뭐가 웃겨서 그렇게 웃고 있는 거야?

12. そのワンピース、(　　　　　)ね。 그 원피스, 예쁘네.

13. 部屋を(　　　　　)掃除しました。 방을 깨끗하게 청소했습니다.

14. お祭りはとても(　　　　　　　　)。 축제는 매우 활기 넘쳤어요.

15. (　　　　　)働く気になりません。 열심히 일할 기분이 안 들어요.

| 정답 |

❶ 01. うつくしい/아름답다 02. たいせつな/소중한 03. すばらしい/훌륭하다, 멋지다 04. かんたんな/간단한, 쉬운 05. やさしい/상냥하다, 다정하다

❷ 06. おもしろい/面白い 07. へんな/変な 08. だいじな/大事な 09. ねっしんな/熱心な 10. しんせつ/親切

❸ 11. おかしくて 12. かわいい 13. きれいに 14. にぎやかでした 15. 一生懸命[いっしょうけんめい]

뜻이 비슷한 말이 여러 개 있는 동사

27마디에서는 비슷한 말이 여러 개 있는 동사에 대해 배울게요. 동사 중에 헛갈리기 쉬운 것들이 많으니 어떤 차이가 있는지 잘 확인하도록 하세요. 그리고 이미 앞에서 배운 단어들도 많이 나오니 앞에서 어떤 예문으로 배웠는지 다시 확인하면 단어를 외우는 데 도움이 될 거예요!

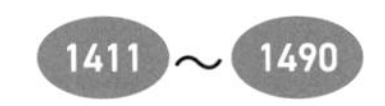

단어 및 예문듣기

1411 N5

開ける あける 열다 [2류동사(타)]

あけない あけます あけろ あけられる あければ あけよう あけて

1412 N4

開く ひらく 열다, 펴다, 열리다 [1류동사(자타)]

ひらかない ひらきます ひらけ ひらける ひらけば ひらこう ひらいて

開ける[あける]는 타동사만으로 쓰니 ~を開ける가 되는데 開く[ひらく]는 타동사와 자동사로 쓰기 때문에 ~を開く와 ~が開く 둘 다 쓸 수 있어요. 開ける는 '가방을 열다'와 같이 붙어 있던 부분을 떨어뜨려서 여는 경우나 '뚜껑을 열다'와 같이 덮어져 있던 것을 없애서 여는 경우에 써요. 이에 비해 開く는 '책을 펴다'나 '꽃봉오리가 열리다'와 같이 안쪽에서 바깥쪽으로 입체적으로 열리는 경우에 써요.

참고로 店を開ける는 오픈하는 시간이 돼서 가게문을 열 때 쓰고 店を開く는 '개업한다'는 뜻으로 써요.

父は大きな声で呼んでも目を開けなかった。 아버지는 큰 소리로 불러도 눈을 뜨지 않았어.

カーテンを開けておきました。 커튼을 열어 놓았어요.

父[ちち] 아버지 | 大きな[おおきな] 큰 | 声[こえ] 목소리 | 呼ぶ[よぶ]① 부르다 | 目[め] 눈 | ~ておく① ~해 놓다

そのドアは外側に開く。 그 문은 바깥쪽으로 열린다.

教科書の32ページを開いてください。 교과서 32쪽을 펴세요.

外[そと] 바깥 | ~側[がわ] ~측 | 教科書[きょうかしょ] 교과서 | 32ページ[さんじゅうに ページ] 32쪽

1413 N5 참 419

閉める しめる 닫다 [2류동사(타)]

しめない しめます しめろ しめられる しめれば しめよう しめて

1414 N4

閉じる とじる 닫다, 닫히다 [2류동사(자타)]

とじない とじます とじろ とじられる とじれば とじよう とじて

閉める[しめる]는 타동사만 쓰고 閉じる[とじる]는 타동사와 자동사로 써요. 閉める는 開ける[あける](열다)의 반대말로 가방과 같이 떨어져 있던 것을 붙이거나, 병 뚜껑과 같이 덮어서 닫는 경우에 쓰고, 閉じる는 開く[ひらく](열다, 펴다, 열리다)의 반대말로 우산과 같이 입체적으로 닫는 경우나 책과 같이 펼쳐 있던 것을 닫는 경우에 써요.

➕ 閉じる에는 쓰던 것을 안 쓰는 상태(원래 상태)로 되돌린다는 뉘앙스도 있어요. 예를 들어 눈이나 입을 닫을 때(안 쓰는 상태로 되돌릴 때)는 閉じる를 써서 目[め]を閉じる(눈을 감다), 口[くち]を閉じる(입을 닫다)라고 해요.

昨日は暑かったから窓を閉めないで寝た。 어제는 더워서 창문을 닫지 않고 잤어.

ドアは静かに閉めましょう。 문은 조용히 닫읍시다.

昨日[きのう] 어제 ǀ 暑い[あつい] 덥다 ǀ 窓[まど] 창문 ǀ 寝る[ねる]② 자다 ǀ 静か[しずか] 조용

今朝咲いていた花がもう閉じてしまった。 오늘 아침에 피어 있던 꽃이 이미 오므라들고 말았다.

まず、開いているファイルを全部閉じます。 우선 열려 있는 파일을 모두 닫습니다.

今朝[けさ] 오늘 아침 ǀ 咲く[さく]① 피다 ǀ ～ている② ～해 있다 ǀ 花[はな] 꽃 ǀ ～てしまう① ～하고 말다 ǀ 開く[ひらく]① 열리다 ǀ 全部[ぜんぶ] 모두

➕ 파일을 '열다', '닫다'라고 할 때 開く[ひらく], 閉じる를 써요. 파일을 열 때 입체적으로 펴지는 느낌이 들어서 그런 것 같아요.

1415 N5 참 644

言う　いう　말하다 [1류동사(타)]

いわない　いいます　いえ　いえる　いえば　いおう　いって

➕ 言う는 いう와 ゆう 2가지로 읽을 수 있는데, 쓸 때는 いう가 일반적이지만 말할 때는 주로 ゆう로 말해요.

1416 N5 참 353

話す　はなす　이야기하다, 말하다 [1류동사(타)]

はなさない　はなします　はなせ　はなせる　はなせば　はなそう　はなして

言う[いう]는 상대가 있는 경우에도 없는 경우에도 쓸 수 있는데 話す[はなす]는 상대가 있어야 해요. 그래서 혼잣말을 하는 것은 言う라고 해요. 그리고 짧은 내용이나 감탄사처럼 짧게 소리를 내는 경우에는 言う를 써요. 話す는 어느 정도 길이와 내용이 있는 것을 말로 전하는 경우에 쓰고 또 '대화한다'라는 뜻으로도 써요.

言いたいことがあるならはっきり言え。 하고 싶은 말이 있다면 분명히 말해.

そんなことは言わない方がいいですよ。 그런 소리는 하지 않는 편이 좋아요.

～たい ～하고 싶다 ǀ ある① 있다 ǀ ～ない方がいい[ほうがいい] ～하지 않는 편이 좋다

➕ 言いたいことがある는 직역하면 '말하고 싶은 것이 있다'가 돼요.

➕ そんなことは言わない方がいい는 직역하면 '그런 것은 말하지 않는 편이 좋다'가 돼요.

後でまた話そう。 이따가 다시 이야기하자.

課長には私が話します。 과장님께는 제가 말하겠습니다.

後で[あとで] 이따가 | 課長[かちょう] 과장(님) | 私[わたし] 저

1417 N5

要る いる 필요하다 [1류동사]

いらない いります (いれ) (いれる) いれば (いろう) いって

( )에 들어간 활용형에 대해서는 658쪽 5번 설명을 보세요.

1418 N4

必要(な) ひつよう(な) 필요(한) [명사, な형용사]

둘 다 같은 뜻으로 쓰는데 순 일본어인 要る[いる]가 한자어인 必要[ひつよう]보다 말투가 부드러워요. 그리고 要るは 동사, 必要는 명사와 な형용사로 쓰기 때문에 '필요하다'라고 할 때는 要る와 必要だ 둘 다 쓸 수 있지만 '필요(성)'과 같은 명사로 쓸 때는 必要를 쓸 수밖에 없죠.

スプーン要る? 숟가락 필요해?

要らないものを捨てました。 필요 없는 것을 버렸습니다.

捨てる[すてる]② 버리다

それについて調べる必要がある。 그것에 대해서 조사할 필요가 있어.

もう少し時間が必要です。 좀 더 시간이 필요해요.

調べる[しらべる]② 조사하다 | もう少し[すこし] 좀 더 | 時間[じかん] 시간

1419 N5 참 415

帰る かえる 돌아가다/돌아오다, 집에 가다 [1류동사(자)]

かえらない かえります かえれ かえれる かえれば かえろう かえって

1420 N4 참 389

戻る もどる 되돌아가다/되돌아오다 [1류동사(자)]

もどらない もどります もどれ もどれる もどれば もどろう もどって

帰る[かえる]는 '그 사람이 본래 있어야 할 곳에 돌아간다/온다'라는 뜻이에요. 그래서 帰る는 이 단어만으로 '집에 가다'라는 뜻을 나타낼 수 있어요. '집'이 사람의 본거지가 되기 때문이죠. 이에 비해 戻る[もどる]는 '출발점 방향으로 다시 되돌아가는/오는 것', '원래 상태로 돌아가는/오는 것'을 나타내요.

外から帰ってきたら、まず手を洗う。 밖에서 돌아오면, 먼저 손을 씻는다.

中山さんはもう帰りました。 なかやま 씨는 이미 집에 갔습니다.

外[そと] 바깥 | ～てくる③ ～해 오다 | 手[て] 손 | 洗う[あらう]① 씻다

- 帰る는 '돌아가다'와 '돌아오다'라는 뜻으로 쓰지만 '돌아가다'라는 뜻으로 쓸 때가 많고 '돌아오다'라고 할 때는 帰ってくる라고 하는 경우가 많아요.

忘れ物を取りに家に戻った。 두고 온 물건을 가지러 집으로 되돌아갔어.

3時までには会社に戻ります。 3시까지는 회사로 돌아와요.

忘れ物[わすれもの] 두고 온 물건 | 取る[とる]① 집다 | 家[いえ] 집 | 3時[さん じ] 3시 | 会社[かいしゃ] 회사

- 깜빡 두고 온 물건을 찾으러 집에 갈 때는 '귀가'하는 것이 아니고 출발지로 되돌아가는 것이라서 戻る를 써요. 이런 경우에도 帰る를 쓰는 사람도 있어요.
- 戻る도 '되돌아가다'와 '되돌아오다'라는 뜻으로 쓰지만 '되돌아가다'라는 뜻으로 쓸 때가 많고 '되돌아오다'라고 할 때는 戻ってくる라고 하는 경우가 많아요.

1421 N5 참 122 494

降りる　おりる　(탈것에서) 내리다 [2류동사(자)]

おりない　おります　おりろ　おりられる　おりれば　おりよう　おりて

1422 N4

下りる　おりる　내려가다 [2류동사(자)]

おりない　おります　おりろ　おりられる　おりれば　おりよう　おりて

1423 N4

下がる　さがる　내려가다, 떨어지다 [1류동사(자)]

さがらない　さがります　さがれ　さがれる　さがれば　さがろう　さがって

1424 N5

참 155 336

降る　　ふる　　(비, 눈 등이) 내리다 [1류동사(자)]

ふらない　ふります　(ふれ)　(ふれる)　ふれば　(ふろう)　ふって

( )에 들어간 활용형에 대해서는 658쪽 5번 설명을 보세요.

降りる[おりる]의 반대말은 乗る[のる](타다)이고 下りる[おりる]의 반대말은 上がる[あがる](올라가다)예요. 즉 降りる는 탈것에서 내리는 것, 下りる는 위치가 위에서 아래로 내려가는 것을 가리켜요. 降りる와 下りる는 기점을 출발해서 내려가는 과정에 중점을 두는데 비해 下がる[さがる]는 이동한 결과인 도달점에 중점을 둬요. 예를 들어 バスを降りた(버스에서 내렸다)는 타고 있던 버스에서 내리는 과정이 중요하고, 値段[ねだん]が下がった(가격이 내려갔다)는 내려간 가격, 떨어진 가격에 초점이 맞춰진 것이죠. 降る[ふる]는 비나 눈 등이 하늘에서 내려오는 경우에 써요.

一つ前の駅で地下鉄を降りちゃった。　한 정거장 전의 역에서 지하철을 내리고 말았어.

電車を降りたとき、雨が降ってました。　전철에서 내렸을 때, 비가 내리고 있었어요.

一つ[ひとつ] 하나 | 前[まえ] 앞 | 駅[えき] 역 | 地下鉄[ちかてつ] 지하철 | ~ちゃう① ~하고 말다 | 電車[でんしゃ] 전철 | 雨[あめ] 비 | ~て(い)る② ~하고 있다

一つ前の駅는 직역하면 '하나 전의 역'이 돼요.

降りちゃった는 降りてしまった의 준말이에요.

エレベーターで1階まで下りた。　엘리베이터로 1층까지 내려갔다.

急いで階段を下りました。　서둘러 계단을 내려갔습니다.

1階[いっかい] 1층 | 急ぐ[いそぐ]① 서두르다 | 階段[かいだん] 계단

値段がもう少し下がれば買える。　가격이 좀 더 내려가면 살 수 있어.

円が下がって、ドルが上がってます。　엔이 떨어지고, 달러가 오르고 있어요.

値段[ねだん] 가격 | もう少し[すこし] 좀 더 | 買う[かう]① 사다 | 円[えん] 엔 | 上がる[あがる]① 올라가다 | ~て(い)る② ~하고 있다

今日は朝から雨が降っている。　오늘은 아침부터 비가 내리고 있다.

この冬は一度も雪が降りませんでした。　이번 겨울은 한 번도 눈이 내리지 않았습니다.

今日[きょう] 오늘 | 朝[あさ] 아침 | 雨[あめ] 비 | ~ている② ~하고 있다 | 冬[ふゆ] 겨울 | 一度[いちど] 한 번 | 雪[ゆき] 눈

1425 N5

登る　　のぼる　　올라가다, 오르다 [1류동사(자)]

のぼらない　のぼります　のぼれ　のぼれる　のぼれば　のぼろう　のぼって

1426 N3

上る　のぼる　올라가다, 오르다 [1류동사(자)]

のぼらない　のぼります　のぼれ　のぼれる　のぼれば　のぼろう　のぼって

1427 N4

上がる　あがる　올라가다, 오르다 [1류동사(자)]

あがらない　あがります　あがれ　あがれる　あがれば　あがろう　あがって

우선 のぼる(登る, 上る)와 上がる[あがる]로 구별되는데 のぼる는 올라가는 과정에 중점을 두는 데 비해 上がる는 올라간 결과인 도달점, 위에 있다는 상태에 중점을 두는 표현이에요. 예를 들어, 山[やま]に登った(산에 올라갔다)라고 하면 산에 올라가는 과정에 중점을 두는 것이고, 2階[に かい]に上がった라고 하면 2층에 올라간 상태에 초점이 맞춰진 것이에요. 登る와 上る는 바꿔 쓰는 경우도 있는데 登る에는 한 걸음 한 걸음 올라가는 노력이 동반되는 뉘앙스가 있어 산이나 나무 등 높은 곳에 올라가는 경우에 쓰고 그 외에는 上る를 써요.

子供の頃、よく木に登って遊んだ。　어릴 때, 자주 나무에 올라가서 놀았어.

壁を登るクライミングを始めました。　벽을 오르는 클라이밍을 시작했어요.

子供[こども] 어린이 | 頃[ころ] 때 | 木[き] 나무 | 遊ぶ[あそぶ]① 놀다 | 壁[かべ] 벽 | 始める[はじめる]② 시작하다

階段をゆっくり上った。　계단을 천천히 올라갔다.

ウナギは冬になると川を上ります。　장어는 겨울이 되면 강을 올라갑니다.

階段[かいだん] 계단 | 冬[ふゆ] 겨울 | ～になる① ～가 되다 | 川[かわ] 강

先月買った株が上がった。　지난달에 산 주식이 올랐어.

屋上に上がると、遠くまでよく見えます。　옥상에 올라가면 먼 곳까지 잘 보여요.

先月[せんげつ] 지난달 | 買う[かう]① 사다 | 株[かぶ] 주식 | 屋上[おくじょう] 옥상 | 遠く[とおく] 먼 곳 | 見える[みえる]② 보이다

1428 N5

お願い(する)　おねがい(する)　부탁(하다) [명사(+する)]

おねがい(しない)　おねがい(します)　おねがい(しろ)　おねがい(できる)
おねがい(すれば)　おねがい(しよう)　おねがい(して)

1429 N4 참 033

頼む たのむ 부탁하다, 의뢰하다 [1류동사(타)]

たのまない たのみます たのめ たのめる たのめば たのもう たのんで

お願いする[おねがいする]는 願う[ねがう](바라다)의 겸양어로(お+ます형(ます 삭제)+する) 공손한 말이에요. 이에 비해 頼む[たのむ]는 그런 공손함이 전혀 없는 말이에요. 그래서 부탁하는 대상을 높이려면 お願いする, 대상을 높이지 않으려면 頼む를 쓰면 돼요. 다만 お願いする는 아주 공손한 표현이 아니니 아주 공손하게 말하려면 お願いいたします(부탁 드리겠습니다)를 쓰세요.

この仕事は和田さんにお願いするつもりだ。 이 일은 わだ 씨에게 부탁할 생각이다.
ちょっとお願いしたいことがあるんですが。 좀 부탁하고 싶은 것이 있는데요.

仕事[しごと] 일 | ~つもりだ ~할 생각이다 | ~たい ~하고 싶다 | ある① 있다 | ~んですが ~하는데요

大変な仕事を頼まれた。 힘든 일을 의뢰 받았어.
宿題を姉に頼んでやってもらいました。 숙제를 누나에게 부탁하여 대신 해 주었어요.

大変[たいへん] 힘듦 | 仕事[しごと] 일 | 宿題[しゅくだい] 숙제 | 姉[あね] 누나 | やる① 하다 | ~てもらう① (다른 사람이) ~해 주다

⊕ 宿題を姉に頼んでやってもらいました는 직역하면 '숙제를 누나에게 부탁해서 해 받았습니다'가 돼요.

1430 N5

終わる おわる 끝나다 [1류동사(자)]

おわらない おわります (おわれ) (おわれる) おわれば (おわろう) おわって

⊕ ( )에 들어간 활용형에 대해서는 658쪽 5번 설명을 보세요.

1431 N4

済む すむ 끝나다, 해결되다 [1류동사(자)]

すまない すみます (すめ) (すめる) すめば (すもう) すんで

済む[すむ]는 사람의 행위가 끝나는 뜻으로만 써요. 그래서 冬[ふゆ]が終[お]わる(겨울이 끝난다)라고는 할 수 있지만 冬が済む라고는 할 수 없어요. 仕事(일)와 같은 사람 행위의 경우는 仕事が終わる와 仕事が済む 둘 다 쓸 수 있어요.

もう1年が終わる。 벌써 1년이 끝난다.
学校が終わってからアルバイトに行きます。 학교가 끝나고 나서 아르바이트를 하러 갑니다.

1年[いち ねん] 1년 | 学校[がっこう] 학교 | 行く[いく]① 가다

仕事が済んだら電話するよ。 일이 끝나면 전화할게.

お食事はお済みですか。 식사는 다 드셨습니까?

仕事[しごと] 일 | 電話[でんわ] 전화 | 食事[しょくじ] 식사

⊕ お食事はお済みですか는 직역하면 '식사는 끝나셨습니까?'가 돼요.

1432 N5 참 644

知る しる 알다 [1류동사(타)]

しらない しります しれ しれる しれば しろう しって

1433 N5 참 499

わかる わかる 알다, 이해되다 [1류동사(자)]

わからない わかります (わかれ) (わかれる) わかれば (わかろう) わかって

⊕ ( )에 들어간 활용형에 대해서는 658쪽 5번 설명을 보세요.

知る[しる]는 가지고 있지 않았던 새로운 지식이나 정보를 얻는 것을 나타내고 わかる는 이해한 상태가 되는 것을 나타내요. 그래서 '저 사람 알아'라고 할 때는 '저 사람'에 대한 정보가 있느냐 없느냐를 말하는 것이기 때문에 知る를 쓰고, '아무리 생각해도 모르겠다'라고 할 때는 열심히 생각해도 이해할 수 없다는 내용이니 わかる를 써요.

知らない漢字がたくさんある。 모르는 한자가 많이 있어.

その人の顔は知ってますが、名前は知りません。 그 사람의 얼굴은 알지만, 이름은 몰라요.

漢字[かんじ] 한자 | ある① 있다 | 人[ひと] 사람 | 顔[かお] 얼굴 | ～て(い)る② ~하고 있다 | 名前[なまえ] 이름

⊕ 知らない漢字를 わからない漢字라고 할 수도 있어요. 知らない漢字라고 하면 '지식으로 머리 속에 가지고 있지 않은 한자'라는 뜻이 되고 わからない漢字는 '이해할 수 없는 한자'라는 뜻이 돼요.

⊕ 顔は知って(い)ますが는 직역하면 '얼굴은 알고 있지만'이 돼요. 그 사람의 얼굴 정보가 이미 머리 속에 있는 상태라서 ～て(い)る를 써서 知って(い)る(알고 있다)라고 표현해요.

この問題はいくら考えてもわからない。 이 문제는 아무리 생각해도 모르겠다.

日本語なら少しわかります。 일본어라면 조금 압니다.

問題[もんだい] 문제 | 考える[かんがえる]② 생각하다 | 日本語[にほんご] 일본어 | 少し[すこし] 조금

⊕ '~를 알다'는 ～がわかる라고 표현해요. 조사 が를 を로 잘못 쓰는 사람이 많으니 조심하세요. わかる는 '이해되다'라는 뜻의 자동사예요.

⊕ わかる를 한자 分かる로 쓰는 경우도 있어요.

1434 N5 참 038

住む すむ 살다(거주) [1류동사(자)]

すまない すみます すめ すめる すめば すもう すんで

1435 N4 참 340

生きる いきる 살다(생존) [2류동사(자)]

いきない いきます いきろ いきられる いきれば いきよう いきて

| 住む[すむ]는 '거주하다'라는 뜻의 '살다'이고, 生きる[いきる]는 '생존하다', '생명을 유지하다'라는 뜻의 '살다'예요.

住む所が決まった。 살 곳이 정해졌다.

私は今オーストリアのウィーンに住んでいます。 저는 지금 오스트리아의 빈에 살고 있습니다.

所[ところ] 곳 | 決まる[きまる]① 정해지다 | 私[わたし] 저 | 今[いま] 지금 | ~ている② ~하고 있다

生きる喜びについて考えた。 사는 기쁨에 대해서 생각했어.

二人で一緒に生きていこうと約束しました。 둘이서 함께 살아가자고 약속했어요.

喜び[よろこび] 기쁨 | 考える[かんがえる]② 생각하다 | 二人[ふたり] 두 사람 | 一緒に[いっしょに] 함께 | ~ていく① ~해 가다 | 約束[やくそく] 약속

1436 N5 참 491

する する 하다 [3류동사(자, 타)]

しない します しろ できる すれば しよう して

1437 N4

やる やる 하다 [1류동사(타)]

やらない やります やれ やれる やれば やろう やって

1438 N4

行う　おこなう　행하다, 하다 [1류동사(타)]

おこなわない　おこないます　おこなえ　おこなえる　おこなえば　おこなおう
おこなって

する와 やる 둘 다 쓸 수 있는 경우는 する보다 やる가 '하겠다'는 의지, 의욕이 좀 더 강하게 느껴지는데 やる는 매우 구어적인 말투라서 공손하게 말해야 하는 경우는 する를 쓰는 것이 무난해요. する를 써야 하는 경우는 ①'성공하다', '증가하다'와 같이 한자어 뒤에 '하다'를 붙이는 경우, ②기침이나 재채기와 같은 생리적 현상을 '하다'라고 하는 경우, ③시계나 반지, 마스크 등 몸에 붙이는 것을 하는 경우가 있어요. 行う[おこなう]는 '하다'로 해석하기도 하지만 '행하다', '거행하다'라는 뜻으로 매우 문어적인 표현이라서 글이나 공식적인 행사, 대회 등에서 쓰고 일상적으로는 잘 안 써요.

今すぐするから、ちょっと待ってて。　지금 바로 할 테니까 잠깐 기다려 줘.
紹介したい人がいます。　소개하고 싶은 사람이 있습니다.

今[いま] 지금 | 待つ[まつ]① 기다리다 | ～て(い)る② ~하고 있다 | 紹介[しょうかい] 소개 | ～たい ~하고 싶다 | 人[ひと] 사람 | いる② 있다

⊕ 위쪽 예문은 やる로 바꿔 쓸 수 있지만, 아래쪽은 紹介라는 한자어 뒤에 する가 붙은 것이라서 바꿔 쓸 수 없어요.

何やってんの？　뭐 하는 거야?
やればできるという気持ちが大事です。　하면 할 수 있다는 마음이 중요해요.

何[なに] 무엇 | ～て(い)る② ~하고 있다 | ～の？ ~하는 거야? | できる② 할 수 있다 | 気持ち[きもち] 마음 | 大事[だいじ] 중요

⊕ やってんの？는 やっているの？에서 い가 생략되어 やってるの？가 되고 る가 ん으로 바뀐 표현이에요. 굉장히 편한 말투예요.

そのイベントは昨日行われる予定だった。　그 이벤트는 어제 열릴 예정이었다.
明日、10時から会議を行います。　내일, 10시부터 회의를 합니다.

昨日[きのう] 어제 | 予定[よてい] 예정 | 明日[あす] 내일 | 10時[じゅう じ] 10시 | 会議[かいぎ] 회의

⊕ 行われる予定는 직역하면 '행해질 예정'이 돼요.

⊕ 行なう로 쓰기도 해요.

책 날개에 있는 책갈피를 이용해서, 한 쪽을 가리고 나머지 한 쪽을 맞추는 연습을 해 보세요.

開(あ)ける	열다	登(のぼ)る	올라가다, 오르다
開(ひら)く	열다, 펴다, 열리다	上(のぼ)る	올라가다, 오르다
閉(し)める	닫다	上(あ)がる	올라가다, 오르다
閉(と)じる	닫다, 닫히다	お願(ねが)い(する)	부탁(하다)
言(い)う	말하다	頼(たの)む	부탁하다, 의뢰하다
話(はな)す	이야기하다, 말하다	終(お)わる	끝나다
要(い)る	필요하다	済(す)む	끝나다, 해결되다
必要(ひつよう)(な)	필요(한)	知(し)る	알다
帰(かえ)る	돌아가다/돌아오다, 집에 가다	わかる	알다, 이해되다
戻(もど)る	되돌아가다/ 되돌아오다	住(す)む	살다(거주)
降(お)りる	(탈것에서) 내리다	生(い)きる	살다(생존)
下(お)りる	내려가다	する	하다
下(さ)がる	내려가다, 떨어지다	やる	하다
降(ふ)る	(비, 눈 등이) 내리다	行(おこな)う	행하다, 하다

연습해 봐요!

1 일본어 단어의 독음을 히라가나로 쓴 후에 한국어 뜻을 써 보세요.

단어	히라가나	뜻
01. 言う		
02. 戻る		
03. 上がる		
04. 終わる		
05. 行う		

2 한국어 뜻에 해당하는 일본어 단어를 히라가나와 한자로 써 보세요.

단어	히라가나	한자
06. 열다, 펴다, 열리다		
07. 이야기하다, 말하다		
08. 돌아가다/돌아오다, 집에 가다		
09. 내려가다, 떨어지다		
10. 살다(거주)		

3 (　　) 속에 적절한 단어를 써 보세요. 한자를 모를 경우에는 히라가나로 쓰세요.

11. 昨日は暑かったから窓を(　　　　)寝た。 어제는 더워서 창문을 닫지 않고 잤어.

12. (　　　　)ものを捨てました。 필요 없는 것을 버렸습니다.

13. 電車を(　　　　)とき、雨が(　　　　)ました。
전철에서 내렸을 때, 비가 내리고 있었어요.

14. ちょっと(　　　　)ことがあるんですが。 좀 부탁하고 싶은 것이 있는데요.

15. 日本語なら少し(　　　　)。 일본어라면 조금 압니다.

| 정답 |

1 01. いう / 말하다 02. もどる / 되돌아가다/되돌아오다 03. あがる / 올라가다, 오르다 04. おわる / 끝나다
05. おこなう / 행하다, 하다

2 06. ひらく / 開く 07. はなす / 話す 08. かえる / 帰る 09. さがる / 下がる 10. すむ / 住む

3 11. 閉めないで[しめないで] 12. 要らない[いらない]/必要ない[ひつようない]
13. 降りた[おりた], 降って[ふって] 14. お願いしたい[おねがいしたい]/頼みたい[たのみたい] 15. わかります

1439 N5 참 423

着く つく 도착하다, 닿다 [1류동사(자)]

つかない つきます つけ つける つけば つこう ついて

1440 N4 참 400

届く とどく 도착하다, 닿다 [1류동사(자)]

とどかない とどきます (とどけ) (とどける) とどけば (とどこう) とどいて

( )에 들어간 활용형에 대해서는 658쪽 5번 설명을 보세요.

1441 N3 참 290

到着(する) とうちゃく(する) 도착(하다) [명사(+する)]

とうちゃく(しない) とうちゃく(します) とうちゃく(しろ) とうちゃく(できる)
とうちゃく(すれば) とうちゃく(しよう) とうちゃく(して)

到着する[とうちゃくする]가 한자어라서 약간 격식 차린 느낌이 있어 일상적인 대화에서는 着く[つく]나 届く[とどく]를 쓰는 경우가 많아요. 着く와 到着する는 사람에게도 물건에도 쓸 수 있지만 届く는 물건에만 써요. '닿다'라는 뜻으로 쓰는 경우는, 足[あし]が着く/届く(발이 닿다)와 같이 몸의 일부가 닿는다는 뜻으로 쓸 때는 着く와 届く 둘 다 쓰는데, ①枝[えだ]が届く(나뭇가지가 닿다)와 같이 사람이 아닌 경우, ②光[ひかり]が届く(빛이 닿다), 思[おも]いが届く(마음이 전해지다)와 같이 구체적인 형태가 없는 것이나 추상적인 것인 경우에는 届く를 써야 해요.

'발이 닿다'를 付く[つく]를 써서 足が付く라고도 해요. 着く는 '도달하다', 付く는 '붙다'의 느낌이에요.

昨日送った荷物がもう着いた。 어제 보낸 짐이 벌써 도착했다.
何時に着きますか。 몇 시에 도착합니까?

昨日[きのう] 어제 | 送る[おくる]① 보내다 | 荷物[にもつ] 짐 | 何時[なんじ] 몇 시

遠くて声が届かない。 멀어서 목소리가 들리지 않는다.
この荷物はあさってまでに届きますか。 이 짐은 모레까지 도착합니까?

遠い[とおい] 멀다 | 声[こえ] 목소리 | 荷物[にもつ] 짐

声が届かない는 직역하면 '목소리가 닿지 않는다'가 돼요.

飛行機の到着が遅れた。 비행기 도착이 늦었어.
到着する時間を電話で伝えました。 도착할 시간을 전화로 전했어요.

飛行機[ひこうき] 비행기 | 遅れる[おくれる]② 늦다 | 時間[じかん] 시간 | 電話[でんわ] 전화 | 伝える[つたえる]② 전하다

 N5

出かける　でかける　외출하다, 나가다 [2류동사(자)]

でかけない　でかけます　でかけろ　でかけられる　でかければ　でかけよう　でかけて

1443 N3

外出(する)　がいしゅつ(する)　외출(하다) [명사(+する)]

がいしゅつ(しない)　がいしゅつ(します)　がいしゅつ(しろ)　がいしゅつ(できる)　がいしゅつ(すれば)　がいしゅつ(しよう)　がいしゅつ(して)

한자어인 外出する[がいしゅつする]가 出かける[でかける]보다 격식 차린 말투가 돼요. 그래서 일상적으로는 出かける라는 말을 더 많이 써요. 外出를 外出中[がいしゅつちゅう](외출 중)나 外出禁止[がいしゅつ きんし](외출 금지)와 같은 명사 형태로는 일상적으로도 흔히 써요.

いつも5時に散歩に出かける。　늘 5시에 산책하러 나가.

父は今出かけてます。　아버지는 지금 외출 중이에요.

5時[ごじ] 5시 | 散歩[さんぽ] 산책 | 父[ちち] 아버지 | 今[いま] 지금 | ~て(い)る② ~해 있다

- 出かけて(い)ます는 직역하면 '나가 있습니다', '외출해 있습니다'가 돼요.
- 出かける를 한자 出掛ける로 쓰는 경우도 있어요.

妻は病気で外出が難しい。　아내는 병 때문에 외출이 어렵다.

母はあまり外出しようとしません。　어머니는 별로 외출하려 하지 않습니다.

妻[つま] 아내 | 病気[びょうき] 병 | 難しい[むずかしい] 어렵다 | 母[はは] 어머니 | ~(よ)うとする③ ~하려고 하다

1444 N5　참 426

撮る　とる　(사진, 동영상 등을) 찍다 [1류동사(타)]

とらない　とります　とれ　とれる　とれば　とろう　とって

1445 N4　참 386

写す　うつす　(사진, 동영상 등을) 찍다, 베끼다 [1류동사(타)]

うつさない　うつします　うつせ　うつせる　うつせば　うつそう　うつして

사진이나 동영상을 '찍다'라는 뜻으로 쓸 때는 둘 다 쓰지만 写す[うつす]보다 撮る[とる]를 더 많이 써요. 写す는 '베끼다', '모방하다'라는 뜻으로 쓰기도 해요.

ここで写真1枚撮ろう。 여기서 사진 한 장 찍자.

旅行に行って撮った動画が見つかりません。 여행 가서 찍은 동영상을 못 찾겠습니다.

写真[しゃしん] 사진 | 1枚[いち まい] 한 장 | 旅行[りょこう] 여행 | 行く[いく]① 가다 | 動画[どうが] 동영상 | 見つかる[みつかる]② 발견되다

⊕ 動画が見つかりません은 직역하면 '동영상이 발견되지 않습니다'가 돼요.

恥ずかしいから、そんなに近くで写さないで。 부끄러우니까, 그렇게 가까이서 찍지 말아 줘.

友達の宿題を写して先生に叱られました。 친구 숙제를 베껴서 선생님한테 혼났어요.

恥ずかしい[はずかしい] 부끄럽다 | 近く[ちかく] 가까이 | 友達[ともだち] 친구 | 宿題[しゅくだい] 숙제 | 先生[せんせい] 선생님 | 叱る[しかる]① 혼내다

1446 N5 참 392

なくす なくす 잃다, 분실하다 [1류동사(타)]

なくさない なくします なくせ なくせる なくせば なくそう なくして

1447 N5 참 334

忘れる わすれる 잊다, 두고 오다 [2류동사(타)]

わすれない わすれます わすれろ わすれられる わすれれば わすれよう わすれて

なくす는 분실하는 것이기 때문에 어디에 있는지 모르는 경우예요. 이에 비해 忘れる[わすれる]는 ①기억이 안 나는 경우, ②물건을 어디에 두고 오는 경우에 써요. 그래서 財布[さいふ]をなくした라고 하면 지갑을 분실해서 그 지갑이 어디에 있는지 모르는 상황이고, 財布を忘れた라고 하면 지갑을 어디에 두고 온 것이니 그 지갑이 어디에 있는지 아는 상황이에요.

なくしたかぎが見つかった。 잃어버린 열쇠를 찾았다.

パスポートをなくさないように気を付けましょう。 여권을 분실하지 않도록 조심합시다.

見つかる[みつかる]① 발견되다 | 気を付ける[きをつける]② 조심하다

⊕ かぎが見つかった는 직역하면 '열쇠가 발견됐다'가 돼요.

⊕ なくす는 한자 無くす로 쓰는 경우도 있어요.

あの人の名前を忘れちゃった。 저 사람의 이름을 잊어버렸어.

地下鉄に傘を忘れてきました。 지하철에 우산을 두고 왔어요.

人[ひと] 사람 ｜ 名前[なまえ] 이름 ｜ ～ちゃう① ～해 버리다 ｜ 地下鉄[ちかてつ] 지하철 ｜ 傘[かさ] 우산 ｜ ～てくる③ ～하고 오다

⊕ ～ちゃう는 ～てしまう의 준말이에요.

1448 N5 참 333

習う ならう 배우다 [1류동사(타)]

ならわない ならいます ならえ ならえる ならえば ならおう ならって

1449 N3

学ぶ まなぶ 배우다 [1류동사(타)]

まなばない まなびます まなべ まなべる まなべば まなぼう まなんで

習う[ならう]는 다른 사람에게 가르침을 받고 배운다는 뜻이니 가르쳐 주는 사람이 꼭 있어야 해요. 学ぶ[まなぶ]는 다른 사람에게 가르침을 받고 배우는 경우에도 쓸 수 있고 어깨너머로 배우거나 스스로 배우는 경우나 '경험에서 배우다', '책에서 배우다'와 같이 사람이 아닌 것에서 배우는 경우에도 써요.

英会話を習いたい。 영어회화를 배우고 싶다.

小学生の頃、ピアノを習っていました。 초등학생 때, 피아노를 배우고 있었습니다.

英会話[えいかいわ] 영어회화 ｜ 小学生[しょうがくせい] 초등학생 ｜ 頃[ころ] 때 ｜ ～ている② ～하고 있다

⊕ '영어회화'를 일본어로 英会話[えいかいわ](영회화)라고 표현해요.

子供に英語を学ばせたがる親が多い。 자녀에게 영어를 배우게 하고 싶어하는 부모가 많아.

失敗から学ぶことが大事です。 실패로부터 배우는 것이 중요해요.

子供[こども] 자녀 ｜ 英語[えいご] 영어 ｜ ～たい ～하고 싶다 ｜ ～がる① ～해하다 ｜ 親[おや] 부모 ｜ 多い[おおい] 많다 ｜ 失敗[しっぱい] 실패 ｜ 大事[だいじ] 중요

⊕ 아래쪽 예문은 사람이 아닌 '실패'에서 배우는 것이니 学ぶ를 써야 해요.

1450 N5 참 165

寝る ねる 자다, 눕다 [2류동사(자)]

ねない ねます ねろ ねられる ねれば ねよう ねて

1451 N4 참 368

眠る ねむる 잠들다, 잠자다 [1류동사(자)]

ねむらない　ねむります　ねむれ　ねむれる　ねむれば　ねむろう　ねむって

寝る[ねる]는 '자다'라는 뜻 외에 '눕다'라는 뜻도 있어요. 眠る[ねむる]는 수면상태가 되는 것을 나타내요. 그래서 寝る의 반대말은 起きる[おきる](일어나다)이고 眠る의 반대말은 覚める[さめる](깨다)예요. 그리고 眠る는 '죽다', '영면하다'라는 뜻으로도 쓰고 '잠자고 있는 보물'과 같이 어떤 물건이나 능력이 이용되지 않고 있다는 뜻으로도 써요.

今日は早く寝よう。 오늘은 일찍 자자.

(병원에서) こちらのベッドに寝てください。 이 침대에 누우세요.

今日[きょう] 오늘 | 早い[はやい] 이르다

⊕ '이 침대'라고 할 때 この를 쓰는 것보다 こちらの를 쓰는 것이 더 정중한 말투가 돼요.

古い時計が引き出しの中に眠っている。 오래된 시계가 서랍 안에 잠들어 있다.

寝る前にコーヒーを飲むと眠れなくなります。 자기 전에 커피를 마시면 잠잘 수 없게 됩니다.

古い[ふるい] 오래되다 | 時計[とけい] 시계 | 引き出し[ひきだし] 서랍 | 中[なか] 안 | ~ている② ~해 있다 | ~前に[まえに] ~(하기) 전에 | 飲む[のむ]① 마시다 | ~なくなる① ~하지 않게 되다

1452 N5 참 374

曲がる　まがる　돌다, 구부러지다 [1류동사(자)]

まがらない　まがります　まがれ　まがれる　まがれば　まがろう　まがって

1453 N4 참 388

回る　まわる　돌다 [1류동사(자)]

まわらない　まわります　まわれ　まわれる　まわれば　まわろう　まわって

曲がる[まがる]는 '구부러지다', '휘다'라는 뜻으로도 쓰고 '돌다'라는 뜻으로도 쓰는데 이 때 '돌다'는 '방향을 바꾸다" 라는 뜻의 '돌다'예요. 즉 '오른쪽으로 돌다'와 같은 것이죠. 이에 비해 回る[まわる]의 '돌다'는 '회전하다'라는 뜻의 '돌다'예요.

川が北に曲がってるところで事故が起きた。
강이 북쪽으로 구부러져 있는 곳에서 사고가 났어.

次の角を右へ曲がると郵便局があります。 이번 모퉁이를 오른쪽으로 돌면 우체국이 있어요.

川[かわ] 강 | 北[きた] 북쪽 | ~て(い)る② ~해 있다 | 事故[じこ] 사고 | 起きる[おきる]② 일어나다 | 次[つぎ] 이번 | 角[かど] 모퉁이 | 右[みぎ] 오른쪽 | 郵便局[ゆうびんきょく] 우체국 | ある① 있다

今日は1日中、目が回るような忙しさだった。
오늘은 하루 종일 현기증이 날 만큼 몹시 바빴다.

月は地球の周りを回っています。 달은 지구의 주위를 돌고 있습니다.

今日[きょう] 오늘 | 1日[いちにち] 하루 | ~中[じゅう] ~ 내내 | 目[め] 눈 | ~ようだ ~ 같다 | 忙しい[いそがしい] 바쁘다 | 月[つき] 달 | 地球[ちきゅう] 지구 | 周り[まわり] 주변 | ~ている② ~하고 있다

目が回るような忙しさ는 직역하면 '눈이 돌 것 같은 바쁨'이 돼요. 目が回る(눈이 돌다)는 원래 '현기증이 나다'라는 뜻인데 매우 바쁜 상태를 나타내는 표현으로도 써요.

1454 N5 참 644

見せる みせる 보이다, 보여주다 [2류동사(타)]

みせない みせます みせろ みせられる みせれば みせよう みせて

1455 N4 참 401

見える みえる 보이다 [2류동사(자)]

みえない みえます (みえろ) (みえられる) みえれば (みえよう) みえて

( )에 들어간 활용형에 대해서는 658쪽 5번 설명을 보세요.

見せる[みせる]는 주어의 의지로 다른 사람에게 보여준다는 뜻이고 見える[みえる]는 자연스럽게 시야에 들어온다는 뜻이에요. 그러니 見せる를 '보여주다'로 기억해 두시는 게 좋아요.

これは誰にも見せたくない。 이것은 누구에게도 보여주고 싶지 않아.

パスポートを見せてください。 여권을 보여 주세요.

誰[だれ] 누구 | ~たい ~하고 싶다

今日は曇っていて星が見えない。 오늘은 날씨가 흐려서 별이 안 보인다.

年よりずっと若く見えますね。 나이보다 훨씬 젊어 보이네요.

今日[きょう] 오늘 | 曇る[くもる]① 흐려지다 | ~ている② ~해 있다 | 星[ほし] 별 | 年[とし] 나이 | 若い[わかい] 젊다

曇っていて는 직역하면 '흐려져 있어서'가 돼요.

1456 N4

受ける うける 받다 [2류동사(타)]

うけない うけます うけろ うけられる うければ うけよう うけて

1457 N4 참 644

もらう もらう 받다 [1류동사(타)]

もらわない もらいます もらえ もらえる もらえば もらおう もらって

'영향'이나 '질문'과 같은 추상적인 것을 받을 때는 受ける[うける]를 쓰고 '선물'이나 '용돈'과 같이 구체적인 물건을 받을 때는 もらう를 써요. 그리고 もらう라고 할 때는 보통 받는 사람에게 이득이 되는 경우에 쓰고 또 그 물건이 받는 사람의 소유가 되는 경우에 써요. 그래서 투수가 던진 공을 포수가 받는 것은 그 공이 포수의 소유가 되는 것이 아니기 때문에 '공'이라는 구체적인 물건을 받는 경우지만 受ける를 써요.

その話を聞いて、大きなショックを受けた。 그 이야기를 듣고 큰 충격을 받았어.
私がその授業を受けたのは、3年前です。 제가 그 수업을 들은 것은 3년 전이에요.

話[はなし] 이야기 | 聞く[きく]① 듣다 | 大きな[おおきな] 큰 | 私[わたし] 저 | 授業[じゅぎょう] 수업 | 3年[さん ねん] 3년 | ~前[まえ] ~전

- 授業を受ける는 직역하면 '수업을 받다'가 돼요. 授業を聞[き]く(수업을 듣다)라고도 해요.
- '시험을 보다'라고 할 때도 受ける를 써서 試験[しけん]/テストを受ける라고 해요.

1年目はボーナスがもらえない会社もある。 첫해는 보너스를 받을 수 없는 회사도 있다.
芸能人にサインをもらいました。 연예인에게 사인을 받았습니다.

1年[いち ねん] 1년 | ~目[め] ~째 | 会社[かいしゃ] 회사 | ある① 있다 | 芸能人[げいのうじん] 연예인

- 1年目는 직역하면 '1년째'가 돼요.

1458 N4

驚く おどろく 놀라다 [1류동사(자)]

おどろかない おどろきます (おどろけ) (おどろける) おどろけば (おどろこう) おどろいて

- ( )에 들어간 활용형에 대해서는 658쪽 5번 설명을 보세요.

1459 N4

びっくりする びっくりする 깜짝 놀라다 [3류동사(자)]

びっくりしない びっくりします (びっくりしろ) (びっくりできる) びっくりすれば (びっくりしよう) びっくりして

驚く[おどろく]보다 びっくりする가 좀 더 마음이 크게 동요되는 느낌이 있어요. びっくりする가 더 구어적인 말투이니 격식 차려서 말해야 하는 상황에서는 驚く를 쓰는 것이 좋아요. 시간적으로 짧게 놀라는 것, 즉 순간적으로 놀라는 것은 びっくりする가 더 어울려요.

そんなに驚くとは思ってなかった! 그렇게 놀랄 거라고는 생각하지 않았어!

あまりに驚いて言葉も出ませんでした。 너무나도 놀라서 말도 안 나왔어요.

思う[おもう]① 생각하다 ｜ ~て(い)る② ~하고 있다 ｜ 言葉[ことば] 말 ｜ 出る[でる]② 나오다

思ってなかった는 직역하면 '생각하고 있지 않았어'가 되죠.

びっくりさせるつもりだったのに、びっくりさせられた。 놀라게 할 생각이었는데, 내가 놀랐다.

びっくりすることばかり続いています。 깜짝 놀라는 일만 계속되고 있습니다.

~つもりだ ~할 생각이다 ｜ 続く[つづく]① 계속되다 ｜ ~ている② ~하고 있다

びっくりさせられた는 직역하면 '놀라게 함을 당했다'가 돼요.

1460 N4 참 644

思う おもう 생각하다 [1류동사(타)]

おもわない おもいます おもえ おもえる おもえば おもおう おもって

1461 N4

考える かんがえる 생각하다 [2류동사(타)]

かんがえない かんがえます かんがえろ かんがえられる かんがえれば かんがえよう かんがえて

かんがえる라는 악센트도 써요.

思う[おもう]는 주로 정서적, 감정적으로 생각하는 것, 느끼는 것을 나타내는 데 비해 考える[かんがえる]는 머리를 써서 논리적, 지적으로 생각하는 것, 사고하는 것을 나타내요. 思う는 가슴으로, 考える는 머리로 하는 느낌이에요. 또 '~라고 생각합니다'라고 의견을 말할 때나 일시적인 생각, 순간적인 판단은 思う로 표현하고, 길게 하는 생각은 考える를 써요. 그래서 '천천히 생각할게요'라고 할 때는 ゆっくり考えます라고 해요.

英語が話せないのを恥ずかしく思ってた。 영어를 못하는 것을 부끄럽게 생각했었어.

その考えは正しいと思います。 그 생각은 옳다고 생각해요.

英語[えいご] 영어 ｜ 話す[はなす]① 이야기하다 ｜ 恥ずかしい[はずかしい] 부끄럽다 ｜ ~て(い)る② ~하고 있다 ｜ 考え[かんがえ] 생각 ｜ 正しい[ただしい] 옳다

恥ずかしく思ってた는 직역하면 '부끄럽게 생각하고 있었어'가 돼요.

失敗の原因を考えることが大事だ。 실패의 원인을 생각하는 것이 중요하다.

よく考えてからお返事いたします。 깊이 생각한 후에 답변해 드리겠습니다.

失敗[しっぱい] 실패 ㅣ 原因[げんいん] 원인 ㅣ 大事[だいじ] 중요 ㅣ お～いたす① ～해 드리다 ㅣ 返事[へんじ] 답변

⊕ よく考えてからは 직역하면 '잘 생각하고 나서'가 돼요.

1462 N4 참 415

飼う　かう　기르다 [1류동사(타)]

かわない　かいます　かえ　かえる　かえば　かおう　かって

1463 N4

育てる　そだてる　키우다, 기르다 [2류동사(타)]

そだてない　そだてます　そだてろ　そだてられる　そだてれば　そだてよう　そだてて

飼う[かう]는 동물을 기른다는 뜻으로 쓰고 育てる[そだてる]는 동물 뿐만이 아니라 사람이나 식물을 키운다는 뜻으로도 써요. 그리고 育てる에는 아이나 새끼가 어른이 되도록 성장시킨다는 뜻이 있는데 飼う는 '사육하다'는 뜻으로 '성장시키다'라는 뜻이 없어요.

ペットが飼えるマンションが増えてる。　애완동물을 기를 수 있는 아파트가 늘고 있어.

私は犬を2匹と猫を1匹飼ってます。　저는 개를 두 마리, 고양이를 한 마리 기르고 있어요.

増える[ふえる]② 늘다 ㅣ ～て(い)る② ～하고 있다 ㅣ 私[わたし] 저 ㅣ 犬[いぬ] 개 ㅣ 2匹[にひき] 두 마리 ㅣ 猫[ねこ] 고양이 ㅣ 1匹[いっぴき] 한 마리

僕は祖母に育ててもらった。　할머니가 나를 키워 주셨다.

花を育てるのが趣味です。　꽃을 기르는 것이 취미입니다.

僕[ぼく] 나 ㅣ 祖母[そぼ] 할머니 ㅣ ～てもらう① (다른 사람이) ～해 주다 ㅣ 花[はな] 꽃 ㅣ 趣味[しゅみ] 취미

⊕ 僕は祖母に育ててもらったは 직역하면 '나는 할머니에게 키워 받았다'가 돼요.

책 날개에 있는 책갈피를 이용해서, 한 쪽을 가리고 나머지 한 쪽을 맞추는 연습을 해 보세요.

着(つ)く	도착하다, 닿다	曲(ま)がる	돌다, 구부러지다
届(とど)く	도착하다, 닿다	回(まわ)る	돌다
到着(とうちゃく)(する)	도착(하다)	見(み)せる	보이다, 보여주다
出(で)かける	외출하다, 나가다	見(み)える	보이다
外出(がいしゅつ)(する)	외출(하다)	受(う)ける	받다
撮(と)る	(사진, 동영상 등을) 찍다	もらう	받다
写(うつ)す	(사진, 동영상 등을) 찍다, 베끼다	驚(おどろ)く	놀라다
なくす	잃다, 분실하다	びっくりする	깜짝 놀라다
忘(わす)れる	잊다, 두고 오다	思(おも)う	생각하다
習(なら)う	배우다	考(かんが)える	생각하다
学(まな)ぶ	배우다	飼(か)う	기르다
寝(ね)る	자다, 눕다	育(そだ)てる	키우다, 기르다
眠(ねむ)る	잠들다, 잠자다		

〈대화로 연습해 봐요〉

❶ 일본어 단어의 독음을 히라가나로 쓴 후에 한국어 뜻을 써 보세요.

단어	히라가나	뜻
01. 着く		
02. 習う		
03. 回る		
04. 受ける		
05. 考える		

❷ 한국어 뜻에 해당하는 일본어 단어를 히라가나와 한자로 써 보세요.

단어	히라가나	한자
06. 외출하다, 나가다		
07. (사진, 동영상 등을) 찍다, 베끼다		
08. 잊다, 두고 오다		
09. 돌다, 구부러지다		
10. 보이다, 보여주다		

❸ (　　) 속에 적절한 단어를 써 보세요. 한자를 모를 경우에는 히라가나로 쓰세요.

11. ここで写真１枚(　　　　　)。 여기서 사진 한 장 찍자.

12. (　　　　　)かぎが見つかった。 잃어버린 열쇠를 찾았다.

13. (　　　　)前にコーヒーを飲むと(　　　　　)なります。
자기 전에 커피를 마시면 잠잘 수 없게 됩니다.

14. 今日は曇っていて星が(　　　　　)。 오늘은 날씨가 흐려서 별이 안 보인다.

15. そんなに(　　　　　　　)とは思ってなかった！
그렇게 놀랄 거라고는 생각하지 않았어!

| 정답 |

❶ 01. つく / 도착하다, 닿다 02. ならう / 배우다 03. まわる / 돌다 04. うける / 받다 05. かんがえる / 생각하다

❷ 06. でかける / 出かける 07. うつす / 写す 08. わすれる / 忘れる 09. まがる / 曲がる 10. みせる / 見せる

❸ 11. 撮ろう[とろう]/写そう[うつそう] 12. なくした 13. 寝る[ねる], 眠れなく[ねむれなく]/寝られなく[ねられなく] 14. 見えない[みえない] 15. 驚く[おどろく]/びっくりする

 N4

片付ける　かたづける　치우다, 정리하다 [2류동사(타)]

かたづけない　かたづけます　かたづけろ　かたづけられる　かたづければ
かたづけよう　かたづけて

1465 N3

しまう　しまう　넣다, 정리하다 [1류동사(타)]

しまわない　しまいます　しまえ　しまえる　しまえば　しまおう　しまって

しまう는 '끝내다'나 '폐업하다'라는 뜻으로 쓰는 경우도 있는데 젊은 사람들은 잘 안 써요

1466 N3

整理(する)　せいり(する)　정리(하다) [명사(+する)]

せいり(しない)　せいり(します)　せいり(しろ)　せいり(できる)　せいり(すれば)
せいり(しよう)　せいり(して)

> 片付ける[かたづける]는 물건을 원래 자리로 되돌리는 경우(수납)와 다른 자리로 이동하는 경우, 깔끔하게 정돈하는 경우, 버리는 경우 등에 쓰는데 비해 しまう는 물건을 원래 자리로 되돌리는 경우(수납)에만 써요. 整理する[せいりする]는 片付ける와 비슷한데 '원래 자리로 되돌린다'는 뜻은 없어요. 또 이해하기 쉽게 정리하거나 생각을 정리하는 경우에는 整理する를 쓰고 片付ける는 쓰지 못해요.

たまには部屋を片付けなさい。　가끔은 방을 치워라.

布団は押し入れに片付けてください。　이부자리는 붙박이장에 정리해 주세요.

部屋[へや] 방 | 布団[ふとん] 이부자리 | 押し入れ[おしいれ] 붙박이장

重要な書類をどこにしまったか思い出せない。 중요한 서류를 어디에 넣었는지 기억이 안 난다.

冬服をしまう季節になりました。　겨울 옷을 정리할 계절이 되었습니다.

重要[じゅうよう] 중요 | 書類[しょるい] 서류 | 思い出す[おもいだす]① 기억이 나다 | 冬服[ふゆふく] 겨울 옷 | 季節[きせつ] 계절 | ~になる① ~가 되다

引き出しをきれいに整理した。　서랍을 깨끗하게 정리했어.

気持ちを整理する時間をください。　마음을 정리할 시간을 주세요.

引き出し[ひきだし] 서랍 | 気持ち[きもち] 마음 | 時間[じかん] 시간

위쪽 예문은 片付ける로 바꿀 수 있지만 아래쪽 예문은 마음을 정리하는 것이기 때문에 바꿔 쓸 수 없어요.

1467 N4

比べる　くらべる　비교하다 [2류동사(타)]

くらべない　くらべます　くらべろ　くらべられる　くらべれば　くらべよう
くらべて

1468 N2

比較(する)　ひかく(する)　비교(하다) [명사(+する)]

ひかく(しない)　ひかく(します)　ひかく(しろ)　ひかく(できる)　ひかく(すれば)
ひかく(しよう)　ひかく(して)

比べる[くらべる]와 比較する[ひかくする]가 나타내는 뜻은 똑같은데 比較가 한자어라서 딱딱한 말투가 돼요. 比べる가 좀 더 부드럽고 일상적으로 흔히 쓰는 말이에요.

今年の夏は去年に比べてずっと暑い。　올해 여름은 작년에 비교해서 훨씬 덥다.
人と比べないで自分らしく生きたいです。　남과 비교하지 말고 나답게 살고 싶습니다.

今年[ことし] 올해 | 夏[なつ] 여름 | 去年[きょねん] 작년 | 暑い[あつい] 덥다 | 人[ひと] 남 | 自分[じぶん] 자기 | ～らしい ~답다 | 生きる[いきる]② 살다 | ～たい ~하고 싶다

+ 人[ひと]의 가장 기본적인 뜻이 '사람'인데 '남(타인)'이라는 뜻으로도 써요.
+ 自分らしく는 직역하면 '자기답게'가 돼요.

昔とは比較にならないほど便利になった。　옛날과는 비교가 안 될 정도로 편리해졌어.
私は子供の頃、よく姉と比較されました。　저는 어릴 때, 자주 언니와 비교 당했어요.

昔[むかし] 옛날 | ～になる① ~가 되다, ~해지다 | 便利[べんり] 편리 | 私[わたし] 저 | 子供[こども] 어린이 | 頃[ころ] 때 | 姉[あね] 언니

+ 子供の頃는 직역하면 '어린이 때'가 돼요.

1469 N4

探す　さがす　찾다 [1류동사(타)]

さがさない　さがします　さがせ　さがせる　さがせば　さがそう　さがして

1470 N4　참 378

見つける　みつける　찾다, 발견하다 [2류동사(타)]

みつけない　みつけます　みつけろ　みつけられる　みつければ　みつけよう
みつけて

探す[さがす]는 발견하려고 찾는 행위를 뜻하고 見つける[みつける]는 '발견하다'라는 뜻의 '찾다'예요. 그러니 探す를 한 결과 見つける를 하게 되고, 見つける를 하기 위해서 探す를 하는 거죠.

新しい仕事を探さなければならなくなった。　새로운 일을 찾아야 하게 되었다.
さっきから何を探しているんですか。　아까부터 무얼 찾고 있는 겁니까?

新しい[あたらしい] 새롭다 | 仕事[しごと] 일 | ～なければならない ~해야 하다 | ～くなる① ~하게 되다 | 何[なに] 무엇 | ～ている② ~하고 있다 | ～んですか ~하는 겁니까?

新しい星を見つけたい。　새로운 별을 발견하고 싶어.
ずっと探してたものをやっと見つけました。　계속 찾고 있었던 것을 겨우 찾았어요.

新しい[あたらしい] 새롭다 | 星[ほし] 별

1471 N4

過ぎる　すぎる　지나다, 넘다 [2류동사(자)]

すぎない　すぎます　すぎろ　すぎられる　すぎれば　すぎよう　すぎて

1472 N4　참 387 444

通る　とおる　지나다, 통과하다 [1류동사(자)]

とおらない　とおります　とおれ　とおれる　とおれば　とおろう　とおって

過ぎる[すぎる]는 공간적인 내용(우리 집 앞을 지나가다)에도 시간적인 내용(1시를 넘다)에도 쓰고 또 수량적인 내용(20세를 넘다)을 나타낼 때도 쓰는 데 비해 通る[とおる]는 공간적인 내용에만 써요. '~를 지나가다'라는 공간적인 뜻으로 쓸 때, 그 대상을 경유한다, 안을 통과한다는 뜻으로 쓸 때는 通る를 써요. 예를 들어 公園[こうえん]を通る라고 하면 공원 안을 통과해서 가는 것이고 公園を過ぎる라고 하면 공원 앞이나 옆을 지나가는 것을 나타내요.

夏が過ぎて秋になった。　여름이 지나 가을이 되었다.
隣に90歳を過ぎた男性が住んでいます。　옆집에 90살을 넘은 남성이 살고 있습니다.

夏[なつ] 여름 | 秋[あき] 가을 | ～になる① ~가 되다 | 隣[となり] 옆집 | 90歳[きゅうじゅっ さい] 90살 | 男性[だんせい] 남성 | 住む[すむ]① 살다 | ～ている② ~하고 있다

예문이 둘 다 공간적인 뜻이 아니기 때문에 通る로 바꿔 쓸 수 없어요.

毎日通る道でも景色はいつも違う。　매일 지나가는 길이라도 경치는 항상 달라.
自転車で長いトンネルを通りました。　자전거로 긴 터널을 통과했어요.

毎日[まいにち] 매일 | 道[みち] 길 | 景色[けしき] 경치 | 違う[ちがう]① 다르다 | 自転車[じてんしゃ] 자전거 | 長い[ながい] 길다

⊕ '매일 지나가는 길'은 길 앞을 지나가는 것이 아니라 길을 따라 가는 것, 즉 길 안을 통과하는 것이기 때문에 通る를 써요.

1473 N4

足りる　たりる　족하다, 충분하다 [2류동사(자)]

たりない　たります　(たりろ)　(たりられる)　たりれば　(たりよう)　たりて

⊕ ( )에 들어간 활용형에 대해서는 658쪽 5번 설명을 보세요.

1474 N2

足る　たる　족하다, 충분하다 [1류동사(자)]

たらない　たります　(たれ)　(たれる)　たれば　(たろう)　たって

둘 다 나타내는 뜻은 똑같은데 足る[たる]는 足りる[たりる]보다 약간 예스럽고 딱딱한 느낌이라서 일상적으로는 足りる를 많이 써요. 足る는 足らない와 足ります(사실 ます형은 足りる도 足る도 둘 다 足ります가 됨) 외에는 쓰는 일이 거의 없어요.

ケーブルの長さが足りない。　케이블 길이가 모자라다.

3万円あれば足りると思います。　3만 엔 있으면 충분할 겁니다.

長い[ながい] 길다 | 3万円[さんまん えん] 3만 엔 | ある① 있다 | 思う[おもう]① 생각하다

時間が足らなすぎて全部見られなかった。　시간이 너무 부족해서 전부 다 볼 수 없었어.

これで足りますか。　이걸로 충분해요?

時間[じかん] 시간 | 〜すぎる② 너무 〜하다 | 全部[ぜんぶ] 전부 | 見る[みる]② 보다

1475 N4

違う　ちがう　다르다 [1류동사(자)]

ちがわない　ちがいます　(ちがえ)　(ちがえる)　ちがえば　(ちがおう)　ちがって

⊕ ( )에 들어간 활용형에 대해서는 658쪽 5번 설명을 보세요.

1476 N4　참 063

間違える　まちがえる　틀리다, 잘못하다 [2류동사(타)]

まちがえない　まちがえます　まちがえろ　(まちがえられる)　まちがえれば
まちがえよう　まちがえて

- まちがえる　まちがえろ　まちがえれば라는 악센트도 써요.
- 가능형에 대한 추가 설명이 있으니 659쪽 6번 설명을 보세요.

1477 N3

間違う　まちがう　틀리다, 잘못되다 [1류동사(자타)]

まちがわない　まちがいます　まちがえ　(まちがえる)　まちがえば　まちがおう
まちがって

- 자동사로 쓸 때는 명령형, 가능형, 의지형이 없어요. 그리고 타동사로 쓸 때도 명령형, 가능형, 의지형은 바로 위의 間違える로 쓰는 것이 일반적이에요.

違う[ちがう]는 '다르다', '차이가 있다'라는 뜻의 자동사예요. 間違う[まちがう](잘못되다)는 원래 타동사인 間違える[まちがえる](잘못하다)와 짝이 되는 자동사인데 현재는 타동사로도 써요. 타동사로 쓸 때는 間違える와 間違う가 거의 같은 뜻인데 間違える는 'A와 B를 착각했다'는 뉘앙스이고 間違う는 '바른 것, 옳은 것에서 벗어났다'라는 뉘앙스예요. 예를 들어 '답을 틀렸다'라고 할 때 間違える를 쓰면 'A가 맞는 답이었는데 B로 착각했다'는 느낌이고 間違う는 '옳은 답에서 벗어났다'는 뉘앙스예요. 미묘한 차이라 대부분 바꿔 쓸 수 있어요.

今と違って昔は外国人が珍しかった。　지금과 달리 옛날에는 외국 사람이 드물었다.
両親は考え方が私と違います。　부모님은 사고 방식이 저와 다릅니다.

今[いま] 지금 ㅣ 昔[むかし] 옛날 ㅣ 外国人[がいこくじん] 외국 사람 ㅣ 珍しい[めずらしい] 드물다 ㅣ 両親[りょうしん] 부모 ㅣ 考える[かんがえる]② 생각하다 ㅣ ～方[かた] ~(하는) 방법 ㅣ 私[わたし] 저

砂糖と塩を間違えた！　설탕과 소금을 착각했어!
道を間違えて約束の時間に遅れました。　길을 잘못 들어서 약속 시간에 늦었어요.

砂糖[さとう] 설탕 ㅣ 塩[しお] 소금 ㅣ 道[みち] 길 ㅣ 約束[やくそく] 약속 ㅣ 時間[じかん] 시간 ㅣ 遅れる[おくれる]② 늦다

- 砂糖と塩を間違えた는 직역하면 '설탕과 소금을 틀렸다'가 돼요.
- 道を間違えて는 직역하면 '길을 틀려서'가 돼요.

こんな簡単な問題を間違うはずがない。　이런 쉬운 문제를 틀릴 리가 없다.
私は間違ったことは何もしていません。　저는 잘못된 일은 아무것도 하지 않았습니다.

簡単[かんたん] 쉬움 ㅣ 問題[もんだい] 문제 ㅣ ～はずがない ~할 리가 없다 ㅣ 私[わたし] 저 ㅣ 何も[なにも] 아무것도 ㅣ ～ている② ~하고 있다

- 아래쪽 예문이 한국어는 '~하지 않았습니다'라는 과거형인데 일본어는 ～ていません이라는 표현이 쓰였죠? 일본어는 이미 완료된 과거의 일에 과거형을 써요. 주어가 한 행동 때문에 문제가 일어났고 이미 결론이 난 과거의 일에 대해서 말하는 상황이라면 何もしませんでした라는 과거형으로 말하면 돼요. 아래쪽 예문의 상황은 아직 결론이 나지 않은 상황에서 하는 말이라서 何もしていません이 되는 거예요.

1478 N4

捕まえる つかまえる 붙잡다, 잡다 [2류동사(타)]

つかまえない　つかまえます　つかまえろ　つかまえられる　つかまえれば
つかまえよう　つかまえて

1479 N3

つかむ つかむ 잡다, 쥐다 [1류동사(타)]

つかまない　つかみます　つかめ　つかめる　つかめば　つかもう　つかんで

1480 N3

握る にぎる 쥐다, 잡다 [1류동사(타)]

にぎらない　にぎります　にぎれ　にぎれる　にぎろう　にぎって

捕まえる[つかまえる]는 잡지 않으면 도망쳐 버리는 것을 잡을 때 쓰고 つかむ는 도망치지 않는 것을 잡을 때 써요. 握る[にぎる]는 '잡다'보다 '쥐다'가 더 정확한 해석인데 손 안에 들어 있는 것을 손에 힘을 주고 꼭 쥘 때 써요. つかむ는 어떤 것을 잡고 손 안에 넣는 과정에 초점이 맞춰지지만 握る는 손에 힘을 주는 부분에 초점이 맞춰져요.

虫を捕まえようとしたが、逃げられた。 벌레를 잡으려고 했는데, 도망갔어.
タクシーが捕まえられないことがよくあります。 택시를 잡을 수 없을 때가 자주 있어요.

虫[むし] 벌레 | ~(よ)うとする③ ~하려고 하다 | 逃げる[にげる]② 도망치다 | ある① 있다

+ '벌레'도 '택시'도 잡지 않으면 도망치는 것이라 捕まえる를 쓰는 거예요.

後ろから急に肩をつかまれてびっくりした。 뒤에서 갑자기 누가 어깨를 잡아서 깜짝 놀랐다.
その子はお母さんのスカートをつかんでいました。
그 아이는 어머니의 치마를 잡고 있었습니다.

後ろ[うしろ] 뒤 | 急に[きゅうに] 갑자기 | 肩[かた] 어깨 | びっくりする③ 깜짝 놀라다 | 子[こ] 아이 | お母さん[おかあさん] 어머니 | ~ている② ~하고 있다

+ 肩をつかまれて는 직역하면 '어깨를 잡혀서'가 돼요.

+ '어깨'도 '치마'도 그것 자체가 안 잡으면 도망치는 것이 아니기 때문에 つかむ를 쓴 거예요.

手を握ったり開いたりする運動をしてる。 손을 쥐었다 폈다 하는 운동을 하고 있어.
ハンドルをしっかりと握りました。 핸들을 꼭 잡았습니다.

手[て] 손 | ~たり~たりする③ ~했다 ~했다 하다 | 開く[ひらく]① 펴다 | 運動[うんどう] 운동 | ~て(い)る② ~하고 있다

1481 N4

手伝う　　てつだう　　거들다, 돕다 [1류동사(타)]

てつだわない　てつだいます　てつだえ　てつだえる　てつだえば　てつだおう　てつだって

1482 N3

助ける　　たすける　　돕다, 구하다 [2류동사(타)]

たすけない　たすけます　たすけろ　たすけられる　たすければ　たすけよう　たすけて

> 手伝う[てつだう]는 어떤 사람이 하는 일이 순조롭게 진행될 수 있도록 직접 힘을 보태 준다는 뜻으로 써요. 생명이 위태롭거나 굉장히 심각한 상황에는 手伝う를 안 쓰고 助ける[たすける]를 써요. 助ける는 직접 도와주는 경우에도 간접적으로 도와주는 경우에도 써요.

私は母に料理を手伝わされた。　(나는 하기 싫었는데) 어머니가 나에게 요리를 거들게 했다.

荷物を運ぶのを手伝ってもらえますか。　짐을 옮기는 것을 도와줄 수 있습니까?

私[わたし] 나 | 母[はは] 어머니 | 料理[りょうり] 요리 | 荷物[にもつ] 짐 | 運ぶ[はこぶ]① 옮기다 | ~てもらう① (다른 사람이) ~해 주다

- 私は母に料理を手伝わされた는 직역하면 '나는 어머니에게 요리를 거들게 함을 당했다'가 돼요.
- 手伝ってもらえますか는 직역하면 '도와 받을 수 있습니까?'가 돼요.

あの人が助けてくれなかったら、私は死んでた。 저 사람이 구해 주지 않았으면, 나는 죽었어.

困ってる人を助ける仕事をしたいです。　어려움에 처해 있는 사람을 돕는 일을 하고 싶어요.

人[ひと] 사람 | ~てくれる② (다른 사람이) ~해 주다 | 私[わたし] 저 | 死ぬ[しぬ]① 죽다 | ~て(い)る② ~해 있다 | 困る[こまる]① 곤란하다 | 仕事[しごと] 일 | ~たい ~하고 싶다

- 私は死んでた는 직역하면 '나는 죽어 있었어'가 돼요. 즉 '나는 죽은 상태가 되어 있었다'라는 뜻이에요.

1483 N4

取り替える　　とりかえる　　바꾸다, 교환하다 [2류동사(타)]

とりかえない　とりかえます　とりかえろ　とりかえられる　とりかえれば　とりかえよう　とりかえて

1484 N3

交換(する) こうかん(する) 교환(하다) [명사(+する)]

こうかん(しない) こうかん(します) こうかん(しろ) こうかん(できる)
こうかん(すれば) こうかん(しよう) こうかん(して)

이 두 단어를 같은 뜻으로 쓰기도 하는데 원칙적으로는 取り替える[とりかえる]는 새것이나 다른 것으로 바꾸는 것을 나타내고 交換する[こうかんする]는 서로 가지고 있는 것을 주고받아서 교환하는 것을 나타내요. 다만 어떤 기계의 부품을 교체하는 경우는 주로 交換이라는 말을 써요.

ネクタイが汚れていたので別のに取り替えた。 넥타이가 얼룩져 있어서 다른 것으로 바꿨다.
大きいサイズのと取り替えていただけませんか。 큰 사이즈의 것과 교환해 주실 수 없습니까?

汚れる[よごれる]② 더러워지다 ｜ 別[べつ] 다름 ｜ 大きい[おおきい] 크다 ｜ ～ていただけませんか ～해 주실 수 없습니까?

＋ ～ていただけませんか는 직역하면 '～해 받을 수 없습니까?'가 돼요. 매우 공손한 의뢰표현이에요.
＋ 取り替える를 한자 取り換える로 쓰기도 해요.

結婚式で指輪を交換する。 결혼식에서 반지를 교환해.
挨拶をして名刺を交換しました。 인사를 하고 명함을 교환했어요.

結婚式[けっこんしき] 결혼식 ｜ 指輪[ゆびわ] 반지 ｜ 挨拶[あいさつ] 인사 ｜ 名刺[めいし] 명함

1485 N4

運ぶ はこぶ 옮기다, 운반하다 [1류동사(타)]

はこばない はこびます はこべ はこべる はこべば はこぼう はこんで

1486 N3 참 386

移す うつす 옮기다 [1류동사(타)]

うつさない うつします うつせ うつせる うつせば うつそう うつして

運ぶ[はこぶ]는 몸이나 도구를 써서 실제로 물건을 운반하는 경우에 주로 쓰고 移す[うつす]는 실제로 물건을 옮길 때도 쓰는데 '데이터를 옮긴다', '부서를 옮긴다' 등 실제로 운반하는 것이 아닌 경우에도 써요. 또 運ぶ는 운반하는 행위에 초점이 있는데 비해 移す는 자리가 바뀌는 것에 초점이 있어요.

その人はヘリコプターで病院に運ばれた。 그 사람은 헬리콥터로 병원에 옮겨졌다.
重い荷物をいくつも運んで疲れました。 무거운 짐을 여러 개 운반해서 지쳤습니다.

人[ひと] 사람 ｜ 病院[びょういん] 병원 ｜ 重い[おもい] 무겁다 ｜ 荷物[にもつ] 짐 ｜ 疲れる[つかれる]② 지치다

その大学はキャンパスを郊外に移した。 그 대학은 캠퍼스를 교외로 옮겼어.

本棚を部屋からリビングに移すつもりです。 책장을 방에서 거실로 옮길 생각이에요.

大学[だいがく] 대학교 ｜ 郊外[こうがい] 교외 ｜ 本棚[ほんだな] 책장 ｜ 部屋[へや] 방 ｜ ～つもりだ ~할 생각이다

1487 N4 참 390

冷える ひえる 차가워지다 [2류동사(자)]

ひえない ひえます (ひえろ) (ひえられる) ひえれば (ひえよう) ひえて

( )에 들어간 활용형에 대해서는 658쪽 5번 설명을 보세요.

1488 N3

冷める さめる 식다 [2류동사(자)]

さめない さめます (さめろ) (さめられる) さめれば (さめよう) さめて

冷える[ひえる]는 그것이 원래 가지고 있는 온도보다 더 온도가 낮아져서 차가워질 때 쓰고 冷める[さめる]는 그것이 원래 가지고 있는 온도보다 뜨거운 상태에서 온도가 떨어질 때에 써요. 마음이 식을 때도 冷める라고 써요.

冬は足が冷えるから厚い靴下をはく。 겨울에는 발이 차가워지기 때문에 두꺼운 양말을 신는다.

ビールは冷えていないとおいしくないです。 맥주는 시원하지 않으면 맛있지 않습니다.

冬[ふゆ] 겨울 ｜ 足[あし] 발 ｜ 厚い[あつい] 두껍다 ｜ 靴下[くつした] 양말 ｜ はく① 신다 ｜ ～ている② ~해 있다 ｜ おいしい 맛있다

冷えていないと는 직역하면 '차가워져 있지 않으면'이 돼요.

彼への気持ちがもう冷めてしまった。 남자친구에 대한 마음이 이미 식어 버렸어.

冷めるのを待ってから冷蔵庫に入れましょう。 식는 것을 기다리고 나서 냉장고에 넣읍시다.

彼[かれ] 남자친구 ｜ 気持ち[きもち] 마음 ｜ ～てしまう① ~해 버리다 ｜ 待つ[まつ]① 기다리다 ｜ 冷蔵庫[れいぞうこ] 냉장고 ｜ 入れる[いれる]② 넣다

彼への気持ち는 직역하면 '남자친구로의 마음'이 돼요.

1489 N4

役に立つ やくにたつ 도움이 되다 [관용표현]

やくにたたない やくにたちます やくにたて やくにたてる やくにたてば
やくにたとう やくにたって

1490 N3

助かる　たすかる　도움이 되다, 구제되다 [1류동사(자)]

たすからない　たすかります　(たすかれ)　(たすかれる)　たすかれば　(たすかろう)
たすかって

( )에 들어간 활용형에 대해서는 658쪽 5번 설명을 보세요.

Aが役に立つ[やくにたつ]는 'A가 유용하다'라고 A를 평가하는 뜻이고 Aが助かる[たすかる]는 'A가 어려운 상황을 면하다'라는 뜻이에요. 예를 들어 '이 책이 공부에 도움이 됐어'라는 경우라면 '책이 유용했다'는 뜻이니 役に立つ를 쓰고 '네가 도와줘서 정말로 도움이 됐어'라는 경우라면 '너' 덕분에 화자가 '어려움을 면했다'는 뜻이니 助かる를 쓰는 거예요.

この経験がいつか役に立つかもしれない。　이 경험이 언젠가 도움이 될지도 모른다.
風が強すぎて傘が役に立ちませんでした。　바람이 너무 세서 우산이 도움이 되지 않았습니다.

経験[けいけん] 경험 | ～かもしれない ～할지도 모르다 | 風[かぜ] 바람 | 強い[つよい] 세다 | ～すぎる② 너무 ～하다 | 傘[かさ] 우산

友達がいつも相談に乗ってくれて助かる。　친구가 항상 상담에 응해 줘서 도움이 돼.
その事故で助かったのは私だけでした。　그 사고에서 구조된 사람은 저뿐이었어요.

友達[ともだち] 친구 | 相談[そうだん] 상의 | 乗る[のる]① (상담에) 응하다 | ～てくれる② (다른 사람이) ～해 주다 | 事故[じこ] 사고 | 私[わたし] 저

어떤 사람이 상의하고 싶다고 왔을 때 그에 응해 주는 것을 相談に乗る(상담에 타다)라고 표현해요.

助かったのは는 직역하면 '구조된 것은'이 돼요. ～の(～ 것)는 사람에 대해서도 써요.

확인해 봐요!

책 날개에 있는 책갈피를 이용해서, 한 쪽을 가리고 나머지 한 쪽을 맞추는 연습을 해 보세요.

片付(かたづ)ける	치우다, 정리하다	捕(つか)まえる	붙잡다, 잡다
しまう	넣다, 정리하다	つかむ	잡다, 쥐다
整理(せいり)(する)	정리(하다)	握(にぎ)る	쥐다, 잡다
比(くら)べる	비교하다	手伝(てつだ)う	거들다, 돕다
比較(ひかく)(する)	비교(하다)	助(たす)ける	돕다, 구하다
探(さが)す	찾다	取(と)り替(か)える	바꾸다, 교환하다
見(み)つける	찾다, 발견하다	交換(こうかん)(する)	교환(하다)
過(す)ぎる	지나다, 넘다	運(はこ)ぶ	옮기다, 운반하다
通(とお)る	지나다, 통과하다	移(うつ)す	옮기다
足(た)りる	족하다, 충분하다	冷(ひ)える	차가워지다
足(た)る	족하다, 충분하다	冷(さ)める	식다
違(ちが)う	다르다	役(やく)に立(た)つ	도움이 되다
間違(まちが)える	틀리다, 잘못하다	助(たす)かる	도움이 되다, 구제되다
間違(まちが)う	틀리다, 잘못되다		

〈장문으로 연습해 봐요〉

1 일본어 단어의 독음을 히라가나로 쓴 후에 한국어 뜻을 써 보세요.

단어	히라가나	뜻
01. 比べる		
02. 過ぎる		
03. 足りる		
04. 間違える		
05. 役に立つ		

2 한국어 뜻에 해당하는 일본어 단어를 히라가나와 한자로 써 보세요.

단어	히라가나	한자
06. 치우다, 정리하다		
07. 지나다, 통과하다		
08. 거들다, 돕다		
09. 바꾸다, 교환하다		
10. 옮기다, 운반하다		

3 (　　) 속에 적절한 단어를 써 보세요. 한자를 모를 경우에는 히라가나로 쓰세요.

11. ずっと(　　　　)たものをやっと(　　　　　　　　)。
계속 찾고 있었던 것을 겨우 찾았어요.

12. 両親は考え方が私と(　　　　　　)。 부모님은 사고 방식이 저와 다릅니다.

13. 私は(　　　　　　)ことは何もしていません。
저는 잘못된 일은 아무것도 하지 않았습니다.

14. 虫を(　　　　　　)としたが、逃げられた。 벌레를 잡으려고 했는데, 도망갔어.

15. ビールは(　　　　)いないとおいしくないです。
맥주는 시원하지 않으면 맛이 없습니다.

| 정답 |

1 01. くらべる/비교하다 02. すぎる/지나다, 넘다 03. たりる/족하다, 충분하다 04. まちがえる/틀리다, 잘못하다 05. やくにたつ/도움이 되다

2 06. かたづける/片付ける 07. とおる/通る 08. てつだう/手伝う 09. とりかえる/取り替える 10. はこぶ/運ぶ

3 11. 探して[さがして], 見つけました[みつけました] 12. 違います[ちがいます] 13. 間違った[まちがった] 14. 捕まえよう[つかまえよう] 15. 冷えて[ひえて]

뜻이 비슷한 말이 여러 개 있는 기타 품사

28마디에서는 명사, 형용사, 동사 외의 품사 중에서 뜻이 비슷한 말이 여러 개 있는 단어에 대해 배울게요. 매우 비슷하면서도 미묘하게 뉘앙스 차이가 나는 단어들이 많으니 설명을 잘 읽어 보세요.

단어 및 예문듣기

1491 N5

いつも　　いつも　　항상, 여느 때 [명사, 부사]

1492 N4

いつでも　　いつでも　　언제나, 언제든지 [부사]

いつも와 いつでも는 '언제나'라는 뜻으로 쓸 때는 바꿔 쓸 수 있는 경우가 많아요. 그런데 습관적인 사항에 대해서는 いつも를 써요. いつも는 항상 변함없는 느낌이고 그 사항이 꾸준히 유지되는 느낌인데 비해 いつでも는 '어떤 때에도'라는 뜻으로 그 때 그 때에 초점이 맞춰지는 느낌이에요. 예를 들어 そのバスはいつも混[こ]んでいる(그 버스는 언제나 붐빈다)라고 하면 항상 예외 없이 붐빈다는 느낌이고 そのバスはいつでも混んでいる라고 하면 다른 때는 모르지만 타려고 할 때마다 붐빈다는 느낌이에요. 그리고 いつも는 명사로도 써서 いつもと違[ちが]う(여느 때와 다르다)와 같이 쓸 수 있다는 점이 부사로만 쓰는 いつでも와 다른 점이에요.

今日はいつもより早く仕事が終わった。　　오늘은 여느 때보다 일찍 일이 끝났어.

私はいつも6時半に起きます。　　저는 항상 6시 반에 일어나요.

今日[きょう] 오늘 | 早い[はやい] 이르다 | 仕事[しごと] 일 | 終わる[おわる]① 끝나다 | 私[わたし] 저 | 6時[ろく じ] 6시 | 半[はん] 반 | 起きる[おきる]② 일어나다

⊕ 위쪽 예문은 いつも가 명사로 쓰였기 때문에 いつでも로 바꿔 쓸 수 없어요. 아래쪽 예문은 いつでも로 바꿔 쓸 수는 있는데 습관적인 일이라서 いつも가 더 어울리고 또 いつでも를 쓰면 '어떤 때라도 6시 반에 일어난다'는 뜻이 돼요.

弟はいつでも楽しそうに笑っている。　　남동생은 언제나 즐거운 듯이 웃고 있다.

午前中なら、いつでもいいですよ。　　오전 중이라면 언제든지 좋습니다.

弟[おとうと] 남동생 | 楽しい[たのしい] 즐겁다 | ~そうだ ~해 보인다 | 笑う[わらう]① 웃다 | ~ている② ~하고 있다 | 午前[ごぜん] 오전 | ~中[ちゅう] ~중 | いい 좋다

⊕ 위쪽 예문은 いつも로 바꿔 쓸 수 있어요. いつも를 쓰면 예외 없이 항상 웃고 있는 상태가 유지되는 느낌이고 いつでも를 쓰면 '남동생을 볼 때마다'라는 느낌이에요. 아래쪽 예문은 '언제든지'의 뜻으로 쓴 것이라 いつも로 바꿔 쓸 수 없어요.

1493 N5　　참 412

いっぱい　　いっぱい　　많이, 가득 [부사]

1494 N5

大勢　　おおぜい/おおぜい　　많은 사람, 많이(사람) [명사, 부사]

⊕ 大勢는 '많은 사람'이라는 명사로 쓸 때는 악센트가 おおぜい가 되고 '많이'라는 부사로 쓸 때는 おおぜい가 돼요.

1495 N5

たくさん たくさん 많이 [부사]

大勢[おおぜい]는 사람에 대해서만 써요. いっぱい는 넘칠 것 같이 가득 찬 느낌이고 たくさん은 양이 많은 것, 횟수가 많은 것을 나타내요. 그래서 いっぱい는 액체나 셀 수 없는 것에 대해서 쓰는 경향이 있어요. いっぱい가 더 구어적인 말이라서 존댓말을 쓸 때는 たくさん을 쓰는 것이 좋아요.

ご飯をいっぱい食べた。 밥을 많이 먹었어.
びんに水をいっぱい入れてください。 병에 물을 가득 담아 주세요.

ご飯[ごはん] 밥 | 食べる[たべる]② 먹다 | 水[みず] 물 | 入れる[いれる]② 넣다

大勢の前でスピーチをした。 많은 사람들 앞에서 스피치를 했다.
この学校には外国から来た学生が大勢います。 이 학교에는 외국에서 온 학생이 많이 있습니다.

前[まえ] 앞 | 学校[がっこう] 학교 | 外国[がいこく] 외국 | 来た[きた]③ 왔다 | 学生[がくせい] 학생 | いる② 있다

誕生日のプレゼントをたくさんもらった。 생일 선물을 많이 받았어.
お酒をたくさん飲みました。 술을 많이 마셨어요.

誕生日[たんじょうび] 생일 | もらう① 받다 | 酒[さけ] 술 | 飲む[のむ]① 마시다

1496 N5

少し すこし 조금, 약간 [부사]

1497 N5

ちょっと ちょっと 잠깐, 좀 [부사]

少し[すこし]는 양이나 정도가 적다, 시간이나 거리가 짧다는 뜻으로만 쓰는 데 비해 ちょっと는 少し와 같은 뜻으로 쓰기도 하고 그 외에 가벼운 기분으로 한다는 것을 나타내기도 하고(ちょっと行[い]ってくる(좀 갔다 올게)), 정도가 꽤 하는 것을 역설적으로 나타내기도 해요(ちょっと金[かね]がある(돈이 좀 있다)). 少し와 ちょっと를 같은 뜻으로 쓸 때는 ちょっと가 더 구어적인 편한 말투예요.

時間が少ししかない。 시간이 조금밖에 없어.
天気が少し心配です。 날씨가 약간 걱정이에요.

時間[じかん] 시간 | ない 없다 | 天気[てんき] 날씨 | 心配[しんぱい] 걱정

ちょっと見てくる。 잠깐 보고 올게.

このケーキはちょっと高いですが、おいしいですね。 이 케이크는 좀 비싸지만 맛있네요.

見る[みる]② 보다 | ～てくる③ ~하고 오다 | 高い[たかい] 비싸다 | おいしい 맛있다

1498 N5

多分 たぶん 아마 [부사]

1499 N4

きっと きっと 꼭, 아마도 [부사]

1500 N4

必ず かならず 꼭, 반드시 [부사]

1501 N4

ぜひ ぜひ 꼭 [부사]

> 多分[たぶん]은 한자가 '다분'이지만 부사로 쓸 때는 '아마'라는 뜻이에요. きっと는 '꼭'으로 해석되는 경우가 많지만 추측의 뜻이라서 확신이 있는 건 아니고 틀릴 수도 있다는 뜻이라서 '아마도'로 해석하기도 하는데, きっと가 多分보다 확신이 있는 경우에 써요. 必ず[かならず]는 '반드시', '틀림없이', '예외 없이'라는 뜻이니 확률이 거의 100%라고 생각하면 돼요. ぜひ는 '~하고 싶다', '~하겠다', '~해 주세요'와 같은 말과 함께 써서 화자의 희망이나 의지, 의뢰를 나타내요.

石田さんは多分来ないと思う。 いしだ 씨는 아마 오지 않을 거야.

多分大丈夫でしょう。 아마도 괜찮을 거예요.

来ない[こない] 오지 않다 | 思う[おもう]① 생각하다 | 大丈夫[だいじょうぶ] 괜찮음

⊕ 多分을 히라가나 たぶん으로 쓰는 경우도 많아요.

きっと見つかると信じている。 꼭 찾을 수 있을 것이라고 믿고 있다.

きっと失敗すると思います。 아마도 실패할 거라고 생각합니다.

見つかる[みつかる]① 발견되다 | 信じる[しんじる]② 믿다 | ～ている② ~하고 있다 | 失敗[しっぱい] 실패 | 思う[おもう]① 생각하다

⊕ きっと見つかる는 직역하면 '꼭 발견된다'가 돼요.

人は誰でもいつかは必ず死ぬ。 사람은 누구든지 언젠가는 꼭 죽는다.

バイクに乗るときは、必ずヘルメットをかぶってください。 오토바이를 탈 때는 반드시 헬멧을 쓰세요.

人[ひと] 사람 | 誰[だれ] 누구 | 死ぬ[しぬ]① 죽다 | 乗る[のる]① 타다 | かぶる① 쓰다

ぜひ一度見てみたい。 꼭 한 번 보고 싶어.

ぜひおいでください。 꼭 오십시오.

一度[いちど] 한 번 | 見る[みる]② 보다 | ～てみる② ~해 보다 | おいでください 오십시오

見てみたい는 직역하면 '봐 보고 싶어'가 돼요.

1502 N5

大変 たいへん 대단히 [부사]

1503 N4

非常に ひじょうに 대단히, 매우 [부사]

1504 N5

とても とても 아주, 무척 [부사]

1505 N4

すごく すごく 엄청 [부사]

> 大変[たいへん], 非常に[ひじょうに], とても, すごく는 4가지 모두 기본적으로 뜻은 똑같은데 大変과 非常に는 매우 문어적인 말이라서 글이나 격식 차려 말할 때 외에는 잘 안 써요. 감사나 사죄표현에는 大変을 쓰는 경우가 많아요(예: 大変申[もう]し訳[わけ]ありません 대단히 죄송합니다). とても와 すごく는 구어적인 말투인데 すごく가 제일 편한 말투이니 격식 차려서 말해야 하는 상황에서는 すごく를 쓰지 않는 것이 무난해요.

先生はプレゼントを大変喜ばれた。 선생님은 선물을 대단히 기뻐하셨다.

大変お世話になりました。 대단히 신세 많이 졌습니다.

先生[せんせい] 선생님 | 喜ぶ[よろこぶ]① 기뻐하다 | 世話になる[せわになる]① 신세를 지다

大変을 大変な라는 형용사로 쓰면 '힘든', '큰일인'이라는 뜻이 돼요.

その話を聞いて非常に驚いた。 그 이야기를 듣고 대단히 놀랐어.

彼女のご両親は非常に厳しい方でした。 여자친구의 부모님은 매우 엄격한 분이었어요.

話[はなし] 이야기 | 聞く[きく]① 듣다 | 驚く[おどろく]① 놀라다 | 彼女[かのじょ] 여자친구 | 両親[りょうしん] 부모 | 厳しい[きびしい] 엄격하다 | 方[かた] 분

このお菓子はとても甘い。 이 과자는 아주 달다.

勉強できる時間がとても短かったです。 공부할 수 있는 시간이 무척 짧았습니다.

お菓子[おかし] 과자 | 甘い[あまい] 달다 | 勉強[べんきょう] 공부 | できる② 할 수 있다 | 時間[じかん] 시간 | 短い[みじかい] 짧다

そのジェットコースターはすごく怖かった。 그 롤러코스터는 엄청 무서웠어.
その店はトイレがすごく汚くて嫌でした。 그 가게는 화장실이 엄청 더러워서 싫었어요.

怖い[こわい] 무섭다 | 店[みせ] 가게 | 汚い[きたない] 더럽다 | 嫌[いや] 싫음

+ すごく는 すごい(대단하다, 굉장하다)의 い를 く로 바꿔서 만든 부사인데 매우 구어적인 말로 편한 대화에서 많이 써요.
+ '롤러코스터'는 일본어로 ジェットコースター(제트코스터)라고 해요.

1506 N4

だいぶ だいぶ 꽤, 상당히 [부사]

1507 N4

ずいぶん ずいぶん 꽤, 상당히 [부사]

だいぶ는 바로 앞에서 배운 大変, 非常に, とても, すごく라고 할 정도는 아니지만 그래도 꽤 어떻다는 말을 할 때 써요. ずいぶん도 だいぶ와 비슷하지만 '예상했던 것보다', '의외로'라는 뉘앙스가 들어가요.

家内はだいぶ前に亡くなった。 집사람은 꽤 예전에 세상을 떴다.
この国の生活にもだいぶ慣れました。 이 나라에서의 생활에도 상당히 익숙해졌습니다.

家内[かない] 집사람 | 前[まえ] 전 | 亡くなる[なくなる]① 세상을 뜨다 | 国[くに] 나라 | 生活[せいかつ] 생활 | 慣れる[なれる]② 익숙해지다

+ だいぶ를 한자 大分로 쓰는 경우도 있지만 히라가나로 쓰는 경우가 더 많아요. 또 大分은 だいぶん이라고 읽기도 하는데 だいぶ로 읽는 경우가 더 많아요.

ずいぶん楽しそうだね。 꽤 즐거워 보이네.
その事故についてずいぶん調べました。 그 사고에 대해서 상당히 조사했어요.

楽しい[たのしい] 즐겁다 | ~そうだ ~해 보이다 | 事故[じこ] 사고 | 調べる[しらべる]② 조사하다

+ ずいぶん을 한자 随分으로 쓰는 경우도 많아요.

확인해 봐요!

책 날개에 있는 책갈피를 이용해서, 한 쪽을 가리고 나머지 한 쪽을 맞추는 연습을 해 보세요.

いつも	항상, 여느 때	必ず(かなら)	꼭, 반드시
いつでも	언제나, 언제든지	ぜひ	꼭
いっぱい	많이, 가득	大変(たいへん)	대단히
大勢(おおぜい)	많은 사람, 많이(사람)	非常に(ひじょう)	대단히, 매우
たくさん	많이	とても	아주, 무척
少し(すこ)	조금, 약간	すごく	엄청
ちょっと	잠깐, 좀	だいぶ	꽤, 상당히
多分(たぶん)	아마	ずいぶん	꽤, 상당히
きっと	꼭, 아마도		

연습해 봐요!

〈대화로 연습해 봐요〉

❶ 일본어 단어의 독음을 히라가나로 쓴 후에 한국어 뜻을 써 보세요.

단어	히라가나	뜻
01. 大勢		
02. 多分		
03. 必ず		
04. 大変		
05. 非常に		

❷ 한국어 뜻에 해당하는 일본어 단어를 히라가나와 한자로 써 보세요.

단어	히라가나	한자
06. 항상, 여느 때		
07. 많이, 가득		
08. 조금, 약간		
09. 엄청		
10. 꽤, 상당히		

❸ (　　) 속에 적절한 단어를 써 보세요. 한자를 모를 경우에는 히라가나로 쓰세요.

11. 午前中なら、(　　　　　)いいですよ。 오전 중이라면 언제든지 좋습니다.

12. 誕生日のプレゼントを(　　　　　)もらった。 생일 선물을 많이 받았어.

13. (　　　　)見つかると信じている。 꼭 찾을 수 있을 것이라고 믿고 있다.

14. (　　　　)おいでください。 꼭 오십시오.

15. このお菓子は(　　　　)甘い。 이 과자는 아주 달다.

| 정답 |

❶ 01. おおぜい / 많은 사람, 많이(사람) 02. たぶん / 아마 03. かならず / 꼭, 반드시 04. たいへん / 대단히 05. ひじょうに / 대단히, 매우

❷ 06. いつも 07. いっぱい 08. すこし / 少し 09. すごく 10. だいぶ/ずいぶん

❸ 11. いつでも 12. たくさん/いっぱい 13. きっと/必ず[かならず] 14. ぜひ 15. とても/すごく

1508 N5 참 499

もう~ もう~ ~ 더, 다시 ~ [부사]

1509 N5

もっと もっと 더 [부사]

もう라는 부사를 '이미', '벌써'라는 뜻으로 아시죠? 그 외 '더'라는 뜻도 있어요. 그런데 もう 단독으로는 '더'라는 뜻이 안 되고 뒤에 꼭 다른 단어가 이어져서 '~ 더'라는 한 덩어리가 되어야 해요. 예를 들어 もう一度[いちど](한 번 더), もう一人[ひとり](한 명 더)와 같이 되어야 해요. 단독으로 쓸 때는 もっと를 써야 해요.

もう一杯飲みに行こう! 한 잔 더 마시러 가자!

もう少しゆっくり話してください。 조금 더 천천히 말해 주세요.

一杯[いっぱい] 한 잔 | 飲む[のむ]① 마시다 | 行く[いく]① 가다 | 少し[すこし] 조금 | 話す[はなす] ① 이야기하다

もっといい人がきっといるよ。 더 좋은 사람이 꼭 있을 거야.

もっと安いのはありませんか。 더 싼 것은 없습니까?

人[ひと] 사람 | いる② 있다 | 安い[やすい] 싸다 | ある① 있다

1510 N4

それほど それほど 그 정도로, 그다지 [부사]

1511 N4

そんなに そんなに 그렇게(까지/나) [부사]

それほど는 약간 문어적인 말투, そんなに가 구어적인 말투가 되는데 바꿔 쓸 수 있는 경우가 많아요. それほど는 それほどではない(그 정도가 아니다)나 それほどの(그 정도의)라는 형태(예 それほどの価値[かち] 그 정도의 가치)로 쓰는데 そんなに는 이런 형태로 쓸 수 없어요. 눈앞에 있는 것이나 상대방을 보면서 '그렇게'라고 할 때는 そんなに를 써요 예 そんなに驚[おどろ]かないで。 그렇게 놀라지 마.

+ そんなに를 부사가 아니라 연어로 보는 사람도 있어요.

それほど行きたいなら行けばいい。 그 정도로 가고 싶다면 가면 돼.

それほど大きな問題じゃありません。 그다지 큰 문제가 아니에요.

行く[いく]① 가다 | ~たい ~하고 싶다 | いい 좋다 | 大きな[おおきな] 큰 | 問題[もんだい] 문제

そんなに泣かないで。 그렇게까지 울지 마.

そのホラー映画はそんなに怖くなかったです。 그 공포 영화는 그렇게 무섭지 않았습니다.

泣く[なく]① 울다 | 映画[えいが] 영화 | 怖い[こわい] 무섭다

⊕ 위쪽 예문은 울고 있는 상대방에게 하는 말이라서 それほど로 바꿔 쓸 수 없어요.

1512 N4

大体 だいたい 대체로, 대강 [부사]

1513 N4

大抵 たいてい 대개 [부사]

빈도를 나타낼 때는 大体[だいたい]와 大抵[たいてい] 둘 다 쓸 수 있고 바꿔 쓸 수 있는데, 양이나 대략적인 수를 나타낼 때는 大体를 써야 해요. 예를 들어 大体7時[しちじ]に起[お]きる(대체로 7시에 일어난다)라고 하면 '7시에 일어나는 경우가 많다'라는 빈도의 뜻이 될 수도 있고 '대강 7시쯤에 일어난다'라는 대략적인 시간을 나타낼 수도 있어요. 大抵를 써서 大抵7時に起きる라고 하면 '7시에 일어나는 경우가 많다'라는 빈도의 뜻만 있어요.

この小説は大体次のような話だった。 이 소설은 대체로 다음과 같은 이야기였다.

それについては大体知ってます。 그것에 대해서는 대강 알고 있어요.

小説[しょうせつ] 소설 | 次[つぎ] 다음 | ~ようだ ~ 같다 | 話[はなし] 이야기 | 知る[しる]① 알다 | ~て(い)る② ~하고 있다

⊕ 예문 2개 모두 빈도를 나타내는 것이 아니라서 大抵로 바꿔 쓸 수 없어요.

⊕ 大体를 '대부분'으로 해석하는 경우도 있어요.

⊕ 大体를 '대강', '대체'라는 명사로 쓰기도 하는데 명사로 쓸 때는 악센트가 だいたい가 돼요.

その友達は約束の時間に大抵遅れて来る。 그 친구는 약속 시간에 대개 늦게 와.

休みの日は大抵昼まで寝てます。 쉬는 날은 대개 낮까지 자고 있어요.

友達[ともだち] 친구 | 約束[やくそく] 약속 | 時間[じかん] 시간 | 遅れる[おくれる]② 늦다 | 来る[くる]③ 오다 | 休み[やすみ] 쉼 | 日[ひ] 날 | 昼[ひる] 낮 | 寝る[ねる]② 자다 | ~て(い)る② ~하고 있다

1514 N4

できるだけ できるだけ 가능한 한, 되도록 [부사]

1515 N4

なるべく なるべく 되도록, 가급적 [부사]

できるだけ는 '더 이상 할 수 없을 정도까지, 한계까지'라는 뉘앙스이고 なるべく는 '상황에 맞춰 가능한 범위 안에서'라는 뉘앙스예요. 문맥에 따라 해석을 유연하게 할 수 있지만 できるだけ는 '가능한 한', なるべく는 '되도록', '가급적'으로 해석하는 것이 정확한 뜻에 가까워요.

できるだけごみを出さないようにしてる。 되도록 쓰레기를 내지 않으려고 하고 있어.

できるだけ早くお返事を差し上げます。 가능한 한 빨리 답장을 드리겠습니다.

出す[だす]① 내다 ｜ ~ないようにする③ ~하지 않도록 하다 ｜ ~て(い)る② 하고 있다 ｜ 早い[はやい] 빠르다 ｜ 返事[へんじ] 답장 ｜ 差し上げる[さしあげる]② 드리다

なるべくなら浪人はしたくない。 되도록이면 재수는 하고 싶지 않다.

携帯電話のご使用はなるべくご遠慮ください。 휴대전화 사용은 가급적 삼가해 주십시오.

浪人[ろうにん] 재수 ｜ ~たい ~하고 싶다 ｜ 携帯電話[けいたい でんわ] 휴대전화 ｜ 使用[しよう] 사용 ｜ ご~ください ~해 주십시오 ｜ 遠慮[えんりょ] 사양

⊕ 浪人[ろうにん]은 '주인 없는 떠돌이 무사'를 나타내는 말이었는데, 일상적으로는 '재수' 혹은 '재수생'을 나타내는 말이에요. 참고로 '현역'은 現役[げんえき]라고 해요.

1516 N4

やっぱり　やっぱり　역시 [부사]

1517 N4

やはり　やはり　역시 [부사]

やっぱり와 やはり는 뜻은 똑같은데 やっぱり는 구어체이고 やはり는 문어체예요. 편한 일상대화에서는 やっぱり를 쓰고 격식 차려서 말할 때나 글에서는 やはり를 써요. やっぱり를 더 편하게 줄인 말로 やっぱし나 やっぱら는 말도 있어요.

やっぱりそうだったんだ! 역시 그런 거였구나!

死ぬのはやっぱり怖いですよ。 죽는 건 역시 무서워요.

死ぬ[しぬ]① 죽다 ｜ 怖い[こわい] 무섭다

外国にいるとやはりキムチが食べたくなる。 외국에 있으면 역시 김치가 먹고 싶어진다.

その料理はやはり私の口には合いません。 그 요리는 역시 제 입에는 맞지 않습니다.

外国[がいこく] 외국 ｜ いる② 있다 ｜ 食べる[たべる]② 먹다 ｜ ~たい ~하고 싶다 ｜ ~くなる① ~해지다 ｜ 料理[りょうり] 요리 ｜ 私[わたし] 저 ｜ 口[くち] 입 ｜ 合う[あう]① 맞다

1518 N5 참 646

はい はい 네, 예 [감동사]

1519 N5 참 646

ええ ええ 네 [감동사]

1520 N3 참 646

はあ はあ 네…… [감동사]

3가지 모두 '네', '예'라는 뜻인데 가장 격식 차린 말투가 はい예요. ええ도 존댓말에서 쓰지만 はい만큼 격식 차린 말투가 아니라 부드러운 말투예요. 선생님이 출석을 부를 때나 은행이나 병원 등에서 직원이 이름을 불렀을 때 등은 はい를 쓰고 일상적인 대화(말을 주고받는 상황)에서는 ええ를 많이 써요. はあ는 납득이 안 되어 '넵!'이라고 대답하고 싶지 않는 상황에서 어중간하게 대답할 때 쓰는 말이에요. 망설이면서 힘없이 '네……'라고 하는 그런 말투예요. .

はい、わかりました。 예, 알겠습니다.

はい、そうです。 네, 그렇습니다.

ええ、もちろんです。 네, 물론이에요.

ええ、喜んで伺います。 네, 기꺼이 찾아뵙겠습니다.

喜ぶ[よろこぶ]① 기뻐하다 | 伺う[うかがう]① 찾아뵙다

⊕ 喜んで伺います는 직역하면 '기뻐하며 찾아뵙겠습니다'가 돼요.

はあ、それはそうかもしれませんが……。 네……, 그건 그럴지도 모르겠지만…….

はあ、その気持ちもわからなくはないんですけど……。

네……, 그 마음도 모르는 것은 아니지만…….

~かもしれない ~일지도 모르다 | 気持ち[きもち] 마음 | わかる① 알다

1521 N5 참 651

~回 ~かい ~번, ~회 [접미사]

1522 N5 참 653 654

~度 ~ど ~번, ~도 [접미사]

～回[かい]는 반복이 기대되는 경우에 쓰고 ～度[ど]는 반복이 기대되지 않는 경우에 써요. 예를 들어 어떤 경기에서 '3번 이겼다'라고 할 때는 또 다시 이기길 기대하기 때문에 ～回를 쓰고, '한 번밖에 없는 인생'이라고 할 때는 반복이 기대되지 않기 때문에 ～度를 써요. ～度는 온도를 나타낼 때도 써요.

日本には3回行ったことがある 일본에는 세 번 간 적이 있다.

この薬は1日に2回、朝と夜に飲んでください。 이 약은 하루에 두 번, 아침과 저녁에 드세요.

日本[にほん] 일본 | 3回[さん かい] 세 번 | 行く[いく]① 가다 | ～たことがある① ～한 적이 있다 | 薬[くすり] 약 | 1日[いち にち] 하루 | 2回[に かい] 두 번 | 朝[あさ] 아침 | 夜[よる] 밤 | 飲む[のむ]① 마시다

'약을 먹다'는 일본어로 薬[くすり]を飲む[のむ](약을 마시다)라고 표현해요.

あんな所には二度と行きたくない。 저런 곳에는 두 번 다시 가고 싶지 않아.

熱が39度もあって、病院に行きました。 열이 39도나 있어서 병원에 갔어요.

所[ところ] 곳 | 二度[に ど] 두 번 | 行く[いく]① 가다 | ～たい ～하고 싶다 | 熱[ねつ] 열 | 39度[さんじゅうきゅう ど] 39도 | ある① 있다 | 病院[びょういん] 병원

1523 N5

わかりました わかりました 알았습니다 [관용표현]

1524 N4

承知しました しょうちしました 알겠습니다 [관용표현]

1525 N4

かしこまりました かしこまりました 알겠습니다 [관용표현]

承知しました[しょうちしました]와 かしこまりました가 わかりました보다 공손한 말이에요. 承知しました는 '이해했습니다'를 공손하게 말한 것으로 약간 딱딱한 느낌이지만, かしこまりました는 어떤 의뢰나 명령을 '삼가 받겠습니다'라는 뜻으로 더 공손하면서도 부드러운 느낌이에요. 그래서 손님에게 쓸 때는 かしこまりました를 쓰는 것이 좋아요. 의뢰나 명령이 아니고 설명한 내용을 이해했는지 물을 때는 わかりましたか라고 묻고 이에 대한 대답도 はい、わかりました라고 해요.

この言葉の意味がわかりましたか。 이 말의 뜻이 이해됐어요?

――はい、わかりました。 네, 이해됐어요.

1時半に2階の会議室に来てください。 1시 반에 2층 회의실에 오세요.

――はい、わかりました。 네, 알았습니다.

言葉[ことば] 말 ︱ 意味[いみ] 뜻 ︱ 1時[いち じ] 1시 ︱ 半[はん] 반 ︱ 2階[に かい] 2층 ︱ 会議室[かいぎしつ] 회의실 ︱ 来て[きて]③ 오고, 와서

⊕ 위쪽 예문과 같이 어떤 뜻이나 개념, 내용을 이해했냐는 질문에 대한 대답은 わかりました라고 쓰고 承知しました나 かしこまりました를 쓰지 않아요. 아래 쪽 예문은 承知しました나 かしこまりました로 바꿔 쓸 수 있어요.

その資料を木曜日までに準備しておいて。 그 자료를 목요일까지 준비해 놔.

──はい、承知しました。 네, 알겠습니다.

出発時間が8時から9時に変わりました。 출발 시간이 8시에서 9시로 바뀌었습니다.

──承知しました。 알겠습니다.

資料[しりょう] 자료 ︱ 木曜日[もくようび] 목요일 ︱ 準備[じゅんび] 준비 ︱ ~ておく① ~해 놓다 ︱ 出発[しゅっぱつ] 출발 ︱ 時間[じかん] 시간 ︱ 8時[はち じ] 8시 ︱ 9時[く じ] 9시 ︱ 変わる[かわる]① 바뀌다

⊕ 承知しました를 더 공손하게 말하려면 承知いたしました라고 하면 돼요.

この書類、韓国語に翻訳してもらえる? 이 서류, 한국어로 번역해 줄 수 있어?

──かしこまりました。 알겠습니다.

スプーンをいただけますか。 숟가락을 주시겠습니까?

──かしこまりました。すぐにお持ちします。 알겠습니다. 바로 가져다 드리겠습니다.

書類[しょるい] 서류 ︱ 韓国語[かんこくご] 한국어 ︱ 翻訳[ほんやく] 번역 ︱ ~てもらう① (다른 사람이) ~해 주다 ︱ いただく① 받다 ︱ 持つ[もつ]① 가지다

⊕ 翻訳してもらえる?는 직역하면 '번역해 받을 수 있어?'가 돼요.

⊕ 공손하게 '가져다 드리다', '가져와 드리다'라고 할 때는 お持[も]ちする라고 해요.

책 날개에 있는 책갈피를 이용해서, 한 쪽을 가리고 나머지 한 쪽을 맞추는 연습을 해 보세요.

もう~	~ 더, 다시 ~	やはり	역시
もっと	더	はい	네, 예
それほど	그 정도로, 그다지	ええ	네
そんなに	그렇게(까지/나)	はあ	네……
大体(だいたい)	대체로, 대강	~回(かい)	~번, ~회
大抵(たいてい)	대개	~度(ど)	~번, ~도
できるだけ	가능한 한, 되도록	わかりました	알았습니다
なるべく	되도록, 가급적	承知(しょうち)しました	알겠습니다
やっぱり	역시	かしこまりました	알겠습니다

연습해 봐요!

〈장문으로 연습해 봐요〉

1 일본어 단어의 독음을 히라가나로 쓴 후에 한국어 뜻을 써 보세요.

단어	히라가나	뜻
01. 大体		
02. 大抵		
03. ～回		
04. ～度		
05. 承知しました		

2 한국어 뜻에 해당하는 일본어 단어를 히라가나와 한자로 써 보세요.

단어	히라가나	한자
06. 더		
07. 그 정도로, 그다지		
08. 가능한 한, 되도록		
09. 역시		
10. 알았습니다		

3 (　　) 속에 적절한 단어를 써 보세요. 한자를 모를 경우에는 히라가나로 쓰세요.

11. (　　　)少しゆっくり話してください。 조금 더 천천히 말해 주세요.

12. (　　　　)泣かないで。 그렇게까지 울지 마.

13. 携帯電話のご使用は(　　　　)ご遠慮ください。
휴대전화 사용은 가급적 삼가해 주십시오.

14. (　　　)、そうです。 네, 그렇습니다.

15. スプーンをいただけますか。 숟가락을 주시겠습니까?
ー(　　　　　　　　　)。すぐにお持ちします。
알겠습니다. 바로 가져다 드리겠습니다.

| 정답 |

1 01. だいたい/대체로, 대강 02. たいてい/대개 03. ～かい/～번, ～회 04. ～ど/～번, ～도 05. しょうちしました/알겠습니다

2 06. もっと 07. それほど 08. できるだけ 09. やっぱり/やはり 10. わかりました

3 11. もう 12. そんなに 13. なるべく 14. はい/ええ 15. かしこまりました

여섯째마당

일본어 단어,

표로 정리해야 알기 쉽다!

여섯째마당에서는 관련이 있는 단어끼리 모아 한눈에 들어오도록 표로 정리해서 소개해 드릴게요. 이해하기 어려운 단어는 거의 없고 쉬운 단어들이 많으니 정리된 표로 보면 쉽게 배울 수 있을 거예요!

독립적으로 쓸 수 있는 단어

29마디에서는 독립적으로 쓸 수 있는 단어, 즉 단어 자체가 정확한 뜻을 가지고 있고 다른 단어의 도움 없이 단어 하나만으로 사용할 수 있는 단어들을 정리할게요.

단어 및 예문듣기

표로 쉽게 정리하자!

1 挨拶(あいさつ) 인사말

おはよう おはようございます	おはよう おはようございます	안녕 안녕하세요 (아침)
こんにちは	こんにちは	안녕하세요 (낮)
こんばんは	こんばんは	안녕하세요 (밤)
おやすみ おやすみなさい	おやすみ おやすみなさい	잘 자 안녕히 주무세요
ごめんください	ごめんください	(누구) 계십니까? 여기요(사람 부를 때)
いらっしゃい いらっしゃいませ	いらっしゃい いらっしゃいませ	어서 와 어서 오십시오
よくいらっしゃいました	よくいらっしゃいました	잘 오셨습니다
お邪魔します	おじゃまします	(집, 방에 들어가면서) 들어가겠습니다

- こんにちは와 こんばんは에는 반말이 따로 없고 반말에서도 존댓말과 같은 인사말을 써요. 그런데 낮과 밤에는 '안녕'이라는 인사 없이 '앗, 누구누구잖아~!'처럼 바로 말을 거는 경우가 많아요. 단, 주로 남자들이 쓰는 인사말로 おっす라는 반말 인사가 있는데 이는 시간에 관계없이 쓸 수 있어요.
- こんにちは와 こんばんは의 は는 わ로 발음해요.
- おやすみ/おやすみなさい는 한자 お休み/お休みなさい로 쓰는 경우도 있어요.
- 같은 집에서 사는 사람끼리는 특별한 경우가 아니면 '잘 잤어요?'라는 인사말은 안 해요. 집에 놀러 온 손님 등 잠을 잘 못 잘 가능성이 있는 경우에만 よく寝[ね]られましたか(잘 잘 수 있었어요?)라는 인사말을 해요.
- ごめんください는 가게나 다른 사람의 집을 방문했을 때 쓰는 인사인데, 방문한 가게나 집을 나올 때 쓰기도 해요.
- お邪魔します는 직역하면 '방해하겠습니다'가 돼요.

もう寝なきゃ。おやすみ。 이제 자야겠다. 잘 자.

ごめんください。どなたかいらっしゃいますか。 여기요. 누구 계십니까?

寝る[ねる]② 자다 | いらっしゃる① 계시다

- ～なきゃ는 ～なければ(ならない/いけない)(～해야 하다)의 준말이에요.

失礼します	しつれいします	실례하겠습니다, 가 보겠습니다
失礼しました	しつれいしました	실례했습니다 실례가 많았습니다
さよ(う)なら	さよ(う)なら	안녕히 가세요/계세요
(では、)お元気で	(では、)おげんきで	(그럼,) 건강하세요
では、また	では、また	그럼, 또 봐요
おめでとう おめでとうございます	おめでとう おめでとうございます	축하해 축해합니다
ありがとう ありがとうございます/ ございました	ありがとう ありがとうございます/ ございました	고마워 감사합니다/했습니다
どうも	どうも	감사합니다, 죄송합니다
(いいえ、)どういたしまして	(いいえ、)どういたしまして	(아니요,) 천만에요
すみません	すみません	죄송합니다 여기요(사람 부를 때)
ごめん ごめんなさい	ごめん ごめんなさい	미안 미안합니다
どうぞ	どうぞ	어서, 부디
いただきます	いただきます	잘 먹겠습니다
ごちそうさま ごちそうさまでした	ごちそうさま ごちそうさまでした	잘 먹었어 잘 먹었습니다

- 失礼します/しました는 헤어질 때의 인사로도 자주 쓰는 말이에요. 그 때는 '안녕히 가세요/계세요'로 해석하면 돼요.
- さようなら는 잘 안 써요. 반말이면 じゃあね(그럼)를 주로 써요. 존댓말에서는 失礼します라고 하는 경우가 많아요.
- '감사합니다'나 '죄송합니다'를 どうも로 표현하는 경우는 잘 모르는 상대에게 가볍게 인사하는 경우예요.
- 한국어에서 '천만에요'라는 말을 잘 안 쓰는 것과 똑같이 일본어에서도 どういたしまして라는 말은 잘 안 써요.
- すみません은 발음할 때는 보통 すいません으로 발음해요.
- '잘 먹었어'는 ごちそうさま라는 반말이 있는데 '잘 먹을게'라는 반말이 없고 반말어서도 いただきます라고 해요.

おいしそう！ いただきます！ 맛있겠다! 잘 먹겠습니다!

お先に失礼します。 먼저 가 보겠습니다.

おいしい 맛있다 | ～そうだ ~해 보이다 | お先に[おさきに] 먼저(정중함)

初めまして	はじめまして	처음 뵙겠습니다
(どうぞ)よろしく (どうぞ)よろしくお願いします	(どうぞ)よろしく (どうぞ)よろしくおねがいします	잘 부탁해 잘 부탁합니다 (どうぞ는 '부디'라는 뜻으로 넣는 것이 더 공손한 말투가 돼요)
お願いします	おねがいします	부탁합니다
こちらこそ	こちらこそ	저야 말로
行ってきます	いってきます	다녀오겠습니다
行ってまいります	いってまいります	다녀오겠습니다 (공손함)
行ってらっしゃい	いってらっしゃい	다녀오세요
ただいま	ただいま	다녀왔습니다
お帰り お帰りなさい	おかえり おかえりなさい	잘 다녀왔어? 잘 다녀왔어요?
おかげさまで	おかげさまで	덕분에
それはいけませんね	それはいけませんね	그건 안 됐네요
お大事に	おだいじに	몸조리 잘하세요
お待たせ お待たせしました	おまたせ おまたせしました	오래 기다렸네 오래 기다리셨습니다
構いません	かまいません	상관없습니다
もしもし	もしもし	여보세요

- お願いします는 반말로 お願い(부탁이야)라고 해요.
- こちらこそ는 직역하면 '이쪽이야 말로'가 돼요.

ただいま나 行ってらっしゃい, お大事に 등 반말이 따로 적혀 있지 않는 것들은 반말이 따로 없어서 존댓말 인사를 반말에서도 사용해요. 다만 行ってきます는 行ってくるね(갔다올게), 構いません은 構わないよ(상관없어) 등 반말 형태를 쓰기도 하는데 독립된 '인사말'로 가르치게 되어 있지 않아요.

お待たせ。遅れてごめんね。 오래 기다렸어. 늦어서 미안해.

初めまして。パク・ソヨンと申します。 처음 뵙겠습니다. 박서연이라고 합니다.

遅れる[おくれる]② 늦다 | 申す[もうす]① 말하다(공손함)

표로 쉽게 정리하자!

2 時間(じかん) 시간

おととい /おととい 一昨日 그제	きのう /きのう 昨日 어제	きょう 今日 오늘	あした/あす 明日 내일	あさって 明後日 모레	まいにち 毎日 매일
せんせんしゅう 先々週 지지난 주	せんしゅう 先週 지난주	こんしゅう 今週 이번 주	らいしゅう 来週 다음 주	さらいしゅう 再来週 다다음 주	まいしゅう 毎週 매주
せんせんげつ 先々月 지지난 달	せんげつ 先月 지난달	こんげつ 今月 이번 달	らいげつ 来月 다음 달	さらいげつ 再来月 다다음 달	まいつき 毎月 매달
おととし 一昨年 재작년	きょねん 去年 작년	ことし 今年 올해	らいねん 来年 내년	さらいねん 再来年 내후년	まいとし 毎年 매년

一昨日와 昨日를 명사로 쓸 때는 おととい와 きのう, 부사로 쓸 때는 おととい와 きのう가 돼요.

毎日를 부사로 쓸 때는 まいにち라는 악센트도 써요.

再来月는 さらいげつ라는 악센트도 써요.

明日は明日の風が吹く。 내일은 내일의 바람이 분다.

その仕事は今週中には終わると思います。 그 일은 이번 주 중에는 끝날 거예요.

風[かぜ] 바람 | 吹く[ふく]① 불다 | 仕事[しごと] 일 | ~中[ちゅう] ~중 | 終わる[おわる]① 끝나다 | 思う[おもう]① 생각하다

明日は明日の風が吹く는 일본어 속담으로, 내일은 오늘과 다른 상황이 되는 법이니 끙끙 고민하지 말라는 뜻이에요.

ごぜん 午前 오전		ごご 午後 오후		
あさ 朝 아침	ひる 昼 낮	ゆうがた 夕方 해질녘	ばん 晩 저녁	よる 夜 밤
けさ 今朝 오늘 아침			こんばん 今晩 오늘 저녁	こんや 今夜 오늘 밤
まいあさ 毎朝 매일 아침			まいばん 毎晩 매일 저녁	
				ゆうべ ゆうべ 어젯밤

毎朝는 まいあさ, 毎晩은 まいばん이라는 악센트도 써요.

今日は朝から晩まで雪が降ってた。 오늘은 아침부터 저녁까지 눈이 내리고 있었어.

今夜泊まる場所がまだ決まってません。 오늘 밤에 묵을 곳이 아직 정해지지 않았어요.

今日[きょう] 오늘 | 雪[ゆき] 눈 | 降る[ふる]① 내리다 | ~て(い)る② ~하고 있다, ~해 있다 | 泊まる[とまる]① 묵다 | 場所[ばしょ] 장소 | 決まる[きまる]① 정해지다

まだ決まってません은 직역하면 '아직 정해져 있지 않아요'가 돼요.

~ている는 편한 구어에서는 い를 생략해서 ~てる라고 하는 경우가 많아요.

げつようび 月曜日 월요일	かようび 火曜日 화요일	すいようび 水曜日 수요일	もくようび 木曜日 목요일
きんようび 金曜日 금요일	どようび 土曜日 토요일	にちようび 日曜日 일요일	なんようび 何曜日 무슨 요일

月曜日の朝は気分が重い。 월요일 아침은 기분이 무겁다.

来週の金曜日に休みを取ってもいいですか。 다음 주 금요일에 휴가를 내도 됩니까?

朝[あさ] 아침 | 気分[きぶん] 기분 | 重い[おもい] 무겁다 | 来週[らいしゅう] 다음 주 | 休み[やすみ] 휴가 | 取る[とる]① (휴가를) 내다 | ~てもいい ~해도 되다

'월요병'은 일본어로 ブルーマンデー(症候群[しょうこうぐん])(블루 먼데이 (증후군))이라고 해요.

'휴가를 내다'는 일본어로 休みを取る(휴가를 잡다)라고 해요.

指示代名詞(しじだいめいし) 지시대명사

これ 이것	それ 그것	あれ 저것	どれ 어느 것
この 이	その 그	あの 저	どの 어느
ここ 여기	そこ 거기	あそこ 저기	どこ 어디
こっち 이쪽	そっち 그쪽	あっち 저쪽	どっち 어느 쪽
こちら 이쪽	そちら 그쪽	あちら 저쪽	どちら 어느 쪽
こんな 이런	そんな 그런	あんな 저런	どんな 어떤
こう 이렇게	そう 그렇게	ああ 저렇게	どう 어떻게

- こっち, そっち, あっち, どっち와 こちら, そちら, あちら, どちら는 뜻은 같고 후자가 더 공손한 말투가 돼요.
- '이렇다/이렇습니다', '그렇다/그렇습니다', '저렇다/저렇습니다'라고 할 때는 악센트가 こう, そう, ああ가 돼요(そうです 그렇습니다).

そんなことは考えたこともない。 그런 것은 생각한 적도 없어.

あれもこれも欲しくて困ります。 이것도 저것도 갖고 싶어서 난감해요.

考える[かんがえる]② 생각하다 | ~たことがある① ~한 적이 있다 | 欲しい[ほしい] 갖고 싶다 | 困る[こまる]① 난감하다

- 考えたことがある라고 하면 '생각한 적이 있다'가 되고 ある를 ない로 바꾸면 考えたことがない(생각한 적이 없다)가 되고 조사 が를 も로 바꾸면 考えたこともない(생각한 적도 없다)가 되는 거죠.
- 한국어는 '이것도 저것도'의 순으로 말하지만 일본어는 あれもこれも(저것도 이것도)의 순으로 말해요. 그 외에도 あれこれ(저것이것), 行[い]ったり来[き]たり(갔다리 왔다리) 등 한국어와 순서가 거꾸로인 표현들이 있어요.

位置(いち)·方向(ほうこう) 위치·방향

上　うえ 위	下　した 아래, 밑	前　まえ 앞, 전	後ろ　うしろ 뒤
右　みぎ 오른쪽	左　ひだり 왼쪽	中　なか 안, 속	外　そと 바깥
東　ひがし 동쪽	西　にし 서쪽	北　きた 북쪽	南　みなみ 남쪽
縦　たて 세로	横　よこ 가로, 옆	隣　となり 옆, 옆집	そば 곁
近く　ちかく 근처, 가까이	辺　へん 근처, 정도	周り　まわり 주변, 주위	真ん中　まんなか 한가운데
角　かど 모서리, 길모퉁이	隅　すみ 구석, 모퉁이	間　あいだ 사이, 동안	向こう　むこう 저쪽, 건너편
近所　きんじょ 근처, 이웃(집)			

- '동서남북'은 일본어로 東西南北[とうざいなんぼく]라고 해요.
- 辺은 항상 앞에 수식하는 말이 붙어서 ~辺으로 쓰고 단독으로 쓰는 경우가 없어요.

アラビア語は右から左に読む。　아라비아어는 오른쪽에서 왼쪽으로 읽는다.

地図は北が上になっています。　지도는 북쪽이 위로 되어 있습니다.

~語[ご] ~어 | 読む[よむ]① 읽다 | 地図[ちず] 지도 | ~になる① ~가 되다 | ~ている② ~해 있다

표로 쉽게 정리하자!

5 色·形(いろ·かたち) 색깔·모양

赤	あか	빨강	赤い	あかい	빨갛다
青	あお	파랑	青い	あおい	파랗다
白	しろ	하양	白い	しろい	하얗다
黒	くろ	검정	黒い	くろい	검다
黄色	きいろ	노랑	黄色い	きいろい	노랗다
茶色	ちゃいろ	갈색	茶色い	ちゃいろい	갈색이다
緑	みどり	초록			
紫	むらさき	보라			
オレンジ	オレンジ	오렌지			
ピンク	ピンク	핑크			
紺	こん	감색			
水色	みずいろ	하늘색			

丸	まる	동그라미, 원	丸い/円い	まるい	둥글다
四角	しかく	사각	四角い	しかくい	네모나다
			細かい	こまかい	잘다, 자세하다
			まっすぐ(な)	まっすぐ(な)	곧음(곧은), 똑바름(똑바른)
			急(な)	きゅう(な)	가파름(가파른), 급함(급한)

- 색깔을 나타내는 형용사는 赤い, 青い, 白い, 黒い, 黄色い, 茶色い 6개뿐이에요. 나머지는 명사밖에 없어요.
- 緑[みどり]는 緑色[みどりいろ], 紫[むらさき]는 紫色[むらさきいろ], オレンジ는 オレンジ色[オレンジいろ], ピンク는 ピンク色[ピンクいろ], 紺[こん]은 紺色[こんいろ]라고 하기도 해요.
- 원칙적으로는 구형(입체적)은 丸い, 원형(평면적)은 円い를 쓴다고 되어 있는데 円い를 丸い로 표기할 수도 있게 되어 있어서 일상적으로는 丸い를 쓰는 경우가 많아요.

急な坂では運転に気を付けなければいけない。 가파른 비탈에서는 운전에 조심해야한다.

洋服に赤と白のリボンが付いてました。 옷에 빨간색과 하얀색의 리본이 달려 있었어요.

坂[さか] 비탈길 | 運転[うんてん] 운전 | 気を付ける[きをつける]② 조심하다 | ～なければいけない ～해야 하다 | 洋服[ようふく] 옷 | 付く[つく]① 붙다 | ～て(い)る② ～해 있다

副詞(ふくし) 부사

よく	よく	잘, 자주
ほとんど	ほとんど	거의, 대부분
時々	ときどき	가끔
たまに	たまに	드물게, 어쩌다 한 번
あまり	あまり	별로, 그다지, 너무나
しばらく	しばらく	당분간, 한동안, 잠시만
久しぶり	ひさしぶり	오래간만
まず	まず	우선, 먼저
一度	いちど	한 번
一番	いちばん	가장, 제일
すぐ(に)	すぐ(に)	바로, 곧
もうすぐ	もうすぐ	이제 곧
ゆっくり(と)	ゆっくり(と)	천천히, 느긋하게
ちょうど	ちょうど	정확히, 마침
なかなか	なかなか	좀처럼, 꽤
だんだん	だんだん	점점, 차차
どんどん	どんどん	척척, 부쩍부쩍, 자꾸
そろそろ	そろそろ	이제, 슬슬
とうとう	とうとう	드디어, 결국
やっと	やっと	겨우
急に	きゅうに	갑자기
しっかり(と)	しっかり(と)	단단히, 견실하게

はっきり(と)	はっきり(と)	똑똑히, 분명히
十分(に)	じゅうぶん(に)	충분히
すっかり	すっかり	완전히, 죄다
割合(に)	わりあい(に)	비교적
ずっと	ずっと	훨씬, 계속
全然	ぜんぜん	전혀
ちっとも	ちっとも	조금도
決して	けっして	결코
特に	とくに	특히
例えば	たとえば	예를 들면
もし	もし	만약
もちろん	もちろん	물론
色々(と)	いろいろ(と)	여러 가지로

ゆうべは久しぶりによく眠れた。 어젯밤에는 오래간만에 잘 잘 수 있었어.

とうとう最後まで本当のことはわかりませんでした。 결국 끝까지 진실은 알 수 없었어요.

すっかりやる気をなくしてしまった。 완전히 의욕을 상실해 버렸다.

もし間に合わなかったらどうしたらいいですか。 만약 늦으면 어떻게 하면 됩니까?

眠る[ねむる]① 잠자다 | 最後[さいご] 마지막 | 本当[ほんとう] 정말 | わかる① 알다 | やる気[やるき] 의욕 | なくす① 상실하다 | ~てしまう① ~해 버리다 | 間に合う[まにあう]① 시간에 대다 | いい 좋다

- 久しぶり로 명사를 수식할 때 명사 형태인 〈久しぶりの+명사〉와 な형용사 형태인 〈久しぶりな+명사〉가 가능한데 久しぶりな는 잘 쓰지 않고 久しぶりの를 쓰는 경우가 대부분이에요.
- 本当のことはわかりませんでした를 직역하면 '진실의 일은 알 수 없었어요'가 돼요. わかる는 이해된 결과로 알 수 있게 된 것을 나타내는 동사이기 때문에 '가능'의 뜻을 가지고 있어서 문맥에 따라서 '알 수 있다'로 해석해요.

표로 쉽게 정리하자!

7 疑問詞(ぎもんし) 의문사

いつ	いつ	언제	どうやって	どうやって	어떻게 해서, 어떻게
どこ	どこ	어디	どのくらい どのぐらい	どのくらい どのぐらい	얼마나, 어느 정도
誰	だれ	누구	どうして	どうして	왜, 어떻게 (해서)
どなた	どなた	어느 분, 누구(높임말)	なぜ	なぜ	왜(문어적)
何	なに/なん	무엇, 몇	なんで	なんで	왜(구어적)
どう	どう	어떻게	いくら	いくら	얼마
いかが	いかが	어떻게(정중함)			

- 何 뒤에 た행, な행, だ행 소리가 이어지거나 조수사('~개', '~마리' 등 수를 세기 위한 말)가 이어질 때는 소리가 なん이 되고 그 외는 なに가 돼요.
- どうして는 주로 '왜'의 뜻으로 써요. '어떻게 (해서)'를 나타낼 때는 どう나 どうやって를 많이 써요.

誰がしたと思う? 누가 한 것 같아?

これはどうやって作りますか。 이것은 어떻게 만들어요?

思う[おもう]① 생각하다 | 作る[つくる]① 만들다

- 誰がしたと思う?를 직역하면 '누가 했다고 생각해?'가 돼요.

표로 쉽게 정리하자! 8

接続詞(せつぞくし) 접속사

しかし	しかし	그러나	それに	それに	게다가
でも	でも	그래도	すると	すると	그러자, 그렇다면
けれど	けれど	하지만	だから	だから	그러니까
けれども	けれども	그렇지만	では	では	그럼
そうして	そうして	그리고 그리하여 그렇게 해서	じゃ	じゃ	그럼(구어적)
そして	そして	그리고	じゃあ	じゃあ	그럼(구어적)
それから	それから	그러고 나서 그리고	また	また	또
それでは	それでは	그러면	または	または	또는
それで	それで	그래서			

- 일상회화에서는 '그리고'를 そして가 아니라 それから라고 하는 경우가 많아요.
- けれども와 けれど는 같은 뜻으로 けれど가 더 구어적인 말투가 돼요. 더 구어적인 말로 けど도 있어요.
- 편하게 말할 때는 それでは를 それじゃ 혹은 それじゃあ라고 해요.
- 편하게 말할 때는 では라고 하지 않고 じゃ 혹은 じゃあ라고 해요. 반말에서는 헤어질 때 '안녕'이라고 하는 인사를 じゃあね라고 할 때가 많아요.

それで、どうなったの？ 그래서 어떻게 된 거야?

後でまた電話します。 이따가 다시 전화하겠습니다.

なる① 되다 | ～の？~한 거야? | 後で[あとで] 이따가 | 電話[でんわ] 전화

표로 쉽게 정리하자!

9 敬語(けいご) 높임말

보통 말			높이는 말(존경어)		
人	ひと	사람	方	かた	분(사람)
みんな	みんな	모두	皆さん	みなさん	여러분
家	いえ	집	お宅	おたく	댁
知っている	しっている	알고 있다	ご存じだ	ごぞんじだ	알고 계시다
見る	みる	보다	ご覧になる	ごらんになる	보시다
行く 来る いる	いく くる いる	가다 오다 있다	いらっしゃる おいでになる	いらっしゃる おいでになる	가시다 오시다 계시다
言う	いう	말하다	おっしゃる	おっしゃる	말씀하시다
くれる	くれる	주다	くださる	くださる	주시다
食べる	たべる	먹다	召し上がる	めしあがる	잡수시다 드시다
飲む	のむ	마시다			
する	する	하다	なさる	なさる	하시다

⊕ 召し上がる는 めしあがる라는 악센트도 써요.

社長はそのことをご存じだった。 사장님은 그 일을 알고 계셨다.

たくさんの方がコメントをくださいました。 많은 분들이 코멘트를 주셨습니다.

社長[しゃちょう] 사장(님)

⊕ くださる를 한자 下さる로 쓰는 경우도 있어요.

⊕ '댓글'도 コメント라고 해요.

보통 말			낮추는 말(겸양어1)		
行く 来る 聞く 尋ねる 訪ねる	いく くる きく たずねる たずねる	가다 오다 듣다, 묻다 묻다 방문하다	伺う	うかがう	가다 오다 듣다 여쭙다 찾아뵙다
言う	いう	말하다	申し上げる	もうしあげる	말씀드리다
知る 思う	しる おもう	알다 생각하다	存じ上げる	ぞんじあげる	알다 생각하다
あげる	あげる	주다	差し上げる	さしあげる	드리다
もらう	もらう	받다	いただく	いただく	받다
会う	あう	만나다	お目にかかる	おめにかかる	만나 뵙다
見せる	みせる	보여주다	ご覧に入れる お目にかける	ごらんにいれる おめにかける	보여드리다
見る	みる	보다	拝見する	はいけんする	보다
借りる	かりる	빌리다	拝借する	はいしゃくする	빌리다

⊕ 한국어로 뉘앙스를 살려서 해석하기가 어려운 것들이 많은데 '객체높임법'과 같은 것으로 행위를 받는 사람을 높이기 위해서 공손하게 말하는 거예요.

⊕ 申し上げる는 もうしあげる, 存じ上げる는 ぞんじあげる, 差し上げる는 さしあげる라는 악센트도 써요.

村上さんにお目にかかれてよかった。 むらかみ 씨를 만나 뵐 수 있어서 다행이었다.

パスポートを拝見します。 여권을 보겠습니다.

⊕ お目にかかれてよかった를 '만나 뵐 수 있어서 좋았다'라고 해석할 수도 있어요.

보통 말			낮추는 말(겸양어2)		
行きます 来ます	いきます きます	갑니다 옵니다	参ります	まいります	갑니다 옵니다
います	います	있습니다	おります	おります	있습니다
あります	あります	있습니다	ございます	ございます	있습니다
食べます 飲みます	たべます のみます	먹습니다 마십니다	いただきます	いただきます	받습니다
言います	いいます	말합니다	申します	もうします	말합니다
知ります	しります	압니다	存じます	ぞんじます	압니다
します	します	합니다	いたします	いたします	합니다

한국어로 뉘앙스를 살려서 해석하기가 어려운 것들이 많은데 청자(상대방)를 높이기 위해서 공손하게 말하는 거예요. 겸양어2는 반말로 사용하는 경우가 없어서 ます형으로 소개해 드렸어요.

すぐに参ります。 바로 가겠습니다.

こちらにございます。 이쪽에 있습니다.

표로 쉽게 정리하자!

10 感動詞(かんどうし) 감동사

ああ	ああ	아	さあ	さあ	자, 자아
あの(う)	あの(う)	저(어)	さあ……	さあ……	글쎄(요)……
はい	はい	네, 예	あ(っ)	あ(っ)	아, 앗
ええ	ええ	네	おや	おや / おや	어라, 어
うん	うん	응	あれ	あれ	어
はあ	はあ	네……	あら	あら	어머
いいえ	いいえ	아니요	なるほど	なるほど	과연, 그렇군
ううん	ううん	아니			

⊕ おや는 뜻밖의 일을 만나서 미심쩍게 생각할 때는 おや로, 뜻밖의 일을 만나서 놀랐을 때는 おや로 발음해요.

さあ、私にできるかどうか……。 글쎄, 내가 할 수 있을지…….

なるほど、それでこうなったんですね。 그렇구나, 그래서 이렇게 된 거군요.

私[わたし] 나, 저 | できる② 할 수 있다 | なる① 되다 | ~のだ/んだ ~한 것이다

⊕ 私にできるかどうか는 직역하면 '나에게 할 수 있을지 어떨지'가 돼요.

연습해 봐요!

1 일본어 단어의 독음을 히라가나로 쓴 후에 한국어 뜻을 써 보세요.

단어	히라가나	뜻
01. 毎週		
02. 今朝		
03. 近所		
04. 青		
05. 特に		

2 한국어 뜻에 해당하는 일본어 단어를 히라가나와 한자로 써 보세요.

단어	히라가나	뜻
06. 작년		
07. 오후		
08. 무슨 요일		
09. 서쪽		
10. 가끔		

3 (   ) 속에 적절한 단어를 써 보세요. 한자를 모를 경우에는 히라가나로 쓰세요.

11. 今日は(　　)から(　　)まで雪が降ってた。
오늘은 아침부터 저녁까지 눈이 내리고 있었어.

12. 地図は(　　)が(　　)になっています。 지도는 북쪽이 위로 되어 있습니다.

13. 洋服に(　　)と(　　)のリボンが付いてました。
옷에 빨간색과 하얀색의 리본이 달려 있었어요.

14. ゆうべは(　　　　　)よく眠れた。 어젯밤에는 오래간만에 잘 잘 수 있었어.

15. たくさんの(　　)がコメントを(　　　　　　)。
많은 분들이 코멘트를 주셨습니다.

| 정답 |

1 01. まいしゅう/매주 02. けさ/오늘 아침 03. きんじょ/근처 04. あお/파랑 05. とくに/특히

2 06. きょねん/去年 07. ごご/午後 08. なんようび/何曜日 09. にし/西 10. ときどき/時々

3 11. 朝[あさ], 晩[ばん] 12. 北[きた], 上[うえ] 13. 赤[あか], 白[しろ] 14. 久しぶりに[ひさしぶりに]
15. 方[かた], くださいました

독립적으로 쓸 수 없는 단어

30마디에서는 독립적으로 쓸 수 없는 단어, 즉 단어 자체만으로 사용할 수 없고 다른 단어와 합해져서 사용할 수 있는 단어들을 정리할게요.

단어 및 예문듣기

接頭詞(せっとうし)·接尾詞(せつびし) 접두사·접미사

お~ ご~	お~ ご~	(단어를 높임말로 만들거나 부드럽게 만들어 줌)	~方	~ほう	~ 쪽, ~ 방향
~がる	~がる	~해하다, ~한 척하다	~前	~まえ	~ 전
~側	~がわ	~ 쪽, ~측	~目	~め	~째
~くらい ~ぐらい	~くらい ~ぐらい	~ 정도	~屋	~や/や	~가게, ~가게 주인, ~쟁이
~語	~ご	~어	~員	~いん	~원
~頃	~ころ/ ごろ	~ 시절, ~쯤	~うち	~うち/ うち	~ 중(범위)
~中	~じゅう	온 ~, ~ 내내	~おき	~おき	~ 걸러, ~ 간격을 두고
~中	~ちゅう	~(하는/기간) 중	~家	~か	~가
~人	~じん	~인(사람), ~사람	~会	~かい	~모임, ~회
~過ぎ	~すぎ	~ 지나감, 너무 ~함	~方	~かた	~(하는) 방법
~ずつ	~ずつ	~씩	~区	~く	~구
~だけ	~だけ/ だけ	~만, ~뿐	~式	~しき	~식
~たち	~たち	~들	~製	~せい	~제
~とき	~とき	~ 때	~代	~だい	~값, ~비, ~세
~ながら	~ながら	~하면서	~建て	~だて	~층짜리
~など	~など	~ 등	~ほど	~ほど/ ほど	~ 정도

- 頃는 독립된 단어로 쓸 때는 ころ, 시간을 나타내는 말에 붙여서 쓸 때는 ごろ로 발음하는 것이 일반적이에요. 히라가나로 쓰는 경우도 많아요.
- ～じん이 日本과 연결되어 日本人이 되면 악센트가 にほんじん이 돼요. 그 외는 몇 개 예외를 제외하고는 모두 낮은 소리 じん으로 발음해요.
- ～だけ와 ～うち, ～ほど는 앞에 붙는 단어가 낮은 소리로 끝나면 だけ도 낮은 소리 だけ로 발음하고, 높은 소리로 끝나면 높은 소리 だけ로 발음하게 돼요.
- ～屋[や]는 앞에 붙는 단어가 2글자 이하인 경우는 낮은 소리 や가 되고 3글자 이상인 경우는 높은 소리 や(앞의 글자와 같은 높이)가 돼요.
  예 花[はな]→花屋[はなや](꽃집), お花[おはな]→お花屋[おはなや](꽃집:花屋보다 정중한 말투)

社長にご意見を伺った。 사장님께 의견을 여쭈웠다.

単語を毎日少しずつ覚えましょう。 단어를 매일 조금씩 외웁시다.

スイスに来て、今年で４年目になる。 스위스에 와서 올해로 4년 째가 돼.

電話代は１か月にどのくらいかかりますか。 전화세는 한 달에 얼마 정도 들어요?

社長[しゃちょう] 사장(님) ｜ 意見[いけん] 의견 ｜ 伺う[うかがう]① 여쭙다 ｜ 単語[たんご] 단어 ｜ 毎日[まいにち] 매일 ｜ 少し[すこし] 조금 ｜ 覚える[おぼえる]② 외우다 ｜ 来て[きて]③ 와서 ｜ 今年[ことし] 올해 ｜ 4年[よ ねん] 4년 ｜ ～になる① ～가 되다 ｜ 電話[でんわ] 전화 ｜ 1か月[いっ かげつ] 1개월 ｜ かかる① 들다

助数詞(じょすうし) 조수사(수를 세기 위한 말)

		~円(えん) ~엔	~回(かい) ~번(횟수) ~회	~階(かい) ~층	~か月(げつ) ~개월
0	ゼロ　れい	ゼロえん			
1	いち	いちえん	いっかい	いっかい	いっかげつ
2	に	にえん	にかい	にかい	にかげつ
3	さん	さんえん	さんかい	さんがい	さんかげつ
4	よん　し	よえん	よんかい	よんかい	よんかげつ
5	ご	ごえん	ごかい	ごかい	ごかげつ
6	ろく	ろくえん	ろっかい	ろっかい	ろっかげつ
7	なな　しち	ななえん	ななかい	ななかい	ななかげつ
8	はち	はちえん	はちかい はっかい	はちかい はっかい	はちかげつ はっかげつ
9	きゅう　く	きゅうえん	きゅうかい	きゅうかい	きゅうかげつ
10	じゅう	じゅうえん	じゅっかい	じゅっかい	じゅっかげつ
何 몇		なんえん	なんかい	なんがい なんかい	なんかげつ

- 1円[いちえん], 2円[にえん], 3円[さんえん], 6円[ろくえん], 8円[はちえん], 4回[よんかい], 7回[ななかい], 9回[きゅうかい], 何回[なんかい]라는 악센트도 써요.
- '한 달'은 一月[ひと つき]라고 해요. 二月[ふた つき](두 달), 三月[み つき](세 달)라는 말도 있지만, 요즘은 잘 쓰지 않고 一月[ひと つき] 외에는 ~か月를 쓰는 것이 일반적이에요.

それは48,749円だった。 그것은 48,749엔이었다.

その赤ちゃんは7か月で生まれたそうです。 그 아기는 7개월에 태어났다고 합니다.

48,749円[よんまん はっせん ななひゃく よんじゅうきゅう えん] 48,749엔 | 赤ちゃん[あかちゃん] 아기 | 生まれる[うまれる]② 태어나다

	~月[がつ] ~월	~軒[けん] ~채	~個[こ] ~개	~歳[さい] ~살, ~세	~冊[さつ] ~권
0				ゼロさい	
1	いちがつ	いっけん	いっこ	いっさい	いっさつ
2	にがつ	にけん	にこ	にさい	にさつ
3	さんがつ	さんげん	さんこ	さんさい	さんさつ
4	しがつ	よんけん	よんこ	よんさい	よんさつ
5	ごがつ	ごけん	ごこ	ごさい	ごさつ
6	ろくがつ	ろっけん	ろっこ	ろくさい	ろくさつ
7	しちがつ	ななけん	ななこ	ななさい	ななさつ
8	はちがつ	はちけん はっけん	はちこ はっこ	はっさい	はっさつ
9	くがつ	きゅうけん	きゅうこ	きゅうさい	きゅうさつ
10	じゅうがつ	じゅっけん	じゅっこ	じゅっさい	じゅっさつ
何 몇	なんがつ	なんげん	なんこ	なんさい	なんさつ

- 11월은 じゅういちがつ, 12월은 じゅうにがつ라는 악센트로 발음해요.
- '20세'는 にじゅっさい라고 하고 '스무 살'은 はたち라고 해요.
- 6冊[ろくさつ], 8冊[はっさつ]라는 악센트도 써요.

今年の2月には本を10冊読んだ。 올해 2월에는 책을 10권 읽었어.

うちには3歳と8歳の子供がいます。 우리 집에는 3살과 8살 아이가 있어요.

今年[ことし] 올해 | 本[ほん] 책 | 読む[よむ]① 읽다 | 子供[こども] 아이 | いる② 있다

	～時(じ) ～시	～時間(じかん) ～시간	～週間(しゅうかん) ～주일	～台(だい) ～대	～度(ど) ～번(횟수)
0	れいじ				
1	いちじ	いちじかん	いっしゅうかん	いちだい	いちど
2	にじ	にじかん	にしゅうかん	にだい	にど
3	さんじ	さんじかん	さんしゅうかん	さんだい	さんど
4	よじ	よじかん	よんしゅうかん	よんだい	よんど
5	ごじ	ごじかん	ごしゅうかん	ごだい	ごど/ごど
6	ろくじ	ろくじかん	ろくしゅうかん	ろくだい	ろくど/ろくど
7	しちじ	しちじかん ななじかん	ななしゅうかん	ななだい	ななど
8	はちじ	はちじかん	はっしゅうかん	はちだい	はちど
9	くじ	くじかん	きゅうしゅうかん	きゅうだい	きゅうど
10	じゅうじ	じゅうじかん	じゅっしゅうかん	じゅうだい	じゅうど
何 몇	なんじ	なんじかん	なんしゅうかん	なんだい	なんど

'11시'는 11時[じゅういちじ], '12시'는 12時[じゅうにじ]라고 해요.

明日は7時に起こして。 내일은 7시에 깨워 줘.

働く時間は1週間に40時間までです。 일하는 시간은 1주일에 40시간까지입니다.

明日[あした] 내일 | 起こす[おこす]① 깨우다 | 働く[はたらく]① 일하다 | 時間[じかん] 시간

일본에서는 노동기준법으로 노동시간이 하루에 8시간, 1주일에 40시간을 넘으면 안 된다고 되어 있어요.

	~度(ど) ~도(온도)	~日(にち) ~일	~人(にん) ~명	~年(ねん) ~년	~杯(はい) ~잔
0	れいど				
1	いちど	ついたち	ひとり	いちねん	いっぱい
2	にど	ふつか	ふたり	にねん	にはい
3	さんど	みっか	さんにん	さんねん	さんばい
4	よんど	よっか	よにん	よねん	よんはい
5	ごど	いつか	ごにん	ごねん	ごはい
6	ろくど	むいか	ろくにん	ろくねん	ろっぱい ろくはい
7	ななど	なのか	ななにん しちにん	ななねん しちねん	ななはい しちはい
8	はちど	ようか	はちにん	はちねん	はっぱい はちはい
9	きゅうど	ここのか	きゅうにん くにん	きゅうねん くねん	きゅうはい
10	じゅうど	とおか	じゅうにん	じゅうねん	じゅっぱい
何 몇	なんど	なんにち	なんにん	なんねん	なんばい

- '11일'부터는 숫자에 にち를 붙여서 읽어요. 즉 '11일'이면 11日[じゅういち にち], '12일'이면 12日[じゅうに にち]가 되는 것이죠. 다만 '4'가 붙는 '14일'과 '24일'은 14日[じゅうよっか], 24日[にじゅうよっか]로 읽어요. 특이하게 읽는 것이 1~10일까지와 20일인데, '20일'을 はつか라고 해요.
- 5杯[ごはい]라는 악센트도 써요.

オリンピックは4年に一度開かれる。 올림픽은 4년에 한 번 열린다.

来月の9日に30歳になります。 다음 달 9일에 30살이 돼요.

一度[いち ど] 한 번 | 開く[ひらく]① 열다 | 来月[らいげつ] 다음 달 | 30歳[さんじゅっ さい] 30살 | ~になる① ~가 되다

	～番(ばん) ～번(순번) ～등	～匹(ひき) ～마리	～分(ふん) ～분	～本(ほん) ～자루, ～개비 ～대(운행 편수)	～枚(まい) ～장
0			れいふん		
1	いちばん	いっぴき	いっぷん	いっぽん	いちまい
2	にばん	にひき	にふん	にほん	にまい
3	さんばん	さんびき	さんぷん	さんぼん	さんまい
4	よんばん	よんひき	よんぷん	よんほん	よんまい
5	ごばん	ごひき	ごふん	ごほん	ごまい
6	ろくばん	ろっぴき ろくひき	ろっぷん	ろっぽん ろくほん	ろくまい
7	ななばん しちばん	ななひき	ななふん	ななほん	ななまい しちまい
8	はちばん	はっぴき はちひき	はちふん はっぷん	はっぽん はちほん	はちまい
9	きゅうばん	きゅうひき	きゅうふん	きゅうほん	きゅうまい
10	じゅうばん	じゅっぴき	じゅっぷん	じゅっぽん	じゅうまい
何 몇	なんばん	なんびき	なんぷん	なんぼん	なんまい

先週のテストで1番だった。 지난주 본 시험에서 1등이었다.

この紙を1人1枚ずつ取ってください。 이 종이를 한 사람 한 장씩 가져가세요.

先週[せんしゅう] 지난주 | 紙[かみ] 종이 | 1人[ひとり] 한 명 | 取る[とる]① 집다

百　ひゃく 백	千　せん 천	万　まん 만	億　おく 억

一つ	ひとつ	하나
二つ	ふたつ	둘
三つ	みっつ	셋
四つ	よっつ	넷
五つ	いつつ	다섯
六つ	むっつ	여섯
七つ	ななつ	일곱
八つ	やっつ	여덟
九つ	ここのつ	아홉
十	とお	열
いくつ	いくつ	몇

いつつ(다섯)의 가운데 つ는 모음의 무성화를 시키는 사람도 있어요.

このかばんは1万3千円だった。　이 가방은 만 3천엔이었어.

このケーキを5つに切ってください。　이 케이크를 5개로 잘라 주세요.

1万3千円[いちまん さんぜん えん] 만 3천 엔 ǀ 切る[きる]① 자르다

연습해 봐요!

❶ 일본어 단어의 독음을 히라가나로 쓴 후에 한국어 뜻을 써 보세요.

단어	히라가나	뜻
01. 3回		
02. 8個		
03. 2人		
04. 6年		
05. 千		

❷ 한국어 뜻에 해당하는 일본어 단어를 히라가나와 한자로 써 보세요.

단어	히라가나	뜻
06. 4월		
07. 1일(날짜)		
08. 0시		
09. 한 잔		
10. 여덟		

❸ (　　) 속에 적절한 단어를 써 보세요. 한자를 모를 경우에는 히라가나로 쓰세요.

11. 社長に(　　　　)を伺った。 사장님께 의견을 여쭈웠다.

12. 単語を毎日(　　　　)覚えましょう。 단어를 매일 조금씩 외웁시다.

13. うちには(　　　　)と(　　　　)の子供がいます。
우리 집에는 3살과 8살 아이가 있어요.

14. オリンピックは(　　　　)に(　　　　)開かれる。
올림픽은 4년에 한 번 열린다.

15. 先週のテストで(　　　　)だった。 지난주 본 시험에서 1등이었다.

| 정답 |

❶ 01. さんかい/세 번 02. はっこ/はちこ/8개 03. ふたり/두 명 04. ろくねん/6년 05. せん/천
❷ 06. しがつ/4月 07. ついたち/1日 08. れいじ/0時 09. いっぱい/1杯 10. やっつ/八つ
❸ 11. ご意見[ごいけん] 12. 少しずつ[すこしずつ] 13. 3歳[さん さい], 8歳[はっ さい]
14. 4年[よ ねん], 一度[いち ど] 15. 1番[いち ばん]

알아 두면 도움이 되는 일본어 문법 설명

1. 2류동사의 가능형에 대해서

2류동사의 경우 가능형이 ～られる라는 형태를 갖는데 편한 일상대화에서는 ら를 생략해서 ～れる라고 하는 경우가 많아요. 예를 들어 見る[みる](보다)의 가능형이 見られる(볼 수 있다)인데 일상대화에서는 見れる라고 하는 경우가 많은 거죠. 그런데 글자 수가 많은 단어들(히라가나로 4글자 이상)은 가능형에서 ら를 생략하지 않는 경향이 있어요. 다만 가능형에서 ら를 생략하는 흐름이 있어서 시간이 지나면 ら를 생략하는 사람이 더 많아질 수도 있어요.

2. 장음이 되는 경우와 안 되는 경우

〈あ단+あ〉, 〈い단+い〉, 〈う단+う〉, 〈え단+い/え〉, 〈お단+う/お〉는 대부분 장음이 되는데 場合[ばあい] 같은 경우 ば라는 あ단 소리 뒤에 あ가 이어지기 때문에 규칙상으로는 ばあ가 장음이 되어야 하는데 ば(場의 소리)와 あ(合에 포함되는 소리)가 각각 다른 한자 소리이면서 소리의 높이가 다르기 때문에 정확한 장음이 안 돼요. 이와 같이 뜻이 끊어지는 부분(음독하는 한자어의 한자와 한자 사이나 다른 뜻을 나타내는 단어 사이)이면서 소리의 높이가 다른 경우는 장음이 안 돼요. 다만 편한 일상대화에서는 장음으로 발음하는 경우도 많아요.

3. 접미사의 악센트

～さん이나 ～様(さま)와 같은 접미사의 악센트는 바로 앞의 소리가 '고'면 '고'가 되고, 바로 앞의 소리가 '저'면 '저'가 되는 경우가 많아요. 예를 들어 小林[こばやし] 뒤에 さん이나 様가 붙는다면 こばやしさん, こばやしさま가 되고 加藤[かとう]면 かとうさん, かとうさま가 되는 거예요. 단, お客様(きゃくさま)(손님)의 경우는 おきゃくさま로도 おきゃくさま로도 발음해요.

4. 글자가 하나뿐인 단어의 악센트

히라가나로 글자가 하나뿐인 단어의 악센트는 검정 글자로 된 것은 뒤에 이어지는 조사를 높은 소리로 발음하고, 파란 글자로 된 것은 뒤에 이어지는 조사를 낮은 소리로 발음해요. 예를 들어 戸[と]는 とが(문이), とを(문을)가 되고 木[き]는 きが(나무가), きを(나무를)가 되는 거예요.

5. ( )에 들어간 활용형에 대해서

의지가 작용하지 않는 동사(무의지동사)는 명령형이나 가능형, 의지형을 보통 안 써요. 그래서 ( ) 속에 넣었어요. 그런데 이런 의지가 작용하지 않는 동사의 명령형으로 소원이나 바람을 나타내는 경우가 있긴 해요. 예를 들어 開く[あく](열리다)면 명령형 開け라고 하면 '열려라', '열리기를(열리기를 바라는 마음)'을 나타낼 수 있어요. 그리고 2류동사의 경우 가능형과 수동형, 존경어가 같은 형태로 쓰는데 가능형은 사용하지 않아도 수동형이나 존경어로는 써요.

6. 가능형에 ( )가 있는 동사(1)

'~할 능력이 있다'가 의미 상 성립이 안 되는 단어는 가능형을 긍정형태로 쓰지 않아요. 다만 ～られない(~할 수 없다)라는 ない형 형태로는 써요. 그래서 ～られる라는 긍정형은 수동형이나 높임말로 쓰고 가능형으로는 안 써요. 그런데 '어떻게 하면 그렇게 ~할 수 있지?'처럼 비꼬아서 말할 때는 가능형을 쓸 수도 있어요.

7. 가능형에 ( )가 있는 동사(2)

동사들 중 원래 그 동사 자체에 '가능'의 뜻이 포함되어 있거나 '자연스럽게 그렇게 된다'는 뜻이 포함되는 동사는 가능형을 안 써요. 예를 들어, 間に合う[まにあう](시간에 대다)는 '늦지 않게 할 수 있다'라는 가능의 뜻이 포함되어 있어서 가능형을 안 써요. 또 慣れる[なれる](익숙해지다)는 시간이 흐름에 따라 자연스럽게 익숙해지는 것이기 때문에 가능형을 안 써요.

일상에서 자주 쓰는 관용구

신체 관련 단어로 이루어진 관용구

- あごを出す 몹시 지치다 [직역] 턱을 내다
- 足が出る 예산을 넘다 [직역] 발이 나오다
- 足を洗う 나쁜 일에서 손을 떼다 [직역] 발을 씻다
- 足を運ぶ 직접 찾아가다 [직역] 발을 옮기다
- 頭が上がらない 머리를 들 수 없다 [직역] 머리가 올라가지 않다
- 頭を冷やす 머리를 식히다
- 顔から火が出る (부끄러워서) 얼굴이 화끈해지다 [직역] 얼굴에서 불이 나오다
- 顔が広い 발이 넓다 [직역] 얼굴이 넓다
- 口がうまい 말 솜씨가 좋다 [직역] 입이 능숙하다
- 口が堅い 입이 무겁다 [직역] 입이 단단하다
- 口が軽い 입이 가볍다
- 首が回らない 빚이 많아 꼼짝 못하다 [직역] 목이 돌아가지 않다
- 手を焼く 애를 먹다 [직역] 손을 굽다
- 長い目で見る 긴 안목으로 보다 [직역] 긴 눈으로 보다
- 歯が立たない 당할 수 없다, 못 당하다 [직역] 이가 서지 않다
- 鼻が高い 자랑스럽다 [직역] 코가 높다
- 骨が折れる 힘이 들다 [직역] 뼈가 부러지다
- 耳が痛い (남의 말이 자신의 약점을 찔러서) 듣기 거북하다 [직역] 귀가 아프다
- 耳が早い 귀가 밝다 [직역] 귀가 빠르다
- 耳を貸す 귀를 기울이다 [직역] 귀를 빌려주다

기타 관용구

- 後の祭り 행차 후의 나팔 [직역] 뒤의 축제
- 油を売る 쓸데없는 수다로 시간을 보내다 [직역] 기름을 팔다
- 甘く見る 얕잡아 보다 [직역] 달게 보다
- 角が立つ 모가 나다 [직역] 모서리가 서다
- 角が取れる 인품이 원만해지다 [직역] 모서리가 없어지다
- 借りてきた猫 평소와 달리 매우 얌전한 모양 [직역] 빌려 온 고양이
- 気が重い (내키지 않아) 마음이 무겁다
- 気が気でない 걱정되어 안절부절 못하다 [직역] 마음이 마음이 아니다
- 気が進まない 마음이 내키지 않다 [직역] 마음이 나아가지 않다
- 気が済む 만족하다, 마음이 풀리다 [직역] 마음이 끝나다
- けんかを売る 싸움을 걸다 [직역] 싸움을 팔다
- 先を読む 앞을 내다보다 [직역] 앞을 읽다
- すみからすみまで 구석구석까지, 샅샅이 [직역] 구석에서 구석까지
- 世話を焼く 보살펴 주다, 잘 챙겨 주다 [직역] 돌봄을 굽다
- 棚に上げる 자신에게 불리한 것은 제쳐 놓다 [직역] 선반에 올리다
- 猫の手も借りたい 손이 열 개라도 모자랄 만큼 바쁘다 [직역] 고양이 손도 빌리고 싶다
- 袋のねずみ 독 안에 든 쥐 [직역] 봉지의 쥐
- 何から何まで 하나부터 열까지 [직역] 무엇부터 무엇까지
- 何が何でも 누가 뭐라고 해도, 무슨 일이 있어도 [직역] 무엇이 무엇이라도
- 熱を上げる 열을 올리다
- 話を付ける 이야기를 매듭짓다 [직역] 이야기를 붙이다
- 花を持たせる (남에게) 공을 돌리다 [직역] 꽃을 가지게 하다
- 見え見え 빤히 보이다 [직역] 보여 보여
- 虫がいい 뻔뻔스럽다, 이기적이다 [직역] 벌레가 좋다
- 虫の知らせ 예감 [직역] 벌레의 소식
- 山をかける (시험에 나올 것 같은 부분을) 찍다 [직역] 산을 걸다

한국어

ㄱ

ㄴ

ㄷ

ㅂ

ㅅ

ㅇ

ㅈ

ㅋ

ㅌ

ㅍ

ㅎ

일본어

あ

い

う

え

お

か

き

く

け

こ

さ

し

す

せ

そ

た

ち

な

に

ぬ

ね

の

は

む

め

も

や

ゆ

よ